Schweitzers
Bayerischer
Finanzkalender

für das Jahr

1913.

Herausgegeben
von
Dr. Anton Schlecht,
K. Rentamtmann in Garmisch.

Zweiter Jahrgang.

MÜNCHEN und BERLIN.
J. Schweitzer Verlag (Arthur Sellier.)

Druck v. Dr. F. P. Datterer & Cie. (Inh.: Arthur Sellier), München u. Freising

Vorwort.

Die ausserordentlich freundliche Aufnahme des 1. Jahrgangs hat gezeigt, dass Schweitzers bayer. Finanzkalender einem allgemeinen Bedürfnisse entsprochen hat.

Der neue Jahrgang des Kalenders hat eine Reihc weiterer Bereicherungen erfahren, u. a. durch Beigabe eines Nachschlageregisters, das alljährlich ergänzt und erweitert werden wird.

Die Rentämterbeschreibuug und die Personallisten sind auf den neuesten Stand gebracht.

Der dem Kalender beigegebene Anhang wolle aufbewahrt werden, da er den nächsten Jahrgängen nicht mehr beiliegt.

Jede Berichtigung wird mit Dank entgegengenommen.

Garmisch und München, Dezember 1912.

Herausgeber und Verlag.

Genealogie des Königlichen Hauses.

I. König.

Otto I., Wilhelm Luitpold Adalbert Waldemar, König von Bayern, Pfalzgraf bei Rhein, Herzog von Bayern, Franken und in Schwaben etc. etc., geboren zu München am 27. April 1848, sukzedierte seinem Herrn Bruder Ludwig II. am 13. Juni 1886. (Schloss Fürstenried.)

II. Prinz-Regent.

Ludwig Leopold Joseph Maria Alois Alfred, K. Prinz von Bayern, des *Königreichs Bayern Verweser*, seit 12. Dez. 1912. Geb. zu München am 7. Januar 1845. Verm. zu Wien am 20. Februar 1868 mit Prinzessin *Marie Therese Henriette Dorothea*, Erzherzogin von Oesterreich-Este, kgl. Prinzessin von Ungarn und Böhmen, geb. am 2. Juli 1849 zu Brünn.

III. Geschwister des höchstseligen Königs Maximilian II.

1. **Luitpold**, des *Königreichs Bayern Verweser* vom 10. Juni 1886 bis 12. Dezember 1912. Geb. zu Würzburg am 12. März 1821. Vermählt zu Florenz am 15. April 1844 mit der kaiserl. Prinzessin *Augusta*, Erzherzogin von Oesterreich, K. Prinzessin von Ungarn und Böhmen und Grossherzogliche Prinzessin von Toskana; Witwer seit 26. April 1864, gest. 12. Dez. 1912.

Kinder:

a) **Ludwig**, Prinzregent (siehe unter II.).

Kinder:

α) ***Rupprecht***, geb. zu München am 18. Mai 1869. Vermählt am 10. Juli 1900 zu München mit Marie Gabriele, Herzogin in Bayern, geb. 9. Oktober 1878 in Tegernsee, gest. am 24. Okt. 1912 in Sorrent.
Kinder: a) *Luitpold*, geb. 8. Mai 1901 zu Bamberg.
b) *Irmingard*, geb. am 21. Sept. 1902 zu Bad Kreuth, gest. am 21. April 1903 zu Tegernsee.
c) *Albrecht*, geb. 3. Mai 1905 in München.
d) *Rudolf*, geb. 30. Mai 1909 in Schloss Nymphenburg, gest. ebendort am 26. Juni 1912.

β) *Adelgunde*, geb. zu München am 17. Okt. 1870.

γ) *Maria*, geb. in Villa Amsee den 6. Juli 1872. Vermählt am 31. Mai 1897 mit Ferdinand Pius Maria, K. Erbprinz von Bourbon, Herzog von Calabrien, geb. zu Rom am 25. Juli 1869.

δ) *Karl*, geb. in Villa Amsee den 1. April 1874.

ε) *Franz*, geb. zu Leutstetten am 10. Okt. 1875. Vermählt am 8. Juli 1912 zu Baden bei Wien mit der Prinzessin Isabella von Croy.

ζ) *Mathilde*, geb. in Villa Amsee am 17. August 1877, vermählt in München am 1. Mai 1900 mit Prinz Ludwig von Sachsen-Coburg und Gotha, gest. zu Davos am 6. August 1906.

η) *Wolfgang*, geb. in Villa Amsee, am 2. Juli 1879, gest. am 31. Januar 1895 in München.

ϑ) *Hildegarde*, geb. zu München am 5. März 1881.

ι) *Nothburga*, geb. zu München am 19. März und gest. am 24. März 1883 daselbst.

κ) *Wiltrud*, geb. zu München am 10. Nov. 1884.

λ) *Helmtrudis*, geb. zu München am 22. März 1886.

μ) *Dietlinde*, geb. zu München am 2. Jan. 1888, daselbst gest. am 14. Febr. 1889.

ν) *Gundelinde*, geb. zu München am 26. Aug. 1891.

b) **Leopold**, geb. zu München den 9. Febr. 1846. Vermählt zu Wien am 20. April 1873 mit Prinzessin *Gisela*, Kaiserliche Prinzessin und Erzherzogin von Oesterreich, k. Prinzessin von Ungarn und Böhmen, Tochter des Kaisers Franz Joseph I., geb. zu Laxenburg am 12. Juli 1856.

Kinder:

α) *Elisabeth*, geb. zu München am 8. Jan. 1874. Vermählt am 3. Dez. 1893 mit Otto Grafen *von Seefried* auf Buttenheim.

β) *Auguste*, geb. zu München am 28. April 1875. Vermählt am 15. Nov. 1893 mit *Josef August*, Kaiserlichem Prinzen, Erzherzog von Oesterreich, geb. zu Alcsuth 9. Aug. 1872.

γ) *Georg*, geb. zu München am 2. April 1880; vermählt zu Wien mit Isabelle Marie, Kaiserlicher Prinzessin und Erzherzogin von Oesterreich, K. Prinzessin von Ungarn und Böhmen, geb. zu Pressburg am 17. November 1888.

δ) *Konrad*, geb. zu München den 22. November 1883.

c) **Therese**, geb. zu München den 12. November 1850.

d) **Arnulf**, geb. zu München den 6. Juli 1852, vermählt zu Wien am 12. April 1882 mit *Theresia*, Prinzessin von u. zu Liechtenstein (geb. am 28. Juli 1850), gest. zu Venedig am 12. Nov. 1907.

Sohn: *Heinrich*, geb. zu München am 24. Juni 1884.

2. **Adelgunde**, geb. zu Würzburg am 19. März 1823. Vermählt zu München am 30. März 1842 mit dem Herzog *Franz V.* von Modena, Erzherzog von Oesterreich-Este, Prinz von Ungarn und Böhmen, Witwe seit 20. Nov. 1875.

3. **Adalbert**, geb. zu München am 19. Juli 1828, gest. zu Nymphenburg am 21. Sept. 1875; dessen Witwe *Amalie*, Infantin von Spanien, geb. zu Madrid 12. Okt. 1834, vermählt daselbst am 25. August 1856, gest. 27. August 1905.

Kinder:

a) **Ludwig Ferdinand**, geb. zu Madrid 22. Oktober 1859. Vermählt zu Madrid am 2. April 1883 mit *Maria de la Paz*, Infantin von Spanien, geb. am 23. Juni 1862 zu Madrid.

Kinder:

α) *Ferdinand Maria*, K. Prinz von Bayern und Infant von Spanien, geb. zu Madrid am 10. Mai 1884, vermählt am 12. Januar 1906 mit Maria Theresa, Infantin von Spanien, geb. am 12. November 1882 zu Madrid, gestorben am 23. Sept. 1912 in Madrid.

Kinder:

a) *Ludwig Alfons*, geb. zu Madrid am 12. Dez. 1906.
b) *Joseph Eugen*, geb. zu Madrid am 26. März 1909.
c) *Maria de las Mercedes*, geb. zu Madrid am 3. Okt. 1911.

β) *Adalbert*, geb. zu Nymphenburg am 3. Juni 1886.

γ) *Maria del Pilar*, geb. zu Nymphenburg am 13. März 1891.

b) **Alfons**, geb. 24. Januar 1862 zu München. Vermählt zu Nymphenburg am 15. April 1891 mit *Luise*, Prinzessin von Orleans, geb. zu Bushy-House am 9. Juli 1869.
Sohn: *Josef Clemens*, geb. zu München am 25. Mai 1902.

c) **Isabella**, geb. zu Nymphenburg am 31. August 1863. Vermählt am 14. April 1883 zu Nymphenburg mit dem Prinzen *Thomas* von Savoyen, Herzog von Genua, geb. zu Turin am 6. Februar 1854.

d) **Elvira**, geb. zu München am 22. November 1868 (Königliche Hoheit). Vermählt am 28. Dez. 1891 zu Nymphenburg mit dem Reichsgrafen *Rudolf von Wrbna-Kaunitz-Rietberg-Questenberg und Freudenthal*, K. K. Kämmerer, Herrschaftsbesitzer zu Holleschau.

e) **Klara**, geb. zu Nymphenburg am 11. Oktober 1874.

IV. Herzogliche Linie:

1. **Karl Theodor**, Herzog in Bayern, geb. den 9. August 1839 zu Possenhofen, gest. am 30. November 1909 zu Bad Kreuth. Vermählt in erster Ehe am 11. Februar 1865 mit *Sophie Marie*, k. Prinzessin von Sachsen, geb. 15. März 1845, gest. 9. März 1867. In zweiter Ehe am 29. April 1874 in Kleinheubach mit *Maria Josefa*, Infantin von Portugal, Herzogin von Braganza, geboren zu Brombach (Baden) am 19. März 1857.

Tochter 1. Ehe:

Amalie, geb. zu München den 24. Dez. 1865. Vermählt am 4. Juli 1892 zu Tegernsee mit *Wilhelm*, Herzog von Urach und Graf von Württemberg, geb. zu Monaco am 3. März 1864, gest. am 26. Mai 1912 in Stuttgart.

Kinder 2. Ehe

a) *Sophie*, geb. zu Possenhofen am 22. Februar 1875. Verm. am 26. Juli 1898 zu München mit dem Grafen Hans Veit zu Törring-Jettenbach.

b) *Elisabeth*, geb. zu Possenhofen am 25. Juli 1876. Vermählt am 2. Oktober 1900 zu München mit Albert, König der Belgier.

c) *Marie Gabriele*, geb. zu Tegernsee am 9. Okt. 1878. Verm. am 10. Juli 1900 zu München mit Rupprecht, Prinz von Bayern. Gestorben am 24. Oktober 1912 in Sorrent.

d) *Ludwig Wilhelm*, Herzog in Bayern, **Das Haupt der herzoglichen Linie**, geb. zu Tegernsee am 17. Januar 1884.

e) *Franz Josef*, geb. zu Tegernsee am 23. März 1888, gest. zu München am 23. Sept. 1912.

2. **Ludwig**, Herzog in Bayern, geb. zu München am 21. Juni 1831; hat am 9. März 1859 zugunsten seines Bruders, des Herzogs Karl Theodor, dem Erstgeburtsrecht entsagt.

3. **Elisabeth**, geb. zu München den 24. Dez. 1837. Vermählt am 24. April 1854 zu Wien mit Kaiser *Franz Josef I.* von Oesterreich, gest. zu Genf am 10. Sept. 1898.

4. **Marie**, geb. zu Possenhofen am 4. Okt. 1841. Verm. zu Bari am 3. Febr. 1859 mit *Franz*, König beider Sizilien; Witwe seit 27. Dezember 1894.

5. **Mathilde**, geb. zu Possenhofen den 30. Sept. 1843. Verm. zu München den 5. Juni 1861 mit *Ludwig*, Grafen von Trani, kgl. Prinzen von Sizilien. Witwe seit 8. Juni 1886.

6. **Sophie**, geb. zu München am 22. Febr. 1847. Verm. am 28. Sept. 1868 zu Possenhofen mit *Ferdinand Philipp* von Orleans, Herzog von Alençon, gest. 4. Mai 1897 zu Paris.

7. **Maximilian Emanuel**, geb. zu München am 7. Dez. 1849. Verm. zu Ebenthal bei Wien am 20. Sept. 1875 mit *Amalie*, Prinzessin von Sachsen-Coburg und Gotha, geb. am 23. Okt. 1848. Prinz Max Emanuel starb zu Feldafing am 12. Juni 1893, Prinzessin Amalie am 6. Mai 1894 zu Biederstein.

Kinder:

a) *Siegfried*, geb. zu Bamberg am 10. Juli 1876.

b) *Christoph*, geb. zu Biederstein am 22. April 1879.

c) *Luitpold*, geb. zu Biederstein am 30. Juni 1890.

Erster Teil.

Uebersichts-Kalendarium

1912, 1913 und 1914.

Terminkalender.

Inhalts-Uebersicht.

Der erste Teil des Terminkalenders **enthält:**

I. einen Uebersichtskalender für 1912, 1913 und 1914.

II. den Schreibkalender 1913, enthaltend:

1) die Bezeichnung der Monate, Wochen und Tage, von welchen je 2 resp. 3 Tage mit leeren Zwischenräumen auf die Seite treffen;

2) die Namen der Katholiken und Protestanten, die ersteren voraus und beide durch einen Strich getrennt;

3) Sonnen-Aufgang (SA.) und Untergang (SU.) nach Stunden und Minuten (U. M.);

4) Mond-Aufgang und Untergang (MA. MU.) nach Stunden, Minuten und Tageszeit (Vm. = Vormittags, 12 Uhr nachts bis 12 Uhr mittags); Nm. = Nachmittags, 12 Uhr mittags bis 12 Uhr nachts);

5) Tageslänge (TL.) nach Stunden und Minuten;

6) das Eintreten der Mondviertel, der Sonnen- und Mond-Finsternisse und der Jahreszeiten.

Die Verbesserung des alten verworrenen römischen Kalenders wurde im Jahre 46 v. Chr. Geb. eingeführt durch Julius Cäsar; man nennt das Jahr von 365¼ Tagen das Julianische Jahr und den darauf gegründeten Kalender den Julianischen Kalender, welchen noch jetzt die Russen und Griechen im allgemeinen zu ihrer Zeitrechnung anwenden.

Zur Zeit Gregors XIII. (1582) waren infolge der angenommenen Jahreslänge ($365\frac{1}{4}$) durch Cäsar bereits 10 Tage zu viel eingeschaltet, da jedes durch vier ohne Rest teilbare Jahr ein Schaltjahr von 366 Tagen sein sollte. Um diesen Fehler zu beseitigen, nahm man 1582 zehn Tage weg (es fiel damals die Frühlingsnachtgleiche bereits statt am 21. März schon auf den 11. März) und bestimmte, dass in je 400 Jahren 3 Schalttage ausgelassen werden und zwar, wenn die Jahreszahl mit zwei Nullen endigt und nicht durch 400 ohne Rest teilbar ist. Auf diese Weise ist der neue (gregor.) Kalender von 1582 bis 1700 um 10 Tage vor dem alten (julian.) Kalender voraus, und diese Differenz beträgt von 1700—1800 11 Tage, von 1800—1900 12 Tage und von 1900 bis 2100 13 Tage.

z. B.: 1. Jan. 1913 gregor. entspricht dem 19. Dez. 1912 julian.

14. Apr. 1913 gregor. entspricht dem 1. Apr. 1913 julian.

Alle Zeitangaben sind in M. E. Z. = mitteleuropäischer Zeit (bezogen auf den Meridian von Stargard) gemacht; die mittlere Ortszeit von München ist hinter der M. E. Z. um zirka 13 Minuten zurück.

Sonnen- und Mond-Finsternisse im Jahre 1913.

Im Jahre 1913 finden drei Sonnen- und zwei Mondfinsternisse statt, von denen jedoch keine in Deutschland sichtbar ist.

1. Totale Mondfinsternis am 22. März. Dieselbe beginnt um 11 Uhr 13 Min. vormittags und endet um 2 Uhr 43 Min. nachmittags nach M. E. Z. — Die Grösse der Verfinsterung beträgt 1,6 in Teilen des Monddurchmessers. Sichtbar ist diese Finsternis in Nordamerika, dem westl. Südamerika, in Australien und dem grösseren östlichen Teile Asiens.

2. Partielle Sonnenfinsternis am 6. April. Beginn derselben um 4 Uhr 54 Min. nachmittags bei 207° 33′ östl. Länge v. Gr. und 28° 50′ nördl. Breite und Ende derselben um 8 Uhr 12 Min. abends nach M E. Z. bei 40° 43′ östl. L. v. Gr. und 81° 29′ nördl. Breite. Die grösste Verfinsterung beträgt 0,42 in Teilen des Sonnendurchmessers. Sichtbar ist diese Finsternis an der Nordostspitze Asiens, im nordwestl. Nordamerika und in den nördl. Polargegenden.

3. Partielle Sonnenfinsternis am 31. August. Anfang der Finsternis um 9 Uhr 3 Min. abends bei 15° 59′ östl. L. v. Gr. und 77° 4′ nördl. Br. und das Ende derselben findet statt um 10 Uhr 42 Min. nachts nach M. E. Z. bei 313° 59′ östl. L. v. Gr. und 43° 26′ nördl. Br. Die grösste Verfinsterung beträgt 0,15 in Teilen des Sonnendurchmessers. Diese Finsternis wird demnach an der nordöstl. Küste Nordamerikas und in Grönland sichtbar sein.

4. Totale Mondfinsternis am 15. September. Beginn der Finsternis überhaupt um 11 Uhr 53 Min. vormittags und Ende derselben um 3 Uhr 44 Min. nachmittags nach M. E. Z. Die Grösse der Verfinsterung beträgt 1,4 in Teilen des Monddurchmessers. Sichtbar ist diese Finsternis im grössten Teile von Nord- und Zentralamerika, im Stillen Ozean, in Australien, in Asien mit Ausnahme von Kleinasien und im Indischen Ozean.

5. Partielle Sonnenfinsternis am 30. September. Beginn dieser Finsternis um 3 Uhr 56 Min. früh bei 41° 58′ östl. L. v. Gr. und 17° 2′ südl. Br. Das Ende derselben findet statt um 7 Uhr 36 Min. früh nach M. E. Z. bei 181° 5′ östl. L. v. Gr. und 74° 31′ südl. Br. Die grösste Verfinsterung beträgt 0,82 in Teilen des Sonnendurchmessers. Diese Finsternis wird demnach im östl. Südafrika, auf Madagaskar, im südl. Teile des Indischen Ozeans und in der Südpolargegend sichtbar sein.

1912. (Schaltjahr.)

Januar		Februar		März		April		Mai		Juni	
1 M	**Neujahr**	1 D	Ignatius	1 F	Suitbert	1 M	Hugo	1 M	Phil. u. Jak.	1 S	Juventius
2 D	Makarius	2 F	**Mar.Lichtm.**	2 S	Simplicius	2 D	Franz v. Pl.	2 D	Athanasius	**2 S**	**1. Hl. Dreif.**
3 M	Genovefa	3 S	Blasius	**3 S**	**2. Remin.**	3 M	Richard	3 F	Hl. † Auffd.	3 M	Klotildis
4 D	Titus	**4 S**	**Septuages.**	4 M	Kasimir	4 D	**† Gründstg.**	4 S	Monica	4 D	Quirinus
5 F	Telesphorus	5 M	Agatha, A.	5 D	Friedrich	5 F	**† Karfreitag**	**5 S**	**4. Cantate.**	5 M	Bonifazius
6 S	**Hl. 3 Könige**	6 D	Dorothea	6 M	Fridolin	6 S	**† Karsamst.**	6 M	Joh. v. d. L	6 D	**Fronleichn.**
7 S	**1. n. Ep.*)**	7 M	Romuald	7 D	Thomas v.A.	**7 S**	**Osterfest**	7 D	Stanislaus	7 F	Robert
8 M	Erhard	8 D	Joh. v. M.	8 F	Johann v. G.	8 M	**Ostermontg.**	8 M	Mich. Ersch.	8 S	Medardus
9 D	Marzellin.	9 F	Apollonia	9 S	Franziska	9 D	Mr. Cleophä	9 D	Gregor v. N.	**9 S**	**2. n. Pfing.**
10 M	Agathon	10 S	Scholastika	**10 S**	**3. Oculi**	10 M	Ezechiel	10 F	Antonia	10 M	Margareta
11 D	Hyginus	**11 S**	**Sexages.**	11 M	Rosine	11 D	Leo I.	11 S	Mamertus	11 D	Barnabas
12 F	Ernst	12 M	Eulalia	12 D	Gregor	12 F	Zeno	**12 S**	**5. Rogate**	12 M	Basilides
13 S	Veron. Hil.	13 D	Kath. v. R.	13 M	Nicephorus	13 S	Hermeneg.	13 M	Servatius	13 D	Anton v. P.
14 S	**2. n. Epiph.**	14 M	Valentin	14 D	Mathilde	**14 S**	**1. Quasim.**	14 D	Bonifazius	14 F	Basilius
15 M	Maurus	15 D	Faustinus	15 F	Longinus	15 M	Anastasia	15 M	Sophia, Is.	15 S	Vitus
16 D	Marzellus	16 F	Juliana	16 S	Heribert	16 D	Eusebius	16 D	**Chr. Himlf.**	**16 S**	**3. n. Pfing.**
17 M	Antonius	17 S	Donatus	**17 S**	**4. Laetare**	17 M	Rudolf	17 F	Paschalis	17 M	Adolf
18 D	Petri Stuhlf.	**18 S**	**Quinquag.**	18 M	Narzissus	18 D	Eleutherius	18 S	Venantius	18 D	Mark. Marc.
19 F	Kanut, Mar.	19 M	Konrad	19 D	**Hl. Joseph**	19 F	Emma	**19 S**	**6. Exaudi**	19 M	Gerv. u. P.
20 S	Fab. Sebast.	20 D	**Fastnacht**	20 M	Nicetas	20 S	Sulpitius	20 M	Bernard.	20 D	Silverius
21 S	**3. n. Epiph.**	21 M	**Ascherm.**	21 D	Benediktus	**21 S**	**2. Miseric.**	21 D	Konstantin	21 F	Aloisius
22 M	Vincentius	22 D	Petri Stuhlf.	22 F	Katharina	22 M	Soter u. Caj.	22 M	Julia, Hel.	22 S	Paulina
23 D	Verl. Mar.	23 F	Phil. Benit.	23 S	Viktorinus	23 D	Adalbert	23 D	Desiderius	**23 S**	**4. n. Pfing.**
24 M	Timotheus	24 S	Schalttag	**24 S**	**5. Judica**	24 M	Georg	24 F	Johanna	24 M	Joh. d. T.
25 D	Pauli Bek.	**25 S**	**1. Invoc.**	25 M	Mar. Verk.	25 D	Markus	25 S	Urban	25 D	Prosper
26 F	Polykarp	26 M	Walburga	26 D	Castulus	26 F	Kletus	**26 S**	**Pfingstfest**	26 M	Joh. u. Paul
27 S	Joh. Chrys.	27 D	Mechtildis	27 M	Rupert	27 S	Peregrin.**)	27 M	**Pfingstmtg.**	27 D	Ladislaus
28 S	**4. n. Epiph.**	28 M	**† I. Quat.**	28 D	Guntram	**28 S**	**3. Jubilate**	28 D	Germanus	28 F	Leo II.
29 M	Franz v. Sal.	29 D	Romanus	29 F	Ludolf	29 M	Petrus	29 M	**† II. Quat.**	29 S	**Peter u. Paul**
30 D	Martina			30 S	Quirinus	30 D	Kathar. v. S.	30 D	Theodosia	**30 S**	**5. n. Pfing.**
31 M	Petrus v. N.			**31 S**	**6. Palmstg.**			31 F	Angela, Pt.		

*) 7. Januar Geburtsfest Sr. K. H. des Prinzregenten Ludwig. **) 27. April Geburtsfest Sr. Maj. des Königs Otto I.

1912.

Juli		August		September		Oktober		November		Dezember	
1 M	Theobald	1 D	Petri Kettf.	1 **S**	**14. n. Pfing.**	1 D	Remigius	1 F	**Allerheil.**	1 **S**	**1. Advent**
2 D	Mar. Heims.	2 F	Alfons v. L.	2 M	Stephan	2 M	Leodegar	2 S	Allerseelen	2 M	Bibiana
3 M	Eulogius	3 S	Steph. Auff.	3 D	Seraphia	3 D	Candidus	3 **S**	**23. n. Pfing.**	3 D	Franz Xav.
4 D	Ulrich	4 **S**	**10. n. Pfing.**	4 M	Rosalia	4 F	Franz Jos.	4 M	Karl Borr.	4 M	Barbara
5 F	Domitius	5 M	Mar. Schnee	5 D	Laurentius	5 S	Placidus	5 D	Zach. u. Elis.	5 D	Sabas
6 S	Isaias	6 D	Verkl. Chr.	6 F	Magnus	6 **S**	**19. n. Pfing.**	6 M	Leonhard.	6 F	Nikolaus
7 **S**	**6. n. Pfing.**	7 M	Afra, Caj.	7 S	Regina	7 M	Markus	7 D	Engelbert	7 S	Ambrosius
8 M	Kilian	8 D	Cyriakus	8 **S**	**15. n. Pfing.**	8 D	Brigitta	8 F	Gottfried	8 **S**	**2. Advent**
9 D	Cyrillus	9 F	Romanus	9 M	Korbinian	9 M	Dionysius	9 S	Theodor	9 M	Leokadia
10 M	Pius I.	10 S	Laurentius	10 D	Nikol. v. T.	10 D	Franz v. B.	10 **S**	**24. n. Pfing.**	10 D	Melchiades
11 D	Amal., Fel.	11 **S**	**11. n. Pfing.**	11 M	Aemilian	11 F	Germanus	11 M	Martin B.	11 M	Damasus
12 F	Joh. Qualb.	12 M	Klara, Hild.	12 D	Guido	12 S	Domina	12 D	Martin Papst	12 D	Synesius
13 S	Eugen	13 D	Hippolyt	13 F	Tobias	13 **S**	**20. n. Pfing.**	13 M	Stanislaus	13 F	Luzia
14 **S**	**7. n. Pfing.**	14 M	Eusebius	14 S	Hl. † Erhöhg.	14 M	Burkhard	14 D	Serapion	14 S	Nikasius
15 M	Heinrich	15 D	**Mar. Himlf.**	15 **S**	**16. n. Pfing.**	15 D	Theresia	15 F	Leop., Alb.	15 **S**	**3. Advent**
16 D	Reinald	16 F	Rochus	16 M	Cornelius	16 M	Gallus	16 S	Edmund	16 M	Adelheid
17 M	Alexius	17 S	Liberatus	17 D	Lampert	17 D	Hedwig	17 **S**	**25. n. Pfing.**	17 D	Lazarus
18 D	Friedrich	18 **S**	**12. n. Pfing.**	18 M	**† III. Quat.**	18 F	Lukas	18 M	Otto, Abt	18 M	**† IV. Quat.**
19 F	Vinz. v. P.	19 M	Sebald	19 D	Januarius	19 S	Peter v. A.	19 D	Elisabeth	19 D	Nemesius
20 S	Margaretha	20 D	Bernhard	20 F	† Eustach.	20 **S**	**21. n. Pfing.**	20 M	Korbinian.	20 F	† Christian
21 **S**	**8. n. Pfing.**	21 M	Johanna	21 S	Matthäus	21 M	Ursula	21 D	Mar. Opferg.	21 S	Thomas A.
22 M	Mar. Magd.	22 D	Symphor.	22 **S**	**17. n. Pfing.**	22 D	Kordula	22 F	Cäcilia	22 **S**	**4. Advent**
23 D	Liborius	23 F	Philipp	23 M	Thekla	23 M	Joh. v. Kp.	23 S	Clemens	23 M	Viktoria
24 M	Christina	24 S	Bartholom.	24 D	Gerhard	24 D	Erzgl. Raph.	24 **S**	**26. n. Pfing.**	24 D	Adam u. Eva
25 D	Jakob	25 **S**	**13. n. Pf.**)**	25 M	Kleophas	25 F	Krispinus	25 M	Katharina	25 M	**Hl. Christtag**
26 F	Anna	26 M	Zephyrinus	26 D	Cyprian	26 S	Evaristus	26 D	Konrad	26 D	**Stephan**
27 S	Pantaleon	27 D	Gebhard, J.	27 **F**	Kosm. u. D.	27 **S**	**22. n. Pfing.**	27 M	Virgilius	27 F	Johs. Ap.
28 **S**	**9. n. Pfing.**	28 M	Augustin	28 S	Wenzeslaus	28 M	Sim. u. Jud.	28 D	Kreszentia	28 S	Unsch. Kind.
29 M	Martha	29 D	Joh. Enth.	29 **S**	**18. n. Pfing.**	29 D	Narzissus	29 F	Saturnin	29 **S**	**S. n. Weihn.**
30 D	Abd. u. Sen.	30 F	Rosa v. L.	30 M	Otto*)	30 M	Serapion	30 S	Hl. Andreas	30 M	David
31 M	Ignat v. L.	31 S	Raimund			31 D	Wolfgang			31 D	Sylvester

*) 30. September Namensfest S. M. des Königs Otto I. **) 25. Aug. Namensfest S. K. H. des Prinzregenten Ludwig.

Gemeinjahr. **1913.**

Januar		Februar		März	
1 M	**Neujahr**	1 S	Ignatius	1 S	Suitbert
2 D	Makarius	2 S	**Quinquag.**	2 S	**4. Laetare**
3 F	Genovefa	3 M	Blasius	3 M	Kunigunde
4 S	Titus	4 D	**Fastnacht**	4 D	Kasimir
5 S	**S. n. Neuj.**	5 M	**Ascherm.**	5 M	Friedrich
6 M	**Hl. 3 Kön.**	6 D	Dorothea	6 D	Fridolin
7 D	Valentin *)	7 F	Romuald	7 F	Thom. v. A.
8 M	Erhard	8 S	Joh. v. M.	8 S	Johann v. G.
9 D	Marzellin.	9 S	**1. Invoc.**	9 S	**5. Judica**
10 F	Agathon	10 M	Scholastika	10 M	40 Märt.
11 S	Hyginus	11 D	Euphrosine	11 D	Rosine
12 S	**1. n. Epiph.**	12 M	† **I. Quat.**	12 M	Gregor
13 M	Veron., Hil.	13 D	Kath. v. R.	13 D	Nicephorus
14 D	Felix	14 F	† Valentin	14 F	Mathilde
15 M	Maurus	15 S	† Faustinus	15 S	Longinus
16 D	Marzellus	16 S	**2. Remin.**	16 S	**6. Palms.**
17 F	Antonius	17 M	Donatus	17 M	Gertraud
18 S	Petri Sthlf.	18 D	Simon	18 D	Narcissus
19 S	**Septuages.**	19 M	Konrad	19 M	Hl Joseph
20 M	Fab. u Seb.	20 D	Eucherius	20 D	† **Gründst.**
21 D	Agnes	21 F	Eleonora	21 F	† **Karfrtg.**
22 M	Vincentius	22 S	Petri Sthlf.	22 S	† **Karsmtg.**
23 D	Verl. Mar.	23 S	**3. Oculi**	23 S	**Osterfest**
24 F	Thimoths.	24 M	Matthias	24 M	**Ostermtg.**
25 S	Pauli Bek.	25 D	Walburga	25 D	Mar. Verk.
26 S	**Sexages.**	26 M	Mechtildis	26 M	Castulus
27 M	Joh. Chrys.	27 D	Leander	27 D	Rupert
28 D	Karl d. Gr.	28 F	Romanus	28 F	Guntram
29 M	Franz v. Sl.			29 S	Ludolph
30 D	Martina			30 S	**1. Quasim.**
31 F	Petr. v. Nola			31 M	Benjamin

Januar	Februar	März
7. Neumond.	6. Neumond.	8. Neumond.
15. Erstes Viert.	14. Erstes Viert.	15. Erstes Viert.
22. Vollmond.	21. Vollmond.	22. Vollmond.
29. Letzt. Viert.	27. Letzt. Viert.	29. Letzt. Viert.

*) Am 7. Januar Geburtsfest Sr. K. H. des Prinzregenten Ludwig.

1913.

April		Mai		Juni	
1 D	Hugo	1 D	**Chr. Hmlf.**	1 **S**	**3. n. Pf.**
2 M	Franz v. Pl.	2 F	Athanasius	2 M	Erasmus
3 D	Richard	3 S	Hl. † Auff.	3 D	Klotildis
4 F	Isidor	4 **S**	**6. Exaudi**	4 M	Quirinus
5 S	Vinzenz F.	5 M	Pius V.	5 D	Bonifazius
6 **S**	**2. Miseric.**	6 D	Joh. v. d. L.	6 F	Robert
7 M	Eberhard	7 M	Stanislaus	7 S	Medardus
8 D	Dionysius	8 D	Mich. Ersch.	8 **S**	**4. n. Pf.**
9 M	Mr. Cleophä	9 F	Gregor v. N.	9 M	Primus
10 D	Ezechiel	10 S	Antonia	10 D	Margareta
11 F	Leo I.	11 **S**	**Pfingstfest**	11 M	Barnabas
12 S	Zeno	12 M	**Pfingstmt.**	12 D	Basilides
13 **S**	**3. Jubilate**	13 D	Servatius	13 F	Anton v. P.
14 M	Tiburtius	14 M	† II. Quat.	14 S	Basilius
15 D	Anastasia	15 D	Sophia, Is.	15 **S**	**5. n. Pf.**
16 M	Eusebius	16 F	† Joh. v. N.	16 M	Benno
17 D	Rudolf	17 S	† Paschalis	17 D	Adolf
18 F	Eleuther.	18 **S**	**1. H. Dreif.**	18 M	Mark. Marc.
19 S	Emma	19 M	Petrus, Cöl.	19 D	Gerv. u. P.
20 **S**	**4. Cantate**	20 D	Bernard.	20 F	Silverius
21 M	Anselm	21 M	Konstantin	21 S	Aloisius
22 D	Soter u. Cj.	22 D	**Fronleich.**	22 **S**	**6. n. Pf.**
23 M	Adalbert	23 F	Desiderius	23 M	Edeltraud
24 D	Georg	24 S	Johanna	24 D	Joh. d. T.
25 F	Markus	25 **S**	**2. n. Pf.**	25 M	Prosper
26 S	Kletus	26 M	Philipp N.	26 D	Joh. u. Paul
27 **S**	**5. Rogate** *)	27 D	Beda, Magd.	27 F	Ladislaus
28 M	Paul	28 M	Germanus	28 S	Leo II.
29 D	Petrus	29 D	Theodosia	29 **S**	**7. n. Pf.**
30 M	Kathar. v. S.	30 F	Ferd., Fel.	30 M	Pauli Ged.
		31 S	Angela, Pt.		

April	Mai	Juni
6. Neumond.	6. Neumond.	4. Neumond.
14. Erstes Viert.	13. Erstes Viert.	11. Erstes Viert.
20. Vollmond.	20. Vollmond.	18. Vollmond.
30. Letzt. Viert.	28. Letzt. Viert.	26. Letzt. Viert.

*) Am 27. April Geburtsfest Sr. M. des Königs Otto I.

1913.

Juli		August		September	
1 D	Theobald	1 F	Petri Kettf.	1 M	Aegidius
2 M	Mr. Hmshg.	2 S	Alfons v. L.	2 D	Stephan
3 D	Eulogius	**3 S**	**12. n. Pf.**	3 M	Seraphia
4 F	Ulrich	4 M	Dominikus	4 D	Rosalia
5 S	Domitius	5 D	Mr. Schnee	5 F	Laurentius
6 S	**8. n. Pf.**	6 M	Verkl. Chr.	6 S	Magnus
7 M	Willibald	7 D	Afra, Caj.	**7 S**	**17. n. Pf.**
8 D	Kilian	8 F	Cyriakus	8 M	Mar. Geb.
9 M	Cyrillus	9 S	Romanus	9 D	Korbinian
10 D	Pius I.	**10 S**	**13. n. Pf.**	10 M	Nikol. v. T.
11 F	Amal., Fel.	11 M	Susanna	11 D	Aemilian
12 S	Joh. Qualb.	12 D	Klara, Hild.	12 F	Guido
13 S	**9. n. Pf.**	13 M	Hipolit, Cs.	13 S	Tobias
14 M	Bonavent.	14 D	Eusebius	**14 S**	**18. n. Pf.**
15 D	Heinrich	15 F	**Mr. Hmlf.**	15 M	Nikomedes
16 M	Reinald	16 S	Rochus	16 D	Cornelius
17 D	Alexius	**17 S**	**14. n. Pf.**	17 M	**† III. Quat.**
18 F	Friedrich	18 M	Helene	18 D	Thom. v. V.
19 S	Vinz. v. Pl.	19 D	Sebald	19 F	Januarius
20 S	**10. n. Pf.**	20 M	Bernhard	20 S	† Eustach.
21 M	Daniel, Jul.	21 D	Johanna	**21 S**	**19. n. Pf.**
22 D	Mar. Magd.	22 F	Symphor.	22 M	Maurus
23 M	Liborius	23 S	Philipp	23 D	Thekla
24 D	Christina	**24 S**	**15. n. Pf.**	24 M	Gerhard
25 F	Jakob	25 M	Ludwig *)	25 D	Kleophas
26 S	Anna	26 D	Zephyrinus	26 F	Cyprian
27 S	**11. n. Pf.**	27 M	Gebhard, J.	27 S	Kosm. u. D.
28 M	Innocenz	28 D	Augustin	**28 S**	**20. n. Pf.**
29 D	Martha	29 F	Joh. Enth.	29 M	Michael
30 M	Abd. u. Sen.	30 S	Rosa v. L.	30 D	Otto **)
31 D	Ignat v. L.	**31 S**	**16. n. Pf.**		
4. Neumond. 10. Erstes Viert. 18. Vollmond. 26. Letzt. Viert.		2. Neumond. 9. Erstes Viert. 16. Vollmond. 25. Letzt. Viert. 31. Neumond.		7. Erstes Viert. 15. Vollmond. 23. Letzt. Viert. 30. Neumond.	

*) 25. Aug. Namensf. Sr. K. H. des Prinzregenten Ludwig.
**) Am 30. Sept. Namensfest Sr. M. des Königs Otto I.

1913.

Oktober		November		Dezember	
1 M	Remigius	1 S	**Allerhl.**	1 M	Eligius
2 D	Leodegar	2 **S**	**25. n. Pf.**	2 D	Bibiana
3 F	Candidus	3 M	Hubert	3 M	Franz Xav.
4 S	Franz Jos.	4 D	Karl Borr.	4 D	Barbara
5 **S**	**21. n. Pf.**	5 M	Zach.u.Elis.	5 F	Sabas
6 M	Bruno	6 D	Leonhard	6 S	Nikolaus
7 D	Markus	7 F	Engelbert	7 **S**	**2. Advent**
8 M	Brigitta	8 S	Gottfried	8 M	**Mar.Empf.**
9 D	Dionysius	9 **S**	**26. n. Pf.**	9 D	Leokadia
10 F	Franz v. B.	10 M	Andreas A.	10 M	Melchiades
11 S	Germanus	11 D	Martin B.	11 D	Damasus
12 **S**	**22. n. Pf.**	12 M	Martin Pp.	12 F	Synesius
13 M	Eduard	13 D	Stanislaus	13 S	Luzia
14 D	Burkhard	14 F	Serapion	14 **S**	**3. Advent**
15 M	Theresia	15 S	Leop., Alb.	15 M	Christiana
16 D	Gallus	16 **S**	**27. n. Pf.**	16 D	Adelheid
17 F	Hedwig	17 M	Greg. d. W	17 M	**† IV. Quat.**
18 S	Lukas	18 D	Otto, Abt.	18 D	Wunibald
19 **S**	**23. n. Pf.**	19 M	Elisabeth	19 F	† Nemesius
20 M	Wendelin	20 D	Korbinian	20 S	† Christian
21 D	Ursula	21 F	Mar. Opfer.	21 **S**	**4. Advent**
22 M	Kordula	22 S	Cäcilia	22 M	Demetrius
23 D	Joh. v. Kp.	23 **S**	**28. n. Pf.**	23 D	Viktoria
24 F	Erzg. Raph.	24 M	Joh. v. Kr.	24 M	Adam u. Ev.
25 S	Krispinus	25 D	Katharina	25 D	**Hl. Christ.**
26 **S**	**24. n. Pf.**	26 M	Konrad	26 F	**Stefan Erz.**
27 M	Sabina	27 D	Virgilius	27 S	Johs. Ap.
28 D	Sim. u. Jd.	28 F	Kreszentia	28 **S**	**S. n. Weih.**
29 M	Narzissus	29 S	Saturnin	29 M	Thomas
30 D	Serapion	30 **S**	**1. Advent**	30 D	David
31 F	Wolfgang			31 M	Sylvester

Oktober	November	Dezember
7. Erstes Viert.	5. Erstes Viert.	5. Erstes Viert.
15. Vollmond.	14. Vollmond.	13. Vollmond.
22. Letzt. Viert.	21. Letzt. Viert.	20. Letzt. Viert.
29. Neumond.	28. Neumond.	27. Neumond.

1914.

Januar		Februar		März		April		Mai		Juni	
1 D	**Neujahr**	1 S	**4. n. Epiph.**	1 S	**1. Invocavit**	1 M	Hugo	1 F	Phil. u. Jak.	1 M	**Pfingstmtg.**
2 F	Makarius	2 M	Mar. Lichtm.	2 M	Simplicius	2 D	Franz v. Pl.	2 S	Athanasius	2 D	Erasmus
3 S	Genovefa	3 D	Blasius	3 D	Kunigunde	3 F	Richard	**3 S**	**3. Jubilate**	3 M	**† II. Quat.**
4 S	**S. n. Neujahr**	4 M	Veronika	4 M	**† I. Quat.**	4 S	Isidor	4 M	Monika	4 D	Quirinus
5 M	Telesphorus	5 D	Agatha	5 D	Friedrich	**5 S**	**6. Palmstg.**	5 D	Pius V.	5 F	† Bonifazius
6 D	**Hl. 3 Könige**	6 F	Dorothea	6 F	† Fridolin	6 M	Sixtus	6 M	Joh. v. d. L. Pf.	6 S	† Norbert
7 M	Valentin *)	7 S	Romuald	7 S	† Thom. v. A.	7 D	Eberhard	7 D	Stanislaus	**7 S**	**1. Hl. Dreif.**
8 D	Erhard	**8 S**	**Septuages.**	**8 S**	**2. Remin.**	8 M	Dionysius	8 F	Mich. Ersch.	8 M	Medardus
9 F	Marzellinus	9 M	Apollonia	9 M	Franziska	9 D	**† Gründstg.**	9 S	Gregor v. N.	9 D	Primus
10 S	Agathon	10 D	Scholastika	10 D	40 Märt.	10 F	**† Karfreitg.**	**10 S**	**4. Cantate**	10 M	Margareta
11 S	**1. n. Epiph.**	11 M	Euphrosine	11 M	Rosine	11 S	**† Karsamst.**	11 M	Mamertus	11 D	**Fronleichn.**
12 M	Ernst	12 D	Eulalia	12 D	Gregor	**12 S**	**Osterfest**	12 D	Pankratius	12 F	Basilides
13 D	Veron., Hil.	13 F	Kathar. v. R.	13 F	Nicephorus	13 M	**Ostermontg.**	13 M	Servatius	13 S	Anton v. P.
14 M	Felix.	14 S	Valentin	14 S	Mathilde	14 D	Tiburtius	14 D	Bonifazius	**14 S**	**2. n. Pfing.**
15 D	Maurus	**15 S**	**Sexagesim.**	**15 S**	**3. Oculi**	15 M	Anastasia	15 F	Sophia, Is.	15 M	Vitus, Kresz.
16 F	Marzellus	16 M	Juliana	16 M	Heribert	16 D	Eusebius	16 S	Joh. v. Np.	16 D	Benno
17 S	Antonius	17 D	Donatus	17 D	Gertraud	17 F	Rudolf	**17 S**	**5. Rogate**	17 M	Adolf
18 S	**2. n. Epiph.**	18 M	Simon	18 M	Narcissus	18 S	Eleutherius	18 M	Venantius	18 D	Mark. u. Mc.
19 M	Kanut, Marc.	19 D	Konrad	19 D	Hl. Joseph	**19 S**	**1. Quasim.**	19 D	Petrus, Cöl.	19 F	Gerv. u. Prt.
20 D	Fab. Sebast.	20 F	Eucherius	20 F	Nicetas	20 M	Sulpitius	20 M	Bernard. v. S.	20 S	Silverius
21 M	Agnes	21 S	Eleonora	21 S	Benediktus	21 D	Anselm	21 D	**Christi Hmlf.**	**21 S**	**3. n. Pfing.**
22 D	Vincentius	**22 S**	**Quinquages.**	**22 S**	**4. Laetare**	22 M	Soter u. Caj.	22 F	Julia, Hel.	22 M	Paulinus
23 F	Verlob. Mar.	23 M	Milburgis	23 M	Viktorinus	23 D	Adalbert	23 S	Desiderius	23 D	Edeltraud
24 S	Timotheus	24 D	**Fastnacht**	24 D	Simon	24 F	Georg	**24 S**	**6. Exaudi**	24 M	Joh. d. Täuf.
25 S	**3. n. Epiph.**	25 M	**Aschermitt.**	25 M	Mar. Verk.	25 S	Markus	25 M	Urban	25 D	Prosper
26 M	Polykarp	26 D	Mechtildis	26 D	Castulus	**26 S**	**2. Miseric.**	26 D	Philipp N.	26 F	Joh. u. Paul
27 D	Joh. Chrys.	27 F	Leander	27 F	Ruppert	27 M	Peregrin. **)	27 M	Beda, Magd.	27 S	Ladislaus
28 M	Karl d. Gr.	28 S	Romanus	28 S	Guntram	28 D	Paul	28 D	Germanus	**28 S**	**4. n. Pfing.**
29 D	Franz v. Sl.			**29 S**	**5. Judica**	29 M	Petrus	29 F	Theodosia	29 M	**Peter u. Paul**
30 F	Martina			30 M	Quirinus	30 D	Kathar. v. S.	30 S	Ferd., Fel.	30 D	Pauli Ged.
31 S	Petrus v. N.			31 D	Benjamin			**31 S**	**Pfingstfest**		

*) Am 7. Januar Geburtsfest Sr. K. H. des Prinzregenten Ludwig. **) Am 27. April Geburtsfest S. M. des Königs Otto I.

1914.

Juli		August		September		Oktober		November		Dezember	
1 M	Theobald	1 S	Petri Kettf.	1 D	Aegidius	1 D	Remigius	1 S	**22. Allerh.**	1 D	Eligius
2 D	Mar. Hmshg.	2 S	**9. n. Pfing.**	2 M	Stephan	2 F	Leodegar	2 M	Allerseelen	2 M	Bibiana
3 F	Eulogius	3 M	Steph. Auff.	3 D	Seraphia	3 S	Candidus	3 D	Hubert	3 D	Franz Xaver
4 S	Ulrich	4 D	Dominikus	4 F	Rosalia	4 S	**18. n. Pfing.**	4 M	Karl. Borr.	4 F	Barbara
5 S	**5. n. Pfing.**	5 M	Mar. Schnee.	5 S	Laurentius	5 M	Plazidus	5 D	Zach. u. Elis.	5 S	Sabas
6 M	Isaias	6 D	Verkl. Chrst.	6 S	**14. n. Pfing.**	6 D	Bruno	6 F	Leonhard	6 S	**2. Advent**
7 D	Willibald	7 F	Afra, Caj.	7 M	Regina	7 M	Markus	7 S	Engelbert	7 M	Ambrosius
8 M	Kilian	8 S	Cyriakus	8 D	Mar. Geb.	8 D	Brigitta	8 S	**23. n. Pfing.**	8 D	**Mar. Empf.**
9 D	Cyrillus	9 S	**10. n. Pfing.**	9 M	Korbinian	9 F	Dionysius	9 M	Theodor	9 M	Leokadia
10 F	Pius I.	10 M	Laurentius	10 D	Nikolaus v. T.	10 S	Franz v. B.	10 D	Andreas Av.	10 D	Melchiades
11 S	Amal., Felix	11 D	Susanna	11 F	Aemilian	11 S	**19. n. Pfing.**	11 M	Martin, B.	11 F	Damasus
12 S	**6. n. Pfing.**	12 M	Klara, Hil.	12 S	Guido	12 M	Maximilian	12 D	Martin, Pp.	12 S	Synesius
13 M	Eugen	13 D	Hipolyt, Cas.	13 S	**15. n. Pfing.**	13 D	Eduard	13 F	Stanislaus	13 S	**3. Advent**
14 D	Bonavent.	14 F	Eusebius	14 M	Hl. † Erh.	14 M	Burkhard	14 S	Serapion	14 M	Nikasius
15 M	Heinrich	15 S	**Mar. Hmlf.**	15 D	Nikomedes	15 D	Theresia	15 S	**24. n. Pfing.**	15 D	Christiana
16 D	Reinald	16 S	**11. n. Pfing.**	16 M	† III. Quat.	16 F	Gallus	16 M	Ottmar	16 M	**† IV. Quat.**
17 F	Alexius	17 M	Liberatus	17 D	Lampert	17 S	Hedwig	17 D	Gregor d. W.	17 D	Lazarus
18 S	Friedrich	18 D	Helene	18 F	† Thom. v. V.	18 S	**20. n. Pfing.**	18 M	Otto, Abt	18 F	† Nemesius
19 S	**7. n. Pfing.**	19 M	Sebald	19 S	† Januarius	19 M	Petrus v. A.	19 D	Elisabeth	19 S	† Christian
20 M	Margareta	20 D	Bernhard	20 S	**16. n. Pfing.**	20 D	Wendelin	20 F	Korbinian	20 S	**4. Advent**
21 D	Daniel, Jul.	21 F	Johanna	21 M	Matthäus	21 M	Ursula	21 S	Mar. Opfer.	21 M	Thomas Ap.
22 M	Maria Magd.	22 S	Symphorian	22 D	Maurus	22 D	Kordula	22 S	**25. n. Pfing.**	22 D	Demetrius
23 D	Liborius	23 S	**12. n. Pfing.**	23 M	Thekla	23 F	Joh. v. Kp.	23 M	Klemens	23 M	Viktoria
24 F	Christina	24 M	Bartholom.	24 D	Gerhard	24 S	Erz. Raph.	24 D	Joh. v. Kr.	24 D	Adam u. Ev.
25 S	Jakob	25 D	Ludwig*)	25 F	Kleophas	25 S	**21. n. Pf.** **)	25 M	Katharina	25 F	**Hl. Christtag**
26 S	**8. n. Pfing.**	26 M	Zephyrinus	26 S	Cyprian	26 M	Evaristus	26 D	Konrad	26 S	**Stephan**
27 M	Pantaleon	27 D	Gebhard	27 S	**17. n. Pfing.**	27 D	Sabina	27 F	Virgilius	27 S	**S. n. Weihn.**
28 D	Innocenz	28 F	Augustin	28 M	Wenzeslaus	28 M	Sim. u. Jud.	28 S	Kreszentia	28 M	Unsch. Kind.
29 M	Martha	29 S	Joh. Enth.	29 D	Michael	29 D	Narzissus	29 S	**1. Advent**	29 D	Thomas.
30 D	Abdon u. S.	30 S	**13. n. Pfing.**	30 M	Otto**)	30 F	Serapion	30 M	Andreas	30 M	David
31 F	Ignatius v. L.	31 M	Raimund			31 S	Wolfgang			31 D	Sylvester

*) Am 25. Aug. Namensfest Sr. K. H. des Prinzregenten Ludwig. **) Am 30. Sept. Namensfest Sr. M. des Königs Otto I.

Januar 1913.

1. Mittw. Beschn. Christi. — Neuj. — Jes.
SA. 8.5. SU. 4.29. — MA. 1.56 Vm. MU. 12.20 Nm. — TL. 8.24
Läutordnung 5 Uhr.

2. Donnerstag. Makarius A. — Abel, Seth.
SA. 8.5. SU. 4.29. — MA. 3.14 Vm. MU. 12.40 Nm. — TL. 8.24
Einweihung der Universität Würzburg 1582.

3. Freitag. Genovefa J., Isaak. — Enoch.
SA. 8.5. SU. 4.30. — MA. 4.31 Vm. MU. 1.5 Nm. — TL. 8.25

4. Samstag. Titus, B. M. — Isabella.
SA. 8.5. SU. 4.31 — MA. 5.46 Vm. MU. 1.38 Nm. — TL. 8.26

Januar 1913.

5. Sonntag. (1. W.) S. n. Neuj. Telesph. — S. n. Neuj.
SA. 8.4. SU. 4.33. — MA. 6.54 Vm. MU. 2.19 Nm. — TL. 8.29

6. Montag. Hl. 3 Könige. — Ersch. Christi.
SA. 8.4. SU. 4.34. — MA. 7.52 Vm. MU. 3.12 Nm. — TL. 8.30

7. Dienstag. Valentin. — Raimund.
SA. 8.4. SU. 4.34. — MA. 8.38 Vm. MU. 4.14 Nm. — TL. 8.30
Patrozinium des Bistums Passau.

8. Mittwoch. Erhard. B. — Erhard.
SA. 8.3. SU. 4.37. — MA. 9.14 Vm. MU. 5.22 Nm. — TL. 8.33

9. Donnerstag. Marzellinus. — Martialis.
SA. 8.3. SU. 4.38. — MA. 9.41 Vm. MU. 6.30 Nm. — TL. 8.35

1. Schebat 5673 der Israeliten.

10. Freitag. Agathon. — Paul der Eins.
SA. 8.3. SU. 4.40. — MA. 10.2 Vm. MU. 7.40 Nm. — TL. 8.37

1 Safar 1331 der Mohammedaner.

11. Samstag. Hyginus, P. M. — Mathilde.
SA. 8.2. SU. 4.41. — MA. 10.19 Vm. MU. 8.47 Nm. — TL. 8.39

12. Sonntag. (2. W.) **1. S. n. Ep. Ernst. — 1. S. n. Ep.**
SA. 8.2. SU. 4.42. — MA. 10.33 Vm. MU. 9.54 Nm. — TL. 8.40

13. Montag. Veronika, Gottfried. — Hilarius.
SA. 8.2. SU. 4.43. — MA. 10.47 Vm. MU. 11.0 Nm. — TL. 8.41

14. Dienstag. Felix v. N. — Felix.
SA. 8.1. SU. 4.45. — MA. 11.0 Vm. — TL. 8.44

15. Mittwoch. Maurus, Paul. M. — Maurus.
SA. 8.00. SU. 4.46. — MA. 11.14 Vm. MU. 12.8 Vm. — TL. 8.46

16. Donnerstag. Marzellus. — Marzellus.
SA. 7.59. SU. 4.48. — MA. 11.31 Vm. MU. 1.18 Nm. — TL. 8.49
Läutordnung halb 6 Uhr.

17. Freitag. Anton, Abt. — Anton.
SA. 7.59. SU. 4.48. — MA. 11.52 Vm. MU. 2.32 Vm. — TL. 8..49

18. Samstag. Petri Stuhlfeier z. Rom. — Prisca.
SA. 7.59. SU. 4.49 — MA. 12.20 Nm. MU. 3.50 Vm. — TL. 8.50

19. **Sonntag.** (3. W.) Septuag. Kanut. — Septuag.
SA. 7.57. SU. 4.51. — MA. 1.0 Nm. MU. 5.8 Vm. — TL. 8.54

20. Montag. Fabian u. Seb. — Fabian u. Seb.
SA. 7.57. SU. 4.53. — MA. 1.55 Nm. MU. 6.22 Vm. — TL. 8.56

21. Dienstag. Agnes; Meinrad. — Agnes.
SA. 7.56. SU. 4.54. — MA. 3.6 Nm. MU. 7.23 Vm. — TL. 8.58

22. Mittwoch. Vincentius, Vinzenz. — Vincentius.
SA. 7.55. SU. 4.55. — MA. 4.32 Nm. MU. 8.13 Vm. — TL. 9.0

23. Donnerstag. Verlob. Mariae. — Emerentia.
SA. 7.54. SU. 4.57. — MA. 6.3 Nm. MU. 8.47 Vm. — TL. 9.3

24. Freitag. Timotheus. — Timotheus.
SA. 7.51. SU. 4.59. — MA. 7 34 Nm. MU. 9.13 Vm. — TL. 9.6

25. Samstag. Pauli Bekehr. — Pauli Bekehr.
SA. 7.51. SU. 5.1. — MA. 8.59 Nm. MU. 9.33 Vm. — TL. 9.10

26. **Sonntag.** (4. W.) Sexag. Polykarp. — Sexag.
SA. 7.50. SU. 5.3. — MA. 10.22 Nm. MU. 9.51 Vm. — TL. 9.13

27. Montag. Joh. Chrysostomus. — Joh. Chrysost.
SA. 7.48 SU. 5.4. — MA. 11.43 Nm. MU. 10.7 Vm. — TL. 9.16
Geburtsfest des deutschen Kaisers Wilhelm II. (1859.)

28. Dienstag. Karl d. Gr. — Karolina.
SA. 7.47. SU. 5.5. — MU. 10.25 Vm. — TL. 9.18

Januar 1913.

29. Mittwoch. Franz v. S. — Valerius.
SA. 7.45. SU. 5.6. — MA. 1.3 Vm. MU. 10.44 Vm. — TL. 9.20

30. Donnerstag. Martina. — Adelgunde.
SA. 7.45. SU. 5.8. — MA. 2.22 Vm. MU. 11.7 Vm. — TL. 9.23

31. Freitag. Petrus v. Nol. — Virgilius.
SA. 7.44. SU. 5.10. — MA. 3.38 Vm. MU. 11.38 Vm. — TL. 9.26

Februar 1913.

1. Samstag. Ignatius, B. M. — Brigitta.
SA. 7.43. SU. 5.11. — MA. 4.48 Vm. MU. 12.16 Nm. — TL. 9.28

Februar 1913.

2. Sonntag. (5. W.) Quinq. **Mar. Lichtm.**— Mar. R.
SA. 7.42. SU. 5.13. — MA. 5.48 Vm. MU. 1.5 Nm. — TL. 9.32

3. Montag. Blasius (14 Noth.). — Blasius.
SA. 7.40. SU. 5.14. — MA. 6.38 Vm. MU. 2.4 Nm. — TL. 9.34

4. Dienstag. Andreas. — Veronika.
SA. 7.39. SU. 5.16. — MA. 7.14 Vm. MU. 3.11 Nm. — TL. 9.37
Fastnacht.

5. Mittwoch. Agathe, Albin. — Agathe.
SA. 7.37. SU. 5.18. — MA. 7.44 Vm. MU. 4.20 Nm. — TL. 9.41
Aschermittwoch.

6. Donnerstag. Dorothea. — Dorothea.
SA. 7.35. SU. 5.20. — MA. 8.8 Vm. MU. 5.29 Nm. — TL. 9.46

7. Freitag. Romuald. — Richard.
SA. 7.33. SU. 5.22. — MA. 8.26 Vm. MU. 6.37 Nm. — TL. 9.49

8. Samstag. Johann v. Matha. — Salomon.
SA. 7.32. SU. 5.23. — MA. 8.41 Vm. MU. 7.44 Nm. — TL. 9.51

1. Adar 5673 der Israeliten.

1. Rebî-el-awwel 1331 der Mohammedaner.

9. **Sonntag.** (6. W.) 1. Invoc. Ap.—Buss-u.Bettag.
SA. 7.51. SU. 5.24. — MA. 8.54 Vm. MU. 8.50 Nm. — TL. 9.52

10. Montag. Scholastika, Aebt. — Wilh., Schol.
SA. 7.30. SU. 5.26. — MA. 9.7 Vm. MU. 9.57 Nm. — TL. 9.56

11. Dienstag. Euphrosine. — Euphrosine.
SA. 7.28. SU. 5.28. — MA. 9.21 Vm. MU. 11.6 Nm. — TL. 10.0

12. Mittwoch. Eulalia. — Eulalia.
SA. 7.26. SU. 5.30. — MA. 9.35 Vm. — TL. 10.4
1. Quatember.

13. Donnerstag. Katharina v. Ricci. — Jordan.
SA. 7.25. SU. 5.32. — MA. 9.54 Vm. MU. 12.17 Vm. — TL. 10.7

Februar 1913.

14. Freitag. Valentin. — Valentin.
SA. 7.23. SU. 5.32. — MA. 10.18 Vm. MU. 1.31 Vm. — TL. 10.10

15. Samstag. Faustinus u. Jovita. — Faustinus.
SA. 7.22. SU. 5.34. — MA. 10.51 Vm. MU. 2.47 Vm. — TL. 10.12

16. **Sonntag.** (7. W.) 2. Rem. Juliana. — Juliana.
SA. 7.20. SU. 5.35. — MA. 11.37 Vm. MU. 4.1 Vm. — TL. 10.15
Läutordnung halb 7 Uhr.

17. Montag. Donatus. — Konstantin.
SA. 7.17. SU. 5.37. — MA. 12.39 Nm. MU. 5.7 Vm. — TL. 10.19

18. Dienstag. Simeon. — Konkordia.
SA. 7.16. SU. 5.39. — MA. 1.56 Nm. MU. 6.1 Vm. — TL. 10.22

19. Mittwoch. Konrad. — Konrad.
SA. 7.14. SU. 5.41. — MA. 3.24 Nm. MU. 6.40 Vm. — TL. 10.27

20. Donnerstag. Eucherius. — Eucherius.
SA. 7.12. SU. 5.42. — MA. 4.55 Nm. MU. 7.11 Vm. — TL. 10.33

21. Freitag. Eleonora. — Eleonora.
SA. 7.11. SU. 5.44. — MA. 6.25 Nm. MU. 7.35 Vm. — TL. 10.35
14. Adar 5673 der Israeliten.

Februar 1913.

22. Samstag. Petri Stuhlfeier. — Petri Stuhlfeier.
SA. 7.9. SU. 5.46. — MA. 7.53 Nm. MU. 7.54 Vm. — TL. 10.37

23. Sonntag. (8. W.) 3. Oculi. Milburgis. — Reinh.
SA. 7.6. SU. 5.47. — MA. 9.19 Nm. MU. 8.10 Vm. — TL. 10.41

24. Montag. Matthias Apost. — Matthias.
SA. 7.5. SU. 5.48. — MA. 10.42 Nm. MU. 8.27 Vm. — TL. 10.43

25. Dienstag. Walburga. — Viktor.
SA. 7.3. SU. 5.51. — MU. 8.47 Vm. — TL. 10.47

Februar 1913.

26. Mittwoch. Mechtildis. — Nestorius.
SA. 7.2. SU. 5.51. — MA. 12.4 Vm. MU. 9.9 Vm. — TL. 10.49

---

27. Donnerstag. Leander. — Leander.
SA. 7.0. SU. 5.53. — MA. 1.24 Vm. MU. 9.37 Vm. — TL. 10.53

---

28. Freitag. Romanus. — Renata.
SA. 6.57. SU. 5.55. — MA. 2.39 Vm. MU. 10.14 Vm. — TL. 10.58

März 1913.

1. Samstag. Suitbert. — Albin, Oskar.
SA. 6.56. SU. 5.55. — MA. 3.44 Vm. MU. 10.59 Vm. — TL. 10.59

März 1913.

2. Sonntag. (9. W.) 4. Lätare. Simplicius. — Luise.
SA. 6.54. SU. 5.58. — MA. 4.37 Vm. MU. 11.57 Vm. — TL. 11.4

3. Montag. Kunigunde. — Kunigunde.
SA. 6.52. SU. 5.59. — MA. 5.19 Vm. MU. 1.1 Nm. — TL. 11.7

4. Dienstag. Kasimir K. — Adrian.
SA. 6.49. SU. 6.1. — MA. 5.50 Vm. MU. 2.10 Nm. — TL. 11.12

5. Mittwoch. Friedrich. — Friedrich.
SA. 6.48. SU. 6.3. — MA. 6.14 Vm. MU. 3.18 Nm. — TL. 11.16

6. Donnerstag. Fridolin. — Fridolin.
SA. 6.46. SU. 6.4. — MA. 6.33 Vm. MU. 4.27 Nm. — TL. 11.18

7. Freitag. Thomas v. A. — Felizitas.
SA. 6.43. SU. 6.6. — MA. 6.48 Vm. MU. 5.35 Nm. — TL. 11.22

8. Samstag. Johann v. Gott, Odst. — Philemon.
SA. 6.41. SU. 6.7. — MA. 7.2 Vm. MU. 6.41 Nm. — TL. 11.26

9. Sonntag. (10. W.) 5. Judica. Franz v. R. — 40 R.
SA. 6.40. SU. 6.8. — MA. 7.15 Vm. MU. 7.49 Nm. — TL. 11.28

März 1913.

10. Montag. 40 Märtyrer. — Alexander.
SA. 6.37. SU. 6.10. — MA. 7.29 Vm. MU. 8.56 Nm. — TL. 11.33

1. Veadar 5673 der Israeliten.

1. Rebî-el-accher 1331 der Mohammedaner.

11. Dienstag. Rosina. — Rosine.
SA. 6.35. SU. 6.11. — MA. 7.42 Vm. MU. 10.7 Nm. — TL. 11.36

12. Mittwoch. Gregor. — Gregor.
SA. 6.34. SU. 6.13. — MA. 8.0 Vm. MU. 11.20 Nm. — TL. 11.39

Geburtsfest S. K. H. des Prinzregenten Luitpold.

13. Donnerstag. Nicephorus. — Ernst.
SA. 6.32. SU. 6.15. — MA. 8.21 Vm. — TL. 11.43

14. Freitag. Mathilde. — Zacharias.
SA. 6.30. SU. 6.16. — MA. 8.50 Vm. MU. 12.34 Vm. — TL. 11.46

15. Samstag. Longinus M. — Christoph.
SA. 6.27. SU. 6.18. — MA. 9.29 Vm. MU. 1.48 Vm. — TL. 11.51

16. Sonntag. (11. W.) **6. Palms.** Herib. — Henriette.
SA. 6.25. SU. 6.19. — MA. 10.22 Vm. MU. 2.56 Vm. — TL. 11.54

17. Montag. Gertraud. — Gertraud.
SA. 6.23. SU. 6.20. — MA. 11.32. Vm. MU. 3.51 Vm. — TL. 11.57

18. Dienstag. Narzissus. — Anselm.
SA. 6.21. SU. 6.21. — MA. 12.53 Nm. MU. 4.36 Vm. — TL. 12.2

19. Mittwoch. Joseph. — Joseph der Ger.
SA. 6.20. SU. 6.23. — MA. 2.20. Nm. MU. 5.8 Vm. — TL. 12.5
Patron der kath. Kirche und Deutschlands.

20. Donnerstag. Nizetas. — Hubert.
SA. 6.17. SU. 6.25. — MA. 3.49 Nm. MU. 5.34 Vm. — TL. 12.8
Gründonnerstag.
11. Veadar 5673 der Israeliten. Fasten-Esther.

21. Freitag. Benediktus. — Benediktus.
SA. 6.16. SU. 6.27. — MA. 5.18 Nm. MU. 5.55 Vm. — TL. 12.12
Frühlingsanfang am 21. März 6 U. 14 M. früh. (Tag u. Nacht gleich.)
Karfreitag.

22. Samstag. Katharina. — Kasimir.
SA. 6.12. SU. 6.28. — MA. 6.44 Nm. MU. 6.12 Vm. — TL. 12.16
Karsamstag.

23. Sonntag. (12. W.) **Ostern.** Viktorinus. — Eberh.
SA. 6.10. SU. 6.29. — MA. 8.10 Nm. MU. 6.30 Vm. — TL. 12.19
14. Veadar 5673 der Israeliten. Purim.

24. Montag. Ostermontag. Simon. — Gabriel.
SA. 6.9. SU. 6.31. — MA. 9.35 Nm. MU. 6.47 Vm. — TL. 12.22
15. Veadar 5673 der Israeliten. Schuchan-Purim.

25. Dienstag. Mariae Verkündigung. — Mar. Verk.
SA. 6.6. SU. 6.33. — MA. 11.0 Nm. MU. 7.9 Vm. — TL. 12.27

26. Mittwoch. Castulus. — Emanuel.
SA. 6.5. SU. 6.36. — MU. 7.35 Vm. — TL. 12.31

27. Donnerstag. Rupert. — Rupert.
SA. 6.3. SU. 6.38. — MA. 12.20 Vm. MU. 8.8 Vm. — TL. 12.35

28. Freitag. Guntram. — Malchus.
SA. 6.0. SU. 6.39. — MA. 1.32 Vm. MU. 8.53 Vm. — TL. 12.39

29. Samstag. Ludolph. — Eustachius.
SA. 5.58. SU. 6.39. — MA. 2.31 Vm. MU. 9.47 Vm. — TL. 12.41

März 1913.

30. Sonntag. (13. W.) I. Quas. Quirinus. — Guido.
SA. 5.55. SU. 6.41. — MA. 3.17 Vm. MU. 10.50 Vm. — TL. 12.46
Weisser Sonntag.

31. Montag. Benjamin. — Traugott.
SA. 5.53. SU. 6.42. — MA. 3.52 Vm. MU. 11.58 Vm. — TL. 12.49

April 1913.

1. Dienstag. Hugo. — Theodora.
SA. 5.52 SU. 6.43. — MA. 4.19 Vm. MU. 1.7 Nm. — TL. 12.51
Läutordnung 7 Uhr. (München 7½ Uhr.)

2. Mittwoch. Franz v. P. — Theodosia.
SA. 5.49. SU. 6.44. — MA. 4.39 Vm. MU. 2.17 Nm. — TL. 12.55

April 1913.

3. Donnerstag. Richard. — Rosamunde.
SA. 5.48. SU. 6.46. — MA. 4.55 Vm. MU. 3.24 Nm. — TL. 12.58

4. Freitag. Isidor. — Ambrosius.
SA. 5.46. SU. 6.47. — MA. 5.11 Vm. MU. 4.31 Nm. — TL. 13.1

5. Samstag. Vinzenz, Ferr. — **Maximus.**
SA. 5.44. SU. 6.49. — MA. 5.23 Vm. MU. 5.39 Nm. — TL. 13.5

6. Sonntag. (14. W.) 2. Miseric. **Sixtus.—Irenäus.**
SA. 5.41. SU. 6.50. — MA. 5.36 Vm. MU. 6.46 Nm. — TL. 13.9

7. Montag. Eberhard. — Egesippus.
SA. 5.39. SU. 6.51. — MA. 5.50 Vm. MU. 7.56 Nm. — TL. 13.12

8. Dienstag. Dionys B. — Albrecht.
SA. 5.38. SU. 6.53. — MA. 6.6 Vm. MU. 9.10 Nm. — TL. 13.15

1. Nisan 5673 der Israeliten.

1. Dschemâdi-el-awwel 1331 der Mohammedaner.

9. Mittwoch. Mar. Cleophä. — Demetrius.
SA. 5.35. SU. 6.55. — MA. 6.27 Vm. MU. 10.25 Nm. — TL. 13.20

10. Donnerstag. Ezechiel. — Daniel.
SA. 5.33. SU. 6.56. — MA. 6.53 Vm. MU. 11.38 Nm. — TL. 13.23

April 1913.

11. Freitag. Leo I. — Julius.
SA. 5.32. SU. 6.57. — MA. 7.29 Vm. — TL. 13.26

12. Samstag. Zeno. — Eustorgius.
SA. 5.30. SU. 6.58. — MA. 8.17 Vm. MU. 12.48 Vm. — TL. 13.28

13. Sonntag. (15. W.) 3. Jub. Hermenegild. — Patr.
SA. 5.28. SU. 7.0 — MA. 9.19 Vm. MU. 1.48 Vm. — TL. 13.32
Josephifeier.

14. Montag. Tiburtius. — Tiburtius.
SA. 5.26. SU. 7.7. — MA. 10.35 Vm. MU. 2.33 Vm. — TL. 13.35

April 1918.

15. Dienstag. Anastasia. — Olympiades.
SA. 5.24. SU. 7.2. — MA. 11.59 Vm. MU. 3.9 Vm. — TL. 13.38

16. Mittwoch. Turibius. — Aaron.
SA. 5.23. SU. 7.4. — MA. 1.24 Nm. MU. 3.34 Vm. — TL. 13.41
Läutordnung halb 8 Uhr. (München 8 Uhr.)

17. Donnerstag. Rudolf. — Rudolf.
SA. 5.20. SU. 7.6. — MA. 2.49 Nm. MU. 3.57 Vm. — TL. 13.46

18. Freitag. Eleutherius; Apollonia. — Valerian.
SA. 5.18. SU. 7.7. — MA. 4.14 Nm. MU. 4.15 Vm. — TL. 13.49

19. Samstag. Werner; Emma. — Hermogenes.
SA. 5.17. SU. 7.8. — MA. 5.39 Nm. MU. 4.33 Vm. — TL. 13.51

20. Sonntag. (16. W.) 4. Cant. Sulpitius. — Sulpit.
SA. 4.15. SU. 7.10. — MA. 7.3 Nm. MU. 4.50 Vm. — TL. 13.56

21. Montag. Anselm. — Adolarius.
SA. 5.13. SU. 7.12. — MA. 8.29 Nm. MU. 5.10 Vm. — TL. 13.59

22. Dienstag. Soter u. Cajus. — Soter u. Gustav.
SA. 5.11. SU. 7.13. — MA. 9.53 Nm. MU. 5.33 Vm. — TL. 14.2
15. Nisan 5673 der Israeliten. — Passah-Anfang.

23. Mittwoch. Adalbert B. — Albert.
SA. 5.10. SU. 7.15. — MA. 11.11 Nm. MU. 6.3 Vm. — TL. 14.5
16. Nisan 5673 der Israeliten. — Zweites Fest.

24. Donnerstag. Georg. — Georg.
SA. 5.8. SU. 7.16. — MU. 6.43 Vm. — TL. 14.8
Georgi-Ritter-Ordensfest.

25. Freitag. Markus. — Markus.
SA. 5.5. SU. 7.17. — MA. 12.17 Vm. MU. 7.35 Vm. — TL. 14.12

26. Samstag. Kletus. — Kletus.
SA. 5.3. SU. 7.19. — MA. 1.11 Vm. MU. 8.35 Vm. — TL. 14.16

April 1913.

27. Sonntag.(17. W.) 5. Rog. Peregrinus. — Peregr.
SA. 5.1. SU. 7.20. — MA. 1.51 Vm. MU. 9.43 Vm. — TL. 14.19

Bittwoche.

Geburtsfest Sr. M. des Königs Otto I.

28. Montag. Paul v. Kr. — Vitalis.
SA. 5.0. SU. 7.22. — MA. 2.22 Vm. MU. 10.52 Vm. — TL. 14.22

21. Nisan 5673 der Israeliten. — Siebentes Fest.

29. Dienstag. Petrus, M. — Sibylla.
SA. 4.58. SU. 7.23. — MA. 2.44 Vm. MU. 12.3 Nm. — TL. 14.25

22. Nisan 5673 der Israeliten. — Achtes Fest.

30. Mittwoch. Kathar. v. Siena. — Eutropius.
SA. 4.56. SU. 7.24. — MA. 3.2 Vm. MU. 1.11 Nm. — TL. 14.28

Mai 1913.

1. Donnerstag. Christi Himmelfahrt. Phil. u. Jak.
SA. 4.55. SU. 7.25. — MA. 3.17 Vm. MU. 2.18 Nm. — TL. 14.30

2. Freitag. Athanasius. — Sigismund.
SA. 4.55. SU. 7.26. — MA. 3.30 Vm. MU. 3.25 Nm. — TL. 14.31

3. Samstag. Hl. † Auffindung. — † Auffindung.
SA. 4.53. SU. 7.28. — MA. 3.43 Vm. MU. 4.32 Nm. — TL. 14.35

4. Sonntag. (18. W.) 6. Exaudi. **Florian. — Florian.**
SA. 4.51. SU. 7.30. — MA. 3.57 Vm. MU. 5.42 Nm. — TL. 14.39

Mai 1913.

5. Montag. Pius V. — Gotthard.
SA. 4.48. SU. 7.32. — MA. 4.13 Vm. MU. 6.55 Nm. — TL. 14.44

6. Dienstag. Joh. v. d. L. Pf. — Dietrich.
SA. 4.47. SU. 7.33. — MA. 4.32 Vm. MU. 8.10 Nm. — TL. 14.46

7. Mittwoch. Stanislaus. — Gottfried.
S. 4.45. SU. 7.34. — MA. 4.56 Vm. MU. 9.26 Nm. — TL. 14.49

8. Donnerstag. Michaels Erschein. — Stanislaus.
SA. 4.44. SU. 7.35. — MA. 5.29 Vm. MU. 10.39 Nm. — TL. 14.51

1. Ijar 5673 der Israeliten.

1. Dschemâdi-el-accher 1331 der Mohammedaner.

9. Freitag. Gregor v. Naz. — Hiob, Hermes.
SA. 4.42. SU. 7.37. — MA. 6.14 Vm. MU. 11.43 Nm. — TL. 14.55

10. Samstag. Antonie. — **Viktoria,** Gord.
SA. 4.41. SU. 7.39. — MA. 7.13 Vm. — TL. 14.58

11. Sonntag. (19. W.) **Pfingstsonnt.** Mamertus. — Ad.
SA. 4.39. SU. 7.40. — MA. 8.24 Vm. MU. 12.33 Vm. — TL. 15.1

12. Montag. Pfingstmontag. Pankratius. — Pankr.
SA. 4.37. SU. 7.41. — MA. 9.45 Vm. MU. 1.11 Vm. — TL. 15.4
Drei Eismänner.

Mai 1913.

13. Dienstag. Servatius, B. — Servatius.
SA. 4.36 SU. 7.42. — **MA.** 11.9 Vm. MU. 1.40 Vm. — **TL. 15.6**

14. Mittwoch. Bonifaz M. — Christian.
SA. 4.35. SU. 7.44. — **MA.** 12.31 Nm. MU. 2.3 Vm. — **TL. 15.9**
II. Quatember.

15. Donnerstag. Sophia. — Sophia.
SA. 4.34. SU. 7.44. — MA. 1.54 Nm. MU. 2.22 Vm. — TL. 15.11

16. Freitag. Joh. v. N. — Peregrinus.
SA. 4.33. SU. 7.46. — **MA.** 3.15 Nm. MU. 2.38 Vm. — TL. 15.13
Läutordnung halb 9 Uhr.

17. Samstag. Paschalis. — Eubertus.
SA. 4.31. SU. 7.48. — MA. 4.38 Nm. MU. 2.55 Vm. — TL. 15.17

18. **Sonntag.** (20. W.) **Dreifaltigkeitsf.** Venantius.
SA. 4.30. SU. 7.49. — MA. 6.2 Nm. MU. 3.12 Vm. — TL. 15.19

19. Montag. Petrus, Cölestin. — Potentian.
SA. 4.29. SU. 7.50. — MA. 7.25 Nm. MU. 3.34 Vm. — TL. 15.21
Ivo, B. v. Chartres, Patron der Juristen.

20. Dienstag. Bernhard v. S. — Athanasius.
SA. 4.28. SU. 7.51. — MA. 8.47 Nm. MU. 4.0 Vm. — TL. 15.23

Mai 1913.

21. Mittwoch. Konstantin. — Prudens.
SA. 4.27. SU. 7.53. — MA. 9.59 Nm. MU. 4.36 Vm. — TL. 15.26

22. Donnerstag. Fronleichnam. Julia. — Helene.
SA. 4.26. SU. 7.54. — MA. 10.59 Nm. MU. 5.23 Vm. — TL. 15.28

23. Freitag. Desiderius. — Desiderius.
SA. 4.25. SU. 7.55. — MA. 11.46 Nm. MU. 6.20 Vm. — TL. 15.30

24. Samstag. Johanna. — Esther.
SA. 4.23. SU. 7.57. — MU. 7.25 Vm. — TL. 15.34

25. Sonntag. (21. W.) 2. n. Pf. Urban. — 1. n. Tr.
SA. 4.22. SU. 7.37. — MA. 12.21 Vm. MU. 8.35 Vm. — TL. 15.35
18. Ijar 5673 der Israeliten. Lag-B'omer.

26. Montag. Phil. Neri. — Beda, Eduard.
SA. 4.22. SU. 7.57. — MA. 12.47 Vm. MU. 9.48 Vm. — TL. 15.35

27. Dienstag. Magdalena. — Luzian.
SA. 4.21. SU. 7.57. — MA. 1.6 Vm. MU. 10.57 Vm. — TL. 15.37

28. Mittwoch. Germanus. — Wilhelm.
SA. 4.21. SU. 8.0. — MA. 1.22 Vm. MU. 12.5 Nm. — TL. 15.39

Mai 1913.

29. Donnerstag Theodosia. — Christiana.
SA. 4.20. SU. 8.1. — MA. 1.35 Vm. MU. 1.11 Nm. — TL. 15.41

30. Freitag. Ferdinand, Felix. — Wigand.
SA. 4.19. SU. 8.2. — MA. 1.50 Vm. MU. 2.17 Nm. — TL. 15.43

31. Samstag. Angela. — Petronilla.
SA. 4.18. SU. 8.3. — MA. 2.3 Vm. MU. 3.25 Nm. — TL. 15.44

Juni 1913.

1. Sonntag. (22. W.) 3. n. Pf. Juventius. 2. n. Tr.
SA. 4.18. SU. 8.4. — MA. 2.17 Vm. MU. 4.37 Nm. — TL. 15.46
Läutordnung 9 Uhr.

Juni 1913.

2. Montag. Erasmus. — Marquard.
SA. 4.17. SU. 8.5. — MA. 2.35 Vm. MU. 5.51 Nm. — TL. 15.48

3. Dienstag. Klotildis. — Erasmus.
SA. 4.16. SU. 8.6. — MA. 2.58 Vm. MU. 7.7 Nm. — TL. 15.50

4. Mittwoch. Quirinus. — Karpasius.
SA. 4.16. SU. 8.7. — MA. 3.28 Vm. MU. 8.23 Nm. — TL. 15.51

5. Donnerstag. Bonifazius. — Bonifaz.
SA. 4.15. SU. 8.8. — MA. 4.8 Vm. MU. 9.32 Nm. — TL. 15.53
Bonifaz, Apostel der Deutschen.

Juni 1913.

6. Freitag. Norbert. — Benignus.
SA. 4.15. SU. 8.6. — MA. 5.3 Vm. MU. 10 28 Nm. — TL. 15.54

1. Sivan 5673 der Israeliten.
1. Redscheb 1331 der Mohammedaner.

7. Samstag. Robert. — Lucretia.
SA. 4.15. SU. 8.10. — MA. 6.12 Vm. MU. 11.12 Nm. — TL. 15.55

8. Sonntag. (23. W.) 4 n. Pf. Medardus. — 3. n. Tr.
SA. 4.14. SU. 8.11. — MA. 7.33 Vm. MU. 11.43 Nm. — TL. 15.57

9. Montag. Primus. — Primus.
SA. 4.12. SU. 8.11. — MA. 8.57 Vm. — TL. 15.58

10. Dienstag. Margaretha. — Onuphrius.
SA. 4.14. SU. 8.11. — MA. 10.21 Vm. MU. 12.8 Vm. — TL. 15.59

11. Mittwoch. Barnabas. — Barnabas.
SA. 4.13. SU. 8.12. — MA. 11.43 Vm. MU. 12.27 Vm. — TL. 15.59
6. Sivan 5673 der Israeliten. — Wochenfest (Pfingsten).

12. Donnerstag. Basilides. — Basilides.
SA. 4.13. SU. 8.12. — MA. 1.4 Nm. MU. 12.44 Vm. — TL. 15.59
7. Sivan 5673 der Israeliten. (Zweites Fest).

13. Freitag. Anton v. Padua. — Tobias.
SA. 4.13. SU. 8.12. MA. 2.23 Nm. MU. 1.1 Vm. — TL. 15.59
Totenfeier für weiland König Ludwig II.

14. Samstag. Basilius. — Antonia.
SA. 4.13. SU. 8.14. — MA. 3.44 Nm. MU. 1.18 Vm. — TL. 16.1

15. Sonntag. (24. W.) 5. n. Pf. Vitus. — 4. n. Tr.
SA. 4.13. SU. 8.14. — MA. 5.6 Nm. MU. 1.37 Vm. — TL. 16.1

16. Montag. Benno. — Justine.
SA. 4.12. SU. 8.15. — MA. 6.26 Nm. MU. 2.1 Vm. — TL. 16.3
Patrozinium der Hauptstadt München.

17. Dienstag. Adolf. — Volkmar.
SA. 4.12. SU. 8.15. — MA. 7.42 Nm. MU. 2.33 Vm. — TL. 16.3

18. Mittwoch. Markus u. Marcellus. — Arnulf.
SA. 4.12. SU. 8.15. — MA. 8.48 Nm. MU. 3.13 Vm. — TL. 16.3

19. Donnerstag. Gervasius u. Prot. — Gervasius.
SA. 4.13. SU. 8.16. — MA. 9.39 Nm. MU. 4.6 Vm. — TL. 16.3

20. Freitag. Silverius. — Silverius.
SA. 4.13. SU. 8.16. — MA. 10.18 Nm. MU. 5.10 Vm. — TL. 16.3

21. Samstag. Aloysius. — Albanus.
SA. 4.13. SU. 8.16. — MA. 10.48 Nm. MU. 6.19 Vm. — TL. 16.?

Juni 1913.

22. Sonntag. (25. W.) 6. n. Pf. Paulina. — 5. n. Tr
SA. 4.13. SU. 8.16. — MA. 11.10 Nm. MU. 7.30 Vm. — TL. 16.3
Sommeranfang 2 Uhr 11 Min. früh.

---

23. Montag. Edeltraud. — Basilius.
SA. 4.13. SU. 8.16. — MA. 11.27 Nm. MU. 8.42 Vm. — TL. 16.3

---

24. Dienstag. Johannes der Täufer. — Joh. d. T.
SA. 4.14. SU. 8.16. MA. 11.42 Nm. MU. 9.51 Vm. — TL. 16.2

---

25. Mittwoch. Prosper. — Eulogius.
SA. 4.15. SU. 8.16. — MA. 11.55 Nm. MU. 10.57 Vm. TL. 16.2
Augsburger Konfession 1536.

Juni 1913.

26. Donnerstag. Johann u. Paul. — Jeremias.
SA. 4.15. SU. 8.16. — MU. 12.3 Nm. — TL. 16.1
Stiftungstag der Universität München 1472.

27. Freitag. Ladislaus. — Philippine.
SA. 4.16. SU. 8.16. — MA. 12.8 Vm. MU. 1.9 Nm. — TL. 16.0

28. Samstag. Leo II. — Josua.
SA. 4.16. SU. 8.16. — MA. 12.22 Vm. MU. 2.18 Nm. — TL. 16.0

29. Sonntag. (26. W.)**Peter u. P.** 7. n. Pf. —6. n. Tr.
SA. 4.17. SU. 8.16. — MA. 12.38 Vm. MU. 3.31 Nm. — TL. 15.59

Juni 1913.

30. Montag. Pauli Ged. — Pauli Ged.
SA. 4.18. SU. 8.15. — MA. 12.58 Vm. MU. 4.47 Nm. — TL. 15.58

Juli 1913.

1. Dienstag. Theobald. — Theobald.
SA. 4.18. SU. 8.16. — MA. 1.24 Vm. MU. 6.2 Nm. — TL. 15.58
Läutordnung 9 Uhr.

---

2. Mittwoch. Mariä Heims. — Mariä Heims.
SA. 4.19. SU. 8.15. — MA. 2.0 Vm. MU. 7.14 Nm. — TL. 15.56

---

3. Donnerstag. Eulogius. — Kornelius.
SA. 4.19. SU. 8.15. — MA. 2.48 Vm. MU. 8.17 Nm. — TL. 15.56

4. Freitag. Ulrich, B. v. Augsb. — Ulrich.
SA. 4.20. SU. 8.15. — MA. 3.53 Vm. MU. 9.7 Nm. — TL. 15.54
Patrozinium des Bistums Augsburg.

5. Samstag. Domitius. — Charlotte.
SA. 4.21. SU. 8.14. — MA. 5.11 Vm. MU. 9.43 Nm. — TL. 15.53

6. Sonntag. (27. W.) 8. n. Pf. Isaias. — 7. n. Tr
SA. 4.23. SU. 8.13. — MA. 6.37 Vm. MU. 10.11 Nm. — TL. 15.51
1. Thamuz 5673 der Israeliten.
1. Schabân 1331 der Mohammedaner.

7. Montag. Willibald. — Willibald.
SA. 4.22. SU. 8.13. — MA. 8.4 Vm. MU. 10.33 Nm. — TL. 15.51

8. Dienstag. Kilian. — Kilian.
SA. 4.22. SU. 8.12. — MA. 9.30 Vm. MU. 10.51 Nm. — TL. 15.50

9. Mittwoch. Cyrillus. — Gottlob.
SA. 4.24. SU. 8.12. — MA. 10.52 Vm. MU. 11.8 Nm. — TL. 15.48

10. Donnerstag. Felizitas. — Jakobina.
SA. 4.25. SU. 8.12. — MA. 12.12 Nm. MU. 11.24 Nm. — TL. 15.46

11. Freitag. Pius I. — Pius, Eleonore.
SA. 4.26. SU. 8.10. — MA. 1.34 Nm. MU. 11.42 Nm. — TL. 15.44

12. Samstag. Joh. Qualbert. — Heinrich.
SA. 4.27. SU. 8.9. — MA. 2.54 Nm. — TL. 15.41

13. Sonntag. (28. W.) 9. n. Pf. Eugen. — 8. n. Tr.
SA. 4.28. SU. 8.8. — MA. 4.14 Nm. MU. 12.4 Vm. — TL. 15.40
Patrozinium des Erzbistums Bamberg. (Heinrich.)

14. Montag. Bonaventura. — Bonaventura.
SA. 4.29. SU. 8.8. — MA. 5.30 Nm. MU. 12.33 Vm — TL. 15.39
Schluss der Mittelschulen.

15. Dienstag. Heinrich. — Apostel-Teilung.
SA. 4.30. SU. 8.7. — MA. 6.38 Nm. MU. 1.10 Vm. — TL. 15.37
Anfang der Gerichtsferien.

16. Mittwoch. Reinald. — Ruth.
SA. 4.31. SU. 8.6. — MA. 7.34 Nm. MU. 1.58 Vm. — TL. 15.35
Läutordnung halb 9 Uhr.

17. Donnerstag. Alexius. — Alexius.
SA. 4.32. SU. 8.5. — MA. 8.17 Nm. MU. 2.57 Vm. — TL. 15.33

18. Freitag. Friedrich. — Maternus.
SA. 4.33. SU. 8.4. — MA. 8.48 Nm. MU. 4.5 Vm. — TL. 15.31

19. Samstag. Vinzenz v. P. — Rufina.
SA. 4.35. SU. 8.3. — MA. 9.13 Nm. MU. 5.17 Vm. — TL. 15.28

20. Sonntag. (29. W.) 10. n. Pf. Margar. — 9. n. Tr.
SA. 4.36. SU. 8.2. — MA. 9.32 Nm. MU. 6.27 Vm. — TL. 15.27

---

21. Montag. Julia. — Daniel.
SA. 4.37. SU. 8.2. — MA. 9.47 Nm. MU. 7.37 Vm. — TL. 15.26

---

22. Dienstag. Maria Magdalena. — Mar. Magd.
SA. 4.38. SU. 8.1. — MA. 10.1 Nm. MU. 8.44 Vm. — TL. 15.23
17. Thamuz 5673 der Israeliten. — Fasten. Tempeleroberung.

---

23. Mittwoch. Liborius. — Apollonia.
SA. 4.38. SU. 7.59. — MA. 10.13 Nm. MU. 9.51 Vm. — TL. 15.20
Hundstage-Anfang.

Juli 1913.

24. Donnerstag. Christina. — Christina.
SA. 4.40. SU. 7.58. — **MA.** 10.27 Nm. MU. 10.57 Vm. — **TL.** 15.18

25. Freitag. Jakob. — Jakob.
SA. 4.41. **SU.** 7.57. — **MA.** 10.42 Nm. MU. 12.3 Nm. — **TL.** 15.16

26. Samstag. Anna. — Anna.
SA. 4.42. SU. 7.56. — MA. 11.0 Nm. MU. 1.13 Nm. — **TL.** 15.14

Patrozinium des Herzogtum Sulzbach.

St. Anna-Ordensfest in München und Würzburg.

27. Sonntag. (30. W.) **11. n. Pf.** Pantal. — **10. n. Tr.**
SA. 4.33. SU. 7.54. — **MA.** 11.21 Nm. MU. 2.26 Nm. — **TL.** 15.11

28. Montag. Innoc. V.; Victor. — Pantaleon.
SA. 4.45. SU. 7.53. — MA. 11.52 Nm. MU. 3.41 Nm. — TL. 15.8

29. Dienstag. Martha, Flora. — Beatrix.
SA. 4.46. SU. 7.52. — MU. 4.54 Nm. — TL. 15.6

30. Mittwoch. Abdon u. Sen. — Abdon u. Sen.
SA. 4.47. SU. 7.51. — MA. 12.35 Vm. — MU. 6.1 Nm. — TL. 15.4

31. Donnerstag. Ignat. v. L. — Trasibul.
SA. 4.48. SU. 7.49. — MA. 1.30 Vm. MU. 6.56 Nm. — TL. 15.1

August 1913.

1. Freitag. Petri Kettenfeier. — Petri Kettenfeier.
SA. 4.50. SU. 7.48. — MA. 2.40 Vm. MU. 7.39 Nm. — TL. 14.58

2. Samstag. Alfons v. L. — Gustav.
SA. 4.51. SU. 7.47. — MA. 4.7 Vm. MU. 8.10 Nm. — TL. 14.56

3. Sonntag. (31. W.) 12. n. Pf. Steph. A. — 11. n. Tr.
SA. 4.52. SU. 7.45. — MA. 5.37 Vm. MU. 8.35 Nm. — TL. 14.53

4. Montag. Dominikus. — Dominikus.
SA. 4.53. SU. 7.43. — MA. 7.6 Vm. MU. 8.55 Nm. — TL. 14.50

1. Ab 5673 der Israeliten.

1. Ramadân 1331 der Mohammedaner.

5. Dienstag. Maria Schnee. — Oswald.
SA. 4.55. SU. 7.41. — MA. 8.32 Vm. — MU. 9.12 Nm. — TL. 14.45

6. Mittwoch. Verkl. Christi. Xystus P. — Verkl. Chr.
SA. 4.57. SU. 7.39. — MA. 9.56 Vm. MU. 9.29 Nm. — TL. 14.42

7. Donnerstag. Afra, Cajetan. — Ulrika.
SA. 4.58. SU. 7.38. — MA. 11.19 Vm. MU. 9.47 Nm. — TL. 14.40

8. Freitag. Cyriakus. — Cyriakus.
SA. 4.59. SU. 7.37. — MA. 11.42 Vm. MU. 10.8 Nm. — TL. 14.38
Friedensfest in Augsburg (1650).

August 1913.

9. Samstag. Romanus. — Erikus, Romanus.
SA. 5.0. SU. 7.35. — MA. 2.4 Nm. MU. 10.34 Nm. — TL. 14.35

10. Sonntag.(32. W.) 13.n.Pf.Laurentius. — 12.n.Tr.
SA. 5.2. SU. 7.33. — MA. 3.23 Nm. MU. 11.9 Nm. — TL. 14.31

Sternschnuppenfall mit dem Rotationspunkt im Perseus. Perseiden, feurige Tränen des hl. Laurentius.

Patrozinium des Stiftes Kempten.

Kinderfest in Augsburg.

11. Montag. Susanna. — Hermann.
SA. 5.4. SU. 7.31. — MA. 4.32 Nm. MU. 11.54 Nm. — TL. 14.27

12. Dienstag. Klara, Hilaria. — Klara.
SA. 5.6. SU. 7.29. — MA. 5.31 Nm. — TL. 14.24

9. Ab 5673 der Israeliten. — Fasten. Tempelverbrennung

August 1913.

13. Mittwoch. Hippolyt, Kassian. — Hippolyt.
SA. 5.7. SU. 7.28. — MA. 6.17 Nm. MU. 12.50 Vm. — TL. 14.22

14. Donnerstag. Eusebius. — Eusebius.
SA. 5.7. SU. 7.27. — MA. 6.52 Nm. MU. 1.54 Vm. — TL. 14.20

15. Freitag. **Mariä Himmelfahrt.** — Mar. Heimg.
SA. 5.8. SU. 7.26. — MA. 7.17 Nm. MU. 3.4 Vm. — TL. 14.18

Patrozinium des Bistums Speyer.

16. Samstag. Rochus. — Rochus.
SA. 5.9. SU. 7.24. — MA. 7.38 Nm. MU. 4.16 Vm. — TL. 14.15

17. Sonntag. (33. W.) 14. n. Pf. Liberatus. — 13. n. Tr.
SA. 5.11. SU. 7.22. — MA. 7.55 Nm. MU. 5.25 Vm. — TL. 14.11

18. Montag. Helena. — Agapitus.
SA. 5.12. SU. 7.20. — MA. 8.8 Nm. MU. 6.33 Vm. — TL. 14.8

19. Dienstag. Sebald. — Sebald.
SA. 5.14. SU. 7.18. — MA. 8.21 Nm. MU. 7.40 Vm. — TL. 14.4

20. Mittwoch. Bernhard. — Bernhard.
SA. 5.15. SU. 7.16. — MA. 8.34 Nm. MU. 8.45 Vm. — TL. 14.1

August 1913.

21. Donnerstag. Johann. — Hartwig.
SA. 5.16. SU. 7.14. — MA. 8.47 Nm. MU. 9.52 Vm. — TL. 13.58

22. Freitag. Timotheus u. Symphorian. — Symphor.
SA. 5.18. SU. 7.12. — MA. 9.3 Nm. MU. 11.0 Vm. — TL. 13.54

23. Samstag. Philipp B. — Zachäus.
SA. 5.20. SU. 7.10. — MA. 9.23 Nm. MU. 12.11 Nm. — TL. 13.50

24. Sonntag. (34. W.)15. n. Pf. Bartholom.—14. n. Tr.
SA. 5.21. SU. 7.8. — MA. 9.49 Nm. MU. 1.23 Nm. — TL. 13.47

August 1913.

25. Montag. Ludwig. — Ludwig.
SA. 5.23. SU. 7.5. — MA. 10.25 Nm. MU. 2.36 Nm. — TL. 13.42

26. Dienstag. Zephyrinus, Samuel. — Samuel.
SA. 5.24. SU. 7.4. — MA. 11.13 Nm. MU. 3.45 Nm. — TL. 13.43

27. Mittwoch. Gebhard. — Gebhard.
SA. 5.25. SU. 7.2. — MU. 4.44 Nm. — TL. 13.37

28. Donnerstag. Augustin. — Augustin.
SA. 5.27. SU. 7.0. — MA. 12.17 Vm. MU. 5.31 Nm. — TL. 13.33

August 1913.

29. Freitag. Johannes Enthaupt., Sab. — Joh. Enth.
SA. 5.28. SU. 6.58. — MA. 1.36 Vm. MU. 6.7 Nm. — TL. 13.30

30. Samstag. Rosa v. L. — Rebekka.
SA. 5.29. SU. 6.56. MA. 3.2 Vm. MU. 6.35 Nm. — TL. 13.27

31. Sonntag. (35. W.) 16. n. Pf. Raimund. — 15. n. Tr.
SA. 5.31. SU. 6.53. — MA. 4.31 Vm. MU. 6.57 Nm. — TL. 13.24

September 1913.

1. Montag. Aegidius. — Aegidius.
SA. 5.33. SU. 6.53. — MA. 6.1 Vm. MU. 7.15 Nm. — TL. 13.20
Läutordnung halb 8 Uhr.

September 1913.

2. Dienstag. Stephan. — Absalon.
SA. 5.34. SU. 6.50. — MA. 7.29 Vm. MU. 7.33 Nm. — TL. 13.17

3. Mittwoch. Seraphia. — Mansuetas.
SA. 5.35. SU. 6.48. — MA. 8.55 Vm. MU. 7.51 Nm. — TL. 13.14

1. Elul 5673 der Israeliten.

1. Schewwâl 1331 der Mohammedaner.

4. Donnerstag. Rosalia. — Moses.
SA. 5.36. SU. 6.47. — MA. 10.21 Vm. MU. 8.11 Nm. — TL. 13.11

5. Freitag. Laurentius. — Herkules.
SA. 5.37. SU. 6.45. — MA. 11.47 Vm. MU. 8.35 Nm. — TL. 13.8

6. Samstag. Magnus. — Magnus.
SA. 5.39. SU. 6.43. — MA. 1.10 Nm. — MU. 9.7 Nm. — TL. 13.4
Magnus, Apostel des Allgäu.

7. Sonntag. (36. W.) 17. n. Pf. Regina. — 16. n. Tr.
SA. 5.40. SU. 6.41. — MA. 2.24 Nm. MU. 9.50 Nm. — TL. 13.1

8. Montag. Mariä Geburt. — Mar. Geburt.
SA. 5.41. SU. 6.38. — MA. 3.29 Nm. MU. 10.41 Nm. — TL. 12.57

9. Dienstag. Korbinian, Gorgonius. — Gorgonius.
SA. 5.43. SU. 6.37. — MA. 4.18 Nm. MU. 11.45 Nm. — TL. 12.54

10. Mittwoch. Nikolaus v. T. — Jodokus.
SA. 5.45. SU. 6.35. — MA. 4.55 Nm. — TL. 12.50

11. Donnerstag. Aemilian. — Protus.
SA. 5.46. SU. 6.32. — MA. 5.23 Nm. MU. 12.53 Vm. — TL. 12.46

12. Freitag. Guido. — Syrus, Ottilia.
SA. 5.47. SU. 6.30. — MA. 5.44 Nm. MU. 2.5 Vm — TL. 12.43

13. Samstag. Tobias. — Gottlieb.
SA. 5.49. SU. 6.29. — MA. 6.2 Nm. MU. 3.15 Vm. — TL. 12.40

14. Sonntag. (37. W.) 18. n. Pf. Hl. † Erh. — 17. n. Tr.
SA. 5.50. SU. 6.26. — MA. 6.15 Nm. MU. 4.24 Vm. — TL. 12.36

15. Montag. Nikomedes. — Nikomedes.
SA. 5.52. SU. 6.24. — MA. 6.29 Nm. MU. 5.31 Vm. — TL. 12.32
Ende der Gerichtsferien.

16. Dienstag. Kornelius. — Euphemia.
SA. 5.53. SU. 6.21. MA. 6.42 Nm. MU. 6.37 Vm. — TL. 12.28

17. Mittwoch. Lampert. — Lampert.
SA. 5.54. SU. 6.19. — MA. 6.55 Nm. MU. 7.43 Vm. — TL. 12.25
III. Quatember.

September 1913.

18. Donnerstag. Thomas v. Villf. — Titus, Siegfried.
SA. 5.55. SU. 6.17. — MA. 7.10 Nm. MU. 8.50 Vm. — TL. 12.22

19. Freitag. Januarius. — Mikleta, Jan.
SA. 5.57. SU. 6.14. — MA. 7.28 Nm. MU. 10.0 Vm. — TL. 12.17

20. Samstag. Eustachius. — Fausta.
SA. 5.58. SU. 6.13. — MA. 7.52 Nm. MU. 11.11 Vm. — TL. 12.15

21. Sonntag. (38. W.) 19. n. Pf. Matthäus. — 18. n. Tr.
SA. 6.0. SU. 6.12. — MA. 8.24 Nm. MU. 12.22 Nm. — TL. 12.12

22. Montag. Mauritius. — Moritz.
SA. 6.1. SU. 6.9. — MA. 9.5 Nm. MU. 1.31 Nm. — TL. 12.8

23. Dienstag. Thekla, Linus. — Thekla.
SA. 6.3. SU. 6.7. — MA. 10.2 Nm. MU. 2.34 Nm. — TL. 12.4
Herbstanfang am 23. Sept. 5 Uhr nachm. (Tag und Nacht gleich)

24. Mittwoch. Gerhard. — Gerhard.
SA. 6.4. SU. 6.5. — MA. 11.11 Nm. MU. 3.25 Nm. — TL. 12.1

25. Donnerstag. Kleophas. — Kleophas.
SA. 6.6 SU. 6.3. — MU. 4.4 Nm. — TL. 11.57

26. Freitag. Cyprian. — Cyprian.
SA. 6.7. SU. 6.1. — **MA.** 12.31 Vm MU. 4.35 Nm. — **TL.** 11.54

---

27. Samstag. Kosmos u. Dam. — Kosm. u. Dam.
SA. 6.8. SU. 5.59. — **MA.** 1.59 Vm. MU. 4.58 Nm. — **TL.** 11.51

---

28. Sonntag. (39. W.)20. n. Pf. Wenz. — 19. n. Tr.
SA. 6.9. SU. 5.57. — **MA.** 3.26 Vm. MU. 5.18 Nm. — **TL.** 11.48

---

29. Montag. Michael. — Michael.
SA. 6.11. SU. 5.55. — **MA.** 4.53 Vm. MU. 5.36 Nm. — **TL.** 11.44

September 1913.

30. Dienstag. **Otto.** — Hieronymus.
SA. 6.12. SU. 5.53. — MA. 6.21 Vm. MU. 5.53 Nm. — TL. 11.41

Namensfest Sr. M. des Königs Otto I

Oktober 1913.

1. Mittwoch. Remigius. — Remigius.
SA. 6.14. SU. 5.50. — MA. 7.49 Vm. MU. 6.12 Nm. — TL. 11.36

---

2. Donnerstag. Leodegar. — Johanna.
SA. 6.16. SU. 5.48. — MA. 9.17 Vm. MU. 6.35 Nm. — TL. 11.32

1. Tischri 5674 der Israeliten. — Neujahrsfest.
(Gemeinjahr von 354 Tagen.)

1. Dsû'l-Kade 1331 der Mohammedaner.

---

3. Freitag. Candidus. — Jairus.
SA. 6.17. SU. 5.46. — MA. 10.45 Vm. MU. 7.5 Nm. — TL. 11.26

2. Tischri 5674 der Israeliten. Zweites Fest.

Oktober 1913.

4. Samstag. Franz Sales. — Franz.
SA. 6.19. SU. 5.44. — MA. 12.6 Nm. MU. 7.44 Nm. — TL. 11.25

5. Sonntag. (40. W.)21. n. Pf. Placidus. —20. n. Tr.
SA. 6.20. SU. 5.43. — MA. 1.17 Nm. MU. 8.35 Nm. — TL. 11.22
Rosenkranzfest.
4. Tischri 5673 der Israeliten. — Fasten-Gedaljah.

6. Montag. Bruno. — Fides.
SA. 6.21. SU. 5.40. — MA. 2.13 Nm. MU. 9.35 Nm. — TL. 11.19

7. Dienstag. Markus, Aug. — Amalia, Charit.
SA. 6.22. SU. 5.38. — MA. 2.55 Nm. MU. 10.43 Nm. — TL. 11.16

8. Mittwoch. Brigitta. — Pelagius.
SA. 6.24. SU. 5.36. — MA. 3.27 Nm. MU. 11.54 Nm. — TL. 11.12

9. Donnerstag. Dionysius. — Dionysius.
SA. 6.26. SU. 5.33. — MA. 3.50 Nm. — TL. 11.7

10. Freitag. Franz v. Borgias. — Gideon.
SA. 6.28. SU. 5.32. — MA. 4.9 Nm. MU. 1.5 Vm. — TL. 11.4

11. Samstag. Germanus. — Burkhard.
SA. 6.30. SU. 5.30. — MA. 4.24 Nm. MU. 2.14 Vm. — TL. 11.0
10. Tischri 5674 der Israeliten. — Versöhnungsfest.

Oktober 1913.

12. Sonntag. (41. W.) 22. n. Pf. Maximil. — 21. n. Tr
SA. 6.30. SU. 5.28. — MA. 4.37 Nm. MU. 3.22 Vm. — TL. 10.58
Max-Josef-Ritterfest.

13. Montag. Eduard. — Kolomann.
SA. 6.32. SU. 5.25. — MA. 4.50 Nm. MU. 4.27 Vm. — TL. 10.54

14. Dienstag. Burkhard. — Kallixtus.
SA. 6.34. SU. 5.24. — MA. 5.3 Nm. MU. 5.33 Vm. — TL. 10.50

15. Mittwoch. Theresia. — Theresia.
SA. 6.35. SU. 5.22. — MA. 5.18 Nm. MU. 6.40 Vm. — TL. 10.47
Theresien-Ordensfest.

16. Donnerstag. Gallus. — Gallus.
SA. **6.35. SU. 5.22.** — **MA.** 5.36 Nm. MU. 7.50 Vm. — TL. **10.43**

15. Tischri 5674 der Israeliten. — Laubhüttenfest.

17. Freitag. Hedwig, Florent. — Florentine.
SA. 6.38. SU. 5.18. — **MA.** 5.57 Nm. MU. 9.1 Vm. — **TL. 10.40**

16. Tischri 5674 der Israeliten. — Zweites Fest.

18. Samstag. Lukas. — Lukas.
SA. **6.40.** SU. 5.16. — **MA.** 6.26 Nm. MU. **10.13** Vm. — TL. **10.37**

19. Sonntag. (42. W.) 23. n. Pf Pet. v. A. — 22. n. Tr.
SA. **6.41.** SU. 5.15. — MA. 7.5 Nm. MU. 11.23 Vm. — TL. **10.34**

20. Montag. Wendelin. — Wendelin.
SA. 6.43. SU. 5.13. — **MA.** 7.55 Nm. MU. 12.27 Nm. — **TL.** 10.30

21. Dienstag. Ursula. — Ursula.
SA. 6.44. SU. 5.12. — **MA.** 8.59 Nm. MU. 1.21 Nm. — **TL.** 10.28

22. Mittwoch. Kordula. — Kordula.
SA. 6.45. SU. 5.10. — **MA.** 10.15 Nm. MU. 2.6 Nm. — **TL.** 10.25
21. Tischri 5674 der Israeliten. — Palmenfest.

23. Donnerstag. Johann v. Capr. — Severin.
SA. 6.47. SU. 5.8. — **MA.** 11.36 Nm. MU. 2.34 Nm. — **TL.** 10.22
22. Tischri 5674 der Israeliten. — Laubhütten-Ende.

24. Freitag. Raphael. — Salome.
SA. 6.48. SU. 5.6. — MU. 2.59 Nm. — TL. 10.18
23. Tischri 5674 der Israeliten. — Gesetzesfreude.

25. Samstag. Crispin u. Crispine. — Wilhelmine.
SA. 6.50. SU. 5.4. — MA. 1.0 Vm. MU. 3.20 Nm. — TL. 10.14

26. Sonntag. (43. W.) 24. n. Pf. Evaristus. — 23. n. Tr.
SA. 6.52. SU. 5.2. — MA. 2.23 Vm. MU. 3.38 Nm. — TL. 10.10

27. Montag. Sabina. — Sabina.
SA. 6.53. SU. 5.1. — MA. 3.48 Vm. MU. 3.56 Nm. — TL. 10.8

Oktober 1913.

28. Dienstag. Simon u. Juda. — Simon u. Juda.
SA. 6.54. SU. 4.59. — MA. 5.14 Vm. MU. 4.14 Nm. — TL. 10.5

29. Mittwoch. Narcissus, Eusebia. — Narcissus.
SA. 5.56. SU. 4.59. — MA. 6.42 Vm. MU. 4.34 Nm. — TL. 10.3

30. Donnerstag. Serapion. — Hartmann.
SA. 6.58. SU. 4.57. — MA. 8.11 Vm. MU. 5.1 Nm. — TL. 9.58

31. Freitag. Wolfgang. — Wolfgang.
SA. 6.59. SU. 4.54. — MA. 9.37 Vm. MU. 5.38 Nm. — TL. 9.55
Patrozinium des Bistums Regensburg.

November 1913.

1. Samstag. Allerheiligen. — Allerheiligen.
SA. 7.1. SU. **4.52.** — **MA.** 10.56 Vm. MU. 6.22 Nm. — TL. 9.51
Läutordnung halb 6 Uhr.
Namensfest S. K. H. des Prinzregenten Luitpold.
1. Marcheschwan 5674 der Israeliten.
1. Dsû'l-hedsche 1331 der Mohammedaner.

---

2. Sonntag. (44. W.) 25. n. Pf. **Allerseelen.** 24. n. Tr.
SA. 7.3. SU. 4.51. — MA. 12.1 Nm. MU. 7.20 Nm. — TL. 9.48
Reformationsfest.

---

3. Montag. Hubert. —, Gottlieb.
SA. 7.5. SU. 4.50. — MA. 12.51 Nm. MU. 8.27 Nm. — TL. 9.45

---

4. Dienstag. Karl Borromäus. — Emmerich.
SA. 7.4. SU. 4.48. — MA. 1.26 Nm. MU. 9.40 Nm. — TL. 9.44

November 1913.

5. Mittwoch. Zachar. u. Elis. — Blandina.
SA. 7.6. SU. 4.46. — MA. 1.53 Nm. MU. 10.53 Nm. — TL. 9.40

6. Donnerstag. Leonhard. — Leonhard.
SA. 7.8. SU. 4.45. — MA. 2.14 Nm. — TL. 9.37
Leonhardsfahrten.

7. Freitag. Engelbert, B. M. — Erdmann.
SA. 7.10. SU. 4.43. — MA. 2.31 Nm. MU. 12.2 Vm. — TL. 9.32

8. Samstag. Gottfried. — 4 gekr. Ritter.
SA. 7.12. SU. 4.41. — MA. 2.45 Nm. MU. 1.10 Vm. — TL. 9.29

November 1913.

9. Sonntag. (45. W.) 26. n. Pf. Theodor. — 25. n. Tr
SA. 7.14. SU. 4.40. — MA. 2.58 Nm. MU. 2.16 Vm. — TL. 9.26

10. Montag. Andr. Avel. — Probus.
SA. 7.16. SU. 4.38. — MA. 3.10 Nm. MU. 3.22 Vm. — TL. 9.22

11. Dienstag. Martin B. — Martin.
SA. 7.17. SU. 4.37. — MA. 3.24 Nm. MU. 4.29 Vm. — TL. 9.20

12. Mittwoch. Martin. — Jonas.
SA. 7.18. SU. 4.36. — MA. 3.41 Nm. MU. 5.38 Vm. — TL. 9.16
Sternschnuppenfall m. d. Radianten im Sternbild des Löwen (Martinistrom).

November 1913.

13. Donnerstag. Stanisl. K. — Briccius.
SA. 7.20. **SU. 4.35.** — MA. 4.1 Nm. MU. 6.49 Vm. — TL 9.15

14. Freitag. Serapion, Albert. — Levinus.
SA. 7.21. SU. **4.34.** — **MA.** 4.28 Nm. MU. 8.1 Vm. — TL. 9.13

15. Samstag. Leopold, Alb. — Leopold Eugen.
SA. 7.23. SU. 4.32. — MA. 5.4 Nm. MU. 9.13 Vm. — TL. 9.9

16. Sonntag. (46. W.) 27. n. Pf. Ottmar. — 26. n. Tr.
SA. 7.24. SU. 4.32. — MA. 5.51 Nm. MU. 10.20 Vm. — TL. 9.7

17. Montag. Gregor. — Hugo.
SA. 7.26. SU. 4.31. — MA. 6.53 Nm. MU. 11.17 Vm. — TL. 9.5

18. Dienstag. Otto, Abt; Hilda. — Otto.
SA. 7.27. SU. 4.29. — MA. 8.5 Nm. MU. 12.2 Nm. — TL. 9.2

19. Mittwoch. Elisabeth. — Elisabeth.
SA. 7.29. SU. 4.28. — MA. 9.23 Nm. MU. 12.37 Nm. — TL. 8.59
Elisabeth-Ordensfest.

20. Donnerstag. Korbinian. — Emilie.
SA. 7.30. SU. 4.28. — MA. 10.44 Nm. MU. 1.4 Nm. — TL. 8.58
Titularfest des Bistums Freising.

November 1913.

21. Freitag. Mariä Opferung. — Mar. Opfer.
SA. 7.32. SU. 4.27. — MU. 1.25 Nm. — TL. 8.55

22. Samstag. Cäcilia. — Cäcilia.
SA. 7.33. SU. 4.26. — MA. 12.7 Vm. MU. 1.42 Nm. — TL. 8.53

23. **Sonntag.** (47.W.) 28. n. Pf. Klemens. — 27. n. Tr
SA. 7.35. SU. 4.25. — MA. 1.28 Vm. MU. 1.59 Nm. — TL. 8.50

24. Montag. Johann v. K. — Chrysogonus.
SA. 7.36. SU. 4.24. — MA. 2.49 Vm. MU. 2.17 Nm. — TL. 8.49

25. Dienstag. Katharina. — Katharina.
SA. 7.37. SU. 4.24. — MA. 4.13 Vm. MU. 2.36 Nm. — TL. 8.47

26. Mittwoch. Konrad. — Konrad.
SA. 7.39. SU. 4.23. — MA. 5.39 Vm. MU. 2.59 Nm. — TL. 8,45

27. Donnerstag. Virgilius. — Loth.; Busso.
SA. 7.40. SU. 4.23. — MA. 7.6 Vm. MU. 3.29 Nm. — TL. 8.43

28. Freitag. Crescentia. — Günther.
SA. 7.41. SU. 4.22. — MA. 8.59 Vm. MU. 4.10 Nm. — TL. 8.41

November 1913.

29. Samstag. Saturnin. — Walther.
SA. 7.42. SU. 4.21. — MA. 9.41 Vm. MU. 5.3 Nm. — TL. 8.39

30. Sonntag. (48. W.) 1. Adv. Hl. Andr. — 1. Adv.
SA. 7.44. SU. 4.20. — MA. 10.39 Vm. MU. 6.8 Nm. — TL. 8.36

1. Kislev 5674 der Israeliten.
1. Moharrem 1332 der Mohammedaner.

Dezember 1913.

1. Montag. Eligius. — Longinus.
SA. 7.45. SU. 4.20. — MA. 11.22 Vm. MU. 7.20 Nm. — TL. 8.35
Läutordnung 5 Uhr.

2. Dienstag. Bibiana. — Aurelia.
SA. 7.45. SU. 4.20. — MA. 11.53 Vm. MU. 8.34 Nm. — TL. 8.35

3. Mittwoch. Franz Xaver. — Kassian.
SA. 7.47. SU. 4.19. — MA. 12.17 Nm. MU. 9.47 Nm. — TL. 8.32

4. Donnerstag. Barbara. — Barbara.
SA. 7.48. SU. 4.19. — MA. 12.34 Nm. MU. 10.56 Nm. — TL. 8.31

5. Freitag. Sabbas. — Abigail.
SA. 7.49. SU. 4.18. — MA. 12.50 Nm. — TL. 8.29

6. Samstag. Nikolaus. — Nikolaus.
SA. 7.51. SU. 4.18. — MA. 1.3 Nm. MU. 12.3 Vm. — TL. 8.28

7. Sonntag. (49. W.)2. Adv. Ambrosius. —2. Adv.
SA. 7.52. SU. 4.18. — MA. 1.15 Nm. MU. 1.9 Vm. — TL. 8.26

8. Montag. Unbefl. Empf. Mariä. — Mar. Empf.
SA. 7.53. SU. 4.18. — MA. 1.30 Nm. MU. 2.15 Vm. — TL. 8.25
Georgi-Ritter-Ordensfest.

9. Dienstag. Leokadia. — Joachim.
SA. 7.54. SU. 4.17. — MA. 1.45 Nm. MU. 3.22 Vm. — TL. 8.23

10. Mittwoch. Melchiades. — Judith.
SA. 7.54. SU. 4.17. — MA. 2.4 Nm. MU. 4.33 Vm. — TL. 8.23

Dezember 1913.

11. Donnerstag. Damasus. — Damasus.
SA. 7.56. SU. 4.17. — MA. 2.29 Nm. MU. 5.45 Vm. — TL. 8.21

12. Freitag. Synesius. — Epimachus.
SA. 7.57. SU. 4.17. — MA. 3.1 Nm. MU. 6.57 Vm. — TL. 8.20

13. Samstag. Lucia. — Lucia.
SA. 7.58. SU. 4.17. — MA. 3.44 Nm. MU. 8.8 Vm. — TL. 8.19

14. **Sonntag.** (50. W.) 3. Adv. Nicasius. — 3. Adv.
SA. 7.58. SU. 4.17. — MA. 4.43 Nm. MU. 9.9 Vm. — TL. 8.19

Dezember 1913.

15. Montag. Christiana. — Ignatius.
SA. 7.59. SU. 4.17. — MA. 5.52 Nm. MU. 10.0 Vm. — TL. 8.18

16. Dienstag. Adelheid. — Ananias.
SA. 8.0. SU. 4.17. — MA. 7.11 Nm. MU. 10.37 Vm. — TL. 8.17

17. Mittwoch. Lazarus. — Lazarus.
SA. 8.1. SU. 4.17. — MA. 8.33 Nm. MU. 11.6 Vm. — TL. 8.16

IV. Quatember

18. Donnerstag. Wunibald. — Wunibald.
SA. 8.2. SU. 4.17. — MA. 9.55 Nm. MU. 11.31 Vm. — TL. 8.15

Dezember 1913.

19. Freitag. Nemesius. — Abraham.
SA. 8.3. SU. 4.18. — MA. 11.16 Nm. MU. 11.48 Vm. — TL. 8.15

20. Samstag. Christian. — Ammon.
SA. 8.3. SU. 4.18. — MU. 12.6 Nm. — TL. 8.15

21. Sonntag. (51. W.) 4. Adv Thomas Ap. — 4. Adv
SA. 8.3. SU. 4.19. — MA. 12.37 Vm. MU. 12.22 Nm. — TL. 8.16

22. Montag. Demetrius. — Beata.
SA. 8.4. SU. 4.20. — MA. 1.57 Vm. MU. 12.40 Nm. — TL. 8.16
Winteranfang am 22. vormittags 11 Uhr 47 Min.

23. Dienstag. Viktoria. — Dagobert.
SA. 8.4. SU. 4.21. — MA. 3.20 Vm. MU. 1.0 Nm. — TL. 8.17

24. Mittwoch. Adam u. Eva. — Adam u. Eva.
SA. 8.4. SU. 4.21. — MA. 4.44 Vm. MU. 1.26 Nm. — TL. 8.17
25. Kislev 5674 der Israeliten. — Tempelweihe.

25. **Donnnerst. Hl. Weihnachtsf. —Weihnachtsf.**
SA. 8.5. SU. 4.22. — MA. 6.7 Vm. MU. 2.2 Nm. — TL. 8.17

26. Freitag. **Stephanus,** Erzm. —**Stephan.**
SA. 8.5. SU. 4.23. — MA. 7.22 Vm. MU. 2.49 Nm. — TL. 8.18

27. Samstag. Johannes Ap. — Johannes.
SA. 8.5. SU. 4.24. — MA. 8.25 Vm. MU. 3.48 Nm. — TL. 8.19

28. **Sonntag.** (52. W.) S. n. W. Unsch. K. — S. n. W.
SA. 8.5. SU. 4.25. — MA. 9.15 Vm. MU. 4.58 Nm. — TL. 8.20

29. Montag. Thomas B. M. — Jonathan.
SA. 8.5. SU. 4.27. — MA. 9.51 Vm. MU. 6.13 Nm. — TL. 8.22

30. Dienstag. David. — David.
SA. 8.5. SU. 4.27. — MA. 10.17 Vm. MU. 7.27 Nm. — TL. 8.22

1. Tebet 5674 der Israeliten.

1. Safar 1332 der Mohammedaner.

Dezember 1913.

31. Mittwoch. Silvester P. — Silvester.
SA. 8.5. SU. 4.28. — MA. 10.38 Vm. MU. 8.39 Nm. — TL. 8.23

Name des Beamten	Urlaub		Dienstbefreiung		Krankheit		Bemerkungen
	von	bis	von	bis	von	bis	

Name des Beamten	Urlaub		Dienstbefreiung		Krankheit		Bemerkungen
	von	bis	von	bis	von	bis	

Name des Beamten	Urlaub		Dienst-befreiung		Krankheit		Bemerkungen
	von	bis	von	bis	von	bis	

Name des Beamten	Urlaub		Dienst-befreiung		Krankheit		Bemerkungen
	von	bis	von	bis	von	bis	

Zweiter Teil.

Inhaltsverzeichnis.

(Alphabetisches Sachregister s. S. 410.)

Nachtrag.

Die Kreisumlagen für 1913.

Oberbayern 38%, Niederbayern 44%, Pfalz 37%, Oberpfalz 43%, Oberfranken 37%, Mittelfranken 32%, Unterfranken 37% Schwaben 35%.

1.

Uebersicht über den Bestand und Umfang der Rentamtsbezirke.

(Bei den mit * versehenen Rentämtern besteht eigene Kassaabteilung.)

Fortl. Nr.	Rentämter: Sitz u. Bezeichnung	Tel. Nr.	Bestandteile	Tel. Nr.
	I. Regierungsbezirk Oberbayern.			
1	Aibling	85	Amtsgericht Aibling	29
2	Aichach	44	Amtsgericht Aichach	39
3	Berchtesgaden	251	a) Amtsgericht Berchtesgaden	66
			b) Amtsgericht Reichenhall	43
4	Bruck	74	Amtsgericht Bruck	25
5	Burghausen	16	a) Amtsgericht Burghausen	18
			b) Amtsgericht Altötting	10
6	Dachau	28	Amtsgericht Dachau	22
7	Ebersberg	31	Amtsgericht Ebersberg	15
8	Erding	46	a) Amtsgericht Erding	24
			b) Amtsgericht Dorfen	16
9	Freising	81	Amtsgericht Freising	41
10	Friedberg	20	Amtsgericht Friedberg	11
11	Garmisch	167	Amtsgericht Garmisch	101
12	Ingolstadt	81	Amtsgericht Ingolstadt	80
13	Landsberg	95	Amtsgericht Landsberg	36
14	Laufen	32	a) Amtsgericht Laufen	6
			b) Amtsgericht Tittmoning	10
15	Miesbach	68	a) Amtsgericht Miesbach	18
			b) Amtsgericht Tegernsee	62
16	Moosburg	53	Amtsgericht Moosburg	17
17	Mühldorf	47	a) Amtsgericht Mühldorf	21
			b) Amtsgericht Neumarkt a/R.	32
18	München, Stadtrentamt I*	7	Amtsgericht München (Stadtbezirk)[1] (für Nr. 18–21)	11600
19	München, Stadtrentamt II*	8		
20	München, Stadtrentamt III*	893		
21	München, Stadtrentamt IV	6157		

[1]) Die Behandlung des Forstrügewesens obliegt für den Bezirk des ganzen Amtsgerichtes München dem Landrentamt. Vgl. FMBl. 1910 S. 3. 1903 S. 221.

Fortl. Nr.	Rentämter			
	Sitz u. Bezeichnung	Tel. Nr.	Bestandteile	Tel. Nr.
22	München, Landrentamt	9167	Amtsgericht München (Landbezirk)	11600
23	Pfaffenhofen	36	a) Amtsgericht Pfaffenhofen	24
			b) Amtsgericht Geisenfeld	9
24	Rosenheim	217	a) Amtsgericht Rosenheim	93
			b) Amtsgericht Prien	29
25	Schongau	33	Amtsgericht Schongau	29
26	Schrobenhausen	2	Amtsgericht Schrobenhausen	16
27	Starnberg	88	Amtsgericht Starnberg	83
28	Tölz	134	Amtsgericht Tölz	35
29	Traunstein	126	Amtsgericht Traunstein	39
30	Trostberg	34	Amtsgericht Trostberg	14
31	Wasserburg	55	a) Amtsgericht Wasserburg	20
			b) Amtsgericht Haag	6
32	Weilheim	4	Amtsgericht Weilheim	30
33	Wolfratshausen	72	Amtsgericht Wolfratshausen	24

II. Regierungsbezirk Niederbayern.

Fortl. Nr.	Sitz u. Bezeichnung	Tel. Nr.	Bestandteile	Tel. Nr.
1	Deggendorf	97	a) Amtsgericht Deggendorf	41
			b) Amtsgericht Hengersberg	6
2	Dingolfing	31	Amtsgericht Dingolfing	20
3	Eggenfelden	66	a) Amtsgericht Eggenfelden	13
			b) Amtsgericht Arnstorf	14
4	Freyung	6	a) Amtsgericht Freyung	12
			b) Amtsgericht Waldkirchen	11
5	Griesbach	32	a) Amtsgericht Griesbach	11
			b) Amtsgericht Rotthalmünster	11
6	Kelheim	23	Amtsgericht Kelheim	15
7	Kötzting	18	a) Amtsgericht Kötzting	6
			b) Amtsgericht Neukirchen	9
8	Landau a/Isar	60	Amtsgericht Landau a/Isar	22
9	Landshut	180	Amtsgericht Landshut	102
10	Mallersdorf	13	a) Amtsgericht Mallersdorf	4
			b) Amtsgericht Rottenburg	12
11	Mitterfels	10	a) Amtsgericht Mitterfels	9
			b) Amtsgericht Bogen	6
12	Neustadt a/D.	10	a) Amtsgericht Abensberg	19
			b) Amtsgericht Mainburg	16
13	Obernzell	20	Amtsgericht Wegscheid	8
14	Passau*	191	Amtsgericht Passau	154
15	Pfarrkirchen	66	Amtsgericht Pfarrkirchen	16
16	Schönberg	5	Amtsgericht Grafenau	12
17	Simbach	31	Amtsgericht Simbach	12
18	Straubing		Amtsgericht Straubing	93
19	Viechtach	32	Amtsgericht Viechtach	19

Fortl. Nr.	Rentämter			
	Sitz u. Bezeichnung	Tel. Nr.	Bestandteile	Tel. Nr.
20	Vilsbiburg	52	Amtsgericht Vilsbiburg	13
21	Vilshofen	68	a) Amtsgericht Vilshofen	14
			b) Amtsgericht Osterhofen	12
22	Zwiesel	32	Amtsgericht Regen	10

III. Regierungsbezirk Pfalz.

Fortl. Nr.	Sitz u. Bezeichnung	Tel. Nr.	Bestandteile	Tel. Nr.
1	Annweiler	60	Amtsgericht Annweiler	19
2	Bergzabern	44	Amtsgericht Bergzabern	29
3	Blieskastel	45	Amtsgericht Blieskastel	1
4	Dahn	24	Amtsgericht Dahn	9
5	Dürkheim	175	Amtsgericht Dürkheim	40
6	Edenkoben	50	Amtsgericht Edenkoben	1
7	Frankenthal	63	Amtsgericht Frankenthal	176
8	Germersheim	74	Amtsgericht Germersheim	28
9	Grünstadt	1	Amtsgericht Grünstadt	54
10	Homburg	108	a) Amtsgericht Homburg	87
			b) Amtsgericht Waldmohr	1
11	St. Ingbert	204	Amtsgericht St. Ingbert	65
12	Kaiserslautern*	317	a) Amtsgericht Kaiserslautern	313
			b) Amtsgericht Otterberg	7
13	Kandel	3	Amtsgericht Kandel	12
14	Kirchheimbolanden	15	Amtsgericht Kirchheimbolanden	41
15	Kusel	85	Amtsgericht Kusel	34
16	Landau	165	Amtsgericht Landau	294
17	Landstuhl	64	Amtsgericht Landstuhl	22
18	Lauterecken	34	a) Amtsgericht Lauterecken	12
			b) Amtsgericht Wolfstein	1
19	Ludwigshafen*	145	Amtsgericht Ludwigshafen	101
20	Neustadt a/Hardt	29	Amtsgericht Neustadt a/Hardt	358
21	Obermoschel	71	a) Amtsgericht Obermoschel	21
			b) Amtsgericht Rockenhausen	1
22	Pirmasens*	188	a) Amtsgericht Pirmasens	226
			b) Amtsgericht Waldfischbach	7
23	Speyer	193	Amtsgericht Speyer	182
24	Winnweiler	33	Amtsgericht Winnweiler	21
25	Zweibrücken	88	Amtsgericht Zweibrücken	127

IV. Regierungsbezirk Oberpfalz und Regensburg.

Fortl. Nr.	Sitz u. Bezeichnung	Tel. Nr.	Bestandteile	Tel. Nr.
1	Amberg	70	a) Amtsgericht Amberg	58
			b) Amtsgericht Vilseck	3
2	Auerbach	2	Amtsgericht Auerbach	10

Fortl. Nr.	Rentämter: Sitz u. Bezeichnung	Tel. Nr.	Bestandteile	Tel. Nr.
3	Beilngries	30	Amtsgericht Beilngries	13
4	Burglengenfeld	40	a) Amtsgericht Burglengenfeld	12
			b) Amtsgericht Schwandorf	29
5	Cham	60	a) Amtsgericht Cham	18
			b) Amtsgericht Furth	15
6	Eschenbach	13	Amtsgericht Eschenbach	11
7	Hemau	33	Amtsgericht Hemau	21
8	Kastl	11	Amtsgericht Kastl	2
9	Kemnath	21	a) Amtsgericht Kemnath	19
			b) Amtsgericht Erbendorf	13
10	Nabburg	30	Amtsgericht Nabburg	14
11	Neumarkt	72	Amtsgericht Neumarkt	30
12	Neunburg v/W.	19	a) Amtsgericht Neunburg v/W.	15
			b) Amtsgericht Oberviechtach	1
13	Regensburg I*	7	a) Amtsgericht Regensburg (Stadtbezirk)[1]	407
			b) Amtsgericht Regenstauf	16
			c) Amtsgericht Stadtamhof	341
14	Regensburg II	551	a) Amtsgericht Regensburg (Landbezirk)	407
			b) Amtsgericht Wörth	10
15	Riedenburg	26	Amtsgericht Riedenburg	11
16	Sulzbach	50	Amtsgericht Sulzbach	9
17	Tirschenreuth	43	Amtsgericht Tirschenreuth	19
18	Velburg	11	Amtsgericht Parsberg	13
19	Vohenstrauss	23	Amtsgericht Vohenstrauss	16
20	Walderbach	12	a) Amtsgericht Nittenau	11
			b) Amtsgericht Roding	10
21	Waldmünchen	16	Amtsgericht Waldmünchen	11
22	Waldsassen	43	Amtsgericht Waldsassen	20
23	Weiden	34	a) Amtsgericht Weiden	37
			b) Amtsgericht Neustadt a/W.-N.	7

V. Regierungsbezirk Oberfranken.

1	Bamberg, Stadtrentamt	387	Amtsgericht Bamberg (Stadtbezirk)[2]	113
2	Bamberg, Landrentamt	313	Amtsgericht Bamberg (Landbezirk)[2]	133

[1]) Vgl. FMBl. 1904 S. 210.

[2]) Die Behandlung des Forstrügewesens obliegt für den ganzen Bezirk des Amtsgerichtes Bamberg dem Landrentamt. Vgl. FMBl. 1903 S. 526, 538.

Fortl. Nr.	Rentämter: Sitz u. Bezeichnung	Tel. Nr.	Bestandteile	Tel. Nr.
3	Bayreuth	212	a) Amtsgericht Bayreuth b) Amtsgericht Weidenberg	189 —
4	Burgwindheim	1	Amtsgericht Burgebrach	7
5	Ebermannstadt	15	Amtsgericht Ebermannstadt	11
6	Forchheim	100	Amtsgericht Forchheim	22
7	Herzogenaurach	21	Amtsgericht Herzogenaurach	4
8	Höchstadt a/A.	21	Amtsgericht Höchstadt a/A.	7
9	Hof*	219	a) Amtsgericht Hof b) Amtsgericht Rehau	142 12
10	Kronach	149	Amtsgericht Kronach	27
11	Kulmbach	76	Amtsgericht Kulmbach	31
12	Lichtenberg	36	a) Amtsgericht Naila und b) die Gemeinden Dürrenwaid, Heinersberg, Langenbach, Steinbach vom Amtsgericht Nordhalben[1])	28 11
13	Lichtenfels	100	Amtsgericht Lichtenfels	43
14	Marktschorgast	7	Amtsgericht Berneck	5
15	Münchberg	52	Amtsgericht Münchberg	42
16	Neukirchen a/Br.	31	Amtsgericht Gräfenberg	15
17	Pegnitz	27	Amtsgericht Pegnitz	18
18	Pottenstein	2	Amtsgericht Pottenstein	3
19	Rothenkirchen	19	a) Amtsgericht Ludwigsstadt b) Amtsgericht Nordhalben mit Ausnahme der Gemeinden Dürrenwaid, Heinersberg, Langenbach, Steinbach[2])	21 11
20	Schesslitz	20	Amtsgericht Schesslitz	11
21	Selb	51	Amtsgericht Selb	27
22	Stadtsteinach	34	Amtsgericht Stadtsteinach	—
23	Staffelstein	27	a) Amtsgericht Staffelstein b) Amtsgericht Sesslach	25 —
24	Thurnau	19	Amtsgericht Thurnau u. die Gemeinde Fesselsdorf vom Amtsgericht Weismain[3])	4
25	Waischenfeld	5	Amtsgericht Hollfeld	5
26	Weismain	8	Amtsgericht Weismain mit Ausnahme der Gemeinde Fesselsdorf[4])	2

[1]) Vgl. hiezu Nr. 19 (Rentamt Rothenkirchen).
[2]) Vgl. hiezu Nr. 12 („ Lichtenberg).
[3]) Vgl. hiezu Nr. 26 („ Weismain).
[4]) Vgl. hiezu Nr. 24 („ Thurnau).

Fortl. Nr.	Rentämter Sitz u. Bezeichnung	Tel. Nr.	Bestandteile	Tel. Nr.
27	Wunsiedel	106	a) Amtsgericht Wunsiedel	82
			b) Amtsgericht Kirchenlamitz	23
			c) Amtsgericht Thiersheim	

VI. Regierungsbezirk Mittelfranken.

Fortl. Nr.	Sitz u. Bezeichnung	Tel. Nr.	Bestandteile	Tel. Nr.
1	Altdorf	33	Amtsgericht Altdorf	1
2	Ansbach	103	Amtsgericht Ansbach	82
3	Cadolzburg	24	Amtsgericht Cadolzburg	11
4	Dinkelsbühl	47	Amtsgericht Dinkelsbühl	1
5	Eichstätt	29	Amtsgericht Eichstätt	17
6	Erlangen	14	Amtsgericht Erlangen	114
7	Feuchtwangen	35	Amtsgericht Feuchtwangen	1
8	Fürth*	1585	Amtsgericht Fürth	346
9	Greding	14	Amtsgericht Greding	1
10	Gunzenhausen	93	Amtsgericht Gunzenhausen	1
11	Heidenheim	3	Amtsgericht Heidenheim	1
12	Heilsbronn	24	Amtsgericht Heilsbronn	7
13	Herrieden	12	Amtsgericht Herrieden	1
14	Hersbruck	101	a) Amtsgericht Hersbruck	37
			b) Amtsgericht Lauf	40
15	Hilpoltstein	20	Amtsgericht Hilpoltstein	6
16	Kipfenberg	7	Amtsgericht Kipfenberg	8
17	Markt-Bibart	2	Amtsgericht Scheinfeld	3
18	Markt-Erlbach	21	Amtsgericht Markt-Erlbach	9
19	Neustadt a/A.	22	Amtsgericht Neustadt a/A.	9
20	Nürnberg I*	8295	Amtsgericht Nürnberg	2393
21	Nürnberg II*	3580		
22	Nürnberg III*	8307		
23	Rothenburg o/T.	49	a) Amtsgericht Rothenburg o/T.	40
			b) Amtsgericht Schillingsfürst	2
24	Schwabach	90	Amtsgericht Schwabach	143
25	Spalt	12	Amtsgericht Roth	23
26	Uffenheim	46	Amtsgericht Uffenheim	1
27	Wassertrüdingen	14	Amtsgericht Wassertrüdingen	11
28	Weissenburg	133	a) Amtsgericht Weissenburg	30
			b) Amtsgericht Ellingen	40
			c) Amtsgericht Pappenheim	28
29	Windsheim	58	Amtsgericht Windsheim	20

Fortl. Nr.	Rentämter			
	Sitz u. Bezeichnung	Tel. Nr.	Bestandteile	Tel. Nr.

VII. Regierungsbezirk Unterfranken und Aschaffenburg.

Fortl. Nr.	Sitz u. Bezeichnung	Tel. Nr.	Bestandteile	Tel. Nr.
1	Amorbach	26	a) Amtsgericht Amorbach	7
			b) Amtsgericht Miltenberg	21
2	Arnstein	28	Amtsgericht Arnstein	7
3	Aschaffenburg I*	120	Amtsgericht Aschaffenburg	404
4	Aschaffenburg II	466	a) Amtsgericht Alzenau	33
			b) Amtsgericht Obernburg	15
			c) Amtsger. Schöllkrippen	17
5	Brückenau	40	Amtsgericht Brückenau	38
6	Dettelbach	17	Amtsgericht Dettelbach	3
7	Ebern	26	a) Amtsgericht Ebern	1
			b) Amtsgericht Baunach	
8	Gemünden	47	Amtsgericht Gmünden	4
9	Gerolzhofen	52	a) Amtsgericht Gerolzhofen	17
			b) Amtsgericht Wiesentheid	1
10	Hammelburg	85	a) Amtsgericht Hammelburg	—
			b) Amtsgericht Euerdorf	1
11	Hofheim	19	Amtsgericht Hofheim	2
12	Karlstadt	32	Amtsgericht Karlstadt	7
13	Kissingen	96	Amtsgericht Kissingen	108
14	Kitzingen	68	Amtsgericht Kitzingen	71
15	Klingenberg	55	a) Amtsgericht Klingenberg	15
			b) Amtsgericht Stadtprozelten	3
16	Königshofen	16	Amtsgericht Königshofen	7
17	Lengfurt	44	Amtsger. Marktheidenfeld	11
18	Lohr		Amtsgericht Lohr	7
19	Mellrichstadt	19	Amtsgericht Mellrichstadt	11
20	Münnerstadt	7	Amtsgericht Münnerstadt	3
21	Neustadt a/S.	2	a) Amtsgericht Neustadt a/S.	18
			b) Amtsgericht Bischofsheim	10
22	Ochsenfurt	13	a) Amtsgericht Ochsenfurt	15
			b) Amtsgericht Marktbreit	15
23	Röttingen	6	Amtsgericht Aub	1
24	Schweinfurt	152	Amtsgericht Schweinfurt	7
25	Volkach	54	Amtsgericht Volkach	2
26	Werneck	31	Amtsgericht Werneck	3
27	Würzburg, Stadtrentamt*	269	Amtsgericht Würzburg (Stadtbezirk)[1]	197
28	Würzburg, Landrentamt	773	Amtsgericht Würzburg (Landbezirk)[1]	196
29	Zeil	7	a) Amtsgericht Eltmann	5
			b) Amtsgericht Hassfurt	3

[1]) Die Behandlung des Forstrügewesens obliegt für den gesamten Amtsgerichtsbezirk Würzburg dem Landrentamt.

Fortl. Nr.	Rentämter			
	Sitz u. Bezeichnung	Tel. Nr.	Bestandteile	Tel. Nr.

VIII. Regierungsbezirk Schwaben und Neuburg.

Fortl. Nr.	Sitz u. Bezeichnung	Tel. Nr.	Bestandteile	Tel. Nr.
1	Augsburg I*[1])	374	Amtsgericht Augsburg (Stadtbezirk)[2])	774
2	Augsburg II[1])	1225	Amtsgericht Augsburg (Landbezirk)[2])	774
3	Buchloe	79	Amtsgericht Buchloe	7
4	Burgau	6	Amtsgericht Burgau	12
5	Dillingen	61	Amtsgericht Dillingen	16
6	Donauwörth	77	Amtsgericht Donauwörth	27
7	Füssen	24	Amtsgericht Füssen	15
8	Günzburg	91	Amtsgericht Günzburg	17
9	Höchstädt a/D.	10	Amtsgericht Höchstädt a/D.	16
10	Illertissen	19	a) Amtsgericht Illertissen	1
			b) Amtsgericht Babenhausen	12
11	Immenstadt	127	a) Amtsgericht Immenstadt	25
			b) Amtsgericht Sonthofen	24
12	Kaufbeuren	140	Amtgericht Kaufbeuren	5
13	Kempten	126	Amtsgericht Kempten	293
14	Krumbach	78	Amtsgericht Krumbach	17
15	Lauingen	43	Amtsgericht Lauingen	10
16	Lindau	53	a) Amtsgericht Lindau	75
			b) Amtsgericht Weiler	29
17	Memmingen	77	Amtsgericht Memmingen	59
18	Mindelheim	74	Amtsgericht Mindelheim	23
19	Monheim	6	Amtsgericht Monheim	11
20	Neuburg a/D.	31	Amtsgericht Neuburg a/D.	2
21	Neu-Ulm	144	Amtsgericht Neu-Ulm	77
22	Nördlingen	135	Amtsgericht Nördlingen	45
23	Markt Oberdorf	38	a) Amtsgericht Oberdorf	1
			b) Amtsger. Obergünzburg	1
	Oettingen	12	Amtsgericht Oettingen	5
24	Ottobeuren	61	Amtsgericht Ottobeuren	1
25	Rain	33	Amtsgericht Rain	1
26	Schwabmünchen	40	Amtsgericht Schwabmünchen	25
27				
28	Türkheim	21	Amtsgericht Türkheim	28
29	Weissenhorn	31	Amtsgericht Weissenhorn	16
30	Wertingen	31	Amtsgericht Wertingen	1
31	Zusmarshausen	10	Amtsgericht Zusmarshausen	23

[1]) Einhebung der Gebühren und Strafen für Augsburg I u. II obliegt mit Ausnahme der aus der eigenen Verwaltungstätigkeit des Rentamtes Augsburg I erwachsenden Gebühren und Strafen dem Rentamt Augsburg II. Die Requisitionen fremder Aemter in

Für die **Stadtrentämter in München** und die **Rentämter in Nürnberg** wird auf Grund des § 2 Abs. 2 der Verordnung vom 10. Mai 1903 mit Wirkung vom 1. Juli 1911 die **nachstehende Geschäftsverteilung** verfügt (vgl. FMBl. 1911 S. 283):

Als Geschäftsaufgabe wird zugewiesen:

I. dem Stadtrentamte **München I:**

1. die Verwaltung der Grund- und der Haussteuer nebst den hierauf treffenden Kreisumlagen und Kirchensteuern (einschliesslich der Perzeption für fremde Aemter),

2. die Verwaltung der Erbschaftssteuer,

3. die Verwaltung der Besitzveränderungsgebühren, der Gebührenäquivalente, der Gebühren für Mobiliarversteigerungen, der Gebühren für Jagdkarten und Fischerkarten sowie der für die Tätigkeit dieses Amtes anfallenden Gebühren und Strafen,

4. die Verwaltung der Reichsstempelabgaben und der Zuwachssteuer,

5. die Verwaltung der Trift- und Holzhofgefälle,

6. die Verwaltung der Einnahmen aus den besonderen Betrieben des Staates,

7. die Verwaltung der Grundgefälle zur Staats- und zur Grundrentenablösungskasse,

8. die Verwaltung der besonderen Abgaben und übrigen Einnahmen,

9. die Verwaltung der Einnahmen für den Staatsgüterfonds und die Mitwirkung bei der Erwerbung und der Veräusserung von Staatsgut,

10. die Bestreitung und Verrechnung der mit den vorstehenden Einnahmen zusammenhängenden Ausgaben,

11. die Bestreitung und Verrechnung der Staatsausgaben auf Rechnung der Etats des Staatsministeriums des Innern und des Staatsministeriums des Innern für Kirchen- und Schulangelegenheiten, dann des Etats der allgemeinen Finanzverwaltung für die Stadtrentämter I, II und III,

12. die Bestreitung und Verrechnung der Pensionen der Staatsbeamten und Staatsbediensteten und ihrer Hinterbliebenen mit Ausnahme jener der Justizverwaltung,

13. die Behandlung der einschlägigen dem Allgemeinen Staatsdiener-Unterstützungsverein und dem Unterstützungsvereine für das Forstpersonal sowie den hiemit verbundenen Töchterkassen zufliessenden Einnahmen, dann die Bestreitung der entsprechenden Ausgaben,

14. die Bestreitung und Verrechnung sämtlicher Gebäude-Unterhaltungs- und Neubaukosten,

15. die Bestreitung und Verrechnung der Kreisfondsausgaben für Erziehung und Bildung,

---

Gebühren und Strafsachen für beide Rentamtsbezirke obliegen dem Rentamt Augsburg II. Die Zuständigkeit zur Erledigung der Requisitionen der Umschreib- und Messungsgebühren richtet sich nach dem Wohnsitz des Schuldners (FME. v. 5. II. 1912 Nr. 2358).

[2]) Die Behandlung des Forstrügewesens obliegt für den gesamten Amtsgerichtsbezirk Augsburg dem Rentamt II. Vgl. ferner FMB. v. 27. XII. 1910 (FMBl. 1911 S. 12).

16. die Berechnung, Einhebung und Zurechnung der Beiträge für die land- und forstwirtschaftliche Unfallversicherung.

17. die Kreditierung und Sicherung der bei auswärtigen Rentämtern anfallenden Erlöse aus Forstprodukten hinsichtlich der in München wohnenden Schuldner,

18. die Einhebung und Zurechnung der Beiträge zum Pensionsvereine der Rentamtsgehilfen in Bayern für die sämtlichen in München wohnenden oder bediensteten Mitglieder mit Ausnahme des Personals des Stadtrentamts München IV und des Landrentamts München;

II. dem Stadtrentamte **München II:**

1. die Veranlagung, Erhebung und Verrechnung der Einkommen-, Gewerb- und Kapitalrentensteuer nebst den hierauf treffenden Kreisumlagen und Kirchensteuern:

a) für die Stadtbezirke 2, 3, 9—12, 14—20, 24, 25, soweit nicht nach Ziff. III 1 b das Stadtrentamt München III zuständig ist,

b) des Personals der Gesandtschaften, der Vereine des bürgerlichen Rechtes, dann der Stiftungen des öffentlichen und des bürgerlichen Rechtes,

c) der sämtlichen in Bayern steuerpflichtigen Personen, die ausserhalb Bayerns einen dienstlichen Wohnsitz haben, ohne dass sie daneben einen Wohnsitz oder Aufenthalt in Bayern haben,

2. die Perzeption für fremde Aemter, soweit es sich um Einkommen-, Gewerb-[1]) und Kapitalrentensteuer nebst Kirchensteuer und Kreisumlage handelt, für sämtliche Stadtbezirke,

3. die Verwaltung der für die Tätigkeit dieses Amtes anfallenden Gebühren und Strafen,

4. die Bestreitung und Verrechnung der mit den vorstehenden Einnahmen zusammenhängenden Ausgaben;

In Bezug auf die Einhebung und Beitreibung der Steuern und Umlagen erstreckt sich die Zuständigkeit des Rentamts München II auf den ganzen Rentamtsbezirk.

III. dem Stadtrentamte **München III:**

1. die Veranlagung, Erhebung und Verrechnung der Einkommen-, Gewerb- und Kapitalrentensteuer nebst den hierauf treffenden Kreisumlagen und Kirchensteuern:

a) für die Stadtbezirke 1, 4—8, 13, 21—23, 26, soweit nicht nach Ziff. II 1 b das Stadtrentamt München II zuständig ist,

b) der sämtlichen in München steuerpflichtigen, im Artikel 1 Abs. I Ziff. 4 a des Einkommensteuergesetzes namentlich bezeichneten Erwerbsgesellschaften (der Aktiengesellschaften, Kommanditgesellschaften auf Aktien, Gesellschaften mit beschränkter Haftung, Genossenschaften, Berggewerkschaften),

2. die Behandlung der Hausiersteuer,[2])

3. die Verwaltung der für die Tätigkeit dieses Amtes anfallenden Gebühren und Strafen, dann der besonderen Abgaben nach dem Artikel 220 des Gebührengesetzes,

---

1) einschliesslich Hausiersteuer.

2) ohne Perzeption für fremde Aemter, die dem Stadtrentamt München II obliegt.

4. die Bestreitung und Verrechnung der mit den vorstehenden Einnahmen zusammenhängenden Ausgaben;

In Bezug auf die Einhebung und Beitreibung der Steuern und Umlagen erstreckt sich die Zuständigkeit des Rentamts München III auf den ganzen Rentamtsbezirk.

IV. dem Stadtrentamte **München IV**:

1. die Verwaltung der bei den Notaren anfallenden Gebühren einschliesslich der gemeindlichen Besitzveränderungsabgaben, der bei den Gerichten anfallenden Gebühren und Strafen und der Gebühren und Strafen der Finanzverwaltung,[1])
2. die Bestreitung und Verrechnung der mit den vorstehenden Einnahmen zusammenhängenden Ausgaben,
3. die Behandlung der Wechselstempelhinterziehungen,
4. die Bestreitung und Verrechnung der Staatsausgaben auf Rechnung des allgemeinen Etats der Justiz und des Etats der allgemeinen Finanzverwaltung,
5. die Bestreitung und Verrechnung der Pensionen der Staatsbeamten und Staatsbediensteten und ihrer Hinterbliebenen für den Geschäftskreis des Staatsministeriums der Justiz,
6. die Behandlung der einschlägigen dem Allgemeinen Staatsdiener-Unterstützungsverein und der hiemit verbundenen Töchterkasse zufliessenden Einnahmen, dann die Bestreitung der entsprechenden Ausgaben,
7. die Einhebung und Zurechnung der Verpflegskostenersätze der Strafanstalten;

V. dem Rentamte **Nürnberg I**:

1. die Verwaltung der Grund- und der Haussteuer nebst den hierauf treffenden Kreisumlagen und Kirchensteuern,
2. die Verwaltung der Erbschaftssteuer,
3. die Verwaltung der bei den Notaren anfallenden Gebühren einschliesslich der gemeindlichen Besitzveränderungsabgaben, der bei den Gerichten anfallenden Gebühren und Strafen, der Gebühren und Strafen der inneren Verwaltung, der Besitzveränderungsgebühren, der Gebührenäquivalente, der Gebühren für Mobiliarversteigerungen, der Gebühren für Jagdkarten und Fischerkarten sowie der sonstigen Gebühren und der Strafen der Finanzverwaltung,
4. die Verwaltung der Reichsstempelabgaben und der Zuwachssteuer,
5. die Behandlung der Wechselstempelhinterziehungen,
6. die Verwaltung der Forst- und Jagdgefälle einschliesslich der Kreditierung und Sicherung der bei auswärtigen Rentämtern anfallenden Erlöse aus Forstprodukten hinsichtlich der im Rentamtsbezirke Nürnberg wohnenden Schuldner sowie des Forstrügewesens,
7. die Verwaltung der Einnahmen aus den besonderen Betrieben des Staates,
8. die Verwaltung der Grundgefälle zur Staats- und zur Grundrentenablösungskasse,
9. die Verwaltung der besonderen Abgaben und übrigen Einnahmen,

---

[1]) einschliesslich der Perzeption für fremde Aemter.

10. die Verwaltung der Einnahmen für den Staatsgüterfonds und die Mitwirkung bei der Erwerbung und der Veräusserung von Staatsgut,

11. die Bestreitung und Verrechnung der mit den vorstehenden Einnahmen zusammenhängenden Ausgaben,

12. die Bestreitung und Verrechnung der Staatsausgaben auf Rechnung des allgemeinen Etats der Justiz, der Etats des Staatsministeriums des Innern und des Staatsministeriums des Innern für Kirchen- und Schulangelegenheiten, dann der allgemeinen Finanzverwaltung,

13. die Bestreitung und Verrechnung der Pensionen der Staatsbeamten und Staatsbediensteten und ihrer Hinterbliebenen,

14. die Behandlung der einschlägigen dem Allgemeinen Staatsdiener-Unterstützungsverein und dem Unterstützungsvereine für das Forstpersonal sowie den hiemit verbundenen Töchterkassen zufliessenden Einnahmen, dann die Bestreitung der entsprechenden Ausgaben,

15. die Bestreitung und Verrechnung sämtlicher Gebäude-Unterhaltungs- und Neubaukosten,

16. die Bestreitung und Verrechnung der Kreisfondsausgaben für Erziehung und Bildung,

17. die Einhebung und Zurechnung der Verpflegskostenersätze der Strafanstalten,

18. die Einhebung und Zurechnung der Landeskulturrenten,

19. die Einhebung und Zurechnung der Brand- und Hagelversicherungsbeiträge sowie die Auszahlung und Zurechnung der bezüglichen Entschädigungen und sonstigen Ausgaben für Rechnung der Versicherungskammer,

20. die Berechnung, Einhebung und Zurechnung der Beiträge für die land- und forstwirtschaftliche Unfallversicherung,

21. die Bestreitung und Zurechnung der Gendarmeriepensionen,

22. die Einlösung und Zurechnung der Zinsabschnitte von Staatsschuldverschreibungen sowie die Vermittlung der Heimzahlung und des Umtausches verloster oder gekündigter Staatsschuldverschreibungen, dann die Mitwirkung bei dem Bezuge neuer Zinsscheinbogen zu den Staatsschuldverschreibungen,

23. die Vergütung und Zurechnung der von den Gemeinden vorgeschossenen Marschgebühren bei militärischen Einberufungen, dann die Zahlung und Zurechnung der Beihilfen aus Militärfonds sowie der Unterstützungen aus dem Dispositionsfonds des Kaisers,

24. die Einhebung und Zurechnung der Beiträge zum Pensionsverein der Rentamtsgehilfen in Bayern für die sämtlichen im Rentamtsbezirke Nürnberg wohnenden oder bediensteten Mitglieder;

VI. dem Rentamte Nürnberg II:

1. die Veranlagung, Erhebung und Verrechnung der Einkommen-, Gewerb- und Kapitalrentensteuer nebst den hierauf treffenden Kreisumlagen und Kirchensteuern:

a) für die sämtlichen Distrikte der Sebalder Seite, die Distrikte 1—32, 74, 75 der Lorenzer Seite, dann die sämtlichen Landgemeinden und Forstbezirke, soweit nicht nach Ziff. VII 1 b das Rentamt Nürnberg III zuständig ist,

b) der sämtlichen in Nürnberg steuerpflichtigen Architekten, Aerzte, Ingenieure, Künstler aller Gattungen, Notare, Offiziere (einschliesslich der Sanitäts- und der Veterinäroffiziere), Rechtsanwälte, Zahnärzte und Zahntechniker, der Vereine des bürgerlichen Rechtes, dann der Stiftungen des öffentlichen und des bürgerlichen Rechtes,

2. die Perzeption für fremde Aemter, soweit es sich um Einkommen-, Gewerb- und Kapitalrentensteuer nebst Kirchensteuer und Kreisumlage handelt, für den ganzen Rentamtsbezirk,

3. die Verwaltung der für die Tätigkeit dieses Amtes anfallenden Gebühren und Strafen der Finanzverwaltung,

4. die Bestreitung und Verrechnung der mit den vorstehenden Einnahmen zusammenhängenden Ausgaben;

In Bezug auf die Einhebung und Beitreibung der Steuern und Umlagen erstreckt sich die Zuständigkeit des Rentamts Nürnberg II auf den ganzen Rentamtsbezirk.

VII. dem Rentamte **Nürnberg III:**

1. die Veranlagung, Erhebung und Verrechnung der Einkommen-, Gewerb- und Kapitalrentensteuer nebst den hierauf treffenden Kreisumlagen und Kirchensteuern:
   a) für die Distrikte 33—73 der Lorenzer Seite, soweit nicht nach Ziff. VI 1 b das Rentamt Nürnberg II zuständig ist,
   b) der sämtlichen in Nürnberg steuerpflichtigen, im Artikel 1 Abs. I Ziff. 4 a des Einkommensteuergesetzes namentlich bezeichneten Erwerbsgesellschaften (der Aktiengesellschaften, Kommanditgesellschaften auf Aktien, Gesellschaften mit beschränkter Haftung, Genossenschaften, Berggewerkschaften) und deren Direktoren, dann der Bankgeschäfte und Generalagenturen,

2. die Behandlung der Hausiersteuer,

3. die Verwaltung der für die Tätigkeit dieses Amtes anfallenden Gebühren und Strafen, dann der besonderen Abgaben nach dem Artikel 220 des Gebührengesetzes,

4. die Bestreitung und Verrechnung der mit den vorstehenden Einnahmen zusammenhängenden Ausgaben.

In Bezug auf die Einhebung und die Beitreibung der Steuern und Umlagen erstreckt sich die Zuständigkeit des Rentamts Nürnberg III auf den ganzen Rentamtsbezirk.

Anhang.

Beitreibungsdienst.

Der Beitreibungsdienst ist im allgemeinen geregelt mit FMBek. v. 27. 12. 1899 (FMBl. 355—394) u. FMBek. v. 17. 5. 1900 (FMBl. 283), welch letztere die Pfändung von Früchten und landwirtschaftlichen Erzeugnissen betrifft. Das Verfahren teilt sich in zwei Abschnitte: Mahnverfahren und Vollstreckungsverfahren.

Für Stundungen, Forderungspfändungen, Hypothekerwirkungen und alle sonstigen Sicherungs- und Beitreibungsmassnahmen ist an Stelle des verrechnenden Amtes das Rentamt zuständig, in dessen Bezirk der Schuldner wohnt, wenn dies zur Geschäftsvereinfachung oder zur rascheren Sicherung der Forderung dient (§ 17 FMBek. v. 10. IV. 1911, FMBl. 296)), -- Holzgeld sofort fällig, wenn nach der Holzüberweisung dem Rentamte die Zahlungsfähigkeit des Käufers zweifelhaft ist (Versteiger.-Prot. Ziff. 8 FMBl. S. 197). — Forderungspfändung (§§ 828 ff. ReichsZPO.). — Gehalts- und Arbeits-, Dienstlohnpfändung (ReichsGes. v. 21. VI. 1869, BundesgesBl. 1869 S. 242, 1871 S. 63, RGesBl. 1897 S. 159, **§ 4 Ziff. 2** für die direkten persönlichen Abgaben der letzten drei Monate zulässig). — Nicht pfändbar Brandversicherungsgelder (Art. 38, 43 d. Ges. v. 3. IV. 1875 GVBl. 1899 S. 28). — Benachrichtigung des Drittschuldners, dass Pfändung bevorsteht (§§ 845, 846 RZPO.). — Zwangsvollstr. in e. Grundstück (§§ 866 ff. RZPO.); bevorrechtigte Forderungen (§§ 10, 44, 45, 37, 110 ZwangsVGes.); Sicherungshypothek (§§ 866, 868 RZPO. und Art. 123 AusfG. z. BGB.). — Verjährung (Art. 124, 126, 127, 128 AusfG. z. BGB.; §§ 216, 218 BGB.; Hemmung der Verjährung §§ 202, 205 BGB.). — Vorrecht im Konkurs (§§ 61, 62 KonkO.).

Vollzugsorgane für die Beitreibung sind die Rentamtsdiener (§ 4 der BeitrInstr. v. 27. XII. 1899), Festsetzung und Kürzung der GebAnteile (§ 13 GeschAnw. f. d. Rent.), Fahrradentschädigung (§ 13 Abs. VI a. a. O.), Ernennung und Versetzung d. Amtsd. (§ 15 a. a. O.); Legitimation hat der Amtsdiener im Dienst bei sich zu führen, beim Ausscheiden aus dem Dienst oder Versetzung sie zurückzugeben (§ 47 a. a. O.), Mitnahme von Quittungen auf den Dienstgängen (§ 72 a. a. O.); Amtsd. dürfen Mahnvorv. und Ausstandsverz. nicht herstellen (§ 68 a. a. O.).

2. Verzeichnis der 266 Amtsgerichte Bayerns mit Angabe der Zugehörigkeit des Amtsbezirkes zum Bezirksamt, Rentamt, Landgericht, Oberlandesgericht und Bezirkskommando.

Amtsgericht	Bezirksamt	Rentamt	Landgericht	Oberlandesgericht	Bezirkskommando
Abensberg	Kehlheim	Neustadt a. D.	Regensburg	Nürnberg	Regensburg
Aibling	Aibling	Aibling	Traunstein	München	Rosenheim
Aichach	Aichach	Aichach	Augsburg	Augsburg	Augsburg
Altdorf	Nürnberg	Altdorf	Nürnberg	Nürnberg	Nürnberg
Altötting	Altötting	Burghausen	Traunstein	München	Wasserburg
Alzenau	Alzenau	Aschaffenburg II	Aschaffenburg	Bamberg	Aschaffenburg
Amberg	Amberg	Amberg	Amberg	Nürnberg	Amberg
Amorbach	Miltenberg	Amorbach	Aschaffenburg	Bamberg	Aschaffenburg
Annweiler	Bergzabern	Annweiler	Landau i. Pf.	Zweibrücken	Landau i. Pf.
Ansbach	Ansbach	Ansbach	Ansbach	Nürnberg	Ansbach
Arnstein	Karlstadt	Arnstein	Würzburg	Bamberg	Würzburg
Arnstorf	Eggenfelden	Eggenfelden	Deggendorf	München	Vilshofen
Aschaffenburg	Aschaffenburg	Aschaffenburg I	Aschaffenburg	Bamberg	Aschaffenburg
Aub	Ochsenfurt	Röttingen	Würzburg	Bamberg	Kitzingen
Auerbach	Eschenbach	Auerbach	Weiden	Nürnberg	Weiden
Augsburg	Augsburg	Augsburg I u. II	Augsburg	Augsburg	Augsburg
Babenhausen	Illertissen	Illertissen	Memmingen	Augsburg	Mindelheim
Bamberg	Bamberg I u. II	Bamberg	Bamberg	Bamberg	Bamberg
Baunach	Ebern	Ebern	Bamberg	Bamberg	Bamberg
Bayreuth	Bayreuth	Bayreuth	Bayreuth	Bamberg	Bayreuth
Beilngries	Beilngries	Beilngries	Eichstätt	Augsburg	Ingolstadt
Berchtesgaden	Berchtesgaden	Berchtesgaden	Traunstein	München	Rosenheim
Bergzabern	Bergzabern	Bergzabern	Landau i. Pf.	Zweibrücken	Landau i. Pf.
Berneck	Berneck	Marktschorgast	Bayreuth	Bamberg	Hof
Bischofsheim	Neustadt a. S.	Neustadt a. S.	Schweinfurt	Bamberg	Kissingen
Blieskastel	Ingbert St.	Blieskastel	Zweibrücken	Zweibrücken	Zweibrücken
Bogen	Bogen	Mitterfels	Straubing	München	Straubing
Brückenau	Brückenau	Brückenau	Würzburg	Bamberg	Kissingen

Amtsgericht	Bezirksamt	Rentamt	Landgericht	Oberlandesgericht	Bezirkskommando
Buchloe	Kaufbeuren	Buchloe	Memmingen	Augsburg	Mindelheim
Burgau	Günzburg	Burgau	Augsburg	Augsburg	Dillingen
Burgebrach	Bamberg II	Burgwindheim	Bamberg	Bamberg	Bamberg
Burghausen	Altötting	Burghausen	Traunstein	München	Wasserburg
Burglengenfeld	Burglengenfeld	Burglengenfeld	Regensburg	Nürnberg	Amberg
Cadolzburg	Fürth	Cadolzburg	Fürth	Nürnberg	Nürnberg
Cham	Cham	Cham	Amberg	Nürnberg	Amberg
Dachau	Dachau	Dachau	München II	München	München II
Dahn	Pirmasens	Dahn	Zweibrücken	Zweibrücken	Zweibrücken
Deggendorf	Deggendorf	Deggendorf	Deggendorf	München	Vilshofen
Dettelbach	Kitzingen	Dettelbach	Würzburg	Bamberg	Kitzingen
Dillingen	Dillingen	Dillingen	Neuburg a. D.	Augsburg	Dillingen
Dingolfing	Dingolfing	Dingolfing	Landshut	München	Landshut
Dinkelsbühl	Dinkelsbühl	Dinkelsbühl	Ansbach	Nürnberg	Ansbach
Donauwörth	Donauwörth	Donauwörth	Neuburg a. D.	Augsburg	Dillingen
Dorfen	Erding	Erding	München II	München	München II
Dürkheim	Dürkheim	Dürkheim	Frankenthal	Zweibrücken	Ludwigshafen a. Rh.
Ebermannstadt	Ebermannstadt	Ebermannstadt	Bamberg	Bamberg	Bamberg
Ebern	Ebern	Ebern	Bamberg	Bamberg	Bamberg I
Ebersberg	Ebersberg	Ebersberg	München II	München	München I
Edenkoben	Landau i. Pf.	Edenkoben	Landau i. Pf.	Zweibrücken	Landau i. Pf.
Eggenfelden	Eggenfelden	Eggenfelden	Landshut	München	Wasserburg
Eichstätt	Eichstätt	Eichstätt	Eichstätt	Augsburg	Ingolstadt
Ellingen	Weissenburg i. B.	Weissenburg i. B.	Eichstätt	Augsburg	Gunzenhausen
Eltmann	Hassfurt	Zeil	Schweinfurt	Bamberg	Kitzingen
Erbendorf	Kemnath	Kemnath	Weiden	Nürnberg	Weiden
Erding	Erding	Erding	München II	München	München II
Erlangen	Erlangen	Erlangen	Fürth	Nürnberg	Erlangen

Amtsgericht	Bezirksamt	Rentamt	Landgericht	Oberlandesgericht	Bezirkskommando
Eschenbach	Eschenbach	Eschenbach	Weiden	Nürnberg	Weiden
Euerdorf	Hammelburg	Hammelburg	Schweinfurt	Bamberg	Kissingen
Feuchtwangen	Feuchtwangen	Feuchtwangen	Ansbach	Nürnberg	Ansbach
Forchheim	Forchheim	Forchheim	Bamberg	Bamberg	Erlangen
Frankenthal	Frankenthal	Frankenthal	Frankenthal	Zweibrücken	Ludwigshafen a. Rh.
Freising	Freising	Freising	München II	München	Landshut
Freyung	Wolfstein	Freyung	Passau	München	Passau
Friedberg	Friedberg	Friedberg	Augsburg	Augsburg	Augsburg
Fürstenfeld-bruck	Fürstenfeld-bruck	Fürstenfeld-bruck	München II	München	Weilheim
Fürth	Fürth	Fürth	Fürth	Nürnberg	Nürnberg
Füssen	Füssen	Füssen	Kempten	Augsburg	Kempten
Furth	Cham	Cham	Amberg	Nürnberg	Amberg
Garmisch	Garmisch	Garmisch	München II	München	Weilheim
Geisenfeld	Pfaffenhofen	Pfaffenhofen	Neuburg a. D.	Augsburg	Ingolstadt
Gemünden	Gemünden	Gemünden	Würzburg	Bamberg	Aschaffenburg
Germersheim	Germersheim	Germersheim	Landau i. Pf.	Zweibrücken	Landau i. Pf.
Gerolzhofen	Gerolzhofen	Gerolzhofen	Schweinfurt	Bamberg	Kitzingen
Grafenau	Grafenau	Schönberg	Deggendorf	München	Vilshofen
Gräfenberg	Forchheim	Neunkirchen a. Br.	Nürnberg	Nürnberg	Erlangen
Greding	Hipoltstein	Greding	Eichstätt	Augsburg	Gunzenhausen
Griesbach	Griesbach	Griesbach	Passau	München	Passau
Grünstadt	Frankenthal	Grünstadt	Frankenthal	Zweibrücken	Ludwigshafen a. Rh.
Gunzenhausen	Gunzenhausen	Gunzenhausen	Ansbach	Nürnberg	Gunzenhausen
Günzburg a. D.	Günzburg	Günzburg	Memmingen	Augsburg	Dillingen
Haag	Wasserburg	Wasserburg	München II	München	Wasserburg
Hammelburg	Hammelburg	Hammelburg	Schweinfurt	Bamberg	Kissingen

Amtsgericht	Bezirksamt	Rentamt	Landgericht	Oberlandesgericht	Bezirkskommando
Hassfurt	Hassfurt	Zeil	Schweinfurt	Bamberg	Kitzingen
Heidenheim	Gunzenhausen	Heidenheim	Ansbach	Nürnberg	Gunzenhausen
Heilsbronn	Ansbach	Heilsbronn	Ansbach	Nürnberg	Ansbach
Hemau	Parsberg	Hemau	Regensburg	Nürnberg	Regensburg
Hengersberg	Deggendorf	Deggendorf	Deggendorf	München	Vilshofen
Herrieden	Feuchtwangen	Herrieden	Ansbach	Nürnberg	Ansbach
Hersbruck	Hersbruck	Hersbruck	Nürnberg	Nürnberg	Nürnberg
Herzogen-aurach	Höchstadt a. A.	Herzogen-aurach	Fürth	Nürnberg	Erlangen
Hilpoltstein	Hilpoltstein	Hilpoltstein	Nürnberg	Nürnberg	Gunzenhausen
Hof	Hof	Hof	Hof	Bamberg	Hof
Hofheim	Hofheim	Hofheim	Schweinfurt	Bamberg	Kissingen
Hollfeld	Ebermannstadt	Waischenfeld	Bayreuth	Bamberg	Bamberg
Homburg	Homburg	Homburg	Zweibrücken	Zweibrücken	Zweibrücken
Höchstadt a. A.	Höchstadt a. A.	Höchstadt a. A.	Bamberg	Bamberg	Erlangen
Höchstädt a. D.	Dillingen	Höchstädt a. D.	Neuburg a. D.	Augsburg	Dillingen
Illertissen	Illertissen	Illertissen	Memmingen	Augsburg	Mindelheim
Immenstadt	Sonthofen	Immenstadt	Kempten	Augsburg	Kempten
Ingbert St.	Ingbert St.	Ingbert St.	Zweibrücken	Zweibrücken	Zweibrücken
Ingolstadt	Ingolstadt	Ingolstadt	Eichstätt	Augsburg	Ingolstadt
Kaiserslautern	Kaiserslautern	Kaiserslautern	Kaiserslautern	Zweibrücken	Kaiserslautern
Kandel	Germersheim	Kandel	Landau i. Pf.	Zweibrücken	Landau i. Pf.
Karlstadt	Karlstadt	Karlstadt	Würzburg	Bamberg	Würzburg
Kastl	Neumarkt i. Opf.	Kastl	Amberg	Nürnberg	Nürnberg
Kaufbeuren	Kaufbeuren	Kaufbeuren	Kempten	Augsburg	Mindelheim
Kelheim	Kelheim	Kelheim	Regensburg	Nürnberg	Regensburg
Kemnath	Kemnath	Kemnath	Weiden	Nürnberg	Weiden
Kempten	Kempten	Kempten	Kempten	Augsburg	Kempten
Kipfenberg	Eichstätt	Kipfenberg	Eichstätt	Augsburg	Ingolstadt
Kirchenlamitz	Wunsiedel	Wunsiedel	Hof	Bamberg	Hof

Amtsgericht	Bezirksamt	Rentamt	Landgericht	Oberlandesgericht	Bezirkskommando
Kirchheimbolanden	Kirchheimbolanden	Kirchheimbolanden	Kaiserslautern	Zweibrücken	Kaiserslautern
Kissingen	Kissingen	Kissingen	Schweinfurt	Bamberg	Kissingen
Kitzingen	Kitzingen	Kitzingen	Würzburg	Bamberg	Kitzingen
Klingenberg	Obernburg	Klingenberg	Aschaffenburg	Bamberg	Aschaffenburg
Königshofen	Königshofen	Königshofen	Schweinfurt	Bamberg	Kissingen
Kötzting	Kötzting	Kötzting	Straubing	München	Straubing
Kronach	Kronach	Kronach	Bamberg	Bamberg	Bayreuth
Krumbach	Krumbach	Krumbach	Memmingen	Augsburg	Dillingen
Kulmbach	Kulmbach	Kulmbach	Bayreuth	Bamberg	Bayreuth
Kusel	Kusel	Kusel	Kaiserslautern	Zweibrücken	Kaiserslautern
Landau a. I.	Landau a. I.	Landau a. I.	Straubing	München	Vilshofen
Landau i. Pf.	Landau i. Pf.	Landau i. Pf.	Landau i. Pf.	Zweibrücken	Landau i. Pf.
Landsberg	Landsberg	Landsberg	Augsburg	Augsburg	Weilheim
Landshut	Landshut	Landshut	Landshut	München	Landshut
Landstuhl	Homburg	Landstuhl	Zweibrücken	Zweibrücken	Zweibrücken
Lauf	Lauf	Hersbruck	Nürnberg	Nürnberg	Nürnberg
Laufen	Laufen	Laufen	Traunstein	München	Rosenheim
Lauingen	Dillingen	Lauingen	Neuburg a. D.	Augsburg	Dillingen
Lauterecken	Kusel	Lauterecken	Kaiserslautern	Zweibrücken	Kaiserslautern
Lichtenfels	Lichtentefs	Lichtenfels	Bamberg	Bamberg	Bamberg
Lindau	Lindau	Lindau	Kempten	Augsburg	Kempten
Lohr	Lohr	Lohr	Aschaffenburg	Bamberg	Aschaffenburg
Ludwigshafen a. Rh.	Ludwigshafen a. Rh.	Ludwigshafen a. Rh.	Frankenthal	Zweibrücken	Ludwigshafen a. Rh.
Ludwigsstadt	Teuschnitz	Rothenkirchen	Bamberg	Bamberg	Bayreuth
Mainburg	Mainburg	Neustadt a. D.	Landshut	München	Ingolstadt
Mallersdorf	Mallersdorf	Mallersdorf	Straubing	München	Straubing
Marktbreit	Kitzingen	Ochsenfurt	Würzburg	Bamberg	Kitzingen
Markterlbach	Neustadt a. A.	Markterlbach	Fürth	Nürnberg	Erlangen

Amtsgericht	Bezirksamt	Rentamt	Landgericht	Oberlandesgericht	Bezirkskommando
Marktheidenfeld	Marktheidenfeld	Lengfurt	Aschaffenburg	Bamberg	Aschaffenburg
Marktoberdorf	Marktoberdorf	Marktoberdorf	Kempten	Augsburg	Kempten
Mellrichstadt	Mellrichstadt	Mellrichstadt	Schweinfurt	Bamberg	Kissingen
Memmingen	Memmingen	Memmingen	Memmingen	Augsburg	Mindelheim
Miesbach	Miesbach	Miesbach	München II	München	München II
Miltenberg	Miltenberg	Amorbach	Aschaffenburg	Bamberg	Aschaffenburg
Mindelheim	Mindelheim	Mindelheim	Memmingen	Augsburg	Mindelheim
Mitterfels	Bogen	Mitterfels	Straubing	München	Straubing
Monheim	Donauwörth	Monheim	Eichstätt	Augsburg	Dillingen
Moosburg	Freising	Moosburg	Landshut	München	Landshut
Mühldorf	Mühldorf	Mühldorf	Traunstein	München	Wasserburg
Münchberg	Münchberg	Münchberg	Hof	Bamberg	Hof
München	München	München (4 Stadtrentämter u. das Landrentamt)	München I	München	München I
Münnerstadt	Kissingen	Münnerstadt	Schweinfurt	Bamberg	Kissingen
Nabburg	Nabburg	Nabburg	Amberg	Nürnberg	Weiden
Naila	Naila	Lichtenberg	Hof	Bamberg	Hof
Neuburg a. D.	Neuburg a. D.	Neuburg a. D.	Neuburg a. D.	Augsburg	Dillingen
Neukirchen	Kötzting	Kötzting	Straubing	München	Straubing
Neumarkt a. R.	Mühldorf	Mühldorf	Landshut	München	Wasserburg
Neumarkt i. Opf.	Neumarkt i. Opf.	Neumarkt i. Opf.	Amberg	Nürnberg	Nürnberg
Neunburg v. W.	Neunburg v. W.	Neunburg v. W.	Amberg	Nürnberg	Amberg
Neustadt a. A.	Neustadt a. A.	Neustadt a. A.	Fürth	Nürnberg	Erlangen
Neustadt a. H.	Neustadt a. H.	Neustadt a. H.	Frankenthal	Zweibrücken	Ludwigshafen a. Rh.
Neustadt a. S.	Neustadt a. S.	Neustadt a. S.	Schweinfurt	Bamberg	Kissingen
Neustadt a. WN.	Neustadt a. WN.	Weiden	Weiden	Nürnberg	Weiden

Amtsgericht	Bezirksamt	Rentamt	Landgericht	Oberlandesgericht	Bezirkskommando
Neu-Ulm	Neu-Ulm	Neu-Ulm	Memmingen	Augsburg	Mindelheim
Nittenau	Roding	Walderbach	Regensburg	Nürnberg	Amberg
Nördlingen	Nördlingen	Nördlingen	Neuburg a. D.	Augsburg	Gunzenhausen
Nordhalben	Teuschnitz	Rothenkirchen*)	Bamberg	Bamberg	Bayreuth
Nürnberg	Nürnberg	Nürnberg I, II u. III	Nürnberg	Nürnberg	Nürnberg
Obergünzburg	Marktoberdorf	Marktoberdorf	Kempten	Augsburg	Kempten
Obermoschel	Rockenhausen	Obermoschel	Kaiserslautern	Zweibrücken	Kaiserslautern
Obernburg	Obernburg	Aschaffenburg II	Aschaffenburg	Bamberg	Aschaffenburg
Oberviechtach	Oberviechtach	Neunburg v. W.	Weiden	Nürnberg	Weiden
Ochsenfurt	Ochsenfurt	Ochsenfurt	Würzburg	Bamberg	Kitzingen
Oettingen	Nördlingen	Oettingen	Neuburg a. D.	Augsburg	Gunzenhausen
Osterhofen	Vilshofen	Vilshofen	Deggendorf	München	Vilshofen
Otterberg	Kaiserslautern	Kaiserslautern	Kaiserslautern	Zweibrücken	Kaiserslautern
Ottobeuren	Memmingen	Ottobeuren	Memmingen	Augsburg	Mindelheim
Pappenheim	Weissenburg. i. B.	Weissenburg i. B.	Eichstätt	Augsburg	Gunzenhausen
Parsberg	Parsberg	Velburg	Amberg	Nürnberg	Regensburg
Passau	Passau	Passau	Passau	München	Passau
Pegnitz	Pegnitz	Pegnitz	Bayreuth	Bamberg	Bayreuth
Pfaffenhofen	Pfaffenhofen	Pfaffenhofen	Neuburg a. D.	Augsburg	Ingolstadt
Pfarrkirchen	Pfarrkirchen	Pfarrkirchen	Passau	München	Passau
Pirmasens	Pirmasens	Pirmasens	Zweibrücken	Zweibrücken	Zweibrücken
Pottenstein	Pegnitz	Pottenstein	Bayreuth	Bamberg	Bayreuth
Prien	Rosenheim	Rosenheim	Traunstein	München	Rosenheim
Rain	Neuburg a. D.	Rain	Neuburg a. D.	Augsburg	Dillingen
Regen	Regen	Zwiesel	Deggendorf	München	Vilshofen

*) Mit Ausnahme der Gemeinden: Dürrenwaid, Heinersberg, Langenbach und Steinbach, welche zum Rentamte Lichtenberg gehören.

Amtsgericht	Bezirksamt	Rentamt	Landgericht	Oberlandesgericht	Bezirkskommando
Regensburg	Regensburg	Regensburg I u. II	Regensburg	Nürnberg	Regensburg
Regenstauf	Stadtamhof	Regensburg I	Regensburg	Nürnberg	Regensburg
Rehau	Rehau	Hof	Hof	Bamberg	Hof
Reichenhall	Berchtesgaden	Berchtesgaden	Traunstein	München	Rosenheim
Riedenburg	Riedenburg	Riedenburg	Regensburg	Nürnberg	Ingolstadt
Rockenhausen	Rockenhausen	Obermoschel	Kaiserslautern	Zweibrücken	Kaiserslautern
Roding	Roding	Walderbach	Regensburg	Nürnberg	Amberg
Rosenheim	Rosenheim	Rosenheim	Traunstein	München	Rosenheim
Roth	Schwabach	Spalt	Nürnberg	Nürnberg	Gunzenhausen
Rothenburg o.T.	Rothenburg o.T.	Rothenburg o.T.	Ansbach	Nürnberg	Ansbach
Rottenburg a.L.	Rottenburg a.L.	Mallersdorf	Landshut	München	Landshut
Rotthalmünster	Griesbach	Griesbach	Passau	München	Passau
Scheinfeld	Scheinfeld	Markt-Bibart	Fürth	Nürnberg	Kitzingen
Schesslitz	Bamberg I	Schesslitz	Bamberg	Bamberg	Bamberg
Schillingsfürst	Rothenburg o.T.	Rothenburg o.T.	Ansbach	Nürnberg	Ansbach
Schöllkrippen	Alzenau	Aschaffenburg II	Aschaffenburg	Bamberg	Aschaffenburg
Schongau	Schongau	Schongau	Kempten	Augsburg	Weilheim
Schrobenhausen	Schrobenhausen	Schrobenhausen	Neuburg a. D.	Augsburg	Ingolstadt
Schwabach	Schwabach	Schwabach	Nürnberg	Nürnberg	Gunzenhausen
Schwabmünchen	Schwabmünchen	Schwabmünchen	Augsburg	Augsburg	Augsburg
Schwandorf	Burglengenfeld	Burglengenfeld	Amberg	Nürnberg	Amberg
Schweinfurt	Schweinfurt	Schweinfurt	Schweinfurt	Bamberg	Würzburg
Selb	Rehau	Selb	Hof	Bamberg	Hof
Sesslach	Staffelstein	Staffelstein	Bamberg	Bamberg	Bamberg
Simbach	Pfarrkirchen	Simbach	Passau	München	Passau
Sonthofen	Sonthofen	Immenstadt	Kempten	Augsburg	Kempten
Speyer	Speyer	Speyer	Frankenthal	Zweibrücken	Ludwigshafen a. Rh.

Amtsgericht	Bezirksamt	Rentamt	Landgericht	Oberlandesgericht	Bezirkskommando
Stadtamhof	Stadtamhof	Regensburg I	Regensburg	Nürnberg	Regensburg
Stadtprozelten	Marktheiden-feld	Klingenberg	Aschaffenburg	Bamberg	Aschaffenburg
Stadtsteinach	Stadtsteinach	Stadtsteinach	Bayreuth	Bamberg	Bayreuth
Staffelstein	Staffelstein	Staffelstein	Bamberg	Bamberg	Bamberg
Starnberg	Starnberg	Starnberg	München II	München	Weilheim
Straubing	Straubing	Straubing	Straubing	München	Straubing
Sulzbach	Sulzbach	Sulzbach	Amberg	Nürnberg	Amberg
Tegernsee	Miesbach	Miesbach	München II	München	München II
Thiersheim	Wunsiedel	Wunsiedel	Hof	Bamberg	Hof
Thurnau	Kulmbach	Thurnau	Bayreuth	Bamberg	Bayreuth
Tirschenreuth	Tirschenreuth	Tirschenreuth	Weiden	Nürnberg	Weiden
Tittmoning	Laufen	Laufen	Traunstein	München	Rosenheim
Tölz	Tölz	Tölz	München II	München	München II
Traunstein	Traunstein	Traunstein	Traunstein	München	Rosenheim
Trostberg	Traunstein	Trostberg	Traunstein	München	Rosenheim
Türkheim	Mindelheim	Türkheim	Memmingen	Augsburg	Mindelheim
Uffenheim	Uffenheim	Uffenheim	Ansbach	Nürnberg	Ansbach
Viechtach	Viechtach	Viechtach	Deggendorf	München	Straubing
Vilsbiburg	Vilsbiburg	Vilsbiburg	Landshut	München	Landshut
Vilseck	Amberg	Amberg	Weiden	Nürnberg	Amberg
Vilshofen	Vilshofen	Vilshofen	Passau	München	Vilshofen
Vohenstrauss	Vohenstrauss	Vohenstrauss	Weiden	Nürnberg	Weiden
Volkach	Gerolzhofen	Volkach	Schweinfurt	Bamberg	Kitzingen
Waldfischbach	Pirmasens	Pirmasens	Zweibrücken	Zweibrücken	Zweibrücken
Waldkirchen	Wolfstein	Freyung	Passau	München	Passau
Waldmohr	Homburg	Homburg	Zweibrücken	Zweibrücken	Zweibrücken
Waldmünchen	Waldmünchen	Waldmünchen	Amberg	Nürnberg	Amberg
Waldsassen	Tirschenreuth	Waldsassen	Weiden	Nürnberg	Weiden
Wasserburg	Wasserburg	Wasserburg	Traunstein	München	Wasserburg

Amtsgericht	Bezirksamt	Rentamt	Landgericht	Oberlandesgericht	Bezirkskommando
Wassertrüdingen	Dinkelsbühl	Wassertrüdingen	Ansbach	Nürnberg	Ansbach
Wegscheid	Wegscheid	Obernzell	Passau	München	Passau
Weiden	Neustadt a. WN.	Weiden	Weiden	Nürnberg	Weiden
Weidenberg	Bayreuth	Bayreuth	Bayreuth	Bamberg	Bayreuth
Weiler	Lindau	Lindau	Kempten	Augsburg	Kempten
Weilheim	Weilheim	Weilheim	München II	München	Weilheim
Weismain	Lichtenfels	Waismain*)	Bayreuth	Bamberg	Bamberg
Weissenburg i. Bay.	Weissenburg i. Bay.	Weissenburg i. Bay.	Eichstätt	Augsburg	Gunzenhausen
Weissenhorn	Neu-Ulm	Weissenhorn	Memmingen	Augsburg	Mindelheim
Werneck	Schweinfurt	Werneck	Schweinfurt	Bamberg	Würzburg
Wertingen	Wertingen	Wertingen	Augsburg	Augsburg	Augsburg
Wiesentheid	Gerolzhofen	Gerolzhofen	Würzburg	Bamberg	Kitzingen
Windsheim	Uffenheim	Windsheim	Fürth	Nürnberg	Ansbach
Winnweiler	Rockenhausen	Winnweiler	Kaiserslautern	Zweibrücken	Kaiserslautern
Wolfratshausen	Wolfratshausen	Wolfratshausen	München II	München	München II
Wolfstein	Kusel	Lauterecken	Kaiserslautern	Zweibrüchen	Kaiserslautern
Wörth	Regensburg	Regensburg II	Regensburg	Nürnberg	Regensburg
Wunsiedel	Wunsiedel	Wunsiedel	Hof	Bamberg	Hof
Würzburg	Würzburg	Würzburg (Stadt- und Landrentamt)	Würzburg	Bamberg	Würzburg
Zusmarshausen	Zusmarshausen	Zusmarshausen	Augsburg	Augsburg	Augsburg
Zweibrücken	Zweibrücken	Zweibrücken	Zweibrücken	Zweibrücken	Zweibrücken

*) Mit Ausnahme der Gemeinde Fesselsdorf, welche zum Rentamte Thurnau gehört.

3. Forstämter.

(Die Zugehörigkeit der Forstämter zu den Rentamtsbezirken ist bei der Rentämterbeschreibung angegeben).

Allersberg (Mf.)
Altdorf (Mf.)
Altenbuch (Uf.)
Altötting (Ob.)
Amberg (Opf.)
Amorbach (Uf.)
Annweiler (Pf.)
Ansbach (Mf.)
Anzing (Ob.)
Arzberg (Of.)
Aschaffenburg-Nord (Uf.)
Aschaffenburg-Süd (Uf.)
Bamberg-Ost (Of.)
Bamberg-West (Of.)
Baunach (Uf.)
Bayreuth (Of.)
Behringersdorf (Mf.)
Beilngries (Opf.)
Benediktbeuern (Ob.)
Berchtesgaden (Ob.)
Bergen (Ob.)
Bergheim (Sch.)
Bergzabern (Pf.)
Betzenstein (Of.)
Betzigau (Sch.)
Biberachzell (Sch.)
Biburg (Sch.)
Binsfeld (Uf.)
Bischbrunn (Uf.)
Bischofsgrün (Of.)
Bischofsreut (Nb.)
Bischofswiesen (Ob.)
Blieskastel (Pf.)
Bodenmais (Nb.)
Bodenwöhr (Opf.)
Breitengüssbach (Of.)
Breitenthal (Sch.)
Brückenau (Uf.)
Buch a. F. (Of.)
Büchold (Uf.)
Bundorf (Uf.)
Burgberg (Sch.)
Burghausen (Ob.)
Burglengenfeld (Opf.)
Burgsinn (Uf.)
Burgwindheim (Of.)

Cadolzburg (Mf.)
Cham (Opf.)
Colmberg (Mf.)

Dahn (Pf.)
Deggendorf (Nb.)
Dienhausen (Sch.)
Diessen (Ob.)
Dillingen (Sch.)
Dinkelsbühl (Mf.)
Dombühl (Mf.)
Donauwörth (Sch.)
Dürkheim (Pf.)

Ebern (Uf.)
Ebernburg (Pf.)
Ebersberg (Ob.)
Ebrach (Of.)
Edenkoben (Pf.)
Eggenfelden (Nb.)
Eichelsdorf (Uf.)
Eichstätt-Ost (Mf.)
Eichstätt-West (Mf.)
Elmstein-Nord (Pf.)
Elmstein-Süd (Pf.)
Eltmann (Uf.)
Engelthal (Mf.)
Ensdorf (Opf.)
Eppenbrunn (Pf.)
Ergoldsbach (Nb.)
Erlangen-Ost (Mf.)
Erlangen-West (Of.)
Erlenbach (Uf.)
Erlenbrunn (Pf.)
Eslarn (Opf.)
Etzenricht (Opf.)
Euerdorf (Uf.)
Eurasburg (Ob.)
Eusserthal (Pf.)

Fabrikschleichach (Uf.)
Falkenberg (Opf.)
Fall (Ob.)
Feucht (Mf.)
Feuchtwangen (Mf.)
Fichtelberg (Of.)
Fischbach (Pf.)
Fischbach (Mf.)
Fischbachau (Ob.)
Flachslanden (Mf.)
Fladungen (Uf.)
Flossenbürg (Opf.)
Forchheim (Of.)
Forstenried (Ob.)
Frankenstein (Pf.)
Freising (Ob.)
Freudenberg (Opf.)
Fürstenfeldbruck (Ob.)

Garmisch (Ob.)
Geisenfeld (Ob.)
Gemünden (Uf.)
Germersheim (Pf.)
Geroldsgrün-Nord (Of.)
Geroldsgrün-Süd (Of.)
Gessertshausen (Sch.)
Glan-Münchweiler (Pf.)
Glashütten (Of.)
Gössweinstein (Of.)
Goldkronach (Of.)
Gossmannsdorf (Uf.)
Gräfenberg (Of.)
Gräfendorf (Uf.)
Griesbach (Nb.)
Grönenbach (Sch.)
Günzburg (Sch.)
Gunzenhausen (Mf.)

Hain i. Sp. (Uf.)
Hammelburg (Uf.)
Hardenburg (Pf.)
Hassloch (Pf.)
Heideck (Mf.)
Heidenheim (Mf.)
Heigenbrücken (Uf.)
Heilsbronn (Mf.)
Heinersreuth (Of.)
Heroldsberg (Mf.)
Herrnhütte (Mf.)
Hinterweidenthal-Ost (Pf.)
Hinterweidenthal-West (Pf.)
Hochspeyer (Pf.)

Höhenkirchen (Ob.)
Hofstetten (Mf.)
Hohenecken (Pf.)
Hohenschwangau (Ob.)
Homburg (Pf.)
Hundelshausen (Uf.)

Jachenau (Ob.)
Illertissen (Sch.)
Immenstadt (Sch.)
Johanniskreuz (Pf.)
Ipsheim (Mf.)
Isen (Ob.)

Kaiserslautern-Ost (Pf.)
Kaiserslautern-West (Pf.)
Kaisheim (Sch.)
Kandel-Nord (Pf.)
Kandel-Süd (Pf.)
Kaufbeuren (Sch.)
Kelheim-Nord (Nb.)
Kelheim-Süd (Nb.)
Kemnath (Opf.)
Kempten (Sch.)
Kinding (Mf.)
Kipfenberg (Mf.)
Kirchenlamitz (Of.)
Kirchenthumbach (Opf.)
Kirchheimbolanden (Pf.)
Kissingen (Uf.)
Kleinwallstadt (Uf.)
Klingenbrunn (Nb.)
Kösching (Ob.)
Kötzting (Nb.)
Kothen (Uf.)
Kreuth (Ob.)
Kriegsfeld (Pf.)
Kronach (Of.)
Krumbach (Sch.)
Krünn (Ob.)
Kürnach (Sch.)
Kulmbach (Of.)
Kusel (Pf.)

Lambrecht (Pf.)
Landau a. I. (Nb.)
Landsberg (Ob.)
Landshut (Nb.)
Landstuhl-Nord (Pf.)
Landstuhl-Süd (Pf.)
Langheim (Of.)
Laufamholz (Mf.)
Lauterecken (Pf.)
Lellenfeld (Mf.)
Leogangthal (auf österr. Gebiet (Ob.)
Limmersdorf (Of.)
Lohr-Ost (Uf.)
Lohr-West (Uf.)
Ludwigsstadt (Of.)

Mähring (Opf.)
Mainburg (Nb.)
Maineck (Of.)
Mainsondheim (Uf.)
Markt-Bibart
Marktheidenfeld (Uf.)
Marktsteft (Uf.)
Marquartstein-Ost (Ob.)
Marquartstein-West (Ob.)
Maut-Ost (Nb.)
Maut-West (Nb.)
Mellrichstadt (Uf.)
Memmingen (Sch.)
Merzalben (Pf.)
Miltenberg (Uf.)
Mindelheim (Sch.)
Mittelsinn (Uf.)
Mittenwald (Ob.)
Mitterteich (Opf.)
Monheim (Sch.)
Moosburg (Ob.)
Mühldorf (Ob.)
München-Nord (Ob.)
München-Süd (Ob.)
Münchsmünster (Nb.)
Münnerstadt (Uf.)
Murnau (Ob.)

Neuburg a. D.-Ost (Sch.)
Neuburg a. D.-West (Sch.)
Neuhäusel (Pf.)
Neuhaus a. P. (Opf.)
Neulauterburg (Pf.)
Neumarkt (Opf.)
Neunburg v. W. (Pf.)
Neureichenau (Nb.)
Neustadt a. d. Aisch (Mf.)
Neustadt a. d. H.-Nord (Pf.)
Neustadt a. d. H.-Süd (Pf.)
Neustadt a. d. Saale (Uf.)
Neuwirthshaus (Uf.)
Nittenau (Opf.)
Nördlingen (Sch.)
Nordhalben (Of.)
Nürnberg-Ost (Forsthof) (Mf.)
Nürnberg-Süd (Lichtenhof) (Mf.)

Oberammergau (Ob.)
Oberaudorf (Ob.)
Oberbach (Uf.)
Oberschwarzach (Uf.)
St. Oswald (Nb.)
Otterberg (Pf.)
Ottobeuren (Sch.)

Pappenheim (Mf.)
Parsberg (Opf.)
Partenkirchen (Ob.)
Partenstein (Uf.)
Passau-Nord (Nb.)
Passau-Süd (Nb.)
Pegnitz (Of.)
Peiting (Ob.)
Petersgmünd (Mf.)
Pfaffenhofen (Opf.)
Pielenhofen (Opf.)
Pirmasens-Nord (Pf.)
Pirmasens-Süd (Pf.)
Plössberg (Opf.)
Pressath (Opf.)
Pullenried (Opf.)

Rabenstein (Nb.)
Ramsau (Ob.)
Ramsen (Pf.)
Rapperszell (Mf.)
Regensburg (Opf.)
Rehau (Of.)
Reichenhall-Nord (Ob).
Reichenhall-Süd (Ob.)
Reichmannshausen (Uf.)
Reit im Winkel (Ob.)
Riedenburg (Opf.)
Riglasreuth (Opf.)
Rimpar (Uf.)
Roding (Opf.)
Rohrbrunn (Uf.)
Rosenheim (Ob.)

Rothenbuch (Uf.)
Rothenburg o. T. (Mf.)
Rothenkirchen (Of.)
Ruhpolding-Ost (Ob.)
Ruhpolding-West (Ob.)
Ruppertshütten (Uf.)

Saalachthal (auf österr. Gebiete) (Ob.)
Sachsenried (Sch.)
Sauerlach (Ob.)
Schaidt (Pf.)
Schernfeld (Mf.)
Schesslitz (Of.)
Schliersee (Ob.)
Schlüsselfeld (Of.)
Schnabelwaid (Of.)
Schnaittach (Mf.)
Schöllkrippen (Uf.)
Schönau (Pf.)
Schönberg (Nb.)
Schongau (Ob.)
Schrobenhausen (Ob.)
Schwabach (Mf.)
Schwarzach (Nb.)
Schweigen (Pf.)
Schweinfurt (Uf.)
Seeshaupt (Ob.)
Seestetten (Nb.)
Selb (Of.)
Siegsdorf (Ob.)
Simbach (Nb.)
Sondernheim (Pf.)
Sparneck (Of.)
Speyer (Pf.)
Spiegelau (Nb.)
Stadtprozelten (Uf.)
Stadtsteinach (Of.)
Stalldorf (Uf.)
Stammham (Ob.)
Stangenroth (Uf.)
Starnberg (Ob.)
Steben (Of.)
Steinach a. S. (Uf.)
Steingaden (Ob.)
Steinwiesen (Of.)
Sulzschneid (Sch.)

Tännesberg (Opf.)
Tegernsee (Ob.)
Teisendorf (Ob.)
Tettau (Of.)
Teublitz (Opf.)
Thierhaupten (Sch.)
Tirschenreuth (Opf.)
Traunstein (Ob.)
Treuchtlingen (Mf.)
Triesdorf (Mf.)
Trippstadt (Pf.)
Tussenhausen (Sch.)

Uffenheim (Mf.)
Unkenthal (auf österr. Gebiete) (Ob.)
Unterhausen (Sch.)
Unterliezheim (Sch.)

Viechtach (Nb.)
Vilsbiburg (Nb.)
Vilseck (Opf.)
Vohenstrauss (Opf.)
Walchensee (Ob.)
Waldaschaff (Uf.)
Waldbrunn (Uf.)
Waldfischbach-Nord (Pf.)
Waldfischbach-Süd (Pf.)
Waldleiningen (Pf.)
Waldmohr (Pf.)
Waldmünchen (Opf.)
Waldsassen (Opf.)
Wallenfels (Of.)
Wasserburg (Ob.)
Wasserlos (Uf.)
Weiden (Opf.)
Weidenberg (Of.)
Weisingen (Sch.)
Weissenstadt (Of.)
Welden (Sch.)
Wernberg (Opf.)
Werneck (Uf.)
Wettenhausen (Sch.)
Wilgartswiesen (Pf.)
Winnweiler (Pf.)
Wolfratshausen (Ob.)
Wolfstein (Nb.)
Wondreb (Opf.)
Würzburg (Uf.)
Wunsiedel (Of.)

Zeil (Uf.)
Zellingen (Uf.)
Zentbechhofen (Of.)
Zusmarshausen (Sch.)
Zweibrücken (Pf.)
Zwiesel-Ost (Nb.)
Zwiesel-West (Nb.)

4.

Messungsämter.

(Der erste Ortsname bedeutet den Sitz des Amtes, die folgenden Namen sind die Bestandteile (Rentamts- bzw. Amtsgerichtsbezirke.)

Abensberg (Nb.), Neustadt a. D., Kelheim.
Aichach (Ob.).
Amberg (Opf.), Amberg, Sulzbach.
Ansbach (Mf.), Ansbach, Herrieden, Heilsbronn.
Annweiler (Pf.), Annweiler, dann vom Rentamt Dahn die Gemeinden Bruchweiler-Bärenbach, Dahn, Erfweiler, Hauenstein, Hinterweidenthal u. Schindhard.
Arnstein (Uf.), Arnstein, Karlstadt.
Aschaffenburg I (Uf.).
Aschaffenburg II (Uf.).
Augsburg I (Sch.), Rentamt Augsburg I, Zusmarshausen.
Augsburg II (Sch.), Rentamt Augsburg II, Schwabmünchen.
Bamberg I (Of.), Bamberg Stadtrentamt, vom Landrentamt Bamberg die Gemeinden bzw. Forstbezirke Bischberg, Buch, Burglisberg, Dörfleins, Erlach, Erlau, Frensdorf, Gaustadt, Herrnsdorf, Höfen, Kolmsdorf, Kreuzschuh, Mühlendorf, Neuhausen, Oberhaid, Pettstadt, Priesendorf, Reundorf, Röbersdorf, Rothensand, Sassanfahrt, Seussling, Staffelbach, Stegaurach, Trabelsdorf, Trailsdorf, Trosdorf, Trunstadt, Tütschengereuth. Unterhaid, Viereth, Walsdorf, Wildensorg, die Forstbezirke: Bruderwald, Semberg und Landsweide.
Bamberg II (Of.), Burgwindheim u. Schesslitz, dann vom Landrentamte Bamberg die Gemeinden bzw. Forstbezirke: Altendorf, Amlingstadt, Buttenheim, Dreuschendorf, Frankendorf, Friesen, Geisfeld, Gundelsheim, Gunzendorf, Hallstadt, Hirschaid, Kalteneggolfsfeld, Kretschendorf, Leesten, Lindach, Litzendorf, Lohndorf, Medensdorf, Melkendorf, Memmelsdorf, Mistendorf, Naisa, Oberngrub, Pödeldorf, Rossdorf, Schammelsdorf, Seigendorf, Stackendorf, Strullendorf, Teuchatz, Tiefenhöchstadt, Tiefenpölz, Unterstürmig, Weichendorf, Wernsdorf, Zeugendorf, die Forstbezirke Eichwald, Geisberg und Hauptsmoor.
Bayreuth (Of.), Bayreuth, Thurnau.
Bergzabern (Pf.), Bergzabern, dann vom Rentamt Dahn die Gemeinden Bobenthal, Bundenthal, Busenberg, Erlenbach, Fischbach, Hirschthal, Ludwigswinkel, Niederschlettenbach, Nothweiler, Rumbach und Schönau.
Brückenau (Uf.), Brückenau, Gemünden.
Burghausen (Ob.).
Cham (Opf.), Cham, Amtsger. Roding.
Dachau (Ob.).
Deggendorf (Nb.).
Dillingen (Sch.), Dillingen, Höchstädt a. D., Lauingen.
Dinkelsbühl (Mf.), Dinkelsbühl, Wassertrüdingen, Feuchtwangen.
Donauwörth (Sch.), Donauwörth, Rain, Wertingen.
Dürkheim Bad (Pf.).
Ebern (Uf.), Ebern, Hofheim (zum Teil).

Ebersberg (Ob.), **Ebersberg.**
Edenkoben (Pf.).
Eichstätt (Mf.), Eichstätt, Kipfenberg.
Erding (Ob.).
Erlangen (Mf.).
Eschenbach (Opf.), Eschenbach, Auerbach.
Forchheim (Of.), Forchheim, Ebermannstadt, Neunkirchen a/Brand.
Frankenthal (Pf.).
Freising (Ob.), Freising, Moosburg.
Freyung (Nb.).
Friedberg (Ob.).
Fürstenfeldbruck (Ob.).
Fürth (Mf.), Fürth, Cadolzburg.
Greding (Mf.), Greding, Hilpoltstein.
Grünstadt (Pf.), Grünstadt, dann vom Rentamt Kirchheimbolanden die Gemeinden Rodenbach, Eisenberg, Stauf und Ramsen.
Günzburg (Sch.), Burgau und Neuulm.
Gunzenhausen (Mf.), Amtsger. Gunzenhausen u. Heidenheim.
Hammelburg (Uf.).
Hassfurt (Uf.), Amtsger. Hassfurt, Eltmann.
Hemau (Opf.), Hemau, Riedenburg.
Hersbruck (Mf.), Hersbruck, Altdorf.
Höchstadt a. A. (Of.), Höchstadt a. A., Herzogenaurach.
Hof (Of.), Lichtenberg, dann vom Rentamt Hof der Amtsgerichtsbezirk Hof.
Homburg (Pf.).
Immenstadt (Sch.).
Ingbert St. (Pf.), St. Ingbert, Blieskastel.
Ingolstadt (Ob.), Ingolstadt und Schrobenhausen.
Kaiserslautern (Pf.).
Kandel (Pf.), Kandel, dann vom Rentamt Germersheim die Gemeinden Kuhardt, Leimersheim und Neupfotz.
Kaufbeuren (Sch.), Kaufbeuren, Buchloe.
Kemnath (Opf.).
Kempten (Sch.), Kempten, dann vom Rentamt Oberdorf der Bezirk des Amtsgerichts Obergünzburg.
Kirchheimbolanden (Pf.), Kirchheimbolanden mit Ausnahme der Gemeinden Rodenbach, Eisenberg, Stauf und Ramsen.
Kissingen (Uf.).
Kitzingen (Uf.), Amtsger. Kitzingen, Dettelbach.
Klingenberg (Uf.), Klingenberg, Amorbach.
Kötzting (Nb.).
Kronach (Of.), Kronach, Rothenkirchen.
Krumbach (Sch.).
Kulmbach (Of.), Kulmbach, Stadtsteinach.
Kusel (Pf.), Kusel, dann vom Rentamt Lauterecken die Gemeinden Bosenbach, Friedelhausen, Föckelberg, Neunkirchen, Niederstaufenbach, Oberstaufenbach.
Landau (Nb.), Landau a/I., Dingolfing.
Landau (Pf.).
Landsberg (Ob.).
Landshut (Nb.).
Landstuhl (Pf.), Landstuhl, dann vom Rentamt Lauterecken die Gemeinden Albersbach, Jettenbach und Kollweiler.

Lauterecken (Pf.), der Gerichtsbezirk Lauterecken und der Gerichtsbezirk Wolfstein mit Ausnahme der Gemeinden Albersbach, Bosenbach, Föckelberg, Friedelhausen, Jettenbach, Kollweiler, Neunkirchen, Niederstaufenbach und Oberstaufenbach.
Lichtenfels (Of.), Lichtenfels, Staffelstein, Weismain.
Lindau (Sch.).
Lohr (Uf.), Lohr, Lengfurt.
Ludwigshafen (Pf.).
Mallersdorf (Nb.).
Marktoberdorf (Sch.), Füssen, dann vom Rentamt Marktoberdorf der Bezirk des Amtsgerichts Marktoberdorf.
Miesbach (Ob.), Amtsgericht Miesbach.
Mindelheim (Sch.), Mindelheim, Türkheim.
Mitterfels (Nb.).
Mühldorf (Ob.).
Münchberg (Of.), Münchberg, Marktschorgast.
München I (Ob.), München I Stadtrentamt.
München II (Ob.), Landrentamt München.
Münnerstadt (Uf.), Münnerstadt, Königshofen.
Nabburg (Opf.), Nabburg, dann vom Rentamt Neunburg v. W. der Bezirk des Amtsgerichts Oberviechtach.
Neuburg a. D. (Sch.).
Neumarkt (Opf.), Neumarkt, Beilngries.
Neunburg v. W. (Opf.), Waldmünchen, dann vom Rentamt Neunburg v. W. der Bezirk des Amtsgerichts Neunburg v. W.
Neustadt a. A. (Mf.), Neustadt a. A., Markt Erlbach, Markt Bibart.
Neustadt a. H. (Pf.).
Neustadt a. S. (Uf.), Neustadt, Mellrichstadt.
Nördlingen (Sch.), Nördlingen, Oettingen, Monheim.
Nürnberg (Mf.), Nürnberg I.
Obermoschel (Pf.), vom Rentamt Obermoschel der Gerichtsbezirk Obermoschel.
Ochsenfurt (Uf.), Ochsenfurt, Röttingen.
Ottobeuren (Sch.), Ottobeuren, Memmingen.
Passau I (Nb.), Obernzell u. v. Rentamt Passau die Gemeinden Aicha v. W., Donauwetzdorf, Fürstenstein, Grubweg, Haselbach, Hutthurn, Kellberg, Leoprechting, München, Naukirchen v. W., Nirsching, Oberdiendorf, Prag, Rassberg, Ruderting, Thyrnau, Tittling, Witzmannsberg u. Wotzdorf.
Passau II (Nb.), Passau mit Ausnahme der vorgenannten Gemeinden, dann vom Rentamt Griesbach den Bezirk des Amtsgerichts Griesbach.
Pfarrkirchen (Nb.), Pfarrkirchen, Eggenfelden.
Pfaffenhofen (Ob.).
Pirmasens (Pf.).
Pottenstein (Of.), Pottenstein, Pegnitz, Waischenfeld.
Regensburg (Opf.), Regensburg I und II.
Reichenhall (Ob.), Berchtesgaden.
Rosenheim I (Ob.), Aibling und vom Rentamt Rosenheim die Stadt Rosenheim, dann die Gemeinden Aising, Brannenburg, Degerndorf, Flintsbach, Grossbrannenberg, Grossholzhausen, Happing, Hochstätt, Kiefersfelden, Kirchdorf a. I., Marienberg, Niederaudorf, Oberaudorf, Pang, Pfraundorf, Reischenhart, Westerndorf und der Forstbezirk Rott.

Rosenheim II (Ob.), vom Rentamte Rosenheim der Bezirk des Amtsgerichts Prien, ferner die Gemeinden Altenbeuern, Grainbach, Höhenmoos, Lauterbach, Neubeuern, Neukirchen, Nussdorf, Pietzing, Prutting, Riedering, Rohrdorf, Rossholzen, Söchtenau, Söllhuber, Steinkirchen, Stephanskirchen, Törwang und Vogtareuth.
Rothenburg o. T. (Mf.), Rothenburg o. T., Uffenheim, Windsheim.
Schongau (Ob.).
Schwabach (Mf.), Schwabach, Spalt.
Schwandorf (Opf.), Burglengenfeld.
Schweinfurt (Uf.), Schweinfurt, Werneck.
Selb (Of.), Selb, dann vom Rentamt Hof der Bezirk des Amtsgerichts Rehau.
Simbach (Nb.), Simbach, vom Rentamt Griesbach der Bezirk des Amtsgerichts Rotthalmünster.
Speyer (Pf.), Speyer und vom Rentamte Germersheim die Gemeinden: Bellheim, Freisbach, Germersheim, Hördt, Knittelsheim, Lingenfeld, Niederlustadt, Oberlustadt, Ottersheim, Schwegenheim, Sondernheim, Weingarten, Westheim und Zeiskam.
Stadtamhof (Opf.), Amtsgericht Stadtamhof, Regenstauf Nittenau.
Starnberg (Ob.).
Straubing (Nb.).
Tirschenreuth (Opf.), Tirschenreuth, Waldsassen.
Tölz (Ob.), Tölz u. Amtsger.-Bez. Tegernsee.
Traunstein (Ob.), Traunstein u. von Laufen Amtsger. Laufen.
Trostberg (Ob.), Trostberg und von Laufen Amtsgericht Tittmoning.
Velburg (Opf.), Velburg, Kastl.
Viechtach (Nb.).
Vilsbiburg (Nb.).
Vilshofen (Nb.).
Vohenstrauss (Opf.).
Volkach (Uf.), Volkach, Gerolzhofen.
Wasserburg (Ob.), Amtsger. Wasserburg, Haag.
Weiden (Opf.).
Weilheim (Ob.), Weilheim, Garmisch.
Weissenburg (Mf.).
Weissenhorn (Sch.), Illertissen, Weissenhorn.
Winnweiler (Pf.), Winnweiler, dann von Obermoschel der Gerichtsbezirk Rockenhausen.
Wolfratshausen (Ob.).
Wunsiedel (Of.).
Würzburg (Uf.), Würzburg Stadtrentamt und Landrentamt
Zweibrücken (Pf.).
Zwiesel (Nb.), Zwiesel, Schönberg.

5.
Bauämter.

Fortl. Nr.	Bauamtssitz und Reg.-Bez.	Bestandteile des Amtes a) die unmittelbaren Städte; b) die Bezirksamtsbezirke
		a) K. Landbauämter.
1	Amberg Opf.	a) Amberg; b) Amberg, Burglengenfeld, Cham, Eschenbach, Nabburg, Neunburg v. W., Oberviechtach, Roding, Sulzbach, Waldmünchen
2	Ansbach Mf.	a) Ansbach, Dinkelsbühl; b) Ansbach, Dinkelsbühl, Feuchtwangen.
3	Aschaffenburg Uf. .	a) Aschaffenburg; b) Alzenau, Aschaffenburg, Gemünden, Lohr, Marktheidenfeld, Miltenberg, Obernburg.
4	Augsburg Sch. . .	a) Augsburg, Günzburg, Neu-Ulm; b) Augsburg, Günzburg, Neu-Ulm, Schwabmünchen, Wertingen, Zusmarshausen.
5	Bamberg Of.	a) Bamberg, Forchheim; b) Bamberg I und II, Ebermannstadt, Forchheim, Höchstadt a.A., Lichtenfels, Staffelstein.
6	Bayreuth Of.	a) Bayreuth, Kulmbach; b) Bayreuth, Berneck, Kulmbach, Pegnitz.
7	Donauwörth Sch. .	a) Dillingen, Donauwörth, Neuburg, Nördlingen; b) Dillingen, Donauwörth, Neuburg, Nördlingen.
8	Eichstätt Mf.	a) Eichstätt, Weissenburg; b) Eichstätt, Gunzenhausen, Hilpoltstein, Weissenburg.
9	Freising Ob.	a) Freising, Ingolstadt; b) Aichach, Erding, Freising, Friedberg, Ingolstadt, Pfaffenhofen, Schrobenhausen.
10	Hof Of.	a) Hof; b) Hof, Kronach, Münchberg, Naila, Rehau, Stadtsteinach, Teuschnitz, Wunsiedel.
11	Kaiserslautern Pf. .	b) Homburg, Kaiserslautern, Kirchheimbolanden, Kusel, Pirmasens, Rockenhausen, St. Ingbert, Zweibrücken.
12	Kempten Sch. . . .	a) Kaufbeuren, Kempten, Lindau; b) Füssen, Kaufbeuren, Kempten, Lindau, Markt Oberdorf, Sonthofen.
13	Kissingen Bad Uf.	a) Schweinfurt; b) Brückenau, Ebern, Hammelburg, Hassfurt, Hofheim, Kissingen, Königshofen, Mellrichstadt, Neustadt a. S., Schweinfurt.

Fortl. Nr.	Bauamtssitz und Reg.-Bez.	Bestandteile des Amtes a) die unmittelbaren Städte; b) die Bezirksamtsbezirke
14	Landshut Nb. . . .	a) Landshut; b) Dingolfing, Eggenfelden, Kelheim, Landau, Landshut, Mainburg, Mallersdorf, Pfarrkirchen, Rottenburg, Vilsbiburg.
15	Memmingen Sch. .	a) Memmingen; b) Illertissen, Krumbach, Memmingen, Mindelheim.
16	München Ob. . . .	a) München; b) Bruck, Dachau, Ebersberg, München, Starnberg, Wolfratshausen.
17	Nürnberg Mf. . . .	a) Erlangen, Fürth, Nürnberg, Schwabach; b) Erlangen, Fürth, Hersbruck, Lauf, Nürnberg, Schwabach.
18	Passau Nb.	a) Deggendorf, Passau; b) Deggendorf, Grafenau, Griesbach, Passau, Vilshofen, Wegscheid, Wolfstein.
19	Regensburg Opf. .	a) Neumarkt, Regensburg; b) Beilngries, Neumarkt, Parsberg, Regensburg, Riedenburg, Stadtamhof.
20	Rosenheim Ob. . .	a) Rosenheim; b) Aibling, Altötting, Miesbach, Mühldorf, Rosenheim, Wasserburg.
21	Speyer Pf.	a) Landau; b) Bergzabern, Frankenthal, Germersheim, Ludwigshafen, Neustadt a. H., Speyer.
22	Straubing Nb. . . .	a) Straubing; b) Bogen, Kötzting, Regen, Straubing, Viechtach.
23	Traunstein Ob. . .	a) Traunstein; b) Berchtesgaden, Laufen, Traunstein.
24	Weiden Opf. . . .	b) Eschenbach, Kemnath, Neustadt a. W.-N., Tirschenreuth, Vohenstrauss,
25	Weilheim Ob. . . .	a) Landsberg; b) Garmisch, Landsberg. Schongau, Tölz, Weilheim.
26	Windsheim Mf. . .	a) Rothenburg o. d. T.; b) Neustadt a. A., Rothenburg o. d. T., Scheinfeld, Uffenheim.
27	Würzburg Uf. . . .	a) Kitzingen, Würzburg; b) Gerolzhofen, Karlstadt, Kitzingen, Ochsenfurt, Würzburg.

b) K. Strassen und Flussbauämter.

1	Amberg Opf. . . .	a) Amberg; b) Burglengenfeld, Eschenbach, Kemnath, Neumarkt, Sulzbach.
2	Ansbach Mf.	a) Ansbach, Dinkelsbühl, Rothenburg o. T.; b) Ansbach, Dinkelsbühl, Feuchtwangen, Neustadt a. A., Rothenburg o. T., Scheinfeld, Uffenheim.

Fortl. Nr.	Bauamtssitz und Reg.-Bez.	Bestandteile des Amtes a) die unmittelbaren Städte; b) die Bezirksamtsbezirke
3	Aschaffenburg Uf. .	a) Aschaffenburg; b) Alzenau, Aschaffenburg, Gemünden, Lohr, Marktheidenfeld, Miltenberg, Obernburg.
4	Augsburg Sch. . .	a) Augsburg, Kaufbeuren; b) Augsburg, Kaufbeuren, Krumbach, Mindelheim, Schwabmünchen, Wertingen, Zusmarshausen.
5	Bamberg Of.	a) Bamberg, Forchheim; b) Bamberg I u. II, Ebermannstadt, Forchheim, Höchstadt a. A., Kronach, Lichtenfels, Staffelstein, Teuschnitz.
6	Bayreuth Of.	a) Bayreuth, Hof, Kulmbach; b) Bayreuth, Berneck, Hof, Kulmbach, Münchberg, Naila, Pegnitz, Rehau, Stadtsteinach, Wunsiedel.
7	Deggendorf Nb. . .	a) Deggendorf, Passau, Straubing; b) Bogen, Deggendorf, Grafenau, Kötzting, Landau a. I., Passau, Regen, Straubing, Viechtach, Vilshofen, Wegscheid, Wolfstein.
8	Dillingen Sch. . . .	a) Dillingen, Günzburg, Neu-Ulm; b) Dillingen, Günzburg, Illertissen, Neu-Ulm.
9	Ingolstadt Ob. . . .	a) Ingolstadt; b) Aichach, Dachau, Friedberg, Ingolstadt, Pfaffenhofen, Schrobenhausen.
10	Kaiserslautern Pf. .	b) Bergzabern, Homburg, Kaiserslautern, Kirchheimbolanden, Kusel, Pirmasens, Rockenhausen, St. Ingbert, Zweibrücken.
11	Kempten Sch. . . .	a) Kempten, Lindau, Memmingen; b) Füssen, Kempten, Lindau, Memmingen, Markt Oberdorf, Sonthofen.
12	Landshut Nb. . . .	a) Landshut; b) Dingolfing, Kelheim, Landshut, Mainburg, Mallersdorf, Rottenburg, Vilsbiburg.
13	München Ob. . . .	a) Freising, München; b) Bruck, Freising, München, Starnberg, Wolfratshausen.
14	Neuburg a. D. Sch.	a) Donauwörth, Neuburg a. D., Nördlingen; b) Donauwörth, Neuburg a. D., Nördlingen.
15	Nürnberg Mf. . . .	a) Eichstätt, Erlangen, Fürth, Nürnberg, Schwabach, Weissenburg; b) Eichstätt, Erlangen, Fürth, Gunzenhausen, Hersbruck, Hilpoltstein, Lauf, Nürnberg, Schwabach, Weissenburg.
16	Regensburg Opf. .	a) Neumarkt, Regensburg; b) Beilngries, Parsberg, Regensburg, Riedenburg, Stadtamhof.

Fortl. Nr.	Bauamtssitz und Reg.-Bez.	Bestandteile des Amtes a) die unmittelbaren Städte; b) die Bezirksamtsbezirke
17	Rosenheim Ob. . .	a) Rosenheim; b) Aibling, Ebersberg, Erding, Miessbach, Mühldorf, Rosenheim, Wasserburg.
18	Schweinfurt Uf. . .	a) Schweinfurt; b) Brückenau, Ebern, Hammelburg, Hassfurt, Hofheim, Kissingen, Königshofen, Mellrichstadt, Neustadt a. S., Schweinfurt.
19	Simbach Nb.	a) Passau; b) Eggenfelden, Griesbach, Passau, Pfarrkirchen.
20	Speyer Pf.	a) Landau; b) Frankenthal, Germersheim, Ludwigshafen, Neustadt a. H., Speyer.
21	Traunstein Ob. . .	a) Traunstein; b) Altötting, Berchtesgaden, Laufen, Traunstein.
22	Weiden Opf.	b) Cham, Nabburg, Neunburg v. W., Neustadt a. W.-N., Oberviechtach, Roding, Tirschenreuth, Vohenstrauss, Waldmünchen.
28	Weilheim Ob. . . .	a) Landsberg; b) Garmisch, Landsberg, Schongau, Tölz, Weilheim.
24	Würzburg Uf. . . .	a) Kitzingen, Würzburg; b) Gerolzhofen, Karlstadt, Kitzingen, Ochsenfurt, Würzburg.

c) K. Sektionen für Wildbachverbauungen.

Errichtet durch Allerh. Verordnung vom 9. August 1902. Die K. Sektionen für Wildbachverbauungen sind den K. Strassen- und Flussbauämtern gleichgeordnet und den Kreisregierungen K. d. I., untergeordnet.

Derzeitige Sektionen:

K. Sektion in Rosenheim (für die Reg.-Bezirke Oberbayern, Niederbayern und Oberpfalz).

K. Sektion in Kempten (für die Reg.-Bezirke Schwaben und Neuburg, Pfalz, Ober-, Mittel- und Unterfranken).

6.
Notare.

Abensberg: Tschurtschenthaler Karl, Justizrat.
Aibling: Tessari Alfred.
Aichach I: Regnier Julius.
" II: Bogendörfer Heinr.
Altdorf: Reichold Karl.
Altötting: Greiner Jos., Justizrat.
Alzenau: Schröppel Leonh.
Amberg I: Lindner Joseph.
" II: Huber Rup.
Amorbach: Verweser: Striffler, Amtsgerichtssekretär.
Annweiler: Selzer Julius.
Ansbach I: Kreichgauer Franz.
" II: Sommer Julius.
Arnstein: Hartig Karl Michael.
Arnstorf: Braun Johann.
Aschaffenburg I: Reinhardt Karl.
" II: Häusner Joh., Justizrat.
Aub: Nocker Heinrich.
Auerbach: Verweser: Einwag, Dr. Gg., Amtsgerichtssekretär.
Augsburg I: Eggerking Karl, Justizrat.
" II: Mayr Dionys.
" III: Zenger August.
" IV: Sckell Julius.
" V: — — —.
Babenhausen: Hochreiter Max.
Bamberg I: Richter Julius.
" II: Strasser Adolf.
" III: Löwi Dr. Rudolf.
Baunach: Verweser: Ebert Lorenz, Amtsgerichtssekretär.
Bayreuth I: Leiendecker Alfred.
" II: Thiel Friedrich.
Beilngries: Meyer Bertold.
Bellheim: Glaser Friedrich.
Berchtesgaden: Becker Adam.
Bergzabern I: Reiser Heinrich.
" II: Klein Heinrich.
Berneck: Höflich Ludwig.
Billigheim: Gundelwein Friedr.
Bischofsheim: Eckart Theod.
Blieskastel: Baum Georg.
Bogen: Donsberger Johann.
Brückenau: Grimm Artur.
Buchloe: Burckard Frz.
Burgau: Ehrnsperger Michael.
Burgebrach: Keppel Hans.
Burghausen: Reitzenstein Mich.
Burglengenfeld: Wöhrl Konr., Justizrat.
Cadolzburg: Taubald Albert.
Cham: Hess Heinrich.
Dachau: Rothballer Karl, Justizrat.
Dahn: Forler Peter.
Deggendorf: Finster Otto v., Justizrat.
Deidesheim: Fischer Karl.
Dettelbach: Mauter Joseph.
Dillingen: Prössel Dr. Jos.
Dingolfing: Schlecht Oskar, Justizrat.
Dinkelsbühl: Adelmann Franz.
Dirmstein: Keller Georg.
Donauwörth I: Hausladen Gg.
" II: — — —.
Dorfen: Hock Joh.
Dürkheim Bad I: Frisch Ludw.
" II: Muck Ferd., Justizrat.
Ebermannstadt: Goss Joseph.
Ebern: Rein August.
Ebersberg: Billing Christian.
Edenkoben I: Stett Oskar, Justizrat.
" II: Krieger Theodor, Justizrat.
Eggenfelden: Morgott Johann.
Eichstätt: Daimer Korbinian, Justizrat.
Ellingen: Jacob Franz.
Eltmann: Baur Artur.
Erbendorf: Verweser: Paur Heinrich, Amtsgerichtssekretär.
Erding I: Mühldorfer Anton.
" II: — — —.
Erlangen: May Peter.
Eschenbach: Löffl Karl.

Euerdorf: Verweser: Reindl Andreas, Amtsgerichtssekretär.
Feuchtwangen: Hörmann Joh.
Forchheim: Müller Emil.
Frankenthal: I: Roth Eug.
„ II: Kern Ludw.
Freinsheim: Humbert Karl.
Freising I: Baumann Rudolf.
„ II: Ringer Johann.
Freyung: Hauck Wilhelm.
Friedberg: Vögele Ferdinand.
Fürstenfeldbruck: Grimm Robert.
Fürth I: Bickert Dr. Armin.
„ II: Deininger Max, Justizrat.
Füssen: Riss Franz Xaver, Justizrat.
Furth i. W.: Schaupp Georg.
Garmisch: Brenner Werner.
Geisenfeld: Rothmeier Peter.
Gemünden: Feller Joseph.
Germersheim: Syffert Rud., Justizrat.
Gerolzhofen: Schul Joseph.
Göllheim: Hagenburger Adam.
Gräfenberg: Mehltretter Ludwig.
Grafenau: Eckel Georg.
Greding: Spörl Joseph.
Griesbach: Gruber Maximilian.
Grünstadt I: Forstmaier Alfred.
„ II: Wolffing Dr. Jakob.
Günzburg: Mayr Klement, Justizrat.
Gunzenhausen: Brunner Hans.
Haag: Frech Ludwig.
Hammelburg: Wilhelm Martin.
Hassfurt: Wich Wilhelm.
Hassloch: Leiling Otto.
Heidenheim: Helfrich Ludwig.
Heilsbronn: Ficht Wilhelm.
Hemau: Mantler Max.
Hengersberg: Haderlein Joseph.
Herrieden: Leickert Adolf.
Hersbruck: Ruppenthal Karl.
Herzogenaurach: Winkler Frz.
Hilpoltstein: Griesbeck Frz. X.
Höchtadt a. A.: Hebendanz Jos.
Höchstädt a. D.: Zech Raim.
Hof I: Wenner Otto.
„ II: Scharberg Johann.
Hofheim: Eckerle Dr. Franz.
Hollfeld: Schmitt Franz.
Homburg: Aufschneider Karl, Justizrat.
Hornbach: Hilz Franz.
Illertissen: Mohr Ulrich.
Immenstadt: Eder Jakob Jos., Justizrat.
St. Ingbert: Barthelmä Karl.
Ingolstadt I: Adam Heinrich.
„ II: Eixenberger Frz.
Kaiserslautern I: Cuny Friedr., Justizrat.
„ II: Mayer Dr. Ad.
„ III: Goldschmit Dr. Rob.
Kandel I: Gerheim Ludwig.
„ II: Pfirmann Ludwig.
Karlstadt: Maltz Christian.
Kastl: Rid Max.
Kaufbeuren: Schub Joseph.
Kelheim: Schroder Franz.
Kemnath: Kistenfeger Friedrich Jos.
Kempten I: Kuchenbaur Ludw., Justizrat.
„ II: Bayer Georg.
Kipfenberg: Stubenrauch Dr. Wilhelm Ritter und Edler v.
Kirchenlamitz: Loder Martin.
Kirchheimbolanden I: Müller Gust. Ad., Justizrat.
„ II: Schneider Dr. Frd.
Kissingen: Löhe Dr. Hans.
Kitzingen: Böckler Friedrich.
Klingenberg: Hippler Heinrich.
Königshofen: Bourier Adolf.
Kötzting: Mayer Ferdinand.
Kronach: Vogler Franz.
Krumbach I: Fertig Richard.
„ II: — — —.
Kulmbach: Popp Dr. Ludwig.
Kusel I: Rieger Heinrich.
„ II: Juncker Johann.
Landau a. I.: Graf Eugen.
Landau (Pfalz) I: Müller Friedr., Justizrat.
„ „ II: Lintz Karl Frd., Justizrat.
„ „ III: Giessler Jakob, Justizrat.
„ „ IV: Zimpelmann Wilh.
Landsberg I: Seitz Ant.
„ II: Hubbauer Otto.
Landshut I: Bauschinger Emil.
„ II: Schmid Gg. Mich.
Landstuhl I: Scheerer Jak., Justizrat.

Landstuhl II: Wiest August, Justizrat.
Lauf: Schneider Christoph, Justizrat.
Laufen: Maier Anton.
Lauingen: Meiche Karl.
Lauterecken: Rheinheimer Dr. Eugen.
Lichtenfels: Götzelmann Ferd.
Lindau: Grassmann Ludwig.
Lohr: Schmitt Gottfried.
Ludwigshafen a. Rh. I: Däuwel Joh., Justizrat.
„ „ II: Mahla Friedr., Justizrat.
„ „ III: Hauber Ludw., Justizrat.
Ludwigsstadt: Stadlbaur Wilh.
Mainburg: Falkner von Sonnenburg Karl Joseph, Justizrat.
Mallersdorf: Bott Anton.
Marktbreit: Bibra Frhr. v. K.
Markt Erlbach: Stapf Wilhelm.
Marktheidenfeld I: — — —.
„ II: Widenmayr Dr. H.
Markt Oberdorf: Hepp Herib. O.
Mellrichstadt: Binder Joseph.
Memmingen I: Wöckel Friedr.
„ II: — — —.
Miesbach: Rösen August.
Miltenberg: Kohlhaas Franz.
Mindelheim: Rupprecht Albert.
Mitterfels: Zimmermann Anton, Justizrat.
Monheim: Vierheilig Wilhelm.
Moosburg: Eigner Joseph.
Mühldorf: Weinkamm Johann.
Münchberg: Dorfmüller Th.
München I: Wäckerle Andreas, Justizrat.
„ II: Dennler Dr. Wilh.
„ III: Osenstätter Peter, Justizrat.
„ IV: Harrasser Ferdin., Justizrat.
„ V: Schad Dr. Karl.
„ VI: Böck Anton, Justizrat.
„ VII: Hellmaier Joseph, Justizrat.
„ VIII: Roth Ernst, Justizrat.
„ IX: Schmidt Oskar.
„ X: Ernst Joseph.
München XI: Förster Emil.
„ XII: Lenz Karl, Justizrat.
„ XIII: Pündter Dr. Frz., Justizrat.
„ XIV: Weinmann Max.
„ XV: Walter Dr. Hugo.
„ XVI: Scherer Dr. Th.
„ XVII: — — —.
Münnerstadt: Hippler Ferd.
Mutterstadt: Wittmann Georg.
Nabburg: Obermayer Karl.
Naila: Acher Andreas.
Neuburg a. D. I: Krafft Wilhelm.
„ „ II: — — —.
Neukirchen: Rösch Max.
Neumarkt (Oberpfalz): Eder Eugen, Justizrat.
Neumarkt a. R.: Stadler Georg.
Neunburg v. W.: Wagner Emil.
Neustadt a. A.: Winkelbaur Jos.
Neustadt a. H. I: Rupprecht Frdr.
„ „ II: Marx Dr. Siegfried.
„ „ III: Müller Philipp.
Neustadt a. S.: Steinbach Ludw.
Neustadt a. WN.: Horn Karl.
Neu-Ulm: Wehgartner August.
Nittenau: Witzgall Johann.
Nördlingen: Hermann Frdr., Justizrat.
Nordhalben: Verweser: Nothhaas Hugo, Amtsgerichtssekretär.
Nürnberg I: Öhl Joseph.
„ II: Wittmann Franz Xaver, Justizrat.
„ III: Kress Ferdinand, Justizrat.
„ IV: Faubel Joseph, Justizrat.
„ V: Stett Otto, Justizrat.
„ VI: Lösch Friedrich.
Obergünzburg: Hollweck Ant.
Obermoschel: Weil Wilhelm, Justizrat.
Obernburg: Erzberger Julius, Justizrat.
Oberviechtach: Pichlmayr Rob.
Ochsenfurt: Weidhofer Ludwig.
Öttingen: Schieder Heinrich.
Osterhofen: Castenauer Karl.
Otterberg: Linder Otto.
Ottobeuren: Braun Jakob.

Pappenheim: Merz Eduard.
Parsberg: Kronberger Dr. Karl.
Passau I: Hunglinger Ludwig, Justizrat.
„ II: — — —.
„ III: Bachmann Otto.
Pegnitz: Gebhard Hermann.
Pfaffenhofen: Wenninger Jos., Justizrat.
Pfarrkirchen: Rost Karl.
Pirmasens I: Becker Dr. Wilh.
„ II: Harteneck Gustav.
„ III: Krehbiel Christ.
Pottenstein: Baumeister Joseph.
Prien: Weiss Andr., Justizrat.
Rain: Merz Siegmund.
Regen: Grün Hermann.
Regensburg I: Marschall Franz.
„ II: Weiler Friedrich.
„ III: Praun Dr. Th., Justizrat.
Regenstauf: Erdl Andreas.
Rehau: Kolb Otto.
Reichenhall: Bühlmann Frdr.
Rheinzabern: Herrmann Emil, Justizrat.
Riedenburg: Putz Wilhelm.
Rockenhausen: — — —
Roding: Spatze Wilhelm.
Rosenheim I: Heimer Friedr., Justizrat.
„ II: Rupprecht E., Justizrat.
Roth: Hennecke Ferdinand.
Rothenburg o. T.: Jung Joseph, Justizrat.
Rottenburg (Niederbayern): Kazner Otto.
Rotthalmünster: Glasl Anton.
Scheinfeld: Röser Karl.
Schesslitz: Würth Max.
Schillingsfürst: Verweser: Wülfert F., Amtsgerichtssekretär.
Schöllkrippen: Kraft Bernhard.
Schongau: Bram Ludwig, Justizrat.
Schrobenhausen: Stinglwagner Albert.
Schwabach: Göss Friedrich.
Schwabmünchen: Bunk Leonh.
Schwandorf: Gabel Hr.
Schweinfurt I: Lehner Ludwig.
„ II: Böhm Georg.
Selb: Eyermann Dr. Konrad.
Sesslach: Verweser: Zimmer, Amtsgerichtssekretär.
Simbach: Gabler Gustav.
Sonthofen: Knirlberger Joseph.
Speyer I: Grass Karl, Justizrat.
„ II: Forthuber Max, Justizrat.
„ III: Kuhn Philipp.
Stadtamhof: Dengler Friedrich Michael.
Stadtprozelten: Verweser: Fischer F., Amtsgerichtssekretär.
Stadtsteinach: Sailer Ludwig.
Staffelstein: Leuchs Joseph.
Starnberg: Hörmann Franz Xav.
Straubing I: Mayer Eduard.
„ II: Stautner Friedr.
Sulzbach: Kreitner Dr. August.
Tegernsee: Rosner Ludwig.
Thiersheim: Verweser: Weinmüller, Amtsgerichtssekretär.
Thurnau: Verweser: Kuhr Hans, Amtsgerichtssekretär.
Tirschenreuth: Haselberger Jos.
Tittmoning: Weiss Eduard.
Tölz: Witti Karl.
Traunstein: Wimmer H., Justizrat.
Trostberg: Markl Martin.
Türkheim: Eichheim Anton.
Uffenheim: Schätz Georg.
Viechtach: Oberneder Andreas.
Vilsbiburg: Stühler Georg, Justizrat.
Vilseck: Scheuer Otto.
Vilshofen: Schleifer Joseph.
Vohenstrauss: Link Max.
Volkach: Feichtinger Dr. Eugen.
Waldfischbach: Franzreb Jakob, Justizrat.
Waldkirchen: Schulz Anton.
Waldmohr: Wiest Ernst, Justizrat.
Waldmünchen: Reichl Jakob.
Waldsassen: Kapfhamer Moritz.
Wasserburg: Hindelang Joseph.
Wassertrüdingen: Ramge Bernhard, Justizrat.
Wegscheid: Herbst Joseph.
Weiden: Rühl Ernst.
Weidenberg: Verweser: Ritter Ludwig, Amtsrichter.
Weiler: Wirth Alois Joseph.
Weilheim I: Eisenhofer Ferd.
„ II: Brügel Karl.
Weismain: Schleifer F. X.

Weissenburg i. B.: Metzger Gottlieb.
Weissenhorn: Zachariä Eduard.
Werneck: Wernhard Andreas.
Wertingen: Mayr Franz.
Wiesentheid: Verweser: Burger, Amtsgerichtssekretär.
Windsheim: Mayer Ferdinand.
Winnweiler: Reiser Joseph.
Wörth: Reiss Franz Xaver.
Wolfratshausen: Scharf Karl, Justizrat.
Wolfstein: Löw Richard, Justizrat.
Würzburg I: Bub Michael.
„ II: Haun Georg.
„ III: Wunderl Karl.
„ IV: Engert Franz.
„ V: Mauter Aquilin.
Wunsiedel: Donle Ernst.
Zell: — — —.
Zusmarshausen: Weckerle Rich.
Zweibrücken I: Völckel Jakob.
„ II: Schleip Karl, Justizrat.
„ III: Nössel Otto, Justizrat.

7. Kulturbauämter.

Errichtet mit Allerh. VO. v. 21. Dez. 1908. — GVBl. 1908 S. 1159.

Die derzeitigen Kulturbauämter mit ihren Bezirken:

Ansbach. Städte: Ansbach, Dinkelsbühl, Rothenburg, Weissenburg; Bez.-Aemter: Ansbach, Dinkelsbühl, Feuchtwangen, Gunzenhausen, Rothenburg, Uffenheim, Weissenburg. Vorstand: Adolf Brunner Bez.-Kulturing.; Reg.-B. Gg. Ritzer, Leop. Sailer; Bauführer: Joh. Schmitt Hilfstechn.: M. Wüchner, Joh. Kohlbauer, Jak. See, Hs. Rösch, KanzlGeh. Chr. Günther.

Bamberg. Städte: Bamberg, Forchheim; Bez.-Aemter: Bamberg I u. II, Forchheim, Höchstadt a. A., Kronach, Lichtenfels, Staffelstein, Teuschnitz; Amtsger.-Bez.: Ebermannstadt. Vorstand: Gg. Schultheiss Bez.-Kulturing.; Reg.-Baum. Ign. Puchner; Bauführer: Albr. Müller, Max Porsch, Kult.-Aufs. Eberh. Schröder, Z. u. K.-Geh. Gust. Köchel.

Bayreuth. Städte: Bayreuth, Hof, Kulmbach; Bez.-Aemter: Bayreuth, Berneck, Hof, Kulmbach, Münchberg, Naila, Pegnitz Rehau, Stadtsteinach, Wunsiedel; Amtsger.-Bez.: Hollfeld. Vorstand: Gg. Samhammer Bauamtsassess.; Reg.-B: Gg. Schenk; Bauführer: Adam Roth, Hnr. Strunz, Jos. Scheurmann (expon. in Hof); Hilfstechn. L. Lauter, Z. u. K.-Geh. Rich. Müller.

Deggendorf. Städte: Deggendorf, Landshut, Straubing; Bez.-Aemter: Deggendorf, Bogen, Dingolfing, Grafenau, Kelheim, Kötzting, Landau, Landshut, Mainburg, Mallersdorf, Regen, Rottenburg, Straubing, Viechtach; Amtsger.-Bez.: Osterhofen. Vorstand: Karl Obermüller Bauamtsassess.; Reg.-B. Ludw. Reichart; Reg.-Baum. Jos. Sauer; Bauführer: Albert Hessdörfer, Jul. Brand, Ambros Eschenbach; Kult.-Geh.: Post u. Fleder, Kanz.- u. Z.-Geh. J. Schamburger.

Donauwörth. Städte: Donauwörth, Neuburg, Nördlingen; Bez.-Aemter: Donauwörth, Neuburg, Nördlingen, Wertingen; Amtsger.-Bez.: Höchstätt. Vorstand: Christian Peruzzi Bez.-Kulturing.; Jos. Heintz Bauamtsassessor; Bauführer: Aloys Barthelme, Alex. Freund.

Günzburg. Städte: Günzburg, Augsburg, Neuulm; Bez.-

Aemter: Günzburg, Augsburg, Illertissen, Krumbach, Neuulm, Zusmarshausen; Amtsger.-Bez.: Dillingen (einschl. Stadt Dillingen), Lauingen. Vorstand: Friedr. Hertlein Bez.-Kulturing.; Reg.-B.: R. Sachsperger; Bauführer: Ludw. Schreck, J. Hofmann.

Homburg. Bez.-Aemter: Homburg, St. Ingbert, Kaiserslautern, Kusel, Pirmasens, Zweibrücken; Amtsger.-Bez.: Annweiler. Vorstand: Friedr. Meyer K. Bauamtm. (Titel und Rang); Osk. Hoffmann, Reg.-Baum.; Bauführer: Gg. Eitel u. Albert Schmitt; Hilfs-T.: Gg. Güthlein, Frdr. Hamm.

Ingolstadt. Stadt: Ingolstadt; Bez.-Aemter: Ingolstadt, Aichach, Dachau, Friedberg, Pfaffenhofen, Schrobenhausen. Vorstand: Karl Pfnür Bez.-Kulturing. Bauführer: Barth. Endl, Joh. Vogel.

Kaufbeuren. Stadt: Kaufbeuren; Bez.-Aemter: Kaufbeuren, Füssen, Mindelheim, Marktoberdorf, Schwabmünchen. Vorst.: Heinr. Bauer Bez.-Kulturing. (m. Titel und Rang e. Bauamtm.). Bauführer: Karl Kerber.

Kempten Städte: Kempten, Lindau, Memmingen; Bez.-Aemter: Kempten, Lindau, Memmingen, Sonthofen. Vorstand: Jul. Müller Bauamtsasses.; Reg.-Baum. Rud. Stephan; Bauführer: Hans Krenn; Hilfs-T.: Lud. Helbig; Z. u. K.-Geh.: Hans Gannser.

Mühldorf. Bez.-Aemter: Mühldorf, Altötting, Laufen, Wasserburg; Amtsger.-Bez.: Dorfen. Vorstand: Zink Friedrich Bauamtsassess.; Bauführer: Max Wörle, Adam Meissner.

München. Städte: München, Freising; Bez.-Aemter: München, Ebersberg, Freising, Fürstenfeldbruck, Tölz, Wolfratshausen; Amtsger.-Bez. Erding. Vorstand: Wilh. Bischoff Bauamtmann; Christian Schneider Bez.-Kulturing.; Bauführer: Mich. Keller, Ant. Kürzeder.

Neustadt a. H. Bez.-Aemter: Neustadt, Dürkheim, Frankenthal, Germersheim, Kirchheimbolanden, Landau, Ludwigshafen, Rockenhausen, Speyer; Amtsger.-Bez.: Bergzabern; Stadtbez. Landau. Vorstand: Oskar Grob Bauamtsassess.; Nebenbeamter: Hugo Classen Bez.-Kulturing.; Bauass.

Nürnberg. Städte: Nürnberg, Eichstätt, Erlangen, Fürth, Schwabach; Bez.-Aemter: Nürnberg, Eichstätt, Erlangen, Fürth, Hersbruck, Hilpoltstein, Lauf, Neustadt a. A., Scheinfeld, Schwabach. Vorstand: Heinr. Spott, Bauamtm. (Titel und Rang); Reg.-B.: Leipoldinger; Bauführer: Eduard Schwab.

Pfarrkirchen. Stadt: Passau; Bez.-Aemter: Pfarrkirchen, Eggenfelden, Griesbach, Passau, Vilsbiburg, Wegscheid, Wolfstein; Amtsger.-Bez.: Vilshofen. Vorstand: Gust. Bachmann, Bauamtm. (Titel und Rang) u. Vorst. d. Kulturbauschule Pfarrkirchen; Reg.-B.: Hugo Rich u. Eugen Vogler; Bauführer: Karl Goller.

Regensburg. Stadt: Regensburg; Bez.-Aemter: Regensburg, Beilngries, Burglengenfeld, Cham, Neunburg v. W., Parsberg, Riedenburg, Roding, Stadtamhof, Waldmünchen; Amtsger.-Bez.: Neumarkt einschl. Stadt Neumarkt. Vorstand: Ludw. Lutz Bauamtsassess.; Bauführer: Adelmann.

Rosenheim. Städte: Rosenheim, Traunstein; Bez.-Aemter: Rosenheim, Aibling, Berchtesgaden, Miesbach, Traunstein. Vorstand: Ludw. Volk, Bauamtm. (Titel u. Rang); Reg.-B.: Gg. Link; Bauführer: Joh. Bapt. Leimbach, Ludw. Gross; Hilfs-T. Ad. Kappelmayer.

Schweinfurt. Städte: Schweinfurt, Kissingen, Kitzingen;

Bez.-Aemter: Schweinfurt, Ebern, Gerolzhofen, Hassfurt, Hofheim, Kissingen, Kitzingen, Königshofen, Mellrichstadt, Neustadt a. S. Vorstand: Jos. Prötzel Bauamtsassess.; Reg.-B.: Heinr. Koch, Jos. Heberle; Hilfs-T.: Joh. Blatt, Jos. Leberfing, M. Deisenberger, Fr. Fuchs; K.-Geh.: Val. Müller.

Weiden. Stadt: Amberg; Bez.-Aemter: Neustadt a. W.-N., Amberg, Eschenbach, Kemnath, Nabburg, Oberviechtach, Sulzbach, Tirschenreuth, Vohenstrauss; Amtsger.-Bez.: Kastl. Vorstand: Adalb. Wiesner Bauamtsassess.; Bauführer: Jos. Frischholz, Mich. Heitzer.

Weilheim. Stadt: Landsberg; Bez.-Aemter: Weilheim, Garmisch, Landsberg, Schongau, Starnberg. Vorstand: Friedr. Güllich Bez.-Kulturing. (m. Titel u. Rang eines Bauamtm.); Bauführer: Gg. Tilger, Joh. Ailler.

Würzburg. Städte: Würzburg, Aschaffenburg; Bez.-Aemter: Würzburg, Alzenau, Aschaffenburg, Brückenau, Gemünden, Hammelburg, Karlstadt, Lohr, Marktheidenfeld, Miltenberg, Obernburg, Ochsenfurt. Vorstand: Aug. Weinmayr Bauamtsassess.; Bauführer: Christoph Hessdörfer, Bernh. Wolz.

---

8. Unmittelbare Magistrate.

Oberbayern.

München, Freising, Ingolstadt, Landsberg, Rosenheim, Traunstein

Niederbayern.

Landshut, Deggendorf, Passau, Straubing

Pfalz.

Landau

Oberpfalz und Regensburg.

Regensburg, Amberg, Neumarkt

Oberfranken.

Bayreuth, Bamberg, Forchheim, Hof, Kulmbach

Mittelfranken.

Ansbach, Dinkelsbühl, Eichstätt, Erlangen, Fürth, Nürnberg, Rothenburg, Schwabach, Weissenburg i. B.

Unterfranken und Aschaffenburg.

Würzburg, Aschaffenburg, Bad Kissingen, Kitzingen, Schweinfurt

Schwaben und Neuburg.

Augsburg, Dillingen, Donauwörth, Günzburg, Kaufbeuren, Kempten, Lindau, Memmingen, Neuburg, Neuulm, Nördlingen

---

9.

Verzeichnis der Amtsärzte.

(VO. vom 6. Febr. 1876 [GVBl. 1876, 201], jetzt VO. vom 7. Novbr. 1908 [GVBl. 1908, 973] die Prüfung für den ärztlichen Staatsdienst betr.)

Abkürzungen: LA. = Landgerichtsarzt; B. = Bezirksarzt; St. = bezirksärztlicher Stellvertreter; St. r. = remunerierter bezirksärztlicher Stellvertreter. Sämtliche Amtsärzte sind Dr. med.; * vor dem Namen = Titel und Rang eines k. Medizinalrates.

a) Kreis-Medizinalräte.

Ansbach	Dr. Miller
Augsburg	Dr. Utz
Bayreuth	Dr. Obermayr
Landshut	Dr. Neithardt
München	Dr. Messerer, Univ.-Prof.
Regensburg	Dr. Burgl
Speyer	Dr. Demuth
Würzburg	Dr. Egger

b) Landgerichts- und Bezirksärzte und bezirksärztliche Stellvertreter.

Abensberg	Grimminger St.
Aibling	Krebs B.
Aichach	Müller B.
Altdorf	Haass St.
Altötting	Schmid B.
Alzenau	Gutermann B.
Amberg	*Mayer Ferd. LA.
	Steichele B.
Amorbach	Reiter St.
Annweiler	— — —
Ansbach	Schwink LA.
	Raab B.
Arnstein	Dietrich St.
Arnstorf	Schrott St.
Aschaffenburg	Löffler LA. B.
Aub	Ritter St.
Auerbach	Löffler St.
Augsburg (Stadt)	Sendtner B.
	Frickhinger B.
	Heinsen LA.
Babenhausen	Schenk St.
Bamberg	*Zinn LA.
Stadt u. B.-A. I	Löffler B.
Bamberg II	Schneller B.
Baunach	Streit St.
Bayreuth	Miller LA.
	Heissler B.
Beilngries	*Thenn B.
Berchtesgaden	Grassler B.
Bergzabern	Dischinger B.
Berneck	Uebl B.
Bischofsheim	Winkler St. r.
Blieskastel	Höchtlen St. r.
Bogen	Erhard B.
Brückenau	Daxenberger B.
Buchloe	Molitor St.
Burgau	Brunner St.
Burgebrach	Schmidt St.
Burghausen	Hubbauer St.
Burglengenfeld	Gmehling B.
Cadolzburg	Hammel St.
Cham	— —
Dachau	Hausmann B.
Dahn	Demetz St. r.
Deggendorf	Bayerl LA.
	Tischler B.
Dettelbach	Wander St.
Dillingen	Stömmer B.

Dingolfing	Fuchs B.
Dinkelsbühl	Pürckhauer B.
Donauwörth	Hug B.
Dorfen	Schnabelmaier St.
Dürkheim	Spies B.
Ebermannstadt	Mayr B.
Ebern	Stickl B.
Ebersberg	Schrank B.
Edenkoben	König St.
Eggenfelden	Sitzberger B.
Eichstätt	Pickl LA.
	Schirmer B.
Eltmann	Lauk St.
Ellingen	Russ St.
Erbendorf	Brusis St. r.
Erding	Rauh B.
Erlangen	Bischoff B.
Eschenbach	Geiger B.
Euerdorf	Oschmann St.
Feuchtwangen	Thon Dittmer Frhr. von B.
Forchheim	Buck B.
Frankenthal	Dreyfuß LA. B.
Freising	Grüb B.
Friedberg	Schöppner B.
Furth	— —
Fürstenfeldbruck	Zöllner B.
Fürth i. B.	Baumann LA.
	Spät B.
Füssen	Schmitt B.
Garmisch	Aumüller B.
Geisenfeld	Werner St.
Gemünden	Mangelsdorff B.
Germersheim	— —
Gerolzhofen	— —
Grafenau	Eder B.
Gräfenberg	Siebenhaar St.
Greding	Wolf St.
Griesbach	Rothammer B.
Grünstadt	Frantz St.
Günzburg	Nothhaas B.
Gunzenhausen	*Eidam B.
Haag	Wurm St.
Hammelburg	Dürig B.
Hassfurt	Hohenberger B.
Heidenheim	Köhler St.
Heilsbronn	Rüdel St.
Hemau	— —
Hengersberg	Bauer St.
Herrieden	Mandel St.
Hersbruck	Mayer B.
Herzogenaurach	Walther St.
Hilpoltstein	Seidel B.

Höchstadt a. A.	Günther B.
Höchstädt a. D.	Bogner St.
Hof	Ruß LA.
	Dietsch B.
Hofheim	Kundmüller B.
Hollfeld	Severin St. r.
Homburg	Müller B.
Illertissen	Borger B.
Immenstadt	Müller St.
Ingolstadt	Schön B.
Kaiserslautern	Kühn LA., B.
Kandel	Vogt St.
Karlstadt	Trzetziack B.
Kastl	Degen St. r.
Kaufbeuren	Lüst B.
Kelheim	Weber B.
Kemnath	Enzensperger B.
Kempten	RedenbacherLA.
	Grassl B.
Kipfenberg	Bauer St.
Kirchheimbolanden	Becker B.
Kirchenlamitz	Franke St. r.
Kissingen	Maar B.
Kitzingen	Braun B.
Klingenberg	Endres St.
Königshofen	Braun B.
Kötzting	Weber B.
Kronach	*Schöpp B.
Krumbach	Vogler B.
Kulmbach	Braun B.
Kusel	Plauth B.
Landau a. I.	Bernhuber B.
Landau Pf.	*v.Hösslin LA. B.
Landsberg	Brinsteiner B.
Landshut	Grahammer LA.
	Späth B.
Landstuhl	Fiedler St. r.
Lauf	Schlier B.
Laufen	Neumiller B.
Lauingen	Schum St.
Lauterecken	Roth St. r.
Lichtenfels	Zorn B.
Lindau	Rohmer B.
Lohr	Preisendörfer B.
Ludwigshafen	*Alafberg B.
Ludwigsstadt	(s. Teuschnitz)
Mainburg	Rittmayr B.
Mallersdorf	Weckerle B.
Marktbreit	May St.
Markt Erlbach	Götzfried St.
Marktheidenfeld	Hörger B.
Markt Oberdorf	Seelos B.

Mellrichstadt	Hofmann B.
Memmingen	Klemz LA.
	Bschorer B.
Miesbach	Weiss B.
Miltenberg	Baumgart B.
Mindelheim	Drossbach B.
Mitterfels	Mitterhuber St.
Monheim	Michel St.
Moosburg	Fellerer St.
Mühldorf	Lutz B.
Münchberg	Sauerteig B.
München I	Hermann LA.
	Richter LA., Univ.-Prof.
	Becker B. (st.LA., Phys. Ass.)
München II	*Erdt LA.
München Stadt	*Henkel B.
Pol.-Dir.	*Dall'Armi B.
„	Marzell B.
München Land	Angerer B.
Münnerstadt	Husslein St.
Nabburg	Schmidt B.
Naila	Hofmann B.
Neuburg a. D.	*WollenweberLA.
	Büller B.
Neukirchen	Mayer St. r.
Neumarkt a. R.	Lechner St.
Neumarkt Opf.	*Grundler B.
Neunburg v. W.	Bauer B.
Neustadt a. A.	Schelle B.
Neustadt a. H.	Spenkuch B.
Neustadt a. S.	Fink B.
Neustadt a. WN.	Kaspar B.
Neuulm	Wiedemann B.
Nittenau	Müller St. r.
Nordhalben	Bauer St. r.
Nördlingen	Krämer B.
Nürnberg	Kreuz LA.
	Merkel B.
	*Wetzel B.
	Knehr LA.
	*Federschmidt B.
Obergünzburg	Dentler St.
Obermoschel	Raab St.
Obernburg	— —
Oberviechtach	Deppisch B.
Ochsenfurt	Brugger B.
Oettingen	Koch St.
Osterhofen	Rüth St.
Otterberg	Emrich St.
Ottobeuren	Berchtold St.

Pappenheim	Singer St.
Parsberg	Eisenhofer B.
Passau	Kufner LA.
	Steinhuber B.
Pegnitz	Flasser B.
Pfaffenhofen	Hartmann B.
Pfarrkirchen	Niedermaier B.
Pirmasens	Mann B.
Pottenstein	Lochner St. r.
Prien	Stummer St.
Rain	Steindl St.
Regen	Zwicknagel B.
Regensburg	*Luckinger LA.
	Boecale B.
Regenstauf	Fink St.
Rehau	Hinker B.
Reichenhall	Schöppner St. r.
Riedenburg	Helmerich B.
Rockenhausen	Detzel B.
Roding	Nothaass B.
Rosenheim	Auer B.
Roth	Palmedo St.
Rothenburg o. T.	Goehring B.
Rottenburg NB.	Hoepfl B.
Rotthalmünster	— — —
Scheinfeld	Hertel B.
Schesslitz	Kröhl St.
Schillingsfürst	Pickel St.
Schongau	Putscher B.
Schöllkrippen	Becher St.
Schrobenhausen	Führer B.
Schwabach	Lauer B.
Schwabmünchen	Gros B.
Schwandorf	Ochsenkühn St.
Schweinfurt	Kraus LA.
	Kihn B.
Selb	Westermayr St.
Sesslach	Gimple St. r.
Simbach	Fritsch St.
Sonthofen	Kienningers B.
Speyer	*v. Hörmann B.
Stadtamhof	Steininger B.
Stadtprozelten	Höchstetter St.
Stadtsteinach	Zeitlmann B.
Staffelstein	Lucas B.
Starnberg	Schmitz B.
St. Ingbert	Hörrner B.
Straubing	Held LA.
	Schütz B.
Sulzbach	Schäfer B.
Tegernsee	Schöner St.
Teuschnitz	Schultz B.
Thiersheim	Kurths St. r.

Thurnau	Pollmann St.
Tirschenreuth	Möges B.
Tittmoning	Speth St.
Tölz	*Fortner B.
Traunstein	Pfeiffer LA.
	*Schweinberger B.
Trostberg	Emoan St.
Türkheim	Hegler St.
Uffenheim	Hofmann B.
Viechtach	Aldinger B.
Vilsbiburg	— — —
Vilseck	Frank St.
Vilshofen	Schub B.
Vohenstrauss	Kohler B.
Volkach	Werkmeister St.
Waldfischbach	Zwecker St.
Waldkirchen	Pfau St.
Waldmohr	— —
Waldmünchen	Hofhammer B.
Waldsassen	Seidl St.
Wasserburg	Oberweiler B.
Wassertrüding.	Adel St.
Wegscheid	— — —
Weiden	*Entres LA.
Weidenberg	Schrön St. r.
Weiler	Meyer St.
Weilheim	Zantl B.
Weismain	Castorph St.
Weissenburg i. B.	Aschenbrenner B.
Weissenhorn	Rüdinger St.
Werneck	Dorn St.
Wertingen	— — —
Wiesentheid	Bausewein St.
Windsheim	Hagen St.
Winnweiler	Hennig St.
Wolfratshausen	*Bredauer B.
Wolfstein Pf.	Wunder St. r.
Wolfstein NB.	Westermayer B.
Wörth a. D.	Neumeier St.
Würzburg	*Stumpf Prof. LA.
(Stadt)	*Hofmann B.
(Land)	*Blanalt B.
Wunsiedel	Wild B.
Zusmarshausen	Bergmann B.
Zweibrücken	Faber LA. B.
	Frank B.

10. Verzeichnis der Nebenrechnungen.

I. Zur Staatsfondsrechnung.

Nr.

1. Gesamt-Solleinnahme, wirkliche Einnahme, Rückstände und Nachlässe
   an direkten Steuern, Kreisumlagen und protestantischen Kirchensteuern,
   an Gefällen der besonderen Betriebe des Staates,
   an Grundgefällen,
   an übrigen Einnahmen.
2. Solleinnahme an Grundsteuer und Fischwassersteuer für das laufende Jahr.
3. Solleinnahme an Haussteuer für das laufende Jahr.
4. Solleinnahme an Gewerbsteuer für das laufende Jahr.
5. Solleinnahme an Kapitalrentensteuer für das laufende Jahr.
6. Solleinnahme an Einkommensteuer für das laufende Jahr.
7. Gesamt-Solleinnahme, wirkliche Einnahme, Rückstände und Nachlässe an Erbschaftssteuern, Gebühren, Stempelabgaben, Strafen und Gerichtsauslagen.
8. Solleinnahme an Erbschaftssteuern, Gebühren und Strafen, dann an Forstschadensersätzen für das laufende Jahr.
9. Solleinnahme aus den besonderen Betrieben des Staates für das laufende Jahr.
10. Solleinnahme an Grundgefällen für das laufende Jahr.
11. Solleinnahme an besonderen Abgaben für das laufende Jahr.
12. Einnahmen aus Vergütungen für die Besorgung von Nebengeschäften durch die Rentämter, dann Zustell-, Mahn- und Vollstreckungsgebühren der Rentämter.
13. Gemischte Einnahmen.
14. Solleinnahme an Messungsgebühren der Messungsämter.
15. Besoldungen der Beamten und Bediensteten, dann Kosten für Stellvertretung, Geschäftsaushilfe und besondere Leistungen durch alle Etats.
16. Tagegelder und Reisekosten durch alle Etats.
17. Sächliche Verwaltungs- und Betriebsausgaben.
18. Umzugskosten durch alle Etats.
19. Distriktsumlagen des Staates.
20. Gemeindeumlagen des Staates.
21. Passivreichnisse des Staates.
22. Ausgaben auf die Gebäude durch alle Etats.
23. Post-, Telegramm- und Telephongebühren durch alle Etats.
24. Tantiemen der Notare.
25. Steuerbeiträge nach dem Gesetze vom 28. März 1852.
26. a) Sächliche Ausgaben der Gerichte, Staatsanwaltschaften, Notariate und Gerichtsgefängnisse;
    b) Kosten der Einführung des Bürgerlichen Gesetzbuches und der Nebengesetze;
    c) Kosten der Versammlungen der Waisenräte;
    d) Sonstige Ausgaben in Strafsachen.
27. Gerichtsauslagen und sonstige Kosten in bürgerlichen Rechtsstreitigkeiten, in Angelegenheiten der freiwilligen Gerichtsbarkeit, in Disziplinarsachen und Justizverwaltungssachen.

Nr.
28. Untersuchungs- und Strafvollzugskosten.
29. Kosten der Schwur- und Schöffengerichte.
30. Unterstützungen auf Rechnung des allgemeinen Etats der Justiz.
31. Abgaben der Notare für die Zwecke der Versorgungseinrichtungen des Notariats.
32. a) Sächliche Ausgaben der Bezirksämter;
    b) Uebrige Ausgaben auf den Etat der allgemeinen inneren Verwaltung.
33. a) Sächliche Ausgaben der äusseren Baubehörden;
    b) Unterstützungen auf Rechnung des Etats der Staatsbauverwaltung;
    c) Strassen-, Brücken- und Wasserbaukosten;
    d) Uebrige Ausgaben auf den Etat der Staatsbauverwaltung.
34. Ausgaben auf den Etat für Gesundheit mit Ausnahme der persönlichen Ausgaben.
35. Ausgaben auf den Etat für Wohltätigkeit.
36. Ausgaben auf den Etat der Polizeiverwaltung mit Ausnahme der persönlichen Ausgaben.
37. Ausgaben auf den Etat für Landwirtschaft mit Ausnahme der persönlichen Ausgaben.
38. Ausgaben auf den Etat für besondere Leistungen des Staates an Gemeinden und Distrikte.
39. Ausgaben auf den Etat für Erziehung und Bildung.
40. Ausgaben auf den Etat für kirchliche Zwecke.
41. Steuervorschüsse für die unzureichend dotierten Benefizien.
42. Sächliche Ausgaben und übrige Ausgaben auf den Etat der allgemeinen Finanzverwaltung.
43. Unterstützungen des Personals der Rentämter und der Hinterbliebenen desselben.
44. Kosten der Reichstagswahlen.
45. Pensionen und Unterhaltsbeiträge, dann Unterstützungen aus den Unterstützungsvereinen und den hiemit verbundenen Töchterkassen.
46. Ausgaben auf Rechnung der allgemeinen Reserve für unvorhergesehene und unabweisbare Ausgaben.

II. Zur Forstrechnung.

1. Gesamt-Solleinnahme, wirkliche Einnahme, Rückstände und Nachlässe an Forst-, Jagd- und Triftgefällen.
2. Solleinnahme aus der forstamtlichen Holzverwertung für das laufende Jahr.
3. Solleinnahme aus Forstnebennutzungen für das laufende Jahr.
4. Solleinnahme an Gegenleistungen und Steuerbeiträgen der Forstberechtigten für das laufende Jahr.
5. Solleinnahme an Besoldungsbeiträgen von Stiftungen, Gemeinden und Privaten für das laufende Jahr.
6. Sonstige Einnahmen aus Forsten für das laufende Jahr.
7. Solleinnahme aus den in Staatsregie betriebenen Jagden für das laufende Jahr.
8. a) Solleinnahme aus der Jagdverpachtung für das laufende Jahr.
   b) Sonstige Einnahmen aus Jagden für das laufende Jahr.

Nr.
9. Solleinnahme an Entschädigungen nach Artikel 3 und 8 des Jagdgesetzes vom 30. März 1850 für das laufende Jahr.
10. Material-Einnahme und Verwendung aus Holztriften und Holzhöfen.
11. Solleinnahme aus Holztriften und Holzhöfen für das laufende Jahr.
12. Solleinnahme aus Gebäuden und Grundstücken der Forst-, Jagd- und Triftverwaltung für das laufende Jahr.
13. Besoldungen der Beamten und Bediensteten, dann Kosten für Stellvertretung, Geschäftsaushilfe und besondere Leistungen.
14. Tagegelder und Reisekosten, sächliche Ausgaben und Betriebskosten, dann Kosten auf die Erhebung und Auszahlung der Waldarbeiterlöhne.
15. Umzugskosten.
16. Unterstützungen der Pensionisten und Relikten des Forst-, Jagd- und Triftpersonals.
17. Ausgaben auf die Dienstgebäude der Beamten und Bediensteten.
18. Lasten der Forst-, Jagd- und Triftrealitäten mit Ausnahme der Passivreichnisse.
19. Passivreichnisse.
20. Uebrige Ausgaben.

III. Zur Kreisfondsrechnung.

1. Berechnung der Kreisumlagen.
2. Nachweisung der Regieausgaben.
3. Nachweisung des Aufwands auf Erziehung und Bildung mit Anhang A und B.
4. Nachweisung der Bauausgaben.

IV. Staatsgüterfondsrechnung.

1. Anzeige über die Hindernisse, welche der bereits angeordneten Durchführung ärarialischer Grunderwerbungen, Grundveräusserungen und Forstrechtseinlösungen in der Staatsgüterfondsrechnung etwa noch entgegenstehen, unter Bezeichnung der betr. Min.-Entschliessungen und der einschlägigen Fonds, oder Fehlanzeige hierüber.
2. Libell.

V. Ablösungskasserechnung.

1. Nebenrechnung über das Verrechnungssoll der Bodenzinse der Ablösungskasse des Staates.
2. Libell über Rückstände und Nachlässe an Bodenzinsen der K. Grundrentenablösungskasse des Staates.
3. Libell über Rückstände und Nachlässe an Restergänzungen, Ablösungskapitalien und Handlohnsäquivalenten der Ablösungskasse des Staates.

11. Verzeichnis

der von der inneren Revision dem K. Abrechnungskommissär vorzulegenden Rechnungen, Belege, Akten etc. etc. des K. Rentamts ....

Fortl. Nr.	Vortrag	Bemerkungen
1	Rechnungen des Vorjahrs	
2	Hauptrevisionsprotokolle des Vorjahrs	
3	Rechnungen des laufenden Jahres	
4	Hauptrevisionsprotokolle des laufenden Jahres	
5	provisorische } Abrechnungen	
6	definitive[1] } Abrechnungen	
7	Bände, wirkliche } Belege	
8	„ remittierliche } Belege	
9	Abrechnungsakten des laufenden Jahres	
10a	Steuerakten	
10b	Akten über Erbschaftssteuer-, Gebühren-, Strafkosten-, Forstrüge- und Gerichtsvollzieherwesen, dann über Gerichtsauslagen	
10c	Akten über die monatlichen Untersuchungskosten, über die Vagantenkosten und über Ablösungsverhandlungen	
10d	Regieakten des Rentamts, Bezirksamts, Bauamts, dann der Gerichte etc	
11	Immobilieninventar und Brandversicherungskataster	
12	Mobilieninventare sämtlicher Behörden	
13	Tagebuch und Zahlungslisten	
14	Hauptbücher	
15	Entwurf der Buchführungsentschließung	
16	Visitations- und Extratitionsakten	
17	Sonstige besonders verlangte Akten- und Rechnungsprodukte	
	....	
	....	

[1]) Vgl. Ziff. 12 FME. v. 5. Febr. 1912 (FMBl. 11).

12. Kreisumlagen-Prozentsätze sämtlicher Regierungsbezirke.

Regierungs-bezirke	1892	1893	1894	1895	1896	1897	1898	1899	1900	1901	1902	1903	1904	1905	1906	1907	1908	1909	1910	1911	1912
Oberbayern .	27,0	28,5	28,5	29,6	28,0	28,5	28,0	29,5	28,5	27,0	31,0	32,0	33,0	34,0	39,0	40,0	44,0	44,0	44,0	48,0	36,0
Niederbayern	26,0	26,5	26,5	26,5	27,5	28,0	28,0	29,5	30,5	32,5	34,5	36,5	36,5	39,5	39,0	41,5	44,5	49,0	50,5	51,5	44,0
Pfalz	39,0	39,5	39,6	39,1	39,2	38,5	38,5	38,0	38,0	37,5	36,0	38,5	40,0	45,0	43,0	43,0	45,0	53,0	50,5	54,0	35,0
Oberpfalz . .	25,5	27,2	26,4	28,0	28,8	29,0	30,0	31,6	31,2	31,9	31,0	34,0	33,8	36,5	37,5	39,8	39,8	45,0	45,0	47,0	41,0
Oberfranken .	27,3	27,5	29,8	30,4	30,0	30,1	29,5	29,5	29,5	31,0	31,5	36,0	35,0	38,0	39,0	39,5	40,0	42,0	42,0	42,0	34,0
Mittelfranken	26,0	28,0	28,0	30,0	30,6	31,6	31,6	31,0	29,5	30,0	30,5	38,0	37,0	39,0	39,5	39,0	39,5	40,0	39,0	42,0	28,0
Unterfranken .	26,0	29,0	28,5	29,0	29,0	29,2	28,3	27,6	27,0	28,0	28,0	30,0	30,5	32,5	32,5	32,5	40,0	43,0	42,0	40,0	32,0
Schwaben . .	24,8	26,0	26,5	26,5	26,5	27,5	27,0	28,0	28,0	28,0	29,0	32,0	31,0	32,5	33,0	33,5	33,5	37,0	38,0	40,5	31,0

13. Form des schriftlichen dienstlichen Verkehrs und Geschäftsvereinfachung.

Näheres hierüber siehe:

von der Pfordten, Der dienstliche Verkehr und die Amtssprache, 3. Aufl. 1911, erschienen in dem Verlag des Kalenders.

ÄJInnKFMB. vom 28. April 1901, die Vereinfachung des dienstlichen Verkehrs betr. (GVBl. S. 379, JMBl. 363).

Bemerkung: In dieser Zusammenstellung ist lediglich die Form *behandelt.*

Mit Allerhöchster Genehmigung Seiner Königlichen Hoheit des Prinz-Regenten wird unter Aufhebung der Bekanntmachung v. 6. April 1874 (GVBl. 123) folgendes bestimmt.

§ 1. Die bestehenden Vorschriften, welche die Form der an Seine Majestät den König und an Seine Königliche Hoheit den Prinz-Regenten zu richtenden Vorstellungen betreffen, bleiben in Kraft.

(Hiernach sind die Vorstellungen auf weisses Papier im Formate des stempelpflichtigen Papieres auf ganzer Seite zu schreiben mit der Ueberschrift:

„Allerdurchlauchtigster, Grossmächtigster König!"
„Allergnädigster König und Herr!"

mit der Anrede: „Euere Königliche Majestät" oder „Euere Majestät" und mit der Schlussformel:

„In allertiefster Ehrfurcht verharrt (erstirbt)
Euerer Königlichen Majestät
alleruntertänigst treugehorsamster
N. N.")

Hierzu Bekanntmachung der damaligen 5 Zivilstaatsministerien vom 12. Juli 1886 (JMBl. 207):

Seine Königliche Hoheit Prinz Luitpold, des Königreichs Bayern Verweser, haben Sich allergnädigst bewogen gefunden, zu bestimmen, dass während der Dauer der Regentschaft die sämtlichen Eingaben (Begnadigungsgesuche etc.) an Seine Königliche Hoheit den Prinz-Regenten in nachstehender Weise zu formulieren sind:

Ueberschrift:

„Allerdurchlauchtigster Prinz und Regent,
Allergnädigster Regent und Herr!"

Im Kontexte:

„Euere Königliche Hoheit . . . Allergnädigst . . .
Allerhöchst etc. . . .

In tiefster Ehrfurcht

Eurer Königlichen Hoheit
alleruntertänigst treugehorsamster
N. N."

§ 2. Für den dienstlichen Verkehr der öffentlichen Stellen und Behörden gelten, soweit nicht für einzelne Fälle oder für einzelne Geschäftszweige in Gesetzen oder in Verordnungen oder in den Entschliessungen der zuständigen Staatsministerien Besonderes bestimmt ist, die nachfolgenden Vorschriften.

§ 3. Im gesamten schriftlichen Verkehre der öffentlichen Stellen und Behörden kommen bei der Unterfertigung die bisher vorgeschriebenen Unterwürfigkeitsformeln („ehrerbietigst gehorsamst“, „gehorsamst“, „gehorsam“) künftig in Wegfall und sind Höflichkeitsausdrücke, wenn sie mit Rücksicht auf die Verkehrssitte nicht ganz entbehrt werden können, doch auf möglichst knappes Mass zu beschränken, jedenfalls sind Häufungen und Steigerungen (wie z. B. „ganz ergebenst“, „sehr geneigtest“) zu vermeiden.

§ 4. Für Eingaben von Privaten an öffentliche Stellen und Behörden wird die folgende Form zum Gebrauche empfohlen (vgl. die Muster Anlage I und II).

Auf der linken Hälfte der ersten Seite sind vorzutragen:

1. die Adresse,
2. der Betreff,
3. die Zahl und Art etwaiger Beilagen.

Auf der rechten Hälfte der ersten Seite ist oben der Ort und Tag der Eingabe anzugeben, in der Höhe des Betreffs ist mit dem sachlichen Vortrage zu beginnen.

Die zweite und die folgenden Seiten sind nach der ganzen Breite zu schreiben; im Interesse des Einheftens in die Akten ist jedoch *gegen innen* ein entsprechender Rand freizulassen.

Unmittelbar nach dem sachlichen Vortrage erfolgt die Unterfertigung; hierbei ist die vollständige Adresse des Absenders anzugeben (Vor- und Zuname, Stand, Wohnort, wenn nötig Postbestellbezirk, Wohnung, Hausname u. dgl.). Unterwürfigkeits- und Höflichkeitsformeln sind nicht erforderlich.

Eingaben von Privaten dürfen nicht deshalb abgelehnt oder zurückgegeben werden, weil sie von der vorstehend empfohlenen Form abweichen.

Doppelschriften sind nur dann vorzulegen, wenn dies ausdrücklich vorgeschrieben oder durch besondere Umstände geboten ist.

§ 5. Die Reinschriften aller amtlichen Berichte, Schreiben und Erlasse erhalten fortan eine einheitliche Form nach Massgabe der Muster Anlage III—VI.

Auf der linken Hälfte der ersten Seite sind vorzutragen:

1. die Geschäftsnummer,
2. die Bezeichnung der absendenden Stelle oder Behörde,
3. die Adresse,
4. der Betreff,
5. die Bezeichnung des veranlassenden Einlaufes, falls ein solcher vorliegt,
6. die Zahl und Art etwaiger Beilagen,
7. bei Berichten die Bezeichnung des Referenten, falls der Berichterstatter nicht selbst der Referent ist.

Auf der rechten Hälfte der ersten Seite ist oben der Ort und Tag anzugeben, in der Höhe des Betreffs ist mit dem sachlichen Vortrage zu beginnen.

Die zweite und die folgenden Seiten sind nach der ganzen Breite unter Freilassung eines entsprechenden Heftrandes zu beschreiben.

Der Betreff ist möglichst kurz zu fassen; im Texte sind überflüssige Bezugnahme auf den Betreff und auf den veranlassenden Einlauf zu vermeiden.

Die Unterfertigung erfolgt unmittelbar unter dem sachlichen Vortrage, im Falle der Stellvertretung mit dem Beisatze: „I. V."

Entschliessungen und Bescheide sind, soweit dies vorgeschrieben ist, auch künftig mit der Ueberschrift: „Im Namen Seiner Majestät des Königs" zu versehen.

§ 6. Die Rückerbittung von Beilagen muss nicht im Texte des Schriftstückes, sondern kann auch dadurch geschehen, dass der Bezeichnung der Aktenstücke auf der linken Hälfte der ersten Seite der Zuschrift: „g. R." (gegen Rückgabe) beigefügt wird.

Umfangreiche Schriftstücke sind mit Seitenzahlen zu versehen.

Ein in einem Berichte enthaltener Antrag ist äusserlich hervorzuheben und soweit angängig entweder an den Eingang oder an den Schluss des Berichts zu stellen.

§ 7. Bei amtlichen Schreiben an Beamte, Bedienstete und Privatpersonen ist in der Adresse in der Regel nur die Bezeichnung: „Herr" („Frau", „Fräulein") und im Texte die Anrede „Sie" zu gebrauchen.

Bei amtlichen Schreiben an Einzelbeamte, die eine Behörde vertreten, ist in der Innen- und Aussenadresse der Name der Beamten nur dann anzugeben, wenn es sich um dessen persönliche Angelegenheiten handelt oder wenn besondere Verhältnisse dies erfordern. Wird der Name nicht angegeben, so sind etwaige persönliche Titel des Beamten, z. B. „K. Oberlandesgerichtsrat" „K. Regierungsrat" und dem Namen beizufügende Prädikate, z. B. „Exzellenz" gleichfalls wegzulassen, so dass die Adresse beispielsweise lautet: „An den Herrn K. Oberamtsrichter in X", „An den Herrn K. Bezirksamtmann in Y." usw.

Soll erkennbar gemacht werden, dass das Schriftstück nur von dem Adressaten geöffnet werden darf, so ist die persönliche Adresse mit dem Vermerk „Eigenhändig" anzuwenden.

§ 8. Die protokollarische Form der Beurkundung amtlicher Vorgänge unter Zuziehung eines Aktuars (Protokollführers) ist tunlichst zu beschränken.

In Angelegenheiten, die einfach und nicht streitig sind, genügt eine Vormerkung zu den Akten, je nach Lage der Sache kann auch auf mündliches Vorbringen sofort der schriftliche Bescheid erteilt werden.

Unnötige Erhebungen haben zu unterbleiben, Ersetzungen sind nur im Falle wirklichen Bedürfnisses und dann, soweit nach dem jeweiligen Stande der Sache tunlich, gleichzeitig zu verfügen.

Die Anordnung von Vollzugsberichten, Empfangsbestätigungen und Fehlanzeigen soll möglichst vermieden werden.

§ 9. Bei der Begründung von Entscheidungen ist unbeschadet der Gründlichkeit möglichste Kürze anzustreben.

§ 10. Die Anfertigung von Abschriften solcher Schriftstücke, die an andere Behörden oder zu anderen Akten abgegeben werden, ist in allen geeigneten Fällen durch einen kurzen Vermerk in den Akten zu ersetzen.

In allen Angelegenheiten, bei welchen die Anfertigung eines Entwurfes zu den Akten entbehrlich ist, hat urschriftlicher Verkehr, unter kurzer Aktenvormerkung, soweit notwendig, stattzufinden (vgl. die Muster Anlage VIIa—c).

In Fällen, in welchen einer anderen Behörde oder einer vorgesetzten Stelle von einer erlassenen Verfügung Mitteilung zu machen ist, ohne dass dabei zu einer weiteren Erläuterung Anlass besteht, kann diese Mitteilung durch Uebersendung einer einfachen Abschrift oder eines Abdruckes der Verfügung (ohne Begleitschreiben oder Begleitbericht) erfolgen.

Wenn Akten, Verzeichnisse und dergl. versendet werden, ohne dass hierbei ein Begleitschreiben mit selbständigem Inhalte erforderlich ist, so ist auf Grund einer zu den Akten zu treffenden Verfügung lediglich ein nach dem Muster Anlage VIII ausgefertigter, mit dem Amtssiegel zu versehender halber Bogen ohne Text und Unterschrift („Begleitbogen") beizufügen.

Ueber die erfolgte Versendung ist Vormerkung zu den Akten zu machen.

Zur Versendung von Schriftstücken sind ausschliesslich Umschläge zu verwenden; das noch immer teilweise übliche Verfahren der Zusammenfaltung und Versiegelung eines Schriftstückes hat fortan zu unterbleiben. Die Umschläge sind, soweit möglich, mit Vordruck zu versehen.

§ 11. Die amtliche Schreibweise soll knapp und klar sein und sich dem allgemeinen Sprachgebrauche anschliessen.

Entbehrliche Fremdwörter sind zu vermeiden.

Auch bei der Abfassung von Entwürfen ist stets zu beachten, dass eine deutliche Schrift das Lesen der Akten wesentlich erleichtert und beschleunigt und hierdurch ein wirksames Mittel zur Geschäftsvereinfachung bildet.

Alle Unterschriften müssen gut leserlich sein.

Gebräuchliche und leichtverständliche Abkürzungen sind auch in allen Reinschriften zulässig.

Für häufig wiederkehrende Fälle sind in möglichster Ausdehnung zu Entwürfen, Ur- und Reinschriften Formulare zu verwenden.

Von mechanischen Hilfsmitteln, wie Autographie-Pressen, Hektographen (für Schreiben von vorübergehender Bedeutung), Schreibmaschinen und Buchdruck, ist nach Massgabe der verfügbaren Mittel möglichst weitgehender Gebrauch zu machen.

Die Benützung von Postkarten für kurze Mitteilungen ist im Verkehre mit Behörden und Privaten zulässig, soweit eine unverschlossene Mitteilung in dieser Form unbedenklich erscheint.

§ 12. Die Fristen zur Erledigung von Aufträgen sind so zu bemessen, dass bei ordnungsmässigem Geschäftsgange die Erledigung innerhalb der Frist möglich ist, und ein Mahnschreiben nicht erforderlich wird. Unnötige Mahnschreiben sind zu unterlassen.

Die Termine für wiederkehrende Vorlagen sind so zu verteilen, dass eine Häufung derselben insbesondere am Jahresschlusse tunlichst vermieden wird.

§ 13. Soweit dies tunlich und mit dem geordneten Geschäftsgange vereinbar ist, sind die amtlichen Angelegenheiten mit anderen Stellen und Behörden, mit Referenten und Abteilungen derselben Stelle oder Behörde, sowie mit Privatpersonen im mündlichen oder telephonischen Verkehre zu erledigen. Nötigenfalls ist über die Unterredung eine kurze Vormerkung zu den Akten zu machen.

§ 14. Die den Zivil-Staatsministerien untergeordneten Stellen und Behörden haben mit allen öffentlichen Organen dieser Ministerien, sowie mit Privatpersonen im ganzen Umfange des Königreiches dann in unmittelbaren Geschäftsverkehr zu treten, wenn weder eine Mitwirkung noch eine Kenntnisnahme von Seite derjenigen Stellen und Behörden notwendig ist, welche den Beteiligten zunächst vorgesetzt sind.

Ansinnen an Behörden, welche der veranlassenden Stelle oder Behörde nicht untergeordnet sind, haben in Ersuchensform zu ergehen. Die in dieser Weise angegangenen Behörden haben dem Ansinnen entsprechende Folge zu leisten.

Entschliessungen, die ihrem ganzen Inhalte nach mehreren Unterbehörden oder mehreren Beteiligten zu eröffnen sind, soll die erforderliche Zahl von Abdrücken beigefügt werden.

§ 15. Die vorstehenden Vorschriften treten sofort in Wirksamkeit.

Die vorhandenen Formulare für amtliche Berichte, Schreiben und Erlasse dürfen noch benützt werden.

Die einzelnen Staatsministerien behalten sich vor, soweit dies nicht bereits geschehen ist, innerhalb ihres Geschäftskreises sonstige, auf tunlichste Geschäftsvereinfachung abzielende Anordnungen zu treffen.

München, den 28. April 1901.

Anlage I.

München, den 1. Juli 1901.

An
das K. Staatsministerium
des Innern.

Betreff:
Naturalisation des Ernst Kurz
von Wien.

Beilagen:
4 amtliche Zeugnisse.

Ernst Kurz,
Kaufmann in München,
Amalienstrasse 60/III.

Anlage II.

Scheyern, den 10. Oktober 1902

An
das K. Bezirksamt
Pfaffenhofen

Betreff:
Gemeindeumlagen.

Beilagen:
12 Quittungen.

Joseph Huber,
Bauer in Scheyern.

Anlage III.

Nr. 10910.

Landshut, den 8. August 1901.

K. Regierung
von Niederbayern,
Kammer des Innern.

An
das K. Staatsministerium des
Innern für Kirchen- und
Schulangelegenheiten.

Betreff:
Schulhausneubau in Berg.

Zur Min.-Entschl.
vom 4. Juli 1901 Nr. 8970.

Beilagen:
2 Akten,
1 Planmappe.

Referent: Regierungsrat King.

Unterschrift
des Regierungspräsidenten.

Anlage IV.

Nr. 21700.

Speyer, den 18. Oktober 1902

K. Regierung
der Pfalz,
Kammer des Innern.

An
den Herrn Oberstaatsanwalt
bei dem K. Oberlandesgerichte
Zweibrücken.

Betreff:
Namensänderung des Johann
Klein in Kaiserslautern.

Zu . . . . Nr. . . .

Beilagen:
1 Aktenheft,
6 einzelne Schriftstücke } g. R.

Unterschrift
des Regierungspräsidenten.

Anlage V.

Nr. 15666.

Bayreuth, den 9. September 1903.

K. Regierung
von Oberfranken,
Kammer des Innern.

An
das K. Bezirksamt
Teuschnitz.

Betreff:
Heimat des Joseph Schmidt
in Langenau.

. . . .

Zum Bericht
vom 10. Juni 1903 Nr. 4100

Beilagen:
3 Aktenhefte.

Unterschrift
des Regierungspräsidenten.

Anlage VI.

Nr. 3107.

Lindau, den 1. Juli 1903.

K. Bezirksamt
Lindau.

An
Herrn Ludwig Stein,
Schlosser in Immenstadt.

Betreff:
Verehelichungszeugnis.

. . . .

Zur Vorstellung
vom 15. April 1903.

Beilagen:
1 Zeugnis

Unterschrift
des Bezirksamtmanns.

Anlage VII.

Nr. 6152.

Vorgelegt der K. Regierung der Pfalz, Kammer des Innern, mit 2 Akten und 1 Beilage.

Frankenthal, den 11. November 1902.

K. Bezirksamt.
Unterschrift des Bezirksamtmanns.

Nr. 2605.

O. R. mit 4 Beilagen an das K. Rentamt Traunstein mit dem Ersuchen um Aeusserung.

Traunstein, den 1. Mai 1903.

K. Amtsgericht.
Unterschrift des Oberamtsrichters.

Nr. 10666.

O. R. mit 1 Beilage an das K. Bezirksamt Scheinfeld zur Berichterstattung.

Ansbach, den 4. April 1904.

K. Regierung von Mittelfranken,
Kammer des Innern.

Unterschrift des Regierungspräsidenten.

Anlage VIII.

Nr. 120.

Lenggries, den 15. Mai 1901.

Gemeindeverwaltung
Lenggries.

An
das K. Bezirksamt
Tölz.

Betreff:
Gemeinderechnungen
für 1900.

. . . . . Amtssiegel . . . .

Zum Ausschreiben
vom 1. März 1901 Nr. 612.

Beilagen:
6 Rechnungen,
1 Aktenheft.

ÄJInnKFMB. vom 28. April 1901, den dienstlichen Verkehr betreffend (GVBl. S. 393, JMBl. 378).

Mit Allerhöchster Genehmigung Seiner Königlichen Hoheit des Prinz-Regenten wird verfügt, dass die Bestimmungen der unterm Heutigen ergangenen gemeinschaftlichen Bekanntmachung der Königlichen Zivil-Staatsministerien, die Vereinfachung des dienstlichen Verkehrs betreffend, auch im Verkehr zwischen Zivil- und Militärbehörden, zwischen Zivilbehörden und Militärpersonen und zwischen Militärbehörden und Privatpersonen entsprechend anzuwenden sind.

Die Bekanntmachung des K. Kriegsministeriums vom 28. Oktober 1876 (Gesetz- und Verordnungsblatt S. 831, Verordnungsblatt des K. Kriegsministeriums Seite 548) tritt hierdurch ausser Kraft.

Der schriftliche Verkehr im Heer ist durch die KrMB. vom 6. Juni 1907 geregelt (KrMBl. 149); geändert durch KrMB. v. 29. Aug. 1911 (KrMBl. 514).

A. Wiederholt hat das Finanzministerium darauf hingewiesen, dass auf möglichste Vereinfachung der Geschäftsbehandlung Bedacht zu nehmen und bei allen Entscheidungen, Verfügungen und Berichten möglichste Kürze anzustreben ist. Von allen nicht unbedingt notwendigen Verfügungen und Beanstandungen, insbesondere geringfügiger Natur ist abzusehen. Alle Angelegenheiten, deren Behandlung nicht unbedingt einen schriftlichen Verkehr erfordert, sind tunlichst mündlich in persönlichem Verkehr oder auf telephonischem Wege zu erledigen. Soweit es sich hiebei nicht um Aufschlüsse handelt, die eine genauere aktenmässige Festlegung erheischen, genügt eine möglichst kurzgehaltene Vormerkung des Inhalts der mündlichen Verhandlung oder des gepflogenen Gesprächs.

Die Rentämter haben sich auch sonst bei der Abwicklung ihrer Geschäfte alle Einrichtungen zunutze zu machen, die geeignet erscheinen, die Geschäftsbehandlung zu vereinfachen und zu beschleunigen. In dieser Hinsicht ist vor allem auf die weitgehende Benützung von Schreibmaschinen, Vervielfältigungsapparaten, Stempeln u. dgl. Bedacht zu nehmen, auch ist in möglichst weitem Umfange von der Verwendung zweckentsprechender Formulare Gebrauch zu machen. Alle Bekanntmachungen, Verfügungen, Beschlüsse etc., die sich wiederholen, sind durch die Verwendung geeigneter Formulare herzustellen oder auf sonst geeignete Weise zu vervielfältigen; das gleiche gilt für Rechnungen, Uebersichten und ähnliche Schriftstücke. Bei Vorlagen, die zur Einweisung bestimmt sind, ist der Vordruck für die Einweisung tunlichst den Formularen beizufügen. Nötigenfalls können die Einweisungen, Verfügungen etc. mit möglichst knapp gehaltenem Stempelaufdruck hergestellt werden. Für Mitteilungen, von denen Dritte ohne Verletzung anderer Interessen Kenntnis nehmen können, dürfen auch Postkarten verwendet werden.

Es empfiehlt sich, bei der Abwicklung der Geschäfte in möglichst weitem Umfange der Stenographie (Gabelsberger) sich zu bedienen. Namentlich genügt es, wenn Akten und ähnliche Vormerkungen von vorübergehender Bedeutung nur stenographisch gemacht werden; ebensowenig begegnet es einem Bedenken, wenn die Amtsvorstände sich darauf beschränken, vor allem umfangreichere Entwürfe lediglich zu stenographieren oder einem Inzipienten oder einer Assistentin zur stenographischen Niederschrift zu diktieren und von diesen Konzept und Reinschrift mittels Durchschlags auf der Maschine gleichzeitig herstellen zu lassen.

Von allen nicht unbedingt notwendigen Abschriften ist Umgang zu nehmen (vgl. FME. v. 12. April 1911 Nr. 12 204).

Die Konzepte und Ausfertigungen der Kasseabteilung eines Rentamts einschliesslich der von dieser anzufertigenden Rechnungsteile (wie der Ausstands- und Nachlass-Libelle, der Besoldungs- und Pensionsnebenrechnungen u. dgl.) werden lediglich von dem Vorstand der Kasseabteilung (ev. Stellvertreter) unterzeichnet, bei Rentämtern, bei denen die Führung der Hauptkasse einem Rentamtsassessor übertragen ist, erfolgt die Unterzeichnung dieser Konzepte und Ausfertigung von diesem mit dem Beisatze I. A. (Im Auftrage). Aber auch ausserdem dürfen die Rentamtsvorstände den Rentamtsassessoren (gleichviel ob sie mit der Führung der Hauptkasse betraut sind oder nicht) Schriftstücke vorbereitender Natur, die in die Geschäftsaufgabe des Assessors fallen, zur selbständigen Unterzeichnung mit dem Beisatze I. A. überlassen.

Vorladungen und ähnliche Schriftstücke bedürfen überhaupt keiner Unterschrift, sondern lediglich der Beifügung des Amtssiegels.

Bei Kasseübergaben im Falle von Beurlaubungen kann von dem Abschlusse sämtlicher Kassebücher abgesehen werden; es genügt die Bescheinigung der Uebernahme der Bestände der Hauptkasse in der Kassestrazze und im Depositentagebuch.

In das allgemeine Geschäftsjournal sind künftig Einläufe nicht mehr einzutragen, die bereits in einer anderen fortlaufenden Aufschreibung ausgewiesen werden. Hienach sind insbesondere die eingehenden Postanweisungen und sonstigen Geldeinläufe, die nach dem § 51 der Geschäftsanweisung für die Rentämter von dem mit der Führung des Geschäftsjournals betrauten Beamten in die dort angeordnete Aufschreibung einzutragen sind, von der Aufnahme in das allgemeine Geschätsjournal ausgeschlossen; ebenso die Anträge anderer Aemter auf Einhebung und Beitreibung von Staatsgefällen, da diese Einläufe in das hiefür vorgeschriebene Tagebuch aufzunehmen sind.

Ebenso dürfen periodisch einlaufende Anzeigen sowie minder wichtige Einläufe nach näherer Bestimmung des Amtsvorstandes im Geschäftsjournal ausser Vortrag bleiben.

Die in dem § 51 der Geschäftsanweisung angeordnete Aufschreibung hat auch die Stelle ersehen zu lassen, an welcher der eingelaufene Geldbetrag verbucht wurde.

Die Lieferungen der gebührenverrechnenden Behörden sowie der Steuervorgeher etc. sind künftig unmittelbar von den mit der Detaileinhebung betrauten Beamten entgegenzunehmen und zu verbuchen. Die anerkannten Abrechnungen sind vor ihrer Aushändigung an den Liefernden dem mit der Führung der Hauptkasse betrauten Beamten zur Kenntnisnahme vorzulegen und von diesem mit dem Beisatze „K. g.“ (Kenntnis genommen) zu versehen.

Die Bardepositen sind künftig in der Hauptkasse nicht mehr ausgeschieden von den übrigen Kassebeständen zu verwahren.

Die Zinsscheine der hinterlegten Wertpapiere sind in den Depositenbüchern nicht mehr in Einnahme und Ausgabe durchzuführen.

In den Subjournalen kann bei dem Vortrage der geleisteten Zahlung die Summenspalte an die erste Stelle gesetzt und die Ausscheidung nach den einzelnen Einnahmsgattungen angeschlossen werden. Die Ausscheidung der geleisteten Zahlungen auf die einzelnen Einnahmsgattungen darf einem späteren Zeitpunkte vorbehalten und auch von einem anderen als dem kasseführenden Beamten vorgenommen werden; sie muss jedoch spätestens bis zum Monatsschluss erfolgt sein.

Der Uebertrag aus den Subjournalen in das Kassetagebuch hat — unbeschadet der täglichen Seitenaufaddierung — monatweise, unmittelbar vor dem Abschlusse der Kassebücher, stattzufinden.

Die Abschlagslieferungen und die nach den monatlichen Abrechnungen sich ergebenden Restlieferungen der kasseführenden Beamten sind im Kassetagebuch in einer Summe vorzutragen.

Der Uebertrag in das Hauptbuch hat am Monatsschluss auf Grund der Subjournale stattzufinden. Die Seiten des Hauptbuchs sind lediglich in dem Subjournale vorzumerken. Ebenso ist im Hauptbuch auf die Seite des Subjournals zu verweisen.

Für die Gebühren und Strafen (einschliesslich der rückersetzten Auslagen und durchlaufenden Gelder), die demselben Beamten zur Einhebung zugewiesen sind (gerichtliche, notarielle, bezirksamtliche, rentamtliche Gebühren etc.), darf ein gemeinsames Subjournal geführt werden, in dem je eine Spalte

a) für die Gebühren und Strafen (einschliesslich der Schreib- und Zustellgebühren),
b) für die rückersetzten Auslagen (einschliesslich der Postgebühren),
c) für die durchlaufenden Gelder,
d) für die Mahn-, Zustell- und Vollstreckungsgebühren

zu eröffnen ist. Dagegen kann eine Ausscheidung der Gebühren und Strafen nach Verrechnungstiteln unterbleiben.

Ebenso darf in den Subjournalen

für die Einnahmen aus den besonderen Betrieben des Staates,
für die besonderen Abgaben und
für die Forst-Haupt- und Nebennutzungen

eine Ausscheidung nach den einzelnen Unterabteilungen unterbleiben.

Für die unständigen Einnahmen und Ausgaben, die der mit der Führung des allgemeinen Kassetagebuchs betraute Beamte einzuheben oder auszuzahlen hat, kann ein gemeinsames Hilfstagebuch geführt werden, aus dem der Uebertrag in das Kassetagebuch bei jeder Abrechnung in summarischer Ziffer zu erfolgen hat. Von der Führung mehrerer Hilfstagebücher ist zur Vermeidung einer geschäftsstörenden Zersplitterung der Buchungen tunlichst abzusehen.

Für die Bestände der Hauptkasse genügt die Führung der Kassestrazze; ein Hilfstagebuch erscheint hier entbehrlich, da die Barlieferungen und Vorschüsse von und zur K. Bank und Kreiskasse, die auch durch das allgemeine Kassetagebuch zu führen sind, unschwer aus der Kassestrazze entnommen werden können.

In den vierteljährigen Nachweisungen über die Einnahmen und Ausgaben des ordentlichen Budgets (vgl. die Bekanntmachung vom 31. März 1910, FMBl. S. 88) darf künftig die Ausscheidung der Einnahmen an direkten Steuern sowie an Gebühren und Strafen nach den verschiedenen Einnahmsgattungen, dann der Einnahmen aus den besonderen Betrieben des Staates nach den Unterabteilungen Kapitel 5 und 6 unterbleiben.

Die Kassetagebücher dürfen auch monatweise summiert werden. In diesem Falle ist der Gesamtstand dadurch auszuweisen, dass der Monatssumme jeweilig der Bestand am Schlusse des Vormonats zugezählt wird.

Die Vorstände der Kasseabteilungen haben künftig in der gleichen Weise, wie dies in § 73 der Geschäftsanweisung der Rentämter für die Vorstände der Aemter, bei denen eine Kasseabteilung nicht besteht, vorgeschrieben ist, über die Einnahmen und Ausgaben der Hauptkasse nur mehr eine Kassestrazze zu führen. Das Kassetagebuch hat der mit der Bestreitung der Ausgaben betraute Sekretär zu führen.

Für Stundungen, Forderungspfändungen, Hypothekerwirkungen und alle sonstigen Sicherungs- und Beitreibungsmassnahmen ist an Stelle des verrechnenden Amtes das Rentamt zuständig, in dessen Bezirk der Schuldner wohnt, wenn dies zur Geschäftsvereinfachung oder zur rascheren Sicherung der Forderung dient.

Sämtliche Lieferungen der Rentämter dürfen bei den Kreiskassen während des Jahres für jedes Amt auf ein gemeinsames Konto gebucht werden; die Ausscheidung auf die einzelnen Fonds hat erst bei den Schlussabrechnungen stattzufinden.

(Vgl. FMBek. v. 10. April 1911 FMBl. S. 282.)

B. Vereinfachung des Kassen- und Rechnungswesens (FME. v. 5. Februar 1912 FMBl. S. 11).

1. I Zahlungen an Empfänger, die nicht am Sitze der zahlenden Kasse wohnen, sind regelmässig unmittelbar an den Empfangsberechtigten, sohin ohne Inanspruchnahme der Vermittlung anderer staatlicher oder sonstiger Behörden (insbesondere der Gemeindebehörden), zu leisten. Die Zahlung hat tunlichst im Postanweisungsverkehr (FME. vom 15. Februar 1900, FMBl. S. 178 ff., und Ziff. I Abs. 3 der FME. vom 5. Januar 1901, FMBl. S. 2) oder im Giroverkehr oder im Postscheckverkehr zu erfolgen.

II Bei gleichzeitiger Aufgabe von zwei oder mehreren Postanweisungen, durch welche Zahlungen bewirkt werden sollen, die in der gleichen Rechnung oder Nebenrechnung nachzuweisen sind, ist für die Aufgabe der Postanweisungen das mit Finanzministerialentschliessung vom 24. August 1911 (FMBl. S. 521) angeordnete Verzeichnis zu benützen.

III Die Postaufgabescheine und Postaufgabeverzeichnisse (Abs. 2) gelten als vollgültiger Zahlungsnachweis. Die in der Finanzministerialentschliessung vom 15. Februar 1900 vorgeschriebene Erholung von Bestätigungskarten wird hiermit erlassen. Dadurch tritt zugleich die Anordnung in Ziff. I Abs. 2 der Finanzministerialentschliessung vom 5. Januar 1901 ausser Kraft.

IV Für die Besoldungen, Ruhegehalte, Witwen- und Waisengelder, die Bezüge der Geistlichen und Lehrer und alle ähnlichen fortlaufenden Bezüge, die im Postanweisungsverkehr ausbezahlt werden, ist am Jahresschluss eine Hauptquittung auszustellen. Die letzte Monatsrate ist erst auszuzahlen, wenn die Kasse im Besitze dieser Quittung sich befindet. Die Hauptquittung ist zu den Rechnungsbelegen zu nehmen, während die Postaufgabescheine und -verzeichnisse für die in den früheren Monaten bezahlten Beträge als Kassebelege bei der zahlenden Kasse verbleiben. Kann

— wie z. B. im Falle des Ablebens des Empfängers — eine Hauptquittung nicht erholt werden, so sind die Postaufgabescheine oder -verzeichnisse zu den Rechnungsbelegen zu nehmen.

2. Vorübergehende Unterstützungen und ähnliche Zahlungen, die gleichzeitig für mehrere Personen angewiesen werden, sind in der Regel ohne Rücksicht auf den Wohnort der einzelnen Empfänger gemeinsam bei einer Kasse (der Kreiskasse usw.) und nicht bei den verschiedenen Kassen (Rentämtern usw.), in deren Bezirken die Empfänger wohnen, zur Zahlung und Verrechnung anzuweisen. Die Auszahlung bemisst sich nach den Anordnungen in Ziff. 1 Abs. 1—3 dieser Entschliessung.

3. I In den Quittungen und in den Rechnungen über Besoldungen, Ruhegehalte und ähnliche fortlaufende Bezüge genügt die Angabe des Familiennamens und des Standes des Berechtigten; die Anführung der Vornamen darf unterbleiben.

II Bei der Erhebung der letzten Rate der Besoldung, des Ruhegehalts oder eines ähnlichen fortlaufenden Bezugs ist die Ausstellung einer Ratenquittung entbehrlich. Es genügt die Ausstellung der Hauptquittung. Der für den Monat Dezember fällige Betrag ist nebst den Abzügen lediglich am Ende der Hauptquittung vorzumerken.

4. Bei Quittungen, die unmittelbar unter die betreffende Rechnung, Liquidation usw. gesetzt werden, genügt, wenn die Summe unverändert geblieben ist, die Bestätigung des Empfanges mit den Worten: „Erhalten am . . . . . N. N.“. Die Wiederholung des Betrags mit Ziffern und Worten und die Angabe der zahlenden Kasse kann unterbleiben.

5. I Fortlaufende Zahlungen, wie Besoldungen, Ruhegehalte u. dgl. können in den hierzu geeigneten Fällen in der Weise bescheinigt werden, dass nicht für jeden Monat von jedem Empfänger eine eigene Quittung ausgestellt, sondern der Empfang in Listen bestätigt wird, die entweder für jeden einzelnen Berechtigten oder für mehrere Berechtigte gemeinsam angelegt werden können.

II In der gleichen Weise können einmalige Zahlungen, bei denen mehrere Empfänger beteiligt sind, bescheinigt werden.

6. I Zur Verminderung des Schreibwerkes sind zu Liquidationen, Anweisungen, Quittungen u. dgl. im weitesten Umfange Druckformulare, zu häufiger vorkommenden Bescheinigungen, Festsetzungen, Vermerken u. dgl. Stempel zu verwenden z. B. „Festgesetzt und zur Zahlung angewiesen mit . . . M. . . Pf.“; „Ohne Erinnerung“; „Betrag erhalten am . . . .“; „Inv. Nr. . . . .“ usw.).

II Bei Vorlagen, die zur Einweisung bestimmt sind, ist der Vordruck für die Einweisung in möglichst kurzer Form tunlichst den Formularen beizufügen. Ausserdem können die Einweisungen, Verfügungen usw. mittels möglichst knapp gehaltenen Stempelaufdrucks hergestellt werden (vgl. Ziff. 5 Abs. 5 der FME. vom 12. April 1911 Nr. 12204).

III Von nicht unbedingt notwendigen Abschriften ist Umgang zu nehmen (Ziff. 5 Abs. 8 der vorbezeichneten Entschliessung). Insbesondere darf von der Beigabe einer Abschrift von Ministerialentschliessungen zu den Rechnungsbelegen abgesehen werden, wenn der wesentliche Inhalt dieser Entschliessungen in der Entschliessung der Regierung usw. wiedergegeben ist. Die Beigabe einer Abschrift von Entschliessungen oder Verfügungen des Staatsministeriums der Finanzen, durch welche lediglich Kredite eröffnet werden, ist grundsätzlich zu unterlassen. Auf Belege, die bei anderen Rechnungen oder Nebenrechnungen sich befinden, ist lediglich zu verweisen.

7. Kostenvoranschläge sind nur bei der Anschaffung wertvollerer Einrichtungsgegenstände einzufordern. Einer technischen Prüfung bedürfen diese Voranschläge nicht.

8. I Die Rechnungen (Haupt- und Nebenrechnungen) sind künftig nur mehr in einer Ausfertigung herzustellen. Die Anfertigung einer Abschrift (Zweitschrift) wird — und zwar bereits mit Wirkung für die Rechnungsablage für das Jahr 1911 — erlassen.

II Die Rechnung ist nach der Prüfung und Festsetzung dem Rechnungssteller zurückzugeben. Das Hauptbuch und die Belege bleiben bei der Revisionsstelle.

III Beginnend mit der Rechnungsstellung für das Jahr 1912 ist mit jeder Nebenrechnung und Rechnung die vorjährige Nebenrechnung oder Rechnung an die Revisionsstelle gegen Rückgabe einzusenden. Mit Rücksicht hierauf sind die Rechnungen, soweit sie aus Haupt- und Nebenrechnungen bestehen, erst nach Schluss der Rechnungsablage für das nächste Jahr, sohin für das Jahr 1911 erst nach Schluss der Rechnungsablage für das Jahr 1912, binden zu lassen.

IV Für die Staatsschuldenverwaltung verbleibt es in bezug auf die Anfertigung von Rechnungsabschriften zunächst bei dem bisherigen Verfahren; für sie finden daher die Vorschriften in Abs. 1—3 vorläufig keine Anwendung. Auf die Rechnungsstellung für die Brand- und Hagelversicherungsanstalt findet die E. v. 5. II. 1912 (FMBl. 11) Anwendung. E. der VersKamm. v. 25. IX. 1912 Nr. 83152.

9. I Die Vorträge in den Kassebüchern und Rechnungen sind deutlich, aber möglichst kurz zu fassen. Angaben, die in Entschliessungen, Verzeichnissen usw. enthalten sind, welche bei den Belegen sich befinden, sind, soweit sie nicht für die spätere Verrechnung von Belang sind, in den Rechnungen nicht zu wiederholen. Angaben, wie „laut Rechnung und Quittung" sind überflüssig. Zeitangaben dürfen in den Kassebüchern und Rechnungen in Ziffern gemacht werden, z. B. 1. 2. 12 statt 1. Februar 1912.

II Für die Ueberschriften der Etatstitel darf in den Hauptbüchern und Nebenrechnungen eine abgekürzte Bezeichnung gewählt werden, z. B. für „Besoldungen der Beamten" die Bezeichnung „Besoldungen", für „Kosten für Stellvertretung, Geschäftsaushilfe und besondere Leistungen" die Bezeichnung „Für Stellvertretung usw.". Bei dem Vortrage der sächlichen Ausgaben genügt die Bezeichnung „Sächliche Ausgaben" ohne die Bezeichnung der einzelnen Arten von sächlichen Ausgaben. Soweit die sächlichen Ausgaben in Untertitel sich scheiden, genügt der Vortrag: „Tit. 1. Schreibbedürfnisse usw.", „Tit. 2. Mietzinse", „Tit. 3. Sonstige sächliche Ausgaben" usw. Bei den Ausgaben für Gebäude genügt zu Tit. 1 die Bezeichnung „Brandversicherungsbeiträge usw.".

III Kapitel, Paragraphen und Titel, für die Einnahmen und

Ausgaben nicht nachzuweisen sind, brauchen in der Rechnung nicht angegeben zu werden.

IV Zur weiteren Vereinfachung des Rechnungsvortrags ist möglichst von dem summarischen Vortrag der Einnahmen und Ausgaben in den Rechnungen und Nebenrechnungen Gebrauch zu machen. Beispielsweise ist, wenn auf Grund einer Anweisung einmalige Unterstützungen oder sonstige Bezüge an mehrere Empfänger gezahlt wurden, in der Rechnung oder Nebenrechnung nur der Gesamtbetrag unter der Bezeichnung der Empfänger als „A. und Gen." vorzutragen. Ebenso ist in den Fällen, in welchen ein Beleg Ausgaben für verschiedene Anschaffungen, Leistungen oder dgl. enthält, die auf den gleichen Rechnungstitel zu verrechnen sind, nur die Schlusssumme des Belegs in die Rechnung oder Nebenrechnung einzustellen, z. B. „Dem Schreinermeister N. 300 M.". Die Nummern, unter denen die neu angeschafften Gegenstände im Inventar in Zugang gebracht sind, sind lediglich auf dem Belege vorzumerken.

V Bei Ausgaben, die nach Anfall zahlbar sind, kann die Angabe des Inhalts der Verträge usw. und der genehmigenden Entschliessungen in den Nebenrechnungen und Rechnungen unterbleiben, wenn die Verhandlungen als remittierlicher Beleg beigegeben sind. In den Nebenrechnungen oder Rechnungen ist hierauf kurz zu verweisen.

10. In Abänderung der Vorschrift in Ziff. 14 Abs. 5 der Finanzministerialentschliessung vom 25. November 1872 (FMBl. S. 220) wird verfügt, dass die im Rechnungsverfahren ergangenen Revisionsprotokolle und Bescheide schon während der Rechnungsstellung bei Amte belassen und dem Abrechnungskommissär die für die Regierungsakten bestimmten Originale zur Einsicht vorgelegt werden.

11. I Revisionserinnerungen, die einer Aufklärung oder Beantwortung nicht bedürfen, können durch Revisionsvermerk am Schlusse der Nebenrechnung usw. niedergelegt werden.

II Die Erlassung eines förmlichen Bescheids auf die Revisionserinnerungen ist nicht notwendig, wenn sämtliche Erinnerungen erledigt und ausdrückliche Weisungen wegen einer künftigen anderweitigen Behandlung nicht veranlasst sind.

12. Wenn die vorläufige Abrechnung mit der Kasse (die bisherige sog. provisorische Abrechnung nach § 7 der K. Verordnung vom 11. Januar 1826) bereits die volle Erfüllung der Lieferungsschuldigkeit ausweist und eine Zifferänderung infolge der Prüfung der Rechnung nicht eintritt, gilt die vorläufige Abrechnung von selbst als endgültige Abrechnung. Einer nochmaligen Abrechnung bedarf es nur insoweit, als der vorläufigen Abrechnung gegenüber eine Aenderung eintritt. Die nachträgliche Aenderung der vorläufigen Abrechnung ist tunlichst dadurch zu vermeiden, dass die erforderlichen Berichtigungen in die nächstjährige Rechnung verwiesen werden.

13. I Die Rechnungsergebnisse sind künftig nur mehr in den Bescheiden zur Hauptrechnung (den Definitivbeschlüssen im Sinne der §§ 23 ff. der K. Verordnung vom 11. Januar 1826) festzusetzen. Diese Bescheide haben auch die Angaben über die Entlastung der Rechner und die etwa bestehenden Rechnungsvorbehalte entnehmen zu lassen. Die in dem § 25 der K. Verordnung vom 11. Januar 1826 angeordnete Beurkundung der Rechnungsergebnisse in der Rechnung selbst und die Ausfertigung eines besonderen Absolutoriums (§ 27 dieser Verordnung) kommen in Wegfall.

II Ebenso hat der in § 55 der K. Verordnung vom 11. Januar 1826 vorgeschriebene Sturz bei den am Sitze der Abrechnungsstelle befindlichen Kassen künftig zu unterbleiben.

14. Bei der Prüfung der Rechnungen ist ebenso wie bei allen sonstigen Prüfungen das Hauptaugenmerk der materiellen Richtigkeit zuzuwenden und von unwesentlichen und nicht unumgänglich notwendigen Erinnerungen, namentlich in formeller Hinsicht, abzusehen.

15. Wegen der Vereinfachung der Verrechnung der Besoldungen, Ruhegehalte u. dgl. durch Verwendung der Zahlungslisten als Rechnungsnachweisungen und wegen einer Reihe weiterer Erleichterungen werden gesonderte Verfügungen ergehen.

---

14. Eidesformeln und Verpflichtungen.

Der Beamte ist vor dem Dienstantritt auf die getreue Erfüllung seiner Obliegenheiten eidlich zu verpflichten. Der geleistete Eid verpflichtet auch für alle Aemter, die später übertragen werden.

Ist die eidliche Verpflichtung unterblieben, so ist dies auf die Gültigkeit der Amtshandlungen und auf die Verantwortlichkeit für Pflichtverletzungen ohne Einfluss, soweit nicht durch besondere Gesetze für die Uebernahme gewisser Aemter die Ableistung eines Diensteides ausdrücklich vorgeschrieben ist (§ 23 BG.).

Die Form dieses Diensteides ist durch § 8 der VollzVO. vom 10. Dez. 1908 (GVBl. 1044) geregelt. Derselbe lautet

I. für die Beamten im Sinne des BG. einschliesslich der durch Anordnung der Staatsregierung als Beamte erklärten Personen:

a) Wenn sie den Verfassungseid noch nicht geleistet haben:

> Ich schwöre Treue dem Könige, Gehorsam dem Gesetze und Beobachtung der Staatsverfassung; ich schwöre ferner, alle meine Obliegenheiten als Beamter getreu zu erfüllen, so wahr mir Gott helfe.

b) Wenn sie den Verfassungseid geleistet haben:

> Ich schwöre, alle meine Obliegenheiten als Beamter getreu zu erfüllen, so wahr mir Gott helfe.

II. Für die **Staatsdienstaspiranten** und die Personen, die mit den Verrichtungen von Beamten ständig oder vorübergehend betraut sind:

a) Wenn sie den Verfassungseid noch nicht geleistet haben:

> Ich schwöre Treue dem Könige, Gehorsam dem Gesetze und Beobachtung der Staatsverfassung; ich schwöre ferner, alle Obliegenheiten meines Dienstes getreu zu erfüllen, so wahr mir Gott helfe.

b) Wenn sie den Verfassungseid geleistet haben:

> Ich schwöre, alle Obliegenheiten meines Dienstes getreu zu erfüllen, so wahr mir Gott helfe.

Wegen der Staatsdienstaspiranten, die als Beamte im Sinne des Beamtengesetzes erklärt sind, s. den Eid der Beamten.

Beamtengesetz Art. 25; Vollzugsverordnung v. 10. Dezember 1908 § 8 (GVBl. 1044).

Der Abnahme des Eides hat eine Belehrung über die Dienstpflichten und die Bedeutung des Eides vorherzugehen.

Der Verfassungseid — Tit. X § 3 der Verfassungsurkunde — kann geleistet worden sein anlässlich der Beteiligung an den Landtagswahlen, der Verehelichung usw. und lautet:

> Ich schwöre Treue dem Könige, Gehorsam dem Gesetze und Beobachtung der Staatsverfassung; so wahr mir Gott helfe und sein heiliges Evangelium.

Die Rentamtsinzipienten und die Hilfsarbeiterinnen des Rentamts sind beim Diensteintritt durch Handgelübde zu verpflichten, dass sie alle ihre Obliegenheiten getreu erfüllen und über die vermöge des Dienstes bekannt gewordenen Angelegenheiten Verschwiegenheit beobachten, auch nachdem das Dienstverhältnis gelöst ist.

Bei erreichter Volljährigkeit ist den Rentamtsinzipienten, den Hilfsarbeiterinnen und den nicht etatsmässigen Assistentinnen der in § 8 Abs. 3 der AVO. vom 10. Dez. 1908 (GVBl. 1044) vorgeschriebene Eid abzunehmen. Vgl. FMB. vom 12. April 1911 (Ziff. 6) FMBl. 300, 301 und FMB. vom 6. April 1911 (Ziff. 9) FMBl. 281.

Den Mitgliedern des Steuerausschusses, dann den zu den Sitzungen beigezogenen Sachverständigen ist beim Eintritt in ihre Tätigkeit von dem Vorsitzenden unter dem ausdrücklichen Hinweis auf die Strafbestimmung des Art. 79 (des Einkommensteuergesetzes vom 14. August 1910 GVBl. 527) der nachstehende Eid abzunehmen:

> „Ich schwöre bei Gott dem Allmächtigen und Allwissenden, dass ich bei den Ausschussverhandlungen ohne Ansehen der Person nach bestem Wissen und Gewissen verfahren und die Verhandlungen sowie die hierbei zu meiner Kenntnis gelangenden Verhältnisse der Steuerpflichtigen strengstens geheim halten werde, so wahr mir Gott helfe."

Mitgliedern von Religionsgenossenschaften, deren Bekenntnis die Eidesleistung untersagt, ist an Stelle des Eides die dem Bekenntnis entsprechende Beteuerung gestattet.

In gleicher Weise hat die Verpflichtung des Vorsitzenden oder seines Vertreters, wenn sie nicht schon als Staatsbeamte vereidigt sind, durch den Rentamtsvorstand zu erfolgen (Art. 43 EinkStG. GVBl. 515).

Vorstehende Bestimmungen gelten auch für die Beeidigung der Mitglieder der Steuer-Berufungskommission (Art. 58 Abs. 1 a. a. O.) und Oberberufungskommission (Art. 61 Abs. 6 a. a. O.).

Zu den Steuerausschussmitgliedern zählt auch das nach Art. 41 Abs. 1 a. a. O. eventuell aufgestellte weitere Ausschussmitglied.

Die Abnahme des Eides darf auch in der Weise erfolgen, dass der Vorsitzende die Schwurformel verliest und die Schwörenden (Ausschussmitglieder, Sachverständige etc.) unter Erhebung der rechten Hand lediglich die Worte sprechen: „Ich schwöre, so wahr mir Gott helfe.“ (§§ 58 Abs. 1, 72 Abs. 3 der VollzugsV. z. EinkStGes. vom 14. Aug. 1910 GVBl. 493.)

15. Qualifikationsvorschriften.

Auszug aus der FMB. v. 12. April 1911 FMBl. S. 298.

9. [1]Wie schon in den Qualifikationsvorschriften vom 9. November 1878 ausgesprochen ist (vgl. insbesondere Abs. 3 des Eingangs, dann Abschn. A Nr. III Ziff. 1 Abs. 1 sowie Abschn. B Abs. 2, FMBl. S. 215, 223 und 226), haben die Qualifikationen die persönlichen und dienstlichen Eigenschaften des Qualifizierten „bündig und vollständig nach unbefangener, gerechter Würdigung, jedoch unter gewissenhafter Vermeidung jeder Beschönigung oder Verhehlung von Mängeln und Unvollkommenheiten“ darzustellen; insbesondere muss bei dem Gutachten wegen etwaiger Beförderungen mit gewissenhafter Strenge erwogen werden, ob von dem zu Qualifizierenden nach den bisherigen Wahrnehmungen auch auf der nächsthöheren Dienstesstufe eine in allen Beziehungen vollkommen befriedigende Dienstleistung unzweifelhaft erwartet werden kann und ob er gleichzeitig vermöge seines Diensteifers und Verhaltens der Beförderung würdig ist.

[2]Hienach erscheint es grundsätzlich ausgeschlossen, dass jemand für eine etatsmässige Anstellung oder für eine Beförderung als geeignet erklärt wird, der nicht unzweifelhaft die Gewähr bietet, dass er der Aufgabe, die er in der künftigen Stellung zu erfüllen hat, sowohl nach seiner Leistungsfähigkeit wie namentlich auch nach seinem Fleisse und Diensteifer voll und ganz gerecht werden wird. Solange in dieser Beziehung ein Zweifel besteht, ist von der Zuerkennung der Qualifikation abzusehen.

[3]Die Qualifikationen haben in Ansehung der Beamten, die voraussichtlich bis zur nächsten Qualifikation für eine Anstellung oder Beförderung in Frage kommen, ein ausdrückliches Gutachten über die Befähigung zur Anstellung oder Beförderung zu enthalten (vgl. Abschn. A Nr. III Ziff. 1 und Abschn. B Abs. 2 der Entschliessung vom 9. November 1878, FMBl. S. 223 u. 226).

[4]Die qualifizierenden Beamten sind für die zutreffende Qualifikation verantwortlich. Sie sind regelmässig zur Rechenschaft zu ziehen, wenn ein für die Anstellung oder Beförderung qualifizierter Beamter nachträglich seiner Aufgabe sich nicht als gewachsen zeigt.

10. Entsprechend diesem Grundsatze muss schon bei der Qualifikation der Rentamtsinzipienten für die erste etatsmässige Anstellung als Rentamtsassistent sorgfältig geprüft werden, ob von dem Anzustellenden mit Sicherheit erwartet werden kann, dass er das volle Pensum eines Rentamtsassistenten in befriedigender Weise erledigen wird. Besteht in dieser Beziehung

ein Zweifel, so ist von der Zuerkennung der Qualifikation für den Rentamtsassistenten unbedingt abzusehen.

11. [1] Die Rentamtssekretäre sind in erster Linie zur Besorgung der grösseren Detailkassengeschäfte und ausserdem zur Mitwirkung bei der Erledigung der sonstigen schwierigeren Dienstaufgaben berufen (vgl. §§ 46 und 65 der Geschäftsanweisung für die Rentämter vom 4. Juni 1903, FMBl. S. 298 und 310). Bei der Geschäftsverteilung ist hierauf entsprechende Rücksicht zu nehmen.

[2] Demgemäss können für die Beförderung zum Rentamtssekretär, wie schon in Ziff. 18 Abs. 1 der Bekanntmachung vom 26. Mai 1903 (FMBl. S. 241) und in § 19 Ziff. 19 h der Denkschrift zur Frage der Neuregelung der Dienst-, Gehalts- und Pensionsverhältnisse der Staatsbeamten und Staatsbediensteten vom 20. Februar 1908 (Verh. d. K. d. Abg. 1907/08 Beil.-Bd. II Beil. 262 S. 325) ausgesprochen ist, nur Rentamtsassistenten in Betracht kommen, die die Prüfung für den mittleren Finanzdienst II. Abteilung mit gutem Erfolg, also mindestens mit der Hauptnote II, bestanden haben und die auch schwierigeren Aufgaben gewachsen sind, dabei aber auch in Bezug auf Fleiss und Diensteifer voll befriedigen, so dass mit Sicherheit erwartet werden kann, dass sie den erhöhten Aufgaben eines Rentamtssekretärs in jeder Beziehung gerecht werden.

[3] Von dem Erfordernisse der I. oder II. Prüfungsnote kann eine Ausnahme nur zugunsten der Rentamtsassistenten eintreten, die die Prüfung schon vor dem Jahre 1908 mit der III. Note bestanden haben, wenn sie sich einer bevorzugten Qualifikation erfreuen.

12. [1] Den Rentamtsassistenten, die sich der Prüfung für den mittleren Finanzdienst zu unterziehen beabsichtigen, ist, soweit dies unbeschadet der Erledigung des Dienstes möglich ist, bei der Vorbereitung für die Prüfung tunlichst an die Hand zu gehen. Zu diesem Zwecke sind ihnen — namentlich während der weniger arbeitsreichen Zeit — Aufgaben zu geben, deren Bearbeitung und Besprechung zugleich einen Anhaltspunkt für die Beurteilung der Frage bietet, ob sie die in dem § 4 Abs. 1 der K. Verordnung vom 10. Mai 1903 (GVBl. S. 341) bestimmten Voraussetzungen für die Zulassung zur Prüfung erfüllt haben.

[2] Im Interesse der allseitigen Ausbildung des Personals sind seitens der Regierungsfinanzkammern die Entschliessungen generellen Inhalts allen Rentämtern mitzuteilen, auch wenn die hierin getroffenen Verfügungen für die Behandlung der dem Amte zugewiesenen Geschäftsaufgaben nicht von Belang sind.

13. Nach dem § 5 Abs. 2 der K. Verordnung vom 10. Mai 1903 (GVBl. S. 342) kommen für die Besetzung der Stellen der Rentamtssekretäre auch die Kandidaten, welche die Prüfung für den mittleren Finanzdienst I. Abteilung bestanden haben, in Betracht; sie können, wenn sie bei dieser Prüfung mindestens die Hauptnote II erhalten haben, auch bei der Besetzung der Stellen der Finanzrechnungskommissäre, der Rentamtsassessoren, Kasseabteilungsvorstände sowie der Amtsvorstände bei den Rentämtern, dann der höheren Stellen des Kassedienstes der allgemeinen Finanzverwaltung und der Staatsschuldenverwaltung Berücksichtigung finden.

[2] In Bezug auf die Qualifikation zum Rentamtssekretär gelten auch hier die Grundsätze, wie sie am Schlusse der Ziff. 11

Abs. 2 für die Rentamtsassistenten bestimmt sind, so dass zum Rentamtssekretär nur Kameralpraktikanten befördert werden können, von denen mit Sicherheit zu erwarten ist, dass sie in jeder Beziehung der erhöhten Aufgabe eines Rentamtssekretärs gerecht werden.

[3] Für die Beförderung zum Rechnungskommissär können nach Ziff. 16 Abs. 3 der Bekanntmachung vom 26. Mai 1903 (FMBl. S. 239) nur die Beamten in Betracht kommen, von denen nach ihren bisherigen dienstlichen Leistungen anzunehmen ist, dass sie sofort imstande sind, ein volles Revisionspensum, das regelmässig die Revision von zwei kleineren Rentämtern mit den erforderlichen Nebenarbeiten zu umfassen hat, zur Zufriedenheit zu erledigen. Ob der betreffende Beamte diese Fähigkeit tatsächlich besitzt, bedarf sorgfältiger Prüfung, damit kein Beamter in den Revisionsdienst gelangt, der nicht voll und ganz dieser Aufgabe gewachsen ist.

[4] Ein gleich strenger Massstab ist bei der Qualifikation zum Rentamtsassessor anzulegen.

14. In ähnlicher Weise, wie es in Ziff. 7*) angeordnet ist, muss auch in Ansehung der Aspiranten für den höheren Finanzdienst darauf Bedacht genommen werden, dass sie während ihrer Praxis bei dem Rentamte (vgl. Ziff. 2 und 4 der Bekanntmachung vom 26. Mai 1903, FMBl. S. 235) den rentamtlichen Dienst tunlichst in seinen verschiedenen Zweigen kennen lernen. Es ist strenge darauf zu sehen, dass sie die Praxiszeit in diesem Sinne auch ausnützen. Die erforderliche Anleitung obliegt in erster Linie den Rentamtsvorständen, ausserdem im Bedarfsfalle den Rentamtsassessoren.

15. In Bezug auf die Verwendung der Akzessisten der Regierungsfinanzkammern bleiben vorerst die Bestimmungen in Ziff. 6 bis 9 der Bekanntmachung vom 26. Mai 1903 (FMBl. S. 236/38) massgebend.

16. Die Qualifikation eines Akzessisten zum Finanz- oder Rentamtsassessor setzt voraus, dass von dem zu Qualifizierenden nach seinen Leistungen als Akzessist auch in seiner künftigen Stellung eine vollkommen befriedigende Dienstleistung zu erwarten ist.

17. Bei der Qualifikation zum Rentamtsvorstand ist mit besonderer Sorgfalt zu prüfen, ob der Beamte die für die ersprießliche Leitung und Verwaltung eines Amtes erforderliche Selbstständigkeit und Geschäftsgewandtheit und zugleich die entsprechenden Umgangsformen besitzt. Qualifikationen des Inhalts, dass der Beamte nur zur Verwaltung eines Amtes mit einfachen Verhältnissen oder eines Amtes mit einfacheren Verhältnissen geeignet ist, können nicht als entsprechend erachtet werden, da von jedem Beamten, der zum Rentamtsvorstande befördert werden soll, verlangt werden muss, dass er mindestens der Verwaltung eines normalen Amtes gewachsen ist und dabei nötigenfalls auch besonderen Verhältnissen gerecht zu werden vermag. Beamte, die diese Befähigung nicht besitzen, können nicht für die Beförderung zum Rentamtsvorstand in Betracht kommen. Hieran muss um so mehr festgehalten werden, als die Besoldung der Finanzrech-

*) (Gegenwärtiger FMB. vom 12. April 1911 bezüglich der Inzipienten.)

nungskommissäre etc. durch die Gehaltsordnung eine nicht unerhebliche Verbesserung erfahren hat, so dass es keinem Bedenken unterliegen kann, wenn Beamte, welche die für die erspriessliche Verwaltung eines Rentamts erforderlichen Eigenschaften **nicht unzweifelhaft** besitzen, auf ihrem Posten belassen werden. Bei der Qualifikation zum Rentamtsvorstand ist daher künftig ebenso wie bei der Qualifikation der Rentamtsvorstände zu unterscheiden, ob der zu Qualifizierende für die Verwaltung eines Amtes mit normalen Verhältnissen oder auch zur Verwaltung eines Amtes mit schwierigen Verhältnissen, insbesondere auch zur Verwaltung eines Amtes mit Kasseabteilung, befähigt ist. Ausserdem ist in der Qualifikation anzugeben, ob sich der Beamte zum Vorstande einer Kasseabteilung eignet und ob er eine derartige Stelle anstrebt.

18. betrifft die Qualifikation für den Kollegialdienst.

19. [1] Es ist zu erwarten, dass bei strenger Durchführung der vorstehenden Grundsätze kein Beamter zur Anstellung oder Beförderung gelangt, der nicht seiner Aufgabe gewachsen ist.

[2] Bei den Inspektionen und Visitationen ist der entsprechende Vollzug dieser Vorschriften — namentlich auch soweit es sich um die Ausbildung des Personals der Rentämter handelt — zu kontrollieren.

20. Die Bestimmungen in Ziff. 1—3 der Finanzministerialentschliessung vom 29. August 1903 Nr. 21 001, soweit diese überhaupt noch Geltung hatten, sind durch die Vorschriften dieser Bekanntmachung ersetzt.

Die Qualifikation des gesamten rentamtlichen Personals hat gemäss **§ 19 der Gesch.-Anw.** f. d. Rentämter bis auf weiteres nach Massgabe der FME. v. 9. Nov. 1878 Lit. B (FMBl. S. 226) stattzufinden. Näheres vgl. § 19 Gesch.-Anw. u. FME. v. 9. Nov. 1878 (FMBl. S. 215 ff.). Vgl. dazu auch FME. v. 8. Juli 1905 Nr. 23323 Qualifikation d. Person. d. Rent. betr. Die Qualifikation ist alle zwei Jahre nach Beendigung der Rechnungsablage zu erneuern (nächste 1913!).

Die Qualifikation der Rentamtsvorstände, der Vorstände der Kassaabt. sowie der Rentamtsassessoren erfolgt gemäss § 19 d. Gesch.-Anw. f. d. Rent. unmittelbar durch die Regierung.

16. Prüfungsvorschriften für den mittleren Finanzdienst.

FMB. vom 13. März 1905, FMBl. S. 105.

Zum Vollzuge der K. Allerhöchsten Verordnung vom 10. Mai 1903, die Vorbedingungen für den höheren und mittleren Finanzdienst betreffend, (GVBl. S. 341) und mit Bezugnahme auf Ziff. 25 Abs. 4 der Finanzministerialbekanntmachung gleichen Betreffs vom 26. Mai 1903 (FMBl. S. 246) werden über die Vornahme der Prüfungen für den mittleren Finanzdienst nachstehende Vorschriften erlassen:

§ 1. Die gemäss der Bestimmungen in §§ 2—4 der K. Allerhöchsten Verordnung vom 10. Mai 1903 vorzunehmenden Prüfungen für die Bewerber um Stellen des mittleren Finanzdienstes werden

für die I. Abteilung alljährlich,
für die II. Abteilung alle 3 Jahre

abgehalten.

§ 2. Die Prüfung I. Abteilung findet nur an dem Sitze einer Kreisregierung und zwar im Jahre 1905 im Monat Mai, vom Jahre 1906 an aber in der Regel im Monat Oktober statt.

Die Regierungsfinanzkammer, welche die Prüfung abzuhalten hat, wird durch das K. Staatsministerium der Finanzen bestimmt.

§ 3. Zur Abhaltung der Prüfung II. Abteilung werden zwei Sprengel gebildet, wovon

der erste die Regierungsbezirke von Oberbayern, Niederbayern, Oberpfalz und von Regensburg und Schwaben und Neuburg,

der zweite die Regierungsbezirke der Pfalz, von Oberfranken, Mittelfranken und Unterfranken und Aschaffenburg umfasst.

Für jeden der beiden Sprengel wird jeweilig vom K. Staatsministerium der Finanzen die Regierungsfinanzkammer bestimmt, welche die Prüfung abzuhalten hat.

Die Kandidaten haben sich der Prüfung bei der Kreisregierung jenes Sprengels zu unterziehen, in welchem sie zur Zeit der Prüfungsausschreibung in dienstlicher Verwendung stehen oder im Falle der Ableistung der aktiven Militärdienstpflicht letztmals im rentamtlichen Dienste gestanden sind.

Die Prüfung II. Abteilung wird im Jahre 1905 im Monat Mai, für die Folge aber in der Regel im Monat Oktober jedes dritten Jahres abgehalten.

§ 4. Der Tag des Beginnes und der Ort der Abhaltung der Prüfungen werden durch Ausschreiben des K. Staatsministeriums der Finanzen im Finanzministerialblatt und in den sämtlichen Kreisamtsblättern bekannt gegeben.

§ 5. Die Gesuche um Zulassung zur Prüfung sind spätestens 4 Wochen vor Beginn der Prüfung bei demjenigen Rentamt einzureichen, bei dem die Kandidaten in dienstlicher Verwendung stehen.

Kandidaten, welche die Bedingungen für die Zulassung zur Prüfung erfüllt haben, aber zur Zeit der Prüfungsausschreibung der aktiven Militärdienstpflicht genügen, haben ihr Gesuch an jenes Rentamt zu richten, dem sie vor ihrem Eintritt in den Militärdienst zugeteilt waren.

Den Gesuchen um Zulassung zur Prüfung I. Abteilung sind von den Kandidaten

a) das Gymnasial-Absolutorium,

b) das Zeugnis des (geschäftsleitenden) Amtsgerichtssekretärs über den Erfolg der Praxis bei der Gerichtsschreiberei eines Amtsgerichts

beizulegen, soferne diese Zeugnisse nicht dem Personalakt einverleibt sind.

Die Rentämter haben die Gesuche um Zulassung zur Prüfung mit den einschlägigen Personalakten spätestens 3 Wochen vor Beginn der Prüfung der vorgesetzten Regierungsfinanzkammer mit einer Aeusserung über die dienstliche Verwendbarkeit, dann das dienstliche und ausserdienstliche Verhalten des Gesuchstellers vorzulegen. Bezüglich der Kandidaten der Prüfung II. Abteilung haben die Amtsvorstände in dem Vorlageberichte insbesondere auch über die Dauer der Verwendung derselben zu wichtigeren Arbeiten des rentamtlichen Dienstes und über Fleiss die erforderlichen Angaben niederzulegen.

§ 6. In Ansehung der Kandidaten für die Prüfung I. Abteilung finden Dispensationen von den in § 3 Abs. 1 der K. Allerhöchsten Verordnung vom 10. Mai 1903 festgesetzten Bedingungen gemäss Ziff. 15 Abs. 2 der Bekanntmachung des K. Staatsministeriums der Finanzen vom 26. Mai 1903 nicht statt.

Die Zeit, während der ein Kandidat infolge Krankheit oder wegen Einberufung zu militärischen Uebungen — Uebungen in der Reserve und Landwehr — dem Vorbereitungsdienste entzogen war, ist auf dessen vorgeschriebene Dauer anzurechnen. Dagegen hat die Zeit der vorübergehenden Ruhestandsversetzung nicht in Anrechnung zu kommen.

§ 7. Nach § 4 Abs. 1 der vorangezogenen Allerhöchsten Verordnung sind zur Prüfung für den mittleren Finanzdienst II. Abteilung jene Rentamtsgehilfen zuzulassen, welche mindestens zehn Jahre bei Rentämtern — darunter jedenfalls die Hälfte dieser Zeit mit wichtigeren Arbeiten des rentamtlichen Dienstes — zur vollen Zufriedenheit beschäftigt waren und im Zeitpunkte der Abhaltung der Prüfung noch im staatlichen Finanzdienst verwendet sind. Gemäss § 4 Abs. 2 der Allerhöchsten Verordnung ist das Staatsministerium der Finanzen ermächtigt, in besonders berücksichtigungswerten Fällen die Teilnahme an dieser Prüfung ausnahmsweise auch bei einer geringeren rentamtlichen Dienstzeit zu gestatten. Diese Voraussetzung erscheint nach Ziff. 17 Abs. 3 der Bekanntmachung vom 26. Mai 1903 namentlich in allen jenen Fällen gegeben, in denen Rentamtsgehilfen die Vorbedingungen für den Einjährig-Freiwilligen-Militärdienst erfüllt haben, indem diese schon nach einer fünfjährigen rentamtlichen Dienstzeit zur Prüfung zugelassen werden können. Die Regierungsfinanzkammern werden ermächtigt, im Falle der Erfüllung dieser Voraussetzung die Zulassung zur Prüfung dann zu genehmigen, wenn die betreffenden Rentamtsgehilfen mindestens $1\frac{1}{2}$ Jahre in der Eigenschaft eines Gehilfen vollständig zufriedenstellende Dienste geleistet haben.

Im übrigen behält sich das K. Staatsministerium der Finanzen eine etwaige Dispensation vor, wobei jedoch darauf aufmerksam gemacht wird, dass gemäss Ziff. 17 Abs. 3 obiger Bekanntmachung in allen Fällen, in denen der Besuch der Volksschule und einer Mittelschule die übliche Zeitdauer des allgemein vorgeschriebenen Besuches der Volksschule nicht übersteigt, eine Dispensation grundsätzlich ausgeschlossen ist.

Jenen Rentamtsgehilfen, welche der Dienstpflicht im stehenden Heere nach Massgabe des § 6 Ziff. 3 der Wehrordnung für das Königreich Bayern vom 19. Januar 1889 in der Fassung der Verordnung vom 3. Februar 1894 (GVBl. 1894 S. 110) genügt haben, wird für die Zulassung zur Prüfung für den mittleren Finanzdienst II. Abteilung die Zeit der aktiven Dienstpflicht auf die rentamtliche Dienstzeit in Anrechnung gebracht (Ziff. 14 Abs. 4 der Bekanntmachung vom 26. Mai 1903).

Jenen Amtsgehilfen, welche während ihrer Verwendung im rentamtlichen Dienste der aktiven Dienstpflicht im stehenden Heere als Einjährig-Freiwillige genügt haben, kann diese Dienstzeit auf die fünfjährige rentamtliche Dienstzeit nicht angerechnet werden.

Die Vorschrift in § 6 Abs. 2 findet auch auf die Rentamtsgehilfen — Kandidaten für die Prüfung II. Abteilung — Anwendung.

§ 8. Die Regierungsfinanzkammern haben die Zulassungsgesuche und die sie begründenden Zeugnisse nebst den Vorlageberichten genauer Würdigung zu unterstellen und bei genügendem Befunde den Gesuchstellern die erfolgte Zulassung mitzuteilen.

Spätestens 14 Tage vor Beginn der Prüfung haben die Regierungsfinanzkammern Verzeichnisse über die zur Prüfung zugelassenen Kandidaten nach dem als Beilage I beigegebenen Formular der mit der Abhaltung der Prüfung betrauten Regierungsfinanzkammer zu übersenden und Abschrift dem K. Staatsministerium der Finanzen vorzulegen.

§ 9. Zur Leitung und Durchführung der Prüfung ist bei jeder der mit der Prüfungsvornahme betrauten Regierungsfinanzkammern eine eigene Kommission — Prüfungskommission — zu bestellen, welche aus

dem Regierungsdirektor,

zwei Kollegialmitgliedern und einem Sekretär oder Akzessisten als Protokollführer

zu bestehen hat.

§ 10. Die Prüfung ist schriftlich.

Die einzelnen Aufgaben sind unter Klausur und Aufsicht zu bearbeiten.

Während des Verlaufes der Prüfung sind die Sitzplätze im Wege der Auslosung mehrmals neu zu verteilen.

§ 11. Für die Prüfung I. Abteilung werden die Probeaufgaben aus nachbenannten Finanzverwaltungszweigen gegeben:

1. Buch- und Kassaführung, Etats- und Rechnungswesen einschliesslich des Perzeptions-, Ausstands- und Nachlasswesens . . . . . 3 Aufgaben
2. Steuerwesen . . . . 5 „
3. Erbschaftssteuer-, Gerichtskosten-, Gebühren-, Strafkosten- und Stempelwesen . . . . . 3 „

4. sonstige rentamtliche Verwaltungszweige einschliesslich der Grundgefälle, Staatsdomänen, staatsdienerlichen Verhältnisse, Besoldungen, Pensionen, Umzugskosten, Umlagenkonkurrenzpflicht, Staatsschuldenwesen etc. . . . 5 Aufgaben

Hiezu kommt noch

5. ein praktischer Fall aus der Finanzverwaltung, welcher vier Aufgaben gleichgeachtet wird.

§ 12. Die Prüfung I. Abteilung dauert 5 Tage.

Zur Bearbeitung des praktischen Falles wird eine Zeit von 9 Stunden — 8 Uhr vormittags bis 5 Uhr nachmittags —, für die übrigen Aufgaben eine Zeit von je 2 Stunden gewährt.

§ 13. Für die Prüfung II. Abteilung werden die Probeaufgaben aus nachbenannten Finanzverwaltungszweigen gegeben:

1. Buch- und Kassaführung, Etats- und Rechnungswesen einschliesslich des Perzeptions-, Ausstands- und Nachlasswesens . . . . . 3 Aufgaben
2. Steuerwesen . . . . 5 Aufgaben
3. Erbschaftssteuer-, Gebühren-, Strafkosten und Stempelwesen . . . . 2 „
4. übrige Staats-Einnahmen, sowie Staats- und Verwaltungsausgaben einschliesslich der Grundgefälle, der staatsdienerlichen Unterstützungsvereine, Besoldungen, Pensionen, Umlagen, Umzugskosten etc. . . . . . . 2 „

§ 14. Die Prüfung II. Abteilung dauert 3 Tage. Zur Bearbeitung der Probeaufgaben ist eine Zeitdauer von je 2 Stunden bestimmt.

§ 15. Die mit der Abhaltung der Prüfung betrauten Regierungsfinanzkammern haben nach erfolgter Ausschreibung des Termins für die Prüfungsvornahme binnen längstens 4 Wochen Entwürfe der Prüfungsaufgaben — einschliesslich des praktischen Falles für die I. Abteilung — an das K. Staatsministerium der Finanzen einzusenden.

Bei dem Entwurfe der Aufgaben für die I. Abteilung ist darauf Bedacht zu nehmen, dass den Kandidaten Gelegenheit geboten werde, in erster Linie ihre praktische Ausbildung zu zeigen, dann aber auch Proben ihrer theoretischen Kenntnisse hinsichtlich der verschiedenen Sparten und der einschlägigen zivil-, straf- und staatsrechtlichen und prozessgesetzlichen Bestimmungen, sowie ihrer Beurteilungsfähigkeit und Darstellungsgabe abzulegen.

Die Entwürfe der Aufgaben für die II. Abteilung sind derart zu bemessen, dass die Kandidaten ihre allseitige praktische Ausbildung in den einzelnen Prüfungsgegenständen und ihre genaue Kenntnis der einschlägigen Bestimmungen an den Tag legen und ihre Darstellungsgabe erproben können.

Bei den Prüfungsaufgaben aus dem Steuerwesen ist den Kandidaten beider Abteilungen insbesondere auch Gelegenheit zu geben, ihre Kenntnisse im Kataster-Umschreibwesen zu zeigen.

§ 16. Die Bestimmung der Probeaufgaben für die jeweilige Prüfung erfolgt durch das K. Staatsministerium der Finanzen.

Die ausgewählten Probeaufgaben werden den mit der Abhaltung der Prüfung betrauten Regierungsfinanzkammern in der erforderlichen Anzahl von Abdrücken verschlossen übersendet.

Dieselben sind vom Vorstande der Prüfungskommission unter Verschluss zu nehmen und erst an den vom K. Staatsministerium der Finanzen bestimmten Tagen und Stunden in Gegenwart der Kandidaten zu eröffnen.

Zur Bearbeitung ist jeweils nur eine einzige Aufgabe vorzulegen.

Eine Verlängerung der Arbeitsdauer (§ 12 Abs. 2 und § 14) ist unzulässig. Den Zeitpunkt der Ablieferung der Bearbeitungen zu verschieben, ist nur für den Fall gestattet, dass infolge aussergewöhnlicher Vorkommnisse der Beginn der Zeit für die Bearbeitung einer Aufgabe hinausgerückt werden oder eine Unterbrechung der Arbeitszeit eintreten musste.

Auf den von den Kandidaten übergebenen Bearbeitungen der einzelnen Aufgaben ist von dem die Aufsicht führenden Prüfungskommissionsmitgliede der Zeitpunkt der Uebergabe vorzumerken.

§ 17. Den Kandidaten ist der Gebrauch gedruckter und geschriebener Hilfsquellen gestattet.

Die Benützung amtlicher Rechnungen und Akten oder von anderen gefertigter Bearbeitungen der Aufgaben, sowie das Zusammenarbeiten mehrerer Kandidaten ist verboten.

Den Prüfungskommissären wird die strengste Ueberwachung der Kandidaten während der Bearbeitung zur Pflicht gemacht.

§ 18. Ueber den Gang der Prüfung ist von der Kommission ein fortlaufendes Protokoll zu führen, in welchem das Erforderliche über die Eröffnung der Aufgaben, den Schluss der Prüfungszeit, die Auslosung der Sitzplätze und über etwaige, die Zensur beeinflussende Vorkommnisse niederzulegen ist.

§ 19. Die Zensur der Bearbeitungen wird besonderen, aus dem Regierungsdirektor und zwei Kollegialmitgliedern der Regierungsfinanzkammern bestehenden Kommissionen übertragen.

Die Zahl der Zensurkommissionen und ihre Mitglieder werden durch Finanzministerialentschliessung bestimmt.

§ 20. Bei der Zensur haben die Noten

I = sehr gut
II = gut
III = genügend
IV = ungenügend

sowie die Zwischennoten I½, II½ und III½ zur Anwendung zu kommen.

Für die Bearbeitung jeder einzelnen Aufgabe ist eine besondere Note (ganze oder Zwischennote) zu geben.

§ 21. Stil und Darstellungsgabe der Kandidaten sind durch die Noten

1 = sehr gut
2 = gut
3 = genügend
4 = ungenügend

(Nebennoten) zu würdigen.

Ausserdem ist bei den Kandidaten der Prüfung II. Abteilung noch die Handschrift mit einer Nebennote zu würdigen.

§ 22. Die Zensur der Bearbeitungen ist von den beiden zur Zensurkommission gehörigen Kollegialmitgliedern vorzunehmen und tunlichst zu fördern.

Das Ergebnis der Beurteilung eines jeden derselben ist in eine tabellarische Uebersicht nach dem als Beilage II anliegenden Muster niederzulegen.

Die Feststellung der Noten für die einzelnen Aufgaben erfolgt in kollegialer Beratung der Zensurkommission. Hierüber ist ein fortlaufendes Protokoll zu führen.

§ 23. Hat ein Kandidat bei der Bearbeitung einer Aufgabe der Vorschrift in § 17 Abs. 2 zuwidergehandelt oder seine Bearbeitung ganz oder teilweise einem anderen Kandidaten zur Benützung überlassen, so sind die von diesen Kandidaten gelieferten Bearbeitungen der Aufgabe mit der Note IV zu würdigen. Auch können diese Kandidaten vom K. Staatsministerium der Finanzen zur Wiederholung der Prüfung verwiesen werden.

Zur leichteren Kontrolle in der angedeuteten Richtung ist den Bearbeitungen einer jeden Aufgabe eine Skizze des Prüfungsraumes und der Verteilung der Sitzplätze beizugeben.

§ 24. Nach Vollendung der Zensur haben die Vorsitzenden der Zensurkommissionen die Arbeiten der Kandidaten nebst den erteilten Noten und den Zensurübersichten (§ 22 Abs. 2) dem K. Staatsministerium der Finanzen vorzulegen.

Der Termin für diese Vorlagen wird durch Finanzministerialentschliessung bestimmt.

Das K. Staatsministerium der Finanzen unterzieht die Arbeiten einer weiteren Würdigung und setzt das Ergebnis der Zensur fest.

§ 25. Die Gesamtnote wird durch Zusammenzählen der sämtlichen Einzelnoten und Teilung der Summe durch die Zahl der sämtlichen Einzelnoten festgesetzt, wobei die für die Bearbeitung des praktischen Falles erteilte Note vierfach in Anrechnung gebracht wird.

Bei der Festsetzung der Hauptnote werden Zwischennoten nicht gegeben; die bei der Berechnung der Gesamtnote sich ergebenden Bruchteile, welche drei Viertel eines Ganzen übersteigen, sind als Ganzes zu rechnen.

Nach der Feststellung der Hauptnoten durch das K. Staatsministerium der Finanzen wird das Ergebnis der Prüfung den Kandidaten durch Vermittelung der Kreisregierungen auf Grund des vom Ministerium hergestellten und den Regierungsfinanzkammern zugesendeten Hauptverzeichnisses mittels Ausstellung eines Prüfungszeugnisses nach beiliegendem Muster — Formular III — mitgeteilt.

§ 26. Ein Kandidat, dessen Bearbeitungen von einem Viertel der sämtlichen Aufgaben mit der Note IV oder aus der Hälfte derselben mit der Note III$^1/_2$ gewürdigt wurden, wird zur Wiederholung der Prüfung verwiesen.

Je zwei mit der Note III$^1/_2$ gewürdigte Bearbeitungen werden einer mit der Note IV gewürdigten Bearbeitung gleichgeachtet.

Auch hiebei ist bei der Prüfung I. Abteilung die für die Bearbeitung des praktischen Falles erteilte Note vierfach zu rechnen.

§ 27. Kandidaten, die zur Wiederholung der Prüfung verwiesen wurden, sowie Kandidaten, welche ohne ausreichenden Grund nach Beginn der Prüfung zurücktraten, können nur noch einmal zur Prüfung zugelassen werden.

Die freiwillige Wiederholung der Prüfung ist nur einmal gestattet.

Für Kandidaten, welche die Prüfung freiwillig wiederholt haben, ist für alle Fälle die bei der letzten Prüfung erhaltene Note massgebend.

§ 28. Kandidaten, welche nachweislich durch Krankheit oder andere unverschuldete zwingende Ursachen oder durch Ableistung des aktiven Militärdienstes an der rechtzeitigen Ablegung der Prüfung verhindert waren, können auf Ansuchen durch Finanzministerialentschliessung nach Massgabe ihrer Prüfungsnote in die Reihenfolge der Kandidaten der vorausgegangenen Prüfung eingestellt werden.

Hierauf gerichtete Gesuche sind bei der Regierungsfinanzkammer einzureichen und von dieser mit gutachtlichem Bericht dem K. Staatsministerium der Finanzen vorzulegen.

Vorbereitungsmittel für die Prüfungen.

17. Steuergesetze.

Vom Abdruck dieser Gesetze wurde abgesehen, weil ein Text hiervon ohnedies in der Hand jedes Finanzbeamten sein dürfte. Wer eine Gesamt-Textausgabe der Steuergesetze nicht besitzt, dem sei die nachstehende in „Schweitzers (blaue) Textausgaben" erschienene Sammlung empfohlen:

Bayerische Steuergesetze mit den Vollzugsvorschriften und ausführlichen Sachregister. 850 Seiten. In blau Ganzleinen dauerhaft gebunden M 5.—

18. Umlagengesetz.

Hier gilt das bei Beilage 17 Bemerkte.

19. Erbschaftssteuer.

Der Text dieses Gesetzes ist ohnehin in der Hand jedes Finanzbeamten, weshalb vom Abdruck hier abgesehen wird. Vgl. jedoch die folgenden Seiten.

a) Verwandtschaftstafel.

Die Tafel zeigt, in welchem Grade die einzelnen in ihr aufgeführten Verwandtenklassen mit A. verwandt sind.

Grad	A. **Mann, Frau** Fragliche Person (Erblasser etc.)	**Bem.** Die Personen in den Feldern mit a. sind Verwandte der geraden absteigenden Linie, b. sind Verwandte der geraden aufsteigenden Linie. c. sind Verwandte der Seitenlinie.			Grad
I.	**Kinder** von A. (Sohn, Tocht.) a.	**Eltern** von A. (Vater, Mutter) b.			I.
II.	**Enkel:** (Enkelin) a.	**Geschwister** von A. (Bruder, Schwester) c.	**Grosseltern** von A. (Grossvater, Grossmutter) b.		II.
III.	**Grossenkel** (Grossenkelin) a.	deren Kinder: (**Neffe, Nichte**) c.	Geschwister der Eltern **Onkel** (Oheim) **Tante.** c.	**Urgrosseltern** von A. Urgrossvater, Urgrossmutt. b.	III.
IV.	**Urgrossenkel** (Urgrossenkelin) a.	deren Enkel: **Grossneffe, Grossnichte.** c.	deren Kinder: **Geschwisterkind** zu A. Vetter, Base. c.	Geschwister der Grosseltern **Grossonkel, Grosstante.** c.	IV.
V.		deren Grossenkel **Urgrossneffe, Urgrossnichte.** c.	deren Enkel **Vetter, Base.** c.	deren Kinder **Vetter, Base.** c.	V.
VI.			deren Grossenkel **Vetter, Base.** c.	deren Enkel **Vetter, Base.** c.	VI.
VII.				deren Grossenkel **Vetter, Base** c.	VII.

b) Erbfolge-Ordnung

nach BGB. §§ 1924 ff.

Ordnung	1. Verwandtenerbfolge:	2. Ehegattenerbfolge:
	Solange ein Verwandter einer vorhergehenden Ordnung vorhanden, ist ein Verwandter der folgenden Ordnung zur Erbschaft nicht berufen.	Der Ehegatte ist als gesetzlicher Erbe berufen:
I.	Abkömmlinge: ein zur Zeit des Erbfalls lebender Abkömmling schliesst die durch ihn mit dem Erblasser verwandten Abkömmlinge von der Erbfolge aus. An die Stelle eines zur Zeit des Erbfalls nicht mehr lebenden Abkömmlings treten die durch ihn mit dem Erblasser verwandten Abkömmlinge (Erbfolge nach Stämmen). Kinder erben zu gleichen Teilen.	zu ¼ der Erbschaft neben Verwandten der I. Ordnung.
II.	Eltern des Erblassers und deren Abkömmlinge. Leben beide Eltern, so schliessen sie die Geschwister des Erblassers und deren Abkömmlinge aus. Die Eltern erben zu gleichen Teilen. An die Stelle des verstorbenen Elternteils treten dessen Abkömmlinge in der unter I erwähnten Weise. Sind Abkömmlinge nicht vorhanden, erbt der überlebende Elternteil allein.	Zu ½ der Erbschaft neben Verwandten der II. Ordnung u. erhält ausserdem noch den Voraus nach § 1932 BGB.
III.	Grosseltern des Erblassers und deren Abkömmlinge. Wenn väterl. und mütterl. Grosseltern noch leben, erben sie allein und zu gleichen Teilen. An Stelle eines Verstorbenen Grosselternteils (Grossmutter oder Grossvater) treten dessen Abkömmlinge; sind Abkömmlinge nicht vorhanden, so fällt der Anteil des verstorbenen dem anderen Teile des Grosselternpaares und, wenn dieser nicht mehr lebt, dessen Abkömmlingen zu.	Zu ½ der Erbschaft neben Grosseltern, ausserdem noch Voraus § 1932 BGB., treffen mit Grosseltern Abkömmlinge von Grosseltern zusammen, so erhält der Ehegatte auch von der anderen Hälfte den Anteil, welcher den Abkömmlingen zu-

Ordnung	1. Verwandtenerbfolge:	2. Ehegattenerbfolge:
	Sind zur Zeit des Erbfalls die väterlichen oder grossmütterlichen Grosseltern nicht mehr am Leben und sind Abkömmlinge der Verstorbenen nicht vorhanden, so erben die anderen Grosseltern oder ihre Abkömmlinge allein. Erbfolge der Abkömmlinge nach den Vorschriften unter I.	fallen würde. — Sind weder Verwandte der I. oder der II. Ordnung, noch Grosseltern vorhanden, so erhält der überlebende Ehegatte die ganze Erbschaft. § 1931 BGB.
IV.	Urgrosseltern und deren Abkömmlinge. Leben zur Zeit des Erbfalls Urgrosseltern, so erben sie allein; mehrere erben zu gleichen Teilen, ohne Unterschied, ob sie derselben Linie oder verschiedenen Linien angehören. Leben zur Zeit des Erbfalls Urgrosseltern nicht mehr, so erbt von ihren Abkömmlingen derjenige, welcher mit dem Erblasser dem Grade nach am nächsten verwandt ist; mehrere gleich nahe Verwandte erben zu gleichen Teilen. Die Grade werden nach der Zahl der inmitteliegenden Geburten berechnet.	Der überlebende Ehegatte erhält statt der nebengenannten Personen die ganze Erbschaft.
V.	Entferntere Voreltern des Erblassers und deren Abkömmlinge — ohne Grenze. Vorschriften ebenso wie unter IV: Vorfahren (also noch ältere als Urgrosseltern) erben allein und zu gleichen Teilen. Im übrigen entscheidet die Nähe der Verwandtschaft; gleich nahe Verwandte erben zu gleichen Teilen.	Der überlebende Ehegatte erhält in diesem Falle die ganze Erbschaft.

20. Reichsstempelsteuer.

I. Uebersicht der den Reichsstempel regelnden Bestimmungen:

Das Reichsstempelgesetz v. 15. Juli 1909, veröffentlicht mit Bek. v. 22. Juli 1909 (RGBl. 833); geändert durch das Zuwachssteuergesetz v. 14. Febr. 1911 (RGBl. 33). Allgemeine Ausführungsbestimmungen des Bundesrats veröffentlicht mit Bek. v. 20. März 1912 (GVBl. 145).

Bayerische Ausführungsbestimmungen: Regelung der Zuständigkeiten: VO. v. 4. Juli 1906 (GVBl. 227) u. v. 17. Okt. 1909 (JMBl. 457). Sonstige Bestimmungen verschiedener Art: Bek. v. 3. Aug. 1906 (GVBl. 467). Bek. v. 1. April 1912 (GVBl. 340). Besondere Anweisungen hinsichtlich des Grundstückstempels: JFMB. v. 25. Okt. 1909 (JMBl. 459), geändert und ergänzt durch JFMB. v. 25. April 1911 (JMBl. 583); Vergütung der Notare für Erhebung des Grundstückstempels: VO. v. 19. Okt. 1910 (JMBl. 979) u. Bek. v. 3. Nov. 1910 (JMBl. 980).

II. Prüfungspflicht der Behörden:

Nach § 101 des Ges. haben die Reichsbehörden, die Behörden und Beamten der Bundesstaaten und Kommunen und die Notare die Verpflichtung, die Besteuerung der ihnen vorkommenden Urkunden zu prüfen und die zu ihrer Kenntnis gelangenden Zuwiderhandlungen gegen das Gesetz bei der zuständigen Behörde zur Anzeige zu bringen.

III. Die hauptsächlichsten Bestimmungen des Gesetzes sind folgende:

Reichsstempelabgaben werden erhoben:

1. Von Aktien, Kuxen, Renten- und Schuldverschreibungen, Gewinnanteilschein- und Zinsbogen; die Steuersätze im einzelnen ergeben sich aus Nr. 1 bis 3 A des dem Gesetze beigegebenen Tarifs.

2. Von Kauf- und sonstigen Anschaffungsgeschäften; im einzelnen s. Nr. 4 des Tarifs.

3. Von Lotterien, Ausspielungen und Wetteinsätzen bei öffentlich veranstalteten Rennen und ähnlichen öffentlichen Veranstaltungen; im einzelnen s. Nr. 5 des Tarifs.

4. Von Frachturkunden (Konnossementen, Frachtbriefen, Ladescheinen, Einlieferungsscheinen); im einzelnen s. Nr. 6 des Tarifs.

5. Von Personenfahrkarten; im einzelnen s. Nr. 7 des Tarifs.

6. Von Erlaubniskarten für Kraftfahrzeuge; im einzelnen s. Nr. 8 des Tarifs.

7. Von den Aufstellungen der Aktiengesellschaften, Kommanditgesellschaften auf Aktien und der Gesellschaften mit

beschränkter Haftung über die Vergütungen (Gewinnanteile, Tantiemen, Gehälter, Tagegelder, Reisegelder usw.), an die Mitglieder des Aufsichtsrats; s. im einzelnen Nr. 9 des Tarifs.

8. Von im Inland ausgestellten Schecks und von Schecks, die im Ausland auf das Inland ausgestellt sind, und zwar in der Höhe von 10 Pf. vom einzelnen Scheck. Den Schecks stehen hiebei gleich die Quittungen über Geldsummen, die aus dem Guthaben des Ausstellers bei den nachstehend bezeichneten Anstalten oder Firmen gezahlt werden, sofern die Quittung im Inland ausgestellt oder ausgehändigt wird. Die Anstalten oder Firmen sind:

1. Diejenigen Anstalten des öffentlichen Rechts, diejenigen unter staatlicher Aufsicht stehenden Anstalten sowie diejenigen in das Genossenschaftsregister eingetragenen Genossenschaften, welche sich nach den für ihren Geschäftsbetrieb massgebenden Bestimmungen mit der Annahme von Geld und der Leistung von Zahlungen für fremde Rechnung befassen, ferner die unter amtlicher Aufsicht stehenden Sparkassen, wenn sie die nach Landesrecht für sie geltenden Aufsichtsbestimmungen erfüllen;
2. die in das Handelsregister eingetragenen Firmen, welche gewerbsmässig Bankiergeschäfte betreiben.

Befreit sind von der Steuer:

1. im inländischen Postscheckverkehr ausgestellte Schecks;
2. Schecks, die dem Wechselstempel unterliegen.

Die Entrichtung des Scheckstempels muss erfolgen, ehe ein im Inland ausgestellter Scheck vom Aussteller, ein im Ausland auf das Inland ausgestellter Scheck, der nicht im Ausland mit dem Reichsstempel versehen ist, von dem ersten inländischen Inhaber aus den Händen gegeben wird.

Die Entrichtung der Stempelabgabe von den den Schecks gleichgestellten Quittungen liegt dem Aussteller des stempelpflichtigen Schriftstücks, und, wenn dieses im Ausland ausgestellt ist, demjenigen ob, der es im Inland aushändigt. Die Entrichtung muss erfolgen, bevor das Schriftstück ausgehändigt wird.

Eine Ausnahme besteht unter gewissen Voraussetzungen für die Fälle, in denen ein auf das Ausland ausgestellter Scheck zum Zwecke der Annahme versendet wird; näheres § 71 des Gesetzes.

Wird ein Scheck, der auf einen bestimmten Zahlungsempfänger gestellt und im Ausland zahlbar ist, in mehreren, im Texte mit der Bezeichnung „Erste, zweite, dritte usw. Ausfertigung" oder mit einer gleichbedeutenden Bezeichnung versehenen Ausfertigung ausgestellt, so genügt für die Regel die Versteuerung einer Ausfertigung. Näheres s. Art. 72.

9. Von Grundstücksübertragungen d. h. bei Beurkundungen der Uebertragung des Eigentums an im Inlande gelegenen Grundstücken und der Uebertragung von Berechtigungen, für welche die sich auf Grundstücke beziehenden Vorschriften gelten (gemäss Tarifnummer 11), soweit sie zum Gegenstande haben:

a) Kauf- und Tauschverträge und andere entgeltliche Veräusserungsverträge, einschliesslich der gerichtlichen Zwangsversteigerungen sowie der Abtretung der Rechte aus dem Meistgebot und der Erklärung des Meistbietenden, dass er für einen anderen geboten habe.

Beurkundungen von Uebertragungen der Rechte der Erwerber aus Veräusserungsgeschäften sowie Beurkundungen nachträglicher Erklärungen der aus einem Veräusserungsgeschäfte berechtigten Erwerber, die Rechte für einen Dritten erworben oder die Pflichten für einen Dritten übernommen haben, werden in betreff der Stempelpflichtigkeit wie Beurkundungen der Veräusserungen behandelt, sofern nicht der erste Erwerber das Veräusserungsgeschäft erweislich auf Grund eines Vollmachtsauftrags oder einer Geschäftsführung ohne Auftrag für einen Dritten abgeschlossen hat und die Uebertragung der Rechte dieses ersten Erwerbers an den Dritten erfolgt. Dasselbe gilt von Uebertragungen der Rechte aus Anträgen zur Schliessung eines entgeltlichen Veräusserungsgeschäfts, die den Veräusserer binden, sowie aus Verträgen, durch die nur der Veräusserer zur Schliessung eines solchen Veräusserungsgeschäfts verpflichtet wird.

Die Steuer beträgt $^1/_3$ vom Hundert und zwar:

1. bei Kaufverträgen vom Kaufpreis unter Hinzurechnung des Wertes der ausbedungenen Leistungen und vorbehaltenen Nutzungen;

2. bei Tauschverträgen vom Werte der von einem der Vertragschliessenden in Tausch gegebenen Gegenstände, und zwar derjenigen, welche den höheren Wert haben; bei Tauschen inländischer gegen ausländische Grundstücke vom Werte der ersteren;

3. bei anderen Verträgen vom Gesamtwerte der Gegenleistung unter Hinzurechnung des Wertes der vorbehaltenen Nutzungen, oder, wenn der Wert der Gegenleistung aus dem Vertrage nicht hervorgeht, von dem Werte des veräusserten Gegenstandes;

4. bei Zwangsversteigerungen vom Betrage des Meistgebotes, zu dem der Zuschlag erteilt wird, unter Hinzurechnung der vom Ersteher übernommenen Leistungen, und wenn das Meistgebot den Wert des Gegenstandes nicht erreicht, von diesem. Im Falle der Abtretung der Rechte aus dem Meistgebot und der Erklärung des Meistbietenden, dass er für einen anderen geboten habe, tritt an die Stelle des Meistgebots der Wert der Gegenleistung, sofern eine solche in der Urkunde enthalten ist.

Befreit sind:

1. Kauf- und Tauschverträge und andere entgeltliche Veräusserungsverträge zwischen Teilnehmern an einer Erbschaft zum Zwecke der Teilung der zu letzterer gehörigen Gegenstände.

Zu den Teilnehmern an einer Erbschaft wird auch der überlebende Ehegatte gerechnet, der mit den Erben des verstorbenen Ehegatten gütergemeinschaftliches Vermögen zu teilen hat.

2. Ueberlassungsverträge zwischen Eltern und Kindern, auch eingekindschafteten, oder deren Abkömmlingen.

Auf Beurkundungen von Uebertragungen der Rechte des Erwerbers aus Verträgen der bezeichneten Art an andere Personen als an Abkömmlinge des ersten Veräusserers finden die unter a Abs. 2 Satz 1 (dieser Tarifnummer) vorgesehenen Einschränkungen der Stempelpflicht keine Anwendung.

3. Die **Abtretung der Rechte aus dem Meistgebote und die Erklärung, für einen anderen geboten zu haben**, sofern die Abtretung oder die Erklärung in dem Versteigerungstermin erfolgt oder sofern ein Gläubiger Meistbietender war, dem eine durch ein geringeres Gebot nicht oder nicht völlig gedeckte Hypothek, Grundschuld oder Rentenschuld zustand;

Anmerkungen:

a) Bei Verträgen über Leistung an Erfüllungs Statt berechnet sich die Stempelabgabe nach dem Werte, zu dem die Gegenstände an Erfüllungs Statt angenommen werden. Wird in einem Kaufvertrage hinsichtlich des Kaufpreises eine Leistung an Erfüllungs Statt vereinbart, so ist der Vertrag wie ein Tauschvertrag zu versteuern.

b) Wenn auf dem veräusserten Gegenstand ein Niessbrauchsrecht lastet, zu dessen Beseitigung der Veräusserer nicht verpflichtet ist, so ist der Steuerbemessung der Wert des veräusserten Gegenstandes zugrunde zu legen, sofern dieser Wert den Betrag der Gegenleistung (s. Ziff. 1 und 3 der obigen Bemerkungen über den Betrag der Steuer) übersteigt.

c) Wenn der Ersteher zur Zeit der Einleitung der Zwangsversteigerung Hypotheken- oder Grundschuldgläubiger ist, so tritt an die Stelle des Meistgebots, falls dieses hinter dem Gesamtbetrage der Hypotheken- und Grundschuldforderungen des Erstehers und der diesem vorgehenden Forderungen zurückbleibt, dieser Gesamtbetrag, sofern er nicht den Wert des Gegenstandes übersteigt.

d) Wird bei einer Versteigerung, welche zum Zwecke der Auseinandersetzung unter Miteigentümern erfolgt, der Zuschlag einem Miteigentümer erteilt, so bleibt bei Berechnung des Stempels derjenige Teil des Meistgebots ausser Betracht, welcher auf den dem Ersteher bereits zustehenden Anteil an den versteigerten Gegenständen fällt. Im Falle der Gemeinschaft unter Miterben gilt im Sinne dieser Vorschrift jeder Miterbe als Miteigentümer nach Verhältnis seines ideellen Anteils am Nachlasse.

b) Das Einbringen in eine Aktiengesellschaft, Kommanditgesellschaft auf Aktien oder Gesellschaft mit beschränkter Haftung.

Dem Einbringen von unbeweglichen Gegenständen steht gleich das Einbringen des Rechtes auf Auflassung sowie der Rechte aus Veräusserungsgeschäften der unter a Abs. 2 (dieser Tarifnummer) bezeichneten Art.

Die Steuer beträgt:

$^1/_3$ vom Hundert des Entgelts einschliesslich der auf der Einlage ruhenden, auf die Gesellschaft übergehenden Verbindlichkeiten und des Wertes aller sonstigen ausbedungenen Leistungen und vorbehaltenen Nutzungen, oder, wenn das Entgelt aus dem Vertrage nicht hervorgeht, des Wertes des eingebrachten Vermögens.

Befreit ist:

Das Einbringen von Nachlassgegenständen in eine ausschliesslich von den Teilnehmern an einer Erbschaft gebildeten Gesellschaft mit beschränkter Haftung. Zu den Teilnehmern einer Erbschaft wird auch der überlebende Ehegatte gerechnet, welcher mit den Erben des verstorbenen Ehegatten gütergemeinschaftliches Vermögen zu teilen hat.

c) **Die Ueberlassung von Gesellschaftsvermögen an einen Gesellschafter oder dessen Erben zum Sondereigentume** seitens einer Aktiengesellschaft, Kommanditgesellschaft auf Aktien, Gewerkschaft, Gesellschaft mit beschränkter Haftung, offener Handelsgesellschaft, Kommanditgesellschaft, Kolonialgesellschaft oder einer dieser gleichgestellten Gesellschaft, seitens einer Gesellschaft oder eines Vereins des Bürgerlichen Rechts sowie seitens einer Genossenschaft.

Der Ueberlassung von Grundstücken steht gleich die Ueberlassung des Rechtes auf Auflassung sowie der Rechte aus Veräusserungsverträgen der unter a Abs. 2 (dieser Tarifnummer) bezeichneten Art.

Die Steuer beträgt:

1/3 vom Hundert des Entgelts einschliesslich des Wertes der ausbedungenen Leistungen und vorbehaltenen Nutzungen oder, wenn das Entgelt nicht aus dem Vertrage hervorgeht, des Wertes der überlassenen Rechte.

Bei Berechnung des Stempels bleibt derjenige Teil der zum Sondereigentum überlassenen Vermögensgegenstände ausser Betracht, der auf den erwerbenden Gesellschafter nach der Kopfzahl der Gesellschafter entfällt.

Befreit ist:

Die Rückgewähr der von einem Gesellschafter eingebrachten Vermögensgegenstände an diesen Gesellschafter oder dessen Erben oder dessen Ehefrau, welche mit ihm in Gütergemeinschaft gestanden hat.

d) Auflassungen und Anträge auf Eintragung der Begründung oder Uebertragung von **Erbbaurechten oder sonstigen Rechten, die ein Grundbuchblatt erhalten können,** in Fällen der freiwilligen Veräusserung.

Die Steuer beträgt:

1/3 vom Hundert des Wertes des veräusserten Gegenstandes.

Der Antrag auf Umschreibung von Gesellschaftseigentum auf den Namen eines Gesellschafters unterliegt dem Auflassungsstempel auch dann, wenn nach den Vorschriften des Bürgerlichen Rechtes eine Auflassung nicht erforderlich ist.

Der Auflassungsstempel ist nicht zu erheben, wenn die das Veräusserungsgeschäft enthaltende, in an sich stempelpflichtiger Form ausgestellte Urkunde in Urschrift, Ausfertigung oder beglaubigter Abschrift vorgelegt wird.

Eine das Veräusserungsgeschäft enthaltende Urkunde im Sinne dieser Vorschrift gilt als nicht vorhanden, wenn die Urkunde

1. das Rechtsgeschäft nicht so enthält, wie es unter den Beteiligten hinsichtlich des Wertes der Gegenleistung verabredet ist;

2. die Veräusserung eines Grundstücks durch einen Bevollmächtigten enthält, sofern die Veräusserung erweislich für Rechnung des Bevollmächtigten erfolgt ist;

3. die Ueberlassung der Rechte an dem Vermögen einer Gesellschaft seitens eines Gesellschafters oder dessen Erben an die Gesellschaft, an einen anderen Gesellschafter oder einen Dritten enthält, sofern nicht diese Personen Abkömmlinge des überlassenden Teiles sind;

4. die Ueberlassung von Vermögensgegenständen seitens der Gesellschaft zum Sondereigentum an einen Gesellschafter oder dessen Erben enthält, soweit nicht der Stempel zu c (dieser Tarifnummer) in voller Höhe zu entrichten ist oder die Befreiungsvorschrift zu e (dieser Tarifnummer) Anwendung findet.

Wird nach der Zahlung des Auflassungsstempels die Urkunde über das zugrunde liegende Veräusserungsgeschäft errichtet, so ist auf den dieser Urkunde nach a bis c (dieser Tarifnummer) erforderlichen Stempel der gezahlte Auflassungsstempel anzurechnen.

Die Vorschriften über den Auflassungstempel finden entsprechende Anwendung bei Anträgen auf Umschreibungen in öffentlichen Büchern, sofern das Grundbuch noch nicht als angelegt anzusehen ist.

Befreit sind auf Antrag:

1. Grundstücksübertragungen der in a und d (dieser Tarifnummer) bezeichneten Art, wenn der stempelpflichtige Betrag bei bebauten Grundstücken 20 000 M, bei unbebauten Grundstücken 5000 M nicht überschreitet. Erwirbt dieselbe Person von demselben Veräusserer durch verschiedene Rechtsvorgänge mehrere Grundstücke oder Grundstücksteile, so sind die Uebertragungen steuerpflichtig, wenn der Wert zusammen die angegebenen Beträge übersteigt, und die Umstände ergeben, dass der Erwerb zum Zwecke der Ersparung der Steuer in mehrere Rechtsvorgänge zerlegt worden ist. Was im Sinne dieser Vorschrift als bebautes und unbebautes Grundstück anzusehen ist, bestimmt sich nach dem § 1 des Zuwachssteuergesetzes.*)

Die Steuerfreiheit tritt nur ein, wenn weder der Erwerber und sein Ehegatte im letzten Jahre ein Einkommen von mehr als 2000 M gehabt haben, noch einer von ihnen den Grundstückshandel gewerbsmässig betreibt. Wird festgestellt, dass der Erwerb für Rechnung eines Dritten erfolgt, so ist die Steuerfreiheit nur zu gewähren, wenn die Voraussetzungen für die Befreiung auch in der Person des Dritten vorliegen.

Beurkundungen von Uebertragungen der Rechte eines befreiten Erwerbers werden in betreff der Stempelpflich-

*) § 51 des Zuwachssteuergesetzes, soweit er hier einschlägt, lautet: Als unbebaut gelten auch solche Grundstücke, auf denen sich Gartenhäuser, Schuppen, Lagerstätten und ähnliche zu vorübergehenden Zwecken dienende Baulichkeiten befinden.

tigkeit auch dann wie Beurkundungen von Veräusserungen behandelt (a Abs. 2 Satz 1 dieser Tarifnummer), wenn der erste Erwerber das Veräusserungsgeschäft erweislich auf Grund eines Vollmachtsauftrags oder einer Geschäftsführung ohne Auftrag für einen Dritten abgeschlossen hat und die Uebertragung der Rechte dieses ersten Erwerbers an den Dritten erfolgt.

2. Eigentumsänderungen, denen sich die Beteiligten aus Gründen des öffentlichen Wohles zu unterwerfen gesetzlich verpflichtet sind.

Anmerkung (zu Tarifnummer 11).

Stempelabgabe unter fünfzig Pfennig werden nicht erhoben. Höhere Beträge, welche nicht ohne Bruch durch zehn teilbar sind, werden auf den nächst höheren durch zehn teilbaren Betrag abgerundet; Stempelbeträge über fünf Mark, welche nicht ohne Bruch durch fünfzig teilbar sind, werden auf den nächst höheren durch fünfzig teilbaren Betrag abgerundet.

Ausländische Werte sind nach den Vorschriften wegen Erhebung des Wechselstempels umzurechnen.

Allgemeine Bestimmungen:

§ 79. Für die Steuerpflichtigkeit ist die Hinzufügung von Bedingungen, die unterbliebene Ausführung und die Wiederaufhebung des Geschäfts oder Rechtsvorgangs sowie die Vernichtung der Urkunde ohne Bedeutung.

Der Bundesrat bestimmt, ob und inwieweit der Abgabenbetrag auf Antrag zu erstatten ist.

§ 81. Von mehreren über denselben Rechtsvorgang lautenden Urkunden ist nur eine stempelpflichtig.

Die Verwendung des Stempels zu dieser ist auf den übrigen Urkunden zu vermerken.

§ 85. Soweit eine steuerpflichtige Beurkundung von Behörden oder Beamten einschliesslich der Notare, vorgenommen ist, haben diese den Stempel vor Aushändigung der Urkunde, spätestens aber binnen zweier Wochen nach Eintritt der Steuerpflicht zu verwenden.

Ist der Stempel innerhalb dieser Frist von den Verpflichteten nicht beigebracht, so ist die zwangsweise Einziehung des Stempels binnen einer Woche bei der zuständigen Steuerstelle von den vorbezeichneten Behörden und Beamten zu beantragen oder, wenn sie selbst zur zwangsweisen Einziehung von Geldern befugt sind, die zwangsweise Einziehung innerhalb der gleichen Frist anzuordnen. Dieser Bestimmung unterliegen auch diejenigen Urkunden, bei denen ein Notar den Entwurf anfertigt und nach Vollziehung durch die Beteiligten die Unterschriften oder Handzeichen beglaubigt.

Die Entgegennahme der Auflassung oder, wenn diese nicht vor dem Grundbuchrichter erfolgt, die Eintragung des neuen Eigentümers im Grundbuch kann nach dem Ermessen des Gerichts von einer vorgängigen Sicherheitsleistung für den Abgabenbetrag abhängig gemacht werden. Ueber Erinnerungen gegen die Anordnung der Sicherheitsleistung wird im Aufsichtsweg entschieden.*)

*) Abs. 3 in der Fassung des Zuwachssteuergesetzes.

§ 89.*) Von Grundstücken, die auf Grund von Vorschriften gebunden sind, die nach den Artikeln 57, 58, 59 des Einführungsgesetzes zum Bürgerlichen Gesetzbuch von den Vorschriften des Bürgerlichen Gesetzbuchs unberührt bleiben, ist an Stelle der Abgabe nach Tarifnummer 11 eine jährliche Abgabe von $^1/_{90}$ vom Hundert des Wertes zu entrichten.

Die Ermittelung des Wertes findet nach den Bestimmungen des § 16 des Erbschaftssteuergesetzes vom 3. Juni 1906 (RGBl. S. 620) in dreissigjährigen Zeitabschnitten statt.

Der erste dreissigjährige Abschnitt beginnt mit dem Zeitpunkt, in welchem das Grundstück der Bindung unterworfen wird, und sofern dieser vor dem Inkrafttreten dieses Gesetzes liegt, mit dem 1. Oktober 1909.

Für die Zeit vom 1. Oktober 1909 bis zum 30. Juni 1914 wird zu der im Abs. 1 vorgesehenen Abgabe ein Zuschlag von $^1/_{90}$ vom Hundert des ermittelten Wertes jährlich erhoben.

Die Abgabe ruht auf dem Grundstücke und gilt als öffentliche Last im Sinne des § 10 Ziffer 3 des Gesetzes über die Zwangsversteigerung und Zwangsverwaltung.

Grundstücke, zu deren rechtsgültiger Veräusserung weder eine landesherrliche oder sonstige Genehmigung noch die Zustimmung von Familienmitgliedern oder Dritten erforderlich ist und deren Veräusserungserlös noch den gesetzlichen oder hausverfassungsmässigen oder stiftungsmässigen Bestimmungen der freien Verwendung des Veräusserers unterliegt, gelten nicht als gebunden im Sinne der Vorschriften dieses Paragraphen.

Von der Abgabe befreit sind der Landesfürst und die Landesfürstin.

§ 90.*) Bei Veräusserungen, die in die Zeit bis zum 30. Juni 1914 fallen, wird zu der in Tarifnummer 11 vorgesehenen Abgabe von $^1/_3$ vom Hundert des Kaufpreises ein Zuschlag von einhundert vom Hundert erhoben.

Nach dem 30. Juni 1914 wird der Steuersatz in Tarifnummer 11 von drei zu drei Jahren durch den Bundesrat einer Nachprüfung unterzogen. Uebersteigt innerhalb des dreijährigen Zeitraums der durchschnittliche Jahresanteil des Reichs am Ertrage der Zuwachssteuer den Betrag von 25 Millionen Mark, so ist der Steuersatz in Tarifnummer 11 mit Wirkung vom Beginne des der Feststellung folgenden Rechnungsjahrs für die folgenden drei Jahre nach näherer Bestimmung des Bundesrats entsprechend herabzusetzen.

Die Vorschriften des Abs. 2 finden auf die Abgabe nach § 89 Anwendung. Insoweit die Abgabe für eine Zeit bezahlt ist, für welche die Herabsetzung eintritt, ist vom Reiche entsprechender Rückersatz zu leisten.

*) In der Fassung des Zuwachssteuergesetzes.

21. Wechselstempelsteuer.

1. Vorbemerkung.

Das Wechselstempelsteuergesetz wurde in der nunmehr geltenden Fassung als Wechselstempelsteuergesetz vom 15. Juli 1909 veröffentlicht mit Bek. v. 21. Juli 1909 (RGBl. 825). In dieser Fassung gilt es seit 1. August 1909. Ausführungsbestimmungen ergingen mit Bek. v. 26. Juli 1909 (ZBl. 402; GVBl. 636) mit Zusatz v. 4. Juni 1910 (ZBl. 234, GVBl. 297). Die Höhe der Steuer ergibt sich aus folgender Tabelle:

2. Wechselstempelsteuertabelle.

Aus der Wechselsumme bis einschl. M	Stempel		Aus der Wechselsumme bis einschl. M	Stempel		Aus der Wechselsumme bis einschl. M	Stempel	
	M	Pf.		M	Pf.		M	Pf.
200	—	10	25000	12	50	53000	26	50
400	—	20	26000	13	—	54000	27	—
600	—	30	27000	13	50	55000	27	50
800	—	40	28000	14	—	56000	28	—
1000	—	50	29000	14	50	57000	28	50
2000	1	—	30000	15	—	58000	29	—
3000	1	50	31000	15	50	59000	29	50
4000	2	—	32000	16	—	60000	30	—
5000	2	50	33000	16	50	61000	30	50
6000	3	—	34000	17	—	62000	31	—
7000	3	50	35000	17	50	63000	31	50
8000	4	—	36000	18	—	64000	32	—
9000	4	50	37000	18	50	65000	32	50
10000	5	—	38000	19	—	66000	33	—
11000	5	50	39000	19	50	67000	33	50
12000	6	—	40000	20	—	68000	34	—
13000	6	50	41000	20	50	69000	34	50
14000	7	—	42000	21	—	70000	35	—
15000	7	50	43000	21	50	71000	35	50
16000	8	—	44000	22	—	72000	36	—
17000	8	50	45000	22	50	73000	36	50
18000	9	—	46000	23	—	74000	37	—
19000	9	50	47000	23	50	75000	37	50
20000	10	—	48000	24	—	76000	38	—
21000	10	50	49000	24	50	77000	38	50
22000	11	—	50000	25	—	78000	39	—
23000	11	50	51000	25	50	79000	39	50
24000	12	—	52000	26	—	80000	40	—

und so fort von je angefangenen weiteren 1000 M — 50 Pf. Stempel mehr.

Die nach dieser Tabelle begründete Steuerpflicht kann sich hinsichtlich desselben Wechsels wiederholen nach § 3 Abs. 2 u. 3 des Gesetzes (s. unten unter 3).

3. Die wichtigsten gesetzlichen Bestimmungen.

§ 1. Gezogene und eigene Wechsel unterliegen dem Wechselstempel.

Von der Stempelabgabe befreit bleiben:

1. die vom Ausland auf das Ausland gezogenen und die im Ausland ausgestellten eigenen Wechsel, wenn sie nur im Auslande zahlbar sind;
2. die vom Inland auf das Ausland gezogenen, nur im Ausland, und zwar auf Sicht oder spätestens innerhalb zehn Tagen nach dem Tage der Ausstellung zahlbaren Wechsel, sofern die vom Aussteller unmittelbar in das Ausland versendet werden.

§ 2. Als Wechsel im Sinne dieses Gesetzes ist auch eine Schrift anzusehen, welche nicht die sämtlichen wesentlichen Erfordernisse eines Wechsels enthält, sofern sie einem anderen unter der Vereinbarung übergeben wird, dass dieser berechtigt sein soll, die fehlenden Erfordernisse zu ergänzen. Das Bestehen einer Vereinbarung der bezeichneten Art wird vermutet, wenn die Schrift die Bezeichnung als Wechsel enthält.

§ 3 (Abs. 1 Höhe der Stempelabgabe s. Tabelle unter 2).

Tritt die Verfallzeit eines auf einen bestimmten Zahlungstag oder auf Sicht gestellten Wechsels später als drei Monate nach dem Ausstellungstag ein, so ist auf die Zeit bis zum Verfalltage für die nächsten neun Monate und weiterhin für je fernere sechs Monate oder den angefangenen Teil dieses Zeitraums eine weitere Abgabe in der im Abs. 1 bezeichneten Höhe zu entrichten. Die weitere Abgabepflicht tritt bei Wechseln mit bestimmtem Zahlungstage nicht ein, wenn die dreimonatige Frist um nicht mehr als fünf Tage überschritten wird. Soweit nach ausländischem Rechte Respekttage stattfinden, werden sie der dreimonatigen Frist hinzugerechnet. Die vorstehend für Sichtwechsel getroffene Vorschrift findet auch auf Wechsel Anwendung, welche bestimmte Zeit nach Sicht zahlbar sind, mit der Massgabe, dass der Zeitraum, für den die weitere Abgabe zu entrichten ist, bei trockenen derartigen Wechseln vom Ablaufe von drei Monaten nach dem Ausstellungstage, bei gezogenen derartigen Wechseln vom Ablaufe von drei Monaten nach der Annahme des Wechsels gerechnet wird. Ist der Tag der Annahme aus dem Wechsel nicht ersichtlich, so gilt in Ansehung der Stempelpflicht der fünfzehnte Tag nach dem Ausstellungstag als Tag der Annahme, sofern nicht nachgewiesen wird, dass die Annahme zu einem anderen Zeitpunkt erfolgt ist.

Fehlt in einer Schrift der im § 2 bezeichneten Art die Angabe der zu zahlenden Geldsumme, so ist die Stempelabgabe und die weitere Abgabe von einer Summe von zehntausend Mark zu entrichten; wird später eine andere als diese Summe eingesetzt, so hat die entsprechende Ausgleichung durch Nacherhebung oder Erstattung der Steuer zu erfolgen. Fehlt in der Schrift eine Bestimmung über die Zahlungszeit, so tritt die Verpflichtung zur Entrichtung der weiteren Abgabe mit dem Ablaufe von drei

Monaten nach dem Ausstellungstag ein. Fehlt die Angabe des Ausstellungstags, so gilt der Tag der Uebergabe als Ausstellungstag.

§ 4. Die zum Zwecke der Berechnung der Abgabe vorzunehmende Umrechnung der in einer anderen als der Reichswährung ausgedrückten Summen erfolgt, soweit der Bundesrat nicht für gewisse Währungen allgemein zugrunde zu legende Mittelwerte festsetzt und bekannt macht, nach Massgabe des laufenden Kurses.

§ 5. Für die Entrichtung der Abgabe sind der Reichskasse sämtliche Personen, welche an dem Umlaufe des Wechsels im Inlande teilgenommen haben, als Gesamtschuldner verhaftet. Die Haftung für die weitere Abgabe (§ 3 Abs. 2) ist auf die Personen beschränkt, welche nach Eintritt der weiteren Abgabepflicht am Umlaufe des Wechsels teilgenommen haben.

§ 6. Als Teilnehmer an dem Umlauf eines Wechsels wird hinsichtlich der Steuerpflichtigkeit angesehen: der Aussteller, jeder Unterzeichner oder Mitunterzeichner eines Akzepts, eines Indossaments oder einer anderen Wechselerklärung, und jeder, der für eigene oder fremde Rechnung den Wechsel erwirbt, veräussert, verpfändet oder als Sicherheit annimmt, zur Zahlung präsentiert, Zahlung darauf empfängt oder leistet, oder mangels Zahlung Protest erheben lässt, ohne Unterschied, ob der Name oder die Firma auf den Wechsel gesetzt wird oder nicht.

§ 7. Die Entrichtung der Stempelabgabe (§ 3 Abs. 1) muss erfolgen, ehe ein inländischer Wechsel von dem Aussteller, ein ausländischer Wechsel von dem ersten inländischen Inhaber (§ 6) aus den Händen gegeben wird.

Die Entrichtung der weiteren Abgabe (§ 3 Abs. 2) muss innerhalb der ersten drei Tage des Zeitraums erfolgen, für den sie zu zahlen ist, und wenn sich der Wechsel zu dieser Zeit im Auslande befunden hat, innerhalb der ersten drei Tage nach der Einbringung des Wechsels ins Inland. Die Entrichtung liegt dem Inhaber des Wechsels ob.

Ist der Wechsel von dem nach Abs. 1 Steuerpflichtigen bis zu dem im Abs. 2 bezeichneten Zeitpunkte nicht aus den Händen gegeben, so ist die Stempelabgabe gleichzeitig mit der weiteren Abgabe zu entrichten.

Es ist zulässig, die weitere Abgabe für einen längeren als den neunmonatigen oder sechsmonatigen Zeitraum sowie die gesamte auf die Zeit bis zum Verfalltag entfallende Stempelabgabe im voraus zu entrichten.

§ 14. Die Verpflichtung zur Entrichtung der Stempelabgabe wird erfüllt:

1. durch Ausstellung des Wechsels auf einem mit dem erforderlichen Wechselstempel versehenen Vordruck,

   oder
2. durch Verwendung der erforderlichen Wechselstempelmarke auf dem Wechsel, wenn hierbei die von dem Bundesrat erlassenen und bekannt gemachten Vorschriften über die Art und Weise der Verwendung beobachtet worden sind.

§ 15. Stempelmarken, welche nicht in der vorgeschriebenen Weise verwendet worden sind, werden als nicht verwendet angesehen.

§ 17. In Beziehung auf die Verpflichtung zur Entrichtung des Wechselstempels ist der Rechtsweg zulässig. Die Vorschriften des § 94 des Reichsstempelgesetzes vom 15. Juli 1909 finden Anwendung.

§ 18. Die Nichterfüllung der Verpflichtung zur Entrichtung der Stempelabgabe wird mit einer Geldstrafe bestraft, welche dem fünfzigfachen Betrage der hinterzogenen Abgabe gleichkommt.

Diese Strafe ist besonders und ganz zu entrichten von jedem, welcher der nach den §§ 5 bis 13 ihm obliegenden Verpflichtung zur Entrichtung der Stempelabgabe nicht rechtzeitig genügt hat, imgleichen von inländischen Maklern und Unterhändlern, welche wissentlich unversteuerte Wechsel verhandelt haben.

Kann der Betrag der hinterzogenen Abgabe nicht festgestellt werden, so tritt statt der vorstehend bestimmten Strafe eine Geldstrafe von fünfundzwanzig bis zu zehntausend Mark ein.

§ 19. Der Akzeptant eines gezogenen und der Aussteller eines trockenen Wechsels können daraus, dass der Wechsel zur Zeit der Annahmeerklärung bzw. der Aushändigung mangelhaft gewesen sei, keinen Einwand gegen die gesetzlichen Folgen der Nichtversteuerung desselben entnehmen.

§ 20. Ergibt sich in den Fällen der §§ 18, 19 aus den Umständen, dass eine Hinterziehung der Stempelabgabe nicht hat verübt werden können oder nicht beabsichtigt worden ist, so tritt eine Ordnungsstrafe bis zu 150 M ein.

§ 22. Die Umwandlung einer nicht beizutreibenden Geldstrafe in eine Freiheitsstrafe findet nicht statt. Auch ist, wenn der Verurteilte ein Deutscher ist, die Zwangsversteigerung eines Grundstücks ohne seine Zustimmung nicht zulässig.

§ 23. Verjährungsbestimmungen (§ 18: 5 Jahre, § 20: 1 Jahr).

§ 24. Die Geldstrafen fallen dem Fiskus desjenigen Staates zu, von dessen Behörden die Strafentscheidung erlassen ist.

§ 26. Ausser den Steuerbehörden haben alle diejenigen Staats- oder Kommunalbehörden und Beamten, denen eine richterliche oder Polizeigewalt anvertraut ist, sowie die Notare, die Postbeamten und andere Beamte, welche Wechselproteste ausfertigen, die Verpflichtung, die Besteuerung der bei ihnen vorkommenden Wechsel und Anweisungen von Amts wegen zu prüfen und die zu ihrer Kenntnis kommenden Zuwiderhandlungen gegen dieses Gesetz bei der nach §§ 24 zuständigen Behörde zur Anzeige zu bringen.

Auf der nach der Wechselordnung zurückzubehaltenden Abschrift des Protestes ist ausdrücklich zu bemerken, mit welchem Wechselstempel die protestierte Urkunde versehen oder dass sie mit einem Wechselstempel nicht versehen ist.

§ 27. Die Vorschriften dieses Gesetzes finden entsprechende Anwendung:

1. auf Verpflichtungsscheine über die Zahlung von Geld, sofern sie durch Indossament übertragen werden können,
2. auf Anweisungen über die Zahlung von Geld, sofern sie durch Indossament übertragen werden können oder auf den Inhaber lauten oder sofern die Zahlung an jeden Inhaber bewirkt werden kann.

Es macht keinen Unterschied, ob die im Abs. 1 bezeichneten Urkunden in Form von Briefen oder in anderer Form ausgestellt werden.

Befreit von der Stempelabgabe sind Schecks mit der im § 29 Abs. 2 des Scheckgesetzes vorgesehenen Ausnahme sowie die statt der Barzahlung dienenden auf Sicht zahlbaren Platzanweisungen, die nicht Schecks sind. Eine auf die Urkunde gesetzte Annahmeerklärung macht den Scheck oder die Platzanweisung steuerpflichtig, sofern der Annahmeerklärung rechtliche Wirkung zukommt. Die Versteuerung muss erfolgen, ehe der Akzeptant den Scheck oder die Platzanweisung aus den Händen gibt.

In welchen Fällen Anweisungen, die an einem Nachbarorte des Ausstellungsorts zahlbar sind, den Platzanweisungen gleichzuachten sind, bestimmt der Bundesrat nach Massgabe der örtlichen Verhältnisse.

§ 28. Urkunden, welche nach diesem Gesetze stempelpflichtig sind oder auf welche die in diesem Gesetze vorgesehenen Stempelbefreiungen Anwendung finden, sind in den einzelnen Bundesstaaten keiner Abgabe unterworfen.

Auch von den auf derartige Urkunden gesetzten Uebertragungsvermerken, Quittungen und sonstigen auf die Leistungen aus diesen Papieren bezüglichen Vermerken dürfen landesgesetzliche Abgaben nicht erhoben werden. Auf Proteste findet diese Vorschrift keine Anwendung.

4. Die Ausführungsbestimmungen des Reichskanzlers am 26. Juli 1909.

Zu § 3 des Gesetzes.

§ 1. Ist bei Wechseln, welche mit dem Ablauf einer bestimmten Frist nach Sicht zahlbar sind, die Frist in Tagen ausgedrückt, so werden 90 Tage einem Zeitraume von drei Monaten gleichgestellt.

Zu § 4 des Gesetzes.

Umrechnung fremder Währungen.

§ 2. Behufs Umrechnung der in einer anderen als der Reichswährung ausgedrückten Summen sind für die nachstehenden Währungen die dabei bemerkten Mittelwerte allgemein zugrunde zu legen:

1	Pfund Sterling	=	20,40 M,
1	Frank, Lira, Peseta (Gold), Lëu, finnische Mark	=	0,80 „
1	österreichischer Gulden (Gold)	=	2,00 „
1	österreichischer Gulden (Währung)	=	1,70 „
1	österreichisch-ungarische Krone	=	0,85 „
1	Gulden holländischer Währung	=	1,70 „
1	skandinavische Krone	=	1,125 „
1	alter Goldrubel	=	3,20 „
1	Rubel	=	2,16 „
1	alter Kreditrubel	=	2,16 „
1	türkischer Piaster	=	0,18 „
1	Peso (Gold)	=	4,00 „
1	Dollar	=	4,20 „
1	alter japanischer Goldyen	=	4,20 „
1	japanischer Yen	=	2,10 „
1	deutsch-ostafrikanische oder indische Rupie	=	1,35 „
1	mexikanischer Golddollar	=	2,10 „

Zu §§ 14 und 15 des Gesetzes.

Art und Vertrieb der Stempelzeichen.

§ 3. Zum Zwecke der Entrichtung der Abgabe und der weiteren Abgabe werden Stempelmarken über 0,10; 0,20; 0,30; 0,40; 0,50; 1; 1,50; 2; 2,50; 3; 3,50; 4; 4,50; 5; 10; 15; 20; 25; 30, 50, 100 u. 500 M, zur Entrichtung der Abgabe auch gestempelte

Wechselvordrucke über 0,10 M ausgegeben. Die Verwendung aus solchen Vordrucken entfernter Stempelzeichen wird als eine Entrichtung der Abgabe oder der weiteren Abgabe nicht angesehen.

Die Marken haben die Form eines liegenden Rechtecks. Im Betrage von 0,10 bis 0,50 M sind sie in grüner, im Betrage von 1 bis 5 M in blauer Farbe hergestellt. In der linken oberen Ecke dieser Marken befindet sich ein Schild mit dem Reichsadler, von welchem sich nach rechts ein in zwei Enden auslaufendes Band mit der Inschrift „Deutscher Wechsel-Stempel" zieht. Die Marken im Betrage von 10 bis 500 M sind in grüner und roter Farbe hergestellt; sie sind mit dem Reichsadler und über dem letzteren sowie mehrfach am Rande mit der erwähnten Inschrift versehen. Ausser der in schwarzer Farbe hergestellten Bezeichnung des Steuerbetrags und der entsprechenden Wechselsumme enthalten sämtliche Marken den Vordruck „den" zur Anbringung des Entwertungsvermerkes gleichfalls in schwarzer Farbe.

Die Wechselvordrucke tragen einen mit Verzierungen umgebenen Stempel in grüner Farbe, welcher, abgesehen von dem fehlenden Vordruck für den Entwertungsvermerk, dem Muster der Wechselstempelmarken entspricht.

§ 4. Der Vertrieb der Wechselstempelmarken und gestempelten Vordrucke erfolgt durch die Postanstalten. Wechselstempelmarken zum Werte von 10, 20 und 30 Pf. werden bei allen Postämtern und bei denjenigen sonstigen Poststellen, bei welchen sich ein Bedürfnis hiefür herausstellt, verkauft. Die Verkaufsstellen für Wechselstempelmarken von höherem Werte und für gestempelte Vordrucke werden nach den örtlichen Verhältnissen bestimmt und zur öffentlichen Kenntnis gebracht.

Entwertung der Marken.

§ 5. Die Marken sind auf der Rückseite der Urkunde, und zwar, wenn diese noch unbeschrieben und mit Wertzeichen noch nicht beklebt ist, unmittelbar an einem Rande dieser Seite, anderenfalls unmittelbar unter dem letzten Vermerk (Indossament usw.) oder, sofern ein solcher nicht vorhanden ist, unmittelbar neben oder unter den bereits angebrachten Marken auf einer mit Buchstaben oder Ziffern nicht beschriebenen oder bedruckten Stelle aufzukleben.

Es ist gestattet, zur Entrichtung der Abgabe oder der weiteren Abgabe mehrere, zusammen den erforderlichen Betrag darstellende, Wechselstempelmarken zu verwenden. Ferner ist es zulässig, bei Ausstellung des Wechsels auf einem gestempelten Vordrucke den an dem vollen gesetzlichen Betrage der Abgabe etwa noch fehlenden Teil durch vorschriftsmässig auf der Rückseite zu verwendende Stempelmarken zu ergänzen.

Kommen zur Entrichtung der Abgabe oder der weiteren Abgabe mehrere Marken zur Verwendung, so sind sie an dem gewählten Rande zunächst nebeneinander aufzukleben; reicht der hiezu zur Verfügung stehende Raum nicht mehr aus, so sind die weiteren Marken unmittelbar unter den bereits angebrachten aufzukleben.

§ 6. In jeder einzelnen der aufgeklebten Marken muss Tag, Monat und Jahr der Verwendung der Marke auf dem Wechsel, und zwar der Tag und das Jahr mit arabischen Ziffern, der Monat mit Buchstaben mittels deutlicher Schriftzeichen ohne jede Auskratzung, Durchstreichung oder Ueberschreibung an der durch den Vordruck bezeichneten Stelle niedergeschrieben werden. Auch kann der Verwendungsvermerk auf der Marke ganz oder teilweise mittels der Schreibmaschine oder durch Stempelaufdruck hergestellt werden; in diesem Falle braucht der Vermerk nicht an der durch den Vordruck bezeichneten Stelle zu stehen.

Allgemein übliche und verständige Abkürzungen der Monatsbezeichnung mit Buchstaben sowie die Weglassung der beiden ersten Zahlen der Jahresbezeichnung sind zulässig (z. B. 29. Oktbr. 09, 13. Sept. 13). Auch ist es gestattet, dem Verwendungsvermerke die Firma oder den Namen des Verwendenden ganz oder teilweise hinzuzufügen.

Bei Verwendung eines gestempelten Wechselvordrucks bedürfen nur die etwa aufgeklebten Ergänzungsmarken, nicht auch der eingedruckte Wertstempel der Entwertung.

§ 7. Das erste inländische Indossament, welches auf die Rückseite eines Wechsels gesetzt wird, oder der erste sonstige inländische Vermerk ist — abgesehen von dem Falle der Steuerentrichtung durch Verwendung eines den ganzen gesetzlich fälligen Betrag darstellenden Wechselvordrucks — unterhalb der zur Entrichtung der Abgabe oder der weiteren Abgabe entwerteten Wechselstempelmarke niederzuschreiben, widrigenfalls die letztere dem Niederschreiber dieses Indossaments oder Vermerkes und dessen Nachmännern gegenüber als nicht verwendet gilt. Es dürfen jedoch die Vermerke „ohne Protest", „ohne Kosten" neben der Marke niedergeschrieben werden.

Die Bestimmung des Abs. 1 Satz 1 findet keine Anwendung, wenn vom Ausland auf das Inland gezogene Wechsel, nachdem sie mit einer ordnungsmässig verwendeten Wechselstempelmarke im gesetzlichen Betrage versehen worden waren, im Auslande weiterbegeben und die ausländischen Indossamente nicht unterhalb der deutschen Wechselstempelmarke niedergeschrieben worden sind.

Dem inländischen Inhaber, welcher aus Versehen sein Indossament auf den Wechsel gesetzt hat, bevor er eine Marke aufgeklebt hatte, ist gestattet, vor der Weitergabe des Wechsels unter Durchstreichung dieses Indossaments die erforderlichen Marken unter dem letzteren aufzukleben.

§ 8. Die Bestimmung des § 15 des Gesetzes, wonach nicht in der vorgeschriebenen Weise verwendete Stempelmarken als nicht verwendet anzusehen sind, soll nicht eine Doppelversteuerung zur Folge haben, sondern es soll dadurch nur der Tatbestand einer nach den §§ 18, 20 zu ahndenden Zuwiderhandlung festgestellt werden. Abgesehen von der etwa erforderlich werdenden Einleitung des Strafverfahrens bedarf es daher nur einer nachträglichen Entwertung der Stempelmarke durch Aufdruck des Amtsstempels der Steuerbehörde, falls der Wechsel vorliegt oder ohne weiteres zu erlangen ist. Dasselbe gilt für den Fall, dass die Marke an unrichtiger Stelle aufgeklebt ist. Die Beibringung neuer Stempelmarken ist nur dann zu fordern, wenn eine Entwertung überhaupt unterblieben und der Wechsel nicht ohne weiteres zu erlangen ist, oder wenn aus der unrichtigen Art der Entwertung der Stempelmarken, z. B. aus der unrichtigen Zeitangabe, die Möglichkeit sich ergibt, dass die Marken schon früher zu einem anderen Wechsel gebraucht worden sind. Doch steht es in jedem Falle der unrichtigen Entwertung einer Marke dem späteren Inhaber des Wechsels frei, um sich und seine Nachmänner vor den Folgen dieser Entwertung zu schützen, eine neue Marke vorschriftsmässig zu verwenden.

Zu § 17 und § 30 Abs. 2 des Gesetzes. Abgabenerstattung.

§ 9. Die Klage wegen Zurückzahlung zu Unrecht entrichteten Wechselstempels ist gegen den Fiskus des Bundesstaats zu richten, von dessen Steuerbehörde die Abgabe oder die weitere Abgabe beigetrieben oder gegenüber dessen Steuerbehörde der Vorbehalt bei der Zahlung erklärt worden ist.

Zur Vertretung des Fiskus im Rechtsstreit ist, soweit landesgesetzlich nichts anderes bestimmt ist, die Steuerdirektivbehörde berufen.

§ 10. Die Erstattung der weiteren Abgabe auf Grund des § 3 Abs. 3 des Gesetzes erfolgt auf Antrag durch die für den Wohnort des Antragstellers zuständige Steuerbehörde. Dem Erstattungsantrag ist nur stattzugeben, wenn er innerhalb eines Jahres vom Zeitpunkte der Eintragung der Geldsumme ab gestellt worden ist.

Ueber Anträge auf Erstattung zu Unrecht entrichteten Wechselstempels im Verwaltungsweg entscheidet die Steuerdirektivbehörde. Dem Erstattungsantrag ist nur stattzugeben, wenn er innerhalb eines Jahres vom Zeitpunkte der Stempelverwendung oder der Zahlung oder Beitreibung der Abgabe oder der weiteren Abgabe ab gestellt worden ist.

§ 11. Den Bundesregierungen werden die auf Grund des § 3 Abs. 3 des Gesetzes erfolgten Herauszahlungen sowie die Herauszahlungen für zu Unrecht entrichteten Wechselstempel aus der Reichskasse erstattet.

§ 12. Für verdorbene Stempelmarken oder Vordrucke und für Marken, mit welchen demnächst verdorbene Schriftstücke versehen sind, kann Erstattung beansprucht werden, wenn der Schaden mindestens eine Mark beträgt und wenn von den Stempelzeichen oder den Schriftstücken, zu welchen sie verwendet sind, noch kein oder doch kein solcher Gebrauch gemacht worden ist, demgegenüber durch die Erstattung das Steuerinteresse gefährdet erscheint. Es genügt, wenn der Wert der gleichzeitig zur Erstattung vorgelegten Stempelzeichen zusammen eine Mark beträgt, und es kommt nicht darauf an, ob die Beschädigung der einzelnen Stempelzeichen durch ein und dasselbe Ereignis veranlasst oder auf verschiedene, voneinander unabhängige Versehen oder Zufälle zurückzuführen ist.

§ 13. Der Erstattungsanspruch ist bei der Postanstalt des Bezirkes innerhalb eines Monats, nachdem der Schaden dem Berechtigten bekannt geworden ist, unter Beifügung der verdorbenen Stempelzeichen und Schriftstücke anzumelden. Ueber die Anträge entscheidet, falls sie einem Postamt erster oder zweiter Klasse unterbreitet sind, der Postamtsvorsteher. In zweifelhaften Fällen sowie allgemein seitens der übrigen Postanstalten ist die Entscheidung der der Postanstalt vorgesetzten Behörde (im Reichs-Postgebiet und in Bayern der Ober-Postdirektionen, in Württemberg der Generaldirektion der Posten und Telegraphen) einzuholen.

Die Frist zur Geltendmachung des Erstattungsanspruchs ist auch dann als gewahrt anzusehen, wenn die Erstattung bei einer nicht zuständigen Postanstalt oder einer Steuerstelle beantragt worden ist. Die Amtsstellen haben in diesem Falle den Antrag der zuständigen Behörde (Abs. 1 Satz 1) zur Entscheidung vorzulegen.

§ 14. Eine bare Zurückzahlung der entrichteten Abgabe findet in den Fällen des § 12 nicht statt; die Erstattung erfolgt vielmehr im Wege des Umtausches, und zwar werden in der Regel für verdorbene Vordrucke Vordrucke, für verdorbene Marken Marken abgabefrei verabfolgt. Den Wünschen des Antragstellers hinsichtlich des Betrags der einzelnen Stücke ist tunlichst Rechnung zu tragen.

Die verdorbenen Stempelzeichen sind in Gegenwart von zwei Beamten zu vernichten.

Zu § 27 des Gesetzes.

Steuerfreiheit der Platzanweisungen.

§ 15. Als ein Platz im Sinne des § 27 Abs. 3, 4 des Gesetzes gelten:

1. diejenigen Orte, die nach Bestimmung des Bundesrats als benachbart im Sinne der Vorschriften des Artikel 91 a Abs. 1 der Wechselordnung sowie des § 16 Abs. 2 und des § 30 Abs. 2 des Scheckgesetzes anzusehen sind,*)
2. ausserdem folgende Nachbarorte:

   Berlin und die im Postverkehr als dessen Nachbarorte geltenden Ortschaften, auch soweit sie nicht zu den in Ziffer 1 bezeichneten Orten gehören;

   Holzminden, Altendorf, Allersheim;

   Mannheim, Ludwigshafen, Rheinau;

   Wolfenbüttel, Thiede, Wittmar, Hedwigsburg.

Schlussbestimmungen.

§ 16. Diese Bestimmungen treten mit dem 1. August 1909 in Kraft.

Eine zur Entrichtung der weiteren Abgabe verwendete Wechselstempelmarke gilt nicht deshalb als nicht verwendet, weil die Verwendung vor dem 1. August 1909 erfolgt ist.

§ 17. Der Reichskanzler ist ermächtigt, wegen der Anfertigung und des Vertriebs der Stempelmarken und gestempelten Vordrucke sowie wegen der Bedingungen, unter welchen für verdorbene Stempelzeichen Erstattung zulässig ist, anderweite Anordnungen zu erlassen.

5. Sonstige Bestimmungen zum Vollzug des Gesetzes.

Die Zuständigkeit und das Verfahren in Strafsachen bei Wechselstempelhinterziehungen bemessen sich nach Gerichtsverfassungsgesetz § 27 Nr. 1 u. 2, § 73 Nr. 1, § 75 Nr. 15; Strafprozessordnung §§ 459—469; bayerisches Ausführungsgesetz zu letzterer Art. 98—101.

Die Verpflichtungen der Justizbeamten hinsichtlich der Wahrnehmung der richtigen Steuerentrichtung und ihr Verhalten, wenn sie Wechselstempelhinterziehungen wahrnehmen (vgl. oben § 26 des Ges.), sind näher geregelt in JMB. v. 6. Juni 1871 (JMBl. 111).

*) Vgl. z. Z. Bek. v. 9. Januar 1909 (RGBl. 249 ff.).

22. Gebühren für Zeugen und Sachverständige.

(Reichsgesetz vom 30. Juni 1878, 11. Juni 1890 und 17. Mai 1898; neuer Text vom 20. Mai 1898 [RGBl. 689].)

§ 1. In den vor die ordentlichen Gerichte gehörigen Rechtssachen, auf welche die Zivilprozessordnung, die Strafprozessordnung oder die Konkursordnung Anwendung findet, erhalten die Zeugen und Sachverständigen Gebühren nach Massgabe der folgenden Bestimmungen.

§ 2. Der Zeuge erhält eine Entschädigung für die erforderliche Zeitversäumnis im Betrage von zehn Pfennig bis zu einer Mark auf jede angefangene Stunde.

Die Entschädigung ist unter Berücksichtigung des von dem Zeugen versäumten Erwerbes zu bemessen und für jeden Tag auf nicht mehr als zehn Stunden zu gewähren.

Personen, welche durch gemeine Handarbeit, Handwerksarbeit oder geringeren Gewerbebetrieb ihren Unterhalt suchen, oder sich in gleichen Verhältnissen mit solchen Personen befinden, erhalten die nach dem geringsten Satze zu bemessende Entschädigung auch dann, wenn die Versäumnis eines Erwerbes nicht stattgefunden hat.

Beamte (der Verkehrsverwaltung) können einen Ersatz der Stellvertretungskosten nicht beanspruchen (VMB. v. 4. Dez. 1909, JMBl. 555). Wegen des Einflusses des § 616 Abs. 1 BGB. auf die festzusetzende Entschädigung s. JMB. v. 4. März 1904 (JMBl. 50). Entschädigung ist auch zu gewähren, wenn der Zeuge für die versäumte Geschäftszeit nacharbeiten muss (ObLGMSt. 11, 221).

§ 3. Der Sachverständige erhält für seine Leistungen eine Vergütung nach Massgabe der erforderlichen Zeitversäumnis im Betrage bis zu zwei Mark auf jede angefangene Stunde.

Die Vergütung ist unter Berücksichtigung der Erwerbsverhältnisse des Sachverständigen zu bemessen und für jeden Tag aut nicht mehr als zehn Stunden zu gewähren.

Ausserdem sind dem Sachverständigen die auf die Vorbereitung des Gutachtens verwendeten Kosten, sowie die für eine Untersuchung verbrauchten Stoffe und Werkzeuge zu vergüten.

Entschädigung ist auch für Sonntage zulässig (ObLGMSt. 10, 66). Wegen des Einflusses des § 616 Abs. 1 BGB. auf die festzusetzende Entschädigung s. JMB. v. 5. März 1904 (JMBl. 50). Beamte (der Verkehrsverwaltung) können einen Ersatz der Stellvertretungskosten nicht beanspruchen; VMB. v. 4. Dez. 1909 (JMBl. 553). Für Tierärzte in Bayern ist 1 Mark für die Stunde angemessen (ObLGMSt. 9, 310). Keine Vergütung erhält ein Volksschullehrer für die versäumte Unterrichtszeit (ObLGMSt. 9, 45). Sachverständige, die einen öffentlichen Gehalt beziehen, können ausser der Entlohnung für die Vorbereitung und die schriftliche Erstattung des Gutachtens eine besondere Entschädigung für die durch den Termin entstehende Zeitversäumnis nicht beanspruchen, wenn sie nicht infolge der Terminswahrnehmung einen wirtschaftlichen Nachteil erlitten haben (ObLGMSt. 11, 415). Für die Frage, ob Zeugen- oder Sachverständigengebühren angefallen sind, entscheidet der Inhalt der Vernehmung, nicht der der Ladung (ObLGMSt. 7, 66).

§ 4. Bei schwierigen Untersuchungen und Sachprüfungen ist dem Sachverständigen auf Verlangen für die aufgetragene Leistung eine Vergütung nach dem üblichen Preise derselben und für die ausserdem stattfindende Teilnahme an Terminen die im § 3 bestimmte Vergütung zu gewähren.

Wegen der Anwendung des § 4 auf Aerzte s. ObLGMSt. 2, 332.

§ 5. Als versäumt gilt für den Zeugen oder Sachverständigen auch die Zeit, während welcher er seine gewöhnliche Beschäftigung nicht wieder aufnehmen kann.

§ 6. Musste der Zeuge oder Sachverständige ausserhalb seines Aufenthaltsortes einen Weg bis zur Entfernung von mehr als zwei Kilometer zurücklegen, so ist ihm ausser den nach §§ 2 bis 5 zu bestimmenden Beträgen eine Entschädigung für die Reise und für den durch die Abwesenheit von dem Aufenthaltsorte verursachten Aufwand nach Massgabe der folgenden Bestimmungen zu gewähren.

Jedes angefangene Kilometer des Hin- und Rückwegs ist gesondert anzusetzen; JMB. v. 3. Juli 1880 (JMBl. 277).

§ 7. Soweit nach den persönlichen Verhältnissen des Zeugen oder Sachverständigen oder nach äusseren Umständen die Benutzung von Transportmitteln für angemessen zu erachten ist, sind als Reiseentschädigung die nach billigem Ermessen in dem einzelnen Falle erforderlichen Kosten zu gewähren. In anderen Fällen beträgt die Reiseentschädigung für jedes angefangene Kilometer des Hinweges und des Rückweges fünf Pfennig.

§ 8. Die Entschädigung für den durch Abwesenheit von dem Aufenthaltsorte verursachten Aufwand ist nach den persönlichen Verhältnissen des Zeugen oder Sachverständigen zu bemessen, soll jedoch den Betrag von fünf Mark für jeden Tag, an welchem der Zeuge oder Sachverständige abwesend gewesen ist, und von drei Mark für jedes ausserhalb genommene Nachtquartier nicht überschreiten.

§ 9. Musste der Zeuge oder Sachverständige innerhalb seines Aufenthaltsortes einen Weg bis zu einer Entfernung von mehr als zwei Kilometer zurücklegen, so ist ihm für den ganzen zurückgelegten Weg eine Reiseentschädigung nach den Vorschriften des § 7 zu gewähren.

§ 10. Konnte der Zeuge oder Sachverständige den erforderlichen Weg ohne Benützung von Transportmitteln nicht zurücklegen, so sind die nach billigem Ermessen erforderlichen Kosten auch ausser den in den §§ 6, 9 bestimmten Fällen zu gewähren.

§ 11. Abgaben für die erforderliche Benutzung eines Weges sind in jedem Falle zu erstatten.

§ 12. Bedarf der Zeuge wegen jugendlichen Alters oder

wegen Gebrechen eines Begleiters, so sind die bestimmten Entschädigungen für beide zu gewähren.

§ 13. Soweit für gewisse Arten von Sachverständigen besondere Taxvorschriften bestehen, welche an dem Orte des Gerichts, vor welches die Ladung erfolgt, und an dem Aufenthaltsorte des Sachverständigen gelten, kommen lediglich diese Vorschriften in Anwendung. Gelten solche Taxvorschriften nur an einem dieser Orte, oder gelten an demselben verschiedene Taxvorschriften, so kann der Sachverständige die Anwendung der ihm günstigeren Bestimmungen verlangen.

Dolmetscher erhalten Entschädigung als Sachverständige nach den Vorschriften dieses Gesetzes, sofern nicht ihre Leistungen zu den Pflichten eines von ihnen versehenen Amtes gehören.

Für Bayern kommen als staatliche Taxvorschriften in Betracht: VO. v. 29. Sept. 1878, betr. die Vornahme chemischer und mikroskopischer Untersuchungen; die VO. v. 17. Nov. 1902, betr. die Gebühren für ärztliche Dienstleistungen bei Behörden (ObLGMSt. 9, 310); die Bek. v. 18. Febr. 1907 (FMBl. 117) hinsichtlich der Messungs- und Abmarkungsgebühren (OLGM. in BayZfR. 1911, 207). Nur obrigkeitliche Tarife fallen hierher, nicht solche privater Verbände (Hamburger Norm des Vereins deutscher Architekten und Ingenieure) (ObLGMSt. 10, 41). Liegt ein Fall des § 13 vor, so kommt § 14 nicht zur Anwendung (ObLGMSt. 5, 167).

§ 14. Oeffentliche Beamte erhalten Tagegelder und Erstattung von Reisekosten nach Massgabe der für Dienstreisen geltenden Vorschriften, falls sie zugezogen werden:

1. als Zeugen über Umstände, von denen sie in Ausübung ihres Amtes Kenntnis erhalten haben;
2. als Sachverständige, wenn sie aus Veranlassung ihres Amtes zugezogen werden und die Ausübung der Wissenschaft, der Kunst oder des Gewerbes, deren Kenntnis Voraussetzung der Begutachtung ist, zu den Pflichten des von ihnen versehenen Amtes gehört.

Werden nach den Vorschriften dieses Paragraphen Tagegelder und Reisekosten gewährt, so findet eine weitere Vergütung an den Zeugen oder Sachverständigen nicht statt.

Die vorstehenden Bestimmungen finden auf Personen des Soldatenstandes entsprechende Anwendung.

Nicht hierher fallen: Beamte im Ruhestand (ObLGMSt. 9, 276), Notare, Eichmeister, überhaupt Beamte, die auf Gebühren verwiesen sind (ObLGMSt. 8, 396), Lokalschulinspektoren (ObLGMSt. 8, 202), technische Aufsichtsbeamte der Berufsgenossenschaften (ObLGMSt. 9, 317). Wegen der Beamten der Kreisanstalten s. ObLGMSt. 5, 172, wegen der Bezirksbaumeister (Distriktsbautechniker) ObLGMSt. 4, 415; 1, 361; wegen der amtlichen Tierärzte ObLGMSt. 9, 310; 7, 139; 6, 1; 5, 358, wenn die Voraussetzungen des § 14 Abs. 1 vorliegen, sind massgebend VO. v. 20. Juli 1872 (RegBl. 1605) u. VO. v. 18. Dez. 1875 (GVBl. 852), s. Bl. f. d. bayr. Finanzwesen 1911, 193; wegen der Geometer OLGM. in BayZfR. 1911, 207; wegen der städtischen Bezirkstierärzte mit Privatpraxis (ObLGMSt. 3, 110);

wegen der Gendarmeriemannschaften (JMBl. 1906, 325; 1899, 332); wegen der gemeindlichen Beamten (ObLGMSt. 9, 301), keine Erweiterung der VO. v. 11. Febr. 1875 durch gemeindliche Festsetzung von Tagegeldern (ObLGMSt. 11, 411); wegen der Volksschullehrer (keine gemeindliche Festsetzung von Tagegeldern) ObLGMSt. 11, 285. Keine Uebernachtungsgebühr (ObLGMSt. 6, 50).

§ 15. Ist ein Sachverständiger für die Erstattung von Gutachten im allgemeinen beeidigt, so können die Gebühren für die bei bestimmten Gerichten vorkommenden Geschäfte durch Uebereinkommen bestimmt werden.

§ 16. Die Gebühren der Zeugen und Sachverständigen werden nur auf Verlangen derselben gewährt. Der Anspruch erlischt, wenn das Verlangen binnen drei Monaten nach Beendigung der Zuziehung oder Abgabe des Gutachtens bei dem zuständigen Gerichte nicht angebracht wird.

§ 17. Die einem Zeugen oder Sachverständigen zu gewährenden Beträge werden durch das Gericht oder den Richter, vor welchem die Verhandlung stattfindet, festgesetzt.

Sofern die Beträge aus der Staatskasse gezahlt und dieser nicht erstattet sind, kann die Festsetzung von dem Gericht oder dem Richter, durch welche sie erfolgt ist, sowie von dem Gerichte der höheren Instanz von Amts wegen berichtigt werden.

Gegen die Festsetzung findet Beschwerde nach Massgabe des § 567 Abs. 2 und der §§ 568 bis 575 der Zivilprozessordnung sowie des § 4 Abs. 3 des Gerichtskostengesetzes, in Strafsachen nach Massgabe der §§ 346 bis 352 der Strafprozessordnung statt.

Festsetzung durch den Vorsitzenden ist unzulässig (ObLGMSt. 4, 142). Wegen der Festsetzung durch die Staatsanwälte bei Aerzten s. ObLGMSt. 7, 417. Zur Prüfung der Ansprüche eines Zeugen auf Ersatz der Kosten eines Zeugnisses, dessen er zu seiner Entschuldigung wegen Nichterscheinens bedarf, sind nicht die Gerichte, sondern es ist die Regierungsfinanzkammer zuständig (ObLGMSt. in Recht 1912, 360).

---

23. Gebühren

der Amtsärzte u. anderen Aerzte einschliesslich der Zahnärzte als Sachverständige.

1. Vergütungen für ärztliche Dienstleistungen bei Behörden.

(VO. vom 17. November 1902, GVBl. 715; geändert durch VO. vom 4. August 1910, GVBl. 415.)

(s. Spaet und Stenglein, „das ärztliche Gebührenwesen in Bayern" 1903; Eibecker in BayZfR. 1907, 342; Neumiller in Blätter für das bayerische Finanzwesen 1908, 129; Lehmer in Blätter für Rechtsanwendung 1909, 504).

Wir haben Uns bewogen gefunden, die Bestimmungen der Kgl. Verordnung vom 20. Dez. 1875, die Vergütung für ärztliche Amtsgeschäfte betr. (GVBl. 859), einer Revision unterstellen zu lassen, und verordnen demgemäss, was folgt:

§ 1. Für ärztliche Dienstleistungen bei Behörden werden unter den in gegenwärtiger Verordnung bestimmten Voraussetzungen Vergütungen gewährt. Hiebei können in Betracht kommen eine Gebühr für die Verrichtung, Entschädigung für Zeitaufwand, Gewährung von Tagegeldern, Ersatz der Reisekosten und der besonderen Auslagen.

§ 2. Die Amtsärzte erhalten für amtsärztliche Dienstleistungen, soferne die Kosten vom Staate, einer Gemeinde oder einer Wohltätigkeitsstiftung zu tragen sind, Tagegelder und Ersatz der Reisekosten nach den Bestimmungen über die Aufrechnung von Tagegeldern und Reisekosten bei auswärtigen Dienstgeschäften der Beamten des Zivilstaatsdienstes. Eine Gebühr für die Verrichtung selbst wird nicht gewährt.

Die beteiligten Ministerien sind ermächtigt, im Benehmen mit dem Staatsministerium der Finanzen in Ausnahmefällen eine Vergütung für die Verrichtung selbst zu bewilligen, ferner für besondere Fälle bezüglich der Voraussetzungen zur Gewährung von Tagegeldern und Reisekosten, sowie bezüglich der Höhe der Tagegelder abweichende Bestimmungen zu treffen. (Tagegeld: 20 M, wenn auswärtiges Uebernachten nötig oder bei gerichtlicher Leichenöffnung ausserhalb des Wohnsitzes. MB. v. 22. Febr. 1904 (JMBl. 49, FMBl. 41).

§ 3. Bei amtsärztlichen Dienstleistungen, für welche die Kosten nicht vom Staate, einer Gemeinde oder Wohltätigkeitsstiftung zu tragen sind, kommt den Amtsärzten für die Verrichtung eine Gebühr zu, wie sie in der beifolgenden Gebührenordnung und, soferne diese eine Bestimmung nicht enthält, in der mit der Kgl. Verordnung vom 17. Okt. 1901, ärztliche Gebühren betr. (GVBl. 629), erlassenen Gebührenordnung bestimmt ist.

Falls die Dienstleistung die Entfernung des Arztes von seiner Wohnung erfordert und der Ort der Dienstleistung nicht unter zwei Kilometer von der Wohnung entfernt ist, erhält er Entschädigung für den durch den Hin- und Rückweg veranlassten Zeitaufwand mit 1,50 M bis 3 M für jede angefangene halbe Stunde. Dabei wird die notwendige Wartezeit am Orte der Dienstleistung bis zu deren Vornahme, sowie die Wartezeit von der Beendigung der Dienstleistung bis zum Abgange des Beförderungsmittels, mit Ausnahme jedoch der Zeit von 8 Uhr abends bis 8 Uhr morgens, eingerechnet. Ferner erhält der Arzt Ersatz der Auslagen für Benützung von Beförderungsmitteln. Bei Benützung eigener Beförderungsmittel ist der Ersatz nach den ortsüblichen Preisen zu berechnen. Muss er auswärts übernachten, so werden die notwendigen Auslagen für Nachtquartier erstattet.

Ist der Ort der amtsärztlichen Dienstleistung weniger als zwei Kilometer von der Wohnung des Arztes entfernt, so wird er nur für die notwendige Wartezeit am Orte der Dienstleistung bis zu deren Vornahme mit 1,50 M bis 3 M für jede angefangene halbe Stunde entschädigt.

§ 4. Das Staatsministerium des Innern ist ermächtigt, im Benehmen mit dem Staatsministerium der Finanzen und den anderen beteiligten Ministerien über die Höhe der Entschädigung bei Benützung des eigenen Fahrrads oder Motors besondere Bestimmungen zu treffen.

§ 5. Besondere Auslagen für Chemikalien, Instrumente, Gehilfen, Einbalsamierungsmittel und ähnliches sind in jedem Falle nach dem wirklichen Aufwande zu ersetzen. Für die gewöhnliche Abnützung von Instrumenten wird eine Entschädigung nicht gewährt.

§ 6. Sind die Kosten der amtsärztlichen Dienstleistung aus der Staatskasse einstweilen auszulegen, so erhält der Amtsarzt zunächst nur die Vergütung nach den §§ 2, 4 und 5. Den nach § 3 sich berechnenden Mehrbetrag erhält er erst dann, wenn dieser Betrag von dem Zahlungspflichtigen erlegt ist.

§ 7. Amtsärzte im Sinne dieser Verordnung sind die Landgerichtsärzte und Bezirksärzte. Inwieweit Assistenten derselben als Amtsärzte zu gelten haben, wird vom Staatsministerium des Innern im Benehmen mit dem Staatsministerium der Finanzen und den übrigen beteiligten Ministerien bestimmt.

Amtsärztliche Dienstleistungen im Sinne gegenwärtiger Verordnung sind lediglich diejenigen, welche zur Geschäftsaufgabe der im vorstehenden Absatz bezeichneten Amtsärzte gehören. Die Erstattung von Berichten oder Gutachten für Organe der Arbeiterversicherung ist als eine amtsärztliche Dienstleistung nicht anzusehen.

§ 8. Andere Aerzte, beamtete oder nicht beamtete, welche zu einer amtsärztlichen Dienstleistung berufen werden, erhalten hiefür, gleichviel von wem die Kosten zu tragen sind, die in den §§ 3, 4, 5 bezeichneten Vergütungen.

Dasselbe gilt, wenn solche Aerzte neben einem Amtsarzte zu einer amtsärztlichen Dienstleistung berufen werden, sofern nicht besondere Bestimmungen getroffen sind.

Die Vorschriften in Abs. 1 und 2 finden auch Anwendung auf die nach den §§ 7, 8 der Kgl. Verordn. vom 3. Sept. 1879, den ärztlichen Dienst bei den Gerichts- und Verwaltungsbehörden betr., (GVBl. 1081), aufgestellten bezirksärztlichen Stellvertreter. Für die den remunerierten bezirksärztlichen Stellvertretern nach § 8 Abs. 2 jener Verordnung besonders auferlegten amtsärztlichen Dienstleistungen gelten die Vorschriften in den §§ 2 bis 5 und im § 6

§ 9. Die Vorschriften in § 8 Abs. 1 finden auch dann Anwendung, wenn Amtsärzte oder andere Aerzte auf Veranlassung einer Behörde über Vorkommnisse in ihrer Privatpraxis Berichte oder

Gutachten erstatten. Dieselben Vorschriften gelten, wenn Amtsärzte oder andere Aerzte Berichte oder Gutachten für Organe der Arbeiterversicherung erstatten.

§ 10. Wird ein anderer Arzt als ein Amtsarzt zum Verweser der erledigten Stelle eines Landgerichtsarztes oder Bezirksarztes bestellt, so erhält er aus der Staatskasse Ersatz der Reisekosten für die Reise von seinem Wohnorte an den Amtssitz zur Uebernahme der Funktion und für die Rückreise nach beendigter Funktion gemäss den Bestimmungen im § 3 Abs. 2 und im § 4, ferner auf die Dauer der Verwesung ein Tagegeld von sechs Mark. Die Bewilligung eines höheren Tagegeldes unterliegt der Genehmigung der Staatsministerien des Innern und der Finanzen. Im übrigen finden auf den Verweser die Bestimmungen in den §§ 2 bis 6 Anwendung. Letztere Bestimmungen gelten auch dann, wenn der Verweser die Stelle von seinem Wohnort aus versieht, sei es, dass die verweste Stelle sich am gleichen Orte befindet oder nicht.

Vorstehende Bestimmungen finden auch dann Anwendung, wenn für einen beurlaubten oder erkrankten Amtsarzt ein Verweser von der Aufsichtsbehörde bestellt wird.

§ 11. Wird ein anderer Arzt als ein Amtsarzt im öffentlichen Interesse, wie im Falle einer Epidemie, vorübergehend von seinem Wohnort an einen anderen Ort abgeordnet, so erhält er Ersatz der Reisekosten.

Ausserdem hat er, wenn die Abordnung zwei Tage nicht übersteigt und bei der Abordnung besondere Bestimmungen nicht getroffen werden, eine Entschädigung für Zeitaufwand bis zum Meistbetrage von 30 M für den Tag zu beanspruchen.

Dauert die Abordnung länger als zwei Tage, so ist die Entschädigung besonders zu bestimmen.

Dem abgeordneten Arzt bleibt es unbenommen, von Zahlungsfähigen, welche seine Hilfe in Anspruch nehmen, Vergütung zu verlangen.

§ 12. Soweit ein Spielraum zwischen einem niedrigsten und einem höchsten Satze gelassen ist, wird die Höhe der Vergütung nach den besonderen Umständen des Falles, namentlich nach den örtlichen Verhältnissen, der Vermögenslage des Zahlungspflichtigen sowie der Mühewaltung und dem Zeitaufwande bemessen.

Haben in den Fällen der §§ 8 und 9 Kassen des Staates, der Gemeinden oder Wohltätigkeitsstiftungen die Kosten zu tragen, so ist der niedrigste Betrag anzusetzen, soweit nicht in besonderen Fällen wegen Schwierigkeit der Leistung oder nach dem Masse des Zeitaufwands ein höherer Satz gerechtfertigt erscheint.

Sind in den Fällen der §§ 8 und 9 die Kosten aus der Staatskasse einstweilen auszulegen, so erhält der Arzt zunächst nur den niedrigsten Betrag. Den sich nach Abs. 1 berechnenden Mehrbetrag erhält er erst dann, wenn dieser Betrag von dem Zahlungspflichtigen erlegt ist. Die Bestimmung im Abs. 2 Satz 2 findet auch hier Anwendung.

§ 13. Insoweit für die Entschädigung von Amtsgeschäften besondere Vorschriften bestehen, wie bezüglich der öffentlichen Impfung, der Leichenschau, oder für ärztliche Dienstleistungen eine besondere amtliche Regelung vorgesehen ist, wie bezüglich der Bahnärzte, der Postvertrauensärzte, der Gefängnisärzte, finden die Bestimmungen dieser Verordnung keine Anwendung.

§ 14. Die Festsetzung der für eine Dienstleistung zu gewährenden Beträge erfolgt durch die mit der Angelegenheit befasste Behörde.

Gegen die von einem Ministerium, dem Obersten Landesgerichte oder dem Verwaltungsgerichtshofe vorgenommene Festsetzung findet nur Gegenvorstellung statt. Im übrigen ist gegen die Festsetzung Beschwerde zu der im Instanzenzuge vorgesetzten Behörde zulässig.

§ 15. Die Bestimmungen in den §§ 3, 4, 5, 12 gelten für beamtete und nicht beamtete Aerzte als Taxvorschriften im Sinne des § 13 der RGO. für Zeugen und Sachverständige in der Fassung der Bekanntmachung vom 20. Mai 1898, gleichviel ob die Aerzte aus Anlass einer amtsärztlichen Dienstleistung oder aus einem anderen Anlasse zu Sachverständigen ernannt worden sind.

Werden Amtsärzte zu Sachverständigen ernannt, so kommen auch die Bestimmungen in den §§ 2, 6 zur Anwendung. Das Gleiche gilt für remunerierte bezirksärztliche Stellvertreter, wenn sie aus Anlass einer im § 8 Abs. 3 Satz 2 bezeichneten amtsärztlichen Dienstleistung als Sachverständige ernannt worden sind.

§ 16. Die beteiligten Ministerien sind ermächtigt, die erforderlichen Ausführungsbestimmungen zu erlassen und insbesondere die Form und das Verfahren bei Aufstellung und Einreichung der Berechnung der Vergütung zu regeln.

§ 17. Gegenwärtige Verordnung, durch welche alle entgegenstehenden Bestimmungen und namentlich die K. Verordnung vom 20. Dez. 1875, die Vergütung für ärztliche Amtsgeschäfte betr., und der § 12 Abs. 2 der K. Verordnung vom 17. Oktober 1901, ärztliche Gebühren betreffend, aufgehoben werden, tritt am 1. Januar 1903 in Kraft.

Gebührenordnung für amtsärztliche Dienstleistungen.

1. Besichtigung einer Leiche oder von Leichenteilen mit Befundbericht und vorläufigem Gutachten . . . . . 5—10 M,
2. Vornahme einer Sektion von Leichenteilen mit Befundbericht und vorläufigem Gutachten . . . . 10—30 M,
3. Vornahme einer Leichenöffnung mit Befundbericht und vorläufigem Gutachten . . . . 20—30 M,
4. Assistenz bei Vornahme einer Leichenöffnung . . 5—20 M,
5. Mikroskopische, physikalische Untersuchung mit Befundbericht und vorläufigem Gutachten bei einfachen Untersuch. 5—10 M, bei zeitraubenden Untersuchungen . . . . . . 10—30 M,
6. bakteriologische, chemische Untersuchung mit Befundbericht und vorläufigem Gutachten bei einfach. Untersuch. 15—30 M, bei zeitraubenden Untersuchungen . . . . 30—75 M,
7. Wundbeschau oder sonstige ärztliche Untersuchungen und Beobachtungen mit Befundbericht und vorläufigem Gutachten — soferne nicht ein Fall der Ziffer 9 vorliegt — bei einfachen Untersuchungen und Beobachtungen . . . . . 5—20 M, bei zeitraubenden Untersuchg. u. Beobachtungen . 10—30 M,
8. a) Untersuchungen und Beobachtungen zum Zwecke der Erstattung eines Gutachtens . . . . 5—50 M,
   b) Studium von Akten zum Zwecke der Erstattung eines Gutachtens . . . . 5—50 M,
   c) Wissenschaftlich begründetes Gutachten über Personen oder Sachen . . . . 10—50 M,

bei Gutachten über den Geisteszustand einer Person . . . . 10—100 M,

9. Ausstellung von Zeugnissen über Gesundheit oder Krankheit, Diensttauglichkeit, Aufsichts-, Arbeits- oder Erwerbsfähigkeit mit Untersuchung . . . . 3—20 M,
10. Beglaubigung von Zeugnissen, Ausstellung eines Befundscheines, Erteilung einer schriftlichen Auskunft ohne nähere gutachtliche Ausführung . . . . 1—3 M,
11. Gutachten in bezug auf Beerdigung, Ausgrabung, Beförderung, Verbrennung von Leichen . . . . 5—20 M,
12. Untersuchung einer Apotheke, einer Drogerie, einer Gifthandlung . . . . 10—30 M,
13. Gutachten in polizeilichen Angelegenheiten über Einrichtungen oder gewerbliche Anlagen . . . . 5—20 M,
14. Abwartung eines gerichtlichen Termins als Sachverständiger einschliesslich der während des Termins ausgeführten Untersuchungen und des erstatteten mündlichen Gutachtens bis zu zwei Stunden . . . . 6 M,
für jede angefangene Stunde mehr . . . . 2 M.

Als Anfang des Termins gilt die Zeit, zu welcher geladen ist, als Endpunkt die Zeit der Entlassung.

Unterbrechungen der Verhandlungen und Beurlaubungen des Arztes werden in die Terminsdauer eingerechnet; dies gilt jedoch bei einer Unterbrechung oder Beurlaubung, welche auf mehr als zwei Stunden bestimmt wird, dann nicht, wenn der Arzt an seinem Wohnorte vernommen wird.

Die Gebühr ist für jeden Verhandlungstag besonders zu berechnen.

Ist der Arzt in mehreren Terminen an demselben Tage beschäftigt, so darf dieselbe Zeit nicht mehrfach berechnet werden.

Zusatzbestimmungen:

Wenn Amtsärzte infolge einer gerichtlichen Vorladung als Sachverständige gezwungen sind, über Nacht ausserhalb ihres Wohnsitzes zu verweilen, oder wenn sie ausserhalb ihres Wohnsitzes eine Leichenöffnung vorzunehmen haben, kann das nach § 2 Abs. 1, § 6 und § 15 Abs. 2 der vorabgedruckten Verordnung zu gewährende Tagegeld auf 20 M festgesetzt werden. Bek. v. 22. Febr. 1904 (JMBl. 49).

Wegen Berechnung der Entschädigung für den durch den Hin- und Rückweg veranlassten Zeitaufwand vgl. JMB. vom 5. März 1904 (JMBl. 52).

Vgl. weiter: Für die Gebühren der den Landgerichtsärzten oder den Bezirksärzten beigegebenen „Hilfsärzte" ist die VO. vom 17. November 1902 insoweit massgebend, als nicht in der Entschliessung über deren Anstellung oder in deren Dienstordnung ein anderes vorgeschrieben ist. Die Amtsärzte und ihre Hilfsärzte erhalten für ihre Verrichtungen, auch wenn die Kosten nicht vom Staate, einer Gemeinde oder einer Wohltätigkeitsstiftung zu tragen sind, dann keine Gebühr, wenn es sich im Bereich der Dienstesaufgaben der Bezirksärzte um die selbständige Erledigung von Verwaltungsgeschäften handelt oder um die Beratung und Unterstützung der Distriktsverwaltungs- und Gemeindebehörden auf dem Gebiete des Gesundheitswesens, insbesondere bei der Ueberwachung der einschlägigen Vorschriften; § 8 Abs. 1 der VO. vom 17. November 1902 kommt, soweit nicht eine besondere Regelung erfolgt ist, auch dann zur Anwendung, wenn bei Amtsgerichten, an deren Sitz weder ein Landgerichtsarzt noch ein Bezirksarzt aufgestellt ist, für die nach der Hausordnung für die Gerichtsgefängnisse dem Gefängnisarzt obliegenden Dienstgeschäfte ein anderer Arzt widerruflich bestellt ist und auch dann, wenn diesem Arzt die Besorgung des amtsärztlichen Dienstes bei der Distriktsverwaltungsbehörde widerruflich übertragen ist; vgl. § 14 VO. vom 9. Januar 1912 (GVBl. 7). JMB. vom 25. November 1903 (JMBl. 453).

Wegen der Eigenschaft der Hausärzte der Strafanstalten als beamteter Aerzte oder Amtsärzte im Sinne der §§ 7 und 8 der VO. vom 17. November 1902 s. ObLGMSt. 11, 62.

2. Gebühren für die Dienstleistungen der Aerzte und Zahnärzte in der Privatpraxis:

VO. v. 17. Oktober 1901 (GVBl. 629).

§ 1. Die Bestimmung der Vergütung für Dienstleistungen der nach § 29 der Reichsgewerbe-Ordnung approbierten Aerzte und Zahnärzte in der Privatpraxis ist zunächst dem Uebereinkommen der Beteiligten überlassen. In Ermangelung einer solchen Vereinbarung ist für streitige Fälle die gegenwärtige Verordnung und die dazu angefügte Gebührenordnung massgebend.

Aerztliche Verrichtungen, für welche die Gebührenordnung keinen Ansatz enthält, sind unter Zugrundelegung derjenigen Sätze, welche für ähnliche Verrichtungen gewährt werden, zu vergüten.

§ 2. Soweit die Gebührenordnung einen Spielraum zwischen niedrigsten und höchsten Ansätzen gestattet, ist die Höhe der festzusetzenden Gebühr nach den besonderen Umständen des Einzelfalles und namentlich nach den örtlichen Verhältnissen, der Vermögenslage des Zahlungspflichtigen, sowie der Mühewaltung und dem Zeitaufwande zu bemessen.

Wenn die Zahlung der Gebühr aus Kassen des Staates, der Gemeinden- oder Wohltätigkeitsstiftungen, aus Arbeiterkrankenkassen oder von nachweisbar Unbemittelten zu leisten ist, kommt der niedrigste Satz zur Anwendung, soweit nicht in besonderen Fällen wegen Schwierigkeiten der ärztlichen Leistung oder nach dem Masse des Zeitaufwandes ein höherer Satz gerechtfertigt erscheint.

§ 3. Bei der Vergütung für ärztliche Dienstleistungen kommen nach Massgabe der weiteren Bestimmungen darüber in Betracht der Besuch oder die Beratung, die besondere ärztliche Verrichtung, der Zeitaufwand, die Fahrtkosten und besondere Auslagen.

§ 4. Werden bei Besuchen oder Beratungen ärztliche Verrichtungen vorgenommen, für welche ein Mindestansatz von 10 M in der Gebührenordnung vorgesehen ist, oder eine Gebühr von mehr als 10 M angesetzt wird, so darf eine Gebühr für den Besuch oder die Beratung bei Tage nicht berechnet werden.

§ 5. Bei ärztlichen Dienstleistungen innerhalb des Wohnortes des Arztes steht diesem neben der Gebühr für den Besuch oder die Verrichtung eine besondere Entschädigung für Fahrtkosten und für den durch den Hin- und Rückweg verursachten Zeitaufwand nicht zu.

Jedoch kann auch innerhalb des Wohnortes des Arztes, wenn die Wohnung des Kranken nicht unter 2 Kilometer von der des Arztes entfernt ist, für Besuche bei Nacht, für mündliche Beratschlagungen zweier oder mehrerer Aerzte bei Tag oder bei Nacht, für Besuche, welche am Tage auf Verlangen sofort oder zu einer bestimmten Stunde gemacht werden, sowie für Beistandleistung eines Arztes bei einer ärztlichen Verrichtung bei Tag oder bei Nacht neben der Gebühr für den Besuch eine Entschädigung für Zeitaufwand in der Höhe von 1,50 M bis 3 M auf jede angefangene halbe Stunde und Ersatz der Fahrtkosten berechnet werden.

§ 6. Befindet sich der Kranke ausserhalb des Wohnortes des Arztes und zwar nicht unter 1 Kilometer von der Grenze desselben und nicht unter 2 Kilometer von der Wohnung des Arztes entfernt, so erhält der Arzt neben der Gebühr für den Besuch eine Entschädigung für den durch den Hin- und Rückweg verursachten Zeitaufwand und zwar 1,50 M bis 3 M für jede angefangene halbe Stunde, wobei die etwa notwendige Wartezeit bis zum Abgange der Eisenbahn, des Dampfschiffes oder Fuhrwerkes eingerechnet wird. Hiezu kommt noch eine Entschädigung der Reisekosten; dieselbe besteht in der Vergütung der gehabten Auslagen für Benützung der Eisenbahn, des Dampfschiffes, der Post, eines Gefährtes oder sonstigen Beförderungsmittels. Bei Benützung eigenen Fuhrwerks oder Beförderungsmittels ist die Entschädigung nach den ortsüblichen Preisen zu berechnen. Ist der Ort der Dienstleistung zwar zwei Kilometer von der Wohnung des Arztes aber unter einem Kilometer von der Grenze entfernt, so findet die Bestimmung des § 5 Absatz 2 dieser Verordnung unter den dortselbst angeführten Voraussetzungen Anwendung.

Dem K. Staatsministerium des Innern ist vorbehalten, über die Entschädigung bei Benützung eigenen Fahrrades oder Motors besondere Bestimmung zu treffen.

Diese Bestimmungen sind erfolgt mit InnMB. vom 17. Dezember 1902 (GVBl. 737).

§ 7. Besorgt der Arzt auf demselben Wege mehrere Dienstleistungen an verschiedenen Stellen, so darf er die nach dem § 5 Absatz 2 und § 6 ihm zustehende Entschädigung für Zeitaufwand und Fahrt- oder Reisekosten nur einfach in Aufrechnung bringen. Die Entschädigung ist entsprechend zu verteilen.

§ 8. Sind in derselben Wohnung gleichzeitig mehrere Angehörige der gleichen Familie zu behandeln, so kommt für die zweite und die folgenden Personen je die Hälfte der Gebühr in Ansatz.

§ 9. Bei öfteren Wiederholungen einer und derselben mechanischen Hilfeleistung (Anlegung des Katheters, der Bougies, Einspritzungen oder ähnlicher Verrichtungen) kann für die drei ersten Male die volle Gebühr, für die folgenden dagegen nur die Hälfte derselben berechnet werden.

§ 10. Mehr als zwei Besuche an einem Tage können nur dann berechnet werden, wenn dieselben im Einverständnis mit dem Kranken oder dessen Angehörigen erstattet werden oder nach der Beschaffenheit des Falles geboten sind.

§ 11. Die Kosten für die vom Arzte beschafften Medikamente und Verbandmittel, ferner Kosten für Neubeschaffung oder Reparatur von Instrumenten, welche infolge der Benützung im einzelnen Falle unbrauchbar werden oder aus besonderen Gründen (z. B. Ansteckungsgefahr) vernichtet werden müssen, oder welche der Kranke zur ferneren Verwendung für sich behält, sind dem Arzte zu vergüten. Für die gewöhnliche Abnützung von Instrumenten und Apparaten wird eine besondere Entschädigung nicht gewährt.

§ 12. Gegenwärtige Verordnung, durch welche alle entgegenstehenden Bestimmungen und namentlich die Verordnung vom 18. Dezember 1875, die Gebühren für ärztliche Dienstleistungen in der Privatpraxis betreffend, aufgehoben werden, tritt mit dem 1. November 1901 für den ganzen Umfang des Königreichs in Kraft.

Insoweit die Verordnung vom 20. Dezember 1875, die Vergütung für ärztliche Amtsgeschäfte betreffend, auf Bestimmungen der Verordnung vom 18. Dezember 1875 Bezug nimmt, bleiben dieselben bis auf weiteres noch in Geltung (siehe aber obige Verordnung § 17).

Anlage zu **§ 1** der Verordnung.

Gebührenordnung für ärztliche Dienstleistungen in der Privatpraxis.

A. Gebühren für Besuche und Beratungen (Zeugnisse, Berichte, Gutachten, Briefe).

1. Besuch in der Wohnung des Kranken:
   a) für den ersten Besuch bei Tag . . . . . 2—10 M,
   b) für jeden folgenden Besuch bei Tag im Verlaufe derselben Krankheit . . . . 1—6 M,
   c) für Besuche bei Tag, welche auf Verlangen des Kranken oder seiner Angehörigen sofort oder zu einer bestimmten Stunde gemacht werden, und zwar für den ersten . . . . 4—20 M,
   für jeden folgenden . . . . 2—12 M,
   d) für jeden Besuch bei Nacht (von 9 Uhr abends bis 7 Uhr morgens) . . . . 4—20 M.
2. Beratung eines Kranken in der Wohnung des Arztes sowie auch telephonische Beratung:
   a) für erste Beratung bei Tag . . . . . 1—6 M,
   b) für jede folgende Beratung bei Tag im Verlaufe derselben Krankheit . . . . . 1—3 M,
   c) für jede Beratung bei Nacht . . . . . 2—20 M,
3. Die Gebühr für den Besuch und die Beratung schliesst die Untersuchung des Kranken und die Verordnung mit ein.
   Für eine besonders zeitraubende Untersuchung unter Anwendung des Augen-, Ohren-, Kehlkopf-, Scheidenspiegels oder des Mikroskopes kann eine Gebühr von 2—5 M besonders berechnet werden.
4. Muss der Arzt nach der Beschaffenheit des Falles oder auf Verlangen des Kranken oder seiner Angehörigen länger als

eine halbe Stunde verweilen, so stehen ihm für jede weitere angefangene halbe Stunde 1,50 M bis 3 M, bei Nacht das Doppelte zu. Die nötige Zeit zur Vorbereitung des Geschäftes, zur Erholung, zum Mittagessen, zum Uebernachten kann eingerechnet werden.

5. Mündliche Beratung zweier oder mehrerer Aerzte jedem derselben (einschliesslich des Besuches):
   a) für erste bei Tag . . . . 5—25 M,
   b) für jede folgende bei Tag während derselben Krankheit . . . . 3—15 M,
   c) zur Nachtzeit . . . . das Doppelte.
6. Schriftliche Beratung (Zeugnisse, Berichte, Gutachten, Briefe):
   a) für eine kurze Bescheinigung, worunter auch ganz einfache Berichte oder Gutachten fallen, über Gesundheit oder Krankheit eines Menschen 1—5 M (die einfache Unterschrift unter dem gewöhnlichen Scheine einer Krankenkasse gilt nicht als ärztliches Zeugnis),
   b) für ausführlichen Krankenbericht . . . 3—10 M,
   c) für begründetes Gutachten . . . . . . 9—30 M,
   d) für einen Brief im Interesse des Kranken . 2—10 M,
   e) für schriftlichen Sektionsbericht . . . . 3—10 M.

B. Gebühren für ärztliche Verrichtungen.

I. Allgemeine Verrichtungen.

1. Durchleuchtung mittels Röntgen-Strahlen . . . 10—30 M,
2. Photographie mittels Röntgen-Strahlen je nach der Grösse . . . . 20—50 M,
3. Mikroskopische, chemische oder bakteriologische Untersuchung von Sekreten, Exkreten
   a) einfache . . . . 2—5 M,
   b) zeitraubende . . . . 3—20 M,
4. Beistand bei einer ärztlichen Verrichtung (Operation) für jeden hiezu beigezogenen Arzt . . . . 5—20 M, bei Nacht . . . . 10—40 M,
5. Ausführung einer Narkose . . . . 5—15 M, welche Gebühr in Wegfall kommt, wenn der die Narkose ausführende Arzt für die Operation selbst nicht unter 10 M beanspruchen kann.
6. Anwendung der Infiltrations-Anästhesie . . . 3—10 M,
7. Wiederbelebungsversuche bei Verunglückten oder Scheintoten . . . . 4—20 M,
8. Besichtigung oder äussere Untersuchung einer Leiche mit Ausstellung einer kurzen Bescheinigung . . . 3—6 M,
9. Vornahme einer Leichenöffnung mit Ausstellung einer kurzen Bescheinigung . . . . 10—30 M,
10. Assistenz bei Vornahme einer Leichenöffnung . 5—20 M,
11. verlangte Anwesenheit bei Vornahme einer Leichenöffnung 5—15 M,
12. eine Bluttransfusion . . . . 20—50 M,
13. eine subkutane oder venöse Infusion . . . 10—30 M,
14. Impfung der Schutzpocken einschl. der Nachschau und der Ausstellung des Impfscheines . . . . . . 3—6 M,
15. Leitung eines Bades . . . . 2—10 M,
16. eine hydrotherapeutische Einwicklung . . . 2—5 M,
17. Massage . . . . 2—5 M,
18. Anwendung der Elektrizität zu Heilzwecken . 2—10 M,

19. eine subkutane Einspritzung . . . . . . 1—3 M,
20. Einspritzung in die Harnröhre oder den Mastdarm 2—5 M,
21. Einführung des Katheters, einer Bougie, eines Mastdarmrohres (mit oder ohne Eingiessung), Anwendung der Magensonde oder des Schlundrohres, Magenausspülung . . . 3—10 M,
22. ein Aderlass, Setzen von Schröpfköpfen, Ansetzen mehrerer Blutegel, ausser dem Betrage derselben . . . 2—6 M.

II. Wundärztliche Verrichtungen.
III. Geburtshilfliche und gynäkologische Verrichtungen.
IV. Augenärztliche Verrichtungen.
V. Aerztliche Verrichtungen bei Nasen-, Rachen-, Kehlkopf- und Ohren-Krankheiten.
VI. Zahnärztliche Verrichtungen.
(II—VI. s. GVBl. 1901, 635 ff.)

Anmerkung zu Z. **1** und **2**:

Medizinal-Komitee:

Chemische Untersuchungen, VO. v. 29. Sept. 1878 § 7 (GVBl. 438) 20—100 M.

Mikroskopische Untersuchungen nebst Befundbericht — ebenda — 20—50 M.

Schriftliche Gutachten, VO. v. 3. Mai 1859 (Reg.Bl. 489) wenn eine Partei die Kosten zu tragen hat, 50—100 M.

24. Gebührenordnung für die Dienstleistungen der Bader.

VO. v. 31. März 1899 (GVBl. 111), geändert durch InnMB. v. 12. Febr. 1908 (GVBl. 64).

1. Gebührentabelle.

a) Verrichtungen, welche der Bader ohne ärztlichen Auftrag in selbständiger Befugnis vornehmen darf.

1. Für den ersten Verband einer einfachen Wunde, desgleichen für die Eröffnung eines einfachen Abszesses . . . . . . 1—2,20 M,
2. für jeden ferneren Verband . . . . . 0,50—1 M,
3. für das Ausziehen eines Zahnes . . . . 1—2 M,
4. für das Reinigen der Zähne . . . . 1—2 M,
5. für das Setzen eines Klystiers . . . . . 0,50—1 M,
6. für die unblutige Ausrottung eines Leichdornes 0,50—2 M, bei mehreren die Hälfte,
7. für das unblutige Beschneiden eingewachsener Nägel . . . . 0,50—2 M,
8. für die Anwendung eines trockenen Schröpfkopfes . . . . 0,10—0,15 M,
9. für die Anwendung eines blutigen Schröpfkopfes 0,20—0,40 M,
10. für das Legen eines Senfteiges oder Blasenpflasters . . . . 0,20—0,50 M,
11. für Anwendung eines Höllensteines als Aetzmittel . . . . 0,20—0,50 M.

b) Verrichtungen, welche der Bader nur in ärztlichem Auftrag vornehmen darf:

1. Für Einspritzungen . . . . 0,50—1 M,
2. für Ansetzen des Katheters . . . . . 0,50—1 M,
3. für einen Aderlass . . . . 1—2 M,
4. für das Setzen von Blutegeln, für das Stück 0,15—0,25 M,
5. für die Anwendung eines anderen Aetzmittels als Höllenstein . . . . 0,20—0,50 M,
6. für Hilfeleistung bei einer Leichenöffnung . 2—6 M,
7. für Teilmassage . . . . 1 M,
   für Massage des ganzen Körpers . . . . 2 M,
8. für Hilfeleistung bei ärztlichen Operationen für jede Viertelstunde . . . . 0,50 M.

2. Allgemeine Bestimmungen.

1. Soweit die Gebührenordnung einen Spielraum zwischen niedrigsten und höchsten Ansätzen gestattet, ist auf die Verschiedenheit der örtlichen Verhältnisse, auf die grössere oder geringere Wohlhabenheit, den Erwerbs- und Familienstand des Zahlungspflichtigen, sowie auf besondere Mühewaltung und Zeitversäumnis des Baders Rücksicht zu nehmen.

Haben Kassen des Staates, der Gemeinden oder der Wohltätigkeitsstiftungen Badergebühren zu bezahlen, so darf die Gebühr den Durchschnittssatz keinesfalls übersteigen.

2. Erfordert eine Verrichtung des Baders die Entfernung desselben von seiner Wohnung, so hat derselbe neben der in der Tabelle bezeichneten Gebühr a) bei Tag 40 Pf. bis 80 Pf., b) bei Nacht 80 Pf. bis 1,20 M zu beanspruchen.

Ausserdem gebührt demselben, wenn die Entfernung von der Wohnung mehr als 2 Kilometer beträgt, für je 1 Kilometer des Hin- und Rückweges eine Reiseentschädigung von 20 Pf. bis 40 Pf.

Die in Abs. 2 bezeichnete Reiseentschädigung darf, wenn der Bader mehrere Besuche in einem Gange vereinigt, nur einfach in Aufrechnung gebracht werden.

3. Für sonstige besondere Auslagen kann Entschädigung nach dem wirklichen Aufwande in Anspruch genommen werden.

Für Arzneimittel, deren Abgabe und Verwendung den Badern gestattet ist, desgleichen für Blutegel kommt die Arzneitaxe in Ansatz.

Die antiseptischen Verbandmittel dürfen mit ihrem Anschaffungspreise nebst 20 Pf. Zuschlag in Aufrechnung gebracht werden.

25. Vergütung

an a) Geschworene, Schöffen und Vertrauensmänner.

GVG. §§ 40, 55, 66. — VO. vom 29. Juli 1879 mit MB. vom 31. Juli 1879 (GVBl. 731) und VO. v. 20. Januar 1900 (GVBl. 101; JMBl. 297.)

1. Reisekosten werden nur vergütet, wenn der Wohnsitz weiter als 2 Kilometer vom Gerichtssitze entfernt ist.
2. Die Vergütung erfolgt (mit Ausnahme s. Ziff. 3) nur einmal und beträgt:
   a) mit Eisenbahn, Dampfboot oder Postomnibus die Fahrtaxe (Eisenbahn II. Kl., Dampfboot I. Kl.); bei den Zwischenreisen der Geschw. Preis des Retourbillets.
   b) ohne diese Transportmittel für jedes angefangene Kilometer des Hin- und Rückweges 10 Pf., sohin sovielmal 20 Pf. als Kilometer des Hinweges;
   c) unter *besonderen* Umständen auch höhere Auslagen.
3. Dauert eine Schwurgerichtsperiode mindestens 7 Tage, so können die Geschworenen die Vergütung der Kosten einer Zwischenreise (Hin- und Rückfahrt) beanspruchen, die sie vom Sitze des Schwurgerichts nach ihrem Wohnsitz ausführen, um an diesem einen in die Schwurgerichtsperiode fallenden Feiertag oder Sonntag oder einen vom Schwurgerichte bewilligten Urlaub zuzubringen.

   Dauert eine Schwurgerichtsperiode länger als 7 Tage, so können die Geschworenen die Vergütung auch *der* Zwischenreise beanspruchen, die sie je in jedem weiteren Zeitabschnitte von 7 Tagen vom Sitze des Schwurgerichts nach ihrem Wohnsitz zu ebenerwähntem Zwecke ausführen.
4. Die Vergütung wird vom Richter zur Zahlung angewiesen, nachdem sie nach c) von ihm festgesetzt und nach a) und b) vom Gerichtsschreiber berechnet ist.
5. Die Zahlung der vom Richter festgesetzten Vergütung ist sofort von dem am Gerichtssitze befindlichen k. Rentamte zu leisten, ausserdem vom Gerichtsschreiber aus den Taxgefällen vorzuschiessen.

b) Waisenräte.

MB. v. 22. Dez. 1899 (JMBl. 1900, 553) u. MB. v. 23. Aug. 1900 (JMBl. 1134).

1. Reisekosten und Aufwand werden nur vergütet, wenn der Aufenthaltsort mehr als 2 Kilometer vom Versammlungsort entfernt ist.

2. a) Ist möglich: Benützung von Eisenbahn — Preis der II. Klasse, Benützung des Dampfboots — Preis der I. Klasse, Benützung der Post — Fahrpreis vergütet. Kann eine Rückfahrkarte verwendet werden, so wird nur der Preis der Rückfahrkarte vergütet.
   b) Wenn Benützung der Eisenbahn, Dampfboot oder Post nicht möglich, 10 Pf. für jedes angefangene Kilometer des Hinwegs und des Rückwegs.
3. Entschädigung für Aufwand, wenn Versammlung, Hin- und Rückweg mehr als 4 Stunden erfordert, 3 M, andernfalls 2 M.
4. Festsetzung der Gebühr durch den Richter, welcher die Versammlung leitet, und Anweisung nach Formular.
5. Auszahlung durch Gerichtsschreiber, auswärts durch Postanweisung; Postporto von der Staatskasse zu tragen.

c) Mitglieder der Steuerausschüsse und Berufungskommissionen, Auskunftspersonen, Zeugen und Sachverständige bei der Veranlagung der Einkommen-, Gewerbe- und Kapitalrentensteuer etc.

(FMB. vom 29. Juli 1911 FMBl. 504, 505).

§ 1. I Den Mitgliedern der Steuerausschüsse und den nicht vom Finanzministerium ernannten Mitgliedern der Berufungskommissionen werden, wenn ihr Wohnsitz weiter als zwei Kilometer vom Orte der Sitzung entfernt ist, Reisekosten vergütet.

II Die Vergütung besteht, wenn Eisenbahn, Dampfboot oder Postomnibus benützt werden kann, in der Bezahlung der Fahrtaxe und zwar für die Benützung der II. Wagenklasse auf der Eisenbahn oder des I. Platzes auf dem Dampfboote. Können Beförderungsmittel der bezeichneten Art nicht benützt werden, so werden als Reisekostenentschädigung für jedes angefangene Kilometer des Hin- und Rückwegs zehn Pfennige vergütet. Wenn nach besonderen Umständen ausnahmsweise die Benützung von Beförderungsmitteln, welche höhere Auslagen erfordern, für angemessen zu erachten ist, kann das Mitglied den Ersatz dieser Auslagen beanspruchen.

III Die Reisekosten für den Hin- und Rückweg werden, auch wenn sich die Sitzungen auf mehrere Tage erstrecken, nur einmal vergütet.

§ 2. I Die in § 1 bezeichneten Mitglieder erhalten ferner Entschädigung für Zeitverlust. Die Reisezeit sowie die Zeit, während der die gewöhnliche Beschäftigung nicht wieder aufgenommen werden kann, wird als verlorene Zeit gerechnet.

II Die Entschädigung für Zeitverlust ist unter Berücksichtigung der Sitzungsdauer, eines etwaigen Verdienstentganges, des Umfanges etwaiger Aufwendungen für Verköstigung usw. zu bemessen. Sie beträgt

a) für die Mitglieder der Steuerausschüsse bis zu 2 M. für jede angefangene Stunde, in keinem Falle aber mehr als 12 M. für den Tag und, wenn das Mitglied auswärts übernachten muss, 15 M. für den Tag;

b) für die nicht vom Finanzministerium ernannten Mitglieder der Berufungskommissionen bis zu 3 M. für jede angefangene Stunde, in keinem Falle aber mehr als 15 M. für den Tag und, wenn das Mitglied auswärts übernachten muss, 19 M. für den Tag.

§ 3. I Auskunftspersonen, Zeugen und Sachverständigen sind auf Verlangen Entschädigungen für Reisekosten und Zeitverlust in der gleichen Höhe anzuweisen wie den Mitgliedern der Steuerausschüsse. Die Entschädigungen sind vorbehaltlich der Revision in den Fällen der §§ 43 Abs. VIII, 50 Abs. VIII, 56 Abs. VI, 62 Abs. III, 85 Abs. VIII der Vollzugsvorschriften zum Einkommensteuergesetze vom Rentamt, im Falle des § 71 Abs. IV der Vollzugsvorschriften zum Einkommensteuergesetze durch die Distriktsverwaltungsbehörde gegen Wiederersatz durch das Rentamt festzusetzen und sofort auszubezahlen.

II Die Regierungsfinanzkammern sind ermächtigt, Sachverständigen, die ein umfangreicheres schriftliches Gutachten abzugeben haben (vgl. § 71 Abs. II der Vollzugsvorschriften zum Einkommensteuergesetz) höhere Entschädigungen für Zeitverlust zu bewilligen.

§ 4. Die im Laufe eines Rechtsmittelverfahrens festgesetzten Entschädigungen der Auskunftspersonen, Zeugen und Sachverständigen sind Kosten im Sinne des Art. 86 des Einkommensteuergesetzes.

§ 5. Ueber Beschwerden der Empfangsberechtigten, die die Festsetzung der Entschädigungen nach §§ 1 bis 3 betreffen, entscheiden die Regierungsfinanzkammern.

d) Haussteuertaxatoren etc.

(FMB. vom 27. Februar 1911 FMBl. 235).

§ 1. Die Taxatoren, die zum Zwecke der Veranlagung oder Revision der Mietsteuer in einer Schätzungskommission oder einem Kompromissgerichte mitwirken, erhalten aus der Staatskasse eine Entschädigung für Zeitverlust und für Fahrtauslagen. Vergütungen von den Steuerpflichtigen anzunehmen ist ihnen verboten.

§ 2. I Der Entschädigung für Zeitverlust ist die Zeitdauer zugrunde zu legen, für welche der Taxator durch die Dienstleistung in Anspruch genommen wird. Hiebei ist die Zeit einzurechnen, die der Taxator auf den Weg von und zu seiner Wohnung verwendet hat.

II Die Entschädigung für Zeitverlust beträgt bis zu 2 M. für jede angefangene Stunde, für einen Tag aber höchstens 15 M. Bei der Bemessung der Entschädigung ist auf den Ort der Dienstleistung und auf die Erwerbsverhältnisse des Taxators Rücksicht zu nehmen.

§ 3. Als Fahrtauslagen dürfen die Barauslagen aufgerechnet werden, die dem Taxator aus Anlass seiner Dienstleistung für die Benützung einer regelmässigen Fahrgelegenheit (Strassenbahn, Eisenbahn usw.) erwachsen. Die Barauslagen für die Benützung eines besonderen Gefährtes dürfen nur aufgerechnet werden, wenn

Entfernung von mehr als drei Kilometer zurückzulegen sind, ohne dass die Benützung einer regelmässigen Fahrgelegenheit möglich ist.

§ 4. Die für die Taxatoren getroffenen Bestimmungen (§§ 1 bis 3) gelten vorbehaltlich besonderer Anordnung auch für jene Obertaxatoren der Schätzungskommissionen und Kompromissgerichte, die nicht als aktive Beamte im Staatsdienste stehen.

§ 5. Die als aktive Beamte im Staatsdienste stehenden Haussteuer-Obertaxatoren und -Kommissäre werden für auswärtige Dienstgeschäfte nach den geltenden Vorschriften entschädigt. Ist die Tätigkeit kein auswärtiges Dienstgeschäft im Sinne jener Vorschriften, so dürfen, soweit nicht vom Staatsministerium der Finanzen mit Rücksicht auf besondere Verhältnisse anderweitige Verfügung getroffen wird, nur die im § 3 bezeichneten Fahrtauslagen aufgerechnet werden.

§ 6. I Die nach §§ 1 bis 5 liquidierten Entschädigungen sind von den Rentämtern nach Prüfung und Festsetzung seitens der Regierungsfinanzkammer auszubezahlen. Die Einweisung der Entschädigung ist zu beschleunigen.

II In der Anzeige, die nach Ziff. 5 der Bekanntmachung vom 18. November 1910 (FMBl. S. 355) für das Jahr 1911 zu erstatten ist, sind die aus Anlass der Mietsteuerrevision vorschussweise verausgabten Entschädigungen nach Rentämtern vorzutragen.

26. Gebührenmarken.

Königl. Allerh. Verordnung, die Verwendung von Gebührenmarken betr., v. 15. Sept. 1879.

(GVBl. 1171.)

Durch Verwendung von Gebührenmarken ist nach obiger Verordnung die Gebühr zu entrichten:

a) für Prüfungszeugnisse, Art. 214 Geb.-Ges. v. 13. Juli 1910,
b) für Diplome der Doktoren und Lizentiaten, Art. 216 a. a. O.,
c) für Zeugnisse der Amtsärzte, Art. 209 Z. 2 a. a. O.,
d) für Zeugnisse der Pfarrämter in Fällen des Art. 209 Z. 3 a. a. O. und nach Art. 278 Z. 2 des Gesetzes für Urkunden über Lombarddarlehen,

s. auch Bek. v. 17. Sept. 1879 (GVBl. 1173), Bek. v. 19. Febr. 1882 (GVBl. 65) u. Bek. v. 19. Sept. 1901 (JMBl. 589).

27. Abgaben für Anstellungen und besondere Verleihungen.

Bayer. Gebühren-Gesetz in der neuen Fassung vom 13. Juli 1910 (GVBl. 311); VO. v. 20. Sept. 1879 (GVBl. 1193) geändert durch VO. v. 23. Febr. 1912 (GVBl. 59); VO. v. 30. März 1881 (GVBl. 171) mit FMB. v. 7. Febr. 1909 (JMBl. 119), KMB. v. 28. Nov. 1911 (KMBl. 658).

a) Die als Beamte im Sinne des Beamtengesetzes in Dienstesaktivität stehenden Mitglieder des Allgemeinen Unterstützungsvereins und der damit verbundenen Töchterkasse haben von jeder Diensteinkommensmehrung je eine fünfprozentige Abgabe an diese beiden Vereine zu entrichten. Diese „Diensteinkommensmehrungsabgabe" ist bei allen Gehaltsvorrückungen, Beförderungen oder Verleihungen von Nebenbezügen zu leisten. Unständige auf nicht länger als ein Jahr gewährte Funktionsremunerationen, Dienstwohnungen, für die eine Miete nicht zu entrichten ist und Nebenbezüge, die ganz oder teilweise zur Bestreitung eines Dienstaufwands bestimmt oder nach örtlichen Verhältnissen bemessen sind, bleiben ausser Ansatz. Die Erhebung erfolgt in zehn gleich grossen Monatsraten. Die Abgabe kann auch auf einmal oder in kürzeren Fristen entrichtet werden.

Die Zuschläge und die Ausschreibgebühren, die zu der früheren Unterstützungsfondsabgabe hinzutreten, und die frühere einprozentige Anstellungs-Staatsgebühr sind aufgehoben.

b) An sonstigen Anstellungs- bzw. Verleihungsgebühren werden bezahlt:

1. 50 M für die Anstellung als Notar,
2. 50 „ für die Anstellung als Hypothekenbewahrer in der Pfalz,
3. 2 „ für Verleihung eines landesherrl. Tischtitels,
4. 60 „ für Ernennung zum k. Kämmerer,
5. 20 „ für Ernennung zum k. Kammerjunker,
6. 300 „ für Verleihung der Würde eines erbl. Reichsrates,
7. 100 „ für Verleihung der Würde eines lebensl. Reichsrates, dann des Titels eines Geheimen Rates, eines Geheimen Hofrates oder eines Hofrates,
8. 50 „ für Verleihung sonstiger Würden und Titel, ohne Diensteinkommen, welche sich den Stellen aktiver Bediensteter nicht angleichen,

9. 300—3000 M für Verleihung des K. Hoftitels an Gewerbetreibende; hierbei ist bei Kleingewerbetreibenden und Handwerkern Ermässigung bis zu 50 M oder vollständiger Erlass, bei Grossbetrieben oder ausländischen Unternehmungen Erhöhung bis zu 15 000 M zulässig.

10. 2000 „ für Lehenbriefe bei den Kronämtern,

11. 3 vom Tausend des 10 fachen Jahresbetrages f. Lehenbriefe bei Rentenlehen,

12. 20 M für Lehenbriefe bei den übrigen Lehen,

13. 1500 „ für Adelsdiplome bei Verleihung des einfachen Adels mit dem Prädikate „von“,
2000 „ für Adelsdiplome bei Erhebung in den Ritterstand,
5000 „ für Adelsdiplome bei Erhebung i. d. Freiherrnstand,
10 000 „ für Adelsdiplome bei Erhebung in den Grafenstand,
20 000 „ für Adelsdiplome bei Erhebung in den Fürstenstand,

14. 60 „ bzw. 100 M bzw. 200 M bzw. 400 M bzw. 600 M für die Eintragung in die Adelsmatrikel,

15. 200 „ für Diplome über Bewilligung zur Aenderung adeliger Namen oder Wappen,

16. 100 „ für die Bewilligung zur Annahme fremdherrlicher Orden, Titel, Ehrenzeichen oder Würden.

28. Strafanteile.

Die Reichsstrafprozessordnung trifft keine Bestimmung über die Verwendung der erkannten Geldstrafen. Für Bayern bestimmt Art. 29 des Ausführungsgesetzes zur Strafprozessordnung vom 18. August 1879, dass „sämtliche Geldstrafen" (einschl. der Ordnungs-, Zwangs- und Disziplinarstrafen) „in die Staatskasse fliessen, und jede Ausnahme von dieser Regel auf einem Gesetze beruhen muss". Diese gesetzlichen Ausnahmsfälle, kurzweg Strafanteile genannt, sind im Nachstehenden zusammengestellt. Die hier nicht angegebenen Anteile gebühren der Staatskasse. (AK. = Armenkasse; ÜO. = Übertretungsort).

Der Ausnahmsgesetze				Von der erkannten Geldstrafe gebührt:
Titel	Strafgebot	Verwend.-Gebot	Fälle	
I. Verf. Beil. IX. Edikt über die Verhältnisse der Staatsdiener vom 26. Mai 1818; gültig für Beamte, die nicht unt. d. Beamtenges. fallen.	§ 12.	Gen. v. 31. März 1819. FME. v. 27. November 1857. (Geret. FVS. Bd. 9, 760, Bd. 30, 110).	Ordnungsstrafen gegen Staatsdiener.	1/1 dem subalternen Dienerpersonal.
II. Vertrag mit Oesterreich über die Bestrafung d. Forst-, Jagd-, Fisch- und Feldfrevel (ÄMB. vom 16. April 1844, RegBl. 308).	Alle Zuwiderhandlungen gegen Forst-, Jagd-, Fischerei- u. Feldgesetze, die von bayerischen Staatsangehörigen in Oesterreich begangen werden.	Ziff. 4 des unter Nr. 1 genannten Vertrags.	s. Spalte 2.	1/1 Des Schadensersatzes und der Pfandgebühren an den österreichischen Staat.

Der Ausnahmsgesetze				Von der erkannten Geldstrafe gebührt:
Titel	Strafgebot	Verwend.-Gebot	Fälle	
III. Ges. vom 25. Juli 1850, die Einrichtung des die Kunststrassen in Bayern befahrenden Fuhrwerkes betr.	Art. 17.	Art. 17.	Uebertretung des Gesetzes.	1/2 der AK. des ÜO. 1/2 dem Unterstützungsfonde f. d. Baupersonal.
IV. Gemeindeordnung für die Landesteile rechts des Rheins v. 29. April 1869.	Art. 41 Abs. 3.	Art. 41 Abs. 3.	Defrauden örtlicher Gefälle.	1/1 der Gemeindekasse.
V. Gemeindeordnung für die Pfalz vom 29. April 1869.	Art. 31 Abs. 3.	Art. 31 Abs. 3.	Defrauden örtlicher Gefälle.	1/1 der Gemeindekasse.
VI. Reichsstrafgesetzb. vom 15. Mai 1871.	§ 366 Nr. 9.	PStGB. Art. 91.	Zuwiderhandlungen in bezug auf Staats- und Distriktsstrassen.	1/1 dem Unterstützungsfond f. d. Strassen-Unterpersonal.
			Sonstige Zuwiderhandlungen.	2/3 der AK. des ÜO.
„ „	§ 368 Nr. 1.	PStGB. Art. 124.	Schliessung der Weinberge.	1/1 entweder: der Gemeindekasse oder in Orten mit eigenem Ortschafts-Flurwächter der Ortschaftskasse.
„ „	§ 368 Nr. 2.	„	Abraupen.	
„ „	§ 368 Nr. 9.	„	Betreten v. landwirtschaftlichen Grundstücken oder Privatwegen.	

VI. Reichsstrafgesetzb. vom 15. Mai 1871.	§ 370 Nr. 1.	„	Abgraben fremder Grundstücke oder Wege.	Wie vor.
„ „	§ 370 Nr. 2.	„	Wegnahme von Steinen, Erde, Mineralien etc.	
VII. Postgesetz vom 28. Oktober 1871 mit dem Gesetz, betr. d. Aenderungen von Bestimmungen über d. Postwesen, vom 20. Dezember 1899 (RGBl. 715).	§§ 27, 28, 29 des Postgesetzes; Art. 2 des Ges. v. 20. Dezember 1899.	§ 33 des Postgesetzes; Art. 2 des Gesetzes v. 20. Dezember 1899.	Post- u. Porto-Defrauden.	1/1 der Postarmen- und Unterstützungskasse.
VIII. Polizeistrafgesetzb. v. 26. Dezember 1871.	Art. 21.	Art. 21 Abs. 6.	Die von einer Gemeindebehörde verfügten Ungehorsamstrafen.	1/1 der Gemeindekasse.
„ „	Art. 73.	Art. 73 Abs. 4.	Anlage von Abtritten etc. Verletzung der Vorschriften über die Wohnungspolizei	2/3 der AK. des ÜO.
„ „	Art. 74.	Art. 74 Abs. 2.	Fleisch- u. Viktualienbeschau.	Wie vor.
„ „	Art. 75.	Art. 77.	Gesundheitsgefährdung mit Nahrungsmitteln, Reinlichkeit etc.	2/3 Geldstrafe u. Erlös der AK. des ÜO.
„ „	Art. 76.	Art. 77.	Gesundheitsgefährdung mit Tabak, Geräten etc.	Wie vor.
„ „	Art. 83.	Art. 83 Abs. 5.	Hundeordnung.	2/3 der AK. des ÜO.
„ „	Art. 89, 90.	Art. 91.	Zuwiderhandlungen in bezug auf die Staats- und Distriktsstrassen.	1/1 dem Unterstütz.-Fond f. d. Strassenunterpersonal.

Der Ausnahmsgesetze				Von der erkannten Geldstrafe gebührt:
Titel	Strafgebot	Verwend.-Gebot	Fälle	
VIII. Polizeistrafgesetzb. v. 26. Dezember 1871.			Die sonstigen Zuwiderhandlungen gegen Art. 89 und 90.	$^{2}/_{3}$ der AK. des ÜO.
„ „	Art. 92.	Art. 96.	Verunreinigung v. Brunnen, Quellen und Bächen.	Wie vor.
„ „	Art. 93.	„	Abladen von Unrat etc.	Wie vor.
„ „	Art. 94.	„	Reinlichkeit in Ortschaften.	Wie vor.
„ „	Art. 95.	„	Besudelung öff. Gegenstände.	Wie vor.
„ „	Art. 97.	Art. 97 Abs. 2, 6.	Kanalordnungen.	$^{1}/_{1}$ der Unterstützungskasse des Kanalunterpersonals.
„ „	Art. 106—109	Art. 110.	Dienstbotenwesen.	$^{2}/_{3}$ der AK. des ÜO.
„ „	Art. 112, 113, 115—122.	Art. 124.	Feldpolizei.	$^{1}/_{1}$ entweder der Gemeindekasse des ÜO. oder in Orten mit eigenem Ortschaftsflurwächter der Ortschaftskasse des ÜO.
„ „	Art. 125 Abs. 1.	Art. 125 Abs. 3.	Jagdausübung.	$^{1}/_{1}$ Erlös des eingezogenen Wildes der AK. des ÜO.
„ „	Art. 142.	Art. 147 Abs. 2.	Lebensmittelgewicht.	$^{1}/_{1}$ eingezogene Lebensmittel der AK. des ÜO.
„ „	Art. 145.	Art. 147 Abs. 1.	Behandlung von Brot und Schlachtvieh.	$^{2}/_{3}$ der AK. des ÜO.
„ „	Art. 146.	„	Marktverkehr	Wie vor.

IX. RG. vom 6. Februar 1875, betr. die Beurkundung d. Personenstandes etc. in den hier einschlägigen Artikeln geändert durch Art. 46 EGBGB.	§§ 67—69.	§ 70.	Verfehlungen gegen das Gesetz.	1/1 der Kasse der Gemeinde, die nach §§ 8, 9 die sächlich. Standesamtskosten zu tragen hat.
X. BrandversicherG. v. 3. April 1875 mit dem Ausdehnungsgesetz für die Pfalz vom 5. Mai 1890.	Art. 96 Abs. 1, 2.	Art. 96 Abs. 3.	Verfehlungen gegen Art. 2 und 61 des Gesetzes.	1/1 dem Vorschussfonds der Brandversicherungs-Anstalt.
XI. Rechtsanwaltsordnung vom 1. Juli 1878.	§ 58. § 63.	§ 97 Abs. 1.	Zwangsstrafen. Ehrengerichtliche Strafen.	1/1 der Kasse der Anwaltskammer.
XII. RG. vom 14. Mai 1879, den Verkehr mit Nahrungsmittel etc. betr.	§§ 8, 9, 10, 11, 14.	§ 17.	Zuwiderhandlungen gegen das Gesetz.	1/1 ev. der Kasse, welche die Kosten der Unterhaltung einer für den Ort der Tat etwa bestehenden öffentl. Anstalt zur technischen Untersuchung von Nahrungsmitteln etc. trägt.
XIII. Ges. vom 26. März 1881, d. Körordng. betr.	Art. 5 Abs. 1 u. 2.	Art. 5 Abs. 3.	Uebertretungen dieses Gesetzes.	1/1 der AK. des Wohnortes des Verurteilten.
XIV. Ges. v. 25. Juni 1887 betr. den Verkehr mit blei- u. zinkhaltigen Gegenständen.	§§ 4 und 5.	§ 7.	Uebertretungen dieses Gesetzes.	1/1 Wie beim Nahrungsmittelges. v. 14. Mai 1879.

Der Ausnahmsgesetze				Von der erkannten Geldstrafe gebührt:
Titel	Strafgebot	Verwend.-Gebot	Fälle	
XV. RG., betr. die Verwendung schädlicher Farben etc. vom 5. Juli 1887.	§ 12.	§ 14 (bzw. § 17 Nahrungsmittelgesetz).	Zuwiderhandlungen gegen das Gesetz.	Wie beim Nahrungsmittelgesetz v. 14. Mai 1879.
XVI. KrankVersG. vom 10. April 1892.	§§ 81, 82, 82 a.	§ 82c.	Zuwiderhandlungen bez. der Anzeigepflicht und Anrechnung von Versicherungs-Beiträgen.	$^1/_1$ derjenig. Orts-, Betriebs- (Fabrik), Bau- od. Inngs.-Krankenkasse, welcher die beteiligte, versicherungspfl. Person angehört ev. Gem.-Krankenvers.
XVII. Ges., betr. den Verkehr mit Butter, Käse, Schmalz und deren Ersatzmitteln vom 15. Juni 1897 (Margarinegesetz.)	§§ 14—18.	§ 20 des Gesetzes v. 15. Juni 1897 mit § 17 des Nahrungsmittelsgesetzes.	Zuwiderhandlungen gegen das Gesetz.	Wie beim Nahrungsmittelgesetz v. 14. Mai 1879.
XVIII. Ges. vom 23. Dezember 1897, die Besteuerung des Gewerbebetriebes im Umherziehen betr.	Art. 16, 17 Abs. 1.	Art. 21.	Zuwiderhandlungen gegen d. Art. 16 u. 17 Abs. 1.	$^1/_1$ der Geldstrafe, soferne sie i. vollen Betrage erhoben wird, bei Wanderlagern und Wanderauktionen d. Armenfond des Betriebsorts, bei sonstg. Gewerbebetriebe, wenn d. Gewerbebetreibende s. Wohnsitz in Bayern hat, dem Armenfonds d. Wohnorts.

XIX. Notariatsgesetz vom 9. Juni 1899.	Art. 64, 67 ff.	Art. 128; VO. vom 5. August 1900 (GVBl. 1017, JMBl. 1117) u. 1. Februar 1902 (GVBl. 27; JMBl. 253).	Zwangsstrafen, Ordnungsstrafen od. Disziplinarstrafen gegen Notare und Notariatsverweser.	1/1 dem Pensionsvereine für Witwen und Waisen der Notare.
XX. Gewerbeunfallversicherungsgesetz vom 5. Juli 1900 (RGBl. 573 und 585).	§§ 35, 43, 56, 112, 116, 119, 124, 125, 126, 133, 146, 147, 148.	§ 154.	Zuwiderhandlungen gegen die in Rubrik 2 bezeichneten Bestimmungen.	1/1 b. Geldstrafen nach § 112 Abs. 1 Ziff. 2 od. auf Grund der in § 133 bezeichneten Vorschriften der Krankenkasse, welcher der zur Zahlung Verpflichtete zur Zeit d. Zuwiderhandlung angehört, oder wenn er keiner Krankenkasse angehört, der Kasse der Gemeindekrankenversicherung des Beschäftigungsorts, sonst (soweit die Strafen nicht von den Gerichten erkannt sind), d. Genossenschaftskasse.
XXI. Landwirtschaftl. Unfallversicherungsgesetz vom 5. Juli 1900 (RGBl. 573 und 641).	§§ 45 Abs. 3, 56, 120, 124, 126, 130, 131, 132, 133, 138, 156, 157, 158.	§ 164.	Zuwiderhandlungen gegen die in Rubrik 2 bezeichneten Bestimmungen.	1/1 bei Geldstrafen gemäss § 120 Abs. 1 Ziff. 2 oder auf Grund der in § 138 bezeichneten Vorschriften der Krankenkasse, welcher der zur Zahlung Verpflichtete z. Zt. der

Der Ausnahmsgesetze				Von der erkannten Geldstrafe gebührt:
Titel	Strafgebot	Verwend.-Gebot	Fälle	
				Zuwiderhandlung angehört, oder, wenn er keiner Krankenkasse angehört, der Kasse der Gemeindekrankenversicherung des Beschäftigungsorts; sonstige Geldstrafen fliessen (soweit sie nicht von den Gerichten erkannt sind) in die Genossenschaftskasse.
XXII. Bauunfallversicherungsges. vom 5. Juli 1900 (RGBl. 573 und 698).	§§ 24, 40, 45 Abs. 2 mit den oben bei dem Gewerbeunfallversicherungsgesetz unter Rubrik 2 erwähnten Bestimmungen.	§ 45 mit § 154 des Gewerbeunfallversicherungsgesetzes.	Zuwiderhandlungen gegen die in Rubrik 2 angeführten Bestimmungen.	Wie bei dem Gewerbeunfallversicherungsgesetze.
XXIII. Seeunfallversicherungsges. vom 5. Juli 1900 (RGBl. 573 und 716).	§§ 43, 118, 123, 126, 127, 128, 139, 143, 144, 145.	§ 149.	Zuwiderhandlungen gegen die in Rubrik 2 erwähnten Bestimmungen.	1/1 (mit Ausnahme der gerichtlichen Strafen) in die Genossenschaftskasse.
XXIV. Gewerbeordnung in der Fassung v. 26. Juli 1900 (RGBl.	§§ 56 Ziff. 6, 111 Abs. 3, 113 Abs. 3, 114a Abs. 3, 115,	§ 146 Abs. 2.	Zuwiderhandlungen gegen die in Spalte 2 bezeichneten Bestimmungen.	1/1 der Hilfskasse (d. i. die Zwangskrankenkasse nach dem Krankenver-

871) mit der hier einschlägig. Aenderung v. 28. Dezember 1908 (RGBl. 667).	135, 136, 137, 137 a Abs. 1, 139, 139 a, 139 c je mit § 146 Abs. 1.			sicherungsgesetz ev. die eingeschriebene oder landesrechtliche Hilfskasse), der der Arbeiter angehört, in Ermangelung einer solchen einer anderen zum Besten der Arbeiter an dem Orte bestehenden, von der Gemeindebehörde zu bestimmenden Kasse und in deren Ermangelung der Ortsarmenkasse.
XXV. Kirchensteuerges. v. 15. August 1908.	Art. 12 Abs. 1—4.	Art. 12 Abs. 9.	Hinterziehungs- und Ordnungsstrafen nach Massgabe d. Gesetzes.	1/1 der Allgemeinen Kirchenkasse.
XXVI. Beamtengesetz vom 15. August 1908 (GVBl. 581).	Art. 104 Abs. 1, Art. 107 Abs. 1, Art. 109 Abs. 2, Art. 164, 165, 166, 167, 168.	Art. 104 Abs. 3, Art. 107 Abs. 3, Art. 164, 165, 166, 167, 168.	Dienstaufsichtl. Zwangsstrafen; Ordnungsstrafen.	1/1 den bei den einzelnen Ministerien gebildeten Unterstützungsfonds, die verwaltet werden: Im allgemeinen von der Zentralstaatskasse, bei den Beamten der Verkehrsverwaltung jedoch von der Eisenbahndirektionskasse München, bei den Beamten der Post- und Telegraphenverwaltung von d. Postbezirkskasse München, bei den Beamten der Polizeidirektion u. der Schutzmann-

Der Ausnahmsgesetze				Von der erkannten Geldstrafe gebührt:
Titel	Strafgebot	Verwend.-Gebot	Fälle	
				schaft München von der Polizeidirektion, bei den Beamten im Bereich der Versicherungskammer von der Versicherungskammer (VO. v. 22. Okt. 1909, GVBl. 737 § 3).
XXVII. Disziplinarges. für richterliche Beamte v. 5. Dezember 1908 (GVBl. 1008).	Art. 1 u. 7 Abs. 1.	Art. 7 Abs. 2.	Disziplinarstrafen wegen Dienstvergehen.	1/1 den Wohlfahrtseinrichtungen für die Beamten.
XXVIII. Weingesetz v. 24. April 1909.	§§ 26—31.	§ 32.	Zuwiderhandlungen gegen das Gesetz.	Wie beim Nahrungsmittelgesetz v. 14. Mai 1879.
XXIX. Branntweinsteuergesetz v. 15. Juli 1909 (RGBl. 661). a	§§ 118, 143.	§§ 139, 143.	Vorenthaltungen der Abgabe, bei denen der Betrag der vorenthaltenen Abgabe nicht festgestellt werden kann.	1/5 der Reichskasse.
" " b	§§ 111—139 und 141, 142.	§§ 140, 143.	Zuwiderhandlungen gegen die in Spalte 2 bezeichneten Bestimmungen.	Die im Strafverfahren eingegangenen Geldbeträge sind zunächst auf die Verbrauchsabgabe und sodann auf d. Betriebsauflage zu verrechnen.

XXX. Leuchtmittelsteuergesetz vom 15. Juli 1909 (RGBl. 880).	a	§ 19 Abs. 2.	§ 32 Abs. 2.	Hinterziehungen d. Steuer, bei denen der Betrag der Steuer nicht festgestellt werden kann.	$^{1}/_{5}$ der Reichskasse.
„ „	b	§§ 17—32.	§ 33.	Zuwiderhandlungen gegen die in Spalte 2 angeführten Bestimmungen.	Die im Strafverfahren eingegangenen Geldbeträge sind zunächst auf die Steuer zu verrechnen.
XXXI. Zündwarensteuergesetz vom 15. Juli 1909 (RGBl. 814).	a	§ 27 Abs. 2.	§ 37 Abs. 2, § 38.	Hinterziehungen, bei denen der Betrag der Steuer nicht festgestellt werden kann.	$^{1}/_{5}$ der Reichskasse.
„ „	b	§§ 23—36.	§ 38.	Zuwiderhandlungen gegen die in Spalte 2 angeführten Bestimmungen.	Ein im Strafverfahren eingegangener Betrag ist zunächst auf die Steuer zu verrechnen.
XXXII. Ges., die Aufbringung der Mittel für die Versorgungseinrichtungen des Notariats betr. v. 4. Jan. 1910.		Art. 6 Abs. 1 u. 2, mit Art. 68 ff. des Einkommensteuergesetzes vom 9. Juni 1899.	Art. 6 Abs. 3.	Bestrafungen der Hinterziehungen der durch das Gesetz eingeführten Abgaben.	$^{1}/_{1}$ dem Pensionsvereine für die Witwen und Waisen der Notare.
XXXIII. Malzaufschlaggesetz v. 18. März 1910.		Art. 70, 71.	Art. 71 Abs. 2.	Strafbestimmngn. z. Schutz d. Lokalmalzaufschlags.	$^{1}/_{1}$ der Gemeindekasse.
XXXIV. Einkommensteuergesetz vom 14. August 1910.		Zuwiderhandl. gegen Art. 74 Abs. 1—3, Art. 75 Nr. 1 u. 2.	Art. 84.	Zuwiderhandlungen gegen die unter Spalte 2 bezeichneten Strafbestimmungen.	$^{1}/_{2}$ der Gemeinde des Ortes der Steuerveranlagung.
XXXV. Gewerbesteuergesetz v. 14. Aug. 1910.		Zuwiderhandl. gegen Art. 28 mit Art. 74 Abs. 1—3, Art. 75 Nr. 1 u. 2 d. EinkStG.	Art. 28 des Ges. mit Art. 84 des EinkStG.	Wie beim Einkommensteuergesetz.	Wie beim Einkommensteuergesetz.

Der Ausnahmsgesetze				Von der erkannten Geldstrafe gebührt:
Titel	Strafgebot	Verwend.-Gebot	Fälle	
XXXVI. Kapitalrentensteuergesetz vom 14. August 1910.	Zuwiderhandl. gegen Art. 21 Abs. 3 d. Ges. mit Art. 74 Abs. 1—3 u. Art. 75 Nr. 1 u. 2 des EinkStG.	Art. 21 Abs. 3 des Ges. mit Art. 84 des EinkStG.	Wie beim Einkommensteuergesetz.	Wie beim Einkommensteuergesetz.
XXXVII. Hundeabgabengesetz v. 14. Aug. 1910	Art. 13.	Art. 15.	Zuwiderhandlungen gegen die gemäss Art. 13 des Ges. zur Sicherung und Ueberwachung der Abgabe erlassenen polizeilichen Vorschriften.	1/1 der Gemeindekasse, der die Abgabe zufliesst.
XXXVIII. Warenhaussteuergesetz vom 14. August 1910.	Art. 17.	Art. 19.	Zuwiderhandlungen gegen die Strafbestimmungen des Gesetzes.	1/1 der Gemeindekasse, der die Steuer zufliesst.
XXXIX. Berggesetz v. 1. September 1910.	Sämtliche Strafbestimmungen d. Gesetzes.	Art. 274.	Zuwiderhandlungen gegen das Gesetz.	1/1 der betreffenden Knappschaftskasse.
XXXX. Haussteuerges. v. 4. November 1910.	§ 13.	§ 13.	Verschweigung der wahren Mietrente.	1/1 dem Lokalarmenfond.

XXXXI. Reichsversicherungsordnung v. 19. Juli 1911.	Vgl. deren § 146 Abs. 1.	Vgl. deren § 146 Abs. 1.	Vgl. deren § 146 Abs. 1.	Vgl. deren § 146 Abs. 1.
XXXXII. Versicherungsgesetz für Angestellte v. 20. Dez. 1911.	§§ 339, 340, 343, 344, 347.	§ 359.	Die nach dem Gesetze erkannten Geldstrafen mit Ausnahme der gerichtlich erkannten.	1/1 der Kasse der Reichsversicherungsanstalt.
XXXXIII. Gesetz, betr. den Ausbau der deutschen Wasserstrassen u. die Erhebung von Schiffahrtsabgaben v. 24. Dez. 1911.	Art. IV §§ 1, 2 u. 3.	Art. IV § 5.	Die nach den in Spalte 2 bezeichneten Strafbestimmungen erkannten Strafen.	1/1 der beteiligten Stromkasse, sofern es sich um die Hinterziehung oder Ueberhebung von Abgaben handelt, die für Rechnung eines Strombauverbandes zu erheben sind, oder um Zuwiderhandlungen gegen Tarife und Ausführungsbestimmungen eines solchen Verbands.

29. Gerichtskosten.

Gerichtskostengesetz vom 18. Juni 1878, nach mehrfacher Aenderung in neuer Fassung veröffentlicht mit Bek. vom 20. Mai 1898 (RGBl. 659) und wiederum geändert durch Gesetze v. 1. Juni 1909 (RGBl. 475) und v. 22. Mai 1910 (RGBl. 767) Art. VIII. Gebührengesetz vom 18. August 1879, nach mehrfachen Aenderungen in neuer Fassung veröffentlicht mit FMB. vom 13. Juli 1910 (GVBl. 311).

I. Tabelle.

Gebühren in bürgerlichen Rechtsstreitigkeiten,

mit Ausnahme der Urkunden- und Wechselprozesse.

Erste Instanz.

Volle Gebühr §§ 8, 18 (Verhandlungs-, Beweis-, Entscheidungsgebühr), 20 (in Ehe-, Status- und Entmündigungssachen, Anfechtungsklagen gegen Todeserklärungen und Rechnungssachen) 24 (bedingtes Endurteil), 48 (Verzögerungsgebühr);

5/10 §§ 22 (halbe Beweisgebühr), 26 (Prozesshindernde Einreden, Zulässigkeit der Wiedereinsetzung, der Berufung, der Revision, Einspruch, Einwendungen gegen Zwangsvollstreckung, Verfahren in Arrestsachen und einstweiligen Verfügungen usw.), 29 (Urteilsergänzung), 36 [2] (Sicherung d. Beweises, dessen Aufnahme), 42 [1] (Verteilungsverfahren), 48 (Verzöger.-Gebühr);

3/10 §§ 23 (Vergleich, Anerkenntnis, Verzicht), 27 (Nebenintervention, Zwangsvollstreckung zur Erwirkung von Handlungen und Unterlassungen), 34 (Entmündigung usw.), 36 [1] (Sicherung des Beweises), 41 (Sühneversuch), 42 [2] (Umgangnahme von Verteilungsverfahren), 45 (Beschwerdeverfahren), 47 [2] (Mutwillensgebühr), 48 (Verzöger.-Gebühr);

2/10 §§ 35 (Pfändungs-Arrestbeschlüsse, einstweilige Verfügungen, Einwendung gegen Zwangsvollstreckung usw.), 37 [1] (Zahlungsbefehl), 43 (Verfahren bei Leistung des Offenbarungseides), 48 (Verzöger.-Gebühr);

1/10 §§ 37 [2] (Vollstreckungsbefehl), 38 (Kostenfestsetzung, Erteilung der Vollstreckungsklausel auf Anordnung des Vorsitzenden usw.), 44 (Aufgebotsverfahren), 46 (Klage-, Antrags-, Einspruchs- und Rechtsmittel-Zurücknahme).

Werts-Klasse	Bis zur Gegenstands-Summe von M mehr als bis inkl.	Gebühr: voll		5/10		3/10		2/10		1/10	
		M	Pf	M	Pf	M	Pf	M	Pf	M	Pf
1	0— 20	1	—	—	50	—	30	—	20	—	20
2	20— 60	2	40	1	20	—	80	—	50	—	30
3	60— 120	4	60	2	30	1	40	1	—	—	50
4	120— 200	7	50	3	80	2	30	1	50	—	80
5	200 — 300	11	—	5	50	3	30	2	20	1	10
6	300— 450	15	—	7	50	4	50	3	—	1	50
7	450— 650	20	—	10	—	6	—	4	—	2	--
8	650— 900	26	—	13	--	7	80	5	20	2	60
9	900—1200	32	—	16	--	9	60	6	40	3	20
10	1200—1600	38	—	19	--	11	40	7	60	3	80
11	1600—2100	44	—	22	—	13	20	8	80	4	40
12	2100—2700	50	--	25	—	15	—	10	—	5	—

Werts-Klasse	Bis zur Streitgegenstands-Summe von M mehr als bis inkl.	Gebühr: voll M	Pf	5/10 M	Pf	3/10 M	Pf	2/10 M	Pf	1/10 M	Pf
13	2700— 3400	56	—	28	—	16	80	11	20	5	60
14	3400— 4300	62	—	31	—	18	60	12	40	6	20
15	4300— 5400	68	—	34	—	20	40	13	60	6	80
16	5400— 6700	74	—	37	—	22	20	14	80	7	40
17	6700— 8200	81	—	40	50	24	30	16	20	8	10
18	8200—10000	90	—	45	—	27	—	18	—	9	—
19	10000—12000	100	—	50	—	30	—	20	—	10	—
20	12 —14	110	—	55	—	33	—	22	—	11	—
21	14 —16	120	—	60	—	36	—	24	—	12	—
22	16 —18	130	—	65	—	39	—	26	—	13	—
23	18 —20000	140	—	70	—	42	—	28	—	14	—
24	20000—22	150	—	75	—	45	—	30	—	15	—
25	22 —24	160	—	80	—	48	—	32	—	16	—
26	24 —26	170	—	85	—	51	—	34	—	17	—
27	26 —28	180	—	90	—	54	—	36	—	18	—
28	28 —30000	190	—	95	—	57	—	38	—	19	—
29	30000—32	200	—	100	—	60	—	40	—	20	—
30	32 —34	210	—	105	—	63	—	42	—	21	—
31	34 —36	220	—	110	—	66	—	44	—	22	—
32	36 —38	230	—	115	—	69	—	46	—	23	—
33	38 — 40000	240	—	120	—	72	—	48	—	24	—
34	40000—42	250	—	125	—	75	—	50	—	25	—
35	42 —44	260	—	130	—	78	—	52	—	26	—
36	44 —46	270	—	135	—	81	—	54	—	27	—
37	46 —48	280	—	140	—	84	—	56	—	28	—
38	48 —50000	290	—	145	—	87	—	58	—	29	—

Die volle Gebühr aus dem Streitgegenstandswerte von 10 000 M an kann leicht in folgender Weise berechnet werden: Die Tausenderstellen des Streitgegenstandswertes müssen, wenn sie ungerade sind, oder wenn der Streitgegenstand mit geraden Tausenderstellen noch Hunderter-, Zehner- oder Einheitenstellen enthält, auf die nächstgerade erhöht werden. Der so aufgerundete Wert des Streitgegenstandes, dividiert durch 200 und sodann vermehrt um 40, gibt die volle Prozessgebühr, z. B. 421 617 Mark Streitgegenstandswert, aufgerundet auf 422 000 : 200 = 2110 + 40 = 2150 Mark volle Gebühr; 62 617 Mark, aufgerundet auf 64 000 : 200 = 320 + 40 = 360 Mark volle Gebühr.

II. Tabelle.

Gebühren in bürgerlichen Rechtsstreitigkeiten, mit Ausnahme der Urkunden- und Wechselprozesse. **(Berufungs- und Revisionsinstanz.)**

Werts-Klasse	Bei Gegenständen im Werte von mehr als	bis einschliessl.	Berufungsinstanz: $^{10}/_{10}$ VolleGeb. §§ 8, 49		$^{5}/_{10}$		$^{3}/_{10}$		$^{2}/_{10}$		$^{1}/_{10}$		Revisionsinstanz: $^{10}/_{10}$ VolleGeb. §§ 8, 49		$^{5}/_{10}$		$^{3}/_{10}$		$^{2}/_{10}$		$^{1}/_{10}$	
	M		M	Pf	M	Pf	M	Pf	M	Pf	M	Pf	M	Pf	M	Pf	M	Pf	M	Pf	M	Pf
1	0—	20	1	30	—	70	—	40	—	30	—	20	2	—	1	—	—	60	—	40	—	20
2	20—	60	3	—	1	50	—	90	—	60	—	30	4	80	2	40	1	50	1	—	—	50
3	60—	120	5	80	2	90	1	80	1	20	—	60	9	20	4	60	2	80	1	90	1	—
4	120—	200	9	40	4	70	2	90	1	90	1	—	15	—	7	50	4	50	3	—	1	50
5	200—	300	13	80	6	90	4	20	2	80	1	40	22	—	11	—	6	60	4	40	2	20
6	300—	450	18	80	9	40	5	70	3	80	1	90	30	—	15	—	9	—	6	—	3	—
7	450—	650	25	—	12	50	7	50	5	—	2	50	40	—	20	—	12	—	8	—	4	—
8	650—	900	32	50	16	30	9	80	6	50	3	30	52	—	26	—	15	60	10	40	5	20
9	900—	1200	40	—	20	—	12	—	8	—	4	—	64	—	32	—	19	20	12	80	6	40
10	1200—	1600	47	50	23	80	14	30	9	50	4	80	76	—	38	—	22	80	15	20	7	60
11	1600—	2100	55	—	27	50	16	50	11	—	5	50	88	—	44	—	26	40	17	60	8	80
12	2100—	2700	62	50	31	30	18	80	12	50	6	30	100	—	50	—	30	—	20	—	10	—
13	2700—	3400	70	—	35	—	21	—	14	—	7	—	112	—	56	—	33	60	22	40	11	20
14	3400—	4300	77	50	38	80	23	30	15	50	7	80	124	—	62	—	37	20	24	80	12	40
15	4300—	5400	85	—	42	50	25	50	17	—	8	50	136	—	68	—	40	80	27	20	13	60
16	5400—	6700	92	50	46	30	27	80	18	50	9	30	148	—	74	—	44	40	29	60	14	80
17	6700—	8200	101	30	50	70	30	40	20	30	10	20	162	—	81	—	48	60	32	40	16	20
18	8200—	10000	112	50	56	30	33	80	22	50	11	30	180	—	90	—	54	—	36	—	18	—
19	10000—	12000	125	—	62	50	37	50	25	—	12	50	200	—	100	—	60	—	40	—	20	—
20	12000—	14000	137	50	68	80	41	30	27	50	13	80	220	—	110	—	66	—	44	—	22	—
21	14000—	16000	150	—	75	—	45	—	30	—	15	—	240	—	120	—	72	—	48	—	24	—

Werts-Klasse	Bei Gegenständen im Werte von mehr als	bis einschliessl.	Berufungsinstanz 10/10 VolleGeb. §§ 8, 49		5/10		3/10		2/10		1/10		Revisionsinstanz 10/10 VolleGeb. §§ 8, 49		5/10		3/10		2/10		1/10	
	M		M	Pf	M	Pf	M	Pf	M	Pf	M	Pf	M	Pf	M	Pf	M	Pf	M	Pf	M	Pf
22	16000 —	18000	162	50	81	30	48	80	32	50	16	30	260	—	130	—	78	—	52	—	26	—
23	18 —	20000	175	—	87	50	52	50	35	—	17	50	280	—	140	—	84	—	56	—	28	—
24	20000 —	22	187	50	93	80	56	30	37	50	18	80	300	—	150	—	90	—	60	—	30	—
25	22 —	24	200	—	100	—	60	—	40	—	20	—	320	—	160	—	96	—	64	—	32	—
26	24 —	26	212	50	106	30	63	80	42	50	21	30	340	—	170	—	102	—	68	—	34	—
27	26 —	28	225	—	112	50	67	50	45	—	22	50	360	—	180	—	108	—	72	—	36	—
28	28 —	30000	237	50	118	80	71	30	47	50	23	80	380	—	190	—	114	—	76	—	38	—
29	30000 —	32	250	—	125	—	75	—	50	—	25	—	400	—	200	—	120	—	80	—	40	—
30	32 —	34	262	50	131	30	78	80	52	50	26	30	420	—	210	—	126	—	84	—	42	—
31	34 —	36	275	—	137	50	82	50	55	—	27	50	440	—	220	—	132	—	88	—	44	—
32	36 —	38	287	50	143	80	86	30	57	50	28	80	460	—	230	—	138	—	92	—	46	—
33	38 —	40000	300	—	150	—	90	—	60	—	30	—	480	—	240	—	144	—	96	—	48	—
34	40000 —	42	312	50	156	30	93	80	62	50	31	30	500	—	250	—	150	—	100	—	50	—
35	42 —	44	325	—	162	50	97	50	65	—	32	50	520	—	260	—	156	—	104	—	52	—
36	44 —	46	337	50	168	80	101	30	67	50	33	80	540	—	270	—	162	—	108	—	54	—
37	46 —	48	350	—	175	—	105	—	70	—	35	—	560	—	280	—	168	—	112	—	56	—
38	48 —	50000	362	50	181	30	108	80	72	50	36	30	580	—	290	—	174	—	116	—	58	—

III. Tabelle.
Gebühren im Urkunden- und Wechselprozess.

Wertsklasse	Bei Gegenständen im Werte von		Erste Instanz								Berufungsinstanz								Revisionsinstanz							
	mehr als	bis einschliessl.	6/10 Einheitgebühr §§ 18, 24, 25		5/10 §§ 22, 29, 48		3/10 §§ 23, 47 Abs. 2		1/10 § 46		6/10 Einheitgebühr §§ 18, 24, 25		5/10 §§ 22, 29		3/10 §§ 23, 47 Abs. 2		1/10 § 46		6/10 Einheitgebühr §§ 18, 24, 25		5/10 §§ 22, 29		3/10 §§ 23, 47 Abs. 2		1/10 § 46	
	M		M	Pf	M	Pf	M	Pf	M	Pf	M	Pf	M	Pf	M	Pf	M	Pf	M	Pf	M	Pf	M	Pf	M	Pf
1	0—	20	—	60	—	30	—	20	—	20	—	80	—	40	—	30	—	20	1	20	—	60	—	40	—	20
2	20—	60	1	50	—	80	—	50	—	20	1	80	—	90	—	60	—	20	2	90	1	50	—	90	—	30
3	60—	120	2	80	1	40	—	90	—	30	3	50	1	80	1	10	—	40	5	60	2	80	1	70	—	60
4	120—	200	4	50	2	30	1	40	—	50	5	70	2	90	1	80	—	60	9	—	4	50	2	70	—	90
5	200—	300	6	60	3	30	2	—	—	70	8	30	4	20	2	50	—	90	13	20	6	60	4	—	1	40
6	300—	450	9	—	4	50	2	70	—	90	11	30	5	70	3	40	1	20	18	—	9	—	5	40	1	80
7	450—	650	12	—	6	—	3	60	1	20	15	—	7	50	4	50	1	50	24	—	12	—	7	20	2	40
8	650—	900	15	60	7	80	4	70	1	60	19	50	9	30	5	90	2	—	31	20	15	60	9	40	3	20
9	900—	1200	19	20	9	60	5	80	2	—	24	—	12	—	7	20	2	40	38	40	19	20	11	60	3	90
10	1200—	1600	22	80	11	40	6	90	2	30	28	50	14	30	8	60	2	90	45	60	22	80	13	70	4	60
11	1600—	2100	26	40	13	20	8	—	2	70	33	—	16	50	9	90	3	30	52	80	26	40	15	90	5	30
12	2100—	2700	30	—	15	—	9	—	3	—	37	50	18	80	11	30	3	80	60	—	30	—	18	—	6	—
13	2700—	3400	33	60	16	80	10	10	3	40	42	—	21	—	12	60	4	20	67	20	33	60	20	20	6	80
14	3400—	4300	37	20	18	60	11	20	3	80	46	50	23	30	14	—	4	70	74	40	37	20	22	40	7	50
15	4300—	5400	40	80	20	40	12	30	4	10	51	—	25	50	15	30	5	10	81	60	40	80	24	50	8	20
16	5400—	6700	44	40	22	20	13	40	4	50	55	50	27	80	16	70	5	60	88	80	44	40	26	70	8	90
17	6700—	8200	48	60	24	30	14	60	4	90	60	80	30	40	18	30	6	10	97	20	48	60	29	20	9	80
18	8200—	10000	54	—	27	—	16	20	5	40	67	50	33	80	20	30	6	80	108	—	54	—	32	40	10	80
19	10000—	12000	60	—	30	—	18	—	6	—	75	—	37	50	22	50	7	50	120	—	60	—	36	—	12	—
20	12000—	14000	66	—	33	—	19	80	6	60	82	50	41	30	24	80	8	30	132	—	66	—	39	60	13	20
21	14000—	16000	72	—	36	—	21	60	7	20	90	—	45	—	27	—	9	—	144	—	72	—	43	20	14	40

Wertklasse	Bei Gegenständen im Werte von mehr als	bis einschliessl.	Erste Instanz								Berufungsinstanz								Revisionsinstanz							
			6/10 Einheitgebühr §§ 18, 24, 25		5/10 §§ 22, 29, 48		3/10 §§ 23, 47 Abs. 2		1/10 § 46		6/10 Einheitgebühr §§ 18, 24, 25		5/10 §§ 22, 29		3/10 §§ 23, 47 Abs. 2		1/10 § 46		6/10 Einheitgebühr §§ 18, 24, 25		5/10 §§ 22, 29		3/10 §§ 23, 47 Abs. 2		1/10 § 46	
	M		M	Pf	M	Pf	M	Pf	M	Pf	M	Pf	M	Pf	M	Pf	M	Pf	M	Pf	M	Pf	M	Pf	M	Pf
22	16000	18000	78	—	39	—	23	40	7	80	97	50	48	80	29	30	9	80	156	—	78	—	46	80	15	60
23	18000	20000	84	—	42	—	25	20	8	40	105	—	52	50	31	50	10	50	168	—	84	—	50	40	16	80
24	20000	22	90	—	45	—	27	—	9	—	112	50	56	30	33	80	11	30	180	—	90	—	54	—	18	—
25	22	24	96	—	48	—	28	80	9	60	120	—	60	—	36	—	12	—	192	—	96	—	57	60	19	20
26	24	26	102	—	51	—	30	60	10	20	127	50	63	80	38	30	12	80	204	—	102	—	61	20	20	40
27	26	28	108	—	54	—	32	40	10	80	135	—	67	50	40	50	13	50	216	—	108	—	64	80	21	60
28	28	30000	114	—	57	—	34	20	11	40	142	50	71	30	42	80	14	30	228	—	114	—	68	40	22	80
29	30000	32	120	—	60	—	36	—	12	—	150	—	75	—	45	—	15	—	240	—	120	—	72	—	24	—
30	32	34	126	—	63	—	37	80	12	60	157	50	78	80	47	30	15	80	252	—	126	—	75	60	25	20
31	34	36	132	—	66	—	39	60	13	20	165	—	82	50	49	50	16	50	264	—	132	—	79	20	26	40
32	36	38	138	—	69	—	41	40	13	80	172	50	86	30	51	80	17	30	276	—	138	—	82	80	27	60
33	38	40000	144	—	72	—	43	20	14	40	180	—	90	—	54	—	18	—	288	—	144	—	86	40	28	80
34	40000	42	150	—	75	—	45	—	15	—	187	50	94	80	56	30	18	80	300	—	150	—	90	—	30	—
35	42	44	156	—	78	—	46	80	15	60	195	—	97	50	58	50	19	50	312	—	156	—	93	60	31	20
36	44	46	162	—	81	—	48	60	16	20	202	50	101	30	60	80	20	30	324	—	162	—	97	20	32	40
37	46	48	168	—	84	—	50	40	16	80	210	—	105	—	63	—	21	—	336	—	168	—	100	80	33	60
38	48	50000	174	—	87	—	52	20	17	40	217	50	108	80	65	30	21	80	348	—	174	—	104	40	34	80
39	50000	52	180	—	90	—	54	—	18	—	225	—	112	50	67	50	22	50	360	—	180	—	108	—	36	—
40	52	54	186	—	93	—	55	80	18	60	232	50	116	30	69	80	23	30	372	—	186	—	111	60	37	20
41	54	56	192	—	96	—	57	60	19	20	240	—	120	—	72	—	24	—	384	—	192	—	115	20	38	40
42	56	58	198	—	99	—	59	40	19	80	247	50	123	80	74	30	24	80	396	—	198	—	118	80	39	60
43	58	60000	204	—	102	—	61	20	20	40	255	—	127	50	76	50	25	50	408	—	204	—	122	40	40	80
	je weitere 2000 M mehr		je 6.—		je 3.—		je 1.80		je 0.60		je 7.50		je 3.75		je 2.25		je 0.75		je 12.—		je 6.—		je 3.60		je 1.20	

IV. Tabelle.

Gebühren im Konkursverfahren.

Für dasselbe werden von dem Betrage der Aktivmasse — wenn diese grösser ist als die Schuldenmasse, von letzterer — berechnet:

a) wenn auf Grund der Schlussverteilung die Aufhebung desselben erfolgt, 2 mal die volle Gebühr,
b) wenn es durch Zwangsvergleich erledigt wird, 1 $^{8}/_{10}$ derselben,
c) wenn es nach dem Vollzuge einer Abschlagszahlung oder nach dem Beginn eines Vergleichstermines erledigt wird, 1 $^{5}/_{10}$ derselben,
d) nach Ablauf der Anmeldefrist, 1 $^{3}/_{10}$ derselben,
e) vor Ablauf der Anmeldefrist, $^{8}/_{10}$ derselben,
f) für den besonders beantragten Prüfungstermin, die volle Gebühr der zu prüfenden Forderungen,
g) für die Abweisung des Antrages auf Konkurseröffnung, $^{3}/_{10}$ der vollen Gebühr,
h) für die Zurückziehung des Antrages auf Konkurseröffnung, $^{2}/_{10}$ derselben.

Die im Konkurs vorkommende volle Gebühr und die zu $^{2}/_{10}$ kann aus der ersten Tabelle entnommen werden.

Wertsklasse	Gegenstandssumme von mehr als – bis einschliessl.	$^{1}/_{10}$ § 53 Abs. 2		$^{3}/_{10}$ §§ 53 Abs. 1, 54 Satz 2		$^{8}/_{10}$ § 51 N. 5		$^{10}/_{10}$ §§ 54 Satz 1, 58		$^{13}/_{10}$ die volle Gebühr u. $^{3}/_{10}$ § 51 Nr. 4		$^{15}/_{10}$ die volle Gebühr u. $^{5}/_{10}$ § 51 Nr. 3		$^{18}/_{10}$ die volle Gebühr u. $^{8}/_{10}$ § 51 Nr. 2		$^{20}/_{10}$ 2 fache Gebühr § 51 Nr. 1	
	M	M	Pf	M	Pf		Pf	M	Pf	M	Pf	M	Pf	M	Pf	M	Pf
1	0— 20	—	20	—	30	—	80	1	—	1	30	1	50	1	80	2	—
2	20— 60	—	30	—	80	2	—	2	40	3	20	3	60	4	40	4	80
3	60—120	—	50	1	40	3	70	4	60	6	—	6	90	8	30	9	20
4	120—200	—	80	2	30	6	—	7	50	9	80	11	30	13	50	15	—
5	200—300	1	10	3	30	8	80	11	—	14	30	16	50	19	80	22	—
6	300—450	1	50	4	50	12	—	15	—	19	50	22	50	27	—	30	—
7	450—650	2	—	6	—	16	—	20	—	26	—	30	—	36	—	40	—
8	650—900	2	60	7	80	20	80	26	—	33	80	39	—	46	80	52	—

Wertsklasse	Gegenstandssumme von mehr als	Gegenstandssumme bis einschliessl.	1/10 § 53 Abs. 2		3/10 §§ 53 Abs. 1, 54 Satz 2		8/10 § 51 Nr. 5		10/10 §§ 54 Satz 1, 58		13/10 die volle Gebühr u. 3/10 § 51 Nr. 4		15/10 die volle Gebühr u. 5/10 § 51 Nr. 3		18/10 die volle Gebühr u. 8/10 § 51 Nr. 2		20/10 2 fache Gebühr § 51 Nr. 1	
	M	M	M	Pf	M	Pf	M	Pf	M	Pf	M	Pf	M	Pf	M	Pf	M	Pf
9	900—	1200	3	20	9	60	25	60	32	—	41	60	48	—	57	60	64	—
10	1200—	1600	3	80	11	40	30	40	38	—	49	40	57	—	68	40	76	—
11	1600—	2100	4	40	13	20	35	20	44	—	57	20	66	—	79	20	88	—
12	2100—	2700	5	—	15	—	40	—	50	—	65	—	75	—	90	—	100	—
13	2700—	3400	5	60	16	80	44	80	56	—	72	80	84	—	100	80	112	—
14	3400—	4300	6	20	18	60	49	60	62	—	80	60	93	—	111	60	124	—
15	4300—	5400	6	80	20	40	54	40	68	—	88	40	102	—	122	40	136	—
16	5400—	6700	7	40	22	20	59	20	74	—	96	20	111	—	133	20	148	—
17	6700—	8200	8	10	24	30	64	80	81	—	105	30	121	50	145	80	162	—
18	8200—	10000	9	—	27	—	72	—	90	—	117	—	135	—	162	—	180	—
19	10000—	12	10	—	30	—	80	—	100	—	130	—	150	—	180	—	200	—
20	12	—14	11	—	33	—	88	—	110	—	143	—	165	—	198	—	220	—
21	14	—16	12	—	36	—	96	—	120	—	156	—	180	—	216	—	240	—
22	16	—18	13	—	39	—	104	—	130	—	169	—	195	—	234	—	260	—
23	18	—20000	14	—	42	—	112	—	140	—	182	—	210	—	252	—	280	—
24	20000—	22	15	—	45	—	120	—	150	—	195	—	225	—	270	—	300	—
25	22	—24	16	—	48	—	128	—	160	—	208	—	240	—	288	—	320	—
76	24	—26	17	—	51	—	136	—	170	—	221	—	255	—	306	—	340	—
22	26	—28	18	—	54	—	144	—	180	—	234	—	270	—	324	—	360	—
28	28	—30000	19	—	57	—	152	—	190	—	247	—	285	—	342	—	380	—
29	30000—	32	20	—	60	—	160	—	200	—	260	—	300	—	360	—	400	—
31	32	—34	21	—	63	—	168	—	210	—	273	—	315	—	378	—	420	—
30	34	—36000	22	—	66	—	176	—	220	—	286	—	330	—	396	—	440	—

32	36000—38000	23 —	69 —	184 —	230 —	299 —	345 —	414 —	460 —
33	38 —40000	24 —	72 —	192 —	240 —	312 —	360 —	432 —	480 —
34	40000—42	25 —	75 —	200 —	250 —	325 —	375 —	450 —	500 —
35	42 —44	26 —	78 —	208 —	260 —	338 —	390 —	468 —	520 —
36	44 —46	27 —	81 —	216 —	270 —	351 —	405 —	486 —	540 —
37	46 —48	28 —	84 —	224 —	280 —	364 —	420 —	504 —	560 —
38	48 —50000	29 —	87 —	232 —	290 —	377 —	435 —	522 —	580 —
39	50000—52	30 —	90 —	240 —	300 —	390 —	450 —	540 —	600 —
40	52 —54	31 —	93 —	248 —	310 —	403 —	465 —	558 —	620 —
41	54 —56	32 —	96 —	256 —	320 —	416 —	480 —	576 —	640 —
42	56 —58	33 —	99 —	264 —	330 —	429 —	495 —	594 —	660 —
43	58 —60000	34 —	102 —	272 —	340 —	442 —	510 —	612 —	680 —
44	60000—62	35 —	105 —	280 —	350 —	455 —	525 —	630 —	700 —
45	62 —64	36 —	108 —	288 —	360 —	468 —	540 —	648 —	720 —
46	64 —66	37 —	111 —	296 —	370 —	481 —	555 —	666 —	740 —
47	66 —68	38 —	114 —	304 —	380 —	494 —	570 —	684 —	760 —
48	68 —70000	39 —	117 —	312 —	390 —	507 —	585 —	702 —	780 —
49	70000—72	40 —	120 —	320 —	400 —	520 —	600 —	720 —	800 —
50	72 —74	41 —	123 —	328 —	410 —	533 —	615 —	738 —	820 —
51	74 —76	42 —	126 —	336 —	420 —	546 —	630 —	756 —	840 —
52	76 —78	43 —	129 —	344 —	430 —	559 —	645 —	774 —	860 —
53	78 —80000	44 —	132 —	352 —	440 —	572 —	660 —	792 —	880 —
54	80000—82	45 —	135 —	360 —	450 —	585 —	675 —	810 —	900 —
55	82 —84	46 —	138 —	368 —	460 —	598 —	690 —	828 —	920 —
56	84 —86	47 —	141 —	376 —	470 —	611 —	705 —	846 —	940 —
57	86 —88	48 —	144 —	384 —	480 —	624 —	720 —	864 —	960 —
58	88 —90000	49 —	147 —	392 —	490 —	637 —	735 —	882 —	980 —
59	90000—92	50 —	150 —	400 —	500 —	650 —	750 —	900 —	1000 —
60	92 —94000	51 —	153 —	408 —	510 —	663 —	765 —	918 —	1020 —
	je weitere 2000 M mehr	1.—	3.—	8.—	10.—	13.—	15.—	18.—	20.—

V.

Gebühren-Tabelle

	Einheitsgebührensatz §§ 62, 64, 65 Abs. 1				M
	Im Falle einer Geld- oder Freiheitsstrafe von				
	mehr als	bis einschl.	oder mehr als	bis einschl.	
1.	0 M	20 M	0 Tagen	10 Tage	5
2.	20 „	30 „	10 „	14 „	10
3.	30 „	60 „	14 „	4 Wochen	20
4.	60 „	150 „	4 Wochen	6 „	30
5.	150 „	300	6 „	3 Monate	45
6.	300 „	500 „	3 Monaten	6 „	60
7.	500 „	1000 „	6 „	1 Jahr	75
8.	1000 „	1500 „	1 Jahr	2 „	100
9.	1500 „	3000 „	2 „	3 „	130
10.	3000 „		3 „	10 „	180
11.	im Falle einer schwereren Strafe				300
12.	„ „ eines Verweises				5
13.	„ „ ausschliesslicher Erkennung auf Verlust der bürgerlichen Ehrenrechte überhaupt oder einzelner Ehrenrechte				45
§ 69.	Wenn es sich um eine Uebertretung handelt . .				20
	„ „ „ „ ein Vergehen „ . .				50
	„ „ „ „ „ Verbrechen „ . .				100

Tabelle.

in Strafsachen.

5/10 §§ 64, 65 Abs. 2		4/10 §§ 63 Abs. 2, 65 Abs. 2, 67 Abs. 1 Satz 2	2/10 §§ 63 Abs. 1, 67 Abs. 1 Satz 1	1/10 §§ 66, 67 Abs. 2		§ 76. 8/10 von 4/10		§ 76. 8/10 von 2/10		§ 76. 8/10 von 1/10		Privatklagesachen. Nach § 70		Privatklagesachen. Nach § 71		Privatklagesachen. Nach § 73	Privatklagesachen. Nach § 76 zu § 71		Privatklagesachen. Nach § 76 zu § 73	
M	Pf	M	M	M	Pf	M	Pf	M	Pf	M	Pf		M		M	M	M	Pf	M	Pf
												Nr. 1	5		—	10	—	—	—	—
												Nr. 2	15		—	30	—	—	—	—
												Nr. 3	20		—	40	—	—	—	—
2	50	2	1	—	50	—	60	—	30	—	20			Nr. 1	2	4	—	60	1	20
5	—	4	2	1	—	1	20	—	60	—	30			Nr. 2	4	8	1	20	2	40
10	—	8	4	2	—	2	40	1	20	—	60			Nr. 2	8	16	2	40	4	80
15	—	12	6	3	—	3	60	1	80	—	90			Nr. 3	2	4	—	60	1	20
22	50	18	9	4	50	5	40	2	70	1	40			Nr. 4	1	2	—	30	—	60
30	—	24	12	6	—	7	20	3	60	1	80			Nr. 5	3	6	—	90	1	80
37	50	30	15	7	50	9	—	4	50	2	30			Nr. 6	3	6	—	90	1	80
50	—	40	20	10	—	12	—	6	—	3	—									
65	—	52	26	13	—	15	60	7	80	3	90									
90	—	72	36	18	—	21	60	10	80	5	40									
150	—	120	60	30	—	36	—	18	—	9	—									
2	50	2	1	—	50	—	60	—	30	—	20									
22	50	18	9	4	50	5	40	2	70	1	20									
							§ 76.													
—	—	—	—	—	—	—	60	—	—	—	—									
—	—	—	—	—	—	1	50	—	—	—	—									
—	—	—	—	—	—	3	—	—	—	—	—									

VI. Gebühren im Zwangsversteigerungs- und Zwangsverwaltungsverfahren.

(Geregelt durch Art. 7—22 des Gebührengesetzes in der Fassung v. 13. Juli 1910, GVBl. 311).

1. Die nachfolgenden Bestimmungen gelten auch für die vom Konkursverwalter beantragte Zwangsversteigerung oder Zwangsverwaltung, für die Zwangsversteigerung eines Grundstücks auf Antrag des Erben, für die Zwangsversteigerung zur Aufhebung der Gemeinschaft, für die gerichtliche Versteigerung eines Bergwerks oder einer Anlage nach Art. 258 des Berggesetzes, endlich die Zwangsversteigerung eines unbeweglichen Kuxes.

2. An Gebühren sind zu erheben:

a) $^{2}/_{10}$ der Forderung oder des etwaigen geringeren Werts des Gegenstands der Vollstreckung für die Entscheidung über den Antrag auf Anordnung der Zwangsversteigerung oder Zwangsverwaltung. Anzurechnen auf die Gebühren unter b und c. (Art. 8.)

b) bei der Zwangsversteigerung:
$^{5}/_{10}$ für das Verfahren bis zur Einleitung des Verteilungsverfahrens, wenn der Zuschlag erfolgt; $^{3}/_{10}$, wenn sich das Verfahren vor dem Zuschlag erledigt.
$^{5}/_{10}$ für das Verteilungsverfahren, wenn es mindestens bis zum Verteilungstermin gedeiht; andernfalls (§ 144 oder 143 des Zwangsversteigerungsgesetzes) $^{3}/_{10}$.
Die Gebühr berechnet sich bei Erteilung des Zuschlags aus dem Meistgebot oder dem etwa geringeren Betrag der hieraus zu befriedigenden Forderungen; andernfalls aus dem Werte des Gegenstands der Zwangsversteigerung oder dem etwa geringeren Betrag der Forderungen. (Art. 9.)

c) bei der Zwangsverwaltung:
aa) Einmalige Gebühr: $^{5}/_{10}$ bei Beendigung vor dem Termin zur Aufstellung des Teilungsplans, andernfalls $^{10}/_{10}$ und zwar je aus dem Werte der Forderung.
bb) Jährliche Gebühr: Weitere $^{5}/_{10}$ für jedes weitere Jahr der Dauer des Verfahrens aus dem in jedem Jahr verteilten Betrag. (Art. 11.)

d) $^{3}/_{10}$ für die Entscheidung über den Antrag auf Bestimmung eines neuen Versteigerungstermins nach § 85 des Zwangsversteigerungsgesetzes.
Die Gebühr berechnet sich bei Gewährung nach dem früheren Meistgebot, bei Abweisung nach der Forderung des Antragstellers event. gemäss § 10 GKG. (Art. 12.)

e) $^{3}/_{10}$ für den Termin zur weiteren Ausführung des Teilungsplans nach §§ 139, 141, 157 Abs. 2 des Zwangsversteigerungsgesetzes aus dem Werte der einem Berechtigten zugeteilten Beträge, über die verhandelt werden soll. (Art. 13.)

f) Besonders und zwar wie ein Kaufvertrag ist das Versteigerungsprotokoll im Falle des Zuschlags zu bewerten und zwar beträgt im Falle des Zuschlags an den bisherigen Eigentümer die Gebühr des Art. 146 1% (Art. 10); desgleichen und zwar wie Urkunden und Ausfertigungen der Notare Vergleiche des Versteigerungsbeamten über Erledigung des Verfahrens, sowie Vereinbarungen und Erklärungen, soweit ihr Inhalt über den Gegenstand und Zweck des Verfahrens hinausgeht. (Art. 14.) Wegen der Gebühren für Abtretung der Rechte aus dem Meistgebot oder die Erklärungen, für einen Dritten geboten zu haben, s. Art. 14.

3. Die Grundgebühren der unter 2 nach Zehntel bemessenen Sätze bilden die Sätze des Gerichtskostengesetzes; s. hier Tabelle I.

VII. Hinterlegungsgebühren.

a) Art. 288 des **Gebührengesetzes** in der Fassung vom 13. Juli 1910 (GVBl. 311).

Für die Aufbewahrung der bei den Gerichten, den Notaren oder gemäss Art. 76 Abs. 3 AGGVG. in der Fassung des Art. 167 AGBGB. bei der K. Bank oder anderen Kassen des Staates hinterlegten Gelder und Wertpapiere können besondere Gebühren (Depositalgebühren) erhoben werden. Die Gebührensätze werden durch K. Verordnung bestimmt.

b) **Verordnung v. 25. Dez. 1899**, die Erhebung von Hinterlegungsgebühren betr. (GVBl. 1235, JMBl. 1074, FMBl. 1900, 24), ergänzt durch MB. v. 16. Febr. 1907 (JMBl. 69).

§ 1. Für die Hinterlegung von Geld, Wertpapieren und Kostbarkeiten bei den amtsgerichtlichen Hinterlegungsstellen, den Notaren oder der K. Bank werden Hinterlegungsgebühren nach Massgabe der folgenden Vorschriften erhoben:

1. Hinterlegung bei den amtsgerichtlichen Hinterlegungsstellen und der K. Bank.

§ 2. Für die Hinterlegung von Geld, Wertpapieren und Kostbarkeiten, welche von dem Vater oder der Mutter, dem Vormunde, dem Pfleger oder dem Beistand auf Grund der §§ 1667, 1814, 1818 des Bürgerlichen Gesetzbuchs bewirkt werden, beträgt die Gebühr $^4/_{10}$ vom Tausend des hinterlegten Betrags oder Wertes.

Uebersteigt die Dauer der Verwahrung den Zeitraum eines Jahres, so wird für jedes weitere angefangene Jahr von der ersten Erlage an gerechnet die Hälfte der im Abs. 1 bestimmten Gebühr unter Zugrundelegung des jeweiligen Gesamtbetrags oder Wertes in Ansatz gebracht.

Erfolgt die Hinterlegung durch den Vater oder die Mutter, den Vormund, den Pfleger oder den Beistand für mehrere Kinder oder Mündel, so ist die Gebühr aus dem Vermögen jedes einzelnen Kindes oder Mündels besonders zu berechnen.

Der Mindestbetrag der Hinterlegungsgebühr ist 20 Pfennig.

Beträgt das Vermögen eines Kindes oder Mündels nicht über 1000 M, so kommt eine Hinterlegungsgebühr nicht zur Erhebung.

§ 3. In den übrigen Fällen der Hinterlegung von Geld, Wertpapieren und Kostbarkeiten beträgt die Hinterlegungsgebühr eins vom Tausend des hinterlegten Betrags oder Wertes.

Uebersteigt die Dauer der Verwahrung den Zeitraum eines Jahres, so wird für jedes weitere angefangene Jahr von der ersten Erlage an gerechnet die Hälfte der im Abs. 1 bestimmten Gebühr unter Zugrundelegung des jeweiligen Gesamtbetrags oder Wertes in Ansatz gebracht.

Der Mindestbetrag der Hinterlegungsgebühr ist 1 M.

§ 4. Macht der Hinterleger für den Fall, dass die K. Bank Hinterlegungsstelle ist, von dem Rechte nach § 53 Abs. 2 der Hinterlegungsordnung Gebrauch, so wird in den Fällen des § 2 ausser der an die K. Bank zu entrichtenden tarifmässigen Gebühr für die Verwaltung der offenen Depots eine Hinterlegungsgebühr überhaupt nicht und in den Fällen des § 3 nur für das erste Verwaltungsjahr erhoben; als Gebühr wird der Unterschied zwischen der im § 3 bestimmten Gebühr und der Vergütung an die K. Bank erhoben.

§ 5. Wird von der K. Bank als Hinterlegungsstelle

1. die Einziehung der Valuta für ausgelöste oder gekündigte Wertpapiere;
2. der Ankauf und Verkauf von Wertpapieren;
3. die Einziehung neuer Zins- und Dividendenscheine;
4. die Erhebung der Valuta für fällige Zins- und Dividendenscheine

vermittelt, so kann dieselbe neben der Hinterlegungsgebühr die übliche bankmässige Provision und Vergütung der Spesen beanspruchen.

§ 6. Bei den Amtsgerichten, für welche ein anderes Amtsgericht Hinterlegungsstelle ist, werden für die vorläufige Verwahrung die gleichen Gebühren erhoben wie für die Hinterlegung. Werden die übernommenen Sachen an die Hinterlegungsstelle abgegeben, so gilt die Zeit der vorläufigen Verwahrung als Hinterlegungszeit im Sinne der §§ 2, 3.

§ 7. Für die Aufnahme von Hinterlegungserklärungen (§§ 17, 48 der Hinterlegungsordnung), von Gesuchen um Annahme zur vorläufigen Verwahrung (§ 41 das.) sowie von Anträgen auf Herausgabe (§§ 23, 42, 51 das.) durch den Gerichtsschreiber, ferner für die Beschlüsse des Amtsgerichts, durch welche die Annahme zur vorläufigen Verwahrung, die Herausgabe aus der vorläufigen Verwahrung oder die Hinterlegung angeordnet wird (§§ 42, 44 das.), sowie, wenn der K. Bank die Besorgung des Hinterlegungswesens übertragen ist, für die Herausgabe-Weisung des Amtsgerichts (§ 49 das.) werden Gebühren nicht erhoben.

II. Hinterlegung bei den Notaren.

§ 8. Für die aus Anlass eines Amtsgeschäfts erfolgenden Hinterlegungen von Geld, Wertpapieren und Kostbarkeiten (Art. 4 des Notariatsgesetzes) beträgt die Gebühr $^2/_{10}$ vom Tausend des jeweils hinterlegten Betrags oder Wertes für jedes angefangene Jahr der Hinterlegung, mindestens aber 20 Pfennig.

Für die Hinterlegung von Beträgen oder Werten unter 20 M werden Gebühren nicht erhoben.

III. Allgemeine Bestimmungen.

§ 9. Pfennigbeträge an Hinterlegungsgebühren, welche ohne Rest nicht durch zehn teilbar sind, werden auf den nächst höheren, durch zehn ohne Rest teilbaren Betrag aufgerundet.

§ 10. Schuldner der Hinterlegungsgebühr ist der Hinterleger. Das Recht des Hinterlegers, von demjenigen, auf dessen Kosten nach dem Gesetze die Hinterlegung erfolgt, Ersatz zu fordern, bleibt unberührt.

§ 11. Die Hinterlegungsgebühr wird in Vormundschafts- und Fideikommissachen nach Ablauf eines jeden Hinterlegungsjahrs, spätestens aber bei Herausgabe der hinterlegten Gelder, Wertpapiere und Kostbarkeiten erhoben.

In den Fällen der §§ 3, 4 ist die Gebühr bei der Hinterlegung für ein Jahr im voraus zu entrichten (jedoch nicht, wenn der Pfandleiher den Ueberschuss des Erlöses hinterlegt. MB. vom 16. Februar 1907 [JMBl. 69]).

§ 12. Die Hinterlegungsstelle sowie der Notar kann die Herausgabe der hinterlegten Sachen von der vorherigen Entrichtung der Hinterlegungsgebühr abhängig machen.

Die K. Bank ist berechtigt, vor der Aushändigung von Zins-, Renten- oder Gewinn-Anteilsscheinen die Bezahlung der im Zeitpunkte der Aushändigung fälligen Hinterlegungsgebühren zu verlangen.

Das Zurückbehaltungsrecht der Hinterlegungsstelle bleibt unberührt.

§ 13. Für die Entscheidung von Streitfragen über die Pflicht zur Entrichtung der Hinterlegungsgebühr oder über deren Grösse finden für den Fall, dass die Hinterlegungsgebühr bei einem Notar zum Anfalle gelangt ist, die Vorschriften der Art. 47 bis 50, im übrigen die Vorschriften des Art. 234 des Gesetzes über das Gebührenwesen in der Fassung der Bekanntmachung vom 11. November 1899 Anwendung.

§ 14. Diese Verordnung tritt gleichzeitig mit der Hinterlegungsordnung in Kraft.

Mit dem gleichen Zeitpunkte werden die K. Verordnungen vom 17. Dezember 1882, die Erhebung von Depositalgebühren betreffend, und vom 13. Juni 1882, die Erhebung von Depositalgebühren in Vormundschaften betreffend, aufgehoben.

§ 15. Die Vorschriften dieser Verordnung finden auch auf diejenigen Massen, welche am 1. Januar 1900 schon hinterlegt sind, Anwendung. Für diese Massen beginnt am 1. Januar ein neues Verwaltungsjahr im Sinne der §§ 2, 3.

War die Masse im Jahre 1899 weniger als einen Monat hinterlegt, so wird eine Hinterlegungsgebühr nicht erhoben. Andernfalls wird für das Jahr 1899 die Hinterlegungsgebühr nach dem Verhältnisse der Zeitdauer der Hinterlegung erhoben; dabei werden nur volle Monate gerechnet.

Die am 1. Januar 1900 bei den Notaren hinterliegenden Gelder Wertpapiere und Kostbarkeiten, welche unter den Art. 4 des Notariatsgesetzes fallen, gelten mit dem 1. Januar 1900 als im Sinne dieser Verordnung hinterlegt.

§ 16. Die auf Grund des § 4 der K. Verordnung vom 17. Dezember 1882 am 31. Dezember 1899 gestundeten Gebühren bleiben bis zur Rückgabe der hinterlegten Gelder und Wertpapiere gestundet.

Werden auf Grund der Art. 203, 210 des Einführungsgesetzes zum Bürgerlichen Gesetzbuche hinterlegte Gelder, Wertpapiere und Kostbarkeiten herausgegeben, so wird für die vom 1. Januar 1900 an dauernde Hinterlegung eine Hinterlegungsgebühr nicht erhoben.

§ 17. Die erforderlichen Ausführungsbestimmungen werden von den Staatsministerien der Justiz und der Finanzen erlassen.

Gegeben München, den 25. Dezember 1899.

c) Vollzugsvorschriften:

Bekanntmachung der K. Staatsministerien der Justiz und der Finanzen vom 12. Januar 1900, die Erhebung von Hinterlegungsgebühren betr. (JMBl. 1900, 301; FMBl. 1900, 81).

Tabelle zu VII (Hinterlegungsgebühren).

1. Vormundschaftssachen.

	für Tausend		Mindest-betrag	Keine Hinter-legungsgebühr, wenn
	erstes Jahr	folgend. Jahre		
Geld, Wertpapiere (Kurswert) und Kostbarkeiten	40 Pf.	20 Pf.	20 Pf.	Gesamtvermög. eines Kindes oder Mündels nicht über 1000 M.

2. Judiziarsachen (auch Fideikommissachen).

	für Tausend		Mindest-betrag
	erstes Jahr	folgend. Jahre	
Geld, Wertpapiere (Kurswert) und Kostbarkeiten.	1 M	50 Pf.	1 M.

3. Offenes Depot bei der K. Bank.

a) Im Falle 1: (Vormundschaftssachen) keine gerichtl. Hinterlegungsgebühr, bloss Depotgebühr an die K. Bank.

Depotgebühr: 50 Pfg. vom Tausend (Kurswert).

Mindestgebühr: 2 M 50 Pfg. für Depots im Werte von 5000 M und darunter, 5 M für Depots im höheren Wert.

Neuer **Depositenschein auf Antrag: 1 M.**

b) im Falle 2 (**Judiziarsachen**):

Depotgebühr wie bei a.

Gerichtl. Hinterlegungsgebühr nur für das **erste** Verwaltungsjahr: Unterschied zwischen der Depotgebühr und der gerichtl. Hinterlegungsgebühr nach Ziffer 2.

c) Fideikommissachen:

Depotgebühr im **ersten** Jahre 1 M vom Tausend, sonst wie oben bei b.

4. Hinterlegung bei den Notaren.

	Vom Tausend für jedes Jahr	**Mindestbetrag**	Gebührenfrei
Geld, Wertpapiere (Kurswert) und Kostbarkeiten.	20 Pf.	20 Pf.	Beträge oder Werte unter 20 M.

VIII. Gebühren in Hypothekensachen der Pfalz.

MB. vom 2. März 1902 (JMBl. 411, FMBl. 127).

IX. Sonstige Gerichtskosten (geregelt durch das bayerische Gebührengesetz).

Gebührengesetz in der Fassung vom 13. Juli 1910 (GVBl. 311).

Durch dieses Gesetz sind nachstehende weitere Gerichtskosten (im Gesetz als Gebühren bezeichnet) geregelt:

1. in Forstrügesachen, Art. 27—31.
2. für nachstehende Verhandlungen der Gerichte:
   a) Zeugnisse, Beglaubigungen, Ausfertigungen, Art. 54.
   b) Registerführung, Art. 55—77.
   c) Familienfideikommisse, Art. 78—82.
   d) Vormundschaften, Art. 83—93.
   e) Nachlass- und Teilungssachen, Art. 94—115
   f) Grundbuchsachen, Art. 116—127.
   g) Sonstige Gegenstände, Art. 128—143.

30. Staatsgebühren.

für die Tätigkeit der Gerichtsvollzieher.

Staatsgebühren für Gerichtsvollzieher-Akte können nur in den folgenden Fällen in den Angelegenheiten der freiwilligen Gerichtsbarkeit erhoben werden (Art. 23, 196 bis 200 des Gebührengesetzes in der Fassung vom 13. Juli 1910 (GVBl. 311).

Beglaubigung der Abschrift eines in Angelegenheiten der freiwilligen Gerichtsbarkeit zuzustellenden Schriftstückes durch den GV., besondere Gebühr . . . . 50 Pf. (Art. 196 Abs. 3 Geb.-Ges.)

Mobiliarversteigerungen 1 vom Hundert des erzielten Gesamterlöses.

Von der Gebühr sind befreit:
1. Versteigerungen für Rechnung der Reichs- oder Staatskasse;
2. Versteigerungen im Mess- und Marktverkehr;
3. Mobiliarzwangsversteigerungen durch GV.;
4. Versteigerungen forstwirtschaftlicher Produkte;
5. Versteigerungen landwirtschaftlicher Produkte; ausgenommen sind jene, welche anlässlich gewerbsmässiger Güterzertrümmerungen vorgenommen werden, sowie diejenigen Weinversteigerungen, bei welchen der erzielte Gesamterlös den Betrag von 100 M übersteigt;
6. Versteigerungen, welche im öffentlichen Auftrag oder von Vormündern zur Verwertung von Mündelgut vorgenommen werden.

Art. 200, 261 bis 268 des Geb.-Ges.

Wechselproteste und **Scheckproteste** 1 vom Tausend der Gegenstandssumme, mindestens 1 M (Art. 282 a).

Zustellung von Willenserklärungen ausserhalb eines Rechtsstreites (§ 132 BGB.) Beurkundungen hierüber auch bei Zustellung durch die Post § 194 ZPO. Daneben für jede Beglaubigung 50 Pf. besonders . . . . 1 M (Art. 196 Geb.-Ges.).

Erhebung dieser Gebühren:

Diese Gebühren werden nicht mehr durch Verwendung von Gebührenmarken erhoben, sondern wie die übrigen Gebühren und Auslagen für Gerichtsvollzieherakte in der streit. Gerichtsbarkeit verrechnet. Bek. v. 19. Sept. 1901 (JMBl. 589).

31. Gerichtsvollzieher-Gebühren.

Die **Gebühren der Gerichtsvollzieher** bestimmen sich nach der Reichs-Gebührenordnung für Gerichtsvollzieher vom 20. Mai 1898 (RGBl. 683) und, soweit sie hier nicht geregelt sind, nach der Bayer. VO. vom 16. Dez. 1899, die Vorschriften über die Gebühren der Gerichtsvollzieher betr. (JMBl. 533), geändert durch VO. vom 26. Juni 1908 (JMBl. 151). Vgl. ferner JFMB. vom 18. Februar 1902 (JMBl. 383) und JMB. vom 18. Februar 1902 (JMBl. 384).

Angebot nach §§ 293, 294 BGB. . . . . M 2.50
Ist der Gegenstand des tatsächlichen Angebotes Geld, so erhält der G.-V.
von dem Betrage bis 1000 M 1 v. Hundert
von dem Betrage über 1000 M — 2000 M $^1/_2$ v. Hundert
von dem Betrage über 2000 M $^1/_8$ v. Hundert
Mindestgebühr 2 M 50 Pf.

Im Falle des § 756 ZPO. keine besondere Gebühr, wenn der G.-V. auch Zwangsvollstr.-Handlungen vorzunehmen hat.

Zustellungen bei einem Angebot gelten bezüglich der Gebühren und Auslagen als Bestandteile des Angebotes. § 7 VO. vom 16. Dezember 1899.

Armenrecht — Ersatz der baren Auslagen von der Staatskasse, falls dieselben nicht von dem Ersatzpflichtigen beigetrieben werden können. §§ 124, 788 ZPO. § 21 GO. § 13 VO. vom 16. Dezember 1899.

Auslagen, bare, sind dem G.-V. zu vergüten. Als solche gelten:
1. Schreibgebühren,
2. Post- und Telegraphengebühren,
3. die durch öffentliche Bekanntmachungen, insbesondere durch Einrückung in öffentliche Blätter entstandenen Kosten,
4. die an Zeugen (Entschädigung bis zum Betrage von je 1 M § 15 GO.) u. Sachverständige (Vergütung nach ortsüblichem Preise, § 13 GO.) zu zahlenden Beträge,
5. die Entschädigung der zum Oeffnen von Türen und Behältnissen zugezogenen Personen,
6. die für Umschreibung eines auf Namen lautenden Wertpapiers oder für Wiederinkurssetzung eines Inhaberpapiers zu zahlenden Beträge,
7. die Kosten eines Transports von Personen oder Sachen, die Kosten der Verwahrung und Beaufsichtigung von Gegenständen, die Kosten der Aberntung von Früchten, sowie der Erhaltung von Tieren,
8. die Reisekosten.

§ 13 GO. Gleiche Bestimmung der Landes-Gebühren-O. § 13 VO. vom 16. Dezember 1899.

Entsetzung aus dem Besitz unbeweglicher Sachen oder bewohnter Schiffe und die Einweisung in denselben (§ 885 ZPO.).
3 M für jede angefangene Stunde von dem Erscheinen an Ort und Stelle bis zur Beendigung seiner Tätigkeit. § 8 GO.

Gebühr 3 M, auch wenn der G.-V. sich an Ort und Stelle begeben, die Zw.-V. aber nach § 775 ZPO. oder infolge Zurücknahme des Auftrages unterbleibt. § 10 GO.

Erhebung der Gebühren — zulässig durch Postvorschuss. § 20 GO. § 13 VO. v. 16. Dezember 1899.

Fälligkeit der Gebühren — nach Erledigung des Auftrags. § 20 GO. § 13 VO. v. 16. Dezember 1899.

Interventionserklärung bezügl. Wechsel-Protestgebühr; wenn nicht die Erklärung bei Gelegenheit des Protestaktes erfolgt. § 8 Abs. 4 VO. v. 16. Dezember 1899.

Keine anderen besonderen Gebühren, weil die in § 4—11 bestimmten Gebühren die gesamte Tätigkeit des G.-V. bei der Zw.-V. umfassen, insbesondere nicht für

1. Nachsuchung der Unterstützung der polizeil. Vollzugsorgane und die Zuziehung der Zeugen und Sachverst. §§ 758, 759, 813, 814 ZPO.
2. die zu den Vollstreckungshandlungen gehörenden Mitteilungen, Aufforderungen, Zustellungen und Postsendungen,
3. die Umschreibung eines auf den Namen lautenden Wertpapiers auf den Namen des Käufers und die Wiederinkurssetzung eines gepfändeten Inhaberpapiers, §§ 822, 823 ZPO.,
4. die Annahme und Quittierung, Ablieferung oder Hinterlegung der schuldigen Leistungen, sowie des gepfändeten oder erlösten Geldes und die Zurückgabe gepfändeter Gegenstände,
5. die Bekanntmachung der Versteigerung. § 12 GO. Auch nach der Landes-Gebührenordnung § 13 VO. v. 16. Dez. 1899.

Lagerkosten — wenn in Zwangsvollstreckungs- oder Versteigerungssachen vom G.-V. Gegenstände in eine staatliche Pfandkammer eingeschafft oder sonst zu Gerichtshanden gebracht werden,

für die ersten 3 Wochen der Lagerung 1 v. Hundert,
für die folgenden 10 Wochen der Lagerung 1/2 v. Hundert,
für die dann folgende Zeit der Lagerung 1/4 v. Hundert.

Berechnung nach dem Versteigerungs- oder Verkaufs-Erlös, wenn keine Versteigerung oder Verkauf, nach dem Schätzungswert. § 12 VO. v. 16. Dez. 1899, event. Herabsetzung der Gebühr bis zur Hälfte durch den Amtsgerichtsvorstand, wenn Gegenstände bei verhältnismässig hohem Wert nur geringen Raum beanspruchen. Bek. v. 18. Febr. 1902 (JMBl. 384).

Leistung an G.-V., durch welche der Auftrag zur Zw.-V. erledigt wird

a) bei Zahlungen die Pfändungsgebühr, nach dem gezahlten Betrage zu berechnen, jedoch wenn Pfändung vorausgegangen, nicht unter 2 M.

b) bei Herausgabe von Sachen die Gebühr für Wegnahme, § 11 GO.

Für Empfangnahme der Wechselsumme einschl. Uebersendung an Gläubiger

bei einer Summe bis zu 200 M . . . . 50 Pfg.,
bei einer Summe von 200 M bis 1000 M 1/4 v. Hundert,
von dem weiteren Betrage . . . . . 1 v. Tausend.

§ 9 VO. v. 16. Dezember 1899.

Mahnbrief 30 Pf., § 10 VO. v. 16. Dezember 1899, aber keine Schreibgebühr, § 14 VO. v. 16. Dezember 1899.

Nachpfändung $^1/_2$ der Pfändungsgebühr. § 5 GO.

Pfändung von beweglichen körperlichen Sachen

a) von Früchten auf der Wurzel, von Forderungen aus Wechseln oder anderen Papieren, welche durch Indossament übertragen werden können, nach der Höhe der beizutreibenden Forderung

bei einem Betrage bis	50 M inkl.	1 M,
„ „	100 M „	2 M,
„ „	300 M „	3 M,
„ „	1000 M „	4 M,
„ „	5000 M „	5 M,
„ „	über 5000 M	6 M,

b) bei Arrestpfändung massgebend der im Arrestbefehle nach § 923 ZPO. festgestellte Geldbetrag,

c) bei Pfändung eines im Schiffsregister eingetragenen Schiffes Mindestgebühr 3 M,

d) wenn Zeitaufwand mehr als zwei Stunden, erhöht sich die Gebühr für jede angefangene weitere Stunde um $^1/_4$,

e) bei erfolglos versuchter Pfändung mindert sich die Gebühr um $^1/_2$, Aufnahme eines Protokolls nötig. § 4 GO.,

f) bei Unterbleiben der Zw.-V. infolge § 775 ZPO. oder Zurücknahme des Auftrags, wenn der G.-V. sich an Ort und Stelle begeben hatte, $^1/_2$ der unter a und b bestimmten Gebühr, im Falle c ebenso, jedoch nicht unter 2 M. § 10 GO.

Reisekosten — bei Entfernung von mehr als 2 Kilometer vom dienstlichen Wohnsitz 10 Pfg. für jedes angefangene Kilometer des Hinweges und des Rückweges.

Für jedes mehrerer selbständiger auf derselben Reise vorgenommener Geschäfte die volle Gebühr; mehrere Geschäfte an demselben Ort für denselben Auftraggeber und in bezug auf dieselbe Rechtsangelegenheit nur ein Geschäft. § 17 GO. Ebenso nach der Landes-Gebühren-O. § 13 VO. v. 16. Dez. 1899.

Scheckproteste wie bei den Wechselprotesten. VO. v. 26. Juni 1908 Ziff. 3 u. 4 (JMBl. 151).

Schreibgebühren nach Massgabe des § 80 GKG. — also für die Seite, welche mindestens 20 Zeilen von durchschnittlich 12 Silben enthält, 20 Pfg. (Art. VI des Ges. v. 1. Juni 1909, RGBl. 475), auch wenn die Herstellung auf mechanischem Wege stattgefunden hat; jede angefangene Seite wird für voll berechnet — werden vergütet:

1. für alle nach gesetzl. Vorschrift oder auf Antrag erteilten Abschriften der vom G.-V. aufgenommenen Urkunden und Protokolle, mit Ausnahme der nach gesetzlicher Vorschrift zu erteilenden Abschrift der Zustellungsurkunde; — im Falle des § 2 Abs. 2 GO. (Zustellung an den Zustellungsbevollmächtigten mehrerer Beteiligter) wird jedoch für jede Abschrift der Zust.-Urk. die Schreibgebühr vergütet, — ferner für begl. Abschrift des Protestes zum Wechselprotestregister (Bek. v. 14. Nov. 1903, JMBl. 452),
2. für die bei einer Hinterlegung zu erstattende Anzeige an das Vollstreckungsgericht, §§ 827, 854 ZPO.,
3. für die Aufnahme der von dem Drittschuldner nach Zustellung eines Pfändungsbeschlusses abgegeb. Erklärungen, § 840 ZPO.,

4. für die vor der Verhaftung erforderliche Anzeige an die vorgesetzte Dienstbehörde des zu Verhaftenden, § 910 ZPO., § 14 GO. Gleiche Bestimmung der Landes-Gebühren-O. § 13 VO. v. 16. Dezember 1899.

Siegelung oder **Entsiegelung** nach § 122 KO., $^1/_2$ der Pfändungsgebühr, berechnet nach dem Werte der aufgezeichneten Gegenstände; keine besondere Gebühr, wenn verbunden mit der Aufzeichnung als Urkundsperson nach § 123 KO. § 3 Abs. 2 VO. v. 16. Dezember 1899.

Tagegeld 6 M — **kein** Anspruch, statt desselben Reisekostenentschädigung, nur ausnahmsweise als Zeugengeld oder bei Umzügen. Bek. v. 25. Mai 1904 (JMBl. 110).

Terminsfestsetzungs - Erwirkung, wenn gegen Zahlungsbefehl Widerspruch erhoben ist, 50 Pfg. § 11 VO. v. 16. Dez. 1899.

Uebergabe eines oder mehrerer Grundstücke an den Verwalter nach § 150 SubhO. — nach der Zeitdauer, für jede angefangene Stunde 50 Pfg., mindestens 2 M. § 5 VO. v. 16. Dezember 1899.

Uebernahme beweglicher Sachen zum Zwecke der Verwertung in der Zwangsvollstreckung
a) in den Fällen § 790 ZPO. Pfändung in militärischen Dienstgebäuden, § 847 ZPO. Pfändung eines Anspruchs, welcher eine bewegliche körperliche Sache betrifft, § 854 ZPO. Pfändung eines solchen Anspruchs für mehrere Gläubiger,
b) im Falle des Ausscheidens des G.-V., welcher die Pfändung vorgenommen hat, $^1/_2$ der Pfändungsgebühr. § 5 GO.

Urkundsperson bei der Aufzeichnung der zur Konkursmasse gehörigen Gegenstände = Pfändungsgebühr, berechnet nach dem Werte der aufgezeichn. Gegenstände. § 3 Abs. 1 VO. v. 16. Dez. 1899.

Verfahren bei Erinnerungen gegen den Ansatz von Gebühren und Auslagen des G.-V. nach § 766 Abs. 2 ZPO., bzw. § 4 GKG., § 22 GO., für die Landes-Gebühren-O. s. § 15 VO. v. 16. Dez. 1899.

Verhaftung, einschliesslich Ablieferung und zwangsweise Vorführung einer Person . . . . 15 M,
Nachverhaftung . . . . 2 M,
erfolglos versuchte Verhaftung im Falle der §§ 904, 906 ZPO., § 9 GO. . . . . 5 M,
wenn Vollstreckungshandlung nach § 775 ZPO. oder infolge Zurücknahme des Auftrags unterbleibt und der G.-V. sich an Ort und Stelle begeben hatte § 10 GO. 5 M.
Freiw. Gerichtsbarkeit — s. Zwangsmassregeln.

Versteigerung oder **Verkauf** aus freier Hand im Zwangsvollstr.-verfahren v. d. Betrage d. erzielten Erlöses bis zu 100 M 5 vom Hundert, bei einem Erlöse von 100 M . 5 M,

200 M .	8 M,
300 M .	11 M,
400 M .	13 M,
500 M .	15 M,
600 M .	17 M,
700 M .	19 M,
800 M .	21 M,
900 M .	23 M,
1000 M .	25 M

von dem Betrage über 1000 M bis 5000 M 1 vom Hundert, von dem Betrage über 5000 M $^1/_2$ vom Hundert, Mindestgebühr 2 M. § 7 GO.

Wenn der G.-V. sich an Ort und Stelle begeben hat, die Versteigerung aber unterbleibt, Geb. 2 M. § 10 GO.

Gleiche Gebühren für die Vornahme einer öffentlichen Versteigerung, oder Bewirkung eines Verkaufs aus freier Hand, für die Versteigerung beweglicher Sachen auf Anordnung des Vollstreckungsgerichts, für die Vornahme einer Versteigerung in Verlassenschaftssachen, sowie für die Vornahme einer freiwilligen Versteigerung. § 4 VO. v. 16. Dezember 1899.

Verwahrung von Geldern, Wertpapieren, einschliesslich Wechsel, Kostbarkeiten (Wertsberechnung) — Hinterlegungsgebühr nach § 3 der VO. v. 25. Dez. 1899 (GVBl. 1235) lt. Bek. vom 18. Febr. 1902 (JMBl. 383).

Vollstreckungsbefehl-Erwirkung 50 Pfg. § 11 VO. v. 16. Dez. 1899.

Vormerkungen der Gebühren, Auslagen und event. Zeit auf Urschriften und Abschriften der Ger.-V.-Akte. § 23 GO., § 13 VO. v. 16. Dezember 1899.

Vorschusspflicht zur Deckung der baren Auslagen und des vermutlichen Betrags der Gebühren. § 18 GO., § 13 VO. vom 16. Dezember 1899.

Wechselprotest

bei einem Nennwert des Wechsels bis	100 M	einschl.	1 M,
„ „ „	300 M	„	2 M,
„ „ „	1000 M	„	3 M,
„ „ „	5000 M	„	4 M,
„ „ „	über 5000 M		5 M.

Bei Protest mehrerer Wechsel in einer Urkunde, Gebühr nach dem Nennwert jedes einzelnen Wechsels.

Protestgebühr zu erheben, wenn nach dem Beginn des Protestaktes der Schuldner freiwillig Zahlung leistet oder eine Quittung über die erfolgte Zahlung vorlegt.

Wenn vor Errichtung einer Protesturkunde Auftrag zurückgezogen wird — $^3/_{10}$ der Protestgebühr, event. mit Reiseentschädigung.

Wenn gelegentlich des Protestaktes Interventionserklärung, für letztere keine besondere Gebühr. § 8 VO. v. 16. Dezember 1899.

Für Erholung des Wohnungsaufschlusses — keine Gebühr. Bek. v. 29. Juni 1902 (JMBl. 614).

Wegnahme beweglicher Sachen zum Zweck der Zw.-V. einschliesslich der Uebergabe, § 883 ZPO., 3 M,

bei Zeitaufwand von mehr als 2 Stunden erhöht sich die Gebühr für jede angefangene weitere Stunde um 1 M,

bei erfolglos versuchter Wegnahme — weil Sache nicht aufzufinden war — oder Unterbleiben der Wegnahme zufolge § 775 ZPO. oder Zurücknahme des Auftrages — $^1/_2$ der Gebühr, mindestens aber 2 M. — Protokollaufnahme nötig. §§ 6, 10 GO.

Widerstand des Schuldners, — im Falle der Zuziehung des G.-V. zur Beseitigung des Widerstandes des Schuldners gegen die Vornahme einer Handlung (§ 892) 3 M für jede angefangene Stunde vom Erscheinen an Ort und Stelle bis zur Beendigung seiner Tätigkeit. § 8 Ziff. 2 GO.

Gebühr 3 M, auch wenn der G.-V. sich an Ort und Stelle begeben, die Zw.-V. aber nach § 775 ZPO. oder infolge Zurücknahme des Auftrags unterbleibt. § 10 GO.

Zahlungsbefehl-Erwirkung 50 Pf. § 11 VO. v. 16. Dezember 1899.

Zeitdauer — für alle nach Zeitdauer bestimmten Gebühren wird die Reisezeit nicht eingerechnet.

Zustellung — auch an einen Zustellungsbevollmächtigten mehrerer Beteiligter . . . . 80 Pf. in amtsgerichtl. und schöffengerichtl. Sachen in I. Instanz 50 Pf.
Für Zustellung durch Aufgabe zur Post, Ersuchen an die Post um Zustellung, für Zustellung im Auftrag eines Anwalts an den Gegenanwalt $1/2$ von 80 bzw. 50 Pf. § 2 GO.
Wenn die Zustellung durch die Post mit geringeren Kosten möglich gewesen wäre, erhält G.-V. die Mehrkosten nur, wenn er zur Zustellung ohne Benutzung der Post ausdrücklich ermächtigt worden ist. § 3 GO.

Zwangsmassregeln in Angelegenheiten der freiw. Gerichtsbarkeit nach Art. 130 AGBGB., insbesondere für Vorführung oder Inhaftnahme einer Person 3 M. § 6 VO. v. 16. Dez. 1899.

---

32. Staatsgebühren für Notariatsgeschäfte, Notariats-Gebühren.

1. Bayer. Ges. über das Gebührenwesen in der Fassung v. 13. Juli 1910 (GVBl. 311) Art. 144—195.
2. VO. v. 23. Dezember 1899, die Ausführung des Reichsgerichtskostengesetzes und des Gesetzes über das Gebührenwesen (JMBl. 1900, 335), geändert durch VO. v. 10. Mai 1903 (GVBl. 315) u. MB. v. 29. Oktober 1907 (GVBl. 822).
3. MB. v. 25. Dezember 1899. Instruktion zum Vollzuge des Reichsgerichtskostengesetzes und des Gesetzes über das Gebührenwesen betr. (JMBl. 1900, 343).
4. Besitzveränderungsabgabengesetz v. 14. August 1910 (GVBl. 433); allgemeine Vollzugsbekanntmachung hierzu v. 15. August 1910 (GVBl. 436); beigefügt ist ein Verzeichnis der Gemeinden mit Besitzveränderungsabgabe nach dem Stande v. 15. August 1910, wegen der Nachträge s. das JMBl.
5. VO. v. 28. Dezember 1899, die Notariatsgebührenordnung betr. (GVBl. 1183), mit Nachtrag vom 4. Juli 1903 (JMBl. 333) und 26. Juni 1908 Ziff. 4 (JMBl. 151).
6. MB. v. 19. Januar 1900, die Führung von Notariaten auf Rechnung des Staates, hier die Berechnung der Notariatsgebühren betr. (JMBl. 461).
7. VO. v. 28. Juli 1900, die Gebühren der Notare in Grundbuchsachen betr. (JMBl. 1043), geändert durch VO. v. 25. Febr. 1905 (JMBl. 561).

8. MB. v. 2. Febr. 1902, Tantiemen der Notare betr. (JMBl. 292 u. 295). — Vorschussgebühr von 1 Prozent der vorgeschossenen Summe.

NB. Eine alphabetische Zusammenstellung auf Grund vorstehender Vorschriften konnte wegen Raummangels nicht erfolgen.

Im übrigen wird auf Kaisenbergs Tabellen der bei Notariatsgeschäften anfallenden Staats-, Gemeinde- und Notariatsgebühren verwiesen; 2. Auflage, erschienen 1907 im Verlag dieses Kalenders. Es wird eine sehr praktische Wandtabelle mitgeliefert.

---

33. Gebühren der Rechtsanwälte in Strafsachen.

1. *Verteidigung in der Hauptverhandlung* I. Instanz
   a) vor dem Schöffengericht . . . . . . 12 M
   b) vor der Strafkammer . . . . 20 M
   c) vor dem Schwurgericht oder dem Reichsgericht 40 M
2. *Verteidigung in der Hauptverhandlung* II. Instanz sowie in der Revisionsinstanz — dieselben Gebühren wie sub Z. 1, wobei sich die Stufe nach der Ordnung des Gerichts bestimmt, welches in I. Instz. erkannt hat.
3. *Wenn in den Fällen 1 und 2 die Verteidigung sich auf mehrere Tage erstreckt,* Erhöhung der Gebühr um 5/10 für jeden weiteren Tag.
4. *Verteidigung im Vorverfahren:*
   a) in den zur Zuständigkeit der Schöffengerichte gehörigen Sachen . . . . . . 6 M
   b) in den zur Zust. der Strafkammer geh. Sachen 10 M
   c) in den zur Zust. des Schwurger. oder d. Reichsgerichts gehörigen Sachen . . . . . . 20 M
5. *Rechtfertigung einer Berufung* (einschliessl. Einlegung der Berufung) 5/10 der in Ziff. 1 bezeichn. Gebühr.
6. *Begründung einer Revision* (einschl. der Einlegung der Revision) 5/10 der in Z. 1 bezeichn. Gebühr.
7. *Antrag auf Wiederaufnahme des Verfahrens* 5/10 der in Z. 1 bezeichn. Gebühr.
8. *Einlegung eines Rechtsmittels* (ohne Begründung oder Rechtfertigung), sowie Anfertigung anderer Anträge, Gesuche und Erklärungen . . . . . 2 M
   (wenn nicht bei Rechtsmitteln die Gebühren nach Z. 5 u. 6 oder überhaupt die Gebühren nach Z. 1, 2 u. 4 in derselben Instanz zustehen).
9. *Verteidigung mehrerer Beschuldigter* durch einen gemeinschaftl. Verteidiger — Erhöhung d. Gebühr um 5/10.

---

34. Postwesen. Telegraph. Telephon.

a) Postwesen — Allgemeines.

Verfassung des Deutschen Reichs v. 16. April 1871 Abschnitt VIII Post- und Telegraphenwesen.

Gesetz über das Postwesen des Deutschen Reichs vom 28. Okt. 1871. Abänderung vom 20. Dez. 1875 u. 20. Dez. 1899.

Gesetz über das Posttaxwesen im Gebiete des Deutschen Reichs v. 28. Okt. 1871. Abänderungen v. 17. Mai 1873, 3. Nov. 1874, 20. Dez. 1899, 11. März 1901 u. 22. Mai 1910.

Gesetz, betr. einige Abänderungen von Bestimmungen über das Postwesen vom 20. Dez. 1899.

Postordnung für das Königreich Bayern vom 27. März 1900 mit Aenderungen (GVBl. 1900, 227 ff., 1154, 1213; 1901, 411, 742; 1903, 343; 1904, 75; vom 26. März 1904, 233; 2. Juli 1904, 20. Januar, 27. Juni, 15. Juli 1906, 27. November 1906, 29. März, 17. Sept., 29. Dezember 1907 und 29. August 1908 (Postprotest), 21. Dezember 1908, 5. Oktober 1909, 6. Juni, 28. Dezember 1910, 26. Januar 1911, 28. Juni 1912.

Postordnung für das Deutsche Reich vom 20. März 1900. Mit Gültigkeit für den Verkehr Bayerns mit den übrigen deutschen Bundesstaaten, mit Aenderungen (GVBl. 1900, 311 ff., 1147, 1196; 1901, 406; vom 8. April 1901, 12. Dezember 1901, 25. Juli 1903; 1904, 72; vom 15. März 1904, 228; vom 17. Juni 1904), 23. Juni 1906, 17. November 1906, 17. Sept. 1907, 13. August 1908, 12. Dezember 1908, 26. September 1909, 1. Juni, 21. Dezember 1910.

Postzollordnung vom 28. Januar 1909/1. April 1909, Verkehrsministerialblatt (Post) 1909, 161. Aenderung v. 28. April 1910 (Bundesratsbeschluss).

Postscheckordnung für das Königreich Bayern vom 17. Nov. 1908, GVBl. S. 981. Aenderungen vom 26. Okt. 1909 GVBl. S. 736, 24. März 1910 GVBl. S. 150. Scheckgesetz vom 11. März 1908 (RGBl. 71); Reichsstempelgesetz in der Fassung vom 15. Juli 1909 (RGBl. Nr. 45); Vollzug des Reichsstempelgesetzes vom 15. Juli 1909 (GVBl. Nr. 51); Ausführungsbestimmungen des Bundesrats zu Tarif-Nr. 10 und §§ 70—77 des Reichsstempelgesetzes (GVBl. 1909 Nr. 44). FMBl. 1909 S. 561 (Anschluss der Aemter der Finanz-Verwaltung), FMBl. 1910 S. 43, 45 (Anschluss der Stellen des Ministeriums des Aeussern und des Innern), FMBl. 1910 S. 240 (desgl. der Gerichte und Strafanstalten).

Bedingungen für die Beförderung von Personen und Gütern mit den Motorwagen der K. B. Post vom 23. Mai 1905.

Verwaltungsordnung für die Verkehrsanstalten K. A. V. vom 18. Dez. 1906. Aenderung vom 3. Dez. 1908, 18. Okt. 1909.

Zuständigkeitsordnung für die Verkehrsverwaltung. Neue Fassung vom 16. Februar 1909. GVBl. Nr. 8 vom 20. Februar 1909, 175 ff.

Weltpostvertrag, Postpaketvertrag, ferner die Uebereinkommen betr. den Austausch von Briefen und Kästchen mit Wertangabe, den Postanweisungsdienst, den Postauftragsdienst, den Postbezug von Zeitungen und Zeitschriften, sämtliche abgeschlossen zu Rom am 26. Mai 1906.

Uebereinkommen zwischen den drei deutschen Postverwaltungen und der schweizerischen Postverwaltung vom 12. August 1900 (Bregenz).

Briefposttarif, Paketposttarif, Zeitungspreisverzeichnisse. (An den Postschaltern zur Einsicht.)

b) Besondere Bestimmungen für Brief-Postsendungen und Allgemeine Angaben für den Brief- und Paketverkehr.

(Briefposttabelle unter c.)

Zum Nachbarortsverkehr zählen:

1. **Im innern Verkehr Bayerns:**

Aschaffenburg	—Goldbach	München	—Perlach
„	—Schweinheim	„	—Solln (1 u. 2)
Augsburg	—Haunstetten	Mussbach	—Gimmeldingen
„	—Kriegshaber	Nürnberg	—Fürth
Bamberg	—Gaustadt	„	—Lauf am Holz
Blieskastel	—Lautzkirchen	Oberhausen	—Kriegshaber
Landshut	—Achdorf, Berg ob L.	St. Ingbert	—Rohrbach
Lichtenfels	—Michelau	Solln (1 u. 2)	—Grosshesselohe
„	—Schney	Tegernsee	—Rottach—Egern
München	—Berg a. Laim	Würzburg	—Heidingsfeld
„	—Grosshesselohe	„	—Zell a. M.
„	—Oberföhring	Zweibrücken	—Ixheim
„	—Pasing	„	—Niederauerbach.

2. Im Verkehr Bayerns mit dem Reiche: Ebernburg—Münster a. Stein, Kreuzwertheim—Wertheim, Ludwigshafen—Mannheim, Maximiliansau—Maxau, Schnappach—Altenwald, Schnappach—Sulzbach (Kr. Saarbrücken).

Im internationalen Verkehr kann die Briefgebühr für die Rückantwort durch Erlös eines Gutscheins (Antwortschein = coupon — réponse = respondkupono) über 25 Pf. vorausbezahlt werden. Der vom Absender dem Brief beigeschlossene Gutschein kann vom Empfänger gegen ein Wertzeichen seines Landes eingetauscht werden.

Bei Postkarten darf die linke Hälfte der Vorderseite zu schriftlichen Mitteilungen benützt werden. Aus ganz dünnem Papier hergestellte Vignetten oder Photographien dürfen rückwärts oder links auf der Vorderseite aufgeklebt werden.

Als Warenproben können u. a. einzelne Schlüssel und abgeschnittene frische Blumen versendet werden.

Als Geschäftspapiere werden unverschlossene Briefe und Postkarten älteren Datums, die als solche ihren Zweck bereits erfüllt haben, sowie auch unkorrigierte Schülerarbeiten zugelassen.

Soldatenbriefe, Feldpostbriefe, Feldpostkarten (unter h 8).

Unzureichend frankierte Briefe des Verkehrs unter 1, 2, 3 a und b der Tabelle c werden mit dem Porto für unfrankierte Briefe belegt, jedoch unter Abzug des Betrages der verwendeten gültigen Postwertzeichen.

Für unzureichend frankierte Postkarten und Drucksachen sowie für Briefe des Verkehrs unter 3 c wird dem Empfänger das Doppelte des Fehlbetrags angesetzt unter Abrundung auf eine durch 5 teilbare Pfennigsumme aufwärts.

Gegen die für Drucksachen festgesetzten Gebühren werden befördert:

Alle durch Buchdruck, Kupferstich, Stahlstich, Holzschnitt, Lithographie, Metallographie, Photographie, Hektographie, Papyrographie, Chromographie oder ein ähnliches mechanisches Verfahren vervielfältigten Gegenstände, die nach ihrer Form und sonstigen Beschaffenheit zur Beförderung mit der Briefpost geeignet sind. Ausgeschlossen sind die mittels des Durchdrucks, der Kopierpresse und Schreibmaschine hergestellten Schriftstücke.

Die Verpackung der Drucksachensendungen muss so sein, dass ihr Inhalt leicht geprüft werden kann. Drucksachen sind auch in Form offener Karten bis zur Grösse einer Postpaketadresse zulässig.

Es ist zulässig: 1. auf der Drucksache die Adresse zu wiederholen, den Tag der Absendung, die Unterschrift oder Firma sowie den Stand und Wohnort des Absenders handschriftlich oder auf mechanischem Wege anzugeben oder abzuändern;

2. auf gedruckten Visitenkarten, Weihnachts- und Neujahrskarten die Adresse des Absenders, seinen Titel, sowie mit höchstens fünf Worten oder mit den üblichen Anfangsbuchstaben gute Wünsche, Glückwünsche, Danksagungen, Beileidsbezeugungen oder andere Höflichkeitsformeln handschriftlich hinzuzufügen;

3. Druckfehler zu berichtigen, den Korrekturbogen das Manuskript beizufügen und in den Korrekturbogen Aenderungen und Zusätze zu machen, die die Korrektur, die Form und den Druck betreffen, solche Zusätze bei mangelndem Raum auch auf besonderen Zetteln anzubringen;

4. gewisse Stellen des gedruckten Textes anzustreichen, durchzustreichen und zu unterstreichen;

5. in Einladungs- und Einberufungsschreiben den Namen des Eingeladenen, sowie Zeit, Zweck und Ort der Zusammenkunft zu vermerken;

6. auf Büchern, Musikalien, Zeitungen, Zeitschriften, Bildern, Landkarten, Weihnachts- und Neujahrskarten eine Widmung hinzuzufügen usw.

7. bei Bücherzetteln usw. die bestellten Werke handschriftlich zu bezeichnen usw.;

8. bei Ausschnitten aus Zeitungen Titel, Tag, Nummer der Veröffentlichung hinzuzufügen usw. usw.

Postprotest. Die Postverwaltung kann beauftragt werden, Wechsel zur Zahlung vorzulegen und, wenn die Zahlung unterbleibt, Protest mangels Zahlung zu erheben (Postordnung § 20 a).

Die Dienststunden der Postanstalten für den Verkehr mit dem Publikum werden nach Massgabe der örtlichen Verhältnisse festgesetzt; an Sonn- und Feiertagen sind sie im allgemeinen auf 1—2 Stunden beschränkt (Schalteranschlag) (Postordnung § 28).

Ausserhalb der Dienststunden werden einzuschreibende Briefpostsendungen und gewöhnliche Pakete angenommen, wenn ein Beamter dienstlich anwesend ist. Einlieferungsgebühr 20 Pf. Bei Postanstalten mit Telegraphenbetrieb, die ausserhalb der Postschalterdienststunden Telegramme anzunehmen haben, können in der für die Telegrammannahme festgesetzten Zeit auch telegraphische Postanweisungen aufgegeben werden.

Bei Einschreibsendungen d. i. eingeschriebenen Briefen, Postkarten, Drucksachen, Geschäftspapieren und Warenproben kann der Absender über die Zustellung an den Empfänger einen Rückschein verlangen. Im allgemeinen besteht für Einschreibsendungen Frankierungszwang.

„Durch Eilboten" zu bestellende Sendungen unterliegen neben dem gewöhnlichen Porto noch einer Eilbotengebühr:

A. Im Falle der Vorausbezahlung

1. für die Eilzustellung von gewöhnlichen und eingeschriebenen Briefen, Postkarten, Drucksachen, Geschäftspapieren und Warenproben ohne und mit Nachnahme, Postanweisungen, Briefen mit Wertangabe, Ablieferungsscheinen und Post-Paketadressen (ohne die zugehörigen Sendungen)

im Ortszustellbezirke 25 Pf.

im Landzustellbezirke 60 Pf. für jeden Gegenstand, bei Sendungen an Empfänger im Landzustellbezirk des Aufgabepostortes jedoch die wirklich erwachsenden Botenkosten, zu deren Deckung der Absender auf Verlangen einen angemessenen Betrag zu hinterlegen hat, mindestens aber 25 Pf.

2. für die Eilzustellung von Paketen

im Ortszustellbezirke 40 Pf.

im Landzustellbezirke 90 Pf. für jedes Paket.

B. Im Falle der Zahlung durch den Empfänger bei allen Sendungen die wirklich erwachsenden Botenkosten, mindestens jedoch 25 Pf. für einen der Gegenstände zu A 1 und 40 Pf. für ein Paket.

Für die gewöhnliche Zustellung A) im Landbestellbezirk von Briefpostgegenständen einschl. der Postanweisungen, von Ablieferungsscheinen, Postpaketadressen, Rückscheinen und Empfangsausweisen zu Paketpostsendungen in die Wohnung des Empfängers wird keine Zustellgebühr erhoben. Werden jedoch die zu Postanweisungen gehörigen Geldbeträge zugestellt (auf Verlangen des Empfängers), so kommt für jede Postanweisung bis 5 M einschl. eine Zustellgebühr von 5 Pf. und für jede Postanweisung über 5 M eine solche von 10 Pf. zur Erhebung. Für jedes gewöhnliche oder eingeschriebene Paket und für jede im Landzustellbezirk zugestellte Sendung mit Wertangabe

bis 800 M einschl. beträgt die Zustellgebühr bei einem Gewichte
a) bis 1 kg einschl. 10 Pf.
b) über 1 bis 5 kg einschl. 20 Pf. Bei höherer Wertangabe oder grösserem Gewichte werden für jede Sendung 30 Pf. an Zustellgebühr erhoben.

B) **Im Orte der Bestimmungspostanstalt** ist für Zustellung von Briefpostsendungen keine Gebühr zu entrichten, jedoch wird in Orten, an welchen die Postanweisungen ausnahmsweise mit Geld zugestellt werden, eine Zustellgebühr von 5 Pf. erhoben. Für jede zugestellte oder an die Zollbehörde überlieferte Paketsendung hat der Empfänger, wenn das Gewicht der Sendung 10 kg und die Wertangabe 2000 M nicht übersteigt, 10 Pf., bei grösserem Gewicht oder höherer Wertangabe 20 Pf. an Zustellgebühr zu entrichten.

Gewährleistung. Haftung, Entschädigung oder Ersatzleistung.

1. Für den Verlust gewöhnlicher Briefpostsendungen, für die Beschädigung einer eingeschriebenen Sendung sowie für den durch verzögerte Beförderung oder Zustellung von Briefpostsendungen jeder Art entstandenen Schaden wird seitens der Post kein Ersatz geleistet.

2. Bei Verlust einer eingeschriebenen Briefpostsendung wird eine Entschädigung von 42 M geleistet, wenn der Verlust nicht durch die unabwendbaren Folgen von Naturereignissen herbeigeführt worden ist.

3. Für die auf Postanweisungen eingezahlten Beträge und Sendungen mit barem Geld (Sendungen mit Wertangabe) wird den Absender im Verlustfalle der volle zurückgeforderte Betrag zurückerstattet.

4. Für Postauftragsbriefe zur Einziehung von Geldbeträgen und zur Einholung von Wechselakzepten haftet die Postverwaltung wie für eingeschriebene Briefe und für die eingezogenen Beträge wie für die auf Postanweisungen eingezahlten Beträge.

5. Für Nachnahmebriefe wird nur Ersatz geleistet, wenn sie als Einschreibsendungen aufgegeben waren. (Für eingezogene Beträge wie für Postanweisungen).

6. Für den in Briefen versendeten, nicht angegebenen Wertinhalt übernimmt die Post keinerlei Haftung, auch nicht im Falle der Einschreibung.

7. Bei Verlust von Paketen ohne Wertangabe besteht die Entschädigung in dem Ersatz des wirklich erlittenen Schadens bis zu dem Meistbetrag von 3 M für je 500 g oder einen Teil derselben.

8. Für eingeschriebene Pakete wird im Verlustfalle ein Ersatz von wenigstens 42 M geleistet. Bei höherem Gewichte erfolgt Entschädigung nach dem Satze von 3 M für je 500 g.

Der Anspruch auf Ersatz erlischt nach 6 Monaten vom Tage der Einlieferung der Sendung an gerechnet.

Bei **Verpackung** und dem **Verschluss** der Postsendungen sind die Bestimmungen in den §§ 4—6 der Postordnung zu beachten, so z. B. müssen Briefe mit Wertangabe mit einem haltbaren, aus einem Stücke hergestellten Umschlage, der farbige Ränder nicht haben darf, versehen sein; Geldstücke, die in Briefen versendet werden, müssen in Papier eingeschlagen und innerhalb des Briefes so befestigt sein, dass sie während der Beförderung ihre Lage nicht ändern können.

Nachsendung. Für Briefe mit Wertangabe und für Pakete — mit Ausnahme derjenigen, die unter die Postablösung fallen — werden im Falle der Nachsendung das Porto und die Versicherungsgebühr von Bestimmungsort zu Bestimmungsort zugeschlagen. Für andere Sendungen findet ein neuer Ansatz von Porto nicht statt; gewöhnliche und eingeschriebene Briefe des Orts- und Nachbarortsverkehrs werden jedoch bei der Nachsendung in den Fernverkehr entsprechend nachtaxiert. Drucksachen, Geschäftspapiere und Warenproben, die für die neue Beförderungsstrecke bei Einwurf in den Briefkasten ohne neue Frankierung versehen wurden, gelangen nicht zur Absendung.

Die Zurückziehung einer Sendung kann vom Absender durch Vermittlung der **Aufgabepostanstalt** erfolgen. Der Absender muss sich durch Vorlage eines von derselben Hand geschriebenen Doppels des Briefumschlags usw. und eventuell des Aufgabescheins ausweisen und die Sendung schriftlich so genau bezeichnen, dass sie unzweifelhaft als die verlangte zu erkennen ist. Das Verlangen der Rückforderung oder Aufschriftänderung wird von der Aufgabepostanstalt entweder brieflich oder telegraphisch an die Postanstalt, welche die Sendung zurücksenden oder die Aufschrift ändern soll, übermittelt. Dafür ist zu entrichten die Gebühr für einen Einschreibbrief oder die Telegrammgebühr.

Für **Nachnahmesendungen** werden erhoben: a) das Porto für gleichartige Sendungen ohne Nachnahme; b) eine Vorzeigegebühr von 10 Pf.; c) für die Uebermittlung des eingezogenen Betrags die tarifmässige Gebühr nach § 17 II der Postordnung u. § 9 der Postscheckordnung.

Für einen **Postauftrag** werden erhoben: a) das Porto für den Postauftragsbrief 30 Pf.; b) 1. bei Postaufträgen zur Geldeinziehung für die Uebermittlung des eingezogenen Betrags die tarifmässige Gebühr (§ 17 II der Postordnung, § 9 der Postscheckordnung; 2. bei Postaufträgen zur Akzepteinholung für die Rücksendung des angenommenen Wechsels 30 Pf. — Das Porto zu a ist vorauszubezahlen. Die Postanweisungsgebühr wird, sofern sie nicht vorausentrichtet ist, vom eingezogenen Geldbetrag in Abzug gebracht. Das Porto zu b 2 wird dem Auftraggeber bei Uebersendung des angenommenen Wechsels angerechnet.

Brieftelegramme. Näheres unter e Telegraphenwesen = Bft. =

c) Tarif für Briefsendungen. (S. auch die besonderen Bestimmungen unter b.)

	Länder	Briefe			Postkrt.		Drucksache		Warenprob.		Geschäftspapiere		Zusammenpacken von Warenprob. u. Geschäftspapieren		Rückschein-Gebühr	Einschreib-Gebühr
		Gewichtsstufen	Porto: Frankiert	Porto: Unfrankiert	einfach	mit Antwort	Gewichtsstufe	Porto	Gewichtsstufe	Porto	Gewichtsstufe	Porto	Gew.-stufe	Port.		
		gr	₰	₰	₰	₰		₰		₰		₰		₰	₰	₰
1	**Deutschland**															
	a) Bayerisch. Ortsverkehr b) Nachbarortsverkehr innerhalb Bayerns Verzeichnis d. Orte oben unter b 1. c) Nachbarortsverk. mit dem Reichspostgebiete Verzeichnis der Orte unter b 2. d) Nachbarortsverk. mit Württembg. (Neuulm-Ulm).	—250	5	10	5 unfr. 10	10	—50 gr —100 gr —250 gr —500 gr —1 kg unfr. nicht zugelassen	3 5 10 20 30	—250 gr —350 gr unfr. nicht zugelassen	10 20	—250 gr —500 gr —1 kg unfr. nicht zugelassen	10 20 30	—250 gr —500 gr —1 kg unfr. nicht zugelassen	10 20 30	20	20
	e) Uebrig. Verkehr innerh. Bayerns, m. d. Reichspostgebiete und mit Württemberg	—20 —250	10 20	20 30												

2	**Deutsche Schutzgebiete und deutsche Postanstalten in Marokko u. China.**	—20 —250	10 20	20 30	5 un-fr. 10	10	—50 gr —100 gr —250 gr —500 gr —1 kg —2 kg	3 5 10 20 30 60	—250 gr —350 gr	10 20	—250 gr —500 gr —1 kg —2 kg	10 20 30 60	—250 gr —500 gr —1 kg —2 kg	10 20 30 60	20	20
	Ausland												Drucksachen u. Warenproben zusammengepackt			
3	a) Oesterreich-Ung. einschl. Bosnien, Herzegowina u. Liechtenstein	—20 —250	10 20	20 30	5 un-fr. 10	10	—50 gr —100 gr —250 gr —500 gr — 1 kg	3 5 10 20 30	—250 gr —350 gr	10 20	nicht zugelassen		— 250 gr — 350 g	10 20	20	20
	b) Luxemburg	do.	do.	do.	do.	do.	do.	do.	do.	do.	—250 gr —500 gr —1 kg	10 20 30	do.	do.	do.	do.
	c) Uebrige Länder und deutsche Postanst. in der Türkei.	—20 für je weit. 20 gr	20*) 10	40 20	10 un-fr. 20	20	für je 50 gr (—2 kg zugelassen)	5	für je 50 gr —350 gr zugelassen)	5 mindest. 10	für je 50 gr (—2 kg zugelassen)	5 mindest. 20	für je 50 gr. (—2 kg) zugelassen)	5 mind. 10 b. Drucks. u. Warenprb., 20 bei Geschpap.	nicht zugelassen (ausgenommen China 20)	20

*) Ausnahmen: a) Für je 20 gr 10 ₰ bei frankierten Briefen α) nach der Schweiz auf 30 km geradlinige Entfernung (Grenzverkehr) und β) nach den Vereinigten Staaten von Amerika „auf direktem Wege“. — b) der Erhöhung der Gewichtsstufe von 15 auf 20 gr und der Herabsetzung des Portos für die höheren Gewichtsstufen von 20 auf 10 ₰ sind noch nicht alle Länder beigetreten, z. B. nicht: Griechenland, Italien, Montenegro, Russland.

d) Postanweisungen, Post-Giroverkehr und Post-Scheckverkehr.

Die Postanweisungsgebühr beträgt:

a) im inneren Verkehr von Bayern und im Verkehr mit den übrigen Staaten des Deutschen Reiches und den deutschen Schutzgebieten:

bis	5	M	10 Pf.,
über	5—100	M	20 Pf.,
„	100—200	M	30 Pf.,
„	200—400	M	40 Pf.,
„	400—600	M	50 Pf.,
„	600—800	M	60 Pf.

b) im Verkehr mit Luxemburg bis 100 M 20 Pf., bis 200 M 30 Pf., bis 400 M 40 Pf., bis 600 M 60 Pf., bis 800 M 80 Pf.

c) 10 Pf. für je 20 M bei Anweisungen nach den deutschen Postanstalten in China, Marokko und in der europäischen und asiatischen Türkei, ferner nach Dänemark, Oesterreich-Ungarn mit Liechtenstein, Bosnien-Herzegowina und Sandschak Novibazar.

d) 20 Pf. für je 40 M für Anweisungen nach Aegypten, Argentinische Republik, Belgien, Bolivien, Brasilien, Bulgarien, Chile, dänische Antillen, Frankreich, Griechenland, Honduras, Italien, Japan, Korea, Kreta, Liberia, Montenegro, Niederland, niederländische Antillen, Niederl. Guyana, Niederl. Indien, Norwegen, Peru, Portugal, Rumänien, Salvador, Schweden, Schweiz, Serbien, Siam, Tripolis, Türkei, Tunis, Uruguay, Vereinigte Staaten von Amerika. (Internationaler Einheitssatz.)

e) im Verkehr mit den dem internationalen Abkommen nicht beigetretenen Ländern 20 Pf. für je 20 M, z. B. Grossbritannien, Russland, Australien, Canada, Transvaal.

f) bis 80 M 20 Pf. und darüber 20 Pf. für je 20 M im Verkehr nach Costa Rica.

g) 30 Pf. für je 20 M nach der portug. Kolonie Macao und Britisch Neu-Guinea (Papua).

h) bis London 20 Pf. für je 20 M, dann Abzug vom eingez. Betrag: 3 d für je 5 L nach den Britischen Kolonien und Britischen Postanstalten in fremden Ländern.

Der Absender einer Postanweisung kann im inneren deutschen Verkehr dem Empfänger zugleich mit der Postanweisung eine zur Empfangsbestätigung dienende Postkarte übermitteln, für welche er die Gebühr im voraus zu entrichten hat. Das bezügliche ungestempelte Formular mit abtrennbarer Postkarte kostet 1 Pf.

Auf Postanweisungen eingezahlte Beträge können im inneren deutschen Verkehr und nach anderen Ländern auch auf telegraphischem Wege der Postanstalt am Bestimmungsorte zur Auszahlung überwiesen werden.

Post-Giroverkehr.

Einzahlung. An den Orten mit Königlicher Bankanstalt können ein- und auszuzahlende Postanweisungsbeträge im Wege der Giroübertragung beglichen werden. Das Verfahren bei der Einzahlung gestaltet sich verschieden, je nachdem für den Bankort die Einlieferung der Giro-Postanweisungen bei der Bankanstalt (Königl. Bank oder Reichsbankstelle), beim Giropostamt oder einem anderen Postamt zu erfolgen hat. Den postseits aufgestellten allgemeinen Bedingungen hat sich der Teilnehmer unterschriftlich zu unterwerfen. Im Falle der Auflieferung bei der Königl. Bankanstalt durch einen Girokunden derselben werden die frankierten Postanweisungen zusammen mit einem Verzeichnis verschlossen übergeben und wird die Bankanstalt auf Grund eines gleichzeitig abzuliefernden roten Schecks ersucht, den auf dem Umschlag verzeichneten Gesamtbetrag der Postanstalt zu überweisen. Die Bank vollzieht Belastung im Konto des Girokunden und Gutschrift im Konto des Giro-Postamtes. Letzteres lässt zu vereinbarter Stunde die verschlossen gebliebenen Postanweisungspäckchen bei der Bank abholen und in dem mitgebrachten Konto-Gegenbuch die Gutschrift noch einmal vollziehen. Das Giro-Postamt prüft den Inhalt und die Buchung, verarbeitet die Giro-Postanweisungen wie regelmässig aufgelieferte und sendet dem Teilnehmer das abquittierte Verzeichnis mit dem nächsten Zustellgange zu. In anderen Fällen und bei vorkommenden Unregelmässigkeiten ergeben sich sinngemässe Abweichungen.

Auszahlung. Das Giro-Postamt versieht die für Teilnehmer an der Auszahlungsüberweisung einlaufenden Postanweisungen mit dem Stempel „Giro" und sendet sie dem Kunden in verschlossenem Umschlage, auf dessen Vorderseite Stückzahl und Gesamtbetrag der Postanweisungen angegeben ist, mit einer Nachweisung der Einzelbeträge auf dem gewöhnlichen Zustellgange der Briefträger zu. Der Teilnehmer hat die Richtigkeit der Stückzahl und des Gesamtbetrages der Anweisungen in der Regel sogleich zu prüfen, die Abschnitte von den Postanweisungen abzutrennen und zurückzubehalten, auf dem Umschlage den Anerkennungsvermerk zu vollziehen. Eine Quittungsleistung auf den einzelnen Postanweisungen findet nicht statt. Der Briefträger bringt die Postanweisung mit Umschlag und Verzeichnis an das Giro-Postamt zurück, nachdem er für jede vom Empfänger angenommene Postanweisung eine Zustellgebühr von zwei Pfennigen eingehoben hat. Werktäglich einmal wird für Girokunden der Königl. Bank bei dieser die Uebertragung des Gesamtbetrages der seit der letzten Gutschrift für den Teilnehmer eingegangenen und von ihm angenommenen Postanweisungen von dem Post-Girokonto auf dasjenige des Teilnehmers veranlasst.

Post-Scheckverkehr.

Postscheckämter bestehen in München, Nürnberg, Ludwigshafen a. Rh., ferner in Berlin, Breslau, Cöln, Danzig, Frankfurt a. M., Hamburg, Hannover, Karlsruhe, Leipzig und Stuttgart Auf Antrag und bei Einzahlung einer unverzinslichen Stammeinlage von 100 M bei einer Postanstalt kann bei einem oder bei mehreren Scheckämtern ein Scheckkonto eröffnet werden. — Einzahlungen können mittels Zahlkarte oder Postanweisung oder Ueberweisung von einem anderen Postscheckkonto bewirkt werden.

Höchstbetrag der Einzahlung bei Zahlkarten 10 000 M. Der Aufgeber der Zahlkarte hat keine Gebühr zu entrichten. — Rückzahlungen: Der Kontoinhaber kann über sein Guthaben, soweit es 100 M übersteigt, jederzeit bis zu 10 000 M mittels Schecks (zu beziehen von den Postscheckämtern in Blatt oder Kartenform, 1 Heft zu 50 Stück kostet 50 Pf.) oder durch Ueberweisung auf ein anderes Postscheckkonto verfügen. Hat der im Scheck bezeichnete Zahlungsempfänger selbst ein Postscheckkonto, so wird der Betrag dem Konto des Zahlungsempfängers gutgeschrieben, wenn nicht die „Barzahlung" ausdrücklich verlangt wird. Wird diese verlangt, oder hat der Zahlungsempfänger kein Postscheckkonto, so fertigt das Scheckamt für ihn, sofern ein Scheck in Blattform benützt wurde, eine Zahlungsanweisung aus, welche gleich einer Postanweisung zugestellt wird. Die Rückseite des Schecks in Kartenform dient nach entsprechender Behandlung durch das Postscheckamt zugleich als Zahlungsanweisung. — Die Ueberweisung geschieht mittels Ueberweisungsformular in Blattform (zur Versendung in Briefen) oder in Postkartenform (Giropostkarte zur offenen Versendung).

Es werden folgende Gebühren erhoben: I. Bei Bareinzahlungen für je 500 M oder einen Teil dieser Summe 5 Pf. II. Für jede Barrückzahlung a) $^1/_{10}$ vom Tausend der auszuzahlenden Beträge, b) ausserdem eine feste Gebühr von 5 Pf. III. Für jede Uebertragung von einem Konto auf ein anderes 3 Pf. — Zur Zahlung der Gebühr unter I ist der Zahlungsempfänger, zur Zahlung der Gebühren unter II und III der Kontoinhaber verpflichtet, von dessen Konto die Abschreibung erfolgt. IV. Erheischt der Kontoverkehr eines Kontoinhabers jährlich mehr als 600 Buchungen, so wird ausser den unter I bis III aufgeführten Gebühren für jede weitere Buchung eine Zuschlagsgebühr von 7 Pf. erhoben. — Die Einziehung der Gebühren, sowie der für Formulare zu zahlenden Preise geschieht durch Abschreibung von dem zur Zahlung verpflichteten Konto. — Die Sendungen der Postscheckämter und der Postanstalten an die Kontoinhaber sowie die Sendungen zwischen den Postscheckämtern und den Postanstalten werden im Scheckverkehr als Postdienstsache portofrei befördert.

e) Telegraphenwesen.

Internationaler Telegraphenvertrag, abgeschl. zu St. Petersburg am 10./22. Juli 1875; hiezu Ausführungs-Uebereinkunft (Budapester Revision) vom 22. Juli 1896, in Kraft getreten am 1. Juli 1897 u. Aenderungen: Londoner Telegraphen-Konferenz vom Jahre 1903; Lissaboner Telegraphen-Konferenz 1908. — Internationaler Funkentelegraphenvertrag vom 3. Nov. 1906. In Kraft getreten am 1. Juli 1908. — Gesetz über das Telegraphenwesen des Deutschen Reichs vom 6. April 1892. — Telegraphenwege-Gesetz vom 18. Dez. 1899. Bek. vom 11. April 1900, den Vollzug des Telegraphenwege-Gesetzes betr. — Die Errichtung und den Betrieb von Privattelegraphen, Nebentelegraphen und besonderen Telegraphen. Bek. vom 3. August 1906. — Telegraphenordnung für das Deutsche Reich vom 16. Juni 1904. Aenderung vom 14. März 1905, 29. Juni

1908, 27. Mai 1909. — Telegraphenordnung für das Königreich Bayern vom 29. Juni 1904. Aenderung vom 25. März 1905, 23. April 1907, 29. Juni 1908, 9. Juni 1909.

1. Innerhalb des Deutschen Reiches und im Verkehr mit Oesterreich-Ungarn und mit Luxemburg beträgt die Wortgebühr 5 Pf., im Verkehr mit Belgien, Dänemark, Niederland und der Schweiz 10 Pf., mit Frankreich 12 Pf., mit Grossbritannien, Italien, Norwegen, Rumänien und Schweden 15 Pf. usf. Als Mindesttelegrammgebühr sind für Grossbritannien 80 Pf., im übrigen Telegrammverkehr 50 Pf. zu entrichten. Für Stadttelegramme beträgt in Bayern die Wortgebühr 3 Pf., die Mindestgebühr 30 Pf. Durch 5 nicht teilbare Beträge werden auf solche erhöht. Eine Gebührenquittung wird gegen Zahlung von 10 Pf. erteilt.
2. Die Wortlänge ist auf 15 Buchstaben oder 5 Ziffern, bei Telegrammen in verabredeter Sprache auf 10 Buchst. oder 5 Ziff. beschränkt. Interpunktionszeichen, Bindestriche und Apostrophe werden im inneren deutschen Verkehr, einzeln angewandt, kostenfrei mitbefördert. Im Auslandsverkehr werden sie nur auf Verlangen des Absenders mittelegraphiert und dann auch taxiert. Punkte, Kommas, Doppelpunkte, Bindestriche und Bruchstriche, zur Bildung von Zahlen benutzt, gelten als je 1 Ziffer, ebenso jeder Buchstabe, der den Ziffern angehängt wird, um sie als Ordnungszahlen zu bezeichnen, sowie den Hausnummern angehängte Buchstaben oder Ziffern in einer Adresse.
3. Als je ein Wort werden gezählt: 1. in der Adresse der Name der Bestimmungsanstalt mit Einschluss der etwaigen zusätzlichen Bezeichnung, 2. alle einzeln stehenden Zeichen, Buchstaben oder Ziffern, 3. das Unterstreichungszeichen, 4. Anfangs- und Schlussklammer zusammen, 5. Anführungszeichen zusammen, 6. die nachstehenden besonderen Abkürzungen, welche vor die Adresse zu setzen sind:

= D =	für „dringend", Gebühr für das Telegr.: dreifache eines gewöhnlichen Telegramms.
= RP =	für „Antwort bezahlt"; Gebühr für die Antwort: jene für 10 Wörter (deutscher Verkehr Mindestgebühr).
= RPx =	für „Antwort bezahlt für x Wörter; Gebühr für die Antwort: jene für die x Wörter usw.
= RPD =	für „Dringende Antwort bezahlt"; Gebühr für die Antwort: jene für 30 Wörter usw.
= RPDx =	für „Dringende Antwort bezahlt für x Wörter"; Gebühr für die Antwort: jene für 3 mal x Wörter.
= TC =	für „Vergleichung"; Gebühr für die Vergleichung: ein Viertel der Gebühr für ein gewöhnliches Telegramm von gleicher Wortzahl.
= PC =	für „telegraph. Empfangsanzeige"; Gebühr für die Empfangsanzeige: jene eines gewöhnlichen auf demselben Wege zu befördernden Telegramms von 5 Wörtern unter Berücksichtigung der Mindestgebühr.
= PCD =	für dringende telegraphische Empfangsanzeige. Die Gebühr erhöht sich auf das dreifache.

= PCP = für „briefliche Empfangsanzeige". Hiefür sind im Verkehr mit dem Auslande 20 Pf. im voraus zu entrichten. Für briefl. Empfangsanzeigen des inneren deutschen Verkehrs wird eine besondere Gebühr nicht erhoben.

= FS = für „Nachsenden"; der Empfänger hat für die erfolgte Nachtelegraphierung die der Wortzahl entsprechende volle Telegrammgebühr zu entrichten.

= PR = für „Post eingeschrieben"; Gebühr: im internationalen Verkehr 40 Pf., im deutschen Verkehr 20 Pf

= XP = für „Eilbote bezahlt". Im deutschen Verkehr feste Gebühr 40 Pf. Im intern. Verkehr sind nur von einzelnen Verwaltungen feste vorauszuzahlende Gebühren bekannt gegeben. Ist dieses nicht der Fall und will der Aufgeber doch die Weiterbeförderungskosten vorauszahlen, so hat er den ihm richtig scheinenden Betrag zu erlegen und nach dem Vermerk XP in Frank (zu 80 Pf.) anzugeben.

= XPT = für „Eilbote bezahlt, telegraphische Meldung des Botenlohnes"; Gebühr für die telegr. Meldung: jene für ein Telegramm von 5 Wörtern unter Berücksichtigung der Mindestgebühr (intern. Verkehr).

= XPP = für „Eilbote bezahlt, briefliche Meldung des Botenlohnes; Gebühr für die briefl. Meldung: 20 Pf. (internat. Verkehr).

= RXP = für Eilbestellung des Antworttelegramms.

= XP = RXP = für Eilbestellung sowohl für das Ursprungs- als auch für das Antworttelegramm.

= Ouvert = oder = Offen = das Telegramm ist unverschlossen zuzustellen.

= MP = für „eigenhändig zu bestellen".

= TR = für „telegraphenlagernd".

= Jour = oder = Tages = das Telegramm soll von 10 Uhr abends bis 6 Uhr morgens nicht zugestellt werden.

= Nuit = oder = Nachts = das Telegramm soll, wenn es nicht bei Tag ankommt, auch nachts zugestellt werden.

= GP = für „postlagernd".

= GPR = für „postlagernd eingeschrieben"; Gebühr für die Einschreibung des postlagernden Telegrammes: 20 Pf. im deutschen, 40 Pf. im internat. Verkehr.

= TMx = für „x Aufschriften"; Gebühr für das x mal vervielfältigte Telegramm an mehrere Empfänger an einem Orte, oder an mehrere Wohnungen eines Empfängers: jene für das Telegramm unter Einrechnung aller Aufschriften + (x—1) mal 40 Pf. für je 100 Wörter.

= CTA = (communiquer toutes adresses) für zu vervielfältigende Telegramme, in denen dem Empfänger sämtliche Adressen mitzuteilen sind.

= Telephone = für Telegramme, die den Empfängern durch das Telephon zu übermitteln sind.

= Bft = für Brieftelegramme, d. s. Telegramme, die während der Nacht von 7—12 Uhr aufgeliefert, an grössere Orte in Deutschland telegraphisch befördert und in der für gewöhnliche Briefsendungen üblichen Weise zugestellt oder im Schalterfach (postlagernd) hinterlegt oder über grössere Orte hinaus innerhalb Deutschlands mit der Post weitergesendet werden; sie unterliegen einer Wortgebühr von 1 Pf. bzw. einer Mindestgebühr von 50 Pf.; Gebühr nach oben abzurunden. Die Wortzahl ist vom Absender anzugeben. Die Adresse hat bei Weitersendung beispielsweise zu lauten: = Bft = Post = Güterstation Langenzenn-Nürnberg.

Für Semaphortelegramme wird ein Zuschlag von 80 Pf. erhoben. Für Funkentelegramme werden ausser der gewöhnlichen Telegrammgebühr besondere Gebühren (Küsten- und Bordgebühren) erhoben.

Küstengebühr 15 Pf. für das Wort, mindestens 1,50 M.

Bordgebühr 35 Pf. für das Wort, mindest. 3,50 M (für die Schiffe der Kiel-Korsör-Linie 10 Pf. für das Wort, mindest. 1 M).

---

f) Telephon.

(Für den Telephonverkehr steht eine Neuregelung der Bestimmungen in Aussicht; 20. IV. 1910 Vorlage an den Reichstag und Ueberweisung an die Budgetkommission.)

---

g) Paketpostdienst

in Bayern und im Verkehr mit Reichspostgebiet Württemberg und Oesterreich-Ungarn.

Für **Briefe mit Wertangabe** ist zu entrichten:

1. Porto bis 10 Meilen 20 Pf., über 10 Meilen 40 Pf.,
2. Versicherungsgebühr für je 300 M 5 Pf., mindest. 10 Pf.

Für **Pakete** beträgt das Porto:

1. bei einem Gewichte bis zu 5 kg a) bis 10 Meilen Entfernung 25 Pf., b) über 10 Meilen 50 Pf.,
2. bei einem Gewichte von mehr als 5 kg für die ersten 5 kg die Sätze wie vorstehend unter 1, sodann für jedes Kilogramm oder einen Teil bis 10 Meilen 5 Pf., über 10 bis

20 Meilen 10 Pf., über 20—50 Meilen 20 Pf., über 50 bis 100 Meilen 30 Pf., über 100—150 Meilen 40 Pf., über 150 Meilen 50 Pf.

Im Verkehr mit anderen Ländern wird unterschieden zwischen Postpaketen und Postfrachtstücken. Für erstere besteht eine Gewichtsgrenze von 3 bzw. 5 kg. Die Taxe dieser Postpakete setzt sich im allgemeinen aus einer Gebühr zusammen, welche für jedes Paket soviel mal 40 Pf. beträgt, als Verwaltungen an der Landbeförderung teilnehmen, eintretenden Falls unter Hinzurechnung von Gebühren für die Seebeförderung. Das Paketporto beträgt bei Sendungen bis zu 5 kg: 70 Pf. nach Luxemburg; 80 Pf. nach Belgien, Dänemark, Frankreich, Niederlande und der Schweiz; 1,40 M nach Italien, Rumänien und Russland.

Für Bescheinigung der Aufgabe eines Paketes sind 10 Pf. zu entrichten.

---

h) Portofreiheiten, Portopflicht, Portoablösung, Dienstmarken, portopflichtige Dienstsachen u. Vergünstigungen im Post-, Telegraphen- und Telephonverkehr.

(GVBl. 1907, 1081—1140.)

1. Gesetz vom 5. Juni 1869 (BGBl. 141) betr. die Portofreiheiten im Gebiete des Norddeutschen Bundes.

2. Gesetz vom 29. Mai 1872 (RGBl. 167) Ausdehnung des Norddeutschen Bundes-Gesetzes auf den Verkehr zwischen Bayern und Württemberg einerseits und den übrigen Teilen des Deutschen Reiches andererseits, sowie auf den Verkehr zwischen Bayern einerseits und Württemberg andererseits.

3. Kaiserliche Verordnung vom 2. Juli 1877 (RGBl. 524) die gebührenfreie Beförderung von Telegrammen betreffend. Gültigkeit im deutschen Wechselverkehr.

4. Gesetz vom 22. Dez. 1907 (GVBl. 1081) Aufhebung der auf bayerischen Gesetzen beruhenden Postportofreiheiten.

5. K. Allerh. Verordnung vom 22. Dez. 1907 (GVBl. 1082) Ausdehnung der hauptsächlichsten Bestimmungen des Gesetzes vom 5. Juni 1869 und des Regulativs hiezu auf den innerbayerischen Postverkehr. Ausdehnung der Kaiserl. Verordnung vom 2. Juni 1877 auf den innerbayerischen Telegrammverkehr. Anderweitige grundlegende Bestimmungen über Gebührenfreiheiten im Post- und Telegraphenverkehr und Vergünstigungen im Telegraphen- und Telephonverkehr. Ausserkraftsetzung aller in dieser Verordnung nicht aufrecht erhaltenen Portofreiheiten und Vergünstigungen, die für den innerbayerischen Post-, Telegramm- und Telephonverkehr bisher zugestanden waren. Ermächtigung der Staatsregierung, zu bestimmen: 1. inwieweit und in welcher Weise das Porto und die sonstigen Gebühren für die Postsendungen, Telegramme und Telephongespräche der nicht unmittelbaren Stellen auf die Staatskasse übernommen werden; 2. dass an Stelle der dem Staate zur Last fallenden Portobeträge und sonstigen Postgebühren für die einzelnen Sendungen Bauschsummen auf die Kgl. Post- und Telegraphenverwaltung bezahlt werden.

6. Bekanntmachung sämtlicher bayerischen Ministerien vom 25. Dez. 1907, den Vollzug des Gesetzes über die Postportofrei-

heit und die Vergünstigungen im Telegramm- und Telephonverkehr vom gleichen Tage betreffend. GVBl. 1085.

Für abgehende und für ankommende Sendungen geniessen demnach Portofreiheit im innerbayerischen Verkehr: 1. die regierenden Fürsten des Deutschen Reichs, ihre Gemahlinnen und Witwen, und die Mitglieder des Kgl. Hauses; 2. die Reichsbehörden in reinen Reichsdienstangelegenheiten; 3. die Militär-, die Reichs- und die unmittelbaren und mittelbaren Staatsbehörden (einschl. der Gemeindebehörden, Gendarmen und städtischen Garnisonsverwaltungen) in Militär- und Marineangelegenheiten; 4. die Kgl. bayer. Postbehörden und -Anstalten und die Kgl. bayer. Telegraphenbehörden und -Anstalten in Post- und Telegraphen-Dienstangelegenheiten. Hiezu Bekanntmachung vom 30. März 1908 und 22. Juni 1908 (GVBl. 252 u. 325).

Für die portopflichtigen Sendungen werden im Bereiche aller Zivil-Staatsverwaltungen mit Ausnahme der Eisenbahnverwaltung von den Staatsministerien Bauschsummen an die Postverwaltung gezahlt. Die Sendungen müssen mit dem Ablösungs-Vermerk „Frei durch Ablösung" versehen werden. In der unter Ziffer 6 angeführten Bekanntmachung sämtlicher bayer. Ministerien sind die Behörden und Stellen der bayer. Zivilstaatsverwaltungen in Verzeichnissen I—IV zusammengestellt. Die im Verzeichnis I aufgeführten Behörden usw. können innerhalb des Deutschen Reiches die portopflichtigen Sendungen mit dem Ablösungsvermerk aufgeben, gleichviel an welche Adresse die Sendung gerichtet ist. Für die übrigen Behörden usw. bestehen hierin Beschränkungen. So können z. B. die im Verzeichnis II u. a. aufgeführten Gemeindebehörden den Ablösungsvermerk nur bei portopflichtigen Sendungen an die in den Verzeichnissen I und III aufgeführten Behörden usw. anwenden, nicht aber auch bei Sendungen an die übrigen in den Verzeichnissen II und IV aufgeführten Behörden und Stellen, sohin auch nicht an andere Gemeindebehörden oder Private.

Die Eisenbahnverwaltung verwendet Dienstmarken (Frankomarken mit perforiertem E) zur Frankierung portopflichtiger Sendungen.

Die Portoablösung ist nur zur Erleichterung des behördlichen Verkehrs bestimmt. Sie soll nicht dazu führen, dass auch Private zu Lasten der Staatskasse von Portokosten befreit werden. Sendungen in reinen Parteisachen sind mit dem Portoablösungsvermerk zu versehen. Es sind jedoch die Postgebühren für diese Sendungen insgesamt von der abrechnenden Stelle zusammen mit den in der Sache erwachsenden sonstigen Gebühren und Auslagen einzuheben. Daneben bestehen noch die Bestimmungen in § 10 Ziffer III der Postordnung für das Königreich Bayern GVBl. 1900 S. 235 und Abänderungen:

7. Ausfertigungen von Staats-, Gemeinde- und kirchlichen Behörden oder von alleinstehenden Beamten, die eine solche Behörde vertreten, in portopflichtigen Dienstsachen, für welche das Porto bei der Abgabe vom Empfänger zu zahlen ist, werden nur mit dem bei frankierter Absendung zu erhebenden Porto belegt, wenn dieselben mit dem amtlichen Siegel oder Stempel oder mit einer amtlichen Siegelmarke versehen sind und in der Aufschrift die Bezeichnung „Portopflichtige Dienstsache" tragen. In Ermangelung eines Dienstsiegels oder Dienststempels

oder einer amtlichen Siegelmarke ist eine entsprechende Bemerkung mit der Unterschrift des Namens und der Amtseigenschaft des absendenden Beamten beizufügen. Die Kaiserlichen Gouvernements und die ihnen unterstellten öffentlichen Behörden in den deutschen Schutzgebieten sind berechtigt, ihre dienstlichen Briefsendungen innerhalb der Schutzgebiete sowie nach dem Mutterland unter der Bezeichnung „Portopflichtige Dienstsache" zu versenden. Die gleiche Berechtigung steht auch den öffentlichen Behörden für den Verkehr von Deutschland nach den Schutzgebieten zu. Zur Anwendung der im inneren Verkehre von Bayern und ebenso im deutschen Wechselverkehre zulässigen Bezeichnung „Portopflichtige Dienstsache" sind auch berechtigt die Geistlichen und öffentlichen Lehrer in Ausübung ihrer dienstlichen Funktionen, die Handelskammern, die Handwerkskammern, die Vorstände der Anwaltskammern und der Invalidenversicherungsanstalten, die Reichsbankanstalten und die Gerichtsvollzieher (auch bei Briefen, welche die Vornahme freiwilliger Versteigerungen betreffen), sowie diejenigen Personen, welche die Pflicht haben Anzeigen über Fälle von ansteckenden Krankheiten an die zuständige Polizeibehörde zu erstatten, zu diesen Meldungen auf Postkartenformular.

8. Soldatenbriefe, Feldpostbriefe, Feldpostkarten. Post-Portovergünstigungen bestehen für Sendungen, welche vom Absender mit dem Vermerk „Soldatenbrief. Eigene Angelegenheit des Empfängers" versehen wurden, an Invaliden in Invalidenhäusern und an die in Reih und Glied stehenden Soldaten und Matrosen bis zum Feldwebel oder Wachtmeister aufwärts usw. und zwar: 1. für gewöhnliche Briefe bis zu 60 g und Postkarten wird kein Porto erhoben; 2. für Postanweisungen bis zu 15 M sind 10 Pf. zu entrichten; 3. für gewöhnliche Pakete bis zum Gewicht von 3 kg beträgt das Porto 20 Pf. Im Verkehr mit Angehörigen der Kaiserlichen Schutztruppen in Deutsch-Südwestafrika sind Briefe („Feldpostbriefe") bis 50 g und „Feldpostkarten" portofrei. Neben dem Namen ist die Angabe des Dienstgrades, Truppenteils oder Kriegsschiffes erforderlich.

Vergünstigungen im Telegrammverkehr.

Behörden mit grösserem Telegrammverkehr können auch von der Einrichtung der Telegrammgebühren-Stundung gemäss § 16 Ziffer IV der Telegraphenordnung für das Königreich Bayern (GVBl. 1904, 195) gegen Bezahlung der dort festgesetzten Gebühren Gebrauch machen. Zur Einzahlung eines Vorschusses sind sie nicht verpflichtet.

Den in dem Verzeichnis II aufgeführten, nicht zu den unmittelbaren Staatsbehörden zählenden Absendern werden die Auslagen, die ihnen durch Absendung von Telegrammen in reinen Staatsdienstangelegenheiten und in Polizeisachen erwachsen, aus der Staatskasse rückersetzt. Zu diesem Behufe haben sie allmonatlich ein Verzeichnis jener Telegramme herzustellen, die nach ihren Aufzeichnungen in reinen Staatsdienstangelegenheiten oder in Polizeisachen von ihnen abgeschickt wurden. Das Verzeichnis ist mit der Bestätigung, dass es sich bei den verzeichneten Telegrammen um reine Staatsdienstangelegenheiten oder um Polizeisachen handelte, zu versehen und unter Beifügung der von der Post erteilten Telegrammaufgabebescheinigungen der vorgesetzten Behörde (Bezirksamt usw.) vorzulegen. Diese hat nach

Prüfung der Vorlagen für Auszahlung der ausgewiesenen Gebührenbeträge durch die zuständige Kasse zu sorgen. Die von der Post erteilten Telegrammaufgabebescheinigungen sind zurückzugeben.

Vergünstigungen im Telephonverkehr.

Den im Verzeichnis II als Absender aufgeführten, nicht zu den unmittelbaren Staatsbehörden zählenden Stellen, Behörden und Organen werden die Auslagen, die ihnen durch Führung von Telephongesprächen in reinen Staatsdienstangelegenheiten und in Polizeisachen erwachsen, aus der Staatskasse rückersetzt. Zu diesem Behufe haben sie aus den Rechnungen, die ihnen von der Postverwaltung übermittelt werden, allmonatlich ein Verzeichnis jener Gespräche herzustellen, die nach ihren Aufschreibungen in reinen Staatsdienstangelegenheiten oder in Polizeisachen geführt worden sind. Sonderrechnungen über derartige Gespräche werden von der Postverwaltung nicht mehr erstellt. Das Verzeichnis ist mit der Bestätigung, dass es sich bei den verzeichneten Gesprächen um reine Staatsdienstangelegenheiten oder um Polizeisachen handelte, zu versehen und unter Beifügung der von der Post erstellten Originalrechnung der vorgesetzten Behörde (Bezirksamt usw.) vorzulegen. Diese hat nach Prüfung der Vorlagen für Auszahlung der ausgewiesenen Gebührenbeträge durch die zuständige Kasse zu sorgen. Die Originalrechnung der Post ist zurückzugeben.

---

i) Zeitungsdienst.

Die Zeitungsgebühr beträgt:

a) 2 Pf. für jeden Monat der Bezugszeit, sohin jährlich 24 Pf.,

b) 15 Pf. jährlich für das wöchentlich einmalige oder seltenere Erscheinen, sowie
15 Pf. jährlich mehr für jede weitere Ausgabe in der Woche.

c) 10 Pf. jährlich für jedes kg des Jahresgewichts unter Gewährung eines Freigewichts von je 1 kg jährlich für so viele Ausgaben, wie der Gebühr zu b unterliegen.

Gewöhnliche Beilagen, die als Bestandteil der Zeitung zu erachten sind, werden ohne besondere Gebühr mitbefördert.

Für aussergewöhnliche Zeitungsbeilagen beträgt die Gebühr $1/2$ Pf. für je 25 gr jedes einzelnen Beilage-Exemplars.

Für die Zustellung sind im Orts- und Landzustellbezirke für jedes Exemplar monatlich zu entrichten: für Zeitungen, die seltener als wöchentlich einmal zugestellt werden 2 Pf., bei wöchentlich 1, 2, 3, 4, 5 maliger Zustellung 4, 6, 8, 10, 12 Pf., bei 6 und 7 maliger Zustellung 14 Pf., bei 8, 9, 10, 11 maliger Zustellung 16, 18, 20, 22 Pf., bei 12 bis 14 maliger Zustellung 24 Pf. usf.

Die Ueberweisung an einen andern Postort kostet 50 Pf., ebensoviel jede folgende, aber die Rücküberweisung ist frei.

35. Giro- und Scheckverkehr.

A. Giroverkehr der Rentämter.

I. Den am Sitze einer K. Bankanstalt befindlichen Rentämtern Amberg, Ansbach, Aschaffenburg, Augsburg, Bamberg, Bayreuth, Fürth, Hof, Ingolstadt, Kaiserslautern, Kempten, Landshut, Ludwigshafen, München, Nürnberg, Passau, Pirmasens, Regensburg, Rosenheim, Schweinfurt, Straubing und Würzburg sind Girokonten bei der K. Bankanstalt ihres Dienstsitzes eröffnet.

Vgl. FMB. vom 25. März 1909, FMBl. 345, FME. vom 15. Juli 1905 Nr. 17 062 (Dienstanweisung), FMB. vom 11. März 1909 Nr. 1103 Abs. 3.

II. Uebersicht über die Einteilung, nach welcher den nicht am Sitze einer K. Bankanstalt befindlichen Rentämtern bei den einzelnen Kö Bankanstalten Girokonten eröffnet sind.

Nr.	Bank-anstalten	Rentämter
1	K. Hauptbank Nürnberg	Altdorf, Beilngries, Greding, Hersbruck, Hilpoltstein, Neumarkt, Schwabach, Spalt, Weissenburg.
2	K. Filialbank Amberg	Cham, Kastl, Nabburg, Neunburg v. W., Sulzbach, Vohenstrauss, Waldmünchen, Weiden.
3	K. Filialbank Ansbach	Dinkelsbühl, Feuchtwangen, Gunzenhausen, Heidenheim, Heilsbronn, Herrieden, Rothenburg, Uffenheim, Wassertrüdingen.
4	K. Filialbank Aschaffenburg	Amorbach, Klingenberg, Lengfurt.
5	K. Filialbank Augsburg	Buchloe, Burgau, Dillingen, Donauwörth, Günzburg, Höchstädt, Krumbach, Lauingen, Monheim, Neu-Ulm, Nördlingen, Oettingen, Schwabmünchen, Wertingen, Zusmarshausen.
6	K. Filialbank Bamberg	Burgwindheim, Ebermannstadt, Ebern, Forchheim, Höchstadt a. Aisch, Kronach, Lichtenfels, Rothenkirchen, Schesslitz, Staffelstein, Weismain, Zeil.
7	K. Filialbank Bayreuth	Auerbach, Eschenbach, Kemnath, Kulmbach, Pegnitz, Pottenstein, Marktschorgast, Stadtsteinach, Thurnau, Waischenfeld.

Nr.	Bank-anstalten	Rentämter
8	K. Filialbank Fürth	Cadolzburg, Erlangen, Herzogenaurach, Markt-Bibart, Markt-Erlbach, Neunkirchen, Neustadt a. Aisch, Windsheim.
9	K. Filialbank Hof	Lichtenberg, Münchberg, Selb, Tirschenreuth, Waldsassen, Wunsiedel.
10	K. Filialbank Ingolstadt	Eichstätt, Kipfenberg, Neuburg a. D., Neustadt a. D., Pfaffenhofen, Rain, Riedenburg, Schrobenhausen.
11	K. Filialbank Kaiserslautern	Blieskastel, Homburg, St. Ingbert, Kirchheimbolanden, Kusel, Landstuhl, Lauterecken, Obermoschel, Winnweiler, Zweibrücken.
12	K. Filialbank Kempten	Füssen, Illertissen, Immenstadt, Kaufbeuren, Lindau, Memmingen, Mindelheim, Markt Oberdorf, Ottobeuren, Türkheim, Weissenhorn.
13	K. Filialbank Landshut	Dingolfing, Eggenfelden, Landau a. I., Moosburg, Mühldorf, Vilsbiburg.
14	K. Filialbank Ludwigshafen a. Rh.	Dürkheim, Edenkoben, Frankenthal, Germersheim, Grünstadt, Landau, Neustadt a. H., Speyer.
15	K. Filialbank München	Aichach, Bruck, Dachau, Ebersberg, Erding, Freising, Friedberg, Garmisch, Landsberg, Miesbach, Schongau, Starnberg, Tölz, Weilheim, Wolfratshausen.
16	K. Filialbank Passau	Freyung, Griesbach, Obernzell, Pfarrkirchen, Schönberg, Simbach, Vilshofen.
17	K. Filialbank Pirmasens	Annweiler, Bergzabern, Dahn, Kandel.
18	K. Filialbank Regensburg	Burglengenfeld, Hemau, Kelheim, Velburg, Walderbach.
19	K. Filialbank Rosenheim	Aibling, Berchtesgaden, Burghausen, Laufen, Traunstein, Trostberg, Wasserburg.
20	K. Filialbank Schweinfurt	Gerolzhofen, Hofheim, Bad Kissingen, Königshofen i. Gr., Mellrichstadt, Münnerstadt, Neustadt a. S., Werneck.
21	K. Filialbank Straubing	Deggendorf, Kötzting, Mallersdorf, Mitterfels, Viechtach, Zwiesel.
22	K. Filialbank Würzburg	Arnstein, Brückenau, Dettelbach, Gemünden, Hammelburg, Karlstadt, Kitzingen, Lohr, Ochsenfurt, Röttingen, Volkach.

Vgl. FMB. vom 25. März 1909 FMBl. 345, FME. vom 11. März 1909 Nr. 1103 (Dienstanweisung). FMB. vom 12. Nov. 1911 S. 615.

III. Entrichtung der Reichsstempelabgabe für weisse Schecks und Quittungen über Barabhebungen: FME. vom 1. Oktober 1909 FMBl. 1909 S. 604. Verrechnung-Nachweisung 21 Kap. 3.

B. Giroverkehr der Strafanstalten.

Den am Sitze einer K. Bankanstalt befindlichen Straf-Gefangen-Anstalten Amberg, Nürnberg, Straubing sind Girokonten bei der Bankanstalt ihres Dienstsitzes eröffnet, den übrigen bei den zugehörigen Bankanstalten: Aichach-München, Ebrach-Bamberg, St. Georgen-Bayreuth, Kaisheim-Augsburg, Landsberg-München, Laufen-Rosenheim, Lichtenau-Ansbach, Niederschönenfeld-Ingolstadt, Zweibrücken-Kaiserlautern.

C. Post-Ueberweisungs- und Scheckverkehr der staatlichen Behörden.

I. Die Zentralstaatskassa, das Katasterbureau, das Hauptmünzamt, die Bergwerkshauptkassa, die Kreiskassen, die Rentämter, das Hofbräuamt und die Berg-, Hütten- und Salinenämter — FMB. vom 17. August 1909 FMBl. 1909 S. 561.

II. Die Gerichte und Strafanstalten — JFMB. vom 11. Aug. 1910 FMBl. 1910 S. 240.

III. Die den Ministerien des Aeusseren und des Innern unterstehenden Stellen und Behörden — AeInnMB. vom 21. Febr. 1910 FMBl. 1910 S. 43 — (soweit für das einzelne Amt ein Bedürfnis besteht) sind dem Post-Ueberweisungs- und -Scheckverkehr angeschlossen. (Die unter Ziff. III erwähnten Stellen können sich auch an den Giroverkehr mit den K. Bankanstalten anschliessen — Stempelpflicht der Schecks: MABl. 1909 S. 824.)

Die Aemter der Finanzverwaltung (Ziff. I) und die Gerichte und Strafanstalten (Ziff. II), welche ihren Sitz in den Regierungsbezirken Oberbayern, Niederbayern und Schwaben haben, gehören zum Postscheckamt München, die Finanzämter, Gerichte und Strafanstalten der Pfalz zum Postscheckamt Ludwigshafen, alle übrigen Finanzämter, Gerichte und Strafanstalten zum Postscheckamt Nürnberg. — Die unter Ziff. III erwähnten Behörden haben sich bei demjenigen Postscheckamt (K. Bankanstalt) anzuschliessen, welches für sie die günstigste Verkehrsverbindung besitzt.

Zahlkarten bayerischer Staatskassen über höhere Beträge als 10 000 M. zulässig: FMBl. 1910 S. 170. Abgabe von Formularien zu Zahlungsanweisungen (Sammelschecks): FMBl. 1910 S. 106.

Die Steuereinnehmereien Ludwigshafen I, II, III und IV sind bei dem Postscheckamt Ludwigshafen an den Postscheckverkehr angeschlossen. (FME. vom 17. August 1909 Nr. 24 317/V und E. der Reg. d. Pfalz vom 8. April 1911 Nr. 24 824/V.)

36. Vergleichende Uebersicht der Münzen, Masse und Gewichte.

1. Münz-Umrechnungs-Tabelle.

a) der alten südd. Währung in die Reichswährung.

Stück	Mark Pfennig u. $^1/_7$ Pf	Stück	Mark Pfennig u. $^1/_7$ Pf.	Stück	Mark Pfennig u. $^1/_7$ Pf.
Heller		**Kreuzer**		**Kreuzer**	
1	0,00$_{2^1/_2}$	24	0,68$_4$	55	1,57$_1$
2	0,00$_5$	25	0,71$_3$	56	1,60$_0$
3	0,01$_{1^1/_2}$	26	0,74$_2$	57	1,62$_6$
4	0,01$_3$	27	0,77$_1$	58	1,65$_5$
5	0,01$_{5^1/_2}$	28	0,80$_0$	59	1,68$_4$
6	0,02$_1$	29	0,82$_6$		
7	0,02$_{3^1/_2}$	30	0,85$_5$	**Gulden**	
		31	0,88$_4$	1	1,71$_3$
Kreuzer		32	0,91$_3$	2	3,42$_6$
1	0,02$_6$	33	0,94$_2$	3	5,14$_2$
2	0,05$_5$	34	0,97$_1$	4	6,85$_5$
3	0,08$_4$	35	1,00$_0$	5	8,57$_1$
4	0,11$_3$	36	1,02$_6$	6	10,28$_4$
5	0,14$_2$	37	1,03$_5$	7	12,00$_0$
6	0,17$_1$	38	1,08$_4$	8	13,71$_3$
7	0,20$_0$	39	1,11$_3$	9	15,42$_6$
8	0,22$_6$	40	1,14$_2$	10	17,14$_2$
9	0,25$_5$	41	1,17$_1$	11	18,85$_5$
10	0,28$_4$	42	1,20$_0$	12	20,57$_1$
11	0,31$_3$	43	1,22$_6$	13	22,28$_4$
12	0,34$_2$	44	1,25$_5$	14	24,00$_0$
13	0,37$_1$	45	1,28$_4$	15	25,71$_3$
14	0,40$_0$	46	1,31$_3$	16	27,42$_6$
15	0,42$_6$	47	1,34$_2$	17	29,14$_2$
16	0,45$_5$	48	1,37$_1$	18	30,85$_5$
17	0,48$_4$	49	1,40$_0$	19	32,57$_1$
18	0,51$_3$	50	1,42$_6$	20	34,28$_4$
19	0,54$_2$	51	1,45$_5$	21	36,00$_0$
20	0,57$_1$	52	1,48$_4$	22	37,71$_3$
21	0,60$_0$	53	1,51$_3$	23	39,42$_6$
22	0,62$_6$	54	1,54$_2$	24	41,14$_2$
23	0,65$_5$				

Stück	Mark, Pfennig u. 1/7 Pf.	Stück	Mark, Pfennig u. 1/7 Pf.	Stück	Mark, Pfennig u. 1/7 Pf.
Gulden		**Gulden**		**Gulden**	
25	$42{,}85_8$	51	$87{,}42_6$	77	$132{,}00_0$
26	$44{,}57_2$	52	$89{,}14_2$	78	$133{,}71_8$
27	$46{,}28_5$	53	$90{,}85_5$	79	$135{,}42_6$
28	$48{,}00_1$	54	$92{,}57_1$	80	$137{,}14_2$
29	$49{,}71_4$	55	$94{,}28_4$	81	$138{,}85_5$
30	$51{,}42_0$	56	$96{,}00_0$	82	$140{,}57_1$
31	$53{,}14_6$	57	$97{,}71_8$	83	$142{,}28_4$
32	$54{,}85_5$	58	$99{,}42_6$	84	$144{,}00_0$
33	$56{,}57_1$	59	$101{,}14_2$	85	$145{,}71_8$
34	$58{,}28_4$	60	$102{,}85_5$	86	$147{,}72_6$
35	$60{,}00_0$	61	$104{,}57_1$	87	$149{,}14_2$
36	$61{,}71_0$	62	$106{,}28_4$	88	$150{,}85_5$
37	$63{,}42_8$	63	$108{,}00_0$	89	$152{,}57_1$
38	$65{,}14_6$	64	$109{,}71_8$	90	$154{,}28_4$
39	$66{,}85_8$	65	$111{,}42_6$	91	$156{,}00_0$
40	$68{,}57_1$	66	$113{,}14_2$	92	$157{,}71_8$
41	$70{,}28_6$	67	$114{,}85_5$	93	$159{,}42_6$
42	$72{,}00_4$	68	$116{,}57_1$	94	$161{,}14_2$
43	$73{,}21_2$	69	$118{,}28_4$	95	$162{,}85_5$
44	$75{,}42_6$	70	$120{,}00_0$	96	$164{,}57_1$
45	$77{,}14_2$	71	$121{,}71_2$	97	$166{,}28_4$
46	$78{,}85_5$	72	$123{,}42_6$	98	$168{,}00_0$
47	$80{,}57_1$	73	$125{,}14_2$	99	$169{,}71_8$
48	$82{,}28_8$	74	$126{,}85_5$	100	$171{,}42_6$
49	$84{,}00_0$	75	$128{,}57_1$		
50	$85{,}71_8$	76	$130{,}28_4$		

b) ausländischer Währungen in Mark und Pfg.

Belgien, Frankreich, Luxemburg, Schweiz 1 Frank zu 100 Cent. = 80 Pfg. **Deutsch-Ostafrika** 1 Rupie = 1 M 35 Pfg. **Dänemark, Norwegen, Schweden** 1 Krone zu 100 Oere = 1 M 12,5 Pfg. **Finnland** 1 Mark = 80 Pfg. **Griechenland** 1 Drachme zu 100 Lepta = 1 Frank = 80 Pfg. **Grossbritannien u. Irland** 1 Pfd. Sterling zu 20 Schilling zu 12 Pence = 20 M 40 Pfg. **Indien** 1 Rupie = 1 M 35 Pfg. **Italien** 1 Lira zu 100 Centesimi = 80 Pfg. **Japan** 1 Yen = 2 M 10 Pfg., 1 alter Goldyen = 4 M 20 Pfg. **Mexiko** 1 Golddollar = 2 M 10 Pfg. **Niederlande** 1 Gulden zu 100 Cents = 1 M 70 Pfg. **Oesterreich u. Liechtenstein** 1 Gulden = 100 Kreuzer = 2 Kr. = 1 M 70 Pfg. (Währung) und 2 M (Gold); 1 Krone = 100 Heller — 85 Pfg. **Portugal** 1 Milreïs zu 1000 Reïs = 4 M 50 Pfg. **Rumänien** 1 Piaster = 30 Pfg., 1 Leu zu 100 Bann-Para = 80 Pfg. **Russland** 1 Silberrubel zu 100 Kopeken = 2 M 16 Pfg., 1 Goldrubel = 3 M 20 Pfg. **Spanien** 1 Peseta zu 100 Cents = 80 Pfg., 1 Duro zu 20 Reales = 4 M. 14 Pfg., 1 Piaster zu 100 Cents = 4 M, 100 span. Realen = 21 M. **Türkei** 1 Piaster zu 40 Para zu 3 Kurant-Asper = 18 Pfg. **Ver. Staaten v. Nordamerika** 1 Dollar zu 100 Cents = 4 M. 25 Pfg.

2. Masse und Gewichte.

Nach der am 1. April 1912 in Kraft getretenen Mass- und Gewichtsordnung vom 30. Mai 1908 (RGBl. 349) und dem RG. vom 1. Juni 1898 (RGBl. 905).

a) Die Grundlagen des Masses und des Gewichts.

Diese bilden das Meter und das Kilogramm. Das Meter ist der Abstand zwischen den Endstrichen des internationalen Meterprototyps bei der Temperatur des schmelzenden Eises. Das Kilogramm ist die Masse des internationalen Kilogrammprototyps. Als deutsches Urmass gilt derjenige mit dem Prototyp für das Meter verglichene Massstab aus Platin-Iridium, welcher durch die Internationale Generalkonferenz für Mass und Gewicht dem Deutschen Reiche als nationales Prototyp überwiesen worden ist. Er wird von der Kaiserlichen Normal-Eichungskommission aufbewahrt. Als deutsches Urgewicht gilt dasjenige mit dem Prototyp für das Kilogramm verglichene Gewichtsstück aus Platin-Iridium, welches durch die Internationale Generalkonferenz für Mass und Gewicht dem Deutschen Reiche als nationales Prototyp überwiesen worden ist; es wird von der Kaiserlichen Normal-Eichungskommission aufbewahrt.

b) Die Längenmasse.

Das Meter; das Dezimeter = der zehnte Teil des Meters; das Zentimeter = der hundertste Teil des Meters; das Millimeter = der tausendste Teil des Meters; das Kilometer = 1000 Meter.

c) Die Flächenmasse.

Das Quadratmeter, d. i. die aus dem Meter gebildete Einheit des Flächenmasses; das Quadratdezimeter = der hundertste Teil des Quadratmeters; das Quadratzentimeter = der hundertste Teil des Quadratdezimeters; das Quadratmillimeter = der hundertste Teil des Quadratzentimeters; das Ar = 100 Quadratmeter; das Hektar = 100 Ar; das Quadratkilometer = 100 Hektar.

d) Die Körpermasse.

Das Kubikmeter, d. i. aus dem Meter gebildete Einheit des Körpermasses; das Kubikdezimeter = der tausendste Teil des Kubikmeters; das Kubikzentimeter = der tausendste Teil des Kubikdezimeters; das Kubikmillimeter = der tausendste Teil des Kubikzentimeters das Liter, d. i. der von einem Kilogramm reinen Wassers bei seiner grössten Dichte unter dem Druck einer Atmosphäre eingenommene Raum; das Milliliter = der tausendste Teil eines Liters; das Hektoliter = 100 Liter.

e) Die Gewichte.

Das Kilogramm s. oben a; das Gramm = der tausendste Teil des Kilogramms; das Milligramm = der tausendste Teil des Grammes; das Hektogramm = 100 Gramm; der Doppelzentner = 100 Kilogramm; die Tonne = 1000 Kilogramm.

f) Die elektrischen Masseinheiten.

Das Ohm, d. i. der Widerstand einer Quecksilbersäule von der Temperatur des schmelzenden Eises, deren Länge bei durchweg gleichem, einem Quadratmillimeter gleich zu achtenden Querschnitt 106,3 cm und deren Masse 14,4521 g beträgt. Das Ampere, d. i. der unveränderliche elektrische Strom, der bei dem Durchgange durch eine wässerige Lösung von Silbernitrat in einer Sekunde 0,001 118 g Silber niederschlägt. Das Volt, d. i. die elektromotorische Kraft, die in einen Leiter, dessen Widerstand ein Ohm beträgt, einen elektrischen Strom von einem Ampere erzeugt.

3. Abkürzungen der Masse und Gewichte.

Anzuwenden im amtlichen Verkehr (Bek. v. 18. April 1912 [GVBl. 364]).

a) Längenmasse: Kilometer = km; Meter = m; Dezimeter = dm; Zentimeter = cm; Millimeter = mm.

b) Flächenmasse: Quadratkilometer = qkm oder km^2; Hektar = ha; Ar = a; Quadratmeter = qm oder m^2; Quadratdezimeter = qdm oder dm^2; Quadratzentimeter = qcm oder cm^2; Quadratmillimeter = qmm oder mm^2.

c) Körpermasse: Kubikmeter = cbm oder m^3; Kubikdezimeter = cdm oder dm^3; Kubikzentimeter = ccm oder cm^3; Kubikmillimeter = cmm oder mm^3; Hektoliter = hl; Liter = l; Milliliter = ml.

d) Gewichte: Tonne = t; Doppelzentner = dz; Kilogramm = kg; Hektogramm = hg; Gramm = g; Milligramm = mg.

Schlusspunkte werden den Buchstaben nicht beigefügt. Zur Trennung der Einer- und der Dezimalstellen dient das Komma; zur Abteilung mehrstelliger Zahlenausdrücke darf das Komma nicht verwendet werden.

4. Tabelle für die Umrechnung der älteren bayerischen Masse in die der Mass- u. Gewichtsordnung.

a) Längenmasse.

1 bayerischer Fuss zu 12 Zoll oder zu 144 Linien = 0,2 918 592 Meter; 1 Zoll = 2,43 216 Zentimeter; 1 Linie = 2,0268 Millimeter; 1 bayer. Klafter zu 6 Fuss = 1,751 155 Meter; 1 geometrische Rute zu 10 Fuss = 2,918 592 Meter; 1 bayer. Elle zu 2 Fuss 10¼ Zoll = 0,833 015 Meter; 1 geometrische Stunde, Post- oder Wegstunde = 12 703 Fuss = 3,70 749 Kilometer.

b) Flächenmasse.

1 bayer. Quadratfuss zu 144 Quadratzollen = 0,085 182 Quadratmeter; 1 Quadratzoll = 5,9154 Quadratzentimeter; 1 Quadratlinie = 4,1079 Quadratmillimeter; 1 Quadratklafter zu 36 Quadratfuss = 3,0665 Quadratmeter; 1 Quadratrute zu 100 Quadratfuss = 8,5182 Quadratmeter; 1 Tagwerk oder Morgen zu 400 Quadratruten = 34,07 272 Ar.

c) Körpermasse.

1 Kubikfuss = 0,24 861 Kubikmeter; 1 Kubikzoll = 14,38 721 Kubikzentimeter.

d) Getreidemasse.

1 bayer. Metzen zu $34^2/_3$ Masskannen = 37,0596 Liter; $^1/_2$ bayer. Metzen (Viertel genannt) = 18,5298 Liter; $^1/_4$ bayer. Metzen (halbes Viertel) genannt = 9,2649 Liter; $^1/_8$ bayer. Metzen (Massl genannt) = 4,6325 Liter; $^1/_{16}$ bayer. Metzen (halbes Massl genannt) = 2,3162 Liter; $^1/_{32}$ bayer. Metzen (Dreissiger genannt) = 1,1581 Liter; 6 Metzen Mass (Schäffel genannt) = 2,22 358 Hektoliter.

e) Handelsgewicht.

1 bayer. Pfund zu 32 Lot = 560 Gramm; 1 Lot à 4 Quentchen = 17,5 Gramm; 1 Quentchen = 4,375 Gramm; 1 Zentner zu 100 Pfunden = 56 Kilogramm.

f) Holzmass.

1 bayer. Normalklafter = 3,13 250 Ster (cbm); 1 Pfälzer Klafter = 3,58 Ster (cbm).

37. Zinsen-

a) nach dem

Kapital	Zu 3 %					Zu 3½ %					Zu 4 %				
	1 Tag	1 Monat		1 Jahr		1 Tag	1 Monat		1 Jahr		1 Tag	1 Monat		1 Jahr	
M	₰	M	₰	M	₰	₰	M	₰	M	₰	₰	M	₰	M	₰
1	—		—		3	—		—		3	—		—		4
2	—		—		6	—		1		7	—		1		8
3	—		1		9	—		1		10	—		1		12
4	—		1		12	—		1		14	—		1		16
5	—		1		15	—		1		17	—		2		20
6	—		1		18	—		2		21	—		2		24
7	—		2		21	—		2		24	—		2		28
8	—		2		24	—		2		28	—		3		32
9	—		2		27	—		3		31	—		3		36
10	—		2		30	—		3		35	—		3		40
20	—		5		60	—		6		70	—		7		80
30	—		7		90	—		9	1	05	—		10	1	20
40	—		10	1	20	—		12	1	40	—		13	1	60
50	—		12	1	50	—		14	1	75	—		17	2	—
60	—		15	1	80	—		17	2	10	1		20	2	40
70	—		17	2	10	1		20	2	45	1		23	2	80
80	—		20	2	40	1		23	2	80	1		27	3	20
90	1		22	2	70	1		26	3	15	1		30	3	60
100	1		25	3	—	1		29	3	50	1		33	4	—
200	2		50	6	—	2		58	7	—	2		67	8	—
300	3		75	9	—	3		87	10	50	3	1	—	12	—
400	3	1	—	12	—	4	1	17	14	—	4	1	33	16	—
500	4	1	25	15	—	5	1	46	17	50	5	1	67	20	—
600	5	1	50	18	—	6	1	75	21	—	7	2	—	24	—
700	6	1	75	21	—	7	2	04	24	50	8	2	33	28	—
800	7	2	—	24	—	8	2	33	28	—	9	2	67	32	—
900	7	2	25	27	—	9	2	62	31	50	10	3	—	36	—
1000	8	2	50	30	—	10	2	92	35	—	11	3	33	40	—
2000	17	5	—	60	—	19	5	83	70	—	22	6	67	80	—
3000	25	7	50	90	—	29	8	75	105	—	33	10	—	120	—
4000	33	10	—	120	—	39	11	67	140	—	44	13	33	160	—
5000	42	12	50	150	—	49	14	58	175	—	55	16	67	200	—
10000	83	25	—	300	—	97	29	17	350	—	111	33	33	400	—

Tabelle.

Kapital.

Zu 4½ %					Zu 5 %					Zu 6 %					
1 Tag	1 Monat		1 Jahr		1 Tag	1 Monat		1 Jahr		1 Tag	1 Monat		1 Jahr		Kapital
₰	M	₰	M	₰	₰	M	₰	M	₰	₰	M	₰	M	₰	M
—		—		4	—		—		5	—		—		6	1
—		1		9	—		1		10	—		1		12	2
—		1		13	—		1		15	—		1		18	3
—		1		18	—		2		20	—		2		24	4
—		2		22	—		2		25	—		2		30	5
—		2		27	—		3		30	—		3		36	6
—		3		31	—		3		35	—		3		42	7
—		3		36	—		3		40	—		4		48	8
—		3		40	—		4		45	—		4		54	9
—		4		45	—		4		50	—		5		60	10
—		8		90	—		8	1	—	—		10	1	20	20
—		11	1	35	—		13	1	50	—		15	1	80	30
—		15	1	80	—		27	2	—	1		20	2	40	40
1		19	2	25	1		21	2	50	1		25	3	—	50
1		23	2	70	1		25	3	—	1		30	3	60	60
1		26	3	15	1		29	3	50	1		35	4	20	70
1		30	3	60	1		33	4	—	1		40	4	80	80
1		34	4	05	1		37	4	50	1		45	5	40	90
1		38	4	50	1		42	5	—	2		50	6	—	100
2		75	9	—	3		83	10	—	3	1	—	12	—	200
4	1	12	13	50	4	1	25	15	—	5	1	50	18	—	300
5	1	50	18	—	6	1	67	20	—	7	2	—	24	—	400
6	1	87	22	50	7	2	08	25	—	8	2	50	30	—	500
7	2	25	27	—	8	2	50	30	—	10	3	—	36	—	600
9	2	62	31	50	10	2	92	35	—	12	3	50	42	—	700
10	3	—	36	—	11	3	33	40	—	13	4	—	48	—	800
11	3	38	40	50	12	3	75	45	—	15	4	50	54	—	900
12	3	75	45	—	14	4	17	50	—	17	5	—	60	—	1000
25	7	50	90	—	28	8	33	100	—	33	10	—	120	—	2000
37	11	25	135	—	42	12	50	150	—	50	15	—	180	—	3000
50	15	—	180	—	56	16	67	200	—	67	20	—	240	—	4000
62	18	75	225	—	69	20	83	250	—	83	25	—	300	—	5000
125	37	50	450	—	139	41	67	500	—	167	50	—	600	—	10000

b) nach dem

Bei Berechnung eines Stückzinses(-lohnes) vermehre man den
zahl steht und setze das Komma so, dass hinter demselben so viele
beträgt der Stückzins auf 154 Tage bei 12 M Jahreszins?

Tage		Tage		Tage		Tage		Tage	
1	00274	38	104	75	2055	112	3067	149	4082
2	00548	39	1067	76	2082	113	3095	150	411
3	00822	40	1095	77	211	114	3122	151	4137
4	011	41	1122	78	2137	115	315	152	4164
5	0137	42	115	79	2164	116	3178	153	4192
6	0164	43	1178	80	2192	117	3205	154	422
7	0192	44	1205	81	222	118	3233	155	4247
8	022	45	1233	82	2247	119	326	156	4274
9	0247	46	126	83	2274	120	3287	157	4302
10	0274	47	1287	84	2302	121	3315	158	433
11	0302	48	1315	85	233	122	3342	159	4357
12	033	49	1342	86	2357	123	337	160	4384
13	0357	50	137	87	2384	124	3398	161	4411
14	0384	51	1398	88	2411	125	3425	162	4439
15	0411	52	1425	89	2439	126	3452	163	4466
16	0439	53	1452	90	2466	127	348	164	4493
17	0466	54	148	91	2493	128	3506	165	452
18	0493	55	1506	92	252	129	3534	166	4548
19	052	56	1534	93	2548	130	3562	167	4576
20	0548	57	1562	94	2576	131	359	168	4603
21	0576	58	159	95	2603	132	3616	169	463
22	0603	59	1616	96	263	133	3643	170	4657
23	063	60	1643	97	2657	134	3671	171	4685
24	0657	61	1671	98	2685	135	37	172	4712
25	0685	62	17	99	2712	136	3726	173	474
26	0712	63	1726	100	274	137	3753	174	4767
27	074	64	1753	101	2767	138	378	175	4795
28	0767	65	178	102	2795	139	3808	176	4822
29	0795	66	1808	103	2822	140	3836	177	485
30	0822	67	1836	104	285	141	3863	178	4877
31	085	68	1863	105	2877	142	389	179	4905
32	0877	69	189	106	2905	143	3918	180	4932
33	0905	70	1918	107	2932	144	3945	181	496
34	0932	71	1945	108	296	145	3972	182	4987
35	096	72	1972	109	2987	146	4	183	5014
36	0987	73	2	110	3014	147	4027	184	504
37	1014	74	2027	111	304	148	4055	185	5067

Nach *J. Richtsfeld* in Schaufling
(Nachdruck verboten).

Jahreszins.

Jahreszins(-lohn) mit der Zahl, welche bei der gesuchten Tagan-Ziffern sind, als die Zahl der Tabelle Ziffern hat; z. B. wie viel = 422 × 12 = 5,064 Mk.

Tage		Tage		Tage		Tage		Tage	
106	5095	223	611	260	7122	297	8137	334	915
187	5122	224	6137	261	715	298	8164	335	9178
188	515	225	6164	262	7178	299	8192	336	9205
189	5178	226	6192	263	7205	300	822	337	9233
190	5205	227	622	264	7233	301	8247	338	926
191	5233	228	6247	265	726	302	8274	339	9287
192	526	229	6274	266	7287	303	8302	340	9315
193	5287	230	6302	267	7315	304	833	341	9342
194	5315	231	633	268	7342	305	8357	342	937
195	5342	232	6357	269	737	306	8384	343	9398
196	537	233	6384	270	7398	307	8411	344	9425
197	5398	234	6411	271	7425	308	8439	345	9452
198	5425	235	6439	272	7452	309	8466	346	948
199	5452	236	6466	273	748	310	8493	347	9506
200	548	237	6493	274	7506	311	852	348	9534
201	5506	238	652	275	7534	312	8548	349	9562
202	5534	239	6548	276	7562	313	8576	350	959
203	5562	240	6576	277	759	314	8603	351	9616
204	559	241	6603	278	7616	315	863	352	9643
205	5616	242	663	279	7643	316	8657	353	9671
206	5643	243	6657	280	7671	317	8685	354	97
207	5671	244	6685	281	77	318	8712	355	9726
208	57	245	6712	282	7726	319	874	356	9753
209	5726	246	674	283	7753	320	8767	357	978
210	5753	247	6767	284	778	321	8795	358	9808
211	578	248	6795	285	7808	322	8822	359	9836
212	5808	249	6822	286	7836	323	885	360	9863
213	5836	250	685	287	7863	324	8877	361	989
214	5863	251	6877	288	789	325	8905	362	9918
215	589	252	6905	289	7918	326	8932	363	9945
216	5918	253	6932	290	7945	327	896	364	9972
217	5945	254	696	291	7972	328	8987	365	
218	5972	255	6987	292	8	329	9014		
219	6	256	7014	293	8027	330	904		
220	6027	257	704	294	8055	331	9067		
221	6055	258	7067	295	8082	332	9095		
222	6082	259	7095	296	811	333	9122		

38. Uebersicht der die Verhältnisse der bayerischen Beamten regelnden Gesetze, Verordnungen und sonstige Erlasse.

I. **Beamtengesetz** vom 18. August 1908 (GVBl. 581).

II. **Vollzugsbestimmungen allgemeiner Art:**
Allgemeine Vollzugsverordnung vom 10. Dezember 1908 (GVBl. 1041) mit Ausführungsbek. zu § 3 Abs. 2 hinsichtlich der Anrechnung der Militärdienstzeit auf die Dauer der Widerruflichkeit der etatsmässigen Dienstzeit vom 29. Oktober 1909 (JMBl. 506).
Die Einrichtung d. Behörden u. d. Benennung d. Beamten d. Zivilstaatsverwaltung v. 10. Dez. 1908 (GVBl. 1051).
Rangordnung v. 23. Dez. 1908 (GVBl. 1211), s. Beil. XXXI.

III. **Vollzugsbestimmungen zu einzelnen Artikeln des Gesetzes:**
Zu Art. 1: Erklärung weiterer, nicht in der Gehaltsordnung aufgeführter, im Staatsdienst verwendeter Personen zu Beamten: MB. vom 8. Juni 1909 (GVBl. 386).
Zu Art. 5 Abs. 3: Bezeichnung des für die amtliche Ausschreibung der Ernennung, Versetzung, Wiederanstellung und Beförderung bestimmten Blattes für den Bereich der Justizverwaltung: JMB. v. 21. Dezember 1908 (JMBl. 337).
Zu Art. 8, 9, 27, 52, 188: Vergütung der Umzugskosten: VO. v. 20. Nov. 1902 (GVBl. 709); geändert durch § 4 der Allg. Vollzugsverordnung zum Beamtengesetz, s. hier Beil. XXXIV.
Zu Art. 18: Die Ausübung von Nebenämtern oder Nebengeschäfte durch Beamte: MB. v. 4. April 1912 (GVBl. 393; JMBl. 77). Hiezu Zusatzbestimmungen hinsichtlich der Gerichtsvollzieher JMB. v. 30. April 1912 (JMBl. 88); für den Bereich der Heeresverwaltung KrMB. v. 7. Mai 1912 (KrMBl. 410).
Zu Art. 22: Sonntagsruhe und Urlaub: MB. v. 14. Juli 1909 (JMBl. 326) mit Uebergangsbestimmungen für das Justizpersonal: JMB. v. 20. Juli 1909 (JMBl. 334).
Zu Art. 26: Gehaltsordnung v. 6. Septbr. 1908 (s. hier Beil. XXX); hiezu wegen vorzeitiger Gehaltszahlung mit Rücksicht auf den Erholungsurlaub: FMB. v. 9. Juli 1909 (JMBl. 300).
Zu Art. 27 Abs. 4: Reiseauslagen und Tagegelder s. Beil. XXXIII.
Zu Art. 28 Abs. 5 u. Art. 211 Abs. 1: Anrechnung der Militärdienstzeit auf das Besoldungsdienstalter: VO. v. 28. Dezember 1910 (GVBl. 1199) u. Bek. vom gl. Tage (GVBl. 1202).
Zu Art. 37: Festsetzung und Erhebung der Mietentschädigungen und Mietzinse für Wohnungen und Zimmer, dann der Pachtentschädigungen für Gärten und sonstige Grundstücke, die Beamten vom Staate eingeräumt sind: MB. v. 28. Juni 1909 (JMBl. 266).

Noch III.

Zu Art. 38—88: Versetzung der etatsmässigen Beamten in den Ruhestand, Fürsorge für die Hinterbliebenen der etatsmässigen Beamten: MB. v. 22. Oktober 1909 (GVBl. 781), s. Beil. XXXII und vom 24. März 1909 (JMBl. 172).

Zu Art. 44 Nr. 3 u. Art. 66 Nr. 2: Anzeigen bei Wiederverwendung von pensionierten Beamten, Bediensteten und Gendarmeriepensionisten: FMB. v. 16. Febr. 1912 (FMBl. 35).

Zu Art. 103—107: Dienstaufsicht und Dienststrafrecht für nicht richterl. Beamte: MB. v. 22. Oktober 1909 (GVBl. 737).

---

39. Uebersicht der bayerischen Beamten.

1. Beamte im Sinne des bayerischen Beamtengesetzes sind die Personen, die entweder einer in der Gehaltsordnung aufgeführten Beamtenklasse angehören oder durch Anordnung der Staatsregierung als Beamte im Sinne des Beamtengesetzes erklärt sind (s. Art. 1 des Beamtengesetzes).

2. Die Gehaltsordnung s. Beil. XXX.

3. Die Beamten der zweiten Art (die Beamten ausserhalb der Gehaltsordnung) wurden durch die MB. v. 8. Juni 1909 (GVBl. 386) bestimmt. Letztere lautet:

Auf Grund des § 1 der K. Verordnung vom 10. Dezember 1908, den Vollzug des Beamtengesetzes betreffend (GVBl. 1041) werden mit sofortiger Wirksamkeit als Beamte im Sinne des Artikel 1 des Beamtengesetzes erklärt:

I. Im Geschäftskreise des Staatsministeriums des Königlichen Hauses und des Aeussern:

1. die im Ministerium verwendeten geprüften Rechtspraktikanten und Akzessisten, 2. die besoldeten Attachés der Gesandtschaften, 3. die geprüften Archivpraktikanten des Geheimen Haus- und Staatsarchivs, 4. die geprüften Praktikanten der Bergbehörden, 5. die geprüften Praktikanten des Gewerbeaufsichtsdienstes;

II. im Geschäftskreise des Staatsministeriums der Justiz:

6. die juristisch vorgebildeten bezahlten Hilfsarbeiter im Geschäftskreise dieses Ministeriums, 7. die Grundbuchkommissäre, 8. die Grundbuchanlegungskommissäre, 9. die volljährigen Gerichtsschreibergehilfen, 10. die funktionierenden Hausärzte, Hauslehrer und Hauslehrerinnen der Strafanstalten;

III. im Geschäftskreise des Staatsministeriums des Innern:

11. die bei den Staatsbehörden der inneren Verwaltung verwendeten geprüften Rechtspraktikanten und Akzessisten, 12. die bei den Behörden der Staatsbauverwaltung, bei dem Wasserversorgungsbureau sowie die im kulturtechnischen Staatsdienste verwendeten Regierungsbaumeister, 13. die geprüften Archivprakti-

kanten der Landesarchive und die Reichsarchivakzessisten, 14. die Physikatsassistenten der Amtsärzte, 15. die Polizeiärzte bei der Polizeidirektion München, 16. die remunerierten bezirksärztlichen Stellvertreter, 17. die Grenztierärzte im Hauptamt, 18. die Assistenten der Zentralimpfanstalt, 19. die Assistenten der Untersuchungsanstalten für Nahrungs- und Genussmittel, 20. die Assistenten der Moorkulturanstalt, 21. die Assistenten der Agrikulturbotanischen Anstalt, 22. die bei der Flurbereinigungskommission verwendeten geprüften Geometer, 23. die Rechnungsgehilfen bei der Flurbereinigungskommission, 24. die im kulturtechnischen Staatsdienste verwendeten Kulturaufseher, 25. die technischen Gehilfen der Brandversicherungsinspektoren;

IV. im Geschäftskreise des Staatsministeriums des Innern für Kirchen- und Schulangelegenheiten:

26. die Privatdozenten und die nicht etatsmässig angestellten Lektoren der Hochschulen, 27. die wissenschaftlich oder künstlerisch vorgebildeten, nicht etatsmässig angestellten Assistenten der Hochschulen, der Akademien sowie der Kunst- und wissenschaftlichen Sammlungen und Anstalten des Staates, 28. die Gymnasial- und Realschulassistenten, die Assistenten des Technikums in Nürnberg, der Baugewerkschule mit Gewerbelehrerinstitut in München sowie der landwirtschaftlichen Mittelschulen und der Kreisackerbauschulen, soferne ihre Verwendung im Lehramte nicht von vorneherein zeitlich beschränkt ist, 29. die Lehrer, Assistenzärzte und Repetitoren der Hebammenschulen, 30. die Seminarassistenten sowie die Seminar- und Präparandenhilfslehrer mit der in Ziff. 28 gemachten Einschränkung;

V. im Geschäftskreise des Staatsministeriums der Finanzen:

31. die bei den Staatsbehörden der allgemeinen Finanzverwaltung und der Verwaltung der Zölle und indirekten Steuern verwendeten geprüften Rechtspraktikanten und Akzessisten, 32. die geprüften Kameralpraktikanten, 33. die geprüften Zollpraktikanten, 34. die geprüften Forstpraktikanten und geprüften Forstschutzaspiranten, 35. die bei dem Katasterbureau und den Messungsämtern verwendeten geprüften Geometer, 36. die geprüften Praktikanten der Verwaltung der Berg-, Hütten- und Salzwerke;

VI. im Geschäftskreise des Staatsministeriums für Verkehrsangelegenheiten:

37. die bezahlten geprüften Anwärter des höheren Dienstes (geprüfte Rechtspraktikanten, Regierungsbaumeister, geprüfte Geometer), 38. die bezahlten geprüften Anwärter des mittleren Dienstes (geprüfte Aspiranten des mittleren Betriebs- und Verwaltungsdienstes, geprüfte Aspiranten des mittleren technischen Dienstes), 39. die bezahlten geprüften Postgehilfen, 40. die bezahlten auf festen Stellen ständig verwendeten nicht etatsmässig angestellten Telephonistinnen.

4. Wegen der ausserhalb der Gehaltsordnung stehenden Beamten im Dienste der Militärverwaltung s. KrMB. v. 5. März 1909 (KrMBl. 83) u. v. 27. Mai 1910 (KrMBl. 216).

40. Uebernahme von Nebengeschäften und Nebenämtern durch die Beamten.

(Beamtengesetz Art. 18 und 19.)

I. Art. 18. 1. Der Beamte darf ein Nebenamt oder ein Nebengeschäft nur übernehmen, soweit dies mit der gewissenhaften Erfüllung seiner Pflichten und mit der Achtung, die sein Beruf erfordert, vereinbar ist.

2. Ein Beamter, der

1. ein nicht mit einer Entlohnung verbundenes Nebenamt im Dienste des Reichs oder eines anderen Bundesstaats oder
2. eine ehrenamtliche Stellung in den Verwaltungsorganen einer Gemeinde, Anstalt, Stiftung, Kasse, Religions- oder Kirchengesellschaft, Erwerbsgesellschaft oder Genossenschaft oder
3. das Amt eines Schiedsrichters, Testamentsvollstreckers, Vormundes, Pflegers, Beistandes oder eine andere Verwaltung fremder Angelegenheiten übernimmt,

hat dies der vorgesetzten Dienstbehörde anzuzeigen.

3. Die Erlaubnis der zuständigen Dienstbehörde ist erforderlich:

1. zum Betrieb eines Gewerbes im Sinne der Reichsgewerbeordnung und zwar auch dann, wenn es von der Ehefrau oder von einer anderen dem Hausstande des Beamten angehörenden Person betrieben wird;
2. zur Uebernahme eines Nebenamts oder Nebengeschäfts, womit eine Entlohnung verbunden ist;
3. zur Beteiligung an der Errichtung einer auf Gewinn gerichteten Gesellschaft als Gründer oder zum Eintritt in den Vorstand, Aufsichtsrat oder Verwaltungsrat einer solchen Gesellschaft. Als eine auf Gewinn gerichtete Gesellschaft gilt eine Genossenschaft nicht, deren Tätigkeit auf den Kreis ihrer Mitglieder beschränkt ist.

Die Erlaubnis kann jederzeit zurückgenommen werden.

4. In den Fällen des Abs. 3 Ziffer 3 darf die Erlaubnis nur erteilt werden, wenn mit der Tätigkeit weder unmittelbar noch mittelbar ein Gewinn oder eine Entlohnung verbunden ist.

Art. 19. Die Uebernahme von Nebenämtern oder Nebengeschäften im staatlichen Dienste kann der Beamte nicht verweigern, wenn sie seiner Berufsbildung und dienstlichen Stellung entsprechen.

II. Gemäss Art. 25 des Beamtengesetzes finden die Vorschriften des Art. 18 Abs. 1 auch auf die Staatsdienstaspiranten Anwendung, die nicht als Beamte im Sinne des Beamtengesetzes erklärt sind.

III. Wissenschaftliche oder künstlerische Nebenbeschäftigung, wie die literarische Betätigung, fallen nicht unter Abs. 2 und 3 des Art. 18. Dagegen steht der vorgesetzten Behörde das Recht zu, auf Grund des Art. 18 Abs. 1 auch eine derartige Nebenbeschäftigung ganz oder teilweise zu untersagen, wenn hierunter die entsprechende Erfüllung der Dienstesaufgabe leidet (Mot. zu Art. 18 des Beamtenges. KdAbg. Beil. 3, 60).

IV. Vollzugsbekanntmachung zu Art. 18 vom 4. April 1912 (GVBl. 343; JMBl. 77) mit Zusatzbestimmung hinsichtlich der Gerichtsvollzieher v. 30. April 1912 (JMBl. 88).

---

41. Die Verehelichung der Beamten.

I. Beamtengesetz Art. 17.

I. Art. 17. 1. Ein Beamter, der eine Ehe einzugehen beabsichtigt, hat dies rechtzeitig der zuständigen Dienstbehörde anzuzeigen.

2. Durch Verordnung kann bestimmt werden, dass gewisse Klassen von Beamten zur Eingehung einer Ehe der Erlaubnis der zuständigen Dienstbehörde bedürfen.

3. Die Erlaubnis darf nur verweigert werden, wenn der Eingehung der Ehe dienstliche Bedenken entgegenstehen.

II. Die Vorschriften des Art. 17 finden gemäss Art. 25 des Beamtengesetzes auch auf die Staatsdienstaspiranten Anwendung, die nicht Beamte im Sinne des Art. 1 des Beamtengesetzes sind, ferner gemäss Art. 24 Abs. 1 auch auf die einstweilen oder zeitlich in den Ruhestand versetzten Beamten.

II. Allgemeine Vollzugsverordnung zum Beamtengesetz v. 10. Dezember 1908 (GVBl. 1041) § 6.

1. Nachstehende Klassen von Beamten bedürfen zur Eingehung einer Ehe der Erlaubnis der zuständigen Dienstbehörde:

1. Die weiblichen Beamten,
2. Die Aufseher der Strafanstalten und der Gerichtsgefängnisse,
3. Die Aufseher der Arbeitshäuser und der Staatserziehungsanstalten,
4. Die Forstassistenten,
5. Die Grenzaufseher.

2. Für die Gendarmerie und die Schutzmannschaft München sind in bezug auf die Eingehung einer Ehe die besonderen Vorschriften massgebend.

III. Verehelichung der ungeprüften Rechtspraktikanten.

Vergl. die Bek. v. 25. Okt. 1910 (JMBl. 791) § 93.

---

42. Gehaltsordnung.

für die etatsmässigen Staatsbeamten vom 6. September 1908 (GVBl. 685).

Diese Beilage wurde, um dem Kalender seine Handlichkeit nicht zu nehmen, in die dem Kalender für 1912 gesondert beigegebene Anlage aufgenommen. Sie liegt auch dem Jahrgang 1913 nochmals bei, den künftigen Jahrgängen wird sie jedoch nicht mehr mitgegeben. Wir bitten das Heftchen deshalb aufzubewahren und im neuen Kalender jeweils in die hierfür bestimmte Tasche einzulegen.

---

43. Rangordnung der Beamten

nach der VO. v. 23. 1908 (GVBl. 1211).

Vgl. die Bemerkung zu Beil. 42.

44. Ruhegehalt der Beamten, Sterbegehalt, Witwen- und Waisengeld.

Vgl. die Bemerkung zu Beil. 42.

45. Die Tagegelder der Beamten und der Ersatz der Reiseauslagen bei auswärtigen Dienstgeschäften.

Vgl. die Bemerkung zu Beil. 42.

46. Der Ersatz der Umzugskosten.

Vgl. die Bemerkung zu Beil. 42.

47.

A. Bekanntmachung der sämtlichen K. Staatsministerien vom 14. Juli 1909, die Sonntagsruhe und den Urlaub der Staatsbeamten betr.

(GVBl. 1909 S. 427 ff., JMBl. 1909 S. 326 ff.).

I. Sonntagsruhe der Staatsbeamten.

§ 1. I Die Heranziehung von Beamten zum Dienste an Sonn- und Feiertagen einschliesslich der politischen Feiertage ist nur insoweit zulässig, als dies zur Erledigung unverschieblicher Geschäfte geboten ist.

II Lässt sich aus diesem Grunde ein Offenhalten von Geschäftsräumen an Sonn- und Feiertagen nicht umgehen, so ist nur das zur Erledigung der unverschieblichen Geschäfte notwendige Personal zum Dienste heranzuziehen und hiebei insbesondere auf die Freihaltung der Zeit des Hauptgottesdienstes Bedacht zu nehmen.

III An Orten mit überwiegend protestantischer Bevölkerung sind an den besonderen katholischen Feiertagen und an Orten mit überwiegend katholischer Bevölkerung an den besonderen protestantischen Feiertagen die Geschäftsräume zwar offen zu halten, jedoch zum Dienste tunlichst nur die Beamten des Bekenntnisses heranzuziehen, für das dieser Tag nicht als Feiertag gilt.

II. Urlaub der etatsmässigen Staatsbeamten.

§ 2. Jedem etatsmässigen Beamten wird alljährlich auf sein Ansuchen ein angemessener Urlaub bewilligt, soweit nicht aussergewöhnliche Verhältnisse entgegenstehen (Art. 22 Abs. 2 Satz 1 des Beamtengesetzes).

§ 3. I Unter der im § 2 bezeichneten Voraussetzung haben Anspruch auf einen alljährlichen Urlaub (Erholungsurlaub):

a) die Beamten der Klassen 2 mit 7 der Gehaltsordnung in der Dauer von sechs Wochen;

b) die Beamten der Klassen 8 und 9, dann die der Rangklasse VII zugeteilten Beamten der Klassen 10 und 12 der Gehaltsordnung in der Dauer eines Monats,
nach vollendetem 50. Lebensjahr in der Dauer von fünf Wochen;

c) die übrigen Beamten der Klassen 10 und 12, dann die Beamten der Klassen 11 und 13 der Gehaltsordnung in der Dauer eines Monats;

d) die Beamten der Klassen 14 und 15 der Gehaltsordnung in der Dauer von drei Wochen,
nach vollendetem 50. Lebensjahr in der Dauer von vier Wochen;

e) die Beamten der Klassen 16 und 17 der Gehaltsordnung in der Dauer von zwei Wochen,
nach vollendetem 40. Lebensjahr in der Dauer von drei Wochen;

f) die Beamten der Klassen 18 mit 21 der Gehaltsordnung in der Dauer von zwei Wochen,
nach vollendetem 45. Lebensjahr in der Dauer von drei Wochen;

g) die Beamten der Klassen 22 mit 24 der Gehaltsordnung in der Dauer von zehn Tagen,
nach vollendetem 45. Lebensjahr in der Dauer von zwei Wochen;

h) die Beamten der Klassen 25 mit 28 der Gehaltsordnung, dann die Kanzlei-, Bureau- und Rechnungsassistentinnen sowie die Aufseherinnen der Strafanstalten, der Gerichtsgefängnisse, der Arbeitshäuser und der Staatserziehungsanstalten in der Dauer einer Woche,
nach vollendetem 50. Lebensjahr in der Dauer von zehn Tagen;

i) die Beamten der Klassen 29 und 30 der Gehaltsordnung in der Dauer von fünf Tagen,
nach vollendetem 50. Lebensjahr in der Dauer einer Woche.

II Den mit dem Titel und dem Range einer höheren Klasse bekleideten Beamten gebührt der gleiche Erholungsurlaub wie den Angehörigen dieser höheren Klasse.

III Ein Beamter, dem auf Grund des Artikel 27 Abs. 2 des Beamtengesetzes vorläufig der Gehalt einer niedrigeren Klasse der Gehaltsordnung eingeräumt oder zunächst ohne Aenderung seines Gehalts oder lediglich unter vorläufiger Gewährung einer Zulage die Versehung einer einer höheren Klasse der Gehaltsordnung zugeteilten Amtsstelle übertragen ist, hat nur Anspruch auf den Erholungsurlaub, der den Beamten derjenigen Klasse zusteht, deren Gehalt er bezieht.

IV Für Beamte, die im Laufe des Jahres aus einer Klasse in eine andere übergeführt werden, bemisst sich von dem Zeitpunkte der Ueberführung an die Dauer des Erholungsurlaubs nach der für die neue Klasse geltenden Bestimmung.

V Wird nach dem Genusse des Erholungsurlaubs ein Dienstgrad oder ein Lebensalter erreicht, die zu einer längeren Urlaubsdauer berechtigen, so kann für dieses Jahr der Urlaub dementsprechend ergänzt werden.

§ 4. I Ausser dem im § 3 bestimmten Erholungsurlaub kann den etatsmässigen Beamten in besonders wichtigen persönlichen Angelegenheiten oder beim Vorliegen sonstiger dringender Gründe Dienstbefreiung bis zur Dauer einer Woche im Jahre ohne Anrechnung auf den Erholungsurlaub bewilligt werden.

II Uebersteigt die aus diesem Anlasse bewilligte Dienstbefreiung die Dauer einer Woche, so wird die weitere Zeit auf den Erholungsurlaub des gleichen Jahres und, wenn dieser bereits eingebracht ist, auf den Erholungsurlaub des folgenden Jahres angerechnet.

§ 5. I In bezug auf den Zeitpunkt des Urlaubsantritts ist auf die dienstlichen Verhältnisse gebührende Rücksicht zu nehmen.

II Die Dienstgeschäfte des beurlaubten Beamten sind tunlichst von den übrigen Beamten mitzuerledigen, damit der Staatskasse besondere Kosten für Stellvertretung in der Regel nicht erwachsen.

III Der Erholungsurlaub der Beamten der Gerichte und Staatsanwaltschaften soll möglichst in die Gerichtsferien fallen.

§ 6. Jede Beurlaubung kann zurückgenommen werden, wenn aussergewöhnliche Verhältnisse dies notwendig machen.

§ 7. Der Feriengenuss wird dem Urlaube gleichgeachtet (Artikel 22 Abs. 2 Satz 2 des Beamtengesetzes).

§ 8. I Eines Urlaubs bedarf der Beamte nicht, wenn er durch Krankheit an der Verrichtung seines Dienstes verhindert ist. Er hat jedoch von seiner Erkrankung dem Vorstande der Behörde, der er angehört, oder, wenn er selbst der Vorstand ist, der unmittelbar vorgesetzten Behörde alsbald und tunlichst so rechtzeitig Anzeige zu erstatten, dass veranlasstenfalls für die anderweitige Wahrnehmung seines Dienstes gesorgt werden kann. In gleicher Weise ist die Beendigung der Krankheit anzuzeigen.

II Auf Verlangen hat der erkrankte Beamte ein ärztliches Zeugnis vorzulegen. Soweit veranlasst, kann ein amtsärztliches Gutachten erholt werden. Die besonderen Bestimmungen über das Meldeverfahren im Bereiche der Staatseisenbahnverwaltung werden hiedurch nicht berührt.

III Die Genehmigung ist erforderlich, wenn der Beamte beabsichtigt, zum Zwecke der Wiederherstellung seiner Gesundheit vom Amts- oder Wohnsitze sich zu entfernen oder nach eingetretener Genesung zum Zwecke der vollständigen Erholung von der überstandenen Krankheit noch für einige Zeit von der Dienstverrichtung sich fernzuhalten. Die Genehmigung ist jederzeit widerruflich.

IV Ob und wieweit dem Beamten die Zeit der durch die Krankheit bedingten Dienstbehinderung (Abs. 1 mit 3) auf den Erholungsurlaub anzurechnen ist, hat die seiner Dienstbehörde unmittelbar vorgesetzte Behörde zu bestimmen.

§ 9. I Eines Urlaubs bedarf der Beamte nicht, wenn er zu einer militärischen Pflichtübung einberufen wird. Er hat jedoch die Einberufung oder die Inaussichtstellung einer solchen dem Vorstande der Behörde, der er angehört, oder, wenn er selbst der Vorstand ist, der ihm unmittelbar vorgesetzten Behörde so rechtzeitig anzuzeigen, dass er erforderlichenfalls veranlasst werden kann, die Befreiung von der Uebung oder ihre zeitliche Verlegung nach Massgabe des § 116 Ziff. 10 der Wehrordnung (Beilage zu Nr. 55 des Gesetz- und Verordnungsblattes vom 26. Oktober 1904 S. 131) nachzusuchen.

II Die Einberufung zu einer militärischen Pflichtübung schliesst den Anspruch auf die Gewährung des Erholungsurlaubs nicht aus. Dies gilt auch von der Ableistung von Uebungen zur Darlegung der Beförderungsfähigkeit.

III Beabsichtigt ein Beamter sich zu einer freiwilligen militärischen Uebung einberufen zu lassen, so hat er hiezu vor der Einreichung des Gesuchs die Genehmigung der zuständigen Dienstbehörde zu erwirken. Die Genehmigung soll nicht versagt werden, wenn dienstliche Rücksichten nicht entgegenstehen. In diesem Falle wird die Dauer der militärischen Uebung auf den Erholungsurlaub des betreffenden Jahres angerechnet.

§ 10. I Zum Eintritt in den Reichstag bedürfen Beamte nach Artikel 21 Abs. 1 der Reichsverfassung vom 16. April 1871 eines Urlaubs nicht.

II Beamten, die als Landtagsabgeordnete gewählt sind, darf nach Artikel 35 des Landtagswahlgesetzes vom 9. April 1906 der Urlaub zum Zwecke der Teilnahme an den Verhandlungen des Landtags nicht verweigert werden.

III Dienstbefreiung zur Wahrnehmung von Gemeindeämtern, soweit diese mit dem Staatsdienstverhältnis überhaupt vereinbar sind, kann nur gewährt werden, wenn die volle Erfüllung der den Beamten zugewiesenen staatlichen Amtsgeschäfte dadurch nicht beeinträchtigt wird.

§ 11. I Zur Bewilligung des Erholungsurlaubs, soweit diese nicht durch Allerhöchste Entschliessung erfolgt, sowie zur Bewilligung der Dienstbefreiung (§ 4) sind zuständig:

a) für die den Ministerien untergeordneten Vorstände der Zentralstellen, die Vorstände der Mittelstellen und die Vorstände der äusseren Behörden sowie für Einzelbeamte die ihrer Dienstbehörde unmittelbar vorgesetzte Behörde,

b) für die Beamten, die bei einer Zentralstelle, einer Mittelstelle oder einer äusseren Behörde verwendet sind, die Vorstände dieser Behörden.

II Soweit für die unter b bezeichneten Beamten ausnahmsweise ein die regelmässige Dauer übersteigender Erholungsurlaub bewilligt werden soll, bedarf es hiezu der Genehmigung der ihrer Dienstbehörde unmittelbar vorgesetzten Behörde.

III Zur Gewährung eines die Dauer von sechs Wochen übersteigenden Erholungsurlaubs bedarf es in allen Fällen der Genehmigung des Ministeriums.

IV Zur Erteilung der nach § 8 Abs. 3 erforderlichen Genehmigung ist hinsichtlich der Vorstände der Zentral- und Mittelstellen das Ministerium, hinsichtlich der weiteren Beamten der Zentral- und Mittelstellen der Vorstand dieser Stelle, hinsichtlich der übrigen Beamten die ihrer Dienstbehörde unmittelbar vorgesetzte Behörde zuständig.

§ 12. I Für die Dauer des regelmässigen Urlaubs — des Erholungsurlaubs (§ 3) und der Dienstbefreiung (§ 4 Abs. 1) — sowie für die Zeit der Abwesenheit, für die der Beamte eines Urlaubs nicht bedarf oder der Urlaub nicht verweigert werden kann, findet ein Abzug am Gehalte nicht statt; die etwa erwachsenden Stellvertretungskosten fallen der Staatskasse zur Last. Ob und wieweit bei der Erteilung eines die regelmäßige Dauer übersteigenden Urlaubs der Gehalt einzuziehen ist, wird von der zu dieser Beurlaubung zuständigen Stelle bestimmt (Artikel 35 Abs. 1, 3 des Beamtengesetzes).

II Bleibt ein Beamter ohne den erforderlichen Urlaub vom Dienste weg oder überschreitet er den erteilten Urlaub, ohne dass ihm ausreichende Entschuldigungsgründe zur Seite stehen, so ist er für die Zeit des unerlaubten Fernbleibens vom Dienste seines Diensteinkommens verlustig (Artikel 22 Abs. 3 des Beamtengesetzes).

III Die Einziehung des Diensteinkommens ist lediglich die Rechtsfolge der Unterlassung der schuldigen Dienstleistung. Die Einziehung ist von der Behörde oder dem Beamten zu verfügen, die zur Bewilligung des Urlaubs zuständig sind (Art. 22 Abs. 4 Satz 1 des Beamtengesetzes). Die Einziehung erfolgt durch unmittelbare Mitteilung an die Kasse, die das Diensteinkommen des Beamten auszahlt. Dem Beamten ist hievon schriftliche Mitteilung zu machen. Gleichzeitig ist von der Einziehung der der Kasse vorgesetzten Dienstesstelle Kenntnis zu geben.

IV Gegen die Einziehung des Diensteinkommens steht dem Beamten die Beschwerde im Instanzenzuge frei. Die Frist zur Einlegung der Beschwerde beträgt zwei Wochen, vom Tage der Eröffnung der Verfügung an gerechnet (Artikel 22 Abs. 4 Satz 2 und 3 des Beamtengesetzes).

V Neben der Einziehung des Diensteinkommens ist die Einleitung des Dienststrafverfahrens gegen den Beamten zulässig (Artikel 22 Abs. 3 des Beamtengesetzes).

VI Die Stellvertretungskosten, die allenfalls infolge des unerlaubten Fernbleibens des Beamten vom Dienste erwachsen, fallen der Staatskasse zur Last.

VII Für die Verabfolgung des Gehalts und die Bestreitung der Stellvertretungskosten während der Krankheit eines Beamten sind die Vorschriften des Artikels 35 Abs. 2 des Beamtengesetzes massgebend.

VIII Für die Richter, die Mitglieder des Verwaltungsgerichtshofs und die Mitglieder des Obersten Rechnungshofs gelten für die Einziehung des Diensteinkommens die besonderen Vorschriften der Artikel 9, 63 des Richterdisziplinargesetzes und des Artikels 183 Abs. 2 Ziff. 5 sowie des Artikels 184 des Beamtengesetzes.

III. Urlaub der nichtetatsmässigen Staatsbeamten.

§ 13. I Auch den nichtetatsmässigen Beamten wird alljährlich ein angemessener Urlaub gewährt, dessen Höhe für die einzelnen Dienstzweige besonders bestimmt wird.

II Die Vorschriften der §§ 5 mit 12 finden auf die nichtetatsmässigen Beamten entsprechende Anwendung.

IV. Uebergangs- und Schlussbestimmungen.

§ 14. Beamten, denen in der Vergangenheit ein längerer Urlaub eingeräumt war, kann dieser Urlaub mit Genehmigung des Ministeriums für ihre Person gewahrt werden.

§ 15. I Für die Beamten der Verkehrsverwaltung verbleibt es in Ansehung des Urlaubs vorläufig bei den besonderen Vorschriften.

II Ebenso bleibt für die Mannschaften der Gendarmerie und der Schutzmannschaft München besondere Regelung vorbehalten.

III Auf die Beamten der Militärverwaltung finden hinsichtlich des Urlaubs die §§ 2, 6, 7, 9, 10, 12 Abs. 2 mit 6 entsprechende Anwendung; im übrigen gelten die besonderen Vorschriften.

§ 16. I Hinsichtlich des Verfahrens, das zu beobachten ist, wenn Beamte in Zivil-, Straf-, Verwaltungs- oder Verwaltungsrechtssachen vernommen werden sollen, sind auch fernerhin die Vorschriften der K. Verordnung vom 25. September 1879 (Ges. u. VOBl. S. 1293) und der Ministerialbekanntmachung vom 7. Januar 1882 (Ges. u. VOBl. S. 37) massgebend.

II Diese Vorschriften gelten auch für die Vernehmung von Beamten in Dienststrafsachen.

B. Urlaub und Dienstbefreiung der nichtetatsmässigen Staatsbeamten und Staatsbediensteten im Geschäftskreise des Staatsministeriums der Finanzen.

(FME. v. 12. Juli 1910 Nr. 22715).

Auf Grund des § 13 der Ministerialbekanntmachung vom 14. Juli 1909 (Ges. u. VOBl. S. 433) wird genehmigt, dass — soweit nicht aussergewöhnliche Verhältnisse entgegenstehen — auf Ansuchen

a) den geprüften Rechtspraktikanten und Akzessisten im Geschäftskreise des Staatsministeriums der Finanzen, den geprüften Forstpraktikanten, den geprüften Geometern sowie den geprüften Praktikanten und Regierungsbaumeistern der Verwaltung der Berg-, Hütten- und Salzwerke ein jährlicher Urlaub von drei Wochen,

b) den geprüften Zollpraktikanten und den geprüften Kameralpraktikanten ein jährlicher Urlaub von zwei Wochen bewilligt wird.

Ferner wird genehmigt, dass unter der gleichen Voraussetzung

c) den ungeprüften Forstpraktikanten, den Geometerpraktikanten sowie den ungeprüften Praktikanten der Verwaltung der Berg-, Hütten- und Salzwerke ein jährlicher Urlaub von zwei Wochen und

d) den ungeprüften Zollpraktikanten sowie den ungeprüften Kameralpraktikanten ein jährlicher Urlaub von einer Woche bewilligt wird.

Beim Vorliegen triftiger Gründe kann den unter a bis d bezeichneten Staatsdienstaspiranten ausserdem Dienstbefreiung bis zur Dauer einer Woche im Jahre ohne Anrechnung auf den Urlaub bewilligt werden. Uebersteigt die Dienstbefreiung die Dauer einer Woche, so wird die weitere Zeit auf den Urlaub des gleichen Jahres und, wenn dieser bereits eingebracht ist, auf den Urlaub des folgenden Jahres angerechnet.

e) Den nicht etatsmässig angestellten Assistenten und Assistentinnen und ähnlichen weiblichen Hilfskräften, den ständigen Hilfsarbeitern des Katasterbureaus, den auf Probe angestellten Rentamtsdienern, den Zolldienstaspiranten, den Forstschutzdienstaspiranten, den Rentamtsinzipienten sowie den Anwärtern für den Zeichnungsdienst des Katasterbureaus und der Messungsämter kann Dienstbefreiung bis zur Dauer einer Woche im Jahre,

f) den nichtetatsmässigen Messungsgehilfen des Katasterbureaus und der Messungsämter, den Anwärtern für den Messungsgehilfendienst sowie den nichtetatsmässigen Waldwärtern Dienstbefreiung bis zur Dauer von fünf Tagen im Jahre bewilligt werden.

Im übrigen finden auf die vorbezeichneten Personen, soweit sie nicht ohnehin unter die nichtetatsmässigen Beamten im Sinne des § 13 der Bekanntmachung vom 14. Juli 1909 in Verbindung mit dem Artikel 1 des Beamtengesetzes fallen, die Bestimmungen in § 5 Abs. 1, 2, §§ 6, 7, § 8 Abs. 1, Abs. 2 Satz 1 und 2, Abs. 3, 4, in §§ 9, 10 und 11, dann in § 12 Abs. 1, 2, 3 und 7 der Bekanntmachung vom 14. Juli 1909 entsprechende Anwendung.

C. Vergleiche auch § 57 der Geschäftsanweisung der Rentämter und § 11 der FMB. vom 10. April 1911 — FMBl. S. 293 —, wonach die Bureaustunden nach Bedarf über die festgesetzte Zeit hinaus verlängert werden können, dagegen aber auch während der minder arbeitsreichen Zeit die Bureauzeit abgekürzt oder der eine oder andere Nachmittag freigegeben werden kann.

Dienstbefreiung zum Besuche von Versammlungen von Privatvereinen des Personals wird nicht gewährt, es kann nur, wenn die dienstlichen Verhältnisse es gestatten, Urlaub erteilt werden.

D. Die Zeit, während welcher ein Beamter zu einer militärischen Pflichtübung einberufen ist, wird auf den Erholungsurlaub nicht angerechnet, schliesst sich aber an die Pflichtübung eine freiwillige an, so wird die Zeit der freiwilligen Uebung auf den Erholungsurlaub angerechnet.

Zusammenstellung der Uebungen der Offiziersaspiranten und Offiziere des Beurlaubtenstandes.

I. Als **Pflicht**übungen sind anzusehen:

1. Bei den Reserve- (Landwehr-) Offiziersaspiranten und den ehemaligen Einjährig-Freiwilligen, die sich das Befähigungszeugnis z. Reserveoffiziersaspiranten nachträgl. erwerben wollen:	sämtliche der Beförderung zum Offizier vorausgehenden achtwöchigen Uebungen (auch Wiederholungen).	
2. Bei den Reserveoffizieren:	die 3 Uebungen (bis zu 8 Wochen) im Reserveverhältnis;	
	die Uebungen (bis zu 8 Wochen) zur Darlegung der Beförderungsfähigkeit, auch im Wiederholungsfalle;	
	die Uebungen (bis zu 8 Wochen zur weiteren Ausbildung, die Uebungen (bis zu 8 Wochen) zur Darlegung der Beförderungsfähigkeit auch im Wiederholungsfalle;	bei freiwilligem Verbleiben in der Reserve.
3. Bei d. Landwehroffizieren:	die der Zahl nach nicht beschränkten 14 tägigen Landwehrübungen, auch bei freiwilligem Verbleiben im Landwehrverhältnisse;	
	die Uebungen (bis zu 8 Wochen) zur Darlegung der Beförderungsfähigkeit, auch im Wiederholungsfalle.	

II. Als **freiwillige** Uebungen sind anzusehen:

1. Bei den Reserveoffizieren: 2. „ „ Landwehroffizieren:	alle Uebungen, die ohne militärdienstliche Aufforderung nur auf Grund freiwilliger Meldung abgeleistet werden.

Anm. 1. Zur Ableistung von 3 Uebungen (bis zu 8 Wochen) sind wie die Reserveoffiziere auch jene Offiziere der Landwehr 1. Aufgeb. verpflichtet, die erst als Offiziersaspiranten der Landwehr 1. Aufgeb. zu Landwehroffizieren befördert worden sind.

Anm. 2. Freiwillige Uebungen der Offiziere der Landwehr 2. Aufgeb. in der Dauer von 4—8 Wochen dürfen militärseits genehmigt werden. Uebungen dieser Offiziere zur Darlegung der Beförderungsfähigkeit sind Pflichtübungen — s. oben unter Ziff. I 8.

Anm. 3. Uebungen, deren Dauer auf Grund freiwilliger Bereiterklärung über die von den militärischen Dienststellen festgesetzte Zeit hinaus verlängert wird, gelten nur hinsichtlich der nicht freiwillig übernommenen Uebungsdauer als Pflichtübungen. Vgl. FME. vom 14. Januar 1910 Nr. 14 991.

48. Allgemeiner Unterstützungsverein für die Hinterlassenen der k. b. Staatsdiener und Töchterkasse.

Neue Satzungen vom 29. Dez. 1908 (GVBl. 1253; JMBl. 1909, 59), geändert lt. Bek. v. 30. März 1912 (GVBl. 340, JMBl. 69). Erhebung u. Verrechnung der Diensteinkommensmehrungsabgabe, FMB. vom 7. Febr. 1909 (JMBl. 119); Anzeigen zur Sicherung des Vollzugs des § 13 Abs. 2 der Satzungen JMB. v. 15. März 1912 (JMBl. 55). FMB. v. 29. Mai 1912 (FMBl. 127).

a) Allgemeiner Unterstützungsverein.

1. Zum Eintritt in den Verein war jeder vom 6. April 1888 an neu zur pragmatischen Anstellung gelangende Beamte verpflichtet; mit dem Zeitpunkte der Wirksamkeit der Anstellung war ohne weitere Willenserklärung des Pflichtigen die Eigenschaft eines ordentlichen Mitgliedes und dessen Rechte erworben; vom 1. Januar 1909 an ist der Verein für den Beitritt neuer ordentlicher Mitglieder gesperrt.

2. Jährliche Beiträge derselben in der

I. Kl. (Gehalt mehr als 6000 M)	90 M,
II. Kl. (Gehalt mehr als 3000 M bis 6000 M) .	54 M,
III. Kl. (Gehalt von 3000 M und darunter) . .	24 M

mit 25% Erhöhung für jene, welche

a) am Tage des Erwerbes der Vereinsmitgliedschaft das 50. Lebensjahr bereits überschritten hatten und dabei entweder verheiratet oder Witwer mit einem oder mehreren Kindern waren, welche das 20. Lebensjahr noch nicht vollendet hatten,

b) nach vollendetem 50. Lebensjahr sich mit einer um mehr als 10 Jahre jüngeren Frau verehelicht haben oder verehelichen, sofern sie nicht bereits den erhöhten Beitrag nach lit. a zu entrichten haben.

3. Die jährliche Pension der Witwe beträgt nach dem am 24. Mai 1893, 5. Juli 1893 und 30. Oktober 1902 abgeänderten § 17 Abs. 1 und nach den neuen Satzungen in der

I. Kl. 675 M, II. Kl. 450 M, III. Kl. 225 M.

4. Die hinterbliebenen Kinder erhalten bis zum vollendeten 20. Lebensjahr oder bis zur früheren Verheiratung: einfache Waisen je $^1/_5$, Doppelwaisen je $^3/_{10}$ der Witwenpension. Kinder, die eine Stiefmutter haben, gelten als einfache Waisen. Die Waisenpension bleibt auch bei Wiederverehelichung der Mutter oder Stiefmutter.

Vermögensstand Ende 1910: 31 853 582 M.
Mitgliederzahl Ende 1910: 12 922.

b) Töchterkasse.

Der Beitritt war wie oben Pflicht und wurde die Mitgliedschaft w. o. erworben; seit 1. Januar 1909 gesperrt.

Jährlicher Beitrag für jedes ordentliche Mitglied 36 M.

Jährliche Präbende für jede doppeltverwaiste, unversorgte (nicht verehelichte) und über 20 Jahre alte Tochter der Mitglieder 255 M, monatliche Vorausbezahlung, Zahlung für den Sterbemonat (FMB. vom 4. Juli 1905 JMBl. 805 und neue Satzungen).

Vermögensstand Ende 1910: 11 338 795,41 M.
Mitgliederzahl Ende 1910: 11 464.

Zu a u. b. Bezugsberechtigte Witwen und Töchter erhalten im Falle der Verehelichung auf Anmelden als Abfertigung den fünf- bis zehnfachen Betrag der bisherigen jährlichen Pension bzw. Präbende.

Bezüglich der Präbenden aus dem Schulerschen Erbvermögen siehe JMBl. 1897, 34; 1900, 1206; 1901, 566; 1903, 317 und 463; 1907, 119; 1908, 29; 1909, 396.

49. Wohlfahrtseinrichtungen u. Beamtenvereine.

A. Wohlfahrtseinrichtungen.

a) Das Beamtentöchterstift Neuberghausen.

Grundbestimmungen vom 3. Januar 1911 (GVBl. 3).

Das Stift hat die Bestimmung, Töchtern verstorbener Beamten des Hof- und Staatsdienstes eine Zufluchtsstätte und eine Existenz zu bieten. Das Stift gewährt den Aufgenommenen Obdach, Verpflegung und soweit möglich Gelegenheit zu Erwerb durch Arbeiten.

Aufgenommen können werden eheliche unverheiratete Töchter von früheren pragmatischen Zivilstaatsdienern und von etatsmässigen Beamten des Zivilstaatsdienstes der Klassen I bis VIII der Rangordnung v. 23. Dezember 1908, soferne die Väter in Dienstesaktivität oder im ehrenvollen Ruhestand gestorben sind, ein Unterschied zwischen einfachen und Doppelwaisen besteht nicht; ausserdem die Töchter gewisser Hofbeamten.

Die Aufzunehmenden müssen das 18. Lebensjahr zurückgelegt haben, einer öffentlichen christlichen Kirchengesellschaft angehören, einen ungetrübten Leumund besitzen, nicht über 70 Jahre alt und nach amtsärztlichem Zeugnis körperlich und geistig soweit gesund sein, dass sie am gemeinsamen Leben im Stift teilnehmen können, und endlich zum standesgemässen Leben einer Beihilfe bedürftig sein.

Die **Aufnahme erfolgt** durch den König, die Gesuche sind beim Ministerium des Innern einzureichen.

b) Das Maximilians-Waisenstift.

Neue Satzungen vom 22. Juli 1911 (GVBl. 1005).

Zweck: Es soll doppelt verwaisten Töchtern von Staatsbeamten einen sorgenfreien Aufenthalts- und Zufluchtsort bieten.

Voraussetzungen der Aufnahme: Aufnahmefähig sind nur eheliche unverheiratete Töchter früherer pragmatischer Zivilstaatsdiener oder etatsmässiger Beamter des Zivilstaatsdienstes der Klassen I bis VIII der Rangordnung. Weitere Voraussetzungen: Zurücklegung des 18. Lebensjahrs, Zugehörigkeit zu einer christlichen öffentlichen Kirchengesellschaft, guter Leumund, Alter nicht über 70 Jahre, körperliche und geistige Gesundheit, Vermögenslosigkeit oder beschränkte Vermögensverhältnisse. Die Aufnahme erfolgt durch den König auf Antrag des Ministeriums des Innern. Die „oberste Vorsteherin" hat ein Vorschlagsrecht.

Leistungen: Freie Wohnung und Verpflegung; unter Umständen auch eine Geldrente.

c) Pensionsverein der Rentamtsgehilfen. E. V.

Neue Satzungen vom 3. September 1908 (FMBl. S. 121).

Zweck des Vereins ist, seinen ordentlichen Mitgliedern und ihren Hinterbliebenen Pensionen zu gewähren.

Gründung: 1. VII. 1879. **Sitz:** München. **Zugang** gesperrt seit 1. I. 1909. Mitgliederstand: 890 ordentliche Mitglieder. **1. Vorsitzender:** Hans Zimmerer, K. Sekretär beim Stadtrentamt München III. Ende 1910 bezogen provisorische Pensionen 34, definitive Pensionen 92, Witwen-Pensionen 161, Waisen-Pensionen 109 Personen.

B. Vereine zur Vertretung von Standesinteressen.

a) Verein bayerischer Finanzverwaltungsbeamter.

Zweck: Wahrung und Förderung der ideellen und materiellen Standesinteressen seiner Mitglieder, sowie Austausch und Nutzbarmachung praktischer Erfahrungen auf dem gesamten dienstlichen Gebiete.

Gründung: 17. XI. 1907. Der Verein ist nicht eingetragen. **Sitz:** Regensburg. Mitgliederstand: 190. **Beitrittsberechtigt:** Jeder Vorstand eines Rentamts oder einer Kassa-Abteilung, sowie jeder Rentamtsassessor. **Jahresbeitrag:** 1913 3 Mk. mit Kreiszuschlag (bis zu 2 Mk.). **1. Vorsitzender:** Reg.-R. Conrath-Aschaffenburg.

b) Verein bayer. kameralistischer Finanzbeamter. E. V.

Zweck: Wahrung und Förderung der Standesinteressen, Hebung und Pflege der Kollegialität. **Beitrittsberechtigt:** Jeder Kameralist nach Bestehen der Dienstprüfung und Juristen die nach der Anstellungsverordnung analog den Kameralisten behandelt werden. Mitgliederzahl: 234. **Sitz:** München. **Jahresbeitrag:** 4 Mk., Aufnahmegebühr 2 Mk. **1. Vorsitzender:** K. Finanzrechn.-Komm. Kraus-München.

c) Verein der K. bayer. Beamten des mittleren Rentamts- und Kassadienstes. E. V.

Zweck: Vertretung, Förderung und Pflege der geistigen und materiellen Interessen seiner Mitglieder und Hebung der Kollegialität. Jede politische und religiöse Betätigung innerhalb des Vereins ist ausgeschlossen. **Gründung:** 1. VII. 1885. **Sitz:** München. **Beitrittsberechtigt:** Beamte und Anwärter, die nach den Grundsätzen der am 13. März 1910 (Zeitpunkt der Annahme der Satzungen) geltenden Vorschriften Anstellung oder Aufnahme im Finanzdienst II. Abteilung gefunden haben. Mitgliederzahl 943. **Jahresbeitrag:** 1 Mk. ohne Aufnahmegebühr. **1. Vorsitzender:** Schneider, K. Rentamts-Sekretär in Pirmasens.

Im Verlag des Vereins erscheint 3 mal monatlich eine Fach-Zeitschrift unter dem Titel „Fachblatt für rentamtlichen Dienst". Leitung: Bayerl, K. Rentamts-Sekretär, Nürnberg; Jahres-Abonnement 4 Mk. Auflage 1400 Exempl.

d) Landesverband der Einjährig-Berechtigten im mittleren bayerischen Finanzdienst.

Zweck: Förderung und Vertretung der Standesinteressen der Einjährig-Berechtigten im mittleren bayerischen Finanzdienst, Unterstützung der Mitglieder in ihrem Berufsstudium und Pflege der Kollegialität. **Beitrittsberechtigt:** Jeder Beamte und Anwärter des mittleren bayerischen Finanzdienstes mit Einjährig-Freiwilligen-Vorbildung. **Organisation:** Der Landesverband setzt sich aus 8 Kreisverbänden (gleich den Regierungs-Bezirken zusammen. Mitgliederzahl: 500. **Jahresbeitrag:** Für Sekretäre und Assistenten 3 Mk., für Inzipienten 2 Mk. ohne Aufnahmegebühr. Die Kreisverbände erheben Beitragszuschläge bis zu 2 Mk. **1. Vorsitzender:** Ad. Tempel, K. Rentamts-Sekretär, Schesslitz. Verbandsorgan: **„Mitteilungen".**

e) Verein der mittleren Beamten bei den Rentämtern Bayerns.

f) Verein der Rentamtsdiener Bayerns.

Zweck: Vertretung und Förderung der Standesinteressen, Pflege der Kollegialität. Politische Bestrebungen ausgeschlossen. **Gründung:** 13. VIII. 1904. **Sitz:** Nürnberg. Verein ist nicht eingetragen. **Beitrittsberechtigt:** Jeder Rentamtsdiener und Hilfsbote in Bayern. Mitgliederzahl: 515. **Mitgliederbeitrag:** Monatlich 10 Pf., Aufnahmegebühr 1 Mk. **1. Vorsitzender:** Gg. Seefried, K. Rentamtsdiener beim Rentamt Nürnberg II. — Der Verein gewährt hilfsbedürftigen Mitgliedern, insbesondere deren Hinterbliebenen auf Ansuchen einmalige Unterstützungen bis zu 50 Mk.

50. Rentämterbeschreibung.

Nachstehend finden sich nach der Ortsangabe kurze allgemeine Notizen über den Rentamts s i t z, dann

unter A. Angaben über die Verhältnisse bei Amt und zwar
- a) Zahl der Steuergemeinden des Amtsbezirkes,
- b) Zahl der Steuergemeinden mit summarischer Perzeption,
- c) ob im Amtsbezirk überwiegend Industrie oder Landwirtschaft vertreten ist;

unter B. Angaben über Amtsgebäude u. Dienstwohnung u. zwar
- a) über das Amtsgeb. selbst,
- b) über die Bureauräumlichkeiten,
- c) über die Dienstwohn. d. Vorstandes,
- d) über die Dienstwohn. d. Amtsdieners,
- e) über Hof und Garten;

unter C. Angaben über
- a) Zahl der Steuerpflichtigen,
- b) Steuersoll,
- c) Gesamtzahl der Arbeitskräfte,
- d) Gesamteinnahmen und -ausgaben,
- e) zum Amtsbezirk gehörige Forstämter,
- f) „ „ „ Notariate.

Bei den Dienstwohnungen der Amtsvorstände wird **Küche, Speise, Speicher, Keller nicht eigens erwähnt, weil überall vorhanden,** das gleiche gilt für die Dienerwohnungen bezgl. Küche, Speicher und Keller. Bei vorhandenen Badezimmern ist Regel, dass der Staat **weder Ofen noch Wanne** stellt, ist dies aber ausnahmsweise doch der Fall, so ist dies besonders bemerkt. Bei den Preisen für möbl. Zimmer ist Kaffee inbegriffen. Die unter lit. e. angegebene Flächenzahl bezieht sich auf den **Garten.** Wo m e h r als 5 Aerzte an einem Platze vorhanden sind, wird deren Zahl nicht mehr erwähnt, ausserdem findet sich die Zahl angegeben.

Abkürzungen.

Bahnv. = Bahnverbindung.
Bd. = Bad.
b. schw. = besonders schwierig.
Br. = Brunnen.
Cl. = Klosett.
e. = etwas.
Eing. = Eingang.
el. L. = elektrisches Licht.
G. = Garten.
Grd. = Garderobe.
Gs. = Gas.
gem. = gemeinsam.
ger. = geräumig.
getr. = getrennt.
gr. = gross.
gt. = gut.
h. = hell.
H. = Hof.
Kamm. = Kammer.
kl. = klein.
Kl. = Klima.
Kü. = Küche.
Lebensv. = Lebensverhältnisse.
Mans. = Mansarde.
MF. = Mittelfranken.
m. = mit.
n. = nicht.
NB. = Neubau
NdB. = Niederbayern.
norm. = normal.
OB. = Oberbayern.
OF. = Oberfranken.
OPf. = Oberpfalz.
O. = Bade-Ofen.
o. = ohne.
prt. = part.
Pf. = Pfalz.
Reg. = Registratur.
schl. = schlecht.
sch. = schön.
Schw. = Schwaben.
s. = sehr.
St. = Stockwerk.
t. = teuer.
tr. = trocken.
UF. = Unterfranken.
ü. = überwiegend.
Wass. = Wasser.
W. = Bade-Wanne.
WLtg. = Wasser-Leitung.
Wsp. = Wasser-spülung.
Z. = Zimmer.

Aibling, Markt OB.; 480 m, 3838 Einw., ü. kath.; kath. u. prot. Kirchen; 3 Aerzte, Apoth. Bildungsanstalten in Rosenheim m. Bahn leicht erreichbar (s. Rosenheim); möbl. Z. 18—20 M; sch. Lage u. Umgeb., annehmbare Bahnv. BdOrt. e. t. gt. Wss.

A. a) 23 b) 22 c) industriereich.

B. a) gt. b) 7 Z. prt. rep. Reg. II. St. ger. c) h. ger. tr. 7 Z. Grd. I u. II St. Bd. m. O. m. W. WLtg. el. L. ClWsp. d) ohne e) H. u. Nutzg. 0,018 ha G. m. WLtg. m. Vorg. kl.

C. a) 10000 b) 338500 c) 10 d) 780000, 590000 e) — f) Aibling.

Aichach, Stadt OB.; 444 m; 3342 Einw. ü. kath.; kath. Kirchen u. 1 prot. Betsaal; 3 Aerzte, Apoth.; möbl. Z. 10—12 M; Bahnv. m. Augsburg gt.

A. a) 75 b) 56 c) ü. Landwsch.

B. a) NB. 1902. e. beengt b) 5 Z. u. 2 Reg.Räume prt. c) sch. (Süden) I. St. 6 Z. Grd. Mans. MagdZ. Bd. m. O. m. W. WLtg. el. L. Cl. o. Wsp. d) ohne e) H. u. Nutzg. Obst- u. Zierg. 0,051 ha G. m. WLtg. o. Vorg.

C. a) 14735 b) 163333 c) 10 d) 868286, 928231 e) — f) Aichach I u. II.

Altdorf, Stadt MF.; 446 m; 2896 Einw. ü. prot.; 1 kath. u. 1 prot. Kirche; 2 Aerzte, Apoth.; Schullehrersem.; möbl. Z. 10—15 M; sch. Lage u. Umg. gt. Bahnv. Trinkw. schl. Lebensv. n. bill.

A. a) 36 b) 19 c) ü. Landwsch.

B. a) NB. 1912 b) ger. 4 Z. I. St. c) s. gt. h. tr. 6 Z. MagdZ. Grd. 2 Mans. Bd. WLtg. el. L. Cl. m. Wsp. d) gem. Eing. e) H. u. Nutzg. Blumen- u. Obstg. G. m. Wass. m. Vorg. kl.

C. a) 4727 b) 70741 c) 9 d) 1250004, 1250004 e) Altdorf, Feucht (Spezialbezirk), Laufamholz (Ass. Bezirk Röthenbuch) f) Altdorf.

Amberg, Stadt OPf.; 385 m; 25222 Einw. ü. kath.; kath. u. prot. Kirchen; Aerzte u. Apoth.; Gymn., Realsch., Töchtersch. kath., Lehrerbild.-Anst.; möbl. Z. 20 M; s. sch. Umg. viel Wald, Bahnv. gt., Wass. gt.

A. a) 66 b) 17 c) ü. Landwsch. aber auch Industr.

B. a) NB. 1903 b) 8 Z. u. Vorraum I. St. c) im alten Churfürstl. Schloss h. ger. tr. II. St. über 72 Stufen 11 Z. h. ger. Gang Bd. WLtg. el. L. nächstens eingeführt, Cl. gt. d) im Rent. selbst e) H. u. Nutzg. 36 Dez. G. m. WLtg. m. Vorg. beim Amt.

C. a) 16465 b) 409000 c) 22 d) — e) Amberg, Ensdorf, Freudenberg f) Amberg I u. II, Vilseck.

Amorbach, Stadt UF.; 160 m; 2339 Einw. ü. kath.; kath. u. prot. Kirche; 3 Aerzte, Apoth.; Lateinsch., Töchtersch. (simultan); möbl. Z. 20 M; s. sch. Gegend, v. Amt herrl. Auss. Bahnv. schl. Wass. s. gt. Lebensv. e. t.

A. a) 29 b) 6 c) ü. Landwsch.

B. a) NB. 1912 b) ger. 8 Z. I. St. c) h. ger. II. St. 6 Z. Grd. 2 Mans. MagdZ. Bd. WLtg. el. L. Cl. Wsp. d) prt. getr. Eing. H. u. Nutzg. 0,270 ha G. m. Brunnen m. Vorg. kl.

C. a) 7300 b) 140000 c) 10 d) 500000, 450000 e) Amorbach, Miltenberg f) Amorbach, Miltenberg.

Annweiler, Stadt Pf.; 183 m; 4016 Einw. ü. prot.; kath. u. prot. Kirche; 3 Aerzte, Apoth.; möbl. Z. 20 M; s. sch. Gegend, Luftkurort, ang. Aufenth., Bahnv. (Linie Metz-München) s. gt., Kl. e. rauh aber gesund.

A. a) 27 b) Steuer-Einnehmereien c) ü. Landwsch.

B. a) NB. 1896 b) ger. 7 Z. prt. c) h. ger. tr. I. St 6 Z. 3 Mans. Grd. Bd. WLtg. el. L. Cl. d) — e) H. u. Nutzg. 0,060 ha G. m. WLtg. m. Vorg. kl.

C. a) 19675 b) 119638 c) 9 d) 1115033, 1021310 e) Annweiler, Eusserthal, Hinterweidenthal-Ost, Johanniskreuz, Wilgartswiesen f) Annweiler.

Ansbach, Stadt MF.; 410 m; 19995 Einw. ü. prot.; kath. u. prot. Kirchen; Aerzte u. Apoth.; Gymn., Realsch. m. Fachsch., Töchtersch.; möbl. Z. 18 M; sch. Umg., Wald, s. gt. Bahnv.

A. a) 45 b) 15 c) ü. Landwsch.

B. a) alt b) beengt 9 Z. 2 Reg. prt. c) h. ger. tr. (1 Z. ausgen.) I. St. 7 Z. MagdZ. Grd. Bd. m. O. WLtg. Gs. Cl. Wsp. d) nein e) H. u. Nutzg. ertragsl. 0,009 ha H. m. lfd. Br. o. Vorg.

C. —

Arnstein, Stadt UF.; 217 m; 1695 Einw. ü. kath.; kath. u. prot. Kirche; 2 Aerzte, Apoth.; Präparandensch.; möbl. Z. 15 M; berg. Gegend, wenig Wald, Bahn u. Auto nach Würzb., Lebensv. t.

A. a) 27 b) — c) ü. Landwsch.

B. a) s. alt, NB. wird sich nicht umgehen lassen b) beengt, 3 Z. prt. Reg. kl. u. dunkel c) s. alt I. St. 7 Z. 5 Kamm. Z. sind z. T. h. kl. tr. o. Bd. WLtg. o. Gs. o. el. L. Cl. o. Wsp. d) — e) H. u. Nutzg. 0,06 ha G. m. WLtg. o. Vorg.

C. a) 5000 b) 73928 c) 8 d) 600000, 400000 e) Bücholo, Binsfeld, Gramschatz (exp. Ass.) f) Arnstein.

Aschaffenburg I, Stadt UF.; 129 m; 30000 Einw. ü. kath.; kath. u. prot. Kirchen; Aerzte u. Apoth.; Gymn., Realsch., Töchtersch., Engl. Frl.-Institut m. Pensionat, landw. Wintersch., höhere weibl. Bildungsanstalt; möbl. Z. 20 M; sch. Umg. u. Lage, t. Lebensv., gt. Bahnv.

A. a) 36 b) 17 c) Stadt ü. Industrie, Land ü. Landwsch.

B. a) NB. 1905 b) beengt 20 Z. in 2 St. Reg. i. Dachboden c) sch. III. St. 6 Z. 2 Kamm. Bd. WLtg. Gs. Cl. gt. d) ja, gem. Eing. e) H.

C. a) 42984 b) 584819 c) 28 d) 2521000, 1691000 e) Aschaffenburg Süd u. Nord, Hain, Rohrbrunn, Waldeschaff f) Aschaffenburg I u. II.

Aschaffenburg II, Stadt UF. — cf. Aschaffenburg I. —

A. a) 58 b) 17 c) ziemlich Industrie.

B. a) NB. 1905 b) 12 Z. II. St. c) h. ger. tr. III. St. 6 Z. MagdZ. Mans. Bd. WLtg. Gs. d) ja, gem. Eing. e) H.

C. a) 18000 b) 140000 c) 17 d) 933000, 945000 e) Heigenbrücken, Schöllkrippen, Kleinwallstadt, Wasserlos, Erlenbach f) Alzenau, Obernburg, Schöllkrippen.

Auerbach, Stadt OPf.; 430 m; 2698 Einw. ü. kath.; nur kath. Kirche; 1 Arzt, Apoth.; möbl. Z. 15 M; hübsche Gegend m. Wald, Bahnstat.

A. a) 25 b) — c) ü. Landwsch.

B. a) NB. 1904 b) ger. 5 Z. 2 Reg. I. St. c) h. ger. tr. II. u. III. St. 6 Z. 2 Mans. 1 Grd. Bd. WLtg. o. Gs. o. el. L. Cl. o. Wsp. d) prt. e) H. u. Nutzg. 0,191 ha G. m. WLtg. m. Vorg. gr.

C. a) 3000 b) 32000 c) 7 d) 425000, 260000 e) Neuhaus a. P., Vilseck f) Auerbach.

Augsburg I, Stadt Schw.; 489 m; 123015 Einw. ü. kath.; kath. u. prot. Kirchen; Aerzte u. Apoth.; alle Schulen am Platz; möbl. Z. 20 M; gt. Bahnv., t. Lebensv.

A. a) Stadt b) — c) ü. Industrie.
B. a) umgeb. 1911 b) ger. 32 Z. prt. u. I. St. c) Bes. Dienstwohngeb. ausserh. d. Amtes am Kesselmarkt s. kalt. ger. I. St. 8 Z. MagdZ. Bd. 3 Grd. Gs. d) ja im Amtsgebäude e) H. u. Nutzg. 10 a G. m. WLtg. o. Vorg.
C. a) 52068 b) 2886274 c) 43 d) 8586291 e) — f) Augsburg I, II, III, IV.

Augsburg II, Stadt Schw. — cf. Augsburg I.
A. a) 38 b) 38 c) ü. Landwsch.
B. a) 1911 teilw. neugebaut b) ger. 13 Z. II. St. c) gt. II. St. 7 Z. 3 Kamm. Bd. WLtg. Gs. Cl. mittel d) — e) — o. Vorg.
C. a) 11500 b) 315000 c) 20 d) — e) Biburg, Gessertshausen, Bergheim, Edenbergen (Ass.-Bezirk) f) Augsburg I, II, III, IV.

Bamberg-Stadt, Stadt OF.; 259,7 m; 50000 Einw. ü. kath.; kath. u. prot. Kirchen; Aerzte u. Apoth.; Lyzeum, 2 Gymn., Realsch., Töchtersch. (simult.) Inst. d. engl. Frl., Lehrerbild.-Anst.; möbl. Z. 20 M; sch. Umg. Bahnv. gt., Amtsgeb. in ruhiger Lage.
A. a) Stadt b) — c) ü. Industrie u. Gärtnerei.
B. a) alt b) ger. 14 Z. in 3 St. c) h. ger. tr. vollst. abgeschlossen, I. St. 7 Z. MagdZ. Grd. Bd. WLtg. Gs. Cl. Wsp. d) — e) H. u. Nutzg. 0,085 ha G. m. Wass. o. Vorg.
C. a) 19500 b) 735000 c) 23 d) 3660000, 3212876 e) Bamberg-West, Breitengiessbach f) Bamberg I, II, III.

Bamberg-Land, Stadt OF. — cf. Bamberg-Stadt.
A. a) 74 b) 26 c) ü. Landwsch.
B. a) UmB. 1911 Rückgeb. neu b) ger. 9 Z. I. St. c) h. ger. tr. II. St. 7 Z. MagdZ. Bd. WLtg. Gs. Cl. Wsp. d) ja, getr. Eing. e) H. u. Nutzg.
C. a) 10400 b) 151600 c) 19 d) — e) Bamberg-Ost, Geisfeld (Ass.-Bez.) f) cf. Stadtrentamt.

Bayreuth, Stadt OF.; 340 m; 34548 Einw. ü. prot.; kath., prot., ref. Kirche; Aerzte u. Apoth.; Gymn., Kreisoberrealsch., Töchtersch., prot. Lehrerbild.-Anst., Taubst.-Anst., Landw. Krs.-Wintersch.; möbl. Z. 15 M; s. sch. Umg., gt. Bahnv., gt. Wass., Lebensv. während der Spielzeit t., sonst norm.
A. a) 72 b) 15 c) Stadt ü. Industrie, Land ü. Landwsch.
B. a) NB. 1904, Anbau 1911 b) ger. 15 Z. prt. u. I. St. c) in besond. Geb. ger. h. tr. II. St. 7 Z. Bd. (prt.) WLtg. tr. Cl. d) im Rent.-Gbde. e) H. u. Nutzg. 0,041 ha G. o. Wass. o. Vorg.
C. a) 17500 b) 630000 c) 22 d) 1950000, 1800000 e) Bayreuth, Fichtelberg, Glashütten, Heinersreuth, Weidenberg f) Bayreuth I, II, Weidenberg (Staatsnotariat).

Beilngries, Stadt OPf.; 370 m; 1848 Einw. ü. kath.; nur kath. Kirchen; 2 Aerzte, Apoth.; möbl. Z. 12 M; sch. Umg., Bahnv. gt., Wass. gt.
A. a) 48 b) 29 c) ü. Landwsch.
B. a) alt, NB. in Aussicht b) beengt 3 Z. 2 Reg. c) h. ger. tr. I. St. 6 Z. MagdZ. o. Bd. o. Cl. d) — e) H. u. Nutzg. 0,037 ha G. m. Brunnen o. Vorg.
C. a) 4541 b) 68000 c) 9 d) 390000, 320000 e) Beilngries f) Beilngries.

Berchtesgaden, Markt; 570 m; 2928 Einw. ü. kath. kath. u. prot. Kirchen; 4 Aerzte, Apoth.; möbl. Z. 25 M; herrl. Lage.
A. a) 23 b) 11 c) ü. Landwsch.

B. a) Hpt.-Geb. 1887, Anbau 1911 b) ger. 10 Z. 9 prt. Reg. I. St. c) prachtvoll gelegen, Balk.-Aussicht, I. St. u. prt. 6 Z. Grd. MagdZ. Bd. WLtg. el. L. Cl. m. Wsp. d) beide Amtsd. sch. Dienstw. nicht im R.-Gbde. e) H. u. Nutzg. 1/2 Tgw. G. m. WLtg. u. Springbr. m. Vorg. kl.

C. a) 10200 b) 400000 c) 13 d) 3840311, 3916087 e) Berchtesgaden, Bischofswiesen, Ramsau, Reichenhall-Nord, Süd, St. Zeno, Leogangtal, Unkental, Saalachtal f) Berchtesgaden, Reichenhall.

Bergzabern, Stadt Pf.; 169 m; 2700 Einw. ü. prot.; kath. u. prot. Kirche; Aerzte u. Apoth.; Lateinsch., städt. Töchtersch.; möbl. Z. 15—20 M; sch. Umg. u. Lage, Sommerfrische, gt. Bahnv., Wald.

A. a) 28 b) Steuereinnehmereien c) ü. Landwsch.

B. a) alt aber sch. b) beengt 7 Z. prt. c) h. ger. tr. I. St. 6 Z. Mans. Grd. Bd. WLtg. el. L. Cl. gt. d) — e) H. u. Nutzg. 9 a G. m. WLtg. Vorg. kl.

C. a) 8450 b) 127500 c) 11 d) 540000, 511700 e) Bergzabern, Schweigen f) Bergzabern I, II, Billigheim.

Blieskastel, Stadt Pf.; 215 m; 1550 Einw. ü. kath.; kath. u. prot. Kirche; 2 Aerzte, Apoth.; Lateinsch., Präparandensch.; möbl. Z. 18 M; sch. Lage, Herbst viel Morgennebel, Bahnv. gt., Lebensv. t.

A. a) 25 b) Steuereinnehmereien c) ü. Landwsch.

B. a) NB. 1904 b) genügend 6 Z. c) h. ger. tr. freistehend, I. St. 6 Z. 1 Schrank- u. 1 Bd.-Z. 2 Kamm. im Dachraum, WLtg. el. L. Cl. gt. getr. Eing. f. Amt u. Whng. d) — e) H. u. Nutzg. s. gr. G. m. WLtg. m. Vorg. gr.

C. a) 7000 b) 80445 c) 9 d) 122709, 161996 e) Blieskastel f) Blieskastel.

Brückenau, Stadt UF.; 304 m; 2100 Einw. ü. kath.; 1 kath. Kirche, prot. Betsaal; 2 Aerzte, Apoth.; möbl. Z. 15 M; herrl. Ausflüge, 40 Min. Bad Brückenau, dessen Nähe d. Lebensv. verteuert.

A. a) 32 b) 16 c) ü. Landwsch.

B. a) alt 1868 b) 6 Z. prt. c) h. ger. tr. I. St. 8 Z. 2 Kamm. Bd. WLtg. el. L. WCl. in Aussicht d) — e) H. u. Nutzg. 0,0128 ha G. m. Brunnen o. Vorg.

C. a) 6000 b) 66000 c) 8 (2 weitere während der Saison) d) 1022514, 938484 e) Brückenau, Kothen, Oberbach f) Brückenau.

Buchloe, Markt Schw.; 617 m; 2585 Einw. ü. kath.; 2 kath. Kirchen, den Prot. steht 1 Schulzimmer zur Verfüg.; 2 Aerzte, Apoth.; möbl. Z. 15 M; gt. Bahnv., t. Lebensv.

A. a) 29 b) 28 c) ü. Landwsch.

B. a) alt, im bestbaul. Zustand b) ger. 5 Z. c) tr. ger. 8 Z. davon 5 Z. nach Norden, Bd. WLtg. Gs. mittel d) — e) H. u. Nutzg. 0,102 ha G. m. Br. m. Vorg. kl.

C. a) 5000 b) 108247 c) 7 d) 1080053, 359356 e) Dienhausen, Sachsenried f) Buchloe.

Burgau, Stadt Schw.; 457 m; 2178 Einw. ü. kath.; kath. Kirche, prot. Betsaal; 2 Aerzte, Apoth.; möbl. Z. 10 M; Umg. hübsch aber waldarm, Amtsgeb. liegt frei, Schnellz. halten nicht, sonst gt. Bahnv., WLtg. im Bau, Lebensv. n. überm. t.

A. a) 37 b) 36 c) ü. Landwsch.

B. a) alt b) beengt 4 Z. 3 Reg. c) h. tr. I. St. 6 Z. Grd. MagdZ. Kamm. im Dachraum, o. Bd. el. L. WLtg. in nächster Zeit gebaut, o. Cl. d) in e. neben d. Rent. befindl. Gde. e) H. u. Nutzg. 21,8 a G. o. Wass. m. Vorg. bes. Pflege n. erfordl.

C. a) 4600 b) 88 000 c) 7 d) 480 000, 340 000 e) Wettenhausen, Zusmarshausen, Weisingen f) Burgau.

Burghausen, Stadt OB.; 350 m; 3268 Einw. ü. kath.; kath. u. prot. Kirchen; 3 Aerzte, Apoth.; Gymn., Töchtersch. d. engl. Frl.; möbl. Z. 15 M; sch. Lage u. Spaziergänge in nächster Nähe, Bahnv. s. schl., Lebensv. norm., Kl. mild.
A. a) 45 b) 42 c) ü. Landwsch.
B. a) alt b) ger. in 2 St. 12 Z. c) s. zufriedenstellend, II. St. 8 Z. Grd. BügelZ. Bd. WLtg. el. L. Cl. Wsp. d) — e) sch. Gras-, Obst- u. Gem.-G. an d. Salzach 0,072 ha G. m. Wass. o. Vorg.
C. a) 13 600 b) 287 505 c) 14 d) 2 005 536, 2 247 277 e) Burghausen, Altötting f) Burghausen, Altötting.

Burglengenfeld, Stadt OPf.; 346 m; 3246 Einw. ü. kath.; 2 kath. Kirchen, 1 prot. 4 km v. Amtss. entfernt; 1 Arzt, Apoth.; möbl. Z. 10 M; sch. Umg., Amt am Fusse d. Burgberges in e. gr. G., Lokalbahn nach Haidhof, Lebensv. mittlere Preislage.
A. a) 53 b) 12 c) ü. Landwsch., jedoch einige grössere Ind.-Betr. vorhanden.
B. a) NB. 1911 b) ger. 7 Z. prt. 3 Reg. I. St. c) n. ger. tr. s. sch. I. St. 6 Z. Grd. MagdZ. 3 Kamm. Bd. WLtg. el. L. tr. Cl. d) im Anbau, getr. Eing. e) H. u. Nutzg. m. Vorg. zieml. gr.
C. a) 9500 b) 168 000 c) 13 d) — e) Burglengenfeld, Teublitz f) Burglengenfeld, Schwandorf.

Burgwindheim, Markt OF.; 400 m; 450 Einw. ü. kath.; kath. Kirchen; 1 Arzt, Apoth.; möbl. Z. 12 M; sch. waldr. Umg. (Steigerwald), gt. Bahnv. m. Bamberg, Amt befindet sich in der ehem. Sommerresidenz d. Zisterzienseräbte des nahen Klosters Ebrach, Schlossgeb. m. 2 ornamentalen Treppenaufgängen z. Dienstwhng.
A. a) 33 b) 2 c) ü. Landwsch.
B. a) alt b) ger. 3 Z. prt. c) h. ger. tr. I. St. 7 Z. Grd. MagdZ. o. Bd. WLtg. o. Cl. d) — e) H. u. Nutzg. 0,146 ha G. m. Wass. o. Vorg.
C. a) 3200 b) 36 000 c) 8 d) 1 200 000, 900 000 e) Burgwindheim, Ebrach f) Burgebrach.

Cadolzburg, Markt MF.; 365 m; 1655 Einw. ü. prot.; 1 prot. Kirche. 1 kath. Kapelle; 1 Arzt u. Apoth.; möbl. Z. 12 M; sch. Umg. u. Lage, s. gt. Bahnv., zieml. t.
A. a) 22 b) 12 c) ü. Landwsch.
B. a) alt, jedoch in gt. baul. Zustand b) s. ger. 5 Z. prt. c) h. ger. tr. nach allen Seiten frei, I. St. 6 Z. Mans. MagdZ. WLtg. el. L. Cl. m. Wsp., Bd. m. O. u. W. d) — e) Nutz- u. ObstG. s. gr. 0,323 ha G. m. WLtg. m. Vorg. kl.
C. a) 5000 b) 75 000 c) 7 d) 266 702,46, 184 233,63 e) Cadolzburg f) Cadolzburg.

Cham, Stadt OPf.; 384 m; 4167 Einw. ü. kath.; kath. u. prot. Kirchen; 4 Aerzte, Apoth.; kath. Töchtersch., Präp.-Sch., gew. Fortbild.-Sch., landw. Winters-Sch.; möbl. Z. 15—18 M; sch. Aussicht u. Umg., gt. Bahnv.
A. a) 50 b) 6 c) ü. Landwsch. dabei auch Ind.
B. a) alt NB. in Aussicht b) beengt 5 Z. I. St. 2 Reg. prt. c) h. ger. tr. jedoch zugig, II. St. 5 Z. Grd. 2 Kamm. Bd. WLtg. el. L. Cl. o. Wsp. d) — e) H. u. Nutzg. 0,064 ha G. m. WLtg. o. Vorg.
C. a) 9500 b) 146 000 c) 11 d) 662 000, 720 000 e) Cham, f) Cham, Furth i. W.

Dachau, Stadt OB.; 482 m; 5766 Einw. ü. kath.; kath. Kirche, prot. Betsaal; 5 Aerzte, Apoth.; Schülerkarten nach München; möbl. Z. 15 M; sch. Umg. u. Lage, gt. Bahnv., gt. Wass., norm. Lebensv., Vorortsverkehr m. München.

A. a) 56 b) 4 c) ü. Landwsch.

B. a) NB. 1905 b) s. beengt 4 Z. c) h. ger. tr. I. St. 5 Z. 2 MagdZ. (n. heizbar) Bd. WLtg. el. L. Cl. gt. d) prt. getr. Eingang e) H. u. Nutzg. kl. G. m. WLtg. m. Vorg. kl.

C. a) 10580 b) 226000 c) 13 d) — e) — f) Dachau.

Dahn, Pfd. Pf.; — m; 1760 Einw. ü. kath.; kath. u. prot. Kirchen; 2 Aerzte, Apoth.; möbl. Z. 20 M; sch. Umg., am Garten fliesst d. Wieslauter vorbei.

A. a) 17 b) Steuer-Einnehmer c) ü. Landwsch.

B. a) 1892 b) ger. 7 Z. prt. c) h. tr. I. St. 5 Z. Grd. 2 Mans. o. Bd. WLtg. el. L. Cl. o. Wsp. d) — e) H. u. Nutzg. 0,20 ha G. m. WLtg. o. Vorg.

C. a) 4130 b) 49655 c) 8 d) — e) Dahn, Fischbach, Schönau f) Dahn.

Deggendorf, Stadt NdB.; 322 m; 7478 Einw. ü. kath.; kath. u. prot. Kirchen; Aerzte, Apoth.; Realsch. u. städt. Erz.-Inst. f. Real- u. Präp.-Sch., Töchtersch. d. engl. Frl. (kath. u. prot. Schüler), Präp.-Sch.; möbl. Z. 12 M; sch. Lage u. Umg. (bay. Wald).

A. a) 50 b) 6 c) ü. Landwsch.

B. a) NB. 1897 m. Anbau 1911 b) ger. 8 Z. 1 Reg. prt. 1 Reg. Dachgeschoss (I. St. Sitz.-Z.) c) h. ger. tr. I. St. 6 Z. Grd. Mans. Bd. o. Fenster, WLtg. el. L. Cl. m. Wsp. d) — e) H. u. Nutzg. 0,047 ha G. m. WLtg. o. Vorg.

C. a) 15000 b) 262000 c) 20 d) 3670000, 3340000 e) Deggendorf, Schwarzach f) Deggendorf, Hengersberg.

Dettelbach, Stadt UF.; 217 m; 2053 Einw. ü. kath.; nur kath. Kirchen; 2 Aerzte, Apoth.; kath. Haushalt.-Sch.; möbl. Z. 12 M; sch. Auss. v. Amtsgeb., gt. Bahnv.

A. a) 21 b) 1 c) ü. Landwsch. u. Weinhandel.

B. a) alt b) 4 Z. prt. c) h. tr. ger. I. St. 5 Z. Grd. Alkoven, gr. Vorplatz, o. Bd. WLtg. Cl. primitiv d) — e) H. u. Nutzg. 0,056 ha G. m. WLtg. o. Vorg.

C. a) 4500 b) 75313 c) 7 d) 494429, 505897 e) Mainsondheim f) Dettelbach.

Dillingen, Stadt Schw.; 435 m; 6292 Einw. ü. kath.; kath. u. prot. Kirchen; 4 Aerzte, Apoth.; Lyzeum, Gymn., Weibl. Fortbild.-Sch.; möbl. Z. 15 M; RentA., Amtsg., BezA., ForstA., Str.- u. FlBauA. sind im gleichen Gbde. (altes Schloss) untergebracht, Lage hoch h u. frei, t. Lebensv.

A. a) 18 b) 5 c) ü. Landwsch.

B. a) im alten Schloss b) ger. 8 Z. c) h. ger. sch. II. St. 6 Z. MagdZ. o. Bd. WLtg. el. L. tr. Cl. d) im Anbau, getr. Eing. e) H. u. Nutzg. 0,210 ha G. m. WLtg. o. Vorg.

C. a) 5500 b) 116000 c) 10 d) 960600, 1032000 e) Weisingen f) Dillingen.

Dingolfing, Stadt NdB.; 376 m; 3612 Einw. ü. kath.; nur kath. Kirchen 3 Aerzte, Apoth.; möbl. Z. 20 M; 20 Min. vom Bahnhof entfernt sch. Spaziergänge, Lebensv. n. bes. t.

A. a) 28 b) 12 c) ü. Landwsch.

B. a) alt b) ger. 6 Z. neugeb. Reg. im Anbau, prt. c) sch. ger.

h. tr. I. St. 6 Z. Grd. 1 NebenZ. prt. Bd. WLtg. el. L. tr. Cl. d) — e) sch. Obst- u. GemüseG. 0,085 ha G. m. WLtg. o. Vorg.
C. a) 8000 b) 142000 c) 10 d) 620000, 580000 e) — f) Dingolfing.

Dinkelsbühl, Stadt MF.; 444 m; 4655 Einw. ü. prot.; kath. u. prot. Kirchen; 2 Aerzte, Apoth.; Progymn., Realsch.; möbl. Z. 15 M; altertümliche Stadt, gt. Verpfleg.
A. a) 37 b) — c) ü. Landwsch.
B. a) alt b) ger. 9 Z. I. St. c) h. ger. tr. hohe Z. II. St. 7 Z. Grd. Bd. m. O. u. W. WLtg. el. L. Cl. m. WLtg. d) — e) H. m. WLtg. o. Vorg.
C. a) 8000 b) 112000 c) 8 d) 410000, 350000 e) Dinkelsbühl f) Dinkelsbühl.

Donauwörth, Stadt Schw.; 407 m; 4583 Einw. ü. kath.; kath. u. prot. Kirchen; 3 Aerzte, Apoth.; Progymn., Fortbild.-Sch., kath. Mdch.-Fortbild.-Sch.; möbl. Z. 15 M; s. gt. Bahnv., teilweise sch. Umg., Amt. in e. engen Strasse, n. bes. t. Lebensv., gt. Wass.
A. a) 35 b) 30 c) ü. Landwsch. u. Kleingewerbe.
B. a) alt b) ger. 6 Z. I. St. c) h. ger. tr. I. St. 7 Z. 4 Kamm. i. Dachboden, o. Bd. WLtg. Gs. Cl. mässig d) — e) H. gr. G. kl. G. o. Wass. o. Vorg.
C. a) 7605 b) 148889 c) 13 d) 1085556, 1006792 e) Donauwörth, Kaisheim f) Donauwörth.

Dürkheim, Stadt Pf.; 130 m; 6000 Einw. ü. prot.; kath. u. prot. Kirchen; 5 Aerzte, Apoth.; Progymn., Realsch. m. Pens., Töchtersch. m. Pens. (paritätisch); möbl. Z. 18 M; s. sch. Lage am Rande d. Haardt, Bd. m. Soolquellen (Arsengehalt) gt. Bahnv.
A. a) 22 b) Steuer-Einnehmer c) ü. Landwsch. (Weinbau).
B. a) NB. 1898 b) ger. h. sch. 9 Z. prt. c) h. ger. tr. I. St. 6 Z. 2 Balk. Bd. WLtg. Gs. Cl. m. Wsp. d) — e) H. u. Nutzg. 4 a G. WLtg. m. Vorg. zieml. gr.
C. a) — b) — c) 12 d) — e) Dürkheim, Hardenburg, Frankenstein, AssBez. v. Neustadt Nord f) Dürkheim I u. II, Deidesheim, Freinsheim.

Ebermannstadt, Stadt OF.; 274 m; ca. 1200 Einw. (einschl. Breitenbach) ü. kath.; nur kath. Kirchen; 1 Arzt, Apoth.; möbl. Z. 15 M; sch. Umg. (fränk. Schweiz), schl. Bahnv., Wass. aus laufenden Br. ausserhalb d. Hauses, Lebensv. ungünstig, Bezug aus benachbarten Städten notwendig.
A. a) 39 b) 5 c) ü. Landwsch.
B. a) alt b) s. beengt 2 Z. 2 Reg. prt. c) h. ger. I. St. 6 Z; MagdZ. Grd. Kamm. o. Bd. o. WLtg. el. L. Cl. o. Wsp. d) — e) H. u. Nutzg. 0,024 ha G. m. Wasserbassin o. Vorg.
C. a) 3500 b) 53000 c) 8 d) 113000, 145000 e) — f) Ebermannstadt.

Ebern, Stadt UF.; 265 m; 1250 Einw. ü. kath.; nur kath. Kirche. 1 Arzt, Apoth.; möbl. Z. 15 M; sch. Umg., Kl. rauh, aber gesund, gt. Bahnv., Besuch v. Schulen in Bamberg möglich, mittl. Lebensv.
A. a) 69 b) 7 c) ü. Landwsch.
B. a) alt b) ger. 8 Z. prt. c) h. ger. gt. Zustand I. St. 6 Z. 4 Kamm. o. Bd. WLtg. el. L. z. erwarten, Cl. o. Wsp. d) — e) H. u. Nutzg. 1000 qm G. m. WLtg. o. Vorg.
C. a) 8000 b) 8400 c) 10 d) 838000, 726000 e) Ebern, Baunach.

Ebersberg, Markt OB.; 560 m; 2439 Einw. ü. kath.; nur kath. Kirche; 2 Aerzte, Apoth.; möbl. Z. 15 M; Nähe d. Gebirges, gt. Bahnv., Lebensv. n. t.

A. a) 31 b) 30 c) ü. Landwsch.

B. a) alt b) ger. 7 Z. in 2 St. c) h. ger. tr. I. St. 8 Z. Bd. WLtg. el. L. Cl. gt. d) — e) Nutzg. 0,095 ha G. m. WLtg. o. Vorg.

C. a) 12000 b) 205000 c) 10 d) 1500000, 1200000 e) Ebersberg, Anzing f) Ebersberg.

Edenkoben, Stadt Pf.; 141 m; 5069 Einw. ü. prot.; kath. u. prot. Kirchen; Aerzte u. Apoth.; Progymn., Töchtersch., Präpar.-Sch.; möbl. Z. 20 M; sch. Lage u. viele Ausflugsorte, s. gt. Bahnv., Aufenth. angen.

A. a) 22 b) Steuer-Einnehmer. c) ü. Landwsch. (Weinbau).

B. a) NB. 1893 m. Anbau 1911 b) ger. 8 Z. 3 Reg. in 3 St. c) h. ger. s. hohe Z. I. St. 6 Z. 2 Mans. Bd. WLtg. el. L. Cl. gt. d) — e) H. u. Nutzg. 0,07 ha u. Wingert 0,087 ha G. m. WLtg. m. Vorg. kl.

C. a) 8700 b) 181273 c) 10 d) 1304393, 1255017 e) Edenkoben f) Edenkoben I u. II.

Eggenfelden, Stadt NdB.; 416 m; 3102 Einw. ü. kath.; nur kath. Kirchen; kath. Töchtersch.; möbl. Z. 15 M; Lebensv. t., nächste Stadt Landshut m. 2 St. Eisenb.-Fahrt erreichbar, Gegend anmutig.

A. a) 60 b) 59 c) ü. Landwsch.

B. a) NB., Lage frei vor d. Stadt, b) ger. 11 Z. prt. u. I. St. c) h. ger. Aussicht ins Rotthal, II. St. 6 Z. Grd. 2 Mans. Bd. el. L. WLtg. Cl. m. Wsp. d) prt. getr. Eing. e) H. u. Nutzg. 019 ha G. m. WLtg. m. Vorg. kl.

C. a) 14638 b) 260000 c) 13 d) 769383 769383 e) Eggenfelden f) Arnstorf, Eggenfelden.

Eichstätt, Stadt MF.; 389 m; 8029 Einw. ü. kath.; kath. u. prot. Kirchen; Aerzte u. Apoth.; Lyzeum, Gymn., Realsch., landw. Wint.-Sch., höh. Mädchensch. d. Engl. Frl. mit Lehrerin.-Bild.-Anst., Lehrerbild.-Anst.; möbl. Z. 15 M; hübsche Gegend, gt. Bahnv.

A. a) 41 b) 24 c) ü. Landwsch.

B. a) alt b) ger. 8 Z. I. St. c) h. ger. tr. II. St. 8 Z. Grd. Altane Bd. WLtg. Gs. Cl. Wsp. d) — e) H. u. Nutzg. G. Wass. o. Vorg.

C. a) 7000 b) 137400 c) 15 d) 1006000, 2000000 e) Eichstädt-Ost u. West, Schernfeld f) Eichstädt.

Erding, Stadt OB.; 464 m; 3834 Einw. ü. kath.; nur kath. Kirchen; 3 Aerzte, Apoth.; landwirtsch. Kreiswinter-Sch.; möbl. Z. 15 M; Lebensv. t., gt. Bahnv., Stadt liegt in d. Ebene, Spaziergänge vorhanden.

A. a) 48 b) 45 c) ü. Landwsch.

B. a) NB. 1899, Anbau 1912 b) hinreichend 9 Z. 1 Reg. prt. c) h. ger. I. St. 8 Z. Grd. Bd. m. O. o. W. el. L. d) — e) H. u. Nutzg. grösstenteils Wiese 0,827 ha G. m. Brunnen u. Vorg.

C. a) 16000 b) 270000 c) 14 d) 1340000, 1280000 e) — f) Dorfen, Erding I.

Erlangen, Stadt MF.; 280 m; 25000 Einw. ü. prot.; kath. u. prot. Kirchen; Aerzte u. Apoth.; Univers., Gymn., Realsch., Töchtersch. m. Lehrerinnenbild.-Anst. (ü. prot.); möbl. Z. 15 M; Universitätsstadt, sch. Lage, gt. Bahnv.

A. a) 31 b) 7 c) ü. Landwsch., in d. Stadt ü. Industrie u. Gewerbe.

B. a) NB. 1901 b) ger. 12 Z. (7 prt. 5 I. St.) c) s. gt. aber nach Norden, I. St. 5 ger. Z. 1 kl. Z. MagdZ. Grd. gr. neue Bodenkamm. Bd. m. O. u. m. W. WLtg. Gs. Cl. m. Wsp. d) prt. gem. Eing. e) G. m. WLtg. m. Vorg. (Kosten trägt Staat).

C. a) 11 483 b) 433 081 c) 17 d) 911 624, 1 288 059 e) Erlangen-Ost, Ass.-Bez. Kalchreuth f) Erlangen.

Eschenbach, Stadt OPf.; 433 m; 1366 Einw. ü. kath.; nur kath. Kirchen; 1 Arzt, Apoth.; 4 Z.-Whng. 250 M, möbl. Z. 15 M; n. sch. Umg., Lokalbahn.

A. a) 32 b) 12 c) ü. Landwsch.

B. a) NB. 1899 b) 5 Z. prt., Reg. Speicher c) tr., I. St. 6 Z. MagdZ. (heizb.) Grd. Bd. WLtg. Cl. d) prt. gem. Eing. e) H. u. Nutzg. 6 Dez. G. m. WLtg. o. Vorg.

C. a) 8200 b) 58 118 c) 8 d) 845 379, 330 055 e) Kirchenthumbach, Pressath, Grafenwöhr-Militär f) Eschenbach.

Feuchtwangen, Stadt MF; 450 m; 2486 Einw. ü. prot.; kath. u. prot. Kirchen; 3 Aerzte, Apoth.; Lateinsch. (3 Klassen); möbl. Z. 20 M; sch. Umg. u. Lage, Lebensv. n. bes. t., schl. Wass.-Verh., Wald 1/2 Std. entfernt, Bahnv. gt.

A. a) 20 b) — c) ü. Landwsch.

B. a) alt b) s. beengt 5 Z. 1 Reg. prt. c) s. ger. h. tr. I. St. (bezirksamtl. Dienstw. im II. St.) 7 Z. MagdZ. Grd. Bd. el. L. o. WLtg. (Pumpe in d. Kü.) Cl. o. Wsp. d) — e) H. u. Nutzg. 0,112 ha (zwischen Bez.-A. u. Rent.-A. geteilt) G. m. Brunnen o. Vorg.

C. a) 4968 b) 76 813 c) 8 d) — e) Feuchtwangen, Dombühl f) Feuchtwangen.

Forchheim, Stadt OF.; 265 m; 9300 Einw. ü. kath.; kath. u. prot. Kirchen; 4 Aerzte, Apoth.; Progymn.; möbl. Z. 15 M; sch. Umg., fränk. Schweiz in nächster Nähe, sch. Flußbad, s. gt. Bahnv.

A. a) 35 b) — c) ü. Landwsch., Stadt bedeutende Industrie.

B. a) NB. 1895 b) ger. 7 Z. I. St., c) h. ger. tr. sch. freie Lage, sch. Aussicht, 7 Z. Kamm. Grd. Mans. II. St. Bd. m. O. u. W. WLtg. Gs. el. L. (Kü. m. Kochgaseinrichtung) Cl. m. Wsp. d) — e) H. u. Nutzg. 0,21 ha G m. WLtg. m. Vorg.

C. a) 8000 b) 155 158 c) 11 d) 713 463, 598 307 e) Forchheim f) Forchheim.

Frankenthal, Stadt Pf.; 96 m; 18 779 Einw. ü. prot.; kath. u. prot. Kirchen; Aerzte u. Apoth.; Progymn., städt. Töchtersch., Privatrealsch. m. Einj.-Berecht.; möbl. Z. 15 M; eben, Bahnv. s. gt., Lebensv. s. t., Wald nicht vorhanden.

A. a) 16 b) Steuer-Einnehmer c) ü. Industrie.

B. a) NB. 1892, Anbau 1911 b) ger. 10 Z. in 2 St. c) h. ger. tr. I. St. 6 Z. 3 Mans. o. Bd. WLtg. Gs. Cl. m. Wsp. d) — e) H. u. Nutzg. 0,022 ha G. m. WLtg. m. Vorg. gr.

C. a) 13 828 b) 608 665 c) 17 d) — e) — f) Frankenthal I u. II.

Freising, Stadt OB.; 460 m; 15 000 Einw. ü. kath.; kath. u. prot. Kirchen; Aerzte u. Apoth.; Lyzeum, Gymn., Realsch., Töchtersch., Lehrerbild.-Anst., Akademie Weihenstephan f. Landwsch. u. Brauerei; möbl. Z. 20 M; angen. Aufenthalt, s. gt. Bahnv., Wald in d. Nähe (Freisinger- u. Kranzberger Staatsforst) Dienst-Whng. wegen hoher Lage viel Heizmaterial.

A. a) 35 u. 1 ausmärk. Forstbezirk b) 32 c) ü. Landwsch., Stadt Industrie.

B. a) NB. 1907 b) s. ger. 9 Z. 1 Reg. I. St. 2 Z. u. 3 Reg. prt. c) s. ger. h. tr. freie Lage, s. sch. Aussicht auf d. Gebirge, II. St. 6 Z. Grd. Bd. WLtg. el. L. Cl. m. Wsp. d) prt. getr. Eing. e) H. u. Nutzg. 20 a G. m. WLtg. u. Br. o. Vorg.

C. a) 9700 b) 203000 c) 13 d) 2500000, 3000000 e) Freising mit Forstamtsassessor in Kranzberg f) Freising I u. II.

Freyung, Markt NdB.; 630 m; 1000 Einw. ü. kath.; nur kath. Kirche; 1 Arzt, Apoth.; möbl. Z. 10 M; Umg. u. Lage s. sch.

A. a) 48 b) 19 c) ü. Landwsch.

B. a) NB. 1901 b) ger. 5 Z. 2 Reg. prt. u. I. St. c) s. sch. h. ger. tr. herrl. Auss. II. St. 6 Z. Grd. Bd. WLtg. el. L. Cl. m. Wsp. d) gem. Eing. e) H. u. Nutzg. s. sch. Obst- u. Gemüseg. 3/4 Tgw. G m. WLtg. m. Vorg. kl.

C. a) 8200 b) 119000 c) 13 d) 1762000, 948000 e) Bischofsreut. Mauth-Ost, Mauth-West, Neureichenau, Wolfstein f) Freyung, Waldkirchen.

Friedberg, Stadt OB.; 512 m; 3500 Einw. ü. kath.; nur kath. Kirche; 3 Arzt, Apoth.; Augsburg s. leicht zu erreichen; möbl. Z. 15 M; 8 km v. Augsburg, gt. Bahnv.

A. a) 45 b) 43 c) ü. Landwsch., daneben in Lechhausen, Hochzoll u. Friedberg ü. Fabrikbevölkerung.

B. a) alt (Schlossgeb.) b) ger. 12 Z. c) h. ger. tr. s. kalt, den Stürmen ausgesetzt, I. St 7 Z. 4 Kamm. o. Bd. WLtg. o. Gs. u. o. el. L. Cl. entspr. d) in getr. Flügel d. Amtsgeb. e) H. u. Nutzg. 12 Dez. G. m. WLtg. o. Vorg.

C. a) 12500 b) 185100 c) 16 d) 975439, 404754 e) Eurasburg f) Friedberg.

Fürstenfeldbruck, Markt OB.; 531 m; 4480 Einw. ü. kath.; kath. Kirche, prot. Betsaal; Aerzte, Apoth.; Unteroffiziersschule; möbl. Z. 20 M; Aufenthalt angen., nächste Nähe Münchens.

A. a) 57 b) 54 c) ü. Landwsch.

B. a) NB. 1912 b) ger. 8 Z. 3 Reg. prt. u. I. St. c) h. tr. II. St. 6 Z. Grd. MagdZ. Gerätekamm. Bd. WLtg. el. L. Cl. m. Wsp. d) ja e) H. u. Nutzg. zieml. gr., G. m. WLtg. m. Vorg. kl.

C. a) 10900 b) 250000 c) 11 d) 1900000, 1900000 e) Fürstenfeldbruck f) Fürstenfeldbruck.

Fürth i. B., Stadt MF.; 294 m; 90000 Einw. ü. prot.; kath. u. prot. Kirchen; Aerzte, Apoth.; Gymn., Realsch., Töchtersch., Nürnberg angrenzend; möbl. Z. 20 M; Bahnv. s. gt., fränk. Schweiz in d. Nähe.

A. a) 21 b) — c) ü. Industrie.

B. a) NB. 1900 b) ausreichend 18 Z. in 3 St. c) s. gt. h. ger. tr. II. St. 6 Z. Bd. keine Grd. gröss. Bodenraum, Gs. Cl. m. Wsp d) getr. Eing. e) H. o. G.

C. a) 30000 b) 1450000 c) 32 d) 2600000, 2600000 e) Ass.-Bez. Kraftshof f) 2 Notariate.

Füssen, Stadt Schw.; 800 m; 5000 Einw. ü. kath.; kath. u. prot. Kirchen; 3 Aerzte, Apoth.; möbl. Z. 12 M; s. sch. Gebirgslage, im Sommer gt. Bahnv., starker Fremdenverkehr (Hohenschwangau, Füssen, Pfronten), t. Lebensv.

A. a) 26 b) 17 c) ü. Landwsch.

B. a) NB. 1899 b) ger. 4 Z. prt. c) h. ger. sonnig, tr. I. St. 6 Z. MagdZ. gr. Bodenraum, Bd. WLtg. el. L. Cl. m. Wsp. d) —

e) H. u. Nutzg. gr. G. 56 Dez. (Parkanlage), G. m. WLtg. m. Vorg. im Anschluss an den gr. G.

C. a) 7345 b) 180228 c) 9 d) 798846, 764927 e) — f) Füssen.

Garmisch, Markt OB.; 699 m; 3500 Einw. (mit Partenkirchen 7000) ü. kath.; kath. Kirche u. 1 prot. im angrenzenden Partenkirchen; Aerzte, Apoth.; möbl. Z. 20 M; s. sch. Lage u. Umgeb., Gebirgsort m. s. gr. Fremdenverkehr, infolgedessen t. Lebensv., gt. Wass., schl. Bahnv. i. Winter.

A. a) 16 b) 12 c) ü. Landwsch.

B. a) NB. 1907 b) ger. 5 Z. 1 Reg. I. St. 3 Reg.Z. prt. Vorraum f. d. Amtsdiener c) h. ger. tr. 6 Z. MagdZ. Diele, II. St. Bd. m. O. o. W. WLtg. el. L. Cl. m. Wsp. s. sch. Aussicht in d. Berge d) getr. Eing. e) H. u. Zierg. 8 Dez. G. m. WLtg. m. Vorg. kl.

C. a) 15000 b) 218299 c) 10 d) 2778273, 2586061 e) Garmisch, Krünn, Mittenwald, Oberammergau, Partenkirchen f) Garmisch.

Gemünden, Stadt UF.; 164 m; 2376 Einw. ü. kath.; kath. u. prot. Kirchen; 4 Aerzte, Apoth.; möbl. Z. 12 M; Kl. mild, n. zu heiss, s. gt. Bahnv., sch. waldreiche Umg., ang. Aufenth.

A. a) 27 b) 4 c) ü. Landwsch.

B. a) früheres Jagdschloss, nach allen Seiten frei, aber im Hochwassergebiet b) ger. 6 Z. II. St. part. Z. feucht u. n. benützbar c) h. ger. I. St. vollst. tr. 6 Z. 2 Turm-Z. 2 Kamm. herrl. Ausblick, Bd. (prt.) WLtg. el. L. Cl. o. Wsp. d) in e. vom Amtsgeb. entfernten ärar. Gbde. e) H. u. Nutzg. 0,587 ha, gr. Hühnerhof, G. m. WLtg. m. Vorg. mittelgr.

C. a) 5085 b) 76972 c) 8 d) 778090, 702130 e) Gemünden, Gräfendorf, Burgsinn, Mittelsinn u. Ass.-Bez. Aura u. Langenprozelten f) Gemünden.

Germersheim, Stadt Pf.; 100 m; 5838 Einw. (darunter über 2000 Militär) ü. kath.; kath. u. prot. Kirche; Aerzte u. Apoth.; Progymn., Töchtersch., beide gemischt; möbl. Z. 20—25 M; gt. Bahnv.

A. a) 17 b) Einnehmereien c) ü. Landwsch.

B. a) Teilw. NB. 1911 b) kl. 7 Z. 2 Reg. prt. 1 Sitz.-Saal I. St. c) h. ger. tr. I. St. 6 Z. Bd. WLtg. Gs. Cl. m. Wsp. d) — e) H. u. Nutzg. 70 qm G. o. Wass. o. Vorg.

C. a) 10500 b) 175000 c) 11 d) 260000, 240000 e) Germersheim, Sondernheim f) Germersheim, Bellheim.

Gerolzhofen, Stadt UF.; 235 m; 2600 Einw. ü. kath.; kath. Kirche, prot. Betsaal; 3 Aerzte, Apoth.; möbl. Z. 10 M; flach, Steiger Wald ³/₄ Std. entfernt, mit gut. Autoverb., schl. Bahnv., Wass. schl., Kl. s. heiss u. windig, t. Lebensv.

A. a) 52 b) 6 c) ü. Landwsch.

B. a) ehem. Abtei b) ger. 6 Z. h. sch. prt. c) h. ger. tr. I. St. 7 Z. MagdZ. Grd. gr. Vorplatz, Bd. Gs. u. WLtg. Cl. gt., im II. St. Dienstw. d. Oberamtsr. d) im Nebenhaus e) H. u. Nutzg. (Obst- u. Zierg.) G. m. WLtg. o. Vorg.

C. a) 6800 b) 144000 c) 10 d) 516000, 350000 e) Hundelshausen, Oberschwarzach f) Gerolzhofen W., Wiesentheid.

Greding, Stadt MF.; 420 m; 1100 Einw. ü. kath.; nur kath. Kirchen; 1 Arzt, Apoth.; möbl. Z. 10—15 M; schl. Bahnv., von Malern viel besucht.

A. a) 43 b) 7 c) ü. Landwsch.

B. a) altes Schlossgeb. b) ger. 4 Z. prt. Sitz.-Z. 2 Reg. II. St. c) h. s. ger. tr. sch. Auss. II. St. 6 Z. Grd. gr. Vorpl. Bd. WLtg.

el. L. Cl. o. Wsp. Dienstw. d. Oberamtsr. im gl. Geb. d) -- e) H. o. G.

C. a) 3500 b) 65434 c) 6 d) 900000 e) exp. Ass. Altdorf u. Stauf f) Greding.

Griesbach, Markt NdB.; 354 m; 1200 Einw. ü. kath.; nur kath. Kirchen, prot. Betsaal; 2 Aerzte, Apoth.; möbl. Z. 8 M; sch. Umg., o. Bahnv., jedoch Autoverb. n. bes. t.

A. a) 39 b) 39 c) ü. Landwsch.

B. a) Aufb. 1911 b) prt. 3 Z. 3 Rg. I. St. 7 Z. ger. c) h. ger. tr. II. St. 6 Z. MagdZ. Bd. el. L. WLtg. Cl. gt. d) — e) H. u. Nutzg. 6 Tgw. G. m. Br. m. Vorg. mittel.

C. a) 10500 b) 216939 c) 11 d) 650000, 800000 e) Griesbach f) Griesbach, Rotthalmünster.

Grünstadt, Stadt Pf.; 195 m; 4710 Einw. ü. prot.; kath. u. prot. Kirchen; 3 Aerzte, Apoth.; Progymn., Töchtersch.; möbl. Z. 20 M; sch. Umg. u. Lage, t. Lebensv.

A. a) 28 b) Einnehmereien c) ü. Landwsch.

B. a) NB. b) beengt 7 Z. prt. Reg. im Bodenr. c) h. ger. tr. I. u. II. St. 7 Z. Grd. o. Bd. WLtg. Gs. Cl. gt. d) — e) H. 100 qm m. Vorg. 480 qm WLtg.

C. a) 10096 b) 270000 c) 12 d) 497500, 411300 e) Ramsen expon. Ass. Göllheim f) Grünstadt I u. II, Diemstein.

Günzburg, Stadt Schw.; 450 m; 5200 Einw. ü. kath.; kath. u. prot. Kirchen; 3 Aerzte, Apoth.; Gymn., Töchtersch. engl. Frl.; möbl. Z. 20 M; sch. Lage u. Umg., gt. Bahnv., gt. Wass.

A. a) 29 b) 28 c) ü. Landwsch.

B. a) alt b) ger. 8 Z. c) gt. Zustand II. St. 7 Z. Grd. 2 Kamm. Bd. WLtg. el. L. Cl. m. Wsp. d) getr. Eing. e) H. u. Nutzg. 20 Dez. G. m. WLtg. o. Vorg.

C. a) 9000 b) 140900 c) 10 d) 1400000, 1380000 e) Günzburg f) Günzburg.

Gunzenhausen, Stadt MF.; 421 m; 5200 Einw. ü. prot.; kath. u. prot. Kirchen; 3 Aerzte, Apoth.; Realsch.; möbl. Z. 15 M; gt. Bahnv.

A. a) 40 b) 2 c) ü. Landwsch.

B. a) alt b) n. ger. 9 Z. I. St. Reg. prt. c) mittelgr. hoch, n. sonnig, II. St. 7 Z. o. Bd. WLtg. Gs. Cl. gt. d) — e) H. u. Nutzg. kl. WLtg. i. H. o. Vorg.

C. a) 6000 b) 122000 c) 10 d) 532000, 380000 e) Gunzenhausen, Triesdorf f) Gunzenhausen,

Hammelburg, Stadt UF.; 184 m; 2909 Einw. ü. kath.; kath. Kirchen, prot. Betsaal; 4 Aerzte, Apoth.; Progymn., gewerbl. Fortbild.-Sch.; möbl. Z. 15 M; sch. Umg., im Sommer viel Leben (Truppenübungspl.)

A. a) 36 b) 9 c) ü. Landwsch. (Weinbau).

B. a) alt b) s. ger. 7 Z. c) h. ger. tr. I. St. 7 Z. Bd. WLtg. el. L. Cl. d) für 1912 geplant, getr. Eing. e) H. u. Nutzg. 0,51 ha G. m. WLtg. m. Vorg. gr.

C. a) 6460 b) 94000 c) 10 d) 1450000, 1500000 e) Hammelburg, Neuwirthshaus f) Hammelburg, Euerdorf.

Heidenheim, Markt MF.; 480 m; 1360 Einw. ü. prot.; prot. Kirche, kath. Betsaal; 1 Arzt, Apoth.; möbl. Z. 12 M; s. sch. Umg., o. Bahnv., aber Postmotorv. m. Gunzenhausen, Wass. gt., Lebensv. n. t.

A. a) 24 b) — c) ü. Landwsch.

B. a) ehem. Kloster b) s. ger. 3 Z. c) h. ger. tr. s. ruhig gelegen, hochprt. 6 Z. Grd. MagdZ. Bd. m. O. u. m. W. WLtg. Cl. o. Wsp. d) — e) H. u. Nutzg. 0,320 ha lauf. Wass. i. G. o. Vorg.

C. a) 4200 b) 80000 c) 7 d) 550000, 460000 e) Heidenheim f) Heidenheim.

Heilsbronn, Markt MF.; 421 m; 1366 Einw. ü. prot.; kath. u. prot. Kirchen; 4 Aerzte, Apoth.; möbl. Z. 12 M; sch. waldr. Umg., Bahnv. n. Nürnb. u. Ansb. s. gt.

A. a) 38 b) 4 c) ü. Landwsch.

B. a) alt b) ger. 6 Z. prt. c) h. s. ger. tr. I. St. 7 Z. 3 Kamm. o. Bd. Gs. Pumpbrunnen in d. Kü. d) getr. Eing. e) H. u. Nutzg. 0,041 ha G. m. WLtg. m. Vorg. kl.

C. a) — b) 71000 c) 7 d) — e) Heilsbronn f) Heilsbronn.

Hemau, Stadt OPf.; — m; 1740 Einw. ü. kath.; nur kath. Kirchen; 1 Arzt, Apoth.; möbl. Z. 14 M; Umg. o. bes. Reiz, fliessendes Wass. fehlt, Autopost u. Bahnv. n. Regensburg gt.

A. a) 34 b) 4 c) ü. Landwsch.

B. a) alt b) ger. 7 Z. prt. u. I. St. c) h. ger. II. St. 5 Z. MagdZ. 2 Kamm. in d. Mans. Bd. WLtg. Cl. o. Wsp. d) — e) H. u. Nutzg. 1 Tgw. 30 Dez. G. m. WLtg. o. Vorg.

C. a) 4800 b) 55840 c) 9 d) 397150, 224480 e) — f) Hemau.

Herrieden, Stadt MF.; 421 m; 1041 Einw. ü. kath.; nur kath. Kirchen; 1 Arzt, Apoth.; möbl. Z. 10 M; gt. Bahnv. m. Ansbach, ca. 30 m z. Wald.

A. a) 31 b) 7 c) ü. Landwsch.

B. a) alt, gt. Zustand b) ger. 4 Z. 2 Reg. c) h. ger. tr. I. St. 6 Z. Grd. 3 Kamm. (2 im Dachboden, senkrechte Wände) o. Bd. el. L. ab 1912 Cl. o. Wsp. o. WLtg. d) — e) H. u. Nutzg. u. Zierg. 0,146 ha G. m. Br. o. Vorg.

C. a) 3800 b) 67435 c) 7 d) 242164, 166206 e) Ass.-Bez. Aurach f) Herrieden.

Hersbruck, Stadt MF.; 340 m; 4552 Einw. (m. d. angrenz. Altensittenbach 5523) ü. prot.; kath. u. prot. Kirchen; 5 Aerzte, Apoth.; Progymn., landw. Wintersch.; möbl. Z. 15 M; sch. Umg., 2 Bahnen n. Nürnb., s. gt. Bahnv., Wass. gt.

A. a) 78 b) 50 c) ü. Industrie, Nähe Nürnb., viel Hopfenbau.

B. a) alt (Schlossgeb.) b) gen. 10 Z. 1 Reg. prt. 1 Reg. i. Keller c) h. ger. tr. I. St. 6 Z. 2 Kamm. o. Bd. WLtg. Cl. m. Wsp. o. Gs. u. o. el. L. d) — e) H. u. Nutzg. 0,085 ha Obstg. G. o. Wass. m. Vorg. 0,014 ha.

C. a) 15745 b) 504006 c) 17 d) — e) Engelthal, Schnaittach f) Hersbruck, Lauf.

Herzogenaurach, Stadt OF.; 296 m; 3313 Einw. ü. kath.; kath. Kirchen, prot. Betsaal; 2 Aerzte, Apoth.; möbl. Z. 12 M; mild. ges. Kl., Nadelwaldungen, gt. Bahnv. nach Erlangen, Bamberg, Nürnberg, o. WLtg.

A. a) 33 b) — c) ü. Landwsch. am Amtssitz u. Industrie.

B. a) ehem. Schloss, in welchem auch d. Amtsger. s. befindet b) beengt 3 Z. Boten- u. Warteraum, 2 Reg. I. St. (II. St. Amtsger.) c) h. ger. tr. Winter s. kalt, I. St. 5 Z. Grd. MagdZ. o. Bd. o. Gs. o. el. L. Cl. o. Wsp. Flügelpumpe bei der Kü. d) — e) H. u. Nutzg. 0,191 ha, G. gemeins. m. Amtsger. G. o. Wass. m. Vorg. kl.

C. a) 5123 b) 56427 c) 9 d) — e) Erlangen-West f) Herzogenaurach.

Hilpoltstein, Stadt MF.; 379 m; 1476 Einw. ü. kath.; kath. Kirchen, prot. Betsaal im Rent.-Gbde.; 2 Aerzte, Apoth.; möbl. Z. 12 M; nächste Umg. n. bes. reizvoll, n. bes. t. Lebensv., Bahnv. gt.

A. a) 42 b) 4 c) ü. Landwsch.

B. a) NB. 1903 b) genügend 5 Z. I. St. 2 Reg. prt. c) im alten Rent.-Gbde. vom Bureau durch Hof getr. ger. h. tr. hochprt. nach d. Hofe, I. St. 6 Z. Grd. Bd. WLtg. Cl. o. Wsp. d) prt. im Bureaugeb. 3 Z. getr. Eing. e) H. u. Nutzg. 0,044 ha G. m. WLtg. o. Vorg.

C. a) 3900 b) 60000 c) 9 d) 620000, 555000 e) Allersberg, Heideck f) Hilpoltstein.

Höchstadt a. Aisch, Stadt OF.; 272 m; 2070 Einw. ü. kath.; nur kath. Kirchen; 1 Arzt, Apoth.; möbl. Z. 13 M; Nürnberg, Erlangen, Bamberg leicht erreichbar.

A. a) 34 b) 2 c) ü. Landwsch.

B. a) 1896 erweitert u. umgebaut b) ger. 4 Z. prt. c) h. ger. tr. I. St. 7 Z. MagdZ. prt. Bd. el. L. Trocken-Cl., Trinkwass. muss vom Marktbrunnen geholt werden d) — e) H. u. Nutzg. 0,027 ha Br. i. H. (ungeniessbares Wass.) m. Vorg. kl.

C. a) 6000 b) 88000 c) 9 d) 517000, 308000 e) Schlüsselfeld u. Zentbechhofen f) Höchstadt a. A.

Höchstädt a. D., Stadt Schw.; 423 m; 2400 Einw. ü. kath.; nur kath. Kirchen; 2 Aerzte, Apoth.; möbl. Z. 12 M; sch. Lage, starke Nebel.

A. a) 36 b) 22 c) ü. Landwsch.

B. a) Schlossgeb. s. gt. Zustand b) ger. 6 Z. 1 Reg. 1 Aufbewahr.-Raum prt. c) h. ger. tr. gt. Zustand, I. St. 6 Z. MagdZ. Grd. Bd. m. O. m. W. WLtg. Cl. o. Wsp. d) ja, gem. Eing. o. G. e) H. u. Nutzg. 0,456 ha G. m. WLtg. o. Vorg.

C. a) 10721 b) 85600 c) 9 d) 390600, 250500 e) Unterliezheim f) Höchstädt a. D.

Hof a./S., Stadt OF.; 500 m; 41129 Einw. ü. prot.; kath. u. prot. Kirchen; Aerzte u. Apoth.; Gymn., Realsch., Töchtersch., beide Konfess. gemischt; möbl. Z. 16 M; Kl. rauh, Gegend bergig, Spaziergänge in nächster Nähe, ausgedehnte Anlagen, Nähe d. Fichtelgeb., Frankenwaldes etc.; Steben, Franzensbad, Karlsbad, Marienbad leicht erreichbar, gt. Bahnv., Lebensv. norm.

A. a) 55 b) 24 c) Hof, Rehau, Schwarzenbach a./S., Oberkotzau s. industriereich, in d. übr. Gmd. ü. Landwsch.

B. a) 1880 erb., 1903 Anbau, 1911 Stockaufbau b) ger. 20 Z. inkl. Reg. (8 prt. 11 I. St. 1 II. St.) c) h. ger. tr. II. St. (1911 neu) 6 Z. MagdZ. Grd. Bd. m. O. o. W. WLtg. el. L. u. Gs. Cl. m. Wsp. d) — e) H. u. Nutzg. 0,134 ha G. m. Springbr. o. Vorg.

C. a) 25650 b) 756374 c) 25 d) 2738512, 2030121 e) Kirchenlamitz u. Rehau f) Hof I u. II u. Rehau.

Hofheim, Stadt UF.; 262 m; 985 Einw. ü. kath; kath. Kirche; prot. 20 m entfernt; 2 Aerzte, Apoth.; möbl. Z. 15 M; sch. Lage, Wald 3/4 Std. entfernt, schl. Bahnv., Autopost nach Schweinfurt.

A. a) 41 b) 21 c) ü. Landwsch.

B. a) NB. 1912 b) ger. 6 Z. 3 Reg. prt. u. I. St. c) h. ger. tr. modern, II. St. 6 Z. Grd. 2 Mans. Bd. WLtg. s. gt. Wass. Cl. m. Wsp. d) prt. Eing. gemeins. e) H. kl. m. Vorg. kl. 100 qm.

C. a) 4800 b) 80000 c) 9 d) 500000, 300000 e) Gossmannsdorf, Eichelsdorf f) Hofheim.

Homburg, Stadt Pf.; 242 m; 7196 Einw., 3/5 kath. 2/5 prot.; kath. u. prot. Kirchen; 3 Aerzte, Apoth.; Progymn., Töchtersch., landw. Winter-Sch.; möbl. Z. 20 M; waldr. Gegend, s. gt. Bahnv.

A. a) 45 b) Einnehmereien c) ü. Industrie.

B. a) NB. 1892, Anbau 1911 b) ger. 12 Z. inkl. Reg. c) h. ger. tr. I. St. 6 Z. 2 Mans. Bd. WLtg. Gs. el. L. Cl. m. Wsp. d) — e) H. u. Nutzg. 0,213 ha G. m. WLtg. o. Vorg.

C. a) 17000 b) 258000 c) 17 d) 1500000, 1350000 e) Homburg, Neuhäusel, Waldmohr f) Homburg, Waldmohr.

Illertissen, Markt Schw.; 512 m; 1960 Einw. ü. kath.; kath. u. prot. Kirchen; 2 Aerzte, Apoth; möbl. Z. 10 M; Bahnl. Ulm-Kempten-Lindau, Amt auf 40 m hoh. Berg.

A. a) 44 b) 35 c) ü. Landwsch.

B. a) NB. b) 5 Z. c) h. ger. tr. 3 Z. Grd. Kü. Bd. I. St. 5 Z. MagdZ. gr. Vorpl. II. St. WLtg. Cl. m. Wsp. (Dienstw.-Gbd. ist getr.vom Amtsgebd.) d) II. St. Rent.-Gbd. e) H. u. Nutzg. 4 Tgw. (n. unmittelb. v. Wohngebd. zugänglich) G. m. WLtg. m. Vorg. kl.

C. a) 10000 b) 160000 c) 11 d) 600000, 400000 e) Illertissen, Ass.-Bez. Illereichen f) Illertissen, Babenhausen.

Immenstadt, Stadt Schw.; 731 m; 5000 Einw. ü. kath.; kath. u. prot. Kirchen; 4 Aerzte, Apoth.; möbl. Z. 20 M; sch. Umgeb., gt. Bahnv. Fremdenverk. Lebensv. t.

A. a) 36 b) 33 c) ü. Landw. aber auch viel Industrie.

B. a) alt (Schloß) b) ger. 8 Z. II. St. 3 Reg. prt. c) h. ger. gr. u. h. Räume II. St. 6 Z. MagdZ. Grd. Bd. WLtg. el. L. Cl. m. Wsp. d) prt. Rückgeb. getr. Eingang e) H. u. Ntzg. ca. 3 Min. vom Hause 16 a G. m. WLtg. ohne Vorg.

C. a) — b) — c) 16 d) — e) Immenstadt, Burgberg f) Immenstadt, Sonthofen.

St. Ingbert, Stadt Pf.; 230 m; 17200 Einw. ü. kath.; 3 kath., 1 prot. Kirchen; Aerzte und Apoth.; Progymn., Töchtersch.; möbl. Z. 20 M; s. gt. Bahnv., s. sch. Laubwälder, Fabrikstadt.

A. a) 8 b) Einnehmereien c) ü. Industrie.

B. a) NB. 1901 b) ger. 6 Z. Vorraum f. Amtsd. prt. c) h. ger. I. St. 6 Z. MagdZ. heizb. Mans. Bd. m. O. WLtg. Gs., Trocken-Cl. d) — e) H. u. Nutzg. 0,1073 ha u. e. Acker 0,2546 ha G. m. WLtg. m. Vorg. 0,0517 ha.

C. a) 9000 b) 270000 c) 11 d) 405525, 207253 e) — f) St. Ingbert.

Ingolstadt, Stadt OB.; 356 m; 25000 Einw. ü. kath.; kath. u. prot. Kirchen; Aerzte u. Apoth.; Gymn., Realsch., höhere Mädchen-Schule; möbl. Z. 15 M; gt. Bahnv. n. bes. t. Lebensv., weitere Umgeb. schön. Donaubad.

A. a) 43 b) 31 c) ü. Landwsch.

B. a) alt b) ger. 13 Z. (10 prt. 3 I. St.) c) sonnig, nach Süd. h. ger. tr. I. St. 7 Z. Grd. Kamm. Bd. WLtg. Gs. Cl. m. Wsp. d) — e) H. u. Nutzg. 0,46 dez. G. m. WLtg. o. Vorg.

C. a) 14150 b) 320000 c) 17 d) 3100000, 2700000 e) Kösching, Stammham f) Ingolstadt I u. II.

Kaiserslautern, Stadt Pf.; 240 m; 54665 Einw. 2/5 kath., 3/5 prot.; kath. u. prot. Kirchen; Aerzte u. Apoth.; Gymn., Oberrealsch., Töchtersch. m. Lehrerbildungs- u. LehrerinnenbildAnst. (prot.), Kreisgewerbe- u. Kreisackerbausch.; möbl. Z. 20 M; s. sch. waldr. Umg., gt. Bahnv., gt. Wass.

A. a) 43 b) Einnehmereien c) Stadt ü. Industrie, Landbez. ü. Landwsch.

B. a) früher Hauptzollamt 1896 b) ger. 23 Z. in 3 St. c) h. tr. II. St. 6 Z. 2 Mans. Grd. MagdZ. o. eigentl. BdZ. Gs. i. d. Kü. el. L. i. d. Wohng. Cl. gt. d) Eing. gemeinsch. e) H. u. Ntzg. 40 qm G. o. Wass. o. Vorg.

C. a) 28746 b) 993818 c) 36 d) 5396386, 5088814 e) Kaiserslautern-West, -Ost, Hohenecken, Otterberg, Hochspeyer, Trippstadt, Waldleiningen f) Kaiserslautern I, II, III, Otterberg.

Kandel, Pfd. Pf.; 136 m; 3882 Einw. ü. prot.; Simultan-Kirche; 3 Aerzte, Apoth.; Lateinsch., landwirtsch. WinterSch.; möbl. Z. 15 M; Lage im Flachland, sch. Wälder, Wass. gt.

A. a) 21) b) Einnehmereien c) ü. Landwsch.

B. a) 1897 adaptiert, 1903 erweitert b) beengt, 7 Z. prt. Reg. Dachraum, c) sch. ger. I. St. 5 Z. 3 Mans. Bd. WLtg. el. L. Cl. m. Wsp. d) — e) H. u. Nutzg. 0,054 ha G. m. WLtg. o. Vorg.

C. a) 10000 b) 169000 c) 13 d) 1900000, 1900000 e) Kandel-Süd, -Nord, Schaidt, Neulauterburg, Sondernheim f) Kandel I u. II u. Rheinzabern.

Karlstadt, Stadt UF.; 167 m; 3227 Einw., ü. kath.; kath. u. prot. Kirchen; 2 Aerzte, Apoth.; möbl. Z. 15 M; berg. Gegend, 1/4 Std. zum Wald, Klima mild, sch. Ausflüge, s. gt. Bahnv. m. Würzb. Postauto Karlstadt-Hammelburg.

A. a) 22 b) — c) ü. Landwsch.

B. a) NB. 1908 b) ger. h. 7 Z. I. St. 2 Reg. prt. c) s. h. ger. tr. Haus steht frei, II. St. 6 Z. Kamm. Grd. Bd. WLtg. Gs. Cl. o. Wsp. d) prt. getr. Eing. e) H. u. Nutzg. 0,333 ha G. m. WLtg. m. Vorg. kl.

C. a) 15000 b) 109600 c) 11 d) — e) Zellingen f) Karlstadt.

Kastl b. Amberg, Markt OPf.; 470 m; 900 Einw. ü. kath.; nur kath. Kirche; 1 Arzt, Apoth.; möbl. Z. 10 M; landschaftlich s. sch. Verpflegung schwierig.

A. a) 29 b) 15 c) überw. Landwsch.

B. a) alt b) ger. 6 Z. WarteZ. 2 Reg. c) h. ger. tr. II. St. 6 Z. 2 Kamm. Bd. WLtg. Cl. gt. d) ausser dem Hause e) H. u. gr. Ntzg. nebst Park. G. m. WLtg. o. Vorg.

C. a) 8000 b) 56000 c) 8 d) 310000, 200000 e) Pfaffenhofen f) Kastl.

Kaufbeuren, Stadt Schw.; 680 m; 9000 Einw. 2/3 kath., 1/3 prot.; kath. u. prot. Kirchen; Aerzte u. Apoth.; Progymn., Realsch., Töchtersch. (Franziskanerinnen) auch Prot. zugelassen; möbl. Z. 15 M; gt. Bahnv. sch. Lage u. Umgeb. gt. Wass. Sommer viel Staub vor d. Amtsgeb.

A. a) 29 b) 28 c) ü. Landwsch.

B. a) alt, b) beengt 5 Z. prt. 2 Z. II. St. c) h. ger. II. St. 6 Z. 4 Kamm. Bd. m. O. u. m. W. WLtg. Gs. Cl. m. Wsp. Dienstwohng. d. Bez.-Amts I. St. d) — e) H. u. Nutzg. 0,126 ha G. m. WLtg. o. Vorg.

C. a) 8771 b) 226348 c) 12 d) 1114000, 880000 e) Kaufbeuren f) Kaufbeuren.

Kelheim, Stadt NdB.; 354 m; 3800 Einw. ü. kath.; kath. u. prot. Kirch.; 2 Aerzte, Apoth.; möbl. Z. 15 M; herrl. Umg., sch. Wälder, Wellenbad i. d. Altmühl, gt. Wass. gt. Lebensv. Postauto nach Riedenburg-Dietfurt.

A. a) 40 b) 15 c) ü. Landwsch.

B. a) alt, in gt. Zustand, Aussicht auf Befreiungshalle b) ger. sonnig, 7 Z. Warteraum, Hochprt. c) h. ger. tr. I. St. 6 Z. Kamm. 2 Bodenkamm. Grd. o. Bd. WLtg. Gs. Cl. gt. d) — e) H. u. Blumengärtchen o. Vorg.

C. a) 6500 b) 80000 c) 12 d) 2000000, 1300000 e) Kelheim-Nord, -Süd f) Kelheim.

Kemnath, Stadt OPf.; 590 m; 1441 Einw. ü. kath.; nur kath. Kirche; 1 Arzt, Apoth.; möbl. Z. 12 M; landschaftlich sch. Postauto zur Bahnstation.

A. a) 71 c) 68 d) ü. Landwsch.

B. a) NB. 1903 b) ger. 5 Z. prt. c) h. s. ger. tr. I. St. 7 Z. Grd. MagdZ. Bd. Pumpwerk in d. Kü. Cl. gt. d) — e) H. u. Nutzg. 0,059 ha G. m. WLtg. o. Vorg.

C. a) 6200 b) 93000 c) 11 d) 1155076, 1155076 e) Kemnath, Riglasreuth f) Kemnath, Erbendorf.

Kempten, Stadt Schw.; 697 m; 21000 Einw. ü. kath.; kath. u. prot. Kirchen; mehrere Aerzte, Apoth.; Gymn., Realsch., kath. Töchterschule; möbl. Z. 12 M; sch. Umgeb. u. Lage, gt. Bahnv. t. Lebensv.

A. a) 31 b) 30 c) ü. Landwsch. u. Industrie.

B. a) NB. 1904 b) ger. 15 Z. in verschiedenen St. c) h. ger. tr. II. St. 8 Z. Bd. WLtg. Gs. Cl. m. Wsp. d) getr. Wohnungseing., gleich Hauseing. e) H. m. Vorg. kl.

C. a) 19800 b) 525000 c) 23 d) 4350000, 4060000 e) Kempten, Kürnach, Buchenberg (Ass.-Bez.) f) Kempten I u. II.

Kipfenberg, Markt MF.; 395 m; 800 Einw. ü. kath.; nur kath. Kirche; 1 Arzt, Apoth.; möbl. Z. 9—12 M; s. sch. Wälder m. gepflegten Spazierwegen, s. sch. Badegelegenheit, Bahnv. gt. Lage d. Amtes unruhig.

A. a) 45 b) 11 c) nur Landwsch.

B. a) 1899 vergrössert, gt. Zustand b) 6 Z. prt. c) h. tr. I. St. 4 Z. 2 Kamm. Bd. 2 Mans. WLtg. el. L. von 1913 ab. Trocken-Cl. d) — e) H. u. Ntzg. 0,249 ha G. m. WLtg. m. Vorg. kl.

C. a) 7050 b) 57000 c) 9 d) 807000, 368000 e) Kipfenberg, Hofstetten, Kinding, Rapperszell f) Kipfenberg.

Kirchheimbolanden, Stadt Pf.; 250 m; 4000 Einw. ü. prot.; kath. u. prot. Kirchen; 4 Aerzte, Apoth.; Progymn., Töchtersch., Präparandensch.; möbl. Z. 20 M; gt. Bahnv. sch. Waldspaziergänge, Luftkurort, gt. Wass., sch. Lage, Donnersberg in d. Nähe.

A. a) 37 b) Einnehmereien c) ü. Landwsch.

B. a) 1894, Aufbau 1911 b) ger. 8 Z. Warteraum (I. St. 7 Z. 1 Z. u. Warteraum prt.) c) h. ger. tr. II. St. 6 Z. 2 Mans. Bd. WLtg. Gs. Cl. m. Wsp. d) gem. Eing. e) H. u. Nutzg. 0,104 ha G. m. WLtg. o. Vorg.

C. a) 23000 b) 165000 c) 12 d) 1182232, 1161517 e) Kirchheimbolanden, Kriegsfeld f) Kirchheimbolanden I u. II, Göllheim.

Kissingen, Stadt UF.; 210 m; 5831 Einw. ü. kath.; kath. u. prot. Kirche; Aerzte u. Apoth.; Realsch., engl. Frl.; möbl. Z. 20 M; Weltbad, gt. Bahnv. t. Lebensv.

A. a) 30 b) 15 c) ü. Landwsch. viel Saisongeschäfte.

B. a) NB. 1904 b) ger. 7 Z. I. St. 3 Reg. SitzZ. prt. c) sch. h. ger. tr. II. St. 6 Z. Grd. MagdZ. Bd. WLtg. Gs. Cl. gt. d) getr. Eing. e) H. u. Nutzg. 5,7 a G. m. WLtg. m. Vorg. kl.

C. a) 6200 b) 236460 c) 13 d) 2199664, 1917895 e) Kissingen, Euerdorf, Stangenroth f) Kissingen.

Kitzingen, Stadt UF.; 204 m; 9113 Einw. ü. prot.; kath. u. prot. Kirchen; 5 Aerzte, Apoth.; Progymn., Realsch., Töchtersch.; möbl. Z. 15 M; anmutige Gegend am Main, gt. Bahnv. m. Nürnberg u. Würzburg.
A. a) 20 b) — c) ü. Landwsch.
B. a) alt b) ger. 8 Z. c) h. ger. tr. etwas kalt (Norden z. T.) prt. u. I. St. 7 Z. MagdZ. Bd. WLtg. Gs. Cl. d) — e) H. u. Nutzg. 0,467 ha G. m. WLtg. o. Vorg.
C. a) 8500 b) 222 200 c) 12 d) 721 000, 638 000 e) — f) Kitzingen.

Klingenberg a. M., Stadt UF.; 128 m; 1587 Einw. ü. kath.; nur kath. Kirche; 1 Arzt, Apoth.; möbl. Z. 15 M; s. sch. Umg. Waldungen in unmittelb. Nähe, sch. Lage des Amtes, gt. Bahnv. gt. Wass.
A. a) 32 b) 16 c) Stadt ü. Industrie, sonst ü. Landwsch.
B. a) NB. 1912 b) ger. 9 Z. I. St. u. prt. c) II. St. 5 Z. Grd. Mans. Bd. m. O. WLtg. el. L. Cl. m. Wsp. d) getr. Eing. e) H. u. Nutzg. ziemlich gross m. Vorg. kl.
C. a) 9500 b) 98 600 c) 11 d) 759 448, 619 191 e) Altenbuch, Erlenbach a. M., Stadtprozelten f) Klingenberg, Stadtprozelten.

Königshofen, Stadt UF.; 226 m; 1802 Einw. ü. kath.; kath. u. prot. Kirchen; 3 Aerzte, Apoth.; möbl. Z. 15—18 M; Wald 1 St. entfernt, Lebensv. gt. u. n. bes. t. Bahnv. abseits v. Hptverk.
A. a) 35 b) — c) ü. Landwsch.
B. a) alt b) ger. 5 Z. 1 SitzZ. c) h. ger. tr. I. St. 6 Z. versch. Kamm. Bd. WLtg. Gs. Cl. d) — e) H. u. Nutzg. 1 Tgw. G. m. WLtg. u. Br. o. Vorg.
C. a) 5915 b) 83 919 c) 10 d) 593 239, 638 183 e) Bundorf f) Königshofen.

Kötzting, Markt NdB.; 410 m; 2090 Einw. ü. kath.; nur kath. Kirchen; 1 Arzt, Apoth.; möbl. Z. 12 M; Umgeb. s. sch. Bahnv. gt.
A. a) 46 b) 29 c) ü. Landwsch.
B. a) NB. 1905 b) ger. 5 Z. I. St. c) h. ger. tr. II. St. 7 Z. Bd. WLtg. Cl. m. Wsp. d) — e) H. u. Nutzg. 0,074 ha G. m. WLtg. o. Vorg.
C. a) 7500 b) 99 154,29 c) 10 d) 322 075,32, 327 906,72 e) Kötzting f) Kötzting, Neukirchen.

Kronach, Stadt OF.; 408 m; 5434 Einw. $^3/_4$ kath., $^1/_4$ prot.; kath. u. prot. Kirchen; 4 Aerzte, Apoth.; Realsch., kath. Präparandensch.; möbl. Z. 20 M; Amt sch. gelegen, gt. Bahnv.
A. a) 64 b) 23 c) Stadt ü. Industrie, sonst ü. Landwsch.
B. a) alt b) beengt. 8 Z. I. St. (Reg. prt.) c) h. ger. tr. II. St. 5 Z. Bd. WLtg. Gs. Cl. gt. d) prt. getr. Eing. e) H. u. Nutzg. 2 a G. o. Wass. o. Vorg.
C. a) 9294 b) 156 000 c) 17 d) 2 612 232, 2 481 464 c) Kronach, Steinwiesen, Wallenfels f) Kronach.

Krumbach, Stadt Schw.; 510 m; 3358 Einw. ü. kath.; nur kath. Kirchen; 3 Aerzte, Apoth.; Töchtersch. (engl. Frl.); möbl. Z. 15 M; Lage s. abgelegen, hübsche Waldspaziergänge, s. schl. Bahnv.
A. a) 53 b) 49 c) ü. Landwsch.
B. a) 1883 b) beengt, 5 Z. prt. c) h. tr. I. St. 6 Z. MagdKamm. Bd. WLtg. el. L. Cl m. Wsp. d) — e) H. u. Nutzg. 0,194 ha (Gemüse- u. Obstg. u. englische Anlage) G. m. WLtg. o. Vorg.
C. a) 17 563 b) 137 974 c) 11 d) — e) Krumbach f) Krumbach.

Kulmbach, Stadt OF.; 304 m; 10 731 Einw. ü. prot.; kath. u. prot. Kirchen; 4 Aerzte, Apoth.; Realsch. m. Handelsabt., Töchtersch., prot. Präparandensch.; möbl. Z. 15 M; sch. Umg. Wald in nächster Nähe, gt. Bahnv. Aufenthalt angen.

A. a) 32 b) — c) Stadt ü. Industrie, Land ü. Landwsch.

B. a) alt b) ger. 9 Z. (2 I. St. 7 II. St.) c) sch. h. ger. tr. III. St. 8 Z. Grd. Bd. m. O. u. m. W. WLtg. Gs. Cl m. Wsp. d) ja, I. St. gemeins. Hauseing. e) H. u. Nutzg. 0,045 ha G. m. WLtg. o. Vorg.

C. a) 15000 b) 342000 c) 11 d) 850000, 560000 e) Kulmbach f) Kulmbach.

Kusel, Stadt Pf.; 205 m; 3600 Einw. ü. prot.; kath. u. prot. Kirche; 3 Aerzte, Apoth.; Progymn., Töchtersch., prot. Präparandensch.; möbl. Z. 18 M; sch. Umgeb. angen. Lebensv. nächste Nähe der Bahn.

A. a) 47 b) Einnehmereien c) ü. Landwsch.

B. a) 1896 b) ger. 6 Z. prt. c) h. ger. tr. I. St. 5 Z. 2 Mans. Bd. WLtg. Gs. Trocken-Cl. d) — e) H. u. Nutzg. 0,085 ha G. m. WLtg. m. Vorg. kl.

C. —

Landau a. Is., Stadt NdB.; 340 m; 3225 Einw. ü. kath.; kath. u. prot. Kirchen; 3 Aerzte, Apoth.; Töchtersch. (engl. Frl.); möbl. Z. 12 M; s. gt. Bahnv.. sch. Blick in bayr. Wald u. Gäuboden.

A. a) 33 b) 13 c) Landwsch.

B. a) alt b) beengt 5 Z. prt. c) h. ger. tr. I. St. 9 Z. m. Bd. WLtg. el. L. o. Cl. d) — e) H. u. Nutzg. 0,123 ha G. m. WLtg. o. Vorg.

C. a) 10000 b) 186000 c) 11 d) 560000, 480000 e) Landau a. I. f) Landau a. I.

Landau, Stadt Pf.; 141 m; 17759 Einw. ü. prot.; kath. u. prot. Kirchen; Aerzte u. Apoth.; Gymn., Realsch., städt. Töchtersch., Institut d. engl. Frl. m. Haushaltungssch., Mädchenhandelssch., höhere Handelssch., landw. Wintersch.; möbl. Z. 20 M; sch. gebaute Stadt, gt. Quellwass.-Ltg. Kanalisat. sch. gelegen vor dem Haardtgeb., Parkanlagen, sch. Spazierw.

A. a) 27 b) Einnehmereien c) ü. Landwsch. (Weinbau u. Weinhandel).

B. a) NB. b) ger. 20 Z. in 3 St. c) h. ger. grösstenteils nach Norden II. St. 6 Z. MagdZ. Grd. 1 Mans. Bd. WLtg. el. L. Cl. m. Wsp. d) ja, getr. Eing. e) H., Zier- u. Nutzg. G. m. WLtg. o. Vorg.

C. a) 19000 b) 506936 c) 17 d) 2395868, 2500057 e) — f) Landau I, II.

Landsberg a. L., Stadt OB.; 588 m; 7293 Einw. ü. kath.; nur kath. Kirchen; 5 Aerzte, Apoth.; Realsch., Präp.-Sch., Kreisackerbau-Sch.; möbl. Z. 18 M; sch. Lage.

A. a) 64 b) 63 c) ü. Landwsch.

B. a) NB. 1907 b) ger. 8 Z. 4 Reg. prt. u. I. St. c) h. ger. tr. m. Ausnahme d. Kellers, II. St. 8 Z. Kamm. Bd. WLtg. el. L. Cl. m. Wsp. d) getr. Eing. e) H. u. Nutzg. 34 Dez. G. m. WLtg. o. Vorg.

C. a) 10081 b) 264370 c) 13 d) 2441957, 2455687 e) 2 Forstämter f) 2 Notariate.

Landshut, Stadt NdB.; 392 m; 25136 Einw. ü. kath.; kath. u. prot. Kirchen; Aerzte, Apoth.; Gymn., Realsch., Präp.-Sch., 2 kath. Töchtersch. m. Lehrerinnenbild.-Anst.; möbl. Z. 18 M.

A. a) 63 b) 48 c) ü. Landwsch.

B. a) Anbau 1911 b) ger. 10 Z. I. St. 2 Reg. u. Sitz.-Z. prt. c) h. sonnig, ger. tr. II. St. 6 Z. MagdZ. Grd. Bd. m. W. u. m. O. WLtg. Gs. Cl. m. Wsp. d) prt. Eing. gemeins. e) H. u. Nutzg. gr. G. m. WLtg. o. Vorg.

C. a) 21 000 b) 435 000 c) 21 d) 3 500 000, 3 400 000 e) Landshut f) Landshut I u. II.

Landstuhl, Stadt Pf.; 240 m; 4500 Einw. ü. kath.; kath. u. prot. Kirche; 4 Aerzte, Apoth.; Lateinsch.; möbl. Z. 18 M; sch. Umg. viel Wald, s. gt. Bahnv. Schnellzugshaltestelle, gt. Wass.

A. a) 33 b) Einnehmereien c) ü. Landwsch.

B. a) 1891 b) ger. 8 Z. prt. c) h. ger. tr. I. St. 6 Z. 2 Mans. o. Bd. WLtg. el. L. Cl. m. Wsp. d) — e) H. u. Nutzg. 740 qm G. m. WLtg. o. Vorg.

C. a) 22 191 b) 95 000 c) 11 d) 1 047 995, 957 000 e) Landstuhl-Nord, -Süd, Hohenecken teilweise f) Landstuhl I u. II.

Laufen, Stadt OB; 430 m; 2600 Einw. ü. kath.; kath. Kirchen, prot. Betsaal; 3 Aerzte, Apoth.; möbl. Z. 20 M; sch. Umg.

A. a) 40 b) 37 c) ü. Landwsch.

B. a) alt b) mittel, 7 Z. I. St. rep. Reg. Dachraum c) h. ger. tr. II. St. 6 Z. MagdZ. Bd. m. O. m. W. prt. el. L. Trocken-Cl. d) ja, gem. Eing. e) H. u. Nutzg. kl. G. o. Wass. o. Vorg.

C. a) 11 200 b) 200 000 c) 12 d) 1 265 000, 1 130 000 e) Teisendorf f) Laufen, Tittmonning.

Lauingen, Stadt Schw.; 441 m; 4200 Einw. ü. kath.; nur kath. Kirchen; 2 Aerzte, Apoth.; Lehrerbild.-Anst., Landw. Winter-Sch., gew. Fortbild.-Sch.; möbl. Z. 15 M.

A. a) 23 b) 16 c) ü. Landwsch.

B. a) alt, s. gt. Zustand b) ger. 6 Z. I. St. c) h. ger. II. St. 7 Z. Bd. m. O. u. m. W. el. L. WLtg. Trocken-Cl. d) — e) H. u. Nutzg. 0,040 ha G. m. Br. o. Vorg.

C. a) 12 630 b) 99 764 c) 10 d) — e) Ass.-Bez. Zöschingen f) Lauingen.

Lauterecken, Stadt Pf.; 162 m; 2221 Einw. ü. prot.; kath. u. prot. Kirchen; 2 Aerzte, Apoth.; möbl. Z. 18 M; sch. geb. Lage, gt. Bahnv. nach Bad Münster a. St. u. Kreuznach, Bingen etc. Lebensv. angen., schöne Waldspazierg.

A. a) 51 b) Einnehmereien c) ü. Landwsch.

B. a) NB. 1897 b) ger. 7 Z. hochprt. 2 Reg. im Keller c) h. ger. tr. herrl. Aussicht, I. St. 6 Z. 2 Mans. o. Bd. o. WLtg. Cl. o. Wsp. Pumpbrunnen in d. Kü. d) — e) H. u. Nutzg. G. m. Pumpbr. m. Vorg. kl.

C. a) 9000 b) 112 000 c) 10 d) 230 000, 320 000 e) Lauterecken f) Lauterecken u. Wolfstein.

Lengfurt, Pfd. UF.; 153 m; 878 Einw. ü. kath.; nur kath. Kirche; — Aerzte, — Apoth.; möbl. Z. 15 M; hübsche Umgeb., jedoch abgelegen.

A. a) 38 b) 37 c) ü. Landwsch.

B. a) alt b) beengt, 6 Z. prt. c) h. tr. etwas beengt, I. St., 6 Z. o. Bd. el. L. Pumpbr. i. d. Kü. Cl. o. Wsp. d) — e) H. u. Nutzg. 0,090 ha G. m. Pumpbr. o. Vorg.

C. a) 20 000 b) 104 660 c) 13 d) 868 000, 766 000 e) Marktheidenfeld f) Marktheidenfeld I u. II.

Lichtenberg, Stadt OF.; 570 m; 950 Einw. ü. prot.; prot. Kirche; — Aerzte, — Apoth.; möbl. Z. 10 M; sch. Umg., 3/4 Std. nach Bad

Steben, nächster Nähe Nadelwälder, schl. Bahnv., s. sch. Ausflüge in d. Frankenwald, Saalethal u. ins Thüringische.

A. a) 47 b) 1 c) ü. industriereich, sonst Landwsch.

B. a) NB. 1912 b) ger. 6 Z. 1 Reg. I. St. Reg. prt. c) h. tr. m. sch. Vorpl. II. St. 7 Z. Grd. Dachkamm. Bd. el. L. Cl. gt. d) getr. Eing. e) H. u. Nutzg. 12 Dez. G. m. WLtg. o. Vorg.

C. a) 7200 b) 98000 c) 11 d) 1025131, 760251 e) Geroldsgrün-Nord, -Süd, Steben f) Naila.

Lichtenfels, Stadt OF.; 325 m; 4500 Einw. ü. kath.; kath. u. prot. Kirche; 4 Aerzte, Apoth.; Privat-Realsch.; möbl. Z. 12 M; sch. Ausflugsorte, Schloss Banz, 14 Heiligen, Staffelberg, Koburg etc.

A. a) 36 b) — c) ü. Korbmacher-Industrie.

B. a) alt b) s. ger. hochprt. Nordseite c) ger. tr. s. kalt 6 Z. 3 Kamm. I. St. Bd. m. O. WLtg. Gs. Cl. gt. d) — e) H. u. Nutzg. mittelgr. G. m. WLtg. o. Vorg.

C. a) 8500 b) 140600 c) 12 d) 1353176, 1353176 e) Buch a. Forst, Langheim f) Lichtenfels.

Lindau i. B., Stadt Schw.; 403 m; 7000 Einw. gemischt; kath. u. prot. Kirchen; 5 Aerzte, Apoth.; Lateinsch., Realsch., prot. u. kath. Töchtersch.; möbl. Z. 15 M; s. sch. Lage, Bodensee, e. t. Lebensv.

A. a) 32 b) 16 c) ü. Landwsch., an einigen Orten auch bedeut. Industr.

B. a) NB. 1912 b) ger. 9 Z. I. St. 3 Z. prt. c) h. ger. 6 Z. MagdZ. Grd. el. L. WLtg. Cl. m. Wsp. d) getr. Eing. e) H. u. kl. Zierg. (200 qm) o. Vorg.

C. a) 16000 b) 530000 c) 15 d) 1381665, 1309302 e) Immenstadt mit Assessor in Aeschach f) Lindau, Weiler.

Lohr, Stadt UF.; 162 m; 5267 Einw. ü. kath.; kath. u. prot. Kirche; 3 Aerzte, Apoth.; Gymn., Präp.-Sch., Waldbausch., Töchtersch.; möbl. Z. 18 M; sch. Lage, gt. Bahnv. gt. Wass.

A. a) 26 b) 6 c) ü. Landwsch.

B. a) gt. b) ger. 8 Z. c) ger. prt. 6 Z. Kamm. Bd. WLtg. Gs. d) — e) H. ger. m. WLtg. o. Vorg.

C. a) 7600 b) 92000 c) 11 d) 2423000, 1853000 e) Lohr Ost u. West, Partenstein, Rothenbuch, Ruppertshütten, Ass.-Bez. Wiesen f) Lohr.

Ludwigshafen, Stadt Pf.; 97 m; 86000 Einw. ü. prot.; kath. u. prot. Kirchen; Aerzte, Apoth.; Gymn., Oberrealsch., städt. Töchtersch.; möbl. Z. 18-30 M; s. gt. Bahnv., Nähe Mannheims (Theater), Heidelberg s. leicht z. erreichen. Nähere Umgeb. u. Stadt n. reizvoll nur Industrie, Fabrikstadt, gt. Wass., Wald nur m. Eisenb. erreichbar.

A. a) 18 b) Einnehmereien c) ü. Industrie.

B. a) NB. 1912 b) in 3 St. verteilt 40 Z. ger. h. c) III. St. h. ger. tr. 6 Z. Bd. WLtg. el. L. MagdZ. Dampfheiz. d) getr. Eing. e) H. u. Nutzg. o. Vorg.

C. a) 45000 b) 2300000 c) 40 d) 2950000, 1130000 e) Speyer f) Ludwigshafen I, II, III, Mutterstadt.

Mallersdorf, KD. NdB.; 738 m; 950 Einw. ü. kath.; nur kath. Kirchen; 2 Aerzte, Apoth.; möbl. Z. 15 M; ausgedehnte Waldungen in unmittelb. Nähe, gt. Bahnv., gt. Wass.

A. a) 53 b) in 44 St. u. 9 pol. Gd. c) ü. Landwsch.

B. a) NB. 1912 b) ger. 11 Z. 4 Reg. hochprt. u. I. St. c) h. ger.

I. St. 6 Z. Grd. Mans. Bd. WLtg. el. L. Cl. m. Wsp. d) getr. Eing. e) H. u. Nutzg. 60 Dez. G. m. WLtg. m. Vorg. kl.

C. a) 26270 b) 233201 c) 15 d) 1095463, 554949 e) Ergoldsbach f) Mallersdorf, Rottenburg.

Marktbibart, Markt MF.; 309 m; 702 Einw. ü. kath.; kath. Kirche; 1 Arzt, Apoth.; möbl. Z. 12 M; Wass. mässig, gt. Bahnv., sch. Laubwaldungen, Kl. rauh.

A. a) 62 b) 5 c) ü. Landwsch.

B. a) Umbau 1903 u. 1911 b) ger. 8 Z. 2 Reg. prt. c) h. ger. tr. I. St. 6 Z. Dachgeschoss 2 Mans. Nebengeb. im Hof Waschhaus m. BügelZ. u. Bd. (s. primitiv) o. WLtg. Trocken-Cl. d) — e) H. u. Nutzg. 0,139 ha G. m. Br. o. Vorg.

C. a) 15788 b) 148000 c) 10 d) 595000, 514000 e) Marktbibart f) Scheinfeld.

Markt Erlbach, Markt MF.; 283 m; 1151 Einw. ü. prot.; prot. Kirche 1 Arzt, Apoth.; möbl. Z. 12 M; gt. Bahnv. n. Nürnberg, schl. Wass.

A. a) 39 b) — c) ü. Landwsch.

B. a) NB. 1904 b) ger. 4 Z. I. St. Reg. I. St. Reg. prt. c) h. ger. II. St. 5 Z. MagdZ. 2 Mans. Bd. o. WLtg. Pumpbr. i. d. Kü. Cl. gt. d) prt. getr. Eing. e) H. u. Nutzg. 1 Tgw. G. m. Br. m. Vorg. kl.

C. a) 4000 b) 80700 c) 7 d) 186000, 122000 e) — f) Markt Erlbach.

Markt Oberdorf, Markt Schw.; 731 m; 2322 Einw. ü. kath.; nur kath. Kirchen; 2 Aerzte, Apoth.; kath. Präp.-Sch.; möbl. Z. 10 M; Umg. hügelig, meist Wiesen, grössere Wälder n. in der Nähe, wenig sch. Spazierg., $1^1/_4$ Std. Bahn nach Füssen, Bahnv. i. Winter mässig, i. Sommer s. gt.

A. a) 37 b) 36 c) ü. Landwsch.

B. a) altes Schloss (m. Bez.-A., Amtsger., Präp.-Sch. u. 7 Dienstwohnungen) b) s. ger. 7 Z. c) s. sch. h. ger. tr. II. St. 6 Z. DurchgangsZ. 4 Kamm. (3 gr. Z. nach Süden — Gebirg) unmittelbar an d. Diensträume anschliessend, WLtg. wegen n. gen. Druckes Flügelpumpe i. d. Kü. Trocken-Cl. d) prt. gem. Eing. e) H. u. Nutzg. 0,054 ha G. m. WLtg. o. Vorg.

C. a) 10080 b) 178952 c) 11 d) 1019483, 580629 e) Sulzschneid f) Markt Oberdorf, Obergünzburg.

Marktschorgast, Markt OF.; 508 m; 997 Einw. ü. kath.; nur kath. Kirche; — Aerzte, — Apoth.; möbl. Z. 15 M; Lage im Fichtelgebirg, gt. Bahnv., Rent.-Garten s. sch. gelegen.

A. a) 36 b) 18 c) ü. Landwsch.

B. a) alt b) ger. 6 Z. Reg. prt. c) h. tr. ziemlich ger. I. St. 5 Z. MagdZ. gr. Vorplatz m. O. Bd. WLtg. Trocken-Cl. d) — e) H. u. Nutzg. 0,101 ha G. m. WLtg. o. Vorg.

C. a) 6000 b) 77000 c) 9 d) 550000, 320000 e) Bischofsgrün, Goldkronach f) Berneck.

Mellrichstadt, Stadt UF.; 270 m; 2175 Einw. ü. kath; kath. Kirche, prot. Betsaal; 2 Aerzte, Apoth.; möbl. Z. 12 M; gt. Bahnv. m. Meiningen, Schnellzugstat., Ausfl. in Thüringer Wald u. Rhön. In unmittelb. Nähe d. Rent.-Geb. e. Schneidsäge.

A. a) 34 b) 15 c) ü. Landwsch.

B. a) altes Schloss b) ger. 6 Z. prt. c) h. ger. tr. I. St. 6 Z. MagdZ. 2 gr. Kamm. Bd. WLtg. el. L. Cl. o. Wsp. d) — e) H. u. Nutzg. 6,7 a G. m. WLtg. o. Vorg.

C. a) 11874 b) 85082 c) 9 d) 1038090, 1034400 e) Fladungen, Mellrichstadt f) Mellrichstadt.

Memmingen, Stadt Schw.; 599 m; 12362 Einw. ü. prot.; kath. u. prot. Kirchen; 10 Aerzte, Apoth.; Progymn., Realsch., prot. Ludwigslehrerinnen-Seminar; möbl. Z. 12 M; sch. Umg. Knotenpunkt v. 5 Bahnl.

A. a) 25 b) 23 c) Amtssitz ü. Industrie, sonst ü. Landwsch.

B. a) NB. 1904 b) ger. 1 Z. Reg. prt. 6 Z. I. St. c) h. ger. tr. II. St. 6 Z. MagdZ. Grd. Bd. WLtg. Gs. Cl. o. Wsp. d) getr. Eing. e) H. u. Ntzg. 0,069 ha m. Vorg. kl.

C. a) 23430 b) 338687 c) 14 d) — e) Memmingen, Grönenbach f) Memmingen.

Miesbach, Markt OB.; 812 m; 4188 Einw. ü. kath.; kath. u. prot. Kirchen; 3 Aerzte, Apoth.; möbl. Z. 20 M; sch. Lage, gt. Luft, Gebirgsaussicht, gt. Bahnv. Schliersee, bayr. Zell leicht erreichbar.

A. a) 29 b) 27 c) ü. Industrie neben Landwsch.

B. a) 1903 rep., b) beengt 8 Z. Umb. i. Auss. prt. Reg. Dachraum c) h. tr. ger. gt. Zustand, I. St. 6 Z. MagdZ. Grd. 2 Balkons Bd. WLtg. el. L. Cl. d) — e) H. u. Nutzg. 0,09 ha G. m. Brunnen o. Vorg.

C. a) 15465 b) 313846 c) 15 d) — e) Fischbachau, Kreuth, Schliersee, Tegernsee f) Miesbach, Tegernsee.

Mindelheim, Stadt Schw.; 607 m; 4536 Einw. ü. kath.; kath. u. prot. Kirchen; 3 Aerzte, Apoth.; Präp.-Sch. (2 kursig), Fortbildungssch. (2 kursig), Töchtersch. (engl. Frl.); möbl. Z. 15 M.

A. a) 37 b) 35 c) ü. Landwsch. neben grösseren gewerbl. Unternehmen.

B. a) NB. 1909 b) ger. 5 Z. prt. 2 Reg. I. St. c) h. s. ger. I. St. 6 Z. Bd. WLtg. el. L. Cl. m. Wsp. d) gem. Eing. e) H. u. Nutzg. G. m. WLtg. m. Vorg. auf 2 Seiten.

C. a) 6600 b) 148100 c) 9 d) 720000, 386000 e) Mindelheim f) Mindelheim.

Mitterfels, Pfd. NdB.; 405 m; 1100 Einw. ü. kath.; nur kath. Kirche; 1 Arzt, Apoth.; möbl. Z. 12 M; o. schattige Spazierg., z. Bahnstat. 20 Min., schl. Wass.

A. a) 52 b) 49 c) ü. Landwsch.

B. a) teilw. NB. 1911 b) ger. I. St. 6 Z. prt. SitzZ. Bodenr. Reg. c) h. kalt, e. feucht, I. St. u. prt. 6 Z. MagdZ. Grd. BügelZ. Kamm. o. Bd. o. WLtg. Trocken-Cl. d) getr. Eing. e) H. u. Nutzg. 65 Dez. G. o. Wass. m. Vorg. 15 Dez.

C. a) 9700 b) 134400 c) 13 d) 349835, 440710 e) Schwarzach, Polizeiförster in Mitterfels f) Bogen, Mitterfels.

Monheim, Stadt Schw.; 497 m; 1198 Einw. ü. kath.; kath. Kirche; 1 Arzt, Apoth.; möbl. Z. 12 M; rauhes, ges. Klima, viel Wald in nächst. Nähe, gt. Wass. Freibad, Lokalbahn nach Fünfstetten, Hptb. Donauwörth—Treuchtlingen.

A. a) 35 b) 19 c) ü. Landwsch.

B. a) altes Schloss (gemeins. mit Amtsger.) b) beengt, niedrig, 4 Z. Reg. II. St. c) II. St. anschliessend an d. Amtsräume, sonnig, h. tr. 5 Z. 3 Kamm. Grd. 2 Vorräume, KutscherZ. Bd. WLtg. Kugel-Cl. d) prt. getr. Eing. e) H. u. Nutzg. 0,003 ha G. m. WLtg. o. Vorg.

C. a) 5900 b) 83200 c) 7 d) 446000, 298000 e) Monheim f) Monheim.

Moosburg, Stadt OB.; 414 m; 3547 Einw. ü. kath.; nur kath. Kirchen; 2 Aerzte, Apoth.; Schulen in Freising u. Landshut leicht erreichbar; möbl. Z. 12 M; gt. Bahnv. Linie Regensb.-Münch. Amperbad, Umgeb. wenig, Mangel an sch. Spaziergängen.

A. a) 38 b) 36 c) ü. Landwsch.
B. a) alt b) etwas beengt 6 Z. prt. c) h. ger. tr. I. St. 6 Z. Grd. Dachkamm. o. Bd. WLtg. el. L. nur im Bureau d) — e) H. u. Nutzg. 0,068 ha G. m. Springbr. o. Vorg.
C. a) 10822 b) 90323 c) 8 d) — e) Moosburg f) Moosburg.

Mühldorf, Stadt OB.; 381 m; 4476 Einw. ü. kath.; nur kath. Kirchen; 3 Aerzte, Apoth.; landw. Wintersch.; möbl. Z. 10 M; gt. Bahnv.
A. a) 62 b) 59 c) ü. Landwsch.
B. a) alt b) normal 8 Z. I. St. c) h. ger. e. feucht, II. St. 5 Z. Grd. MagdZ. Bd. WLtg. el. L. o. Cl. d) — e) H. u. Ntz. 1,174 ha rings um d. Gbde. G. m. WLtg. u. Br.
C. a) 13700 b) 272000 c) 12 d) 1600000, 1500000 e) Mühldorf f) Mühldorf, Neumarkt.

Münchberg, Stadt OF.; 558 m; 6500 Einw. ü. prot.; kath. u. prot. Kirche; 3 Aerzte, Apoth.; Präp.-Sch.; möbl. Z. 10 M; sch. Umg. gt. Bahnv. Bamberg-Hof.
A. a) 26 b) 21 c) ü. Industrie.
B. a) 1911 Umbau b) ger. 8 Z. prt. 3 Reg. II. St. c) h. s. ger. tr. 6 Z. Grd. I. St. 2 Z. 1 Mans. II. St. Bd. I. St. WLtg. el. L. Cl. m. Wsp. d) Kellergeschoss, getr. Eing. e) H. u. Nutzg. 36 Dez. H. m. Brunnen o. Vorg. G. m. Springbrunnen.
C. a) 9000 b) 161139 c) 11 d) 792427, 732343 e) Sparneck f) Münchberg.

München I, Stadt OB.; 520 m; 595053 Einw.
A. a) — b) — c) —
B. a) alt 1903, 1911 umgeb. im gleichen Geb. auch Rent. II u. III b) ger. c) die eine vorhandene Dienstw. ist nicht an ein bestimmtes Amt geb. z. Zt. dem Vorst. d. Rent. I zugewiesen d) — e) —
C. a) 18000 b) 5046397 c) 51 d) 25000000, 24000000 e) — f) —.

München II.
A. a) — b) — c) —
B. a) cf. München I b) beengt c) ohne d) mehrere Dienerw.
C. a) 171491 b) 7869915 c) 109 d) 15390000, 40000 e) — f) —.

München III.
A. a) — b) — c) —
B. a) cf. München I.
C. a) 101000 b) 8682103 c) 62 d) — e) — f) —.

München IV, s. München I.
A. a) — b) — c) —
B. a) im neuen Justizgebäude an d. Luitpoldstr. b) 14 Z. II. St. c) keine Dienstw. d) IV. St. e) —
C. a) — b) — c) — d) — e) — f) München I—XVII.

München Land:
A. a) 47 u. 6 ausmärk. Bez. b) 11 c) ü. Landwsch.
B. a) Herzogspitalstr. 18 b) ger. 15 Z. 3 Reg. in 3 St. c) nicht vorhanden d) prt. e) Hs. u. Nutzg. kl.
C. a) 47000 b) 740000 c) 34 d) — e) Forstenried, Höhenkirchen, München-Nord, -Süd, Sauerlach f) München I—XVII.

Münnerstadt, Stadt UF.; 234 m; 2231 Einw. ü. kath.; nur kath. Kirchen, prot. Betsaal; 2 Aerzte, Apoth.; Gymn.; möbl. Z. 15 M sch. Umg., gt. Bahnv., gt. Wass.
A. a) 27 b) 3 c) ü. Landwsch.

B. a) alt, 1911 neu renoviert b) ger. 8 Z. prt. c) h. ger. tr. I. St. 6 Z. Grd. Bd. WLtg. el. L. Cl. m. Wsp. Garten n. am Rent.-Geb. d) getr. Eing. e) Hs. u. Nutz. 0,052 ha G. m. WLtg. o. Vorg.
C. a) 6000 b) 88468 c) 8 d) 306160, 349000 e) Münnerstadt f) Münnerstadt.

Nabburg, Stadt OPf.; 391 m; 2000 Einw. ü. kath.; kath. u. prot. Kirchen; 2 Aerzte, Apoth.; möbl. Z. 12 M; s. sch. Lage d. Amtes, gt. Bahnv. gt. Verpfleg. geselliges Leben.
A. a) 43 b) 18 c) ü. Landwsch.
B. a) NB. 1904 b) ger. 4 Z. I. St. c) h. ger. tr. II. St. 6 Z. Grd. Kamm. GiebelZ. Bd. WLtg. el. L. Cl. o. Wsp. d) getr. Eing. e) H. u. Nutzg. 0,054 ha G. m. WLtg. o. Vorg.
C. a) 4870 b) 64439 c) 9 d) 268527, 271220 e) Wernberg f) Nabburg.

Neuburg a. D., Stadt Schw.; 393 m; 9061 Einw. ü. kath.; kath. u. prot. Kirchen; Aerzte u. Apoth.; Gymn., Realsch., Töchtersch. (kath.); möbl. Z. 18—20 M; sch. Lage u. Umg. gt. Bahnv. gt. Wass.
A. a) 44 Stgd. 2 Forstbez. b) 16 c) ü. Landwsch.
B. a) NB. 1903 b) ger. 3 Z. prt. 8 Z. I. St. c) s. sch. h. ger. II. St. 7 Z. MagdZ. Bd. gr. Vorplatz, WLtg. el. L. Cl. gt. d) getr. Eing. e) H. u. Nutzg. 0,109 ha G. m. WLtg.
C. a) 18000 b) 342262 c) 16 d) 1534384, 1416718 e) Neuburg-Ost, -West, Unterhausen f) Neuburg I.

Neumarkt i. O., Stadt OPf.; 427 m; 6385 Einw. ü. kath.; kath. u. prot. Kirchen; 3 Aerzte, Apoth.; Realsch., landw. Wintersch., kath. Töchtersch.; möbl. Z. 12 M; gt. Bahnv. (Nürnberg-Regensburg), Freibad, Aufenthalt angen. gt. Spazierwege.
A. a) 42 b) 37 c) ü. Landwsch. u. Handel.
B. a) NB. 1911 b) ger. hochprt. 2 Z. VorZ. 2 Reg. I. St. Warteraum u. 8 Z. c) h. ger. tr. sch. Lage. II. St. 7 Z. 2 Mans. MagdZ. Bd. WLtg. Gs. Cl. m. Wsp. gt. Wass. Gbde. ist kanalisiert d) hochprt. 3 Z. Kamm. gem. Eing. e) H. u. Nutzg. 91 Dez. G. m. Wtg. o. Vorg.
C. a) 6800 b) 110322 c) 12 d) 1286450, 1340000 e) Neumarkt mit Ass.Bez. Pyrbaum f) Neumarkt.

Neunburg v. W., Stadt OPf.; 553 m; 2332 Einw. ü. kath.; kath. u. prot. Kirchen; 2 Aerzte, Apoth.; möbl. Z. 10 M; sch. Umg. u. Lage, schl. Bahnv. Wass. gt. abgelegen.
A. a) 80 b) — c) ü. Landwsch.
B. a) alt, NB. 1912 b) 4 Z. 1 Reg. prt. c) 6 Z. Bd. WLtg. el. L. h. ger. I. St. d) - e) H. u. G. 10 a WLtg. Br.
C. a) 16578 b) 89500 c) 14 d) 672603, 561405 e) Neunburg v. W., Bodenwöhr f) Neunburg v. W., Oberviechtach.

Neunkirchen, Markt OF.; 370 m; 995 Einw. ü. kath.; nur kath. Kirchen; 2 Aerzte, Apoth.; Schulbesuch in Erlangen möglich; möbl. Z. 12 M; sch. Umg. u. Lage, gt. Bahnv. n. Nürnberg.
A. a) 30 b) 22 c) ü. Landwsch.
B. a) alt b) ger. 4 Z. 4 Reg. I. St. c) h. ger. tr. II. St. 6 Z. MagdZ. o. Bd. el. L. Cl. o. Wsp. prt. 1 Z. d) — e) H. u. Nutzg. 0,224 ha Hofraum über der Strasse G. o. Wass. Acker u. Wiese 0,586 ha.
C. a) 4800 b) 61928 c) 7 d) — e) Gräfenberg f) Gräfenberg.

Neustadt a. A., Stadt MF.; 303 m; 4124 Einw. ü. prot.; kath. u. prot. Kirchen; 3 Aerzte, Apoth.; Progymn. m. 4 Realklassen, prot. Präp.-Sch.; möbl. Z. 20 M; sch. Umg. u. Lage, gt. Bahnv.
A. a) 45 b) 2 c) ü. Landwsch.

B. a) 1892 b) ger. 6 Z. prt. c) h. ger. tr. etwas kalt, I. St. 7 Z. o. Bd. WLtg. el. L. o. Cl. d) — e) H. u. Nutzg. 34 Dez. G. m. WLtg. u. Br. o. Vorg.

C. a) 6000 b) 111 000 c) 8 d) 380 000, 370 000 e) Neustadt a. A. f) Neustadt a. A.

Neustadt a. D., Stadt NdB.; 354 m; 1800 Einw. ü. kath.; nur kath. Kirchen; 1 Arzt, Apoth.; möbl. Z. 12—15 M; Umg. flach, gt. Bahnv.

A. a) 72 b) 17 c) ü. Landwsch.

B. a) NB. 1907 b) genügt 7 Z. I. St. Sitz.-Z. Reg. prt c) eigenes Wohnhaus, h. ger. tr. I. St. 7 Z. prt. MagdZ. Bd. o. WLtg. Trocken-Cl. d) im Bureau-Gbde. e) H. u. Nutzg. 3 Tgw. G. m. Br. m. Vorg. kl.

C. a) 10 723 b) 207 668 c) 16 d) 1 891 988, 1 697 064 e) Mainburg, Münchsmünster (ObB.) f) Abensberg, Mainburg.

Neustadt a. H., Stadt Pf.; 165 m; 19 288 Einw. ü. prot.; kath. u. prot. Kirchen; Aerzte u. Apoth.; Gymn., Realsch., städt. höh Mdchensch., Konservat. f. Musik, Handelssch., Obst- u. Weinbausch.; möbl. Z. 20 M; herrl. Umg. sch. Lage, Hardtgebirge, s. gt. Bahnv.

A. a) 19 b) Einnehmereien c) Industriereich, Weinbau u. Handel.

B. a) NB. 1912 b) ger. 20 Z. in 2 St. c) frei, h. ger. II. St. 6 Z. Dachgeschoss: 2 Kamm. Bd. 2 Nebengelasse, WLtg. Cl. m. Wsp. d) getr. Eing. e) H. u. Nutzg. 5 a G. m. WLtg. m. Vorg. kl.

C. a) 19 877 b) 583 772 c) 21 d) 2 133 621,88, 1 421 055,35 e) Neustadt a. H.-Süd, -Nord, Elmstein-Süd, -Nord, Hassloch, Lambrecht f) Neustadt a. H. I, II, III, Hassloch.

Neustadt a. S., Stadt UF; 234 m; 2120 Einw. ü. kath.; kath. u. prot. Kirchen; 3 Aerzte, Apoth.; Präp.-Sch. kath. — Gymn. in Münnerstadt (¼ Std. Eisenb.); möbl. Z. 20 M; Wald ¾ Std. entfernt, Anlagen vorhanden, Ausflüge in. d. Rhön, nach Thüringen, Bd. Kissingen.

A. a) 40 b) 3 c) ü. Industrie.

B. a) alt b) ger. 9 Z. Reg. prt. c) h. ger. sonnig, I. St. 7 Z. 2 Kamm. Bd. m. O. u. m. W. WLtg. el. L. Cl. o. Wsp. d) — e) H. u. Nutzg. 0,085 ha G. m. WLtg. o. Vorg.

C. a) 20 414 b) 10 400 c) 13 d) 1 020 000, 875 000 e) Neustadt a. S., Steinach a. S. f) Neustadt a. S., Bischofsheim a. Rh.

Neu-Ulm, Stadt Schw.; 478 m; 12 802 Einw. 6/10 kath., 4/10 prot.; kath. u. prot. Kirchen; 3 Aerzte, Apoth.; Realsch., (Gymn., Realgymn., Oberrealsch., höh. Töchtersch. in Ulm vorhanden); möbl. Z. 20 M; Nachbarstadt v. Ulm, gt. Bahnv. schwäbische Alb.

A. a) 23 b) 19 c) ü. Landwsch.

B. a) NB. 1901 b) gr. aber zu wenig 5 Z. Reg. c) gt. h. ger. tr. I. St. 5 Z. Grd. II. St. MagdZ. Bd. m. O. u. m. W. WLtg. Gs. el. L. Cl. m. Wsp. d) im Nebengeb. getr. Eing. e) H. u Nutzg. kl. G. m. WLtg. o. Vorg.

C. a) 10 000 b) 169 318 c) 10 d) 846 664, 850 078 e) — f) Neu-Ulm.

Nördlingen, Stadt Schw.; 430 m; 8705 Einw. ü. prot.; kath. u. prot. Kirchen; Aerzte, Apoth.; Progymn., Realsch., Präp.-Sch., Töchtersch., Mädchen-Institut; möbl. Z. 15 M; gt. Bahnv., Wald 2 Std. entfernt.

A. a) 43 b) 29 c) Amtssitz ü. Industrie, sonst ü. Landwsch.

B. a) alt (1911 in Stand gesetzt) b) ger. 8 Z. 2 Reg. hochprt. (1 Reg. nur im Dachgesch.) c) h. ger. tr. I. St. 7 Z. heizb. Vor-

raum, Bd. WLtg. Cl. m. Wsp. o. Gs. (im Bureau vorhanden) d) im Nebengeb. getr. Eing. e) H. u. Nutzg. m. WLtg. o. Vorg.
C. a) 20461 b) 226972 c) 13 d) — e) Nördlingen f) Nördlingen.

Nürnberg I, Stadt MF.; 300 m; 350000 Einw., 1/3 kath., 2/3 prot.; kath. u. prot. Kirchen; Aerzte, Apoth.; 2 Gymn., 1 Realgymn., 2 Realsch., Oberrealsch., Töchtersch. (städt. u. konf.), Lehrerinnen-Bild.-Anst., Technikum, Kunstgewerbeschule etc. etc.; möbl. Z. 20 M; Grossstadtverhältnisse, fränkische Schweiz.
A. a) 36 b) — c) ü. Industrie u. Handel.
B. a) NB. b) noch hinreichend 18 Z. (16 II. St. 2 prt.) c) h. ger. tr. II. St. 6 Z. MagdZ. Bd. Mans.Z. u. Kamm. WLtg. Gs. Cl. m. Wsp. d) gem. Eing. e) H. o. G. u. o. Vorg.
C. a) 18000 b) 950000 c) 43 d) 15000000, 15000000 e) Behringersdorf, Fischbach, Heroldsberg, Herrnhütte, Laufamholz, Nürnberg-Ost, -Süd f) Nürnberg I mit VI.

Nürnberg II, s. Nürnberg I.
A. a) — b) — c) ü. Industrie u. Handel.
B. a) NB. b) 15 Z. 1 Perzpt.Saal I. St. 4 Z. prt. c) Zeltnerstr. 14, tr. 6 Z. MagdZ. Grd. Mans. Bd. m. O. u. m. W. WLtg. Gs. Cl. m. Wsp. d) (Mans.) Eing. u. Treppe gem. e) H. gr.
C. a) 60000 b) 3000000 c) 39 d) — e) Forsthof, Herrnhütte, Laufamholz, Nürnberg-Süd (Lichtenhof) f) Nürnberg I—VI.

Nürnberg III, s. Nürnberg I.
A. a) — b) — c) ü. Industrie u. Handel.
B. a) NB. 1903 b) 22 Z. 2 St. c) h. ger. tr. II. St. 6 Z. Grd. m. NebenZ. MagdZ. WLtg. el. L. Gs. Cl. m. Wsp. d) getr. Eing. e) H.
C. a) 72661 b) 3718107 c) 41 d) 845000, 25000 e) — f) —.

Obermoschel, Stadt Pf.; 270 m; 1500 Einw. ü. prot. kath. u. prot. Kirchen; 1 Arzt, Apoth.; möbl. Z. 10 M; sch. Lage, o. gr. Wald in d. Nähe, nur Lokalbahn, Bd. Münster a. St. u. Kreuznach gt. z. erreichen.
A. a) 44 b) Einnehmereien c) ü. Landwsch.
B. a) alt, aber s. gt. Zustand b) ger. 7 Z. 2 Reg. prt. c) h. ger. tr. I. St. 6 Z. 3 Mans. Bd. el. L. o. WLtg. Pumpwerk vorhanden Cl. gt. d) — e) H. u. Nutzg. 1/2 Tgw. G. o. Wass. m. Vorg. kl.
C. a) 22270 b) 101200 c) 11 d) 459400, 591100 e) Ebernburg f) Obermoschel, Rockenhausen.

Obernzell, Markt NdB.; 290 m; 1441 Einw. ü. kath.; nur kath. Kirchen; 1 Arzt, Apoth.; möbl. Z. 10 M; sch. Gegend, Verpfl. mässig.
A. a) 26 b) 16 c) ü. Landwsch.
B. a) alt b) s. ger. 7 Z. c) h. ger. tr. 6 Z. MagdZ. Grd. Bd. o. WLtg. Cl. Wasserpumpe im I. u. II. St. d) getr. Eing. e) H. u. Nutzg. 2 Tgw. H. m. Br.
C. —

Ochsenfurt, Stadt UF.; 180 m; 4000 Einw. ü. kath; kath. u. prot. Kirchen; 2 Aerzte, Apoth.; möbl. Z. 16 M.; gt. Bahnv., gt. Wass. Lebensv. n. bes. t.
A. a) 36 b) 6 c) ü. Landwsch.
B. a) alt b) ger. 7 Z. prt. c) gt. I. u. II. St. 7 Z. 2 Kamm. Bd. WLtg. Cl. schl. d) — e) H. u. Nutzg. 0,13 ha G. m. WLtg. o. Vorg.
C. a) 14000 b) 184000 c) 11 d) 1223000, 1000000 e) — f) Ochsenfurt u. Marktbreit.

Oettingen, Stadt Schw.; 417 m; 3000 Einw., $^3/_5$ kath., $^2/_5$ prot.; kath. u. prot. Kirche; 2 Aerzte, Apoth.; Progymn.; möbl. Z. 10 M; Im allgemeinen in jed. Beziehung gt.

A. a) 32 b) 7 c) ü. Landwsch.

B. a) alt b) ger. Reg. prt. alle Bureaus I. St. c) gegen Norden, ger. im allg. tr. I. u. II. St. 6 Z. 4 Mans. o. Bd. WLtg. Gs. Cl. o. Wsp. d) getr. Eing. e) H. u. Nutzg. 0,081 ha G. m. WLtg. u. Br. o. Vorg.

C. a) 8000 b) 106000 c) 7 d) 5000, 450000 e) — f) Oettingen.

Ottobeuren, Markt Schw.; 665 m; 2399 Einw. ü. kath.; nur kath. Kirchen; 2 Aerzte, Apoth.; möbl. Z. 15 M; sch. Umg. u. Lage, gt. Bahnv.

A. a) 31 b) 27 c) ü. Landwsch.

B. a) alt b) ger. 5 Z. 2 Reg.Z. prt. c) h. ger. tr. I. St. 8 Z. Grd. Bd. WLtg. Cl. m. Wsp. d) — e) H. u. Nutzg. G. m. WLtg. o. Vorg.

C. a) 5543 b) 108000 c) 8 d) 1291326, 1291326 e) Ottobeuren f) Ottobeuren.

Passau, Stadt NdB.; 302 m; 22000 Einw. ü. kath.; kath. u. prot. Kirchen; Aerzte u. Apoth.; Lyzeum, Gymn., Oberrealsch., Präp.-Sch.; 3 Töchtersch.; möbl. Z. 20 M; s. sch. Lage u. Umgeb.

A. a) 44 b) 17 c) ü. Landwsch.

B. a) alt b) ger. 17 Z. prt. u. I. St. nach Süden, s. sch. c) h. s. ger. nach Norden, sonst s. sch. I. St. 7 Z. MagdZ. Kamm. Bd. Cl. gt. d) gem. Eing. e) H. u. Nutzg. 100 qm G. o. Wass. o. Vorg.

C. a) 20000 b) 480000 c) 21 d) 3480000, 2820000 e) Passau Süd u. Nord, Seestetten f) Passau I u. II.

Pegnitz, Stadt OF.; 420 m; 2600 Einw. ü. prot.; kath. u. prot. Kirche; 2 Aerzte, Apoth.; möbl. Z. 18 M; gt. Bahnv.

A. a) 23 b) — c) ü. Landwsch.

B. a) NB. 1912 b) 6 Z. 3 Reg. sch. h. ger. c) 6 Z. Bd. 2 Kamm. WLtg. d) eig. Eing. e) H. u. Nutzg. 600 qm.

C. a) 3300 b) 60000 c) 9 d) 450000, 550000 e) Pegnitz, Schnabelwaid f) Pegnitz.

Pfaffenhofen a. I., Stadt OB.; 434 m; 4541 Einw. ü. kath.; nur kath. Kirchen; 3 Aerzte, Apoth.; möbl. Z. 15 M; Bahnv. n. München u. Ingolst., s. gt., Umg. hügelig, bietet nichts besonderes, Wass. mässig.

A. a) 76 b) 76 c) ü. Landwsch.

B. a) NB. 1912 b) ger. 9 Z. m. Vorpl. Reg. (I. St.) Reg.WarteZ. u. 2 Sitz.-Z. prt. c) h. ger. tr. II. St. 6 Z. Diele, MagdZ. 2 Kamm. Bd. WLtg. el. L. Cl. d) ja e) H. u. G. m. Wass. Vorg. kl.

C. a) 12060 b) 204000 c) 15 d) 1500000, 1100000 e) Geisenfeld f) Pfaffenhofen, Geisenfeld.

Pfarrkirchen, Stadt NdB.; 375 m; 3518 Einw. ü. kath.; kath. u. prot. Kirchen; 3 Aerzte, Apoth.; kath. Präp.-Sch., Landw.-Sch., landw. Winter-Sch., Ausbild. v. Töchtern möglich; möbl. Z. 15 M; sch. Anlagen, Bahnv. n. gt., Bad in der Rott.

A. a) 21 b) 19 c) ü. Landwsch.

B. a) NB. 1908 b) ger. 4 Z. Reg. I. St. 2 rep. Reg. prt. c) h. ger. tr. gr. Gang, 6 Z. II. St. 2 Z. in Mans. m. Vorplatz, Bd. WLtg. el. L. Cl. m. Wsp. d) getr. Eing. e) H. u. Nutzg. 0,191 ha G. m. WLtg. o. Vorg.

C. a) 5800 b) 82500 c) 8 d) 376800, 491500 e) Simbach f) Pfarrkirchen.

Pirmasens, Stadt Pf.; 438 m; 38463 Einw., 1/8 kath., 7/8 prot.; kath. u. prot. Kirchen; Aerzte u. Apoth.; Gymn., Realsch., Töchtersch.; möbl. Z. 22—25 M; Fabrikstadt, schl. Bahnv., gt. Wass., sch. Wald in nächster Nähe, s. t.

A. a) 46 b) Einnehmereien c) s. industriereich (Schuhwaren) auch Landwsch.

B. a) NB. 1912 b) 17 Z. in 2 St. c) II. St. 6 Z. Grd. Bd. WLtg. el. L. Gs. Zentralheiz. Cl. m. Wsp. d) getr. Eing. e) H. u. Nutzg. kl. G. m. WLtg. m. Vorg. kl.

C. a) 24500 b) 801000 c) 28 d) 2484933, 1665326 e) Eppenbrunn, Erlenbrunn, Hinterweidenthal-West, Merzalben, Pirmasens-Nord, -Süd, Waldfischbach-Süd, Zweibrücken (Ass.-Bez. Thalfischweiler) f) Pirmasens I, II, III, Waldfischbach.

Pottenstein, Stadt OF.; 485 m; 888 Einw. ü. kath.; nur kath. Kirchen; 1 Arzt, Apoth.; möbl. Z. 15 M; sch. Umg. (fränk. Schweiz), o. Bahnv.

A. a) 45 b) 9 c) ü. Landwsch.

B. a) — b) beengt, 4 Z. 2 Reg. prt. c) h. beengt, meist. Nords. I. St. 5 Z. 2 Kamm. o. Bd. WLtg. el. L. o. Cl. d) — e) H. u. Nutzg. 0,033 ha G. m. WLtg. m. Vorg. kl.

C. a) 3500 b) 52000 c) 8 d) 246877, 231282 e) Betzenstein, Gössweinstein f) Pottenstein.

Rain a. L., Stadt Schw.; 408 m; 1592 Einw. ü. kath.; nur kath. Kirche; 2 Aerzte, Apoth.; möbl. Z. 12 M; gt. Bahnv.

A. a) 38 b) 9 c) ü. Landwsch.

B. a) alt b) beengt 4 Z. Reg. prt. Reg. II. St. c) s. sch. h. ger. tr. I. St. 4 Z. Kü. II. St. 2 Z. MagdZ. Grd. Bd. WLtg. Cl. o. Wsp. d) — e) H. u. Nutzg. 0,494 ha G. m. Br. o. Vorg.

C. a) 3142 b) 79000 c) 8 d) 403000, 342000 e) Thierhaupten f) Rain.

Regensburg I, Stadt OPf.; 342 m; 52000 Einw. ü. kath.; kath. u. prot. Kirchen; Aerzte u. Apoth.; Lyceum, 2 Gymn., Oberrealsch., Töchtersch. (kath. u. simult.); möbl. Z. 20 M; s. sch. Umg., Aufenthalt s. ang., Donau- u. Regenbäder.

A. a) 77 b) 35 c) ü. Landwsch.

B. a) 1903 umgebaut b) nicht ausreichend 21 Z. I. u. II. St. c) ohne d) ja e) —.

C. a) 35000 b) 1144000 c) 36 d) 4000000, 3500000 e) Regensburg, Pielenhofen f) Regensburg I, II, III, Regenstauf, Stadtamhof.

Regensburg II, Stadt OPf.; s. Regensburg I.

A. a) 82 b) 81 c) ü. Landwsch.

B. a) alt (1903 umgeb.) b) beengt 8 Z. c) — d) — e) H. u. Nutzg.

C. a) 9200 b) 165000 c) 16 d) 700000, 600000 e) — d) Wörth a. D.

Riedenburg, Markt OPf.; 357 m; 1823 Einw. ü. kath.; nur kath. Kirchen; 2 Aerzte, Apoth.; Töchtersch. (Mädchenpensionat); möbl. Z. 12 M; Umg. s. sch.

A. a) 65 b) 33 c) ü. Landwsch.

B. a) 1888 b) ger. 4 Z. 2 Reg. prt. c) h. ger. tr. I. St. 6 Z. MagdZ. Bd. WLtg. el. L. Trocken-Cl. d) — e) Nutzg. 0,195 ha G. m. WLtg. o. Vorg.

C. a) 4300 b) 71344 c) 9 d) 791000, 815000 e) Riedenburg f) Riedenburg.

Röttingen, Stadt UF.; 240 m; 1301 Einw. ü. kath.; nur kath. Kirchen; 1 Arzt, Apoth.; möbl. Z. 10 M; sch. Lage, Taubertal, mild. Kl., gt. Bahnv., Wass. n. gt., Lebensv. mitteim.

A. a) 30 b) — c) ü. Landwsch.

B. a) alt, 1903 umgeb. b) s. ger. 8 Z. I. St. h. tr. c) s. sch. h. ger. tr. II. St. 6 Z. MagdZ. Grd. Bd. o. WLtg. Trocken-Cl. d) — e) H. u. Nutzg. gr. Schlosshof m. Br. gr. G. m. Br. gr. Wiese m. Obstb.

C. a) 4800 b) 100000 c) 7 d) 380000, 200000 e) Stalldorf f) Aub.

Rosenheim, Stadt OB.; 446 m; 16000 Einw. ü. kath.; kath. u. prot. Kirchen; Aerzte, Apoth.; Gymn., Realsch., Präp.-Sch., Töchtersch.; möbl. Z. 15 M; s. sch. Umg., Gebirge, s. gt. Bahnv. (München—Salzburg). gt. Wass.

A. a) 58 b) 57 c) ü. Landwsch.

B. a) alt b) ger. 24 Z. in 3 St. c) h. ger. in lebh. Geschäftslage, II. St. 6 Z. 3 Kamm. BügelZ. Bd. m. O. o. W. el. L. WLtg. Cl. m. Wsp. d) getr. Eing. e) —

C. a) 25000 b) 560000 c) 21 d) 2800000, 3000000 e) Rosenheim, Oberaudorf f) Rosenheim I, II, Prien.

Rothenburg o. T., Stadt MF.; 425 m; 8600 Einw. ü. prot.; kath. u. prot. Kirchen; 4 Aerzte, Apoth.; Progymn., Realsch., Präp.-Sch., höhere Töchtersch. (simult.); möbl. Z. 12—17 M; sch. Umg. u. Lage, t. Lebensv.

A. a) 60 b) 6 c) ü. Landwsch.

B. a) altes Kloster b) ger. 7 Z. in 2 St. c) h. ger. tr. unprakt. I. St. (prt. nur leere Räume) 7 Z. 2 Kamm. Grd. Bd. WLtg. el. L. Cl. schl. d) in e. Nebengeb. getr. Eing. e) H. u. Nutzg. 1 Tgw. G. m. Br. o. Vorg.

C. a) 11000 b) 233000 c) 12 d) 622450, 500624 e) Rothenburg o. T. f) Rothenburg o. T., Schillingsfürst.

Rothenkirchen, Markt OF.; 377 m; 788 Einw. ü. kath.; kath. Kirche, prot. in Pressig; Aerzte u. Apoth. in Pressig (20 Minuten); möbl. Z. 15 M; gt. Bahnv., Lebensmitt. z. T. von auswärts zu beziehen.

A. a) 32 b) — c) ü. Landwsch.

B. a) NB. 1905 b) ger. 5 Z. prt. c) h. ger. tr. I. St. 6 Z. Bd. WLtg. Cl. m. Wsp. d) getr. Eing. e) H. u. Nutzg. 0,329 ha G. o. Wass. m. Vorg. kl.

C. a) 7000 b) 70000 c) 10 d) 1554000, 1363000 e) Ludwigsstadt, Rothenkirchen, Tettau, Nordhalben, Ass.-Bez. Effelter, (F. A. Steinwiesen) f) Ludwigsstadt, Nordhalben (Staatsnotariat).

Schesslitz, Stadt OF.; 310 m; 1298 Einw. ü. kath.; nur kath. Kirche; 2 Aerzte, Apoth.; möbl. Z. 13 M; sch. Umg., Nähe Bambergs, Bahnv.

A. a) 41 b) 7 c) ü. Landwsch.

B. a) alt, gt. b) ger. 6 Z. prt. c) h. ger. tr. I. St. 6 Z. 2 Mans. Bd. WLtg. jedoch Flügelpumpe nötig, el. L. Trocken-Cl. d) — e) H. u. Nutzg. 1,36 Tgw. Br. i. H. m. Vorg. kl.

C. a) 5000 b) 60000 c) 8 d) 500000, 550000 e) Schesslitz f) Schesslitz.

Schönberg, Markt NdB.; — m; 704 Einw. ü. kath.; nur kath. Kirche; 1 Arzt, Apoth.; möbl. Z. 10 M; gebirgig, Nähe d. Böhmerwaldes, o. Bahnv., Postauto n. Passau, Grafenau u. Regen, Sommerfrische.

A. a) 32 b) 3 c) ü. Landwsch.

B. a) 2 St. aufgeb. 1911 b) ger. 7 Z. 5 Reg. c) h. ger. tr. II. St.

7 Z. Mans. Bd. WLtg. Cl. m. Wsp. d) getr. Eing. e) H. u. Nutzg. 0,084 ha G. o. Wass. o. Vorg.

C. a) 4200 b) 62000 c) 9 d) 1400000, 650000 e) Schönberg, Klingenbrunn, St. Oswald, Spiegelau f) Grafenau.

Schongau, Stadt OB.; 710 m; 3247 Einw. ü. kath.; kath. Kirchen; prot. Betsaal; 2 Aerzte, Apoth.; möbl. Z. 15 M; Wald nächst. Nähe, v. Verkehr abgeleg., schl. Bahnv., gt. Wass., ges. Lage.

A. a) 30 b) 29 c) ü. Landwsch.

B. a) Umb. 1911 b) ger. 9 Z. Reg. I. St. c) h. ger. II. St. 6 Z. niedrg. Grd. Kamm. MagdZ. Bd. m. O. m. W. WLtg. el. L. Cl. m. Wsp. d) gem. Eing. prt. e) H. u. Nutzg. 0,03 ha G. m. WLtg. u. Br. o. Vorg.

C. a) 16266 b) 147388 c) 10 d) 1907107, 1675650 e) Hohenschwangau, Peiting, Schongau, Steingaden f) Schongau.

Schrobenhausen, Stadt OB.; 414 m; 3700 Einw. ü. kath.; kath. Kirchen, prot. Betsaal; 3 Aerzte, Apoth.; Töchtersch. (Engl. Frl.); möbl. Z. 10 M; schl. Bahnv.

A. a) 39 b) 38 c) ü. Landwsch.

B. a) 1893, St.-Aufbau 1911 b) ger. 9 Z. c) h. ger. tr. 6 Z. Bd. II. St. u. Dachkamm. o. WLtg. el. L. Cl. o. Wsp. d) prt. gem. Eing. der 2. im alt. Rent. e) H. u. Nutzg. 0,093 ha H. m. Wass. o. Vorg.

C. a) 6800 b) 101700 c) 10 d) 555000, 428000 e) Schrobenhausen f) Schrobenhausen.

Schwabach, Stadt MF.; 338 m; 11195 Einw. ü. prot.; kath. u. prot. Kirchen; 5 Aerzte, Apoth.; Progymn., m. 5 Realkl., prot. Lehrerbild.-Anst.; Nürnberg 19 Min. erreichbar; möbl. Z. 17 M; Nahverk. m. Nürnberg.

A. a) 30 b) — c) ü. Industrie.

B. a) NB. 1904 b) ger. 9 Z. 2 WarteZ. prt. u. I. St. Reg. Dach c) h. ger. tr. schste. Lage d. Stadt, 6 Z. Grd. II. St. 2 Mans. Bd. WLtg. Gs. Cl. m. Wsp. d) getr. Eing. e) H. u. Nutzg. 0,178 ha s. sch. G. (Zierg.) G. m. WLtg. m. Vorg. kl.

C. a) 12000 b) 240000 c) 15 d) 1070000, 1036000 e) Schwabach u. Ass.-Bez. Eibach (F.-A. Nürnberg-Süd), sowie Wendelstein (F.-A. Feucht).

Schwabmünchen, Markt Schw.; 560 m; 3761 Einw. ü. kath.; kath. u. prot. Kirchen; 3 Aerzte, Apoth.; möbl. Z. 14 M; s. gt. Bahnv. (Augsb. Vorortsv.), sch. Wald. erreichbar.

A. a) 32 b) 30 c) ü. Landwsch. neben Industr.

B. a) 1903 Um- u. Anb. b) 5 Z. prt. c) h. ger. tr. nach Süden, 6 Z. Grd. Bd. MagdZ. I. St. WLtg. Gs. Cl. m. Wsp. d) — e) H. u. Nutzg. 78 Dez. G. m. WLtg. o. Vorg.

C. a) 10000 b) 149267 c) 11 d) 1034260, 829798 e) Ass.-Bez. Konradshofen f) Schwabmünchen.

Schweinfurt, Stadt UF.; 216 m; 22000 Einw. ü. prot.; kath. u. prot. Kirchen; Aerzte u. Apoth.; Gymn., Realsch., Töchtersch. (simult.); möbl. Z. 20 M; gt. Bahnv., sch. weitere Umg.

A. a) 44 b) 5 c) ü. Landwsch., Stadt Industr.

B. a) NB. 1904 b) ger. 10 Z. I. St. c) h. ger. tr. s. bequem, II. St. 7 Z. Grd. Kamm. Bd. Gs. Cl. gt. d) getr. Eing. e) H. u. Nutzg. 6,2 a G. m. WLtg. m. Vorg. kl.

C. a) 20000 b) 580000 c) 18 d) 1200000, 1050000 e) Schweinfurt, Reichmannshausen f) Schweinfurt I, II.

Selb, Stadt OF.; 575 m; 10500 Einw. ü. prot.; kath. u. prot. Kirchen: 3 Aerzte, Apoth.; keramische Fachschule; möbl. Z. 20 M; sch. Umg. u. Lage, gt. Bahnv.
A. a) 19 b) — c) ü. Industrie.
B. a) NB. b) gen. 6 Z. prt. c) I. St. h. ger. tr. 5 Z. MagdZ. II. St. 2 Kamm. Bd. m. O. u. W. WLtg. el. L. Cl. einf. d) — e) H. u. Nutzg. G. m. Br. o. Vorg.
C. a) 8000 b) 200000 c) 10 d) 1000000, 1000000 e) Selb f) Selb.

Simbach, Pfd. NdB.; 346,6 m; 4000 Einw. ü. kath.; nur kath. Kirchen; 3 Aerzte, Apoth.; Pens. u. Haushalt.-Sch. d. Engl. Frl.; möbl. Z. 15 M; gegenüber österr. Grenzstadt Braunau.
A. a) 19 b) 19 c) ü. Landwsch.
B. a) Erweit.B. 1903 u. 1911 b) gen. 8 Z. prt. c) h. tr. ger. I. St. 6 Z. MagdZ. Bd. Dachboden: 2 Kamm. Bd. el. L. WLtg. Cl. m. Wsp. d) — e) H. u. Nutzg. 0,232 ha G. m. WLtg. m. Vorg. kl.
C. a) 6600 b) 108000 c) 8 d) 630000, 600000 e) Simbach f) Simbach.

Spalt, Stadt MF.; 350 m; 1829 Einw. ü. kath.; kath. u. prot. Kirchen; 1 Arzt, Apoth.; möbl. Z. 12 M; gt. Klima, gt. Wass., bill. Lebensv.
A. a) 24 b) 5 c) ü. Landwsch.
B. a) alt b) ger. 8 Z prt. c) h. sch. I. St. 8 Z. Bd. WLtg. Cl. o Wsp. lfd. Br. im H. d) — e) H. u. Nutzg. gr. sch. G. m. WLtg. o. Vorg.
C. a) 7000 b) 124000 c) 10 d) 300000, 250000 e) Petersgmünd f) Roth.

Speyer, Stadt Pf.; 109 m; 23000 Einw. ü. kath.; kath. u. prot. Kirchen; Aerzte u. Apoth.; Gymn., Realsch., kath. Lehrerbild.-Anst., Töchtersch., Mdch.-Institut; möbl. Z. 20 M; Flachland, Wald ½ Std. entfernt, gt. Bahnv. Rheinbad, weitere Umg. s. sch.
A. a) 10 b) Einnehmereien c) ü. Landwsch. Stadt Industrie.
B. a) NB. 1903 b) ger. 6 Z. 3 Reg. prt. c) I. St. 7 Z. Bd. 2 Mans. Kamm. WLtg. Gs. Cl. m. Wsp. d) — e) H. u. kl. Zierg. G. m. WLtg. m. Vorg. kl.
C. a) 15000 b) 450000 c) 13 d) 1005000, 1240000 e) Speyer f) Speyer I, II, III.

Stadtsteinach, Stadt OF.; 342 m; 1400 Einw. ü. kath.; kath. u. prot. Kirchen; 2 Aerzte, Apoth.; möbl. Z. 8 M; hübsche Umg. 4½ km z. Bahn.
A. a) 36 b) — c) ü. Landwsch.
B. a) alt b) teilw. beengt c) I. St. 6 Z. e. kalt o. Bd. el. L. WLtg. d) — e) H. u. Nutzg. 0,092 ha G. m. WLtg. o. Vorg.
C. a) 5000 b) 57000 c) 8 d) 225309, 230066 e) Stadtsteinach f) Stadtsteinach.

Staffelstein, Stadt OF.; — m; 1785 Einw. ü. kath.; kath. Kirchen u. prot. Betsaal; möbl. Z. 15 M; sch. Umg. Schloss Banz, Vierzehnheiligen, s. gt. Bahnv. Nähe Bambergs, MainBd.
A. a) 59 b) 15 c) ü. Landwsch.
B. a) alt b) ger. 7 Z. (1 Reg. Dach) c) h. ger. tr. s. sch. herrl. Fernsicht I. St. 5 Z. Grd. 2 Kamm. o. Bd. el. L. Cl. m. Wsp. d) — e) H. u. Nutzg. 0,133 ha (gr. Obstg.) G. m. WLtg. m. Vorg. 30 qm.
C. a) 7000 b) 108210 c) 10 d) 800000, 850000 e) — f) Staffelstein, Sesslach.

Starnberg, Stadt OB.; 587 m; 3633 Einw. ü. kath.; kath. u. prot. Kirchen; 5 Aerzte, Apoth.; möbl. Z. 20 M; sch., sch. Aussicht, s. gt. Bahnv. Nähe Münchens, gt. Wass.

A. a) 43 b) 39 c) ü. Landwsch. u. Fremd.-Industrie.

B. a) alt b) ger. 8 Z. c) Lage auf d. Berge. I. St. 6 Z. MagdZ. Bd. ausserh. d. Wohng. m. O. m. W. WLtg. Cl. m. Wsp. d) aber ausserhalb d. Rent.-Gbd. e) H. u. Nutzg. G. m. WLtg. m. Vorg. kl.

C. a) 10000 b) 345000 c) 13 d) 1684600, 1491600 e) Starnberg f) Starnberg.

Straubing, Stadt NdB.; 326 m; 22200 Einw. ü. kath.; kath. u. prot. Kirchen; Aerzte u. Apoth.; Gymn., Realsch., Schullehrersem., Bisch. Knabensem., Landw. Wintersch., Töchtersch., Haushalt.-Sch.; möbl. Z. 20—25 M; Flachland, bayr. Wald gt. erreichb. angen. Lebensv. s. gt. Bahnv. n. Regensb.-Passau.

A. a) 45 b) 22 c) ü. Landw.

B. a) in d. ehem. Residenz b) 9 Z. Reg. I. St. c) 6 Z. 8 Kamm. Bd. WLtg. Obst- u. GrasG. 0,101 ha.

C. a) 15000 b) 431509 c) 19 d) 960049, 1098118 e) — f) Straubing I, II.

Sulzbach, Stadt OPf.; 440 m; 5480 Einw. ½ kath. ½ prot.; Simultan-Kirche; 2 Aerzte, Apoth.; Realsch., Töchtersch.; möbl. Z. 18 M; sch. Umg. gt. Bahnv.

A. a) 34 b) 6 c) ü. Landwsch.

B. a) Umg. u. erweit. 1911 b) ger. 14 Z. in 2 St. c) tr. frdl. jed. i. e. Seitengasse, sch. Ausbl. nach Süd. 3 Z. n. Nord. 3 Z. n. Süd. I. St. 6 Z. Grd. Diele, MagdZ. Bd. WLtg. el. L. Trocken-Cl. d) — e) H. u. Zierg. 140 qm G. m. Wass. o. Vorg.

C. a) 5878 b) 280000 c) 11 d) 700000, 370000 e) Amberg f) Sulzbach.

Thurnau, Markt OF.; 360 m; 1300 Einw. ü. prot.; nur prot. Kirchen; 1 Arzt, Apoth.; 2 kurs. Privat-Lateinsch.; möbl. Z. 12—15 M; Wald in nächst. Nähe (Ausläufer d. fränk. Jura) Bahnv. n. Kulmbach u. Bayreuth, sch. Umg.

A. a) 25 b) — c) ü. Landwsch.

B. a) alt, gt. Zustand b) ger. 3 Z. 2 Reg. prt. c) h. tr. I. St. 6 Z. 2 Kamm. Bd. m. O. m. W. WLtg. Cl. d) — e) H. u. Zierg. kl. G. m. Wass. o. Vorg.

C. a) 2700 b) 48000 c) 7 d) 253000, 176000 e) Limmersdorf f) Thurnau.

Tirschenreuth, Stadt OPf.; 486 m; 4800 Einw. ü. kath.; kath. u. prot. Kirchen; 2 Aerzte, Apoth.; möbl. Z. 15 M; Bahnv. mässig, Umg. annehmb.

A. a) 25 b) 14 c) ü. Landwsch.

B. a) Umb. 1903, windig b) ger. 7 Z. I. St. 2 Reg. prt. c) h. ger. tr. kalt, I. St. 7 Z. MagdZ. Grd. Bd. WLtg. el. L. Cl. m. Wsp. d) getr. Haus e) H. u. Nutzg. 0,068 ha G. m. WLtg. o. Vorg.

C. a) 6000 b) 93427,80 c) 10 d) 1138623, 557589 e) Falkenberg, Mähring, Plössberg, Tirschenreuth, Wondreb f) Tirschenreuth.

Tölz, Stadt OB.; 670 m; 5496 Einw. ü. kath.; kath. u. prot. Kirchen; Aerzte u. Apoth.; möbl. Z. 15 M; sch. Umg. u. Lage, Fremdenv. Bahnv. im Winter n. gt., gt. Wass.

A. a) 17 b) 8 c) ü. Landwsch.

B. a) 1880 b) beengt. 6 Z. c) s. sch. h. tr. beschr. I. St. 5 Z.

2 Mans. MagdZ. o. Grd. Bd. WLtg. el. L. Cl. m. Wsp. d) — e) H. u. Nutzg. o. m. Vorg. kl.

C. a) 9000 b) 155000 c) 9 d) 1735000, 1861000 e) 1 exp. Ass. 4 ForstAe, f) Tölz.

Traunstein, Stadt OB.; 600 m; 7686 Einw. ü. kath.; kath. u. prot. Kirchen; Aerzte u. Apoth.; Progymn., Realsch., Töchtersch. (engl. Frl.); möbl. Z. 12 M; s. sch. Umg. u. Ausfl. Luftkurort, gt. Bahnv. München-Salzburg, Fremdenv.

A. a) 42 b) 41 c) ü. Landwsch.

B. a) NB. 1912 b) ger. 9 Z. I. St. SitzZ. Reg. prt. c) Seitentsr. frei gelegen, h. tr. Aussicht auf Geb. II. St. 6 Z. MagdZ. Grd. Bd. el. L. Cl. m. Wsp. WLtg. d) getr. Eing. e) H. u. Nutzg. kl. G. m. WLtg. o. Vorg.

C. a) 12000 b) 255804 c) 15 d) 2200000, 1932000 e) Traunstein, Siegsdorf, Ruhpolding-Ost, -West, Marquartstein-Ost, -West, Bergen, Reit i. W. f) Traunstein.

Trostberg, Markt OB.; 480 m; 1800 Einw. ü. kath.; nur kath. Kirchen; 2 Aerzte, Apoth.; möbl. Z. 15 M; Bahnv. gt. Traunstein-Salzburg.

A. a) 19 u. 1 ausm. Bez. (Chiemsee) b) 18 c) ü. Landwsch.

B. a) Umb. 1911 b) ger. 5 Z. Reg. prt. c) h. ger. tr. I. St. 5 Z. MagdZ. Kamm. Bd. Dachgesch.: Grd. Kamm. Bd. WLtg. el. L. Cl. m. Wsp. d) — e) H. u. Nutzg. 0,164 ha G. m. WLtg. u. Br. m. Vorg. kl.

C. a) 6800 b) 110000 c) 7 d) 760000, 730000 e) — f) Trostberg.

Türkheim, Schw.; 600 m; 2009 Einw. ü. kath.; kath. Kirchen; 2 Aerzte, Apoth.; möbl. Z. 15 M; flach, Aussicht in bayr. u. Allg. Alpen.

A. a) 25 b) 24 c) ü. Landwsch.

B. a) alt (Schloss) b) s. beengt 3 Z. prt. c) h. ger. tr. sonnig. II. St. 9 Z. o. Bd. WLtg. Azetylengs. Cl. gt. d) — e) H. u. Nutzg. gr. G. m. WLtg. o. Vorg.

C. a) 14947 b) 113659 c) 9 d) — e) Tussenhausen f) Türkheim.

Uffenheim, Stadt MF.; 342 m; 2400 Einw. ü. prot.; kath. u. prot. Kirchen; 2 Aerzte, Apoth.; Progymn. m. 3 Klass., Realsch.; möbl. Z. 12 M; gt. Bahnv. Ansbach-Würzburg, sch. Wass.-Verh.

A. a) 39 b) 5 c) ü. Landwsch.

B. a) Schlossgeb. b) beengt 4 Z. I. St. c) gt. tr. ger. I. St. 5 Z. ZwischenSt. 5 Kamm. Dach 3 Kamm. Vorbau 1 Z. o. Bd. el. L. o. WLtg. Pumpe in d. Kü. Trocken-Cl. d) — H. u. Nutzg. 87 Dez. G. o. Wass. m. Vorg. gr.

C. a) 5362 b) 143690 c) 7 d) 243848, 181811 e) Uffenheim f) Uffenheim.

Velburg, Stadt OPf.; — m; 1200 Einw. ü. kath.; nur kath. Kirchen; 1 Arzt, Apoth.; möbl. Z. 12 M; landsch. sch. o. Bahnv.

A. a) 36 b) 9 c) ü. Landwsch.

B. a) NB. 1902 b) ger. 6 Z. c) h. ger. tr. II. St. 6 Z. Kamm. Bd. Azetylengs. d) gem. Eing. e) H. u. Nutzg. 0,123 ha H. m. Br. m. Vorg. kl.

C. a) 5000 b) 73600 c) 10 d) 420000, 180000 e) Parsberg f) Parsberg.

Viechtach, NdB.; 450 m; 2300 Einw. ü. kath.; nur kath. Kirchen; 2 Aerzte Apoth.; möbl. Z. 12 M; fr. Lage, sch. Aussicht.

A. a) 27 b) 15 c) ü. Landwsch.

B. a) NB. 1904 b) ger. 6 Z. 2 Reg. I. St. u. prt. c) h. ger. tr. II. St. 6 Z. Bd. WLtg. el. L. Cl. m. Wsp. d) getr. Eing. e) H. u. Nutzg. 0,164 ha G. m. WLtg. o. Vorg.

C. a) 11800 b) 80000 c) 10 d) 631000, 533000 e) Viechtach Ass.-Bez. Oberried f) Viechtach.

Vilsbiburg, Markt NdB.; 400 m; 3100 Einw. ü. kath.; nur kath. Kirchen; 2 Aerzte, Apoth.; möbl. Z. 12 M.

A. a) 39 b) 38 c) ü. Landwsch.

B. a) 1898 b) ger. 6 Z. I. St. c) h. ger. II. St. 6 Z. 4 Kamm. o. Bd. o. WLtg. el. L. Cl. o. Wsp. d) gem. Eing. e) H. u. Nutzg. 25 Dez. G. m. PumpBr. o. Vorg.

C. a) 12000 b) 180000 c) 11 d) 993000, 539000 e) Vilsbiburg f) Vilsbiburg.

Vilshofen, Stadt NdB.; 315 m; 3767 Einw. ü. kath.; kath. Kirche u. prot. Betsaal; 3 Aerzte, Apoth.; möbl. Z. 15 M; Bahnv. gt., Lage sch.

A. a) 48 b) 41 c) ü. Landwsch.

B. a) NB. 1904 b) ger. 8 Z. I. St. (Reg. prt.) c) frdl. ger. II. St. 6 Z. Grd. MagdZ. Bd. WLtg. el. L. Cl. m. Wsp. d) gem. Eing. e) H. u. Nutzg. 1¼ Tgw. G. m. WLtg. o. Vorg.

C. a) 13000 b) 217786 c) 14 d) 1146643, 730032 e) Seestetten, Deggendorf f) Vilshofen, Osterhofen.

Vohenstrauss, Markt OPf.; 539 m; 2159 Einw. ü. kath; Simultan-Kirche; 2 Aerzte, Apoth.; möbl. Z. 20 M; sch. Umg. u. Lage, gt. Bahnv. schl. Wass.-Verh. rauh, windig, Wald in Nähe.

A. a) 49 b) 48 c) ü. Landwsch.

B. a) alte Burg b) beengt 6 Z. c) dunkel, ger. tr. II. St. 7 Z. Kamm. o. Bd. el. L. WLtg. beschr. Druckpumpe z. II. St. Abort. d) — e) H. u. Nutzg. 0,054 ha G. m. WLtg. o. Vorg.

C. a) 7000 b) 80000 c) 11 d) 1142500, 712554 e) Eslarn, Flossenburg, Pullenried, Tännesberg, Vohenstrauss f) Vohenstrauss.

Volkach, Stadt UF.; 207 m; 1951 Einw. ü. kath.; nur kath. Kirchen; 2 Aerzte, Apoth.; kath. Töchtersch.; möbl. Z. 15 M; sch. Umg. u. Lage, schl. Bahnv. Lebensv. gt. n. bes. t.

A. a) 25 b) — c) ü. Landwsch.

B. a) alt b) ger. 6 Z. prt. Reg. I. St. c) h. ger. tr. I. St. 10 Z. Grd. Bd. WLtg. Gs. Cl. o. Wsp. d) -- e) H. u. Zierg. 0,330 ha G. m. WLtg. o. Vorg.

C. a) 5000 b) 64500 c) 7 d) 397166, 398900 e) F.-A.-Ass. Wiesentheid f) Volkach.

Waischenfeld, Stadt OF.; 350 m; 800 Einw. ü. kath.; nur kath. Kirche; 1 Arzt, Apoth.; möbl. Z. 10 M; sch. Geg. fränk. Schweiz, nächste Bahnst. 7 km.

A. a) 32 b) 3 c) ü. Landwsch.

B. a) alt b) ger. 5 Z. 2 Reg. I. St. c) h. ger. I. St. 7 Z. MagdZ. ausserdem prt. (feucht) frei o. Bd. el. L. Br. im H. Trocken-Cl. d) — e) H. u. Nutzg. 0,672 ha H. m. Br. o. Vorg.

C. a) 4000 b) 46000 c) 8 d) 200000, 150000 e) — f) Hollfeld.

Walderbach, Pfd. OPf.; 369 m; 435 Einw. ü. kath.; ohne Aerzte, ohne Apoth.; möbl. Z. 12 M; sch. Umg. u. Lage, z. Bahns. 8 km, viel Wald, Lebensmitt. teilw. v. Regensburg z. beziehen.

A. a) 63 b) 40 c) ü. Landwsch.

B. a) alt b) ger. 6 Z. Reg. prt. c) h. s. gr. tr. n. Süd. u. Ost. I. St. 9 Z. 3 Nebenräume Bd. (dunkel) WLtg. Cl. gt. d) getr. Eing. e) H. u. Nutzg. 0,732 ha G. m. WLtg. u. 2 Br. o. Vorg.

C. a) 6000 b) 70200 c) 11 d) 563600, 393500 e) Nittenau, Roding, Bodenwöhr, Teublitz f) Nittenau, Roding.

Waldmünchen, Stadt OPf.; 514 m; 3000 Einw. ü. kath.; nur kath. Kirchen; 2 Aerzte, Apoth.; möbl. Z. 15 M; sch. Umg. sch. Tagesausfl. s. gt. Wass. schl. Bahnv. viel Berg u. Wald (weitere Umg.).

A. a) 45 b) 20 c) ü. Landwsch.

B. a) Umb. 1911 b) ger. 9 Z. Reg. prt. (SitzZ. I. St.) c) s. sch. h. ger. tr. 6 Z. Grd. Bd. MagdZ. el. L. WLtg. Trocken-Cl. d) — e) H. u. Nutzg. 70 Dez. G. m. WLtg. m. Vorg. kl.

C. a) 4500 b) 50000 c) 9 d) — e) Waldmünchen f) Waldmünchen.

Waldsassen, Stadt OPf.; 492 m; 5600 Einw. ü. kath.; kath. u. prot. Kirchen; 2 Aerzte, Apoth.; Töchtersch.; möbl. Z. 20 M; sch. waldr. Umg. sch. Lage, gt. Bahnv. Franzensbad-Marienbad-Eger leicht erreichb.

A. a) 28 b) 9 c) ü. Landwsch.

B. a) alt b) beengt 5 Z. I. St. c) gt. II. St. 6 Z. 2 Kamm. o. Bd. o. Cl. d) — e) H. u. Nutzg. 0,101 ha G. m. lfd. Br. m. Vorg. kl.

C. a) 12296 b) 120000 c) 10 d) 1020000, 900000 e) Waldsassen, Mitterteich f) Waldsassen.

Wasserburg, Stadt OB.; 426 m; 4000 Einw. ü. kath.; nur kath. Kirchen; 3 Aerzte, Apoth.; Realsch. 3 kurs., Lateinsch., Töchtersch. (engl. Frl.); möbl. Z. 12 M; sch. Umg. Gebirgsausfl.

A. a) 62 b) 61 c) ü. Landwsch.

B. a) NB. b) ger. 12 Z. prt. u. I. St. 1 Z. II. St. Reg. prt. c) h. ger. II. St. 6 Z. MagdZ. Bd. Veranda m. Vorzimmer III. St. Mans. el. L. Schwindgrube m. Kläranlage d) getr. Eing. e) H. u. Nutzg. 40 Dez. m. Vorg. 60 Dez.

C. a) 27900 b) 204976 c) 13 d) 13006643, 799101 e) Wasserburg, Isen f) Wasserburg, Haag.

Wassertrüdingen, Stadt MF.; 440 m; 1911 Einw. ü. prot.; kath. u. prot. Kirche; 2 Aerzte, Apoth.; prot. Präp.-Sch.; möbl. Z. 15 M; sch. Lage, gr. Wald, FlussBd. Bahnv. gen. Postauto n. Dinkelsbühl.

A. a) 27 b) 1 c) ü. Landwsch.

B. a) alt b) beengt 5 Z. c) gt. I. St. 7 Z. Kamm. Pumpwerk in d. Kü. Cl. o. Wsp. d) — e) H. u. Nutzg. ½ Tgw. Gem.-Gr. gr. Baumg. G. m. Br. m. Vorg. kl.

C. a) 4357 b) 70800 c) 7 d) 420000, 250000 e) Lellenfeld f) Wassertrüdingen.

Weiden, Stadt OPf.; 397 m; 16000 Einw. ⅔ kath. ⅓ prot; kath. u. prot. Kirche; Aerzte u. Apoth.; Gymn., Realsch., Präp.-Sch., Töchtersch., landw. Wintersch.; möbl. Z. 15 M; s. gt. Bahnv. schl. Wasserv. kleinere Spaziergänge fehlen, weitere Umg. sch.

A. a) 69 b) 38 c) ü. Landwsch. neben bed. Industrie (Glas- u. Porzell.-Fabr.)

B. a) alt, Erweit.-B. freistehend b) ger. 12 Z. in 2 St. c) h. ger. tr. z. T. sonnig, II. St. 7 Z. Bd. ungünstig gelegene Kü. WLtg. Gs. Cl. m. Wsp. d) getr. Eing. e) H. u. Nutzg. 0,200 ha G. m. WLtg. o. Vorg.

C. a) 14000 b) 260000 c) 20 d) — e) Etzenricht, Flossenburg, Weiden f) Neustadt WN., Weiden.

Weilheim, Stadt OB.; 568 m; 5249 Einw. ü. kath.; kath. u. prot. Kirchen; 4 Aerzte, Apoth.; Realsch.; möbl. Z. 20 M; s. gt. gelegen, gt. Bahnv. gt. Wass. Nähe d. Geb.
A. a) 43 b) 42 c) ü. Landwsch. daneben 2 Bergwerke (Penzberg-Peissenberg).
B. a) Umb. 1909 b) ger. 9 Z. prt. u. I. St. c) s. sch. ger. tr. II. St. 6 Z. Grd. gr. Hsgang. Bd. Gs. Cl. d) getr. Eing. e) H. u. Nutzg. 30 Dez. G. m. Wass. o. Vorg.
C. a) 12000 b) 287000 c) 12 d) 1 900 000, 1 900 000 e) Murnau, Seeshaupt f) Weilheim I, II.

Weismain, Stadt OF.; 300 m; 1000 Einw. ü. kath.; kath. Kirche, prot. Betsaal; 1 Arzt, Apoth.; möbl. Z. 10 M; sch. Umg., waldr., 7 km z. Bahnst.
A. a) 30 b) — c) ü. Landwsch. (2 Gd. gr. Industr.).
B. a) alt (Jagdschloss) b) 4 Z. Reg. prt. c) h. ger. tr. 6 Z. MagdZ. Grd. I. St. Bd. WLtg. el. L. Sinkgrube d) — e) H. u. Nutzg. 0,430 ha (Obst- u. Gem.-G.) G. m. WLtg. m. Vorg. kl.
C. a) 4000 b) 70000 c) 6 d) 310 000, 220 000 e) Maineck f) Weismain.

Weissenburg i. B., Stadt MF.; 420 m; 7150 Einw. ü. prot.; kath. u. prot. Kirchen; 5 Aerzte, Apoth.; Progymn., Realsch.; möbl. Z. 15 M; abgelegen, sch. Umg., gt. Bahnv.
A. a) 67 b) 31 c) ü. industriereich.
B. a) NB. 1905 b) ger. 7 Z. I. St. c) h. ger. tr. II. St. 6 Z. MagdZ. 2 Dachkamm. Bd. Gs. o. Cl. d) getr. Eing. e) H. u. Nutzg. 0,72 Tgw. G. o. Wass. m. Vorg. kl.
C. a) 12000 b) 270000 c) 15 d) 802 000, 602 000 e) Pappenheim, Treuchtlingen, Ass.-Bez. Raitenbuch f) Ellingen, Pappenheim, Weissenburg i. B.

Weissenhorn, Stadt Schw.; 496 m; 2331 Einw. ü. kath.; kath. u. prot. Kirchen; 2 Aerzte, Apoth.; möbl. Z. 10 M; Umg. hübsch, Wald, Ulm gt. erreichbar.
A. a) 32 u. 2 Forstbez. b) 28 c) ü. Landwsch.
B. a) alt 1911 z. T. ern. b) ger. 8 Z. Vorpl. II. St. c) h. ger. tr. II. St. 6 Z. 2 Kamm. Grd. MagdZ. Vorpl. el. L. o. Bd. Cl. gt. d) — e) H., Obst- u. Nutzg. 0,140 ha G. m. WLtg. u. Pumpbr. o. Vorg.
C. a) 10109 b) 82937 c) 7 d) 793924, 306464 e) Biberachzell, Breitenthal f) Weissenhorn.

Werneck, Pfd. UF.; 283 m; 2050 Einw. ü. kath.; kath. u. prot. Kirche; Aerzte u. Apoth.; möbl. Z. 15 M; gt. Bahnv. Schweinfurt-Kissingen-Würzburg.
A. a) 22 b) 1 c) ü. Landwsch.
B. a) alt b) ger. 7 Z. prt. c) gt. I. St. 6 Z. MagdZ. Bd. WLtg. el. L. Cl. o. Wsp. d) — e) H. u. Nutzg. 20 a G. m. WLtg. o. Vorg.
C. a) 6000 b) 80500 c) 8 d) 340000, 310000 e) Werneck f) Werneck.

Wertingen, Stadt Schw.; 450 m; 2144 Einw. ü. kath.; nur kath. Kirchen; 2 Aerzte, Apoth.; möbl. Z. 10 M; Lokalbahn.
A. a) 46 b) 35 c) ü. Landwsch.
B. a) alt b) ger. 5 Z. Reg. m. Nebenraum prt. c) h. ger. tr. (1 Raum e. feucht) I. St. 6 Z. TurmZ. Grd. MagdZ. o. Bd. WLtg. Cl. gen. d) — e) H. u. Nutzg. 1 Tgw. G. m. WLtg. o. Vorg.
C. a) 6700 b) 124 216 c) 10 d) 573000, 361000 e) — f) Wertingen.

Windsheim, Stadt MF.; 314 m; 3654 Einw. ü. prot.; prot. Kirchen. kath. Betsaal; 3 Aerzte, Apoth.; Progymn. m. 4 Kl., Realsch., Töchtersch.; möbl. Z. 15 M; mild. Kl., Badeort m. Kurhs., Solbäder geg. Rheuma., Wald ca. 1 Std.
A. a) 32 b) 4 c) ü. Landwsch.
B. a) NB. 1903 b) s. ger. 10 Z. c) h. ger. tr. II. St. 4 Z. Kü. gr. Vorpl. Abort m. Wsp., III. St. 4 Z. Bd. Abort m. Wsp. WLtg. el. L. d) gem. Eing. e) H. kl.
C. a) 4900 b) 126 200 c) 9 d) 355 900, 274 100 e) Ipsheim f) Windsheim.

Winnweiler, Pfd. Pf.; 238 m; 1633 Einw., ½ kath., ½ prot.; Simult. Kirche; 2 Aerzte, Apoth.; Lateinsch. m. 3 Realkl.; möbl. Z. 15 M; gt. Bahnv., Wass.-Verh. n. bes., sch. Ausflüge (Donnersberg, Münster a. St., Kreuznach, Ebernburg).
A. a) 21 b) Einnehmereien c) ü. Landwsch.
B. a) NB. 1895 b) ger. 6 Z. Reg. prt. c) h. ger. tr. I. St. 6 Z. 2 Mans. o. Bd. el. L. Cl. norm. d) — e) H. u. Nutzg. 0,045 ha G. m. Pumpbr. m. Vorg. kl.
C. a) 3500 b) 46 000 c) 9 d) 395 000, 387 000 e) Winnweiler f) Winnweiler.

Wolfratshausen, Markt OB.; 580 m; 1973 Einw. ü. kath.; kath. u. prot. Kirchen; 2 Aerzte, Apoth.; landw. Wintersch.; möbl. Z. 15 M; sch. Umg., gt. Bahnv., Loisachbäder.
A. a) 37 b) 31 c) ü. Landwsch.
B. a) alt b) beengt 5 Z. I. St. c) h. ger. tr. I. u. II. St. 7 Z. Grd. o. Bd. WLtg. el. L. Cl. o. Wsp. d) — e) H. u. Nutzg. 0,072 ha G. m. WLtg. o. Vorg.
C. a) — b) 178 022 c) 8 d) — e) Wolfratshausen, Sauerlach f) Wolfratshausen.

Würzburg-Stadt, Stadt UF.; 182 m; 84 387 Einw. ü. kath.; kath. u. prot. Kirchen; Aerzte u. Apoth.; Univ., 2 Gymn., 1 Realgymn., 1 Ober-Realsch., Lehrerbild.-Anst., mehrere Töchtersch. (kath. u. simult.) etc. etc.; möbl. Z. 15 M; sch. Umg., Mainbäder, gt. Bahnv.
A. a) — b) — c) —
B. a) alt b) 16 Z. i. Obergesch., KassaAbt. prt. 2 Z. 5 Schalterräume c) — d) — e) —.
C. a) 30 000 b) 1 640 000 c) 34 d) 2 086 905, 1 957 893 e) — f) Würzburg I, II, III, IV, V.

Würzburg-Land, s. Würzburg-Stadt.
A. a) 46 b) 13 Gd. m. Steuervorgeher c) ü. Landwsch., viel Fabrikbev.
B. a) alt, Umb. 1903 b) 11 Z. I. St. 3 Z. II. St. c) II. St. h. ger. tr. 7 Z. 2 Kamm. gr. Gang, Bd. Keller, Waschhs. u. kl. Holzlege im H. liegen im Wassergebiete, WLtg. Gs. Cl. gt. d) 2 Amtsd. haben je e. kl. abgetr. Wohn. im I. bzw. II. St. e) H. o. Nutzg.
C. a) 20 000 b) 230 000 c) 19 d) 1 300 000, 1 200 000 e) Würzburg, Rimpar, Waldbrunn f) —.

Wunsiedel, Stadt OF.; 550 m; 5876 Einw. ü. prot.; kath. u. prot. Kirchen; 3 Aerzte, Apoth.; Progymn., Realsch., Waldbausch., landw. Wintersch., Töchtersch.; möbl. Z. 18 M; sch. waldr. berg. Umg., Zweigbahn zur Linie Hof-Regensburg, Alexanderbad, Luisenburg, Kösseine etc. gt. erreichbar.
A. a) 56 u. 12 Forstbez. b) 2 c) ü. Industrie.
B. a) NB. 1903 b) gen. 6 Z. Reg. prt. Reg. Dach c) h. ger. tr.

I. St. 6 Z. Bd. Kamm. Dachr. 3 Z. WLtg. el. L. Cl. gt. d) — e) H. u. Nutzg. 0,54 ha G. m. WLtg. m. Vorg.

C. a) 32 227 b) 364 253 c) 16 d) 1 724 273, 1 581 478 e) Arzberg, Weissenstadt, Wunsiedel f) Kirchenlamitz, Thiersheim, Wunsiedel.

Zeil, Stadt UF.; 228 m; 1879 Einw. ü. kath.; kath. Kirche, prot. Betsaal; 1 Arzt, Apoth.; möbl. Z. 12 M; schl. Wasserverh.

A. a) 68 b) 26 c) ü. Landwsch.

B. a) alt (Schloss) b) ger. 9 Z. 2 Reg. prt. c) ger. I. St. 7 Z. 2 Grd. 2 MagdZ. o. Bd. o. WLtg. o. Cl. d) — e) H. u. Nutzg. G. m. Br. o. Vorg.

C. a) 13 000 b) 126 000 c) 14 d) 1 282 000, 1 141 000 e) Eltmann, Fabrikschleichach u. Zeil f) Eltmann u. Hassfurt.

Zusmarshausen, Markt Schw.; 467 m; 1152 Einw. ü. kath.; nur kath. Kirche; 1 Arzt, Apoth.; möbl. Z. 15 M; 8 km z. Bahnst. (Motorpost!) 15 Min., gr. Waldungen, Hügelland.

A. a) 44 b) 43 c) ü. Landwsch.

B. a) alt b) ger. c) h. ger. tr. I. St. 8 Z. Grd. MagdZ. o. Bd. WLtg. Trocken-Cl. d) — e) H. u. Nutzg. 84 a G. m. WLtg. m. Vorg. kl.

C. a) 4000 b) 75 062 c) 7 d) 1 404 309, 1 404 309 e) Zusmarshausen, Waldau f) Zusmarshausen.

Zweibrücken, Stadt Pf.; 228 m; 15 250 Einw. ü. prot.; kath. u. prot. Kirchen; Aerzte u. Apoth.; Gymn., Realsch., Privat-Töchtersch., städt. Arbeitssch., landw. Wintersch.; möbl. Z. 20—25 M; Umg. sch., Wass. gt., Bahnv. gt.

A. a) 42 b) Einnehmereien c) Stadt etc. ü. Industrie, sonst ü. Landwsch.

B. a) NB. 1904 b) ger. I. St. 8 Z. prt. Reg. c) II. St. 6 Z. Grd. MagdZ. Bd. Cl. m. Wsp. d) prt. gem. Eing. e) H. u. Nutzg. 0,194 ha G. m. WLtg. o. Vorg.

C. a) 15 000 b) 454 000 c) 18 d) 1 924 672, 1 715 850 e) Zweibrücken f) Zweibrücken I, II, III, Hornbach.

Zwiesel, Stadt NdB.; 577 m; 4007 Einw. ü. kath.; kath. u. prot. Kirche; 2 Aerzte, Apoth.; Fachsch. f. Glasindustr. m. Schnitzersch., Engl. Frl.-Inst.; möbl. Z. 10 M; sch. Lage u. Umg., bay. Wald, gt. Bahnv., gt. Wass.

A. a) 28 b) 24 c) ü. Landwsch.

B. a) NB. 1904 b) ger. 6 Z. I. St. c) h. ger. Einteilung läss, z. wünschen, II. St. 6 Z. MagdZ. TurmZ. Bd. WLtg. el. L. Cl. gt. d) gem. Eing. e) H. u. Nutzg. ca. 1 Tgw. G. m. WLtg. o. Vorg.

C. a) 7351 b) 135 524 c) 11 d) 2 168 600, 2 072 665 e) Bodenmais, Rabenstein, Zwiesel-Ost, -West f) Regen.

51. Personallisten.

Stand vom 1. Dezember 1912.

A. Die sieben königlichen Staatsministerien.

I. Staatsministerium des K. Hauses und des Aeussern.

Se. Exzellenz Dr. Georg Freiherr von Hertling, k. Kämmerer, Staatsrat i. o. D., Vors. im Ministerrate u. Lebenslänglicher Reichsrat (K3 — MI — PG1 — PRA3a — PK2a — SA1a — WK1 — BdBI1). StMin. 9. Februar 1912

II. Staatsministerium der Justiz.

Se. Exzellenz Heinrich Ritter von Thelemann, Staatsrat i. o. D., Lebenslänglicher Reichsrat (K2a — MII m.St. — MVK1Kr. — LK — PLb). StMin. 11. Februar 1912

III. Staatsministerium des Innern.

Se. Exzellenz Dr. Max Freiherr von Soden-Fraunhofen, k. Kämmerer, Staatsrat i. o. D., Lebenslänglicher Reichsrat (K2b — MII m.St. — LK — PLb — MaltE — OP2b — PG1 — PEetP — PK2a — SA2a). StMin. 11. Februar 1912

IV. Staatsministerium des Innern für Kirchen- und Schulangelegenheiten.

Se. Exzellenz Dr. Eugen Ritter von Knilling, Staatsrat i. o. D. (K3 — MIII — PLb). StMin. 11. Februar 1912

V. Staatsministerium der Finanzen.

Se. Exzellenz Georg Ritter von Breunig, Staatrat i. o. D. (K3 — MII — PLb). StMin. 11. Februar 1912

VI. Staatsministerium für Verkehrsangelegenheiten.

Se. Exzellenz Lorenz Ritter von Seidlein, Staatsrat i. o. D. (K3 — MII). StMin. 11. Februar 1912

VII. Kriegsministerium.

Se. Exzellenz Otto Freiherr Kress von Kressenstein, Staatsrat i. o. D., General der Kavallerie à l. s. des 6. Chev.-Rgts. (MI — MVGk — BKr 1 — BrsL2b — MWK1 m. Kr. i. G — PRA1 — PK1 — PEK2 — SEH1). Kriegsmin. 16. Februar 1912

B. Finanzbeamte des Königreichs Bayern.

I. Liste.

Staatsministerium der Finanzen.

a) Minister.

1 Breunig Georg Ritt. v., Exzellenz (K3 — MII — PLb), RegR. 1. XI. 1895; Rat a. VerwGH. 16. XII. 1901; MR. u. Kronanwalt 16. X. 1903; Staatsrat i. o. D. 14. VII. 1909; Staatsminister 11. II. 1912.

b) Staatsräte i. o. D.

1 Pausch Max Ritter v., Exzellenz (K2a — MII m. St. — LK — PLb), RegR. 16. XI. 1877; ORegR. 1. XI. 1885; MR. 1. I. 1889; Staatsrat i. o. D. 1. XII. 1904; Minist.-Direktor 1. IX. 1906.

2 Günder Karl Dr. Ritter v., (K3 — MII — PLb), RegR. 1. I. 1896; ORegR. u. Kronanwalt 1. I. 1903; MR. 1. XI. 1904; Staatsrat i. o. D. 26. II. 1912.

c) Ministerialräte.

1 Kohl Philipp Ritter v. (K3 — MII — PLb — PK2 — SA2a), OberzR. 1. VII. 1897; ORegR. 1. I. 1903; stellv. Bev. z. BR. 1. X. 1904; MR. 1. XI. 1904; T. u. R. e. Min.-Dir. 23. X. 1909; T. u. R. e. Staatsrats i. a. o. D. 1. X. 1912.

2 Moser Franz Xaver Ritter v. (K3 — MIII — LK — PLb), RegR. 1. VII. 1882; ORegR. 1. VII. 1897; MR. 1. IV. 1905.

3 Coluzzi Franz Ritter v., (K3 — MIII — PLb), Oberberg- und Salinenrat 1. VIII. 1898; RegR. im FM. 16. III. 1901; ORegR. 1. II. 1904; MR. 1. IX. 1906.

4 Sendel Lorenz Ritter v. (K3 — MIII — PLb — SerbT5), RegR. 16. VII. 1900; ORegR. 16. VIII. 1904; MR. 1. IX. 1906.

5 Stöckle Andreas Ritter v. (K3 — MIII — PLb — PG2a), RegR. 1. VII. 1897; ORegR. 1. XII. 1904; MR. 1. VII. 1907.

6 Schmidt Hermann (ME — PLb — OEFJ4), RegR. 1. XI. 1900; ORegR. 1. I. 1906; MR. 1. XII. 1908.

7 Deybeck Karl Dr. (ME — PLb), RegR. 1. XI. 1900; ORegR. 1. I. 1906; T. u. R. e. MR. 1. XII. 1908; MR. 1. VIII. 1909.

8 Wolf Wilhelm Dr. (MIII — PLb — SEH2a), RegR. 1. IX. 1902; ORegR. 1. VII. 1907; stellvertr. Bev. z. Bundesrate 1. X. 1909; MR. 1. IX. 1910.

9 Merkel Paul (MIII — PLb), RegR. 1. IX. 1902; ORegR. 1. VII. 1907; T. u. R. e. MR. 14. VIII. 1910; MR. 1. III. 1912.

10 Bigler Joseph (MIII — J), RegR. 1. VI. 1903; ORegR. 1. IX. 1908; MR. 16. XI. 1912.

d) Oberregierungsräte.

1 Stenglein Albert (MIII — PLb), RegR. 1. XI. 1904; ORegR. 1. X. 1909; T. u. R. e. MR. 16. XI. 1912.

2 Krapf Fanz Dr. (MIV — PLb), RegR. 1. II. 1906; ORegR. 1. IX. 1910.

3 Neumaier Karl Dr. (MIV — PLb) RegR. 16. XI. 1906; ORegR. 1. I. 1911; Kronanwalt 1. III. 1912.

4 Schmauser Georg Dr. (MIV — PRA4 — LEK3), OberzInsp. 1. IV. 1903; OberzR. 1. IX. 1904; ORegR. 1. III. 1912.

5 Berdel Adolf (MIV), Reg.- u. StR. 1.I.1909; ORegR. 1.III.1912.
6 Pfaffinger Joseph (MIV), RegR. 16.VII.1900; ORegR. 16.XI. 1912.

e) Regierungsrat.

1 Rücker Alfred v. (1.VII.1907) 1.VII.1911

f) Regierungsassessoren.

1 Bracker Friedrich (1.XI.1904) 1.IX.1908
2 Plöbst Hermann (16.VII.1906) 1.VII.1911
3 Engelhardt Otto Dr. (1.VIII.1907) 1.III.1912
4 Sterner Konrad (1.I.1909) 16.XI.1912

g) Finanzassessoren.

1 Hammer Paul Dr. 1.XII.09
2 Legat August 1.XII.10
3 Emnet Eugen 1.VII.11
4 Viernstein Karl 16.XI.12

h) Akzessisten.

1 Kiderlin Georg Dr.
2 Kronenberger Adam Dr.

i) Geheimer Rechnungskommissär, Geheime Sekretäre und Geheime Registratoren.

1 Raab Johann, Rat, Geh. R.-Komm. 1.IX.08
2 Halder Karl, Rat, Geh. Sekr. (MIVa — MV4b — SEH3b) 1.X.00
3 Schönweitz Johann, Rat, Geh. Sekr. (LK) 1.VII.05
4 Fiessmann Konrad, Rat, Geh. Registr. (MIVa) 1.VII.97
5 Herrmann Anton, Rat, Geh. Registr. 1.XI.00

k) Sekretäre und Registratoren.

1 Härpfer Friedrich (T. u. R. e. Geh. Registr. 1.I.12) 1.XI.00
2 Hagen Friedrich (T. u. R. e. Geh. Sekr. 1.I.12) 1.I.06
3 Spachtholz Alfred, Sekretär 1.X.00
4 Rössler Gustav, „ 1.X.00
5 Ruhland Joseph, „ 1.XI.00
6 Tanner Johann (RM), „ 1.IV.02
7 Griener Christoph, „ 1.IX.06
8 Gebhardt Johann, „ 1.I.09
9 Schad Otto, „ 1.IX.10
10 Boden Ludwig, Registrator. 1.IV.12
11 Sommerer Ernst, Reg.-Sekretär (verw. bei der Gesandtschaft in Berlin) 1.XII.12

l) Inspektor der Lithographischen Anstalt.

1 Möck Matthäus 1.V.06

m) Assistenten.

1 Reiss Adolf 1.XII.03
2 Chmiel Ewald 1.I.09
3 Imhof Kaspar 1.VIII.09
4 Schumacher Eugen 1.II.11
5 Härtl Karl 16.II.12
6 Blödl Johann 1.X.12

Das eingeklammerte Datum bezeichnet jeweils die Zeit der Anstellung in der vorhergehenden Diensteseigenschaft.

n) Assistentinnen.

1 Ertl Wilhelmine 1. IX. 11
2 Würdinger Berta 1. IX. 11

o) Boten und Diener.

1 Hussendörfer David (K5 — Me 1) 1. 3. 88
2 Beck Jakob (K5 — Me 1) 1. IV. 90
3 Platzer Franz (K5 — Me 1 — LK) 1. I. 92
4 Micelli Dominikus (LK) 1. X. 92
5 Schmidlechner Thaddäus 1. I. 00
6 Stöckl Alois 16. VIII. 00
7 Seyferth Johann 1. VI. 06
8 Schwarz Johann, Hausmeister 1. V. 10
9 Sparrer Georg 16. X. 10

p) Steindrucker.

1 Didusch Johann 1. IX. 85
2 Dietrich Jakob 16. VII. 89
3 Beck Rupert 1. VI. 90
4 Strauss Johann 1. IV. 91
5 Winterle Alois 1. IV. 91
6 Kraus Friedrich 1. IV. 91
7 Fuchs Anton 1. VIII. 93
8 Kragl Georg 1. II. 96
9 Graf Theodor 1. VIII. 96
10 Ferch Franz 16. V. 98
11 Söllinger Johann 1. X. 00
12 Dichtl Adalbert 1. XII. 02
13 Ehrenwirth Franz 1. VIII. 03
14 Fleiss Leonhard 1. VIII. 06
15 Pfaffel Michael 1. VIII. 08
16 Ragaller Franz 1. X. 08
17 Lang Georg 1. VII. 09
18 Gill Sebastian 1. XII. 11

II. Liste.
Oberster Rechnungshof.

a) Präsident.

1 Ulsamer Anton Ritter v., Exzellenz (K2a — MII m. St. — LK — SerbT3), RegR. 1. V. 79; ORegR. 1. VI. 86; MR. 16. IV. 89; Präsident 1. XII. 04.

b) Oberregierungsräte.

1 Mayr Karl (MIII) (1. II. 86) 16. VII. 00
2 Haertl Franz (MIII) (1. II. 92) 1. IV. 05
3 Fuchs Anton (MIII — LK) (1. III. 94) 1. VII. 07
4 Böhm Julius (MIV) (1. XI. 95) 1. V. 08
5 Schuler Hubert (MIV) (1. XI. 95) 1. VII. 08
6 Eckhard Heinrich (MIV) (16. I. 98) 1. IX. 09
7 Fischer Joseph (MIV) (16. I. 98) 1. XI. 10
8 Sendtner Oskar (MIV) (1. IV. 98) 1. VI. 12

c) Rechnungskommissäre.

1 Schupp Karl (16. III. 03) 1. V. 12
2 Kraus Georg (mit dem Range und Gehalt eines Rechnungskommissärs der Regierungen, K. d. F.) 1. I. 09

d) Sekretäre und Registratoren.

1 Raab Joseph, Sekretär 1. IX. 08
2 Bauer Friedrich, Registrator 1. VIII. 03

e) Kanzlei- und Registraturassistent.

1 Baum Michael 16. VI. 05 / 1. I. 09

f) Boten und Diener.

1 Eckl Michael (Me1) 1. IV. 96
2 Mittelmeier Philipp 1. VI. 06

III. Liste.

Rechnungskammer.

a) Direktor.

1 Hertter Hermann (ME—LK—MV4b—J), RegR. 1. X. 83; ORegR. 1. VI. 99; Direktor 1. VII. 08.

b) Regierungsrat.

1 König Eduard, T. u. R. e. OReg.R. (MIV) (16. V. 91) 16. XI. 96

c) Regierungsassessor.

1 Lichtenstädter Siegfried Dr., T. e. RegR. (1. VII. 92) 1. I. 11

d) Finanzassessoren.

1 Liel Franz v., T. u. R. e. RegA. 1. I. 00
2 Malaisé Ernst v., T. u. R. e. RegA. 1. IX. 02
3 Stock Franz 1. VII. 03
4 Schneidt Ernst 1. IV. 04
5 Beck Heinrich 1. II. 10

e) Rechnungskommissäre.

1 Schroen Philipp (bei der K. Hofrechnungsstelle verwendet), T. u. R. e. Rentamtmanns 1. VII. 03
2 Ral Jakob 16. XI. 03
3 Huber Georg 1. VIII. 04
4 Scharff Julius 1. IV. 08
5 Kuhn Adam 1. I. 09
6 Prunner Max 1. I. 09
7 Hirschauer Joseph 1. VII. 11

f) Sekretär.

1 Schneider Richard 1. II. 12

g) Registratoren.

1 Strömsdörfer Georg 1. I. 09
2 Raithel Gottlieb 1. VIII. 09

h) Kanzleiassistent.

1 Gössl Franz 1. IX. 12

i) Boten und Diener.

1 Messner Karl 1. IX. 12

IV. Liste.

Zentralstaatskasse.

a) Direktor.

1 Vornkeller Joseph, ORegR.(MIII); RegR. 1. VI. 92; Direktor 1. I. 06

b) Kontrolleur.

1 Hefele Matthias (1. XI. 02) Renttm. 1. V. 09 / Kontr. 1. V. 12

c) Zahlmeister.

1 Schwab Heinrich (M) 1. VII. 02

d) Buchhalter.

1 Maul Jakob 1. VII. 02
2 Leuthold Friedrich 1. VII. 02

e) Offizianten.

1 Weiss Joseph 1. II. 00
2 Huss Georg 1. II. 00
3 Thomas Wilhelm 16. VII. 01
4 Leonhardt Hans 1. VII. 02

f) Sekretäre.

1 Hohlweg Karl 1. IX. 97
2 Steger Christian 1. VI. 01
3 Lehr Friedrich 1. XI. 05

g) Geldzähler und Kassediener.

1 Merkl Max 16. VII. 95
2 Ehrentreich Johann 1. VII. 03

V. Liste.

Staatsschuldenverwaltung.

Direktion.

a) Vorstand.

1 Schamberg Wilhelm Ritter von (K3 — MIII — LK) RegR. 16. XI. 1884; RegR. im FinM. 1. XI. 1888; ORegR. 1. V. 1892; MinR. 1. VII. 1897; Vorstand d. StSchV. 1. IV. 1905; Ministerialdirektor 1. I. 12

b) Regierungsräte.

1 Krauss Nikolaus 16. I. 06
2 Kastner Ludwig Dr. 1. XI. 10

c) Rechnungskommissäre.

1 Schelbert Alois 1. I. 96
2 Hackl Andreas, Buchhalter (1. X. 97) 1. IV. 01
3 Dicenta Johann, Buchhalter (1. IV. 98) 1. VI. 99
4 Sprügel Friedrich 16. XI. 06
5 Bussinger Gottfried 1. I. 09

6	Klee Leonhard	1.I.09
7	Winkler Anton	1.I.09
8	Bauer Johann Paul	1.IV.10
9	Grimm Franz Xaver	1.VI.12
10	Schäffler Alois	1.XII.12

d) Buchhalter.

1	Huppmann Georg	1.IX.04
2	Niehage Johann Georg	1.I.06

e) Registrator.

1	Schuster Joseph	1.X.97

f) Kanzlist.

1	Wutschka Lorenz	1.IX.04

g) Diener.

1	Schlee Johann Georg	15.II.01
2	Staudt Johann	1.VI.04

Hauptkasse.

h) Hauptkassier.

1	Rahn Franz Xaver (MIV — LK)	1.VI.99

i) Kontrolleure.

1	Ringel Ludwig (LK)	1.VI.99
2	Kund Johann (LK)	1.IV.01

k) Oberbuchhalter.

1	Emmersleben Christoph	1.IV.01
2	Grombach Georg	1.V.10

l) Rechnungskommissär.

1	Hofmann Friedrich	1.IV.99

m) Zahlmeister.

1	Schmitt Johann (Ma — LK)	15.II.88
2	Koll Michael (Ma — LK)	1.VII.03

n) Buchhalter.

1	Weichselberger Karl	1.III.83
2	Brändel Konrad (LK)	16.III.89
3	Enser Martin	1.V.92
4	Kreutzburg Erhard (LK)	16.VI.93
5	Speckner Paul	1.VII.96
6	Zeidler Lorenz	16.VIII.96
7	Sindel Wilhelm	1.VIII.97
8	Müller Heinrich	16.V.98
9	Pregler Georg	1.VI.99
10	Roscher Ferdinand	1.VII.03
11	Dillmann Franz Xaver	1.VII.03
12	Krettner Alois	1.I.04

13 Lankes Anton 1. V. 04
14 Wachter Joseph 1. XI. 04
15 Rosenbusch Christian 1. IV. 05
16 Seiferth Eberhard 16. VII. 05
17 Simon Friedrich 16. VII. 05
18 Bauer Heinrich 1. IX. 06
19 Ament Lorenz 16. XI. 06
20 Dauner Christoph 1. III. 08
21 Brühschwein Nikolaus 1. XII. 08

o) Sekretäre.

1 Jegg Joseph 1. I. 04
2 Zeitler Alois 1. V. 04
3 Fembacher Joseph 1. XI. 04
4 Gruber August, gepr. KPr. 1. I. 09
5 Volkert Stephan 1. I. 09
6 Rudel Karl, gepr. KPr. 1. I. 09

p) Bureauassistentinnen.

1 Dillmann Maria 1. IV. 11
2 Guppenberger Mathilde 1. IV. 11
3 Ibel Marianne 1. IV. 11
4 Gerstner Rosa 1. IV. 11
5 Hussendörfer Anna 1. IV. 11
6 Schuster Hildegard 1. IV. 11
7 Schwaabe Julie 1. IV. 11
8 Mayer Helene 1. IV. 11
9 Trautmann Paula 1. IV. 11
10 Fischer Anna 1. IV. 11
11 Ziegler Johanna 1. IV. 11
12 Schwab Lina 1. V. 11
13 Raum Franziska 1. V. 11
14 Sprügel Babette 1. XI. 11
15 Gruber Helene 1. XI. 11
16 Bill Josephine 1. XI. 11
17 Fürstenhöfer Marie 1. XI. 11
18 Pöllein Karoline 1. XI. 11
19 Rieger Elsa 1. XI. 11
20 Krebs Hedwig 1. XI. 11
21 Haugg Babette 1. XI. 11
22 Engelhardt Frieda 1. XI. 11
23 Paul Gertrud 1. XII. 11
24 Neumayer Hilaria 1. XII. 11
25 Niederfellner Henriette 1. XII. 11
26 Schmitt Margareta 1. XII. 11
27 Deml Frieda 1. XII. 11
28 Lirsch Alma 1. XII. 11
29 Schabel Else 1. XII. 11
30 Messner Elisabeth 1. XII. 11
31 Burrei Kreszenz 1. XII. 11

q) Geldzähler und Kassediener.

1 Deutinger Korbinian (Me1—PrAM) 16. VI. 95
2 Deutinger Lampert (PLc) 1. II. 96
3 Wimmer Matthäus 16. VII. 99
4 Schlicht Jakob 15. II. 01

r) Diener.

1 Andrè Anton 16. VII. 03

VI. Liste.
Hauptmünzamt.

a) Direktor.

1 Riederer Hermann (mit dem Range eines Regierungsdirektors) (ME — LK — PLmK2 — BZL2b — SEH2b — SpJ2b) 1.I.01

b) Münzwardein.

1 Munkert Anton Dr. (MIVa — PLb) 1.I.01

c) Technischer Assessor.

1 Köll Joseph 1.I.09

d) Kassier.

1 Kaiser Heinrich, Rat (MIV — LK — PLb) 1.X.91

e) Kassekontrolleur.

1 Niederfellner Joseph 1.X.91

f) Medailleur.

1 Börsch Alois (M — Ldw.-Med.) 1.V.98

g) Kasseoffiziant.

1 Reithmeier Matthäus 1.IX.02

h) Sekretäre.

1 Spitzl Max 1.XI.02
2 Zeidler Adolf 1.IV.09

i) Amtsdiener.

1 Betz Johann 1.III.11

VII. Liste.
Katasterbureau.

a) Direktor.

1 Camerer Wilhelm Ritter von (K3 — MIIb — LK — J — SEH2b) RegR. 16.IX.83; ORegR. 1.VI.99; RegDir. 1.IX.02

b) Regierungs- und Steuerräte.

1 Vara Felix (MIV — LK — J) (1.V.00) 1.IV.02
2 Bischoff Ignaz Dr., Honorarprofessor a. d. Techn. Hochschule (MIV — J) (16.VII.00) 16.X.03
3 Ibel Adolf (MIV — SEH3b — SW3a) (1.IV.02) 1.IX.06
4 Amann Joseph 1.I.12

c) Regierungs- und Steuerassessoren.

1 Oberbauer Johann, T. u. R. e. Reg.- u. SteuerR. 1.IX.06
2 Stappel Julius 1.I.12

d) Kassier.

1 Schwarzott Konrad 1.V.11

e) Sekretär.

1 Söldner Joh. Baptist 16.V.06

f) Kommissär.

1 Hess Andreas 1. X. 09

g) Kassekontrolleur.

1 Ott Johann 1. V. 11

h) Revisoren.

1 Baumann Otto 1. I. 09
2 Glasser Karl 1. I. 09
3 Hopfensberger Joseph 1. I. 09
4 Zimmermann Albrecht 1. I. 09
5 Blank Alois (RM) 1. I. 09
6 Allkofer Karl 1. V. 11

i) Katastersekretäre und Registratoren.

1 Edhofer Johann 1. III. 07
2 Gschrei Michael 1. VII. 07
3 Wiedmann Adolf (LK) 1. I. 09
4 Wörfel Leonhard 1. I. 09
5 Griessbach Johann 1. I. 09
6 Reiss Adam 1. I. 09
7 Nützel Georg 1. I. 09
8 Hueber Eduard 1. I. 09
9 Brembs Hugo 1. I. 09
10 Spannheimer Konrad 1. I. 09
11 Reicheneder Karl 1. I. 09
12 Schriml Otto 1. I. 09
13 Radmüller August 1. I. 09
14 Reith Michael 1. I. 09
15 Neber Anton 1. I. 09
16 Rathgeber Xaver 1. I. 09
17 Reuter Nikolaus 1. I. 09
18 Weiss Anton 1. I. 09
19 Heiderscheid Franz, Registrator 1. I. 09 / 1. XI. 09
20 Egger Wilhelm 1. I. 09
21 Ederer Joseph 1. I. 09
22 Schwainberger Otto 1. I. 09
23 Weidmüller Joseph 1. I. 09

k) Kataster-Assistenten.

1 Schegh Friedrich 1. I. 09
2 Beck Karl 1. I. 09
3 Bodensteiner Georg 1. I. 09
4 Dex Karl 1. I. 09
5 Börlein Georg 1. I. 09
6 Endl Ludwig 1. I. 09
7 Hegele Georg 1. I. 09
8 Herzgsell Georg 1. XI. 09
9 Simmerlein Adam 1. I. 10
10 Scholian Joseph 1. XII. 10
11 Hösch Michael 1. VII. 11
12 Bäuerlein Thomas 1. I. 12
13 Herrmann Joseph 1. VIII. 12
14 Hackl Heinrich 1. XI. 12
15 Höhenberger Friedrich 1. XI. 12

l) Konservatoriums-Assistent.

1 Dürr Ludwig (LK) 1. I. 09

m) **Kassediener und Boten.**

1 Stöffler Michael 16. X. 08
2 Donhauser Joseph 1. I. 11
3 Wagner Wolfgang 1. VIII. 11

VIII. Liste.

Hofbrauamt München.

a) **Direktor.**

1 Zilcher Ferdinand 1. X. 00

b) **Inspektor.**

1 Dittlein Georg 1. I. 09

c) **Flaschenfüllerei-Verwalter.**

1 Grassinger Georg 1. I. 09

d) **Sekretäre.**

1 Lang Georg 1. V. 01
2 Eisele Karl 1. VII. 03
3 Hack Xaver 1. III. 06
4 Schwarz Konrad 1. X. 06
5 Engelbrecht Ludwig 1. IX. 10

e) **Oekonomie-Verwalter.**

1 Elsen Kilian 1. II. 09

f) **Material-Verwalter.**

1 Schroll Adalbert 1. II. 09

g) **Amtsdiener.**

1 Schmidt Xaver 1. XII. 96

IX. Liste.

Generaldirektion der Berg-, Hütten- u. Salzwerke.

a) **Generaldirektor.**

z. Zt. unbesetzt.

b) **Oberbergräte, Regierungsräte.**

1 Attenkofer Georg (MIII — WK5) München, Salineninspektor 16. IX 95; T. u. R. e. ORegR. 15. II. 97.
2 Kofler Karl Gustav (MIV) München, RegR. 1 VII. 03.
3 Mader August (MIV) München, RegR. 16. XI. 03; OberbergR. 16. XII. 07.
4 Meinel Wilhelm (MIV) München, Bergmeister 1. I. 04; OberbergR. 1. VIII. 06.
5 Zieglmeier Michael München, Bergmeister 1. V. 07; OberbergR. 1. IX. 08.
6 Bäuml Alois (PLb) München, Bauamtmann 1. VIII. 08; OberbergR. 1. VII. 11.

c) **Bergmeister, Salineninspektor, Oberingenieur.**

1 Schlederer Frz. (MIV), Salineninspekt. Reichenhall 1. X. 93
2 Fischer Max, T. u. R. e. Bergrats Berchtesgaden 1. X. 00

3 Rottacker Karl, Bergmeister — Bodenwöhr — 1.X.04
4 Feuchter Max, T. e. Bergrats — St. Ingbert — 1.V.07
5 Stöger Joseph, T. u. R. e. Bergrats, Vorstand des Handelsbureaus der Bergwerksverwaltung — München — 1.V.07
6 Prinz Franz, Oberingenieur — Amberg — 1.IX.08
7 Hornung Joseph, Bergmeister — Bergen — 1.III.05
8 Gress Jakob, Bergmeister — Rosenheim — 1.V.07 / 1.X.09
9 Selgrad Ludwig, Bergmeister — Sonthofen — 1.V.07
10 Hörburger Joseph, Bergmeister — Amberg — 1.I.09
11 Heissbauer Eugen, Bergmeister — Mittelbexbach — 1.I.09
12 Umhau Heinrich, Bergmeister — Obereichstätt — 1.I.09
13 Kaufmann Emil (MIVa), Bergmeister — Peissenberg — 1.I.09
14 Maurer August, Bergmeister — Bodenmais — 1.VIII.09

d) Hauptkassier.

1 Agricola Friedrich — München — 1.V.09

e) Hauptkassenkontrolleur.

1 Heindl Joseph — München — 1.V.09

f) Assessoren.

1 Putz Anton — Peissenberg — 1.II.08
2 Greinwald August, z. Zt. bei der Generaldirektion verwendet — Bodenwöhr — 1.II.09
3 Haf Heinrich, z. Zt. bei der Generaldirektion verwendet — Weiherhammer — 1.I.10
4 Pröschel Georg — Amberg — 1.I.10
5 Schnepff Heinrich — „ — 1.I.11
6 Mang Ernst — St. Ingbert — 1.I.11
7 Jodl Hermann — Rosenheim — 1.I.11
8 Pinsl Hans — Amberg — 1.I.11

g) Rechnungskommissäre, Direktorialsekretär, Kassiere und Materialverwalter.

K. = Kassier, MV. = Materialverwalter, RK. = Rechnungskommissär.

1 Stoll Wilhelm (Ma), Hauptsalzamts-Kassier — Rosenheim — 1.VI.89 / 16.VIII.03
2 Schiller Johann, K. — Amberg — 16.XI.89
3 Graf Johann, MV. — Berchtesgaden — 1.XI.92
4 Cramer Eduard, MV. — Rosenheim — 16.VII.96 / 1.VI.97
5 Schöpf Friedrich, Rat, RK. — München — 16.I.97 / 1.III.03
6 Barthel Karl, Hauptsalzamts-Kassier — Reichenhall — 16.VII.98 / 1.IV.06
7 Stoll Friedrich, K. — Sonthofen — 16.VII.98
8 Maier Karl, RK. — München — 16.VII.98
9 Brunnhuber Johann, RK., Handelsbureau — „ — 16.VII.98 / 1.X.06

10	Müller Johann, RK.	München	16.VII.00 / 1.IV.06
11	Christmann Joseph, RK.	"	16.VII.00 / 1.VII.05
12	Dirmann Heinrich, RK.	"	1.VIII.00 / 1.II.08
13	Christophel Friedrich, RK. Handelsbureau	"	16.VI.01
14	Ruyter Wilhelm, K.	Obereichstätt	16.X.02
15	Bayerlein Friedrich, RK.	München	1.IX.02 / 1.II.04
16	Müller Adam, K.	St. Ingbert	1.III.03
17	Schmoll Johann, K.	Berchtesgaden	1.VIII.03
18	Uhl Joseph, K.	Mittelbexbach	1.IX.03
19	Pachter Joh., RK.	München	1.XII.03
20	Burkard Michael, MV.	St. Ingbert	1.II.04 / 1.VII.05
21	Petritsch Ernst, MV.	Peissenberg	1.VII.05 / 1.V.07
22	Beck Martin, MV.	Reichenhall	1.IV.06
23	Weiss Ludwig, K.	Bergen	1.V.07 / 1.IX.08
24	Meyer Bernhard, K.	Bodenwöhr	1.II.08
25	Beck Karl, RK.	München	1.IX.08
26	Koerber Johann, MV.	Weiherhammer	1.IX.08 / 1.I.09
27	Herold Karl, MV.	Bodenwöhr	1.XI.08
28	Feulner Ludwig, MV.	Amberg	1.I.09
29	Jopp Michael, K.	Peissenberg	1.II.09
30	Waldmann Albert, K.	Weiherhammer	1.VII.09
31	Saitner Engelbert, MV.	Sonthofen	1.II.10
32	Deininger Johann, Direktorialsekretär	München	1.IX.10
33	Sonntag Eduard, K.	Bodenmais	1.III.12

h) Sekretäre und Registratoren.

Sekretäre.

1	Schmitt Jakob	Mittelbexbach	1.V.82 / 29.I.82
2	Feil Peter, Bergwerkshauptkasse	München	1.VIII.00 / 1.IX.10
3	Dittrich Karl	Peissenberg	15.III.02
4	Dietrich Benedikt	Weiherhammer	1.VII.02
5	Barth Heinrich	Sonthofen	30.IX.02
6	Beck Adam	Rosenheim	1.III.03
7	Preu Johann	Sonthofen	2.III.03
8	Albrecht Ernst	Peissenberg	1.VII.03
9	Suiter Anton	"	1.VII.03
10	Albert Adam	St. Ingbert	3.VII.03
11	Bittermann Karl	Sonthofen	1.VIII.03
12	Widerspick Ludwig, Bergwerkshauptkasse	München	1.VIII.03

13	Ascherl Johann, Handelsbureau	München	22.IX.98 / 1.IX.03
14	Dorsch Joseph	Weiherhammer	1.XII.03
15	Steinel Andreas	Bergen	6.III.00 / 16.XII.03
16	Herrman Franz, Handelsbureau	München	1.II.01 / 4.II.04
17	Botzenhard Eugen	Amberg	1.VIII.05
18	Eyermann August	Berchtesgaden	16.IV.06
19	Riedl Friedrich	St. Ingbert	1.XII.06
20	Schweiger Martin	„	1.VI.07
21	Böheim Karl	„	1.XI.07
22	Eckart Lorenz	Amberg	2.III.08
23	Königsbauer Sigmund	St. Ingbert	5.III.08
24	Pfänder Joseph	Sonthofen	1.VI.08
25	Andreä Georg	Amberg	1.VII.08
26	Bayerl Michael	Obereichstätt	1.VII.08
27	Schwarz Martin	Mittelbexbach	1.VII.08
28	Dürrbeck Bernhard	Bodenwöhr	1.IX.08
29	Staedtler Leonhard	Amberg	15.II.09
30	Peter Franz Seraph	Reichenhall	1.III.09
31	Reinheimer Karl, Handelsbureau	München	1.V.09
32	Welker Albert	Bergen	1.II.10
33	Michler Friedrich, Hauptsalzamtsschreiber	Reichenhall	8.VI.96 / 1.XII.03
34	Eder Joseph, Generaldirektion	München	1.IV.12
35	Witt Friedrich	Obereichstätt	1.X.12

Registratoren.

36	Grube Johann	München	16.III.03 / 1.IX.08
37	Speth Joseph	München	1.IX.08
38	Pressmann Heinrich	„	1.II.09

i) Kanzleiassistenten.

1	Hilmer Ernst (LK—Mel)	Weiherhammer	16.III.03
2	Golder Johann	Peissenberg	1.I.04
3	Keller August	Berchtesgaden	1.VIII.04
4	Hermann Heinrich, Generaldirektion	München	1.IX.06
5	Maier Franz Xaver	Bodenwöhr	16.III.07
6	Stierstorfer Johann	Bodenmais	1.VII.08
7	Hohenthaner Joseph	Peissenberg	1.XI.08
8	Käfferlein Friedrich	St. Ingbert	16.II.09
9	Huber Joseph, Generaldirektion	München	16.II.09
10	Appel Heinrich „	„	16.X.09
11	Bössl Michael	Rosenheim	1.II.10
12	Rothhaar Karl	Mittelbexbach	1.III.11
13	Romig Johann	Bodenwöhr	1.X.11
14	Kreitinger Franz Xaver	Sonthofen	1.I.12
15	Buchbauer Georg, Generaldirektion	München	16.II.12
16	Dallmeier Emmeran	Amberg	16.V.12
17	Baur Adolf, Generaldirektion	München	1.XI.12

k) Diener.

1 Hofweber Matthias (Me 1), Geldzähler u. Kassendiener bei der Bergwerkshauptkasse — München — 15. III. 99
2 Wittig Hermann, Hausmeister bei der Generaldirektion — „ — 1. VI. 08
3 Wiedensohler August, Bureaudiener bei der Generaldirektion — „ — 1. XII. 10

l) Diener der Berg-, Hütten- und Salinenämter.

1	Starklauf Michael	Sonthofen	30. V. 91
2	Forster Johann	Amberg	1. XII. 93
3	Hirschmann Johann	Reichenhall	4. VIII. 04
4	Wenk Georg	Rosenheim	1. III. 10
5	Krennleitner Joseph	Berchtesgaden	1. V. 10

X. Liste.

Regierungen, Kammern der Finanzen.

a) Regierungspräsidenten.

1. von Oberbayern (München):

Halder Anton Ritter v., Exz. (K2b — MII — LK—PLb—OEK2—BZL2b—PRA3b—SA2b) 1. Febr. 06

2. von Niederbayern (Landshut):

Andrian-Werburg Rud. Frhr. v., Exz. (K2b—MIImSt LK—PLb—OEFJ1) 1. Okt. 02

3. von der Pfalz (Speyer):

Neuffer Adolf Ritt. v., Exz. (K2b—MIImSt—LK—PLb—SpJ1—OEFJ1—BZL1) 1. Nov. 02

4. von der Oberpfalz und von Regensburg (Regensburg):

Aretin Ant. Frhr. v., Exz. Kämm. (K3—MII—LK—BZL3—MWK2a) 1. Mai 07

5. von Oberfranken (Bayreuth):

Brenner Gustav Ritt. v., Exz. (K3—MII—PLb) 1. Juli 09

6. von Mittelfranken (Ansbach):

Blaul Julius Dr. Ritt. v., Exz. (K3—MII—MV2b—PK2b—PLb) 1. April 09

7. von Unterfranken und Aschaffenburg (Würzburg):

Müller Karl Dr. Ritt. v., Exz. (K2b—MIImSt—LK—PLb—PK2a) 1. Mai 07

8. von Schwaben und Neuburg (Augsburg):

Praun Paul Ritter v., Exz. (K2b—MIImSt—PLmK1—PK3—BL3—SA2b—SpJ2a—OEFJ1) 1. Juni 06

b) Regierungsdirektoren.

1 Wenz Karl Ritter v. (K3 — MIII) in Bayreuth, RegR. 1. IV. 85; ORegR. (T. u. R.) 1. I. 00; RegDirektor 16. XI. 06.
2 Micheler Georg Ritter v. (K3 — MIII — LK — J) in München, RegR. 16. X. 80; ORegR. 16. I. 98; RegDirektor 1. VII. 07.

3 Hauer Eugen (ME—LK) in Augsburg, RegR. 16.XI.84; ORegR. 1.V.00; RegDirektor 1.XI.07.
4 Pummerer Ludwig (ME—LK) in Regensburg, RegR. 1.X.86; ORegR. 1.IV.01; RegDirektor 1.V.08.
5 Krug Georg (ME—MVKIKr.—J) in Würzburg, RegR. 1.XI.88; ORegR. (T. u. R.) 1.II.03; RegDirektor 1.XI.08.
6 Hofmann Nikolaus (ME—LK) in Landshut, RegR. 1.XI.88; ORegR. 1.II.03; RegDirektor 1.IX.09.
7 Feder Hans (MIII) in Ansbach, RegR. 16.I.89; Rat a. VerwGH. 16.VII.00; RegDirektor 1.IV.12.
8 Hofmeister Matthäus (MIV—J1) in Speyer, RegR. 1.XI.95; ORegR. 1.XI.07; RegDirektor 1.VI.12.

c) Regierungsräte.

(R. u. FR. = Regierungs- und Fiskalrat.)

1	Reissenegger Max, ORegR. (MIII—LK) (1.III.83)	Regensburg	1.XI.88
2	Schamberg August (MIV) (1.X.86)	München	1.VI.92
3	Schmidt Andreas (MIV) (1.XI.88)	Ansbach	1.X.95
4	Frommel Otto, ORegR. (MIV) (1.VII.92)	München	1.VII.97
5	Berthold Georg, R. u. FR. (MIV) (1.VIII.95)	Speyer	16.VII.98
6	Schuster Joseph (MIV) (1.XI.95)	München	1.VI.99
7	Morgens Max (MIV) (16.XII.90)	Speyer	1.VII.00
8	Jordan Friedrich (MIV) (1.VII.97)	München	16.VII.00
9	Lochner Ludwig (MIV) (1.VII.97)	"	1.VIII.00
10	Degmair Karl (MIV) (16.I.98)	Landshut	1.IV.01
11	Klaiber Johann, R. u. FR. (MIV) (1.II.98)	München	16.XII.01
12	Brunner Hermann (MIV) (1.IV.98)	Augsburg	16.XII.01
13	Simon Franz (MIV) (16.VII.98)	Würzburg	1.IX.02
14	Winter Franz (MIV) (1.VI.99)	München	1.IX.02
15	Wochinger Friedrich, R. u. FR. (MIV) (1.VI.99)	Regensburg	1.I.03
16	Dobeneck Otto Frhr. v. (1.V.00)	"	1.IX.04
17	Heydrich Wilhelm Dr., R. u. FR. (1.VIII.00)	Würzburg	1.IX.04
18	Schweizer Joseph (1.IV.01)	Landshut	1.XII.04
19	Dumler Georg Dr. (1.VI.01)	Bayreuth	1.XII.04
20	Meier Franz Jos., R. u. FR. (1.IV.01)	Augsburg	1.IV.05
21	Gaschott Friedrich, R. u. FR. (1.VI.01)	Speyer	1.IV.05
22	Eggelkraut zu Wildengarten August, Edler v. (1.IX.01)	München	1.IV.06
23	Gerbel Heinrich (1.IX.02)	Würzburg	1.IX.06
24	Schmidinger Anton (1.IX.02)	München	1.X.06
25	Stenglein Friedrich (1.IX.02)	Würzburg	1.X.06
26	Michel Andreas Dr. (1.II.03)	Ansbach	1.VII.07
27	Geissendörfer Johann (1.VII.03)	Regensburg	1.VII.07
28	Beck Georg, R. u. FR. (1.VII.03)	München	1.X.07
29	Pfeuffer Friedr. Wilh., R. u. FR. (1.II.04)	Ansbach	1.XI.07
30	Moser Hugo (1.IX.04)	Augsburg	1.XI.07
31	Bogner Joh. Karl (1.IX.04)	Landshut	1.II.08
32	Sedlmaier Thomas (16.XI.03)	Augsburg	1.III.08
33	Stepperger Benedikt, R. u. FR. (1.XI.04)	Würzburg	1.V.08
34	Kaiser Rudolf (1.IV.05)	Speyer	1.IX.08

35	Stegmüller Johann (1. XII. 04)	Würzburg	1. XI. 08
36	Schimpf Georg (1. IV. 05)	Augsburg	1. XII. 08
37	Glaser Friedrich (1. I. 05)	Regensburg	1. V. 09
38	Held Otto (1. IV. 05)	München	1. X. 09
39	Urban Willibald (1. VI. 03)	Ansbach	1. XI. 10
40	Ulmer Karl (1. I. 06)	Bayreuth	1. XI. 10
41	Schamberg Karl (1. IV. 06)	Würzburg	1. XII. 10
42	Pausch Karl, R. u. FR. (1. IX. 06)	München	1. VII. 11
43	Scheiner Richard (1. IX. 06)	Ansbach	1. VII. 11
44	Schrankenmüller Karl (1. X. 06)	Speyer	1. VII. 11
45	Schmetzer Hugo, R. u. FR. (1. X. 06)	Augsburg	1. V. 12.
46	Kammermeier Ferdinand, R. u. FR. (1. XII. 06)	Bayreuth	1. VI. 12
47	Boschen Karl (1. VII. 07)	"	1. VI. 12
48	Wagner Max (1. X. 07)	Landshut	16. XI. 12

d) Regierungsassessoren.

(R. u. FA. = Regierungs- u. Fiskalassessor.)

1	Tumma August (1. VII. 03)	Regensburg	1. XI. 07
2	Lettenbauer Ludwig (1. VII. 03)	Augsburg	1. XI. 07
3	Krausneck Wilhelm Dr., R. u. FA. (1. IX. 04)	Ansbach	1. I. 08
4	Hundemer Wilhelm Dr., R. u. FA. (1. X. 04)	Landshut	1. II. 08
5	Wagner Ludwig (16. X. 03)	München	1. V. 08
6	Marc Ludwig (16. X. 03)	Ansbach	1. IX. 08
7	Himmelhan Anton (16. XI. 04)	"	1. XI. 10
8	Merfeld Julius (1. XII. 04)	Augsburg	1. XII. 10
9	Friedl Otmar (1. XII. 04)	Landshut	1. XII. 10
10	Bäuerlin Friedrich (1. I. 05)	Bayreuth	1. XII. 10
11	Spälter Friedrich, R. u. FA. (1. V. 05)	Regensburg	1. I. 11
12	Märkl Wilhelm Dr. (1. X. 04)	München	1. VII. 11
13	Dilg Adalbert (1. III. 05)	Speyer	1. VII. 11
14	Baer Ludwig (1. V. 05)	Ansbach	1. VII. 11
15	Leupoldt Paul (1. I. 06)	Landshut	1. VII. 11
16	Durner Max Dr. (1. II. 06)	Augsburg	1. VII. 11
17	Däumling Christoph Dr. (1. III. 06)	Würzburg	1. VII. 11
18	Herbert Otto (1. V. 06)	Bayreuth	1. VII. 11
19	Moritz Karl (1. X. 06)	Speyer	1. X. 11
20	Harzmann Johann (1. II. 08)	"	1. V. 12
21	Müller Robert, R. u. FA. (1. VII. 07)	Bayreuth	1. VI. 12
22	Rötzer Joseph (1. IV. 08)	Würzburg	1. VI. 12
23	Wenninger Wilhelm (1. V. 08)	Speyer	1. VI. 12
24	Harzmann Anton (1. V. 08)	München	16. XI. 12

e) Finanzassessoren.

1	Lehr Heinrich	Ansbach	1. XII. 04
2	Kölbel Hans	Augsburg	16. V. 05
3	Schmausser Theodor Dr.	Ansbach	1. III. 07
4	Ehrlich Konrad	Landshut	1. IV. 07
5	Rogister Ludwig Dr. Ritter u. Edler von	Augsburg	1. XII. 07
6	Bauer Friedrich	"	1. V. 09
7	Hürner Johann	München	1. V. 09
8	Keller Heinrich (PL2)	Augsburg	1. V. 09

9	Hartung Wolfgang Dr.	Würzburg	1. VI. 09
10	Wenninger Anton	"	1. VII. 09
11	Schnabl Gustav	München	1. VIII. 09
12	Hügelsschäffer Eduard	Würzburg	1. X. 09
13	Schleis v. Löwenfeld Max	Landshut	1. XII. 09
14	Eggelkraut zu Wildengarten Paul, Edler von	Würzburg	1. I. 10
15	Wörner Georg	Regensburg	1. II. 10
16	Legat Ludwig	"	1. II. 10
17	Bauer Wilhelm	Landshut	1. V. 10
18	Beck Karl	Würzburg	1. V. 10
19	Deininger Johann	Bayreuth	1. VI. 10
20	Büschel Alfred	Augsburg	1. IX. 10
21	Vollrath Gottfried	Bayreuth	1. IX. 10
22	Ertl Max	Landshut	1. XII. 10
23	Müller Gustav	Ansbach	1. I. 11
24	Buck Hermann	Regensburg	1. I. 11
25	Gentner Wilhelm	Augsburg	1. I. 11
26	Lehmann Wilhelm Dr.	Ansbach	1. I. 11
27	Nusser Joseph	München	16. IV. 11
28	Spengel Ernst	Augsburg	16. IV. 11
29	Deninger Ludwig	Regensburg	16. IV. 11
30	Stengel Emil	Speyer	1. VI. 11
31	Brückner Franz Dr. (PL2)	Augsburg	1. VII. 11
32	Streit Michael	Ansbach	1. VII. 11
33	Lizius Maximilian Dr.	München	1. VII. 11
34	Höchstetter Karl	Regensburg	1. VII. 11
35	Spitzer Engelbert	"	1. VII. 11
36	Schenk Hermann	Landshut	1. VII. 11
37	Mergner Gustav	Bayreuth	1. VII. 11
38	Cammerer Friedrich	München	1. VII. 11
39	Mühlfeld Robert Dr.	Ansbach	1. VII. 11
40	Weisensee Christian	Würzburg	1. VII. 11
41	Krautbauer Michael	München	1. VII. 11
42	Görlich Richard Dr.	Würzburg	1. VII. 11
43	Piehler Max Dr.	Augsburg	1. VII. 11
44	Hailer Hermann	Landshut	1. VII. 11
45	Hirsch Friedrich	München	1. VII. 11
46	Müller Michael	Bayreuth	1. VII. 11
47	Costa Paul	Augsburg	1. VII. 11
48	Uschold Adolf Dr.	München	1. VII. 11
49	Dicknether Karl Dr.	"	1. VII. 11
50	Gebhard Karl	Bayreuth	1. VII. 11
51	Heinzlmair Peter	Landshut	1. VII. 11
52	Krauss Friedrich	Würzburg	1. VII. 11
53	Geul Karl	Speyer	1. VII. 11
54	Schumann Ignaz	München	1. VIII. 11
55	Koehler Philipp	Speyer	1. VIII. 11
56	Engelhard Theodor	Bayreuth	1. VIII. 11
57	Goetz Joseph	Landshut	1. IX. 11
58	Büttner Albert	Bayreuth	1. X. 11
59	Wolfbauer Joseph Dr.	München	1. XI. 11
60	Winkler Hans	Regensburg	1. XI. 11
61	Knogler Ludwig	Landshut	1. V. 12
62	Schneider Wilhelm	München	1. V. 12
63	Kuhn Georg	Augsburg	1. V. 12

64	Dörner Hans Dr.	München	1. VI. 12
65	Baumann Otto	„	1. VI. 12
66	Abert Friedrich	Würzburg	1. VI. 12
67	Kennerknecht Albert	Ansbach	1. VIII. 12
68	Wölfle Johann	Speyer	1. IX. 12
69	Liebhardt Walter	Augsburg	1. X. 12
70	Hartmann Friedrich	München	16. XI. 12
71	Müller Karl	Augsburg	16. XI. 12
72	Baumann Gustav Dr.	Ansbach	16. XI. 12
73	Uhl Adolf	Augsburg	16. XI. 12
74	Freistätt Wilhelm Dr.	München	16. XI. 12
75	Miltner Joseph	Regensburg	16. XI. 12
76	Findt Max	Ansbach	16. XI. 12
77	Zahn Wilhelm	Bayreuth	16. XI. 12
78	Grohmann Gottfried	Regensburg	16. XI. 12
79	Miller Ernst	Augsburg	16. XI. 12
80	Pfaffenzeller Karl	Würzburg	16. XI. 12
81	Mack Gottfried	Speyer	16. XI. 12
82	Döll August	„	16. XI. 12
83	Laible Eduard	„	16. XI. 12
84	Priester Stephan	Ansbach	16. XI. 12
85	Meyer Franz	München	16. XI. 12
86	Höfling Friedrich	Landshut	16. XI. 12
87	Blum Viktor	Speyer	16. XI. 12

f) Rechnungskommissäre.

Mit Titel, Rang und Gehalt eines Rechnungskommissärs am Obersten Rechnungshof.

1	Hellmuth Wilhelm, Rat (MIV—LK—OEFJ5) (1. V. 87)	München	15. VI. 92
2	Naegerl Joseph, Rat (1. II. 98)	Nürnberg	1. III. 03
3	Weisbrod Michael, Rat (1. V. 00)	München	1. IX. 04

Nach Klasse 12 der Gehaltsordnung.

4	Ziegler Michael	Würzburg	1. IX. 02
5	Pollwein Alois	Regensburg	1. IX. 02
6	Islinger Franz	Landshut	1. VII. 03
7	Aecker Heinrich	Würzburg	1. VII. 03
8	Süss Joseph	München	16. XI. 03
9	Merkel Friedrich	Bayreuth	1. VII. 03 reakt. 1. I. 10
10	Häusler August	Würzburg	1. V. 04
11	Pfriem Paul	München	1. IV. 05
12	Prenitzer Theodor	Regensburg	1. V. 05
13	Dehn Walter	Landshut	1. VII. 05
14	Seiz Heinrich	„	1. XI. 05
15	Ottmann Ludwig	Augsburg	16. XII. 05
16	Ament Wilhelm	München	1. IX. 06
17	Griesbauer Hugo	Würzburg	1. IX. 06
18	Schnitzler Anton	München	16. IX. 06
19	Zimmermann Wilhelm	Ansbach	1. VII. 07
20	Plötz Theodor	München	1. IX. 08
21	Negrioli Philipp	Ansbach	1. X. 08
22	Wochinger Karl	Nürnberg	1. X. 08
23	Busch Otto Jakob	München	1. I. 09

24 Lanz Karl	Ansbach	1.I.09
25 Winkler Hugo	Würzburg	1.I.09
26 Messerer Friedrich	Landshut	1.I.09
27 Kollmannsberger Sebastian	"	1.I.09
28 Schott Karl	"	1.I.09
29 Michl Otto	"	1.I.09
30 Bruggaier Karl	Augsburg	1.I.09
31 Martin Titus	Ansbach	1.I.09
32 Maier Joseph	Würzburg	1.I.09
33 Krug Joseph	München	1.I.09
34 Rauch Kaspar	Würzburg	1.I.09
35 Rebele August	Augsburg	1.I.09
36 Wütscher Karl	München	1.I.09
37 Eitzinger Matthias	"	1.I.09
38 Tyroller Anton	"	1.I.09
39 Stegmaier Joseph	Augsburg	1.I.09
40 Scheitinger Johann	München	1.I.09
41 Rabus Alfred	Ansbach	1.I.09
42 Schrödinger Georg	Regensburg	1.I.09
43 Ritter Ludwig	Speyer	1.I.09
44 Schnatterer Engelbert	Landshut	1.I.09
45 Linnhuber Johann	Ansbach	1.I.09
46 Friedel Hugo	Würzburg	1.I.09
47 Kroyer Friedrich	Augsburg	1.I.09
48 Schönberger Max	Würzburg	1.I.09
49 Vestner Otto	Regensburg	1.I.09
50 Dörr Eugen	Würzburg	1.I.09
51 Gerhard Philipp	Speyer	1.I.09
52 Schmidt Georg	Bayreuth	1.I.09
53 Breu Karl	Regensburg	1.I.09
54 Hofmann Andreas	"	1.I.09
55 Langenstein Nikolaus	Speyer	1.I.09
56 Dietz Amandus	Bayreuth	1.I.09
57 Schultheis Klemens	Würzburg	1.I.09
58 Dressendörfer Friedrich	Ansbach	1.I.09
59 Kimmel Georg	München	1.X.09
60 Schreiber Anton	Ansbach	1.XII.09
61 Dennerlein Max	Bayreuth	1.III.10
62 Ostermayr Bruno	"	1.III.10
63 Kayser Otto	Regensburg	1.V.10
64 Stolber Otto	Bayreuth	1.XII.10
65 Gehring Max	Speyer	1.I.11
66 Stempfle Adalbert	Würzburg	1.I.11
67 Müller Franz	"	1.I.11
68 Lang Johann	München	1.III.11
69 Kohler Karl	Speyer	16.IV.11
70 Zimmerer Ludwig	Ansbach	16.IV.11
71 Schneider Alfons	"	16.IV.11
72 Camerer Karl	München	1.VII.11
73 Hannamann Richard	Regensburg	1.VII.11
74 Grassegger Paul	"	1.VII.11
75 Frank Anton	Augsburg	1.VII.11
76 Schad Chlodwig	Ansbach	1.VII.11
77 Scholz Richard	Bayreuth	1.VII.11
78 Pummerer Felix	München	1.VII.11
79 Spreti Theodor, Graf v.	"	1.VII.11

80	Strobl Franz	Bayreuth	1. VII. 11
81	Uschold Wilhelm	Regensburg RA.	1. VII. 11
		RK.	16. II. 12
82	Hofmann Eugen	Ansbach	1. VII. 11
83	Eigner Jakob	„	1. VII. 11
84	Koch Johann	Bayreuth	1. VII. 11
85	Nadler Karl	Ansbach	1. VII. 11
86	Fahmüller Max	Bayreuth	1. VII. 11
87	Back Eugen	„	1. VII. 11
88	Peter Franz X.	Würzburg	1. VII. 11
89	Dejon Joseph	Speyer	1. VII. 11
90	Irber Franz	Landshut	1. VII. 11
91	Sittl Franz X.	Bayreuth	1. VII. 11
92	Thiel Albert	„	1. VII. 11
93	Bachmaier Otto	München	1. VII. 11
94	Emmerling Edmund	Ansbach	1. VII. 11
95	Winderl Georg	Augsburg	1. IX. 11
96	Harzenetter Joseph	München	1. IX. 11
97	Feistle Joseph	Speyer	1. IX. 11
98	Kink Heinrich	Ansbach	1. IX. 11
99	Schmidhofer Martin	Speyer	1. XI. 11
100	Frommeld Joseph	Landshut	1. XII. 11
101	Späth Alfred	Ansbach	16. II. 12
102	Fellner Alois	Bayreuth	1. VII. 12
103	Lang Georg	Speyer	1. VIII. 12
104	Goß Hermann	Augsburg	1. X. 12
105	Greßer Joseph	Speyer	1. X. 12
106	Blasy Karl	Würzburg	16. XI. 12
107	Simon Otto	Speyer	16. XI. 12
108	Kitz Hugo	„	16. XI. 12
109	Meier Georg	Bayreuth	16. XI. 12
110	Donderer Karl	Speyer	16. XI. 12
111	Pöverlein Ludwig	Bayreuth	16. XI. 12
112	Bernhart Joseph	Landshut	16. XI. 12

Nach Klasse 14 der Gehaltsordnung und Klasse 9 der Rangordnung.

113	Kaufmann Georg	Speyer	1. VIII. 11
114	Steller Karl	„	1. VIII. 11
115	Jakob Joseph	Augsburg	1. VIII. 11

g) Steuerrechnungskommissäre

der Regierung der Pfalz, K. d. F.

1	Scheib Wilhelm	Speyer	1. I. 09
2	Herzog Karl	„	1. I. 09
3	Ochsenreither Hermann	„	1. VII. 11
4	Pfleger Emil	„	1. VII. 11

h) Akzessisten.

1	Klein Emil	Bayreuth
2	Penkmayer Richard Dr.	München
3	Salzgeber Karl	Landshut
4	Salffner Oskar	Ansbach
5	Daschner Friedrich	München
6	Tröltsch Welfried, Frhr. v.	Augsburg

7	Girisch Eugen	Würzburg
8	Fischer Karl	Augsburg
9	Schröder Alfred	München
10	Hübsch Albert Dr.	"
11	Plecher Vinzenz	Bayreuth
12	Foohs Ludwig	Speyer
13	Walbrun Michael	Bayreuth
14	Mahler Wilhelm	München
15	Rieth Joseph Dr.	"
16	Drexler Ludwig	Regensburg
17	Merz Karl	Speyer
18	Kister Hermann	Regensburg
19	Rörig Hugo	Speyer
20	Englhorn Alfred	Augsburg
21	Gebhard Wilhelm Dr.	"
22	Graßinger Joseph Dr.	Bayreuth
23	Samstag Heinrich	Würzburg
24	Hörmann Eugen	Landshut
25	Lenz Konrad	München
26	Haberstumpf Oskar	Augsburg
27	Hergt Raimund Dr.	Landshut
28	Rock Kurt Dr.	München
29	Reuß Joseph	Speyer
30	Berzl Otto Dr.	Landshut
31	Hefner Gustav	Regensburg
32	Schuster Joseph	"
33	Falbesaner Adolf	Ansbach
34	Roßmüller Georg	Speyer
35	Schultes Karl	Würzburg
36	Solbrig August Dr.	München
37	Steinheimer Michael	Bayreuth
38	Schenk Ignaz	Würzburg
39	Neff Peter Dr.	Ansbach
40	Ritter Georg	Würzburg
41	Bals Georg	München
42	Beckenkamp Otto Dr.	Würzburg

l) Präsidialsekretäre, Sekretäre, Registratoren, (Kanzlisten), Kanzlei- und Registraturassistenten, Boten und Steindrucker).

(Diese Stellen jedoch nur insoweit als das Staatsministerium der Finanzen zur Besetzung zuständig ist.)

α) **Präsidialsekretäre.**

1	Schwarz Joseph, Rat (PLc)	Regensburg	1. I. 09
2	Hammer Alois, Rat	Landshut	1. I. 09
3	Klöpffer Ludwig	Augsburg	1. I. 09
4	Dannhauser Johann	Ansbach	1. I. 09

β) **Sekretäre.**

1	Feiner August	Augsburg	16. VII. 91
2	Koch Karl (LK)	Speyer	16. X. 97
3	Schwandner Franz	Augsburg	16. VIII. 98
4	Wenk Hans	Ansbach	1. V. 04
5	Simon Karl	Landshut	1. VII. 07
6	Storch Franz Emil	Würzburg	1. I. 08

7	Schwarz Eugen	Bayreuth	1.IV.08
8	Körger Georg	München	1.I.09
9	Görner Bernhard (LK)	"	1.I.09
10	Diem Johann	Ansbach	1.I.09
11	Berger Georg	Speyer	1.I.09
12	Trammer Johann	Regensburg	1.I.09
13	Stettberger Andreas	München	1.I.09
14	Wissmeyer August	Würzburg	1.I.10
15	Moser Joseph	"	1.IX.10

γ) Registratoren.

1	Meyer Theodor, Rat (LK)	München	15.II.82
2	Schenk Johann Adam	Würzburg	1.I.91
3	Hofmann Christian	Augsburg	16.III.91
4	Wittmann Heinrich (LK)	Speyer	16.VI.92
5	Schmidt Gottfried	Ansbach	16.VIII.94
6	Hojer Georg	Augsburg	1.IX.94
7	Fahr Friedrich	Ansbach	1.XII.96
8	Ganzmann Eugen	Würzburg	1.II.97
9	Kellner Georg	Regensburg	1.IV.98
10	Frey August	Ansbach	1.X.98
11	Wangemann Lorenz	Bayreuth	1.V.99
12	Täuber Leonhard	Regensburg	1.IX.02
13	Schneebauer Joseph	Landshut	16.III.03
14	Sanner Johann	München	1.V.03
15	Schenk Heinrich	Landshut	1.II.07
16	Hirsch Matthias	Bayreuth	1.VII.08
17	Schepp Michael	München	1.IX.08
18	Münzer Roderich	"	1.I.09
19	Frank Georg	"	1.I.09
20	Schmucker Max	Landshut	1.I.09
21	Baierl Alois	"	1.I.09
22	Wolf Georg	Regensburg	1.I.09
23	Grübel Georg	Bayreuth	1.I.09
24	Horn Heinrich	"	1.I.09
25	Beigel Leonhard	Ansbach	1.I.09
26	Liedtke Wilhelm	Würzburg	1.I.09
27	Flechtner Johann	"	1.I.09
28	Kracker Joseph	Speyer	1.VII.09
29	Früchtel Nikolaus	Ansbach	1.IX.11

δ) Kanzlisten.

Mit Titel und Rang eines Regierungssekretärs.

1	Waelzel Christian	Ansbach	1.IV.94
2	Knöllinger Georg (LK)	"	1.IV.98
3	Groh Franz	Bayreuth	1.III.00
4	Kress Joseph	Regensburg	1.IX.02
5	Schwarz Max	Augsburg	1.IX.02
6	Wind Nikolaus	Würzburg	1.IX.02
7	Neudorfer Karl	München	1.VII.04
8	Ertl Johann	Bayreuth	16.V.07
9	Hader Johann	Regensburg	16.IX.08

Übrige Kanzlisten.

10	Weltin Karl (LK)	Speyer	1.IX.02
11	Ebenhöch Klement	Regensburg	1.IV.08

ε) Kanzlei- und Registraturassistenten.

1	Kirchner Heinrich	Regensburg	16. III. 95
2	Bauer Adam	Ansbach	1. IV. 96
3	Burger Joseph	Landshut	1. VII. 98
4	Schott Johann	Bayreuth	1. XII. 99
5	Illing Georg	Regensburg	1. IV. 00
6	Wenzl Wunibald	München	1. VIII. 00
7	Schreyer Johann	Ansbach	1. IX. 00
8	Wörrlein Friedrich	"	1. I. 01
9	Koob Rupert	Augsburg	16. V. 01
10	Lindörfer Georg	München	1. I. 02
11	Rödel Gottlieb	"	1. VI. 02
12	Kurz Georg Karl	"	1. IX. 02
13	Jüngling Johann	Regensburg	16. IX. 02
14	Loschge Joseph	"	16. X. 02
15	Mahler Joseph	München	16. XI. 02
16	Ihrler Johann	"	1. XI. 03
17	Jobst Karl	Landshut	1. XI. 03
18	Rösch Gustav	Augsburg	1. V. 04
19	Popp Andreas	München	1. VI. 04
20	Wöhrle Otto	Speyer	1. IX. 04
21	Bauer Georg	Bayreuth	16. IX. 04
22	Hergst Heinrich	"	1. X. 04
23	Dietrich Michael	Ansbach	1. XI. 04
24	Prell Johann	München	1. IV. 05
25	Masson Johann	Augsburg	16. VI. 05
26	Krämer Stephan	Würzburg	1. XI. 05
27	Gansbühler Johann	Landshut	1. I. 06
28	Jochum Karl	Augsburg	16. VI. 06
29	Stoll Johann II	Landshut	1. X. 06
30	Gack Adalbert	Augsburg	16. X. 06
31	Löw Jakob	Speyer	18. X. 06
32	Pittroff Thomas	Bayreuth	21. X. 06
33	Felseis Konrad	Würzburg	1. II. 07
34	Strobel Michael	Augsburg	22. V. 07
35	Schneider Rudolf	Landshut	1. VII. 07
36	Bergmann Konrad	München	1. II. 08
37	Burkert Heinrich	Regensburg	1. VII. 08
38	Baur Joseph	Augsburg	1. IX. 08
39	Scheller Matthias	München	1. XII. 08
40	Beer Joseph	Landshut	1. XII. 08
41	Dauer Otto	Speyer	1. XII. 08
42	Höhn Leopold	Bayreuth	1. XII. 08
43	Fink Heinrich	Ansbach	1. XII. 08
44	Hader Georg	Regensburg	16. XII. 08
45	Diem Richard	München	15. II. 09
46	Rosshirt August	Augsburg	1. II. 10
47	Goller Adolf	"	1. VI. 10
48	Wiest Engelbert	Würzburg	1. VIII. 10
49	Hafner Joseph	Bayreuth	1. X. 10
50	Vogl Franz	München	1. III. 11
51	Körner Andreas	Bayreuth	1. III. 11
52	Moser Joseph	Würzburg	1. III. 11
53	Hofmann Friedrich	"	1. VI. 11

54	Vogl Karl	Landshut	1. VII. 11
55	Schnappauf Michael	Regensburg	1. IV. 12
56	Freiesleben Franz	Ansbach	1. X. 12

ζ) Boten.

1	Kirschner Joseph (LK)	Regensburg	1. VII. 85
2	Daniel Jakob (Me 1)	Landshut	1. I. 88
3	Rabenstein Georg	Bayreuth	15. II 92
4	Reichert Franz	Würzburg	1. XI. 93
5	Schwarz Nikolaus	Regensburg	16. X. 94
6	Pöverlein Philipp	Landshut	1. VI. 96
7	Raithel Adam	Bayreuth	1. I. 98
8	Fischer Peter	Augsburg	1. V. 98
9	Heilmann Johann	Würzburg	1. II. 99
10	Zick Leopold	Augsburg	1. V. 99
11	Braun Johann	Speyer	1. I. 00
12	Volk Otto	Würzburg	16. VII. 00
13	Ködel Wilhelm	Ansbach	16. IX. 00
14	Ehrt Moritz	Speyer	1. IV. 01
15	Jungbauer Albert	München	16. VI. 01
16	Thoma Georg	Ansbach	1. IX. 02
17	Stippler Leonhard	Augsburg	1. X. 02
18	Sattelberger Franz X.	Landshut	1. V. 03
19	Brand Jakob	München	1. VII. 03
20	Haunschild Hubert	Ansbach	1. II. 04
21	Köber Philipp	Würzburg	15. IX. 04
22	Brater Johann	Speyer	1. III. 05
23	Ambos Friedrich	"	1. III. 06
24	Schartner Sebastian	München	1. VIII. 06
25	Winzenhöhler Matthäus	Würzburg	1. X. 06
26	Laube Julius	Regensburg	16. I. 07
27	Karl Christian	Bayreuth	1. III. 07
28	Bosch Jakob	Ansbach	1. VI. 07
29	Obermeier Joseph	Augsburg	1. XI. 08
30	Fromm Johann	"	1. IV. 09
31	Liebl Johann	München	1. I. 10
32	Leidl Joseph	"	16. III. 10
33	Sontheimer Max	"	1. IX. 10
34	Bäumler Johann	Landshut	1. I. 11
35	Scharf Philipp	Bayreuth	1. II. 11
36	Sossau Georg	München	1. III. 11
37	Rettig Reinhard	Speyer	1. V. 11
38	Schmidbauer Franz	München	1. VI. 11

η) Steindrucker.

1	Zwickel Andreas	Augsburg	16. V. 89
2	Stumpf Wendelin	Würzburg	1. V. 96
3	Muth Adam	Augsburg	16. XI. 98
4	Kramer Christoph	Bayreuth	1. IX. 02
5	Berghammer Sebastian	Landshut	16. IV. 05
6	Schall Joseph	Speyer	18. X. 06
7	Kragl Georg	München	1. III. 07

XI. Liste.

Kreiskassen.

a) Kreiskassiere.

	Name	Ort	Dienstantritt
1	Miesbach August, T. u. R. e. RegR. (MIV—LK)	Würzburg	Renttm. 1.I.82 KrK. 1.XI.96
2	Plenagl Matthias, RegR.	München	Renttm. 1.VI.88 KrK. 1.VIII.10
3	Frank Karl (MIVa)	Augsburg	Renttm. 16.X.90 KrK. 16.XII.03
4	Heidenreich Lorenz (MIV—LK)	Regensburg	1.X.95
5	Meyer Gustav Ad.	Ansbach	Rentm. 1.VI.97 KrK. 1.IV.02
6	Krackhardt Gustav	Bayreuth	Renttm. 1.I.02 KrK. 1.XI.07
7	Dobmaier Johann (LK)	Landshut	1.VII.02
8	Stahl Georg	Speyer	1.V.08

b) Kontrolleure.

	Name	Ort	Dienstantritt
1	Emmersleben Martin (M—LK)	Regensburg	1.XI.97
2	Senft Johann (LK)	Würzburg	1.II.00
3	Grosser Friedrich (M)	München	1.II.00
4	Diem Albert	Speyer	16.VII.01
5	Bauer Friedrich	Augsburg	1.VII.02
6	Dennerlein Jakob (LK)	Bayreuth	1.I.04
7	Megele Emil (1.VII.03 RechgsK.)	Ansbach	1.II.06
8	Haeckel Karl (1.VII.03 RechgsK.)	Landshut	1.V.08

c) Zahlmeister.

	Name	Ort	Dienstantritt
1	Fikenscher Karl	München	1.VII.99
2	Schmäling Martin	Würzburg	16.VII.00
3	Glöckle Joseph (LK)	Regensburg	16.VII.00
4	Deffner Timotheus (M—LK)	Speyer	16.VII.00
5	Vogelhuber Wilhelm	Bayreuth	16.VII.01
6	Engelhardt Christian (LK)	Ansbach	1.II.03

d) Offizianten.

	Name	Ort	Dienstantritt
1	Schneider Ludwig	München	1.VII.99
2	Müller Otto Rupprecht	Landshut	1.II.00
3	Kratzer Joseph	Ansbach	1.VII.02
4	Bauernfeind Franz X.	Regensburg	1.II.03
5	Rohr Martin	Würzburg	1.I.04
6	Trey Otto	Augsburg	1.VI.07

e) Sekretäre.

	Name	Ort	Dienstantritt
1	Krebs Erhard	Augsburg	RS. 1.VII.03 1.IV.09
2	Hagen Sebastian	Bayreuth	RS. 1.VII.03 1.VII.11

3	Spörlein Heinrich	Landshut	1.IV.00
4	Ammer Franz X.	München	1.II.03
5	Schiffmann Ludwig	München	1.VII.03
6	Eberlein Leonhard	Ansbach	1.VII.03
7	Eckstein Johann	München	1.VIII.03
8	Klein Max	Augsburg	1.VIII.03
9	Sauter Heinrich, gepr. KPr.	Speyer	16.I.04
10	Guttenberger Peter	Bayreuth	16.VIII.05
11	Braun Erich, gepr. KPr.	Regensburg	1.VII.07
12	Jöckel Adolf, gepr. KPr.	Speyer RS.	1.I.09 / 1.XI.10
13	Steinberger Adolf	Landshut RS.	1.I.09 / 1.I.11
14	Voit Hans, gepr. KPr.	Würzburg	1.VI.09

f) **Kasseassistentinnen.**
(Nichtetatsmässig)

1	Schwaiger Berta	München	1.IX.11
2	Schröder Babetta	„	1.XII.12

g) **Diener.**

1	Seibert Karl (Me 1 — LK)	Würzburg	1.IX.86
2	Hussendörfer Michael	München	1.II.94
3	Stöckl Michael (LK)	Augsburg	1.II.94
4	Ruhland Wolfgang (Me 1)	Landshut	16.VII.03
5	Weinrich Heinrich (LK)	Bayreuth	1.IX.03
6	Österreicher Wenzel	Ansbach	1.VIII.06
7	Schellenberger Michael	München	16.X.08
8	Schleicher Johann	Speyer	1.VII.11
9	Remberger August	Regensburg	1.IV.12

XII. Rentämter.

a) **Regierungsräte.**
(Vorstände der Rentämter mit Kasseabteilung.)

1	Gimmi Otto von (MIV) (16.VII.00)	München St.III. / RVorst.	1.II.03 / 1.XI.08
2	Burckhardt Heinrich (MIV—LK) (1.XI.84)	Nürnberg III	1.VII.03
3	Stöcklein Gottfried (MIV) (1.X.87)	München St.I	1.VII.03
4	Friedrichs Friedrich (MIV) (1.XII.89)	Nürnberg II	16.XI.03
5	Zernott Karl (MIV) (16.I.95)	Augsburg I	1.XII.05
6	Linsmayer Christian (MIV) (16.VI.86)	Würzburg St.	1.IX.08
7	Grass August (MIV) (1.VI.86)	Ludwigshafen a.Rh.	1.VII.11
8	Dreyer Jakob (MIV) (16.III.89)	Kaiserslautern	1.VII.11
9	Schmid Anton (MIVa) (1.VII.92)	München II	1.VII.11
10	Conrath Peter (MIVa) (1.XII.92)	Aschaffenburg I	1.VII.11
11	Ullrich Alexander (15.II.94)	Passau	1.VII.11
12	Fischer August (16.VII.94)	Fürth	1.VII.11
13	Hey Heinrich (16.XII.95)	Pirmasens	1.VII.11
14	Letz Ferdinand (1.VI.96)	Regensburg I	1.VII.11
15	Abendroth Eduard (1.II.98)	Hof	1.VIII.11
16	Schmidt Ernst (MIV) (1.XII.90)	Nürnberg I	1.IX.11

b) Rentamtmänner.
(einschliesslich der Kasseabteilungsvorstände.)
(RegR. = Titel u. Rang e. Regierungsrats.)

1	Gähler Franz von (MIV) (16.I.75)	Straubing	16.IV.77
2	Foohs Ludwig (16.XI.79)	Dahn	1.VI.83
3	Rosenhauer Karl, RegR. (1.I.81)	Ansbach	16.XI.84
4	Höfl Friedrich (1.XII.82)	Weilheim	16.IV.87
5	Arras Ludwig (16.IX.83)	Bergzabern	1.X.87
6	Morneburg Jakob, RegR. (MIV) (1.XI.84)	München St.IV	1.X.87
7	Heyl Karl (LK) (1.VI.83)	Lohr	16.XI.87
8	König Julius, RegR. (MIV) (1.III.84)	Schweinfurt	16.V.88
9	Högel Johann Bapt. (MIVa) (16.V.84)	Höchstädt a.D.	1.IX.88
10	Dietl Eduard (MIV) (16.XI.84)	Aibling	1.V.89
11	Grafenberger Alois (16.III.85)	Uffenheim	1.VII.89
12	Kugler Joseph (MIVa) (16.VI.85)	Gunzenhausen	1.II.90
13	Hartmann Heinrich (1.XI.85)	Augsburg II	1.II.90
14	Eckmüller Ludwig (1.XII.85)	Burglengenfeld	1.III.90
15	Hautmann Georg (15.II.86)	Zusmarshausen	16.VI.90
16	Pessl Andreas Ritter und Edler von (1.V.86)	Pottenstein	1.VII.90
17	Arnold Constantin (1.X.86)	Kitzingen	1.V.91
18	Krieg Joseph (MIV) (1.X.86)	Landshut	1.V.91
19	Zellner Heinrich (16.XII.86)	Freising	1.V.91
20	Haas Michael (15.II.87)	Friedberg	1.V.91
21	Kathan Edmund, RegR. (16.XII.86)	Kempten	1.VII.91
22	Bayer Georg (1.X.87)	Ingolstadt	16.I.92
23	Schmitt Georg (16.XI.87)	Ochsenfurt	16.I.92
24	Burckhardt Johann, RegR. (1.X.87)	Traunstein	16.VII.92
25	Dumas Casimir von, RegR. (MIV) (16.V.88)	Füssen	1.I.93
26	Dittmar Friedrich (MIVa) (16.V.88)	Lichtenfels	16.IV.93
27	Rohr Georg (1.XI.88)	Aschaffenburg II	1.V.93
28	Schreier Michael (MIVa) (1.XI.88)	Ebersberg	1.VI.93
29	Forster Johann Nep. (1.II.89)	Würzburg Ld.	1.VI.93
30	Weinmayer Georg (16.I.89)	Schwabmünchen	16.XII.93
31	Ehard Joseph (16.I.89)	Nördlingen	16.XII.93
32	Schwab Hermann (1.V.89)	Trostberg	16.XII.93
33	Thaler Johann Gg. (1.XI.89)	Neustadt a. A.	1.V.94
34	Beck Johann (MIVa) (1.IV.90)	Weiden	16.V.94
35	Zeissner Friedrich, Kasseabt.-Vorst. (16.VI.90)	München St.I	1.VII.94
36	Wüst Gustav (1.III.90)	Altdorf	1.XII.94
37	Veh Paul (1.V.91)	Rosenheim	16.IV.95
38	Müller Eugen (16.III.91)	Neu-Ulm	1.VI.95
39	Will Martin (1.V.91)	Arnstein	16.VII.95
40	Arnold Theodor (1.VII.90)	Cadolzburg	1.VIII.95
41	Cramer Ernst (1.VII.91)	Hammelburg	16.IX.95
42	Collorio Adam, Kasseabt.-Vorst. (1.IX.91)	München St.III.	1.X.95
43	Dörr Heinrich (1.VII.91)	Eschenbach	1.XI.95
44	Zorn Eugen (1.II.92)	Wertingen	1.VI.96
45	Yblagger Ludwig (1.XII.92)	Eichstätt	16.VII.96
46	Runzler Gustav (1.VI.93)	Mallersdorf	1.I.97
47	Wimmer Johann, Kasseabt.-Vorst. (16.VII.93)	Augsburg I	16.I.97
48	Then Joseph (16.VII.93)	Röttingen	16.I.97

49	Riedel Karl (1.XI.93)	Erlangen	16.III.97
50	Heigl Karl (16.XII.93)	Riedenburg	16.III.97
51	Rabe Siegmund (16.XII.93)	Stadtsteinach	16.III.97
52	Weninger Otto (16.XII.93)	Schrobenhausen	1.IV.97
53	Schaffner Max (1.III.94)	Amberg	16.IV.97
54	Fries Hugo, Kasseabt..-Vorst. (1.III.94)	München St.II	1.V.97
55	Fügenschuh Joseph (1.V.94)	Wasserburg	1.V.97
56	Höher Hugo (1.VII.91)	Fürstenfeldbruck	1.VI.95
		reakt.	16.I.08
57	Denkhardt Raimund (16.VII.94)	Erding	1.IX.97
58	Effert Hermann, Kasseabt.Vorst. (16.I.95)	Nürnberg II	16.X.97
59	Leschhorn Ludwig (16.IV.95)	Landau i. Pf.	16.X.97
60	Albrecht Wendelin (1.XII.94)	Türkheim	1.II.98
61	Scheuten Franz (16.IV.95)	Moosburg	1.II.98
62	Acker Theodor (16.IV.95)	Speyer	16.III.98
63	Feineis Hermann (1.VI.95)	Kissingen	1.IV.98
64	Oberhofer Joseph (1.II.88)	Günzburg	1.IV.98
65	Wunder Franz (1.VIII.95)	Bayreuth	1.V.98
66	Baron Joseph (1.VIII.95)	Marktbibart	1.VIII.98
67	Schmidt Anton, Kasseabt.-Vorst. (1.VIII.95)	Nürnberg III	1.VIII.98
68	Danhauser Franz, Kasseabt -Vorst. (16.IX.95)	Passau	16.IX.98
69	Vorster Karl (16.IX.95)	Velburg	1.XI.98
70	Rubner Karl (1.X.95)	Hersbruck	1.XII.98
71	Weber Johann, Kasseabt.-Vorst. (16.XII.95)	Nürnberg I	1.XII.98
72	Bedall Alfred (1.V.93)	Miesbach	1.I.99
73	Hörmann Ignaz (1.XI.95)	Deggendorf	1.IV.99
74	Muckenschnabel Ignaz (16.XII.95)	Burghausen	1.VI.99
75	Kern Georg (1.X.95)	Laufen	1.VIII.99
76	Rippel Ludwig (1.I.96)	Frankenthal	1.VIII.99
77	Nidermaier Joseph (1.VI.96)	Volkach	1.XI.99
78	Benker Gustav, RegR. (1.V.94)	Lindau	1.XII.99
79	Ragner Alfred (1.VI.96)	Dachau	1.XII.99
80	Wolff Roman (16.XI.96)	Brückenau	16.IV.00
81	Gerner Johann (16.VII.96)	Schwabach	1.V.00
82	Lauer Anton (16.III.97)	Annweiler	1.VII.00
83	Höhne Joseph (1.VII.97)	Karlstadt	1.X.00
84	Stockar v. Neuforn Karl (1.VI.95)	Donauwörth	16.XII.00
85	Fraunholz Joseph (16.III.97)	Kastl	1.I.01
86	Braunhofer Franz (16.III.97)	Bamberg Ld.	1.I.01
87	Drexler Vinzenz (1.VII.89)	Heilsbronn	16.I.01
88	Gromeder Johann (16.I.97)	Öttingen	1.IV.01
89	Liepert Karl (1.IV.97)	Zwiesel	16.V.01
90	Mauter Karl (16.I.95)	Rothenkirchen	1.VII.91
91	Grünewald Heinrich, Kasseabt.-Vorst. (16.X.97)	Ludwigshafen	1.VIII.01
92	Sixt Wilhelm (1.V.97)	Mindelheim	16.VIII.01
93	Sturm Ludwig (16.I.97)	Tölz	16.XI.01
94	Richter Hermann (1.VI.97)	Herzogenaurach	1.I.02
95	Auer Anton (1.VII.97)	Tirschenreuth	1.I.02
96	Frank Ludwig (16.X.97)	Weissenburg i.B.	1.III.02
97	Kitzing Richard (1.IX.97)	Dillingen	1.IV.02
98	Rettig Hermann (16.XII.97)	Dürkheim	1.V.02
99	Rockenstein Anton (16.X.97)	Simbach a.I.	1.V.02

100	Koos Christoph (1.I.98)	Neustadt a. S.	1.V.02
101	Sauer Gustav (1.II.98)	Monheim	1.VI.02
102	Kleis Wilhelm (1.II.98)	Mühldorf	1.VIII.02
103	Zeiss Karl (1.IV.98)	Wunsiedel	1.XI.02
104	Grähl Ludwig (1.IV.98)	Immenstadt	1.II.03
105	Birner Joseph (1.II.98)	Greding	1.III.03
106	Schmaus Lorenz (1.IV 98)	Bamberg-St.	1.III.03
107	Kolb Max (1.VIII.98)	Klingenberg	16.III.03
108	Bayer Karl (16.VII.98)	Memmingen	1.V.03
109	Derleth Matthias (1.VIII.99)	Kelheim	1.VI.03
110	Bassler Moritz (1.V.98)	Herrieden	1.VII.03
111	Beyerlein Gustav (16.VII.98)	Vilshofen	1.VII.03
112	Sondermann Hermann (1.VIII.98)	Wassertrüdingen	1.VII.03
113	Limbacher Franz (1.XI.98)	Neumarkt i.O.	1.VII.03
114	Hartmann Karl Anton (1.I.99)	Dettelbach	1.VII.03
115	Hierl Johann (1.IV.99)	Königshofen	1.VII.03
116	Linhardt Richard (1.VI.99)	Windsheim	1.VII.03
117	Hans Eugen, Kasseabt.-Vorst. (1.VI.99)	Würzburg-St.	1.VII.03
118	Volkert Karl (1.VIII.99)	Schongau	1.VII.03
119	Walter Johann (1.XII.99)	Regensburg II	1.VII.03
120	Hornung Friedrich (1.VII.00)	Edenkoben	1.VII.03
121	Knözinger Anton (1.XII.99)	Starnberg	1.X.03
122	Limbacher Richard (1.VII.00)	Neustadt a. H.	1.X.03
123	Lechinger Joseph (16.VII.00)	Vilsbiburg	16.X.03
124	Knauber Friedrich (1.VII.00)	Hilpoltstein	16.XI.03
125	Meyer Siegmund (16.VII.00)	Neunkirchen a. Br.	16.XI.03
126	Stümpfler Joseph (16.VII.00)	Beilngries	16.XI.03
127	Führer Rudolf (16.VII.00)	Krumbach	16.XI.03
128	Sonderschefer Max (16.VII.00)	Kulmbach	16.XII.03
129	Spatny Adolf (16.VII.00)	Münchberg	16.I.04
130	Hagemann Karl, Kasseabt-Vorst. (16.VII.00)	Aschaffenburg I	16.I.04
131	Rennert Julius (16.VII.00)	Mitterfels	1.II.04
132	Dürr Wilhelm (1.I.01)	Hemau	1.III.04
133	Weis Theodor (1.VIII.01)	Kirchheimbolanden	1.III.04
134	Sellner Wilhelm (16.XII.04)	Neuburg a.D.	1.IV.04
135	Schwab Karl (1.VIII.00)	Thurnau	1.V.04
136	Knorr Ludwig (16.I.01)	Griesbach	16.VI.04
137	Bertram Gustav, Kasseabt.-Vorst. (16.V.01)	Regensburg I	16.VI.04
138	Gmach Max (16.I.01)	Lauingen	1.VII.04
139	Henke Karl (1.X.00)	Sulzbach	1.VIII.04
140	Wismüller Karl (1.IV.01)	Burgwindheim	16.VIII.04
141	Trautner Karl (1.IV.01)	Freyung	1.X.04
142	Rockstroh Ludwig (1.VI.01)	Kipfenberg	1.X.04
143	Degen Johann, Kasseabt.-Vorst. (1.VIII.01)	Fürth	1.XI.04
144	Schleich Georg (16.IX.01)	Grünstadt	1.XI.04
145	Pischinger August (1.IX.01)	Lengfurt	1.XII.04
146	Fleckenstein Anton (16.VIII.01)	Pfarrkirchen	1.I.05
147	Scherer Heinrich (16.XI.01)	Forchheim	1.I.05
148	Kolb Christoph Dr. (1.I.02)	Dinkelsbühl	1.IV.05
149	Mehrwald Melchior (16.V.01)	Ottobeuren	16.V.05
150	Agne Wilhelm (1.IX.02)	Kusel	1.VII.05
151	Eymann Jakob (1.III.02)	Landstuhl	1.X.05
152	Hartmuth Ludwig (1.V.02)	Ebern	1.XII.05

Nr.	Name	Ort	Datum
153	Finger Johann (1. V. 02)	Winnweiler	1. I. 06
154	Siebenlist Alois (1. VI. 02)	Amorbach	1. II. 06
155	Zahn Paul (1. VIII. 02)	Burgau	1. II. 06
156	Junker Hermann (16. XI. 01)	Homburg	1. III. 05
		reakt.	1. I. 07
157	Voment August (1. IX. 02)	Waldsassen	1. I. 07
158	Schilbach Georg (1. IX. 02)	München-Ld.	1. IV. 07
159	Aldinger Ludwig (1. IX. 02)	Rothenburg o. T.	1. XI. 07
160	Nenning Benevenutus (1. IX. 02)	Viechtach	1. XII. 07
161	Zink Joseph (1. IX. 02)	Aichach	1. I. 08
162	Braun Karl (1. IX. 02)	Weissenhorn	1. IV. 08
163	Streit Ludwig, Kasseabt.-Vorst. (1. IX. 02)	Hof	1. VIII. 08
164	Wolf August (1. IX. 02)	Weismain	1. VIII. 08
165	Bergmaier Adalbert (1. IX. 02)	Gerolzhofen	1. IX. 08
166	Moser Heinrich (1. IX. 02)	Vohenstrauss	1. X. 08
167	Rambour Karl (16. XII. 03)	Landsberg Rgs.-A.	1. XII. 08
		R.	1. XII. 10
168	Heil Karl Dr. (16. I. 04)	Berchtesgaden Rgs.-A.	1. XII. 08
		R.	1. XII. 10
169	Schlecht Anton Dr. (1. III. 04)	Garmisch Rgs.-A.	1. II. 09
		R.	1. X. 11
170	Matheis Jakob (1. IX. 02)	Obermoschel	1. IV. 09
171	Hess Valentin (1. IX. 02)	Kandel	1. IV. 09
172	Sepp Johann (16. VII. 04)	Kaufbeuren Rgs.-A	1. V. 09
		R.	1. VII. 11
173	Abendroth Karl (1. IX. 02)	Gemünden	1. V. 09
174	Flury Theobald (1. V. 03)	Dingolfing	1. VI. 09
175	Lauterbach Karl (1. III. 03)	Hofheim	1. VII. 09
176	Müller Paul (1. I. 05)	Wolfratshausen Rgs.-A.	1. X. 09
		R.	1. VI. 12
177	Beer Joseph (1. III. 03)	Mellrichstadt	1. X. 09
178	Cuno Friedrich (1. II. 03)	Schönberg	1. X. 09
179	Lucas Karl (1. VII. 03)	Staffelstein	1. X. 09
180	Zimmerer Heinrich (1. VII. 03)	Obernzell	1. XII. 09
181	Hausmann Joseph (1. VII. 03)	Höchstadt a. A.	1. I. 10
182	Standhardinger Friedrich (1. VII. 03)	Lichtenberg	1. I. 10
183	Bähr Johannes (1. VII. 03)	Kronach	1. II. 10
184	Niggl Michael (1. VII. 03)	Neunburg v. W.	1. II. 10
185	Pfadtisch Joseph (1. VII. 03)	Buchloe	1. III. 10
186	Kiefer Andreas (1. VII. 03)	Marktschorgast	1. III. 10
187	Heusser Richard (1. VII. 03)	Germersheim	1. IV. 10
188	Wagner Georg (1. VII. 03)	Spalt	1. V. 10
189	Vollnhals Georg (1. VII. 03)	Auerbach	1. V. 10
190	Geyer Adalbert (1. VII. 03)	Waldmünchen	1. VI. 10
191	Ladenberger Friedrich (1. VII. 03)	Markt Oberdorf	1. VIII. 10
192	Bergdolt Philipp (1. VII. 03)	Waischenfeld	1. IX. 10
193	Wadlinger Nikolaus (1. VII. 03)	Blieskastel	1. XII. 10
194	Häglsperger Dionys (1. VII. 03)	Zeil	1. XII. 10
195	Fetzer Emil (1. VII. 03)	Walderbach	1. I. 11
196	Hellenthal Georg (1. VII. 03)	Werneck	1. V. 11
197	Sixt Michael, Kasseabt.-Vorst. (16. XI. 03)	Kaiserslautern	1. VII. 11
198	Obich Max (16. I. 04)	Neustadt a. D.	1. VII. 11
199	Hübsch Bruno, Kasseabt.-Vorst. (1. X. 05)	Pirmasens	1. VII. 11
200	Mayr Eduard (1. VII. 03)	Cham	1. VII. 11

201 Bauer Sebastian (1.IV.05)	Rain	1.VII.11
202 Zimmermann Nikolaus (16.VII.03)	Heidenheim	1.VIII.11
203 Falkner v. Sonnenburg Franz (16.XI.03)	Lauterecken	1.VIII.11
204 Fritz Karl (1.X.05)	St. Ingbert	1.VIII.11
205 Weisenseel Andreas (1.VI.03)	Landau a. I.	1.IX.11
206 Brügel Max (1.XI.04)	Feuchtwangen	1.IX.11
207 Schuhmann Xaver (16.XI.03)	Kemnath	1.IX.11
208 Schellhaass Ludwig (16.I.04)	Eggenfelden	1.IX.11
209 Geyer Franz (1.II.04)	Ebermannstadt	1.X.11
210 Schuster Karl (1.II.04)	Kötzting	1.X.11
211 Scholl Heinrich (16.VI.04)	Illertissen	1.XII.11
212 Bally Eugen (16.I.04)	Zweibrücken	16.II.12
213 Vogel Karl (1.VII.03)	Pfaffenhofen	1.V.12
214 Killinger Heinrich (1.IX.06)	Schesslitz	1.VIII.12
215 Meyer Johann (1.X.06)	Markt Erlbach	1.X.12
216 Kerth Philipp (1.VII.04)	Selb	1.X.12
217 Jacob Ludwig (1.I.07)	Pegnitz	16.X.12
218 Bauer Andreas (1.IX.04)	Münnerstadt	16.XI.12
219 Knaus Anton (1.X.06)	Nabburg	16.XI.12

c) Remtamtsassessoren.

1 Saurer August	Traunstein	RK. 16.XI.03 RA. 1.II.06
2 Schmidt Johann	Kempten	RK. 16.VIII.04 RA. 1 I.05
3 Heussler Ludwig	Kissingen	RK. 1.X.04 RA. 1.VII.11
4 Hartig Joseph	Lindau	RK. 1.I.05 RA. 16 VII.06
5 Scheibenbogen Max	Regensburg I	RK. 1.I.05 RA. 1.VIII.07
6 König Benedikt	Eichstätt	RK. 1.II.05 RA. 1.VII.08
7 Leitenbauer Hugo	Miesbach	RK. 16.III.04 RA. 16.V.05
8 Rothenanger Albert	Passau	RK. 1.VIII.05 RA. 1.I.09
9 Trütschel Georg	Nürnberg II	RK. 1.II.06 RA. 1.IX.06
10 Bauer Alfons	Immenstadt	RK. 1.II.06 RA. 1.VII.11
11 Steinle Johann Bapt.	Landshut	RK. 1.V 06 RA. 16.XI.12
12 Stubenrauch Christoph	Hof	1.V.06
13 Füssl Anton	Freising	RK. 1.IX.06 RA. 1.III.10
14 Lechner Johann	München St. II	1.IX.06
15 Niessen Otto	Nürnberg III	1.IX.06
16 Heindl Anton Heinrich	München St. III	FA. 1.X.06 RA. 1.VII.11
17 Mayer Anton	Mühldorf	RK. 1.X.06 RA. 16.XI.12

Nr.	Name	Ort	
18	Schweiger Karl	Neumarkt i. O.	RK. 1. X. 06 RA. 1. VII. 11
19	Batteiger Otto	Ludwigshafen a. Rh.	RK. 1. X. 06 RA. 1. III. 10
20	Hefele Anton	Augsburg I	1. X. 06
21	Rohrmoser Georg	Kaufbeuren	RK. 16. XI. 06 RA. 1. VII. 11
22	Stark Leopold	Deggendorf	RK. 1. XII. 06 RA. 1. I. 10
23	Schoentag Theodor	München St. I	FA. 1. I. 07 RA. 16. IV. 11
24	Braun Johann	Rosenheim	1. I. 07
25	Faulhaber Nikolaus	Schweinfurt	RK. 1. IX. 07 RA. 16. XI. 12
26	Hingkeldey Karl	Augsburg I	RK. 1. IX. 07 RA. 1. VII. 11
27	Brandl Hermann	Landsberg	FA. 1. XI. 07 RA. 1. VII. 11
28	Öchslein Karl	München St. I	RK. 1. XI. 07 RA. 1. IX. 10
29	Mohr Georg	Neustadt a. H.	RK. 1. I. 08 RA. 1. XI. 11
30	Eckert Georg	Erlangen	1. II. 08
31	Bihler Ulrich	Dillingen	RK. 1. VII. 08 RA. 1. VII. 11
32	Fuchs Johann Andr.	Würzburg St.	FA. 1. VIII. 08 RA. 1. VII. 11
33	Reichenberger Erwin	München-Ld.	FA. 1. IX. 08 RA. 1. V. 12
34	Wüst Joseph	Augsburg I	RK. 1. X. 08 RA. 16. IV. 11
35	Selzle Ludwig	München St. I	FA. 1. X. 08 RA. 1. V. 12
36	Oßenbrunner Karl	München St. II	FA. 16. XII. 08 RA. 16. XI. 12
37	Heyden Karl Dr.	Hersbruck	FA. 1. I. 09 RA. 1. VII. 11
38	Holl Wilhelm	Ansbach	RK. 1. I. 09 RA. 1. II. 10
39	Obeltshauser Joseph	Neuburg a. D.	RK. 1. I. 09 RA. 1. IX. 10
40	Tritschler August	Landshut	RK. 1. I. 09 RA. 1. XII. 10
41	Wagner Franz	Donauwörth	RK. 1. I. 09 RA. 1. VII. 11
42	Häusler Franz X.	Wasserburg	RK. 1. I. 09 RA. 1. VII. 11
43	Preuss Johann	Lohr	RK. 1. I. 09 RA. 1. VII. 11

44	Preu Emil	Würzburg St.	RK. 1. I. 09 RA. 1. VII. 11
45	Full Otto	„	RK. 1. I. 09 RA. 1. I. 11
46	Nepf Heinrich	München St. IV	RK. 1. I. 09 RA. 1. XI. 09
47	Eisenmüller Johann	Kitzingen	RK. 1. I. 09 RA. 1. VII. 11
48	Kerler Johann	Memmingen	RK. 1. I. 09 RA. 1. I. 11
49	Scheurer Johann	Burghausen	RK. 1. I. 09 RA. 1. VII. 11
50	Bockmayer Jakob	Frankenthal	RK. 1. I. 09 RA. 1. V. 10
51	Eisfelder Anton	Bamberg Ld.	RK. 1. I. 09 RA. 1. X. 11
52	Weiss Engelbert	München St. III	RK. 1. I. 09 RA. 1. VII. 11
53	Pönnath Georg	Bayreuth	RK. 1. I. 09 RA. 16. XI. 12
54	Landthaler Ludwig	Weilheim	RK. 1. I. 09 RA. 16. XI. 12
55	Lins Johann	Kempten	RK. 1. I. 09 RA. 16. XI. 12
56	Weickert Franz	Neustadt a. S.	RK. 1. I. 09 RA. 1. VII. 11
57	Balthasar Jakob	Nördlingen	RK. 1. I. 09 RA. 1. VII. 11
58	Jäger Karl	Bamberg St.	RK. 1. I. 09 RA. 1. VII. 12
59	Weigel Theodor	München St. III	RK. 1. I. 09 RA. 1. VII. 11
60	Eckmüller Robert	Fürth	RK. 1. I. 09 RA. 1. VII. 11
61	Cloeter Karl	Vilshofen	RK. 1. I. 09 RA. 1. VII. 11
62	Micheler Julius	Sulzbach	RK. 1. I. 09 RA. 1. VII. 11
63	Scheider Friedrich	Schwabach	RK. 1. I. 09 RA. 1. VII. 11
64	Nunn Ferdinand	Würzburg Ld.	RK. 1. I. 09 RA. 1. IX. 11
65	Cuno Max	Homburg	RK. 1. I. 09 RA. 1. VII. 11
66	Höning Johann	Kelheim	RK. 1. I. 09 RA. 1. VII. 11
67	Fritsch Philipp	Forchheim	RK. 1. I. 09 RA. 1. VII. 11

Nr.	Name	Ort		
68	Schmid Karl	Kaiserslautern	RK. 1.I.09	RA. 1.VI.11
69	Steinbacher Georg	Amberg	RK. 1.I.09	RA. 1.XI.11
70	Kast Franz	Erding	RK. 1.I.09	RA. 1.VII.11
71	Klensch Ludwig	Kaiserslautern	RK. 1.I.11.	RA. 1.VII.11
72	Hopfner Heinrich	Burglengenfeld	RK. 1.I.09	RA. 1.VII.11
73	Eckel Franz	Ludwigshafen a. Rh.	RK. 1.I.09	RA. 16.IV.11
74	Voeller Gustav	Rothenburg o.T.	RK. 1.I.09	RA. 1.VII.11
75	Schmitt Johannes	Zweibrücken	RK. 1.I.09	RA. 1.VII.11
76	Wank Georg	Nürnberg I	RK. 1.I.09	RA. 16.IV.11
77	Ochs Karl	Gunzenhausen	RK. 1.I.09	RA. 1.VII.11
78	Hausmann Johann	Straubing	RK. 1.I.09	RA. 1.VII.11
79	Steinert Wilhelm	Schweinfurt	RK. 1.I.09	RA 1.IX.11
80	Riedelbauch Hermann	Weissenburg	RK. 1.I.09	RA. 1.VII.11
81	Gold Emil	Augsburg II	FA. 1.II.09	RA. 1.X.12
82	Schnepff Christoph	Aschaffenburg I	FA. 1.III.09	RA. 16.II.12
83	Tewes Alfons	München St. III	FA. 1.IV.09	RA. 1.VII.11
84	Dexel Johann	Dürkheim	FA. 1.IV.09	RA. 1.VII.11
85	Hertel Wilhelm	Fürth	FA. 1.V.09	RA. 16.IV.11
86	Krafft Ludwig	Regensburg II	FA. 1.X.09	RA. 1.VII.11
87	Nissl Franz	Friedberg	RK. 1.X.09	RA. 1.VII.11
88	Henle Walter	München St. II	FA. 1.XI.09	RA. 1.VII.11
89	Dentler Max	Regensburg I	FA. 1.XI.09	RA. 1.VII.11
90	Hoch Joseph Dr.	München St. II	FA. 1.III.10	RA. 1.VII.11
91	Ruck Heinrich	Mallersdorf	FA. 1.XII.10	RA. 1.VII.11

Nr.	Name	Ort		Datum
92	Probst Ernst	Ingolstadt	FA.	1.I.11
			RA.	16.X.12
93	Berolzheimer Hans Dr.	München Ld.		16.IV.11
94	Feuerlein Ludwig	Nürnberg III		1.VII.11
95	Tillmann Friedrich	Neustadt a.H.		1.VII.11
96	Goerner Otto	Markt-Oberdorf		1.VII.11
97	Löcherer Georg	Ansbach	FA.	1.VII.11
			RA.	16.XI.12
98	Neuner Richard	Regensburg I	FA.	1.VII.11
			RA.	1.VI.12
99	Vierling Richard	Amberg	FA.	1.VII.11
			RA.	16.XI.12
100	Hörner Emil	Speyer	FA.	1.VII.11
			RA.	16.XI.12
101	Hagen Adolf	Kulmbach		1.VII.11
102	Müller Wilhelm	Nürnberg II	RK.	1.VII.11
			RA.	16.II.12
103	Trauschel Joseph	Aschaffenburg II	RK.	1.VII.11
			RA.	1.IX.12
104	Schreiner Albert	Landau Pf.	RK.	1.VII.11
			RA.	1.X.12
105	Fischer Hermann	Wunsiedel		1.VII.11
106	Haberl Johann B.	Günzburg		1.VII.11
107	Weiss Otto	Neunburg v.W.		1.VII.11
108	Baer Friedrich	Nürnberg III		1.VII.11
109	Kunstmann Georg	Lichtenfels		1.VII.11
110	Rahm Friedrich	Pirmasens		1.VII.11
111	Hauss Oskar	Ludwigshafen		1.VII.11
112	Gossner Johann	Kronach		1.VII.11
113	Mohr Georg	Berchtesgaden	RK.	1.VII.11
			RA.	16.XI.12
114	Reiss Christian	St. Ingbert		1.VII.11
115	Lottenburger Wilhelm	Nürnberg I		1.VII.11
116	Gröhling Heinrich	Neustadt a.D.		1.VII.11
117	Ritter Ludwig	Pirmasens	RK.	1.VII.11
			RA.	1.IX.11
118	Ungemach Eugen	Weiden		1.VII.11
119	Schätzl Stephan	Pfaffenhofen	RK.	1.VII.11
			RA.	16.XI.12
120	Engelbrecht Jakob	Fürth		1.VII.11

Uebriges Verwaltungspersonal.

d) Rentamtssekretäre.

Geprüfte Kameralpraktikanten.

Nr.	Name	Ort	Datum
1	Müller Max	Bergzabern	1.I.09
2	Holzinger Ernst	Walderbach	1.I.09
3	Kern Anton	Klingenberg	1.I.09
4	Linsmayer Heinrich	Amorbach	1.I.09
5	Greis Robert	München St. II	1.I.09
6	Widerspick Gustav	München St. III	1.I.09
7	Falcke Friedrich	Feuchtwangen	1.I.09

8	Niedenthal Friedrich Chr.	München St. II	1.I.09
9	Reinhartinger Johann	Regensburg II	1.I.09
10	Sesselmann Andreas	Bamberg Ld.	1.I.09
11	Rotter Georg	Nürnberg II	1.I.09
12	Müller Karl	Illertissen	1.I.09
13	Demolet Eduard	Germersheim	1.I.09
14	Utz Hans	Erding	1.VI.09
15	Berger Johann	München St. II	1.XII.09
16	Zrenner Simon	Vilshofen	1.VIII.10
17	Beer Johann	Eggenfelden	1.XII.10
18	Lautenschlager Friedrich	Fürth	1.I.11
19	Seidl Ludwig	Augsburg I	1.II.11
20	Gring Karl	Schwabach	16.IV.11
21	Lamhofer Johann	Burgwindheim	16.IV.11
22	Koch Wolfgang	Selb	16.IV.11
23	Fischer Anton	Aschaffenburg I	16.IV.11
24	Fichtner Joseph	Friedberg	1.VI.11
25	Kühlmann Otto	Aibling	1.VII.11
26	Franz Joseph	Landau i.Pf.	1.VII.11
27	Schröder Robert	Augsburg I	1.VII.11
28	Knappich Georg	Augsburg II	1.VII.11
29	Thaller Joseph	München III	1.VII.11
30	Mangold Karl	Rain	1.VII.11
31	Schlamp Michael	Ingolstadt	1.VII.11
32	Püttrich Heinrich	Bayreuth	1.VII.11
33	Gölkel Eberhard	Friedberg	1.VII.11
34	Blum Robert	Kissingen	1.VII.12
35	Engl Michael	Berchtesgaden	1.X.12
36	Müller Johannes	Schweinfurt	16.XI.12
37	Seyfried Heinrich	Aschaffenburg I	16.XI.12
38	Küffner Friedrich	Hof	16.XI.12
39	Kainz Friedrich	Landstuhl	16.XI.12
40	Diflo Karl	Zeil	16.XI.12
41	Eder Karl	Schongau	16.XI.12
42	Schaumberger Andreas	München Ld.	16.XI.12
43	*Mayer Friedrich	Neustadt a.H.	16.XI.12
44	*Hofmann Heinrich	Freising	16.XI.12
45	*Büchold Eugen	Uffenheim	16.XI.12

Uebrige Rentamtssekretäre.

46	Rummel Johann, Buchhalter d. StSchV.	Freising	KS. 1.VIII.97 Buchh. 1.III.02
47	Thiem Johann (Ma)	Zwiesel	KS. 1.IV.98 RS. 1.VII.03
48	Hönig Michael	Burghausen	1.VII.03
49	Schmück Valentin	"	1.VII.03
50	Geyer Georg	Ebersberg	1.VII.03
51	Groh Andreas	München St. III	1.VII.03
52	Schmidt Martin	Fürstenfeldbruck	1.VII.03
53	Hofmann Franz	Freising	1.VII.03
54	Uhl Michael	Friedberg	1.VII.03
55	Schubert Wolfgang	München St. II	1.VII.03
56	Rackl Georg	Ingolstadt	1.VII.03

* Mit der Verwesung der Sekretärstelle betraut.

57	Leibrecht Johann Georg	Ingolstadt	1. VII. 03
		reakt.	16. IX. 08
58	Hartmann Adam	Laufen	1. VII. 03
59	Seiling Matthäus	Mühldorf	1. VII. 03
60	Fabri Karl	München St. I	1. VII. 03
61	Helmschrott Michael	„	1. VII. 03
62	Schübel Heinrich	„	1. VII. 03
63	Fischer Daniel	„	1. VII. 03
64	Nothhaft Christian	München St. II	1. VII. 03
65	Wolfbauer Emanuel	„	1. VII. 03
66	Seiler Adam	„	1. VII. 03
67	Herterich Franz	„	1. VII. 03
68	Wunschel Georg	„	1. VII. 03
69	Lurz Anton	München St. III	1. VII. 03
70	Detzer Ludwig	„	1. VII. 03
71	Lipp Jakob	„	1. VII. 03
72	Möckel Gustav	München St. IV	1. VII. 03
73	Müller Hugo	„	1. VII. 03
74	Bühling Georg	„	1. VII. 03
75	Mägerlein Georg (Ma)	München Ld.	1. VII. 03
76	Dassler Johann	„	1. VII. 03
77	Tristl Anton	Pfaffenhofen	1. VII. 03
78	Holzer Sebastian	Rosenheim	1. VII. 03
79	Metz Martin	Traunstein	1. VII. 03
80	Pröbstl Karl	Wasserburg	1. VII. 03
81	Bösenecker Johann	Kelheim	1. VII. 03
82	Engelhardt Johann	Landshut	1. VII. 03
83	Wagner Bernhard	„	1. VII. 03
84	Peter Franz X. (Ma, LK)	Mallersdorf	1. VII. 03
85	Wagner Georg	Passau	1. VII. 03
86	Beinhardt Philipp	Straubing	1. VII. 03
87	Bayerlein Konrad	Vilsbiburg	1. VII. 03
88	Scherbel Georg	Vilshofen	1. VII. 03
89	Halder Otto	Dürkheim	1. VII. 03
90	Hessdorfer Karl	Homburg	1. VII. 03
91	Cambeis Ludwig	Kaiserslautern	1. VII. 03
92	Groh Johann Chr.	Kandel	1. VII. 03
93	Weigel Xaver	Landau i. Pf.	1. VII. 03
94	Frohn Karl	Ludwigshafen a. Rh.	1. VII. 03
95	Zirker Franz	Speyer	1. VII. 03
96	Potzel Johann (Ma)	Kemnath	1. VII. 03
97	Winkler Georg	Neumarkt	1. VII. 03
98	Eichmeier Heinrich	Neunburg v. W.	1. VII. 03
99	Kauper Jakob	Regensburg I	1. VII. 03
100	Wolff Friedrich	„	1. VII. 03
101	Lang Heinrich	„	1. VII. 03
102	Hain Max	„	1. VII. 03
103	Lierheimer Georg	Regensburg II.	1. VII. 03
104	Meidenbauer Johann	Vohenstrauss	1. VII. 03
105	Eichhorn Friedrich	Bamberg St.	1. VII. 03
106	Gurdan Johann	„	1. VII. 03
107	Breitenbach Georg	Bamberg Ld.	1. VII. 03
108	Hess Adam	Bayreuth	1. VII. 03
109	Grimm Michael	Forchheim	1. VII. 03
110	Grottenmüller Friedrich	Hof	1. VII. 03
111	Wick Konrad	Hersbruck	1. VII. 03

Nr.	Name	Ort		Datum
112	Lang Martin	Kulmbach		1. VII. 03
113	Rossmann Michael	Lichtenfels		1. VII. 03
114	Laumann Eduard	Ansbach		1. VII. 03
115	Zimmermann Michael	Eichstätt		1. VII. 03
116	Schultheiss Leonhard	Erlangen		1. VII. 03
117	Lägel Max	Fürth		1. VII. 03
118	Kulzer Joseph	Nürnberg I		1. VII. 03
119	Schöpf Karl	"		1. VII. 03
120	Metz Franz	Nürnberg II		1. VII. 03
121	Mayer Johann Georg	"		1. VII. 03
122	Beck Karl	Nürnberg III		1. VII. 03
123	Kapp Georg	"		1. VII. 03
124	Dietrich Kaspar	"		1. VII. 03
			reakt.	1. III. 08
125	Schmitt Heinrich	Rothenburg o. T.		1. VII. 03
126	Schrenk Anton Lorenz	Schwabach		1. VII. 03
127	Amos Johann	Weissenburg i. B.		1. VII. 03
128	Gerhard Joseph	Aschaffenburg II		1. VII. 03
129	Jessberger Willibald	Lengfurt		1. VII. 03
130	Wohlfromm Joseph	Lohr		1. VII. 03
131	Hauck Heinrich	Schweinfurt		1. VII. 03
132	Baier Franz (Ma)	Würzburg St.		1. VII. 03
133	Zinser Karl	"		1. VII. 03
134	Zenter Ignaz	"		1. VII. 03
135	Väth Andreas	"		1. VII. 03
136	Kolb Joseph	Würzburg Ld.		1. VII. 03
137	Kornbrust Friedrich	"		1. VII. 03
138	Reiss Emil	"		1. VII. 03
139	Birkner Friedrich (Ma)	Augsburg I		1. VII. 03
140	Bock Hans	Lindau		1. VII. 03
141	Strehle Ludwig (Ma)	Memmingen		1. VII. 03
142	Zach Michael	Neuburg a. D.		1. VII. 03
143	Schmid Ignaz	Ottobeuren		1. VII. 03
144	König Valentin	München St. II		1. VIII. 03
145	Schmuck Max	Passau		1. I. 04
146	Stautner Heinrich	Kempten		1. VIII. 04
147	Otto Robert	Kempten		1. I. 05
148	Keipert Johannes	Pirmasens		1. III. 05
149	Lutz Leonhard	Rosenheim	KS.	1. IV. 05
			RS.	16. IV. 11
150	Bernlochner Andreas	Starnberg	KS.	16. VII. 05
			RS.	16. IV. 11
151	Münz Georg	Eichstätt	KS.	16. VII. 05
			RS.	1. VII. 11
152	Neber Matthias	Immenstadt		16. XII. 05
153	Goller Johann	München St. III	KS.	1. I. 06
			RS.	1. VII. 11
154	Grimps Martin	Erlangen		15. II. 06
155	Denzler Friedrich	Nördlingen		1. V. 06
156	Harter Michael	Kronach		1. VI. 06
157	Küstner Christoph	München St. I		1. VI. 06
158	Renner Karl	Kastl		1. VIII. 06
159	Michenfelder Georg	München St. III	KS.	1. IX. 06
			RS.	1. III. 11

160 Schneider Johann	München St. IV		1. IX. 06
161 Stark Adolf	München St. I		1. IX. 06
162 Hügel Max	Augsburg I		1. IX. 06
163 Schad Lorenz	Nürnberg II		1. IX. 06
164 Hagen Friedrich	Nürnberg I		1. IX. 06
165 Herbig Johann	Dingolfing		1. IX. 06
166 Dinkel Johann Bapt.	Augsburg I		1. IX. 06
167 Kühnlein Karl	München St. I	KS.	16. XI. 06
		RS.	1. IV. 11
168 Hohn Konrad	„	KS.	1. IV. 07
		RS.	1. IV. 11
169 Wildt Joh. Aug.	Bayreuth		1. VII. 07
170 Zieglmaier Franz X.	München Ld.	KS.	1. III. 08
		RS.	1. VII. 11
171 Zimmerer Johann	München St. III		1. VII. 08
172 Dichtl Peter	Ludwigshafen a. Rh.		1. VII. 08
173 Übeleisen Friedrich	Aichach		1. IX. 08
174 Lutter Georg	Bamberg Ld.		1. IX. 08
175 Mayer Joseph	Regensburg I		1 IX. 08
176 Stader Franz	Cham		1. IX. 08
177 Mayer Eugen	Kaiserslautern		1. IX. 08
178 Dietz Joseph	Kissingen		1. IX. 08
179 Knöchel Adam	Ludwigshafen a. Rh.		1. IX. 08
180 Wilde August	Kandel		1. IX. 08
181 Aurnhammer Franz	Rothenkirchen		1 IX. 08
182 Mayer Paul	Herzogenaurach		1. IX. 08
183 Menninger Ludwig	Augsburg I		1. IX. 08
184 Neber Johann	München Ld.		1. IX. 08
185 Weisskopf Franz X.	Regensburg I	KS.	1. XII. 08
		RS.	1. VII. 11
186 Kohlmann Gregor	Auerbach		1. I. 09
187 Hunebald Heinrich	Thurnau		1. I. 09
188 Weingart Ludwig	Blieskastel		1. I. 09
189 Bayerl Hans	Nürnberg III		1. I. 09
190 Habisreitinger Hans	Weissenhorn		1. I. 09
191 Hiller Joseph	Lauingen		1. I. 09
192 Engert Heinrich	Würzburg St.		1. I. 09
193 Ledermann Erasmus	Mellrichstadt		1. I. 09
194 Rosenberger August	Ochsenfurt		1. I. 09
195 Getto Jakob	Kandel		1. I. 09
196 Horn Christoph	Augsburg II		1. I. 09
197 Burkhardt Ludwig	Landsberg		1. I. 09
198 Popp Heinrich	Höchstädt a. D.		1. I. 09
199 Sturm Johann	Burglengenfeld		1. I. 09
200 Rupp Ludwig	München St. I		1. I. 09
201 Dietz Anton	Staffelstein		1. I. 09
202 Fersch Ludwig	Neumarkt		1. I. 09
203 Reusch Johann	Aschaffenburg II		1. I. 09
204 Hartmann Wilhelm	Pfaffenhofen		1. I. 09
205 Huber Max	Pfarrkirchen		1. I. 09
206 Baier Vinzenz	Augsburg II		1. I. 09
207 Fritsch Christian	Bayreuth		1. I. 09
208 Welker Matthäus	Erlangen		1. I. 09
209 Reng Michael	Riedenburg		1. I. 09
210 Seitz Gerhard	Gemünden		1. I. 09

211	Rauh Johann	Würzburg Ld.		1.I.09
212	Azesdorfer Ferdinand	Dillingen		1.I.09
213	Kaffer Joseph	Bamberg St.		1.I.09
214	Quehl Christian	Lichtenberg		1.I.09
215	Hager Johann	Ebern		1.I.09
216	Langohr Heinrich	Weissenburg i. B.		1.I.09
217	Lautenschlager Georg	Passau		1.I.09
218	Cramer Joh. Adam	Nürnberg III		1.I.09
219	Reiss Leonhard (LK)	Rothenburg o. T.		1.I.09
220	Riedner Joh. Heinrich	Altdorf		1.I.09
221	Sylge Konrad	Kaufbeuren		1.I.09
222	Semmer Konrad	Nürnberg I		1.I.09
223	Taig Georg	Schrobenhausen		1.I.09
224	Müller Ludwig	Eichstätt		1.I.09
225	Popp Friedrich	Wunsiedel		1.I.09
226	Stegmaier Georg	Ingolstadt		1.I.09
227	Stimmelmayr Hermann	Cham		1.I.09
228	Böheim Joseph	Donauwörth	KS.	1.I.09
			RS.	1.I.11
229	Gundermann Franz	Bayreuth	KS.	1.I.09
			RS.	1.V.10
230	Krebs Karl	Dinkelsbühl		1.I.09
231	Langheinrich Georg	Hof		1.I.09
232	Merkel Johann	München St. III	KS.	1.I.09
			RS.	1.VI.10
233	Nützel Thomas	"		1.I.09
234	Winklhofer Joseph	Passau		1.I.09
235	Geggerle Adolf	Nördlingen		1.I.09
236	Sauer Julius Friedr.	Weiden		1.I.09
237	Dratz Georg	München St. I	KS.	1.I.09
			RS.	16.IV.11
238	Lankes Johann	Viechtach		1.I.09
239	Meier Hans	Pegnitz	KS.	1.I.09
			RS.	1.XII.10
240	Meixl Eberhard	Beilngries		1.I.09
241	Schmidt Bernhard	Garmisch		1.I.09
242	Nagel David	Landsberg		1.I.09
243	Weber Karl	München St. II		1.I.09
244	Bauer Adolf	Würzburg St.		1.I.09
245	Geier Johann Friedr.	Neustadt a. A.		1.I.09
246	Meier Hans	Hersbruck		1.I.09
247	Saul Peter	Bamberg St.		1.I.09
248	Rissmann Friedrich	Schwabach		1.I.09
249	Friedmann Pankraz	Nürnberg II		1.I.09
250	Kessler Roman	Füssen		1.I.09
251	Lehnert Joh. Nepomuk	Öttingen		1.I.09
252	Probst Hans	Bamberg Ld.		1.I.09
253	Schwenck Johann	Nürnberg I		1.I.09
254	Hüttel Bernhard	Amberg		1.I.09
255	Krügl Johann Bapt.	Kemnath		1.I.09
256	Mayr Johann	Nürnberg II		1.I.09
257	Steinhübel Karl	Ludwigshafen a. Rh.		1.I.09
258	Zederer Georg	Würzburg St.		1.I.09
259	Seiss Leonhard	Nürnberg II		1.I.09
260	Forster Eduard	Landshut		1.I.09

261 Franz Wilhelm	Miesbach	1.I.09
262 Fürbringer Georg	Heidenheim	1.I.09
263 Grün Heinrich	Winnweiler	1.I.09
264 Hahn Paul	Nürnberg I	1.I.09
265 Huber Joseph	Regensburg I	1.I.09
266 Krügel Karl	München St. II	1.I.09
267 Ottinger Johannes	Bergzabern	1.I.09
268 Schweiger Max	Rosenheim	1.I.09
269 Wagner Franz Xaver	Hilpoltstein	1.I.09
270 Unterburger Paul	Ebersberg	1.I.09
271 Dressel Georg	Zeil	1.I.09
272 Ferstl Georg	München St. I	1.I.09
273 Hofmeier Otto	Waischenfeld	1.I.09
274 Krauss Paul	Nürnberg II	1.I.09
275 Lehr Karl	Nürnberg III	1.I.09
276 Noë Emil	Dürkheim	1.I.09
277 Pfänder Joseph	Krumbach	1.I.09
278 Thor Andreas	Klingenberg	1.I.09
279 Ottinger Joseph	Monheim	1.I.09
280 Probst Richard	Nürnberg III	1.I.09
281 Schmausser Johann	Nürnberg I	1.I.09
282 Kissler Wolfgang	Donauwörth	1.I.09
283 Deubler Sebastian	Schwabmünchen	1.I.09
284 Diem Joh. Maxim.	Neu-Ulm	1.I.09
285 Helferich Anton	Waldmünchen	1.I.09
286 Hösl Anton	Nabburg	1.I.09
287 Hummel Georg	Kötzting	1.I.09
288 Legat Paul	Regensburg I	1.I.09
289 Rüth Georg	Waldsassen	1.I.09
290 Wittauer Adam	Traunstein	1.I.09
291 Ahles Andreas	Kitzingen	1.I.09
292 Dassler August	Herzogenaurach	1.I.09
293 Gleixner Franz	Deggendorf	1.I.09
294 Lautenbacher Joseph	Sulzbach	1.I.09
295 Stark Friedrich	Wassertrüdingen	1.I.09
296 Kurz Alfred	Straubing	1.I.09
297 Eismann Johann	Krumbach	1.I.09
298 Nicol Nikolaus	Neunburg v. W.	1.I.09
299 Steger Joseph	Immenstadt	1.I.09
300 Woitscheck Heinrich	Nürnberg I	1.I.09
301 Buchka Karl	Markt Oberdorf	1.I.09
302 Bucher Joseph	Cham	1.I.09
303 Hertling Joh. Franz	Münnerstadt	1.I.09
304 Kapp Leonhard	Lohr	1.I.09
305 Ries Johann	Wunsiedel	1.I.09
306 Schuhbauer Georg	Amberg	1.I.09
307 Dietz Adalbert	München St. I	1.I.09
308 Hauth Joseph	Erding	1.I.09
309 Witzgall Johann	München St. II	1.I.09
310 Schmitt Andreas	München St. I	1.I.09
311 Schuster Hans	Walderbach	1.I.09
312 Belzner Johann	München St. I	1.I.09
313 Pröhuber Georg	Mallersdorf	1.I.09
314 Lindinger Telesphorus	Illertissen	1.I.09
315 Wallner Sebastian	Weilheim	1.I.09
316 Fürst Joseph	München St. IV	1.I.09

317	Buhl Joseph	München Ld.	1.I.09
318	Kroiss Simon	Vilshofen	1.I.09
319	Weithmann Joseph	Günzburg	1.I.09
320	Escher Friedrich	Hof	1.I.09
321	Bäuml Georg	Kelheim	1.I.09
322	Hiller August	Burghausen	1.I.09
323	Lieberum Adolf	Markt Oberdorf	1.I.09
324	Rasp Joh. Christian	Ochsenfurt	1.I.09
325	Eis Joh. Christoph	Fürth	1.I.09
326	Leiser Hermann	Röttingen	1.I.09
327	Schätzler Johann	Aschaffenburg I	1.I.09
328	Amslinger Karl	Werneck	1.I.09
329	Renz Jakob	Fürth	1.I.09
330	Eberle Martin	Starnberg	1.I.09
331	Henz Andreas	Marktbibart	1.I.09
332	Raithel Friedrich	Passau	1.I.09
333	Steitz Philipp	Kirchheimbolanden	1.I.09
334	Hämmel Georg	München Ld.	1.I.09
335	Goller Georg	Aibling	1.I.09
336	Schlicht Christian	Forchheim	1.I.09
337	Hess Philipp	Neustadt a. H.	1.I.09
338	Schneider Franz	Burgau	1.I.09
339	Krennrich Georg	Edenkoben	1.I.09
340	Seitz Karl	Mitterfels	1.I.09
341	Buch Albert	Kaiserslautern	1.I.09
342	Altvater Karl	Obermoschel	1.I.09
343	Emmerich Ludwig	Aschaffenburg I	1.I.09
344	Nusser Ludwig	Augsburg I	1.I.09
345	Balzer Georg	Fürth	1.I.09
346	Heinz Heinrich	Gunzenhausen	1.I.09
347	Ruppert Georg	Landsberg	1.I.09
348	Mestchel Karl	Augsburg I	1.I.09
349	Hofreuther Friedrich	Windsheim	1.I.09
350	Bernard Konrad	Bamberg St.	1.I.09
351	Hebentanz Joh. Max	Stadtsteinach	1.I.09
352	Sauer Friedrich	Weissenburg i. B.	1.I.09
353	Orwitz Johann	Herrieden	1.I.09
354	Doll Hans	Wertingen	1.I.09
355	Binner Hermann	Starnberg	1.I.09
356	Früh Johann	Weiden	1.I.09
357	Schwarzmeier Joseph	München Ld.	1.I.09
358	Ühlein Gottfried	Ebern	1.I.09
359	Peez Karl	Mühldorf	1.I.09
360	Breun Julius	Mellrichstadt	1.I.09
361	Pfeufer Johann	Fürstenfeldbruck	1.I.09
362	Regnet Karl	Kipfenberg	1.I.09
363	Dilling Johann	Laufen	1.I.09
364	Lohr Johann	Miesbach	1.I.09
365	Wiedemann Leo	Wasserburg	1.I.09
366	Ackermann Hermann	Marktschorgast	1.I.09
367	Flach Alois	Griesbach	1.I.09
368	Fischer Friedrich	Würzburg St.	1.I.09
369	Vierlinger Ludwig	Hilpoltstein	1.I.09
370	Wölfl Georg	Straubing	1.I.09
371	Grimm Emil	Lichtenberg	1.I.09
372	Brandhuber David	Traunstein	1.I.09

373	Döring Max	Neuburg a. D.		1.I.09
374	Schatz Heinrich	Kempten		1.I.09
375	Rochholz Friedrich	Kronach		1.I.09
376	Engel Leonhard	Dinkelsbühl		1.I.09
377	Benker Heinrich	Trostberg		1.I.09
378	Körner Christoph	Nürnberg I		1.I.09
379	Striegl Ludwig	München St. II		1.I.09
380	Steindl Wilhelm	Pfaffenhofen		1.I.09
381	Brinnel Karl	Landau i. Pf.		1.I.09
382	Reder Isidor	Neunkirchen a. Br.		1.I.09
383	Spörlein Wolfgang	Kulmbach		1.I.09
384	Hamberger Joseph	Tölz		1.I.09
385	Gürtler Karl	München St. III		1.I.09
386	Pittrof Anton	Wunsiedel		1.I.09
387	Baumgartner Johann	Regensburg I		1.I.09
388	Schmitt Sebastian	Brückenau		1.I.09
389	Brandl Joseph	Traunstein		1.I.09
390	Karl Georg	Aschaffenburg II		1.I.09
391	Madel Engelbert	Regensburg I		1.I.09
392	Mittelberger Georg	Hofheim		1.I.09
393	Schödel Friedrich	München St. II		1.I.09
394	Holzinger Anton	Aschaffenburg I		1.I.09
395	Vongries Adam	Forchheim		1.I.09
396	Scheuring August	Gerolzhofen		1.I.09
397	Kliese Albert	Weilheim		1.I.09
398	Barthel Georg	Hofheim		1.I.09
399	Mühllehner Georg	Schönberg		1.I.09
400	Fick Georg	München St. III		1.I.09
401	Pfändner Georg	Ochsenfurt	KS.	1.I.09
			RS.	16.XI.12
402	Fischer Jakob	Homburg		1.I.09
403	Klotz Joseph	Ludwigshafen a. Rh.		1.I.09
404	Fischer Joseph	Vilsbiburg	KS.	1.I.09
			RS.	1.III.09
405	Übelein Georg	Fürth		1.I.09
406	Schmiedel Heinrich	Nördlingen		1.I.09
407	Fruth Joseph	Amberg		1.I.09
408	Ness Joseph	München St. III		1.I.09
409	Zöllner Hans	Selb		1.I.09
410	Haider Ludwig	Freyung		1.I.09
411	Gruber Paul	München St. II		1.I.09
412	Sedlmaier Xaver	München St. I		1.I.09
413	Brandl Franz X.	München St. III		1.I.09
414	Zink Michael	Gunzenhausen		1.I.09
415	Becker Johann	München St. II		1.I.09
416	Doll Jakob	Kusel		1.I.09
417	Stoll Jean	Dahn		1.I.09
418	Hauss August	Lauterecken		1.I.09
419	Bertl Joseph	Landshut		1.I.09
420	Welker Adolf	Speyer		1.I.09
421	Stein Johann	Amberg		1.I.09
422	Raupp Simon	Arnstein		1.I.09
423	Laufer Ernst	Ansbach		1.I.09
424	Paulus Johann	Aschaffenburg I		1.I.09
425	Landgraf Wilhelm	Weilheim		1.I.09
426	Mayr Sebastian	Schongau		1.I.09

427	Teufel Joseph	Windsheim	1.I.09
428	Baltheiser Lorenz	Rosenheim	1.I.09
429	Arnold Friedrich	Mindelheim	1.I.09
430	Mechler August	Neuburg a. D.	1.I.09
431	Tratz Friedrich	Aschaffenburg I	1.I.09
432	Beicht August	Frankenthal	1.I.09
433	Hirschlach Andreas	Greding	1.I.09
434	Schlenk Georg	Altdorf	1.I.09
435	Wendel Eustachius	Würzburg St.	1.I.09
436	Lawaldt Otto	Kirchheimbolanden	1.I.09
437	Himer Ludwig	Dettelbach	1.I.09
438	Paur Hermann	Augsburg I	1.I.09
439	Tremmel Georg	München St. IV	1.I.09
440	Schleifer Richard	München St. III	1.I.09
441	Bauer Joseph	Rosenheim	1.I.09
442	Lieb Heinrich	Staffelstein	1.I.09
443	Fassnacht Johann	Brückenau	1.I.09
444	Stömmer Engelbert	München St. I	1.I.09
445	Stiegler Franz	Tirschenreuth	1.I.09
446	Höfer Georg	Hof	1.I.09
447	Meixl Jakob	Karlstadt	1.I.09
448	Munz Max	Kaufbeuren	1.I.09
449	Polster Andreas	Karlstadt	1.I.09
450	Liebermeister Joseph	Regensburg II	1.III.09
451	Schneider Karl	Pirmasens	1.VI.09
452	Diethmayr Franz X.	Füssen	1.VI.09
453	Blümlein Johann	München St. II	1.VI.09
454	Stohr Georg	Lindau	1.VI.09
455	Preis Sebastian	Landau a. I.	1.VI.09
456	Frosch Friedrich	Hersbruck	1.VII.09
457	Steger Franz	Immenstadt	1.VII.09
458	Burckhardt Johann	Nürnberg I	1.VII.09
459	Gewinner Julius	Uffenheim	1.VII.09
460	Wüst Michael	Edenkoben	1.VIII.09
461	Weidner Friedrich	Schweinfurt	1.VIII.09
462	Leibrock Michael	Landau Pf.	1.VIII.09
463	Ködel Joseph	Zeil	1.IX.09
464	Stähr Joseph	Neustadt a. D.	1.IX.09
465	Seitz Franz	Memmingen	1.I.10
466	Müller Max	Mallersdorf	1.I.10
467	Ackermann Heinrich	Bergzabern	1.I.10
468	Pfahler Paul	Nürnberg II	1.I.10
469	Krammel Alois	Friedberg	1.I.10
470	Stoll Georg	Feuchtwangen	1.I.10
471	Weber Friedrich	Cadolzburg	1.I.10
472	Reissmann August	Ansbach	1.I.10
473	Kroiss Otto	Landshut	1.I.10
474	Volpert Karl Jos.	Marktbibart	1.I.10
475	Hofmann Martin	Burglengenfeld	1.I.10
476	Rügamer Valentin	Velburg	1.I.10
477	Dick Karl	Kusel	1.I.10
478	Schmidt Karl	Marktschorgast	1.I.10
479	Pfeiffer Georg	Frankenthal	1.I.10
480	Bicherl Emil	Türkheim	1.I.10
481	Nocker Friedrich	Höchstädt a. D.	1.I.10
482	Höfler Paul	Würzburg Ld.	1.I.10

483	Schmausser Joseph	Velburg	1.I.10
484	Markert Georg	Lauingen	1.I.10
485	Landsherr Franz	Berchtesgaden	1.I.10
486	Aures Franz	Lengfurt	1.I.10
487	Huber Joseph	Dachau	1.I.10
488	Lenhard Jakob	Blieskastel	1.II.10
489	Stenzel Friedrich	Lindau	1.II.10
490	Buchwieser Friedrich	München St. II	1.III.10
491	Lankes Max	Deggendorf	1.III.10
492	Herderich Philipp	Bamberg St.	1.III.10
493	Prechtel Christian	Nürnberg III	1.IV.10
494	Loy Georg	München St. III	1.IV.10
495	Hacker Ludwig	Zwiesel	1.IV.10
496	Baumann Emil	Aschaffenburg II	1.IV.10
497	Amschler Heinrich	Kronach	1.V.10
498	Geiss Justus	St. Ingbert	1.V.10
499	Detter Joseph	Neunburg v.W.	1.VI.10
500	Fritsch Anton	Günzburg	1.VIII.10
501	Brunner Paul	Wunsiedel	1.IX.10
502	Grötsch Georg	München St. IV	1.IX.10
503	Böhm Otto	Pirmasens	1.IX.10
504	Nickel Wilhelm	Buchloe	1.XII.10
505	Fuchs Georg	Neustadt a. A.	1.XII.10
506	Spitzer Michael	Weismain	1.XII.10
507	Schnackig Johann	Schweinfurt	1.I.11
508	Blaumeier Joseph	Immenstadt	1.I.11
509	Kellner Michael	Nabburg	1.II.11
510	Schott Moritz	Landsberg	1.III.11
511	Landes Philipp	Germersheim	1.III.11
512	Wein Joseph	Fürth	1.IV.11
513	Behr Michael	Kempten	16.IV.11
514	Eberhart Friedrich	"	16.IV.11
515	Kerler Karl	Memmingen	16.IV.11
516	Seefelder Albert	Miesbach	16.IV.11
517	Hofmann Johann	Weiden	16.IV.11
518	Hener Ferdinand	Ansbach	16.IV.11
519	Kraus Andreas	Lichtenfels	16.IV.11
520	Maier Georg	Grünstadt	16.IV.11
521	Abel Joh. Friedrich	Pegnitz	16.IV.11
522	Müller Tobias	Kirchheimbolanden	16.IV.11
523	Beck Friedrich	Grünstadt	16.IV.11
524	Eberle Joseph	Augsburg II	1.VI.11
525	Eckert Joseph	Dingolfing	1.VI.11
526	Schmidt Joseph	Kipfenberg	1.VI.11
527	Fackler Anton	Monheim	1.VI.11
528	Grillmaier Andreas	Eschenbach	1.VI.11
529	Gäbisch Philipp	Hammelburg	1.VII.11
530	Gipser Eugen	Hof	1.VII.11
531	Graf Joseph	Neu-Ulm	1.VII.11
532	Menninger Theodor	Gerolzhofen	1.VII.11
533	Rauschmayr Otto	Augsburg II	1.VII.11
534	Fischer Johann	Nürnberg I	1.VII.11
535	Altmann Max	Straubing	1.VII.11
536	Lienhardt Andreas	Heilsbronn	1.VII.11
537	Reinwand Gregor	Amorbach	1.VII.11
538	Aschauer Georg	Würzburg St.	1.VII.11

539 Schmelmer Joseph	Fürstenfeldbruck	1. VII. 11
540 Schmidt Andreas	Fürth	1. VII. 11
541 Wittman Joseph	Freyung	1. VII. 11
542 Schottenhaml Joseph	Wolfratshausen	1. VII. 11
543 Wissing Gustav	Kandel	1. VII. 11
544 Antretter Joseph	St. Ingbert	1. VII. 11
545 Kayser Wilhelm	Ludwigshafen a. Rh.	1. VII. 11
546 Leupold Oskar	München St. IV	1. VII. 11
547 Ottilinger Eugen	München St. II	1. VII. 11
548 Tempel Adam	Schesslitz	1. VII. 11
549 Rupp Alfons	Rosenheim	1. VII. 11
550 Meyer Hans	Hersbruck	1. VII. 11
551 Bögle Georg	Schwabmünchen	1. VII. 11
552 Bitter Jakob	Nürnberg III	1. VII. 11
553 Bachmann Friedrich	Zweibrücken	1. VII. 11
554 Führlbeck August	Aichach	1. VII. 11
555 Scharl Paul	Sulzbach	1. VII. 11
556 Raab Johann	Hemau	1. VII. 11
557 Reiter Anton	Kaiserslautern	1. VII. 11
558 Kraus Georg	Kronach	1. VII. 11
559 Haider Gg. Gustav	Nürnberg III	1. VII. 11
560 Müller Otto	Kaiserslautern	1. VII. 11
561 Schneider Georg	Zweibrücken	1. VII. 11
562 Lautersack Ferdinand	Landau i. Pf.	1. VII. 11
563 Holzheu Joseph	Kaiserslautern	1. VII. 11
564 Mangold Wilhelm	Münnerstadt	1. VII. 11
565 Schmidtlein Wilhelm	Kaiserslautern	1. VII. 11
566 Wittmann Ludwig	Griesbach	1. VII. 11
567 Schliermann Johann	Mallersdorf	1. VII. 11
568 Brunner Konstantin	München Ld.	1. VII. 11
569 Irl Michael	Speyer	1. VII. 11
570 Vogel Johann	Wunsiedel	1. VII. 11
571 Busch Christian	Nürnberg II	1. VII. 11
572 Kellermann Johann	Starnberg	1. VII. 11
573 Schramm Valentin	Münchberg	1. VII. 11
574 Wunderer Otto	beurlaubt	1. VII. 11
575 Ermer Karl	Nürnberg I	1. VII. 11
576 Knauer Robert	Volkach	1. VII. 11
577 Henkel Eduard	Neustadt a. S.	1. VII. 11
578 Weller Wilhelm	Annweiler	1. VII. 11
579 Mösl Joseph	Riedenburg	1. VII. 11
580 Tyroller Joseph	München St. III	1. VII. 11
581 Weber Hermann	Pirmasens	1. VII. 11
582 Fleischmann Simon	München St. II	1. VII. 11
583 Englert Joseph	Würzburg St.	1. VII. 11
584 Lehmaier Ludwig	München St. III	1. VII. 11
585 Schäfer Joseph	Hammelburg	1. VII. 11
586 Schwarzbeck Johann	München St. II	1. VII. 11
587 Zugschwert Karl	Nürnberg III	1. VII. 11
588 Wiesmann Ferdinand	München St. III	1. VII. 11
589 Feuerlein Kaspar	Burgwindheim	1. VII. 11
590 Neufeld August	Aschaffenburg I	1. VII. 11
591 Schnelle Joseph	Kempten	1. VII. 11
592 Scherer Nikolaus	Nürnberg III	1. VII. 11
593 Brand Georg	Aschaffenburg II	1. VII. 11
594 Welker Heinrich	Nürnberg II	1. VII. 11

595	Krieg Heinrich	München St. III	1. VII. 11
596	Wolf Ludwig	Zweibrücken	1. VII. 11
597	Kremp Heinrich	Kaiserslautern	1. VII. 11
598	Plöderl Max	Deggendorf	1. VII. 11
599	Wittmann Karl	München St. III	1. VII. 11
600	Eckle Friedrich	Augsburg I	1. VII. 11
601	Schwind Karl	Obermoschel	1. VII. 11
603	Löw Anton	Augsburg I	1. VII. 11
604	Patutschnick Stephan	Schwabach	1. VII. 11
605	Herrmann Ludwig	Neustadt a. H.	1. VII. 11
606	Joas Karl	Münchberg	1. VII. 11
607	Ningelgen Karl	Kaiserslautern	1. VII. 11
608	Heibler Martin	Pirmasens	1. VII. 11
609	Forster Ambros	München St. III	1. VII. 11
610	Raithel Bernhard	Markterlbach	1. VII. 11
611	Lautenschlager Hans	Weiden	1. VII. 11
612	Herr Heinrich	Ludwigshafen a. Rh.	1. VII. 11
613	Liebler Adolf	Königshofen	1. VII. 11
614	Margraf Johann	Ansbach	1. VII. 11
615	Tremel Andreas	Kaiserslautern	1. VII. 11
616	Frauendorfer Karl	Amberg	1. VII. 11
617	Jahreis Stephan	Hof	1. VII. 11
618	Stamer Johannes	Neustadt a. H.	1. VII. 11
619	Strasser Wilhelm	Zeil	1. VII. 11
620	Windorfer Alois	Ottobeuren	1. VII. 11
621	Zirngibl Max	Dillingen	1. VII. 11
622	Roider Ferdinand	München St. II	1. VII. 11
623	Hammer Michael	Frankenthal	1. VII. 11
624	Hoffmann Ludwig	Ludwigshafen a. Rh.	1. VII. 11
625	Büttner Johann	München St. II	1. VII. 11
626	Brunn Georg Chr.	"	1. VII. 11
627	Kurz Johannes	Homburg	1. VII. 11
628	Höfler Hans	Pirmasens	1. VII. 11
629	Heinrich Wolfgang	Waldmünchen	1. VII. 11
630	Gegler Joseph Anton	Neuburg a. D.	1. VIII. 11
631	Zellner Franz	München St. IV	1. VIII. 11
632	Sagstetter Ludwig	Höchstadt a. A.	1. VIII. 11
633	Deiler Joseph	Landshut	1. IX. 11
634	Weingärtner Martin	Zwiesel	1. IX. 11
635	Holzhammer Wilhelm	Tölz	1. IX. 11
636	Hussendörfer Georg	Passau	1. X. 11
637	Gries Christian	Münchberg	1. X. 11
638	Beck Johann	Höchstadt a. A.	1. X. 11
639	Lutz Georg	Schönberg	1. X. 11
640	Schramm Adolf	Viechtach	1. X. 11
641	Schmid Karl	Eschenbach	1. X. 11
642	Schramm Otto	Obernzell	1. X. 11
643	Walbrunn Johann	Rosenheim	1. X. 11
644	Nonnenmacher Heinrich	Nürnberg III	1. XI. 11
645	Franz August	Kötzting	1. XI. 11
646	Müller Hermann	Eggenfelden	1. XI. 11
647	Stäblein Johann	Neustadt a. S.	1. XI. 11
648	Durchschein Anton	Simbach	1. XI. 11
649	Bastl Georg	München St. I	1. XI. 11
650	Lutzenberger Martin	Deggendorf	1. XI. 11
651	Mark Martin	Spalt	1. XII. 11

652*	Engert Karl	Weiden	1.XII.11
653	Heldmann Karl	Grünstadt	1.I.12
654	Simmeth Franz	Schrobenhausen	1.I.12
655	Birk Simon	Eggenfelden	1.I.12
656	Ermann Karl	Neustadt a. D.	16.II.12
657	Rößler Friedrich	Nürnberg III	16.II.12
658	Hoch Anton	Erlangen	1.III.12
659	Zambelli Franz	Pottenstein	1.III.12
660	Wenz Friedrich	Kitzingen	1.III.12
661	Hudetz Johann	Rothenkirchen	1.III.12
662	Seit Valentin	Königshofen	1.III.12
663	Huber Joseph	Passau	1.III.12
664	Mayer Anton	Mühldorf	1.III.12
665	Kellner Johann	Lindau	1.IV.12
666	Pütz Johann	Ebermannstadt	1.VI.12
667	Wittmann August	Annweiler	1.VI.12
668	Burghart Joseph	Waldsassen	1.VII.12
669	Schmitt Johann	Eggenfelden	1.VII.12
670	Hofer Ludwig	Landau a. I.	1.VII.12
671	Gschrei Joseph	Aschaffenburg I	1.VII.12
672	Pfeuffer Georg	"	1.VIII.12
673	Schlemmer Johann	Kaiserslautern	1.VIII.12
674	Städele Adolf	Buchloe	1.IX.12
675	Gigler Franz	München St. III.	16.IX.12
676	Wieland Anton	Türkheim	1.X.12
677	Dirscherl Heinrich	Berchtesgaden	1.X.12
678	Lochner August	Nürnberg II	16.XI.12
679	Eisert Georg	Nürnberg I	16.XI.12
680	Gerblinger Friedrich	Wertingen	16.XI.12
681	Weiß Joseph	Wolfratshausen	16.XI.12
682	Aubele Joseph	Miesbach	16.XI.12
683	Stark Rudolf	Augsburg II	16.XI.12
684	Stubhan Georg	Laufen	16.XI.12
685	Häffner Georg	Münchberg	16.XI.12
686	Kusterer Eduard	Neustadt a. D.	16.XI.12
687	Banner August	Augsburg I	16.XI.12
688	Gnam Sebald	Dachau	16.XI.12
689	Meyer Karl	Markt Oberdorf	16.XI.12
690	Sixt Karl	Ebersberg	16.XI.12
691	Altmann Johann	Mitterfels	16.XI.12
692	Stimmelmayer Alexander	Landau a. I.	16.XI.12
693	Niedermaier Xaver	München St. II	16.XI.12
694	Späth Georg	München St. IV	16.XI.12
695	Fischer Karl	Hammelburg	16.XI.12
696	Schmitt Heinrich	Ludwigshafen a.Rh.	16.XI.12
697	Wernthaler Joseph	München St. II	16.XI.12
698	Neuberger Daniel	München St. III	16.XI.12
699	Sack Karl	Hof	16.XI.12
700	Ostertag Konrad	Augsburg II	16.XI.12
701	Hausladen Max	Wasserburg	16.XI.12
702	Röckl Anton	Kissingen	16.XI.12
703	Lenhard Franz Felix	Pirmasens	16.XI.12
704	Dömling Anton	Neu-Ulm	16.XI.12
705	Bauer Franz X.	Deggendorf	16.XI.12
706	Kasenbacher Anton	München St. II	16.XI.12
707	Langfritz Hans	Erlangen	16.XI.12

708	Gollwitzer Georg	Rothenkirchen	16. XI. 12
709	Koch Ludwig	Augsburg I	16. XI. 12
710	Knobloch Friedrich	Grünstadt	16. XI. 12
711	Schön Joseph	München St. III	16. XI. 12
712	Scharr Franz X.	„	16. XI. 12
713	Metz Jakob	Dürkheim	16. XI. 12
714	Weidinger Joseph	Klingenberg	16. XI. 12
715	Ebner Max	München St. II	16. XI. 12
716	Eberle Ludwig	Neustadt a. D.	16. XI. 12
717	Ahr Martin	Mindelheim	16. XI. 12
718	Dörfler Johann	Lichtenberg	16. XI. 12
719	Schußmann Max	Nürnberg II	16. XI. 12
720	Kinader Karl	München St. II	16. XI. 12
721	Schmaderer Joseph	München St. II	16. XI. 12
722	Loibl Karl	München St. III	16. XI. 12
723	Bablitschky Konrad	Nürnberg II	16. XI. 12
724	Heinlein Johann	München St. II	16. XI. 12
725	Dillinger Franz	Nürnberg II	16. XI. 12
726	Schuster Norbert	Kötzting	16. XI. 12
727	Kulzer Michael	Nürnberg III	16. XI. 12
728	Brunnthaler Johann	München St. III	16. XI. 12
729	Rosenberger Ludwig	Spalt	16. XI. 12
730	Nußer Johann	München St. III	16. 11. 12
731	Zöller Rudolf	Zweibrücken	16. XI. 12
732	Heigl Wolfgang	Dachau	16. XI. 12
733	Bischoff Heinrich	Ludwigshafen	16. XI. 12
734	Vischer Adolf	Scheßlitz	16. XI. 12
735	Zimmermann Joseph	Fürstenfeldbruck	16. XI. 12
736	Breitinger Ernst	Marktbibart	16. XI. 12
737	Burkhardt Konrad	Lauterecken	16. XI. 12
738	Weißert Peter	München St. II	16. XI. 12
739	Weißler Georg	Frankenthal	16. XI. 12
740	Strößner Max	Kulmbach	16. XI. 12
741	Thein Otto	Erding	16. XI. 12
742	Herbach Otto	Homburg	16. XI. 12
743	Daffner Karl	Schwabmünchen	16. XI. 12
744	Beyer Gerhard	München St. III	16. XI. 12
745	Peter Otto	Moosburg	16. XI. 12
746	Hubert Eduard	Lengfurt	16. XI. 12
747	Hornung Wilhelm	Nürnberg I	16. XI. 12
748	Dietl Johann	München St. III	16. XI. 12
749	Chase Emil	Dachau	16. XI. 12
750	Lauster Alfred	Nürnberg III	16. XI. 12
751	Schwesinger Lorenz	Ingolstadt	16. XI. 12
752	Hugo Xaver	München St. II	16. XI. 12
753	Grötsch Joseph	Vohenstrauß	16. XI. 12
754	Sandmeier Joseph	Aibling	16. XI. 12
755	Mark Johann Alfons	Garmisch	16. XI. 12
756	Nattermüller Xaver	Griesbach	16. XI. 12
757	Harländer Joseph	München St. II	16. XI. 12
758	Potzel Ferdinand	Freyung	16. XI. 12
759	Glaser Wilhelm	Frankenthal	16. XI. 12
760	Ullrich Adam	Lengfurt	16. XI. 12
761	Weidinger Ludwig	Burglengenfeld	16. XI. 12
762	Weiß Alois	Zusmarshausen	16. XI. 12
763	Allwang Michael	Mitterfels	16. XI. 12

764 Pätzold Johann	Hersbruck	16. XI. 12
765 Daut Johann	Ebern	16. XI. 12
766 Klemm Anton	Würzburg St.	16. XI. 12
767 Sperl Joseph	Garmisch	16. XI. 12
768 Wegert Georg	Nürnberg II	16. XI. 12
769 Zimmermann Peter	Speyer	16. XI. 12
770 Wahl Heinrich	Regensburg I	16. XI. 12
771 Sagstetter Alois	Hemau	16. XI. 12
772 Baumgärtner Heinrich	Nürnberg II	16. XI. 12
773 Saller Joseph	Vilsbiburg	16. XI. 12
774 Müller Oskar	Ludwigshafen a. Rh.	16. XI. 12
775 Dauer Johann	Vilshofen	16. XI. 12
776 Pretz Max	Selb	16. XI. 12
777 Kerth Georg Jakob	Landstuhl	16. XI. 12
778 Schneider Friedrich	Homburg	1. XII. 12
779 Schmitt Alois	Kaufbeuren	1. XII. 12
780 Rieger Ferdinand	München St. II	1. XII. 12
781 Knoll Friedrich	Berchtesgaden	1. XII. 12
782 Sälzle Johann	München St. III	1. XII. 12
783 Bechmann Emil	München St. II	1. XII. 12
784 Göring Wilhelm	Ludwigshafen a. Rh.	1. XII. 12

Mit der Verwesung von Sekretärstellen betraut:

785 Egermeier Friedrich	Nürnberg II	16. XI. 12
786 Doll Karl	Ludwigshafen a. Rh.	16. XI. 12
787 Kleinschnitz Ludwig	Karlstadt	16. XI. 12
788 Kreuzer Heinrich	Greding	16. XI. 12
789 Seidel Hermann	Weissenburg i. B.	16. XI. 12

e) Rentamtsassistenten.

Rentamtsoffizianten.

1 Emmersleben Ludwig, gepr. KPr.	München St. II	1. VII. 03
2 Trenkle Eugen	"	1. VII. 03
3 Kaiser August	Beilngreis	1. VII. 03
4 Trissl Ludwig	Tirschenreuth	16. XII. 03
5 Schäfer Wilhelm	Amorbach	1. VI. 04
6 Hofmann Johann	Kronach	1. V. 05
7 Völkel Philipp	Laufen	1. XI. 06

Uebrige Rentamtsassistenten.
(Etatsmässig.)

8 Ferstl Johann	Riedenburg	1. VII. 03
9 Wörle Georg	Würzburg St.	1. VII. 03
10 Ketnath Georg	Weiden	1. VII. 03
11 Kapeller Xaver	Neuburg a. D.	1. VII. 03
12 Burkhäuser Michael	Gemünden	1. VII. 03
13 Fröhlich Engelbert	Dillingen	1. VII. 03
14 Zugschwert Joseph	Regensburg II	1. VII. 03
15 Meier Georg	Nürnberg II	1. VII. 03
16 Hofmann David	Karlstadt	1. VII. 03
17 Pfrenger Friedrich	Ochsenfurt	1. VII. 03
18 Haas Albin	Neustadt a. S.	1. VII. 03
19 Detzer Martin	München St. III	1. VII. 03

20	Dinies Johann	Kandel	1. VII. 03
21	Angerer Johann	Rosenheim	1. VII. 03
22	Riedl Joseph	Cham	1. VII. 03
23	Röckenschuss Johann	Griesbach	1. VII. 03
24	Schorn Joseph	Forchheim	1. VII. 03
25	Lay Johann	Lichtenberg	1. VII. 03
26	Mayer Joseph	Simbach	1. VII. 03
27	Kraus Leop. Georg	Nürnberg III	1. VII. 03
28	Schneider Nikolaus	Markterlbach	1. VII. 03
29	Fett Michael	München Ld.	1. VII. 03
30	Löw August	Licht nfels	1. VII. 03
31	Nagel Matthias	Heidenheim	1. VII. 03
32	Schubert Konrad	Rothenkirchen	1. VII. 03
33	Hofmann August	Kitzingen	1. VII. 03
34	Auer Artur	Straubing	1. VII. 03
35	Löbisch Andreas	Vohenstrauss	1. VII. 03
36	Wöckel Valentin	Pegnitz	1. VII. 03
37	Schottenloher Karl	Regensburg I	1. VII. 03
38	Fischer Robert	Fürth	1. VII. 03
39	Schaumlöffel Karl	Kaiserslautern	1. VII. 03
40	Hinterleitner Stephan	Kitzingen	1. VII. 03
41	Reitz Karl	München St. IV	1. VII. 03
42	Schwarz Matthäus	Nürnberg II	1. VII. 03
43	Riedner Joh. Leonhard	Altdorf	1. VII. 03
44	Buchka Friedrich	Kitzingen	1. VIII. 03
45	Scheller Martin	Feuchtwangen	16. VIII. 03
46	Hiendlmayer Franz X.	Fürstenfeldbruck	16. VIII. 03
47	Fischer Alois	Burgau	1. IX. 03
48	Bickel Joh. Leonhard	Nürnberg I	1. XI. 03
49	Raithel Georg	Augsburg I	1. XII. 03
50	Saffer Matthäus	Ebermannstadt	16. XII. 03
51	Pröscholdt Hugo	Ochsenfurt	1. I. 04
52	Jäger Ludwig	Mallersdorf	1. I. 04
53	Huber Joseph	Eggenfelden	1. I. 04
54	Scheuchengraber Ferdinand	Kötzting	1. II. 04
55	Scheckenbach August	München St. II	1. II. 04
56	Vogelhuber Robert	Nürnberg I	15. II. 04
57	Hasselbacher Johann	Laufen	1. III. 04
58	Baumgärtner Georg	Stadtsteinach	1. V. 04
59	Stark Johann	Traunstein	13. V. 04
60	Scherl Balthasar	Waischenfeld	1. VI. 04
61	Stiegler Georg	Kemnath	1. VII. 04
62	Diemer Michael	Amorbach	1. VII. 04
63	Schüll Ernst	Lengfurt	1. VIII. 04
64	Brandstetter Wilhelm	Aschaffenburg I	1. IX. 04
65	Ludwig Christoph	Schweinfurt	1. IX. 04
66	Rosenberger Hugo	Lohr	16. IX. 04
67	Bartelme Julius	München St. I	16. IX. 04
68	Kalkum Max	München St. II	16. X. 04
69	Wagner Nikolaus	München St. III	16. X. 04
70	Opel Georg	Marktschorgast	16. X. 04
71	Bauer Joh. Adam	Nürnberg I	1. XI. 04
72	Krapfenbauer Johann	Mallersdorf	1. XI. 04
73	Keim Gregor	München St. II	1. XI. 04
74	Dummler Franz X., gepr. KPr.	Weilheim	16. XI. 04
75	Schäfer Franz	Nürnberg III	16. XI. 04

76	Deiler Johann	München St. II	16. XI. 04
77	Sebald Johann	Staffelstein	1. XII. 04
78	Blöth Otto	München St. III	1. I. 05
79	Meier Johann	Cham	1. II. 05
80	Zenter Joseph	Aschaffenburg II	1. II. 05
81	Stephan Joseph	Münnerstadt	1. II. 05
82	Jung Theodor	Winnweiler	16. III. 05
83	Wörfel Leonhard	Kronach	1. V. 05
84	Bayerl Anton	Augsburg I	22. V. 05
85	Daumann Karl	Aibling	29. V. 05
86	Ziegler Gustav	Kissingen	15. VI. 05
87	Kroll Johann	Krumbach	20. VI. 05
88	Hess Jakob	Marktbibart	16. VII. 05
89	Sturm Ludwig	Vilshofen	16. VII. 05
90	Neudecker August	Garmisch	16. VII. 05
91	Aichinger Johann	Aschaffenburg I	1. X. 05
92	Roth Johann Heinrich	Wassertrüdingen	1. X. 05
93	Senftinger Max	Ansbach	1. XI. 05
94	Rummel Johann	Aichach	1. XII. 05
95	Kammermayer Max	Pfarrkirchen	16. XII. 05
96	Schrüfer Johann	Kulmbach	16. XII. 05
97	Kessler Heinrich	Nördlingen	16. XII. 05
98	Filgis Rupert	Krumbach	16. XII. 05
99	Hutzler Michael	Günzburg	16. XII. 05
100	Würstle Artur	Schwabmünchen	1. II. 04 / 1. I. 06
101	Nebmaier Georg	München St. IV	1. VII. 03 / 1. II. 06
102	Kirchdorfer Emil	Uffenheim	1. VIII. 05 / 1. II. 06
103	Weissmann Johann	Neunkirchen a. Br.	1. II. 06
104	Witzgall Johann	Kulmbach	1. II. 06
105	Raithel Ludwig	Fürstenfeldbruck	1. II. 06
106	Andreae Wilhelm	Feuchtwangen	1. III. 06
107	Sieber Wilhelm	Ebern	1. III. 06
108	Mauerer Siegmund	Kemnath	1. III. 06
109	Mehltretter Georg	Freising	1. IV. 06
110	Rupprecht Leonhard	Hersbruck	16. V. 06
111	Geier Johann	Dingolfing	19. V. 06
112	Steigelmann Heinrich	Kusel	1. VI. 06
113	Steigelmann Karl	Neustadt a. H.	1. VI. 06
114	Adlhoch Franz	Aibling	30. VI. 06
115	Linhardt Karl	Hof	1. VII. 06
116	Schunck Hermann	Blieskastel	1. VII. 06
117	Mächerle Jakob	Speyer	14. VII. 06
118	Dechant Jakob	Thurnau	1. VIII. 06
119	Riedle Joseph	Aichach	1. VIII. 06
120	Speidel Georg	Röttingen	1. VIII. 06
121	Kefferlein Leonhard	Nürnberg III	1. VIII. 06
122	Sesselmann Andreas	Passau	1. XI. 06
123	Bauhuber Georg	Passau	1. XI. 06
124	Edelmann Sebastian	Moosburg	1. XI. 06
125	Feulner Andreas	Kronach	1. XI. 06
126	Scholter Anton	Ebersberg	1. XI. 06
127	Beck Karl	Edenkoben	1. XI. 06

128	Lampert Gustav	Würzburg Ld.	1.XI.06
129	Horn Emil	Augsburg I	10.XII.06
130	Rosenberger Heinrich	Marktschorgast	1.I.07
131	Hegmann Eugen	Klingenberg	1.II.07
132	Loos Heinrich	Aschaffenburg I	1.IV.07
133	Dotzel Eduard	Klingenberg	1.IV.07
134	Hochrein Franz	Kelheim	1.IV.07
135	Huss Karl	Wunsiedel	16.IV.07
136	Raab Michael	Donauwörth	1.V.07
137	Berger Johann	Landsberg	4.VI.07
138	Beurer Anton	Schwabmünchen	16.VI.07
139	Bauernfeind Xaver	Regensburg I	26.VI.07
140	Stöckl Max	Burgau	1.VII.07
141	Orthofer Anton	Neustadt a. D.	1.VII.07
142	Fischer Hans	Heilsbronn	1.VII.07
143	Thomas Georg	Hemau	16.VII.07
144	Fischer Martin	Wasserburg	16.VII.07
145	Hornung Hermann	Forchheim	1.VIII.07
146	Weber Karl	Schwabmünchen	1.VIII.07
147	Herpich Martin	Selb	16.VIII.07
148	Reitz Georg	München St. I	16.VIII.07
149	Schneider Johann	Kulmbach	1.X.07
150	Lachermeier Vitus	Pfaffenhofen	1.X.07
151	Eber Johann	Bayreuth	1.X.07
152	Seeliger August, gepr. KPr.	Dahn	16.X.07
153	Riedl Heinrich	Berchtesgaden	16.X.07
154	Bauer Johann Wolfg.	Nürnberg II	1.XI.07
155	Lutz Eduard	Karlstadt	1.XI.07
156	Lingg Ludwig	Weissenhorn	1.XI.07
157	Popp Karl	Lauingen	16.XI.07
158	Rüger Georg	Nürnberg I	1.XII.07
159	Federl Michael	Würzburg St.	1.XII.07
160	Specht Wilhelm	Nürnberg I	1.I.08
161	Peez Gustav	München St. III	1.III.08
162	Bernardy August	Tölz	1.VII.08
163	Kolb Karl	Mindelheim	6.VII.08
164	Landauer Johann	Cadolzburg	1.IX.08
165	Neufeld August	Dürkheim	1.IX.08
166	Schmitt Georg	Volkach	16.IX.08
167	Kleinhenz Hermann	Mellrichstadt	16.IX.08
168	Reuther Johann	Würzburg St.	1.X.08
169	Schödlbauer Franz	Vilsbiburg	1.X.08
170	Fischer Joseph	Deggendorf	1.X.08
171	Klimm Adam	Hammelburg	1.X.08
172	Aidlspurger Johann	Schongau	1.X.08
173	Hitzler Markus	München St. I	1.X.08
174	Fuchs Julius	Feuchtwangen	16.X.08
175	Stegmüller Georg	Burghausen	1.XI.08
176	Karl Johann	Burglengenfeld	16.XI.08
177	Rothmeier Georg	Weilheim	1.XII.08
178	Müller Heinrich	Herrieden	1.I.09
179	Soller Joseph	Dingolfing	1.I.09
180	Hofmann Eduard	Neunburg v. W.	1.I.09
181	Zöller Joseph	Langfurt	1.I.09
182	Müller Karl	Gemünden	1.I.09
183	Bürkmann Ludwig	Speyer	1.I.09

184	Baierlein Franz	Gemünden	1. I. 09
185	Völker Joseph	Königshofen	1. I. 09
186	Wolf Bernhard	Amorbach	1. I. 09
187	Spies Michael	Annweiler	1. I. 09
188	Eitel Georg	Windsheim	1. I. 09
189	Goller Georg	Simbach	1. I. 09
190	Link Karl	Arnstein	1. I. 09
191	Klimm Franz	Mellrichstadt	1. I. 09
192	König Joseph	Deggendorf	1. I. 09
193	Morgenroth Georg	Würzburg Ld.	1. I. 09
194	Heil Eduard	Hofheim	1. I. 09
195	Schleicher Hans	Auerbach	1. I. 09
196	Haas Georg	Waischenfeld	1. I. 09
197	Stark Andreas	Ochsenfurt	1. I. 09
198	Bernhart Anton	Türkheim	1. I. 09
199	Illert Karl	Aschaffenburg II	1. I. 09
200	Seitz Wilhelm	Nürnberg III	1. I. 09
201	Ziegler Kilian	Karlstadt	1. I. 09
202	Kießling Andreas	Herzogenaurach	1. I. 09
203	Seuferling Franz	Klingenberg	1. I. 09
204	Baur Ludwig	Markt Oberdorf	1. I. 09
205	Klötzer Richard	Ebermannstadt	1. I. 09
206	Wirth Martin	Eichstätt	1. I. 09
207	Rheude Georg	Germersheim	1. I. 09
208	Gottschall Justin	Velburg	1. I. 09
209	Schatz Georg	Kemnath	1. I. 09
210	Strauß Ludwig	Beilngries	1. I. 09
211	Amberger Karl	Viechtach	1. I. 09
212	Lindner Peter	Rothenburg o. T.	1. I. 09
213	Ackermann Christian	Weismain	1. I. 09
214	Flaßer Joseph	Straubing	1. I. 09
215	Hoch Simon	Weiden	1. I. 09
216	Haupt Rudolf	Mitterfels	1. I. 09
217	Wedl Georg	Eschenbach	1. I. 09
218	Seyfert Georg	Neustadt a. A.	1. I. 09
219	Leykauff Friedrich	Heilsbronn	1. I. 09
220	Bentz Jakob	Landstuhl	1. I. 09
221	Jakob Leonhard	Lichtenfels	1. I. 09
222	Pfeffer Georg	Fürth	1. I. 09
223	Fleischmann Georg	Mühldorf	1. I. 09
224	Rauscher Jean	Bayreuth	1. I. 09
225	Kefferstein Max	Bamberg St.	1. I. 09
226	Nicklas Friedrich	Lichtenberg	1. I. 09
227	Schirmer Wilhelm	Weissenburg i. B.	1. I. 09
228	Meinel Johann	Wunsiedel	1. I. 09
229	Stangl Alois	Weiden	1. I. 09
230	Meier Karl	Neumarkt	1. I. 09
231	Söllinger Georg	München St. II	1. I. 09
232	Kobes Friedrich	Markterlbach	1. I. 09
233	Deinlein Johann	Nürnberg I	1. I. 09
234	Specht Franz	München Ld.	1. I. 09
235	Brennich Daniel	Öttingen	1. I. 09
236	Weitmeier Joseph	Marktbibart	1. I. 09
237	Fertig Wilhelm	Ebern	1. I. 09
238	Kerz Ludwig	Kirchheimbolanden	1. I. 09
239	Kammerer Otto	Dachau	1. I. 09

240	Lohmann Konrad	Gerolzhofen	1. I. 09
241	Meyer Heribert	Scheßlitz	1. I. 09
242	Luy Johann	Höchstädt a. D.	1. I. 09
243	Reichl Karl	München St. III	1. I. 09
244	Hofmann Georg	Ludwigshafen a. Rh.	1. I. 09
245	Pfefferlein Robert	Sulzbach	1. I. 09
246	Scheuenstuhl Georg	Höchstadt a. A.	1. I. 09
247	Hofmann Johann	Pegnitz	1. I. 09
248	Nischwitz Heinrich	Frankenthal	1. I. 09
249	Hunsicker Heinrich	Zweibrücken	1. I. 09
250	Emmer Ludwig	Schongau	1. I. 09
251	Kopp Johann	Wasserburg	1. I. 09
252	Moser Anton	München St. III	1. I. 09
253	Weiß Heinrich	Schrobenhausen	1. I. 09
254	Lorenz Franz X.	Schönberg	1. I. 09
255	Welker Ludwig	Wunsiedel	1. I. 09
256	Krauß Ferdinand	Wertingen	1. I. 09
257	Rößler Gustav	München Ld.	1. I. 09
258	Bauer Johann	Erlangen	1. I. 09
259	Gröhling Otto	Dettelbach	1. I. 09
260	Müller Gg. Leonhard	Nürnberg I	1. I. 09
261	Limpert Lambert	Neustadt a. S.	1. I. 09
262	Neumann Christoph	Nabburg	1. I. 09
263	Roth Karl	Kandel	1. I. 09
264	Schultheis Ludwig	Regensburg I	1. I. 09
265	Dobler Paul	Tirschenreuth	1. I. 09
266	Rühl August	Schwabach	1. I. 09
267	Lindner Franz	Starnberg	1. I. 09
268	Nickles Heinrich	Weilheim	1. I. 09
269	Hüttner Heinrich	Augsburg II	1. I. 09
270	Bauer Johann	Regensburg II	1. I. 09
271	Lotter Franz X.	Simbach	1. I. 09
272	Groll Johann	Eggenfelden	1. I. 09
273	Adam Karl	Grünstadt	1. I. 09
274	Glück Klemens	Zusmarshausen	1. I. 09
275	Bohn Friedrich	Aschaffenburg I	1. I. 09
276	Keiditsch Hermann	Garmisch	1. I. 09
277	Mergenthaler Ludwig	Landshut	1. I. 09
278	Schnug Leo	Berchtesgaden	1. I. 09
279	Gollinger Joseph	Dingolfing	1. I. 09
280	Wirth Johann	Hammelburg	1. I. 09
281	Satzinger Adam	Heidenheim	1. I. 09
282	Stauffert Wilhelm	Obermoschel	1. I. 09
283	Heilmayr Anton	Zwiesel	1. I. 09
284	Maisel Friedrich	Scheßlitz	1. I. 09
285	Königstein Jakob	Frankenthal	1. I. 09
286	Singer Franz	München St. I	1. I. 09
287	Schröfl Waldemar	München Ld.	1. I. 09
288	Rupp Karl	Dettelbach	1. I. 09
289	Hornung Matthäus	Weissenhorn	1. I. 09
290	Dörfler Konrad	München St. IV	1. I. 09
291	Meyer Christian	Aibling	1. I. 09
292	Keller Hippolyt	München St. II	1. I. 09
293	Luckner Friedrich	Neustadt a. D.	1. I. 09
294	Forstner Johann	Deggendorf	1. I. 09
295	Uebelhör Anton	Garmisch	1. I. 09

296	Hofmann Ludwig	Landshut	1. I. 09
297	Waldherr Karl	Griesbach	1. I. 09
298	Prinz Ferdinand	Krumbach	1. I. 09
299	Hirschmann Paul	Nürnberg II	1. I. 09
300	Wimmer Franz	Vilshofen	1. I. 09
301	Klerner Heinrich	Ingolstadt	1. I. 09
302	Enzinger Karl	Zwiesel	1. I. 09
303	Mayer Karl	Schongau	1. I. 09
304	Endres Erhard	Schweinfurt	1. I. 09
305	Pfister August	Hofheim	1. I. 09
306	Renz Anton	Spalt	1. I. 09
307	Mathes Matthias	Königshofen	1. I. 09
308	Kergl Peter	Hersbruck	1. I. 09
309	Winkler Anton	Buchloe	1. I. 09
310	Kaiser Friedrich	Dinkelsbühl	1. I. 09
311	Eckert Johann	Landau a. I.	1. I. 09
312	Dauscher Alois	Homburg	1. I. 09
313	Meyer Johann	Neu-Ulm	1. II. 09
314	Zink Joseph	Illertissen	1. II. 09
315	Höllmüller Franz X.	Laufen	1. V. 09
316	Stumpf Xaver	Stadtsteinach	1. VI. 09
317	Schmid Karl	Nördlingen	1. VI. 09
318	Maier Georg	Pottenstein	1. VI. 09
319	Johannes Joh. Bapt.	Höchstadt a. A.	1. VI. 09
320	Günther Johann	Röttingen	1. VI. 09
321	Reischer Michael	Cham	1. VI. 09
322	Fuchs Hermann	Immenstadt	1. VI. 09
323	Baumann Wilhelm	Eggenfelden	1. VI. 09
324	Schneider Karl	München St. IV	1. VI. 09
325	Kessler Karl	Ebern	1. VI. 09
326	Betz Georg	Rothenburg o. T.	1. VII. 09
327	Losgar Georg	Staffelstein	1. VII. 09
328	Pfarrkircher Anton	Dillingen	1. VII. 09
329	Köhnlein Friedrich	Donauwörth	1. VII. 09
330	Urgibl Franz	Ottobeuren	1. VII. 09
331	Preisser Ludwig	München St. II	1. VII. 09
332	Reschauer Johann	München Ld.	1. VIII. 09
333	Köll Hermann	Miesbach	1. VIII. 09
334	Markreither Franz	Regensburg I	1. VIII. 09
335	Welter Ludwig	Pirmasens	1. VIII. 09
336	Müller Joseph	Neumarkt	1. VIII. 09
337	Plätzer Johann	Forchheim	1. VIII. 09
338	Dummer Johann	Thurnau	1. VIII. 09
339	Benker Friedr. Wilh.	Nürnberg III	1. VIII. 09
340	Zeidler Johann Bapt.	München St. II	1. VIII. 09
341	Grimm Johann Ev.	Straubing	1. VIII. 09
342	Legat Valentin	Mellrichstadt	1. VIII. 09
343	Beck Wilhelm	Wunsiedel	1. VIII. 09
344	Zahlauer Leopold	München St. I	1. VIII. 09
345	Neumüller Philipp	Rosenheim	1. VIII. 09
346	Schmidbauer Hermann	Waldsassen	1. VIII. 09
347	Bauer Joseph	München St. I	1. IX. 09
348	Stark Rudolf	Würzburg Ld.	1. IX. 09
349	Auer Johann	Traunstein	1. IX. 09
350	Schöpf Joseph	Zeil	1. IX. 09
351	Gegenfurtner Kasimir	Freising	1. IX. 09

Nr.	Name	Ort	Datum
352	Löffler Andreas	Staffelstein	1. IX. 09
353	Weindl Franz Xaver	Würzburg St	1. IX. 09
354	Möst Alois	Füssen	1. IX. 09
355	Steinmassl Joseph	Berchtesgaden	1. IX. 09
356	Geiger Konrad	München St. III	1. IX. 09
357	Löffler Ferdinand	Friedberg	1. IX. 09
358	Corressel Eugen	Kaiserslautern	1. IX. 09
359	Bühler Johann	Fürth	1. X. 09
360	Stöcker Andreas	Pottenstein	1. X. 09
361	Bedacht Georg	Mitterfels	1. X. 09
362	Lechner Heinrich	Obernzell	1. XI. 09
363	Kieser Joseph	Lindau	1. XII. 09
364	Mathes Johann	Deggendorf	1. I. 10
365	Sorg Johann gen. Rothmund	Weissenburg i. B.	1. I. 10
366	Rosskopf Joseph	Riedenburg	1. I. 10
367	Schätzl Johann	München St. IV	1. I. 10
368	Ehrenreiter Artur	Augsburg I	1. I. 10
369	Bauer Leopold	Nürnberg I	1. I. 10
370	Graf Heinrich	Neustadt a. H.	1. II. 10
371	Schreiber Friedrich	Kirchheimbolanden	1. X. 05 / 1. III. 10
372	Grebner Anton	Bamberg St.	1. III. 10
373	Hammermeier Bernhard	Ebersberg	1. III. 10
374	Seufert Georg	Herzogenaurach	16. III. 10
375	Zitzlsperger Oswald	Passau	1. IV. 10
376	Kellermann Georg	Waischenfeld	1. VII. 04 / 1. IV. 10
377	Härtle Max	Friedberg	16. IX. 08 / 1. IV. 10
378	Bodensteiner Karl	Vohenstrauss	1. XI. 06 / 1. IV. 10
379	Schlosser Philipp	Kirchheimbolanden	1. IV. 10
380	Luber Hans	Altdorf	1. IV. 10
381	Klein Peter	Erlangen	1. IV. 10
382	Knäulein Georg	Hersbruck	1. IV. 10
383	Herbert Philipp	Hofheim	1. IV. 10
384	Bauer Andreas	Neu-Ulm	1. IV. 10
385	Zimmerer Engelbert	Kötzting	1. IV. 10
386	Rampf Ludwig	München St. III	1. IV. 10
387	Paur Johann	Fürth	1. IV. 10
388	Leyss Eugen	Tölz	1. IV. 10
389	Henkel Karl	Kaiserslautern	1. V. 10
390	Werner Julius	Lauterecken	1. V. 10
391	Stephan Franz	Neustadt a. H.	1. V. 10
392	Hans Ludwig	Kandel	1. V. 10
393	Ferstl Friedrich	Regensburg I	1. V. 10
394	Recbeis Ludwig	Dinkelsbühl	1. V. 10
395	Mohrmann Max	Schwabach	1. V. 10
396	Mathieu Joh. Adam	„	1. VI. 10
397	Schinharl Michael	Miesbach	1. VI. 10
398	Holzbauer Ludwig	Wasserburg	1. VI. 10
399	Küffner Joseph	Arnstein	1. VII. 10
400	Ruhland Wolfgang	Moosburg	1. VII. 10
401	Vierzigmann Hans	Uffenheim	1. VIII. 10
402	Müller Johann Bapt.	Windsheim	1. VIII. 10

403	Schabmaier Joseph	Ebersberg	1. VIII. 10
404	Goldinger Hermann	Edenkoben	1. VIII. 10
405	Stumpf Georg	München St.	1. VIII. 10
406	Schmidt Karl	Pfaffenhofen	1. VIII. 10
407	Gmeinwieser Karl	Pfarrkirchen	1. VIII. 10
408	Fleischmann Anton	Amberg	1. IX. 10
409	Eichleitner Valentin	Ingolstadt	1. IX. 10
410	Meisinger Max	Erding	1. IX. 10
411	Maul Johann Georg	Sulzbach	1. IX. 10
412	Heigl Alois	Trostberg	1. IX. 10
413	Schlamp Franz Xaver	Eichstätt	1. IX. 10
414	Reisinger Heinrich	Mallersdorf	1. IX. 10
415	Bengl Karl	Burghausen	1. IX. 10
416	Oesterreicher Joseph	Obermoschel	1. IX. 10
417	Frauenknecht Johann	München St. II	1. VII. 09
			1. XI. 10
418	Schmidt Hans	Amberg	1. XII. 10
419	Elbinger Georg	Nabburg	1. XII. 10
420	Seiberth Felix	Nürnberg I	1. I. 11
421	Hauch Joseph	München St. II	1. I. 11
422	Lochner Michael	München St. III	1. I. 11
423	Höcht Andreas	Waldmünchen	1. II. 11
			16. IV. 04
424	Fischer Christian	Hof	1. II. 11
425	Erhard Johann	Selb	1. II. 11
426	Janka Siegfried	Schönberg	1. II. 11
427	Guillon Karl	Gunzenhausen	1. III. 11
428	Eibl Max	Amberg	1. III. 11
429	Russhardt Jakob	Homburg	1. III. 11
430	Laub Heinrich	Obermoschel	1. III. 11
431	Fränzl Georg	Eschenbach	1. IV. 11
432	Göb Andreas	Würzburg St.	1. IV. 11
433	Troll Georg	„ Ld.	1. IV. 11
434	Donaubauer Karl	Auerbach	1. IV. 11
435	Heidenreich Konrad	Regensburg I	1. IV. 11
436	Wachter Johann Aug.	Lauingen	1. IV. 11
437	Beck Friedrich	München St. II	1. IV. 11
438	Fischer Otto	Erlangen	16. IV. 11
439	Rummel Karl	Passau	16. IV. 11
440	Schneider Eduard	Cadolzburg	16. IV. 11
441	Baumann Johann	Nürnberg I	16. IV. 11
442	Autsch Bernhard	Zweibrücken	16. IV. 11
443	Goller Johann	Höchstädt a. D.	16. IV. 11
444	Roos Anton	Neustadt a. H.	16. IV. 11
445	Träger Georg	Amberg	16. IV. 11
446	Reuther Konrad	Deggendorf	16. IV. 11
447	Ernstberger Joseph	Monheim	16. IV. 11
448	Röhl Alois	Aschaffenburg II	16. IV. 11
449	Cunz Reinhard	Kempten	16. IV. 11
450	Marsch Wilhelm	Bergzabern	16. IV. 11
451	Utz Johann	Bayreuth	16. IV. 11
452	Steinle Joseph	Friedberg	16. IV. 11
453	Anthofer Joseph	München St. II	16. IV. 11
454	Kainzbauer Guido	Straubing	16. IV 11
455	Schindlbeck Richard	Freising	16. IV. 11
456	Sirch Stephan	Rosenheim	16. IV. 11

457	Mössmer Anselm	Traunstein	16. IV. 11
458	Hertle Xaver	Rain	16. IV. 11
459	Ranner Albert	Eggenfelden	1. VI. 11
460	Fleischmann Gustav	Frankenthal	1. VI. 11
461	Pfeffer Karl	Nürnberg II	1. VI. 11
462	Schichtl Max	Monheim	1. VI. 11
463	Reiser Franz Xaver	Augsburg I	1. VI 11
464	Schwarz Joseph, KPr.	Buchloe	1. VII. 11
465	Hertel Franz	Kaiserslautern	1. VII. 11
466	Wambach Joseph	Brückenau	1. VII. 11
467	Zahn Georg	Aschaffenburg II	1. VII. 11
468	Pfändner August	Stadtsteinach	1. VII. 11
469	Heigl Heinrich	München Ld.	1. VII. 11
470	Scheuring Heinrich	Uffenheim	1. VII. 11
471	Wimmer Johann	Miesbach	1. VII. 11
472	Niederfellner Johann	Velburg	1. VII. 11
473	Luy Heinrich	Rain	1. VII. 11
474	Wagenpfeil Karl	Annweiler	1. VII. 11
475	Frosch Johann	Wassertrüdingen	1. VII. 11
476	Hacker Thomas	Eschenbach	1. VII. 11
477	Ziegler Max	Bergzabern	1. VII. 11
478	Schramm Adolf	Burgwindheim	1. VII. 11
479	Meyer Andreas	Hilpoltstein	1. VII 11
480	Schramm Joh. Konrad	Lichtenberg	1. VII. 11
481	Leichtlein Friedrich	Schweinfurt	1. VII. 11
482	Waldher Wilhelm	Thurnau	1. VII. 11
483	Stich August	Volkach	1. VII. 11
484	Holler Johann	Bayreuth	1. VII. 11
485	Oberndorfer Anton	Kastl	1. VII. 11
486	Hannusch Franz Xaver	Auerbach	1. VII. 11
487	Tröger Karl	Weismain	1. VII. 11
488	Martin Anton	Lindau	1. VII. 11
489	Pfeiffenberger Ludwig	Pottenstein	1. VII. 11
490	Heigl Heinrich	Wolfratshausen	1. VII. 11
491	Degendorfer Max	Waldsassen	1. VII. 11
492	Merdan Karl	Kaufbeuren	1. VII. 11
493	Flierl Wilhelm	Cadolzburg	1. VII. 11
494	Graf August	München St. I	1. VII. 11
495	Wolfenstetter Kajetan	Schesslitz	1. VII. 11
496	Schelbert Alois	Nabburg	1. VII. 11
497	König Adolf	München St. II	1. VII. 11
498	Meister Johann	Altdorf	1. VII. 11
499	Racher Johann	Heidenheim	1. VII. 11
500	Hahn Fritz	Bergzabern	1. VII. 11
501	Föttinger Christian	Heilsbronn	1. VII. 11
502	Zick Alfons	Mindelheim	1. VII. 11
503	Seidl Theodor	Günzburg	1. VII. 11
504	Hellwig August	Türkheim	1. VII. 11
505	Bär Christoph	Nürnberg III	1. VII. 11
506	Fichtner Eduard	Tirschenreuth	1. VII. 11
507	Vierbach Adolf	Füssen	1. VII. 11
508	Schorr Matthias	Ansbach	1. VII. 11
509	Himl Johann	Werneck	1. VII. 11
510	Vogelhuber Karl	Ansbach	1. VII. 11
511	Rosenberger Heinrich	Bamberg St.	1. VII. 11
512	Dirian Gottlob	Dinkelsbühl	1. VII. 11

513	Aschenbrenner Ludwig	München St. II	1. VII. 11
514	Klotz Johannes	Memmingen	1. VII. 11
515	Weigel Heinrich	Herrieden	1. VII. 11
516	Dorrer Anton Ludwig	Kipfenberg	1. VII. 11
517	Schilling Anton	Hilpoltstein	1. VII. 11
518	Mennig Anton	Königshofen	1. VII. 11
519	Mayer Otto	beurlaubt	1. VII. 11
520	Frank Georg	Bamberg Ld.	1. VII. 11
521	Wiedemann Robert	Immenstadt	1. VII. 11
522	Bogner Oskar	Spalt	1. VII. 11
523	Emich Karl	Homburg	1. VII. 11
524	Brahmann Max	Ebermannstadt	1. VII. 11
525	Grassl Max	Lauingen	1. VII. 11
526	Zöller Ludwig	Speyer	1. VII. 11
527	Winter Bernhard	Waldmünchen	1. VII. 11
528	König Anton	Markt Bibart	1. VII. 11
529	Trageser Andreas	Kissingen	1. VII. 11
530	Seidl Ferdinand	Freyung	1. VII. 11
531	Sedlmaier Karl	Herrieden	1. VII. 11
532	Dietrich Adolf	Oettingen	1. VII. 11
533	Sendner Johann	Neunkirchen a. Br.	1. VII. 11
534	Nack Karl	St. Ingbert	1. VII. 11
535	Hübner Johann	Hof	1. VII. 11
536	Haarländer Georg	Zeil	1. VII. 11
537	Turgetto Jakob	Germersheim	1. VII. 11
538	Lauterbach Heinrich	Münchberg	1. VII. 11
539	Schneid Johann	Zusmarshausen	1. VII. 11
540	Denk Max	Beilngries	1. VII. 11
541	Didusch Johann	Vilsbiburg	1. VII. 11
542	Kerscher Georg	Walderbach	1. VII. 11
543	Aigner Franz Xaver	St. Ingbert	1. VII. 11
544	Schrödel Rudolf	Werneck	1. VII. 11
545	Steinbacher Johann	Türkheim	1. VII. 11
546	Pichler Joseph	Kempten	1. VII. 11
547	Höss Joseph	Trostberg	1. VIII. 11
548	Lickleder Martin	München St. II	1. VIII. 11
549	Gascher Ludwig	"	1. VIII. 11
550	Schraid Johann	Schrobenhausen	1. VIII. 11
551	Tomm Friedrich	München St. II	1. VIII. 11
552	Weber Gottfried	Dachau	1. VIII. 11
553	Schmittlein Konrad	München St. II	1. VIII. 11
554	Rueff Georg	Trostberg	1. VIII. 11
555	Bögler Georg	Ansbach	1. VIII. 11
556	Nagengast Max	Bamberg Ld.	1. VIII. 11
557	Pretzl Johann	Lindau	1. VIII. 11
558	Keller Christian	München St. II	1. VIII. 11
559	Bräuhäuser Christian	Amberg	1. VIII. 11
560	Reingruber Ludwig	Vilsbiburg	1. VIII. 11
561	Rothe August	Passau	1. VIII. 11
562	Konle Joseph	Höchstädt a. D.	1. VIII. 11
563	Ebelt Max	München Ld.	1. VIII. 11
564	Pfanzelt Max	Landsberg	1. IX. 11
565	Schröpfer Martin	Landshut	1. IX. 11
566	Kripp Benedikt	Ludwigshafen a. Rh.	1. IX. 11
567	Hartmann Franz	Neunburg v. W.	1. IX. 11
568	Büchl Georg	Obernzell	1. IX. 11

569	Alexander Wilhelm	Kaiserslautern	1.IX.11
570	Pöppel Joseph	Bamberg Ld.	1.X.11
571	Hager Karl	Pegnitz	1.X.11
572	Eberle Luitpold	Kempten	1.X.11
573	Wambsganss Eduard	Dürkheim	1.X.11
574	Jackel Friedrich	Kissingen	1.X.11
575	Rieder Hermann	Kempten	1.X.11
576	Kopp Anton	Immenstadt	1.X.11
577	Scholl Joseph	Ingolstadt	1.X.11
578	Hoffmann Ludwig	Sulzbach	1.X.11
579	Eichner Andreas	Neustadt a. A.	1.X.11
580	Maling Ludwig	Nördlingen	1.X.11
581	Dillmann Georg	Höchstadt a. A.	1.X.11
582	Eberhardt Jakob	Blieskastel	1.XI.11
583	Strobel Christian	Landau a. I.	1.XI.11
584	Brandl Franz	Greding	1.XI.11
585	Steinhäuser Joseph	Zwiesel	1.XI.11
586	Ille Karl	Landau i. Pf.	1.XI.11
587	Hoffmann Heinrich	Dürkheim	1.XI.11
588	Prückl Xaver	Mitterfels	1.XI.11
589	Haberkorn August	München Ld.	1.XI.11
590	Kern Adolf	Neumarkt i. O.	1.XI.11
591	Fischer Max	Neustadt a. S.	1.XI.11
592	Siegmund Karl	Hilpoltstein	1.XI.11
593	Witty Martin	Neuburg a. D.	1.XI.11
594	Beck Friedrich	Bamberg St.	1.XI.11
595	Oppel Joseph	Kipfenberg	1.XI.11
596	Denterlein Friedrich	Lohr	1.XI.11
597	Schmid Joseph	Neustadt a. D.	1.XI.11
598	Wiedemann Friedrich	Landsberg	1.XI.11
599	Lauterbach Nikolaus	Burgwindheim	16.XI.11
600	Bobinger Joseph	Burgau	16.XI.11
601	Netzer Joseph	Nabburg	16.XI.11
602	Faustmann Franz	Röttingen	16.XI.11
603	Baier Max	Amberg	1.XII.11
604	Meier Sixtus	Neustadt a. A.	1.XII.11
605	Stümpfler Joseph	Vohenstrauss	1.XII.11
606	Braun August	Aichach	1.XII.11
607	Maugg Alfons	Mindelheim	1.XII.11
608	Schnurrer Georg	Erding	1.XII.11
609	Lauterbach Heinrich	Riedenburg	1.XII.11
610	Baur Johann	Beilngries	1.I.12
611	Wöhrle Adolf	Annweiler	1.I.12
612	Hertrich Joh. Konr.	Burgwindheim	1.I.12
613	Wörfel Martin	Marktschorgast	1.I.12
614	Killmayer Anton	Füssen	1.I.12
615	Fraundorfer August	Regensburg II	1.I.12
616	Schleupner Georg	Hammelberg	1.I.12
617	Pix Joseph	Lindau	1.I.12
618	Gleifenstein Otto	Starnberg	16.I.12
619	Hirschauer Matthias	Tirschenreuth	1.II.12
620	Funk Johann	Kelheim	1.II.12
621	Bögl Wolfgang	München St. III.	1.II.12
622	Maier Franz	Waldmünchen	1.II.12
623	Zech Ludwig	Kempten	1.II.12
624	Konrath Eugen	Pirmasens	1.II.12

625	Michael Heinrich	Greding	1. II. 12
626	Krammer Lorenz	Traunstein	1. II. 12
627	Wallner Alois	Rothenburg o. T.	16. II. 12
628	Lindacher Joseph	Tölz	1. III. 12
629	Anthofer Georg	Vilshofen	1. III. 12
630	Wiederhut Joseph	Kaufbeuren	1. III. 12
631	Leonhard Joseph	Illertissen	1. III. 02
632	Schübel Adam	Hof	1. IV. 12
633	Schreyer Hans	Windsheim	1. IV. 12
634	Bauer Matthias	Gemünden	1. V. 12
635	Vogl Johann	Schweinfurt	1. V. 12
636	Hammer Johannes	Ludwigshafen a. Rh.	1. V. 12
637	Schultz Rudolf	Augsburg I	1. V. 12
638	Wittlinger Lorenz	Dachau	1. V. 12
639	Winkelmann Emil	Winnweiler	1. VI. 12
640	Hartmann Johann	Neunkirchen a. Br.	1. VI. 12
641	Schmitt Andreas	Schweinfurt	1. VI. 12
642	Lang Georg	Spalt	1. VI. 12
643	Höck Rudolf	Günzburg	1. VI. 12
644	Drausnick Ludwig	Wolfratshausen	1. VII. 12
645	Schäffer Jakob	Viechtach	1. VII. 12
646	Kaiser Friedrich	Lengfurt	1. VII. 12
647	Koch Franz X.	Edenkoben	1. VII. 12
648	Müller Albert	Fürth	1. VII. 12
649	Leonhard Heinrich	Wolfratshausen	1. VII. 12
650	Kempf Julius	Winnweiler	1. VII. 12
651	Brand Eugen	Amberg	1. VII. 12
652	Hammerschmidt Max	Bayreuth	1. VII. 12
653	Krautbauer Ludwig	Ludwigshafen a. Rh.	1. VII. 12
654	Ferner Johann	Hersbruck	1. VII. 12
655	Heckel Albert	Pfarrkirchen	1. VII. 12
656	Gerst Johann	München Ld.	1. VIII. 12
657	Dück Andreas	Weismain	1. VIII. 12
658	Lindner Nikolaus	Rothenkirchen	1. VIII. 12
659	Saugel Johann	München St. III	1. VIII. 12
660	Persau Johann	Werneck	1. VIII. 12
661	Wagner Joseph	Schrobenhausen	1. VIII. 12
662	Oehrlein Karl	Würzburg Ld.	1. VIII. 12
663	Walter Otto	Rain	1. VIII. 12
664	Kerzdörfer Wilhelm	Gunzenhausen	1. VIII. 12
665	Beer Gustav	Kastl	1. VIII. 12
666	Neumüller Wilhelm	Landau a. I.	1. VIII. 12
667	König Hermann	Regensburg I	1. VIII. 12
668	Martin Otto	Ottobeuren	1. VIII. 12
669	Sutor Robert	Greding	1. VIII. 12
670	Appoldt Friedrich	Dettelbach	1. VIII. 12
671	Schirmer Johann	Hof	1. IX. 12
672	Liebl Adolf	Regensburg II	1. IX. 12
673	Benkert Konrad	Memmingen	1. IX. 12
674	Roos Georg	Lohr	1. IX. 12
675	Stückner Gordian	Laufen	16. IX. 12
676	Kern Joseph	Neustadt a. H.	1. X. 12
677	Willax Alfons	Kötzting	1. X. 12
678	Eder Joseph	Freyung	1. XI. 12
679	Zeder Joseph	Aschaffenburg I	1. XI. 12
680	Sturm Johann, gepr. KPr.	Erlangen	16. XI. 12

681	Lindl Anton, gepr. KPr.	Regensburg I	16. XI. 12
682	Kuhn Eugen	Landau i. Pf.	16. XI. 12
683	Rieger Joseph	Bamberg St.	16. XI. 12
684	Reusch Eugen	Landshut	16. XI. 12
685	Schweier Georg	Augsburg I	16. XI. 12
686	Uhl Johann	Hemau	16. XI. 12
687	Unger Eugen	München Ld.	16. XI. 12
688	Penzl Ludwig	München St. III	16. XI. 12
689	Maier Otto	"	16. XI. 12
690	Diethmann Otmar	Grünstadt	16. XI. 12
691	Günther Joh. Mich.	Rothenkirchen	16. XI. 12
692	Stammberger Luitpold	Lichtenfels	16. XI. 12
693	Scholz Franz	Kipfenberg	16. XI. 12
694	Döbler Friedrich	Günzburg	16. XI. 12
695	Härtl Jakob	Straubing	16. XI. 12
696	Wunderlich Moritz	Dingolfing	16. XI. 12
697	Bogner Heinrich	Weiden	16. XI. 12
698	Stauber Georg	München St. III	16. XI. 12
699	Sommer Wilhelm	Walderbach	16. XI 12
700	Frosch Gustav	Erding	16. XI. 12
701	Baumann Georg	München St. II	16. XI. 12
702	Hafner Jakob	Memmingen	16. XI. 12
703	Schoppe Heinrich	Ingolstadt	16. XI. 12
704	Daßler Konrad	Herzogenaurach	16. XI. 12
705	Gößwein Johann	Kastl	16. XI. 12
706	Lindermayer Peter	Kempten	16. XI. 12
707	Bohrer Emil	Pirmasens	16. XI. 12
708	Landes Adolf	Münnerstadt	16. XI. 12
709	Köhler Karl	Münchberg	16. XI. 12
710	Wagner Heinrich	Brückenau	16. XI. 12
711	Oppitz Michael	Wertingen	16. XI. 12
712	Hofmann Johann	München St. IV	16. XI. 12
713	Angermeier Michael	"	16. XI. 12
714	Baumann Michael	Erlangen	16. XI. 12
715	Künneth Karl	Selb	16. XI. 12
716	Catoir Emil	Grünstadt	16. XI. 12
717	Groß Franz	Passau	16. XI. 12
718	Burger Johann	Gerolzhofen	16. XI. 12
719	Fauster Wilhelm	Zweibrücken	16. XI. 12
720	Diel Joseph	Pirmasens	16. XI. 12
721	Brettle Christian	Augsburg I	16. XI. 12
722	Fritz Johann	Markt Oberdorf	16. XI. 12
723	Neudecker Joseph	München St. III	16. XI. 12
724	Schricker Eduard	Ludwigshafen a. Rh.	16. XI. 12
725	Diemaier Hans	Augsburg I	16. XI. 12
726	Körner Adam	Neuburg a. D.	16. XI. 12
727	Kumeth Heinrich	Münchberg	16. XI. 12
728	Fröschl Otto	Kelheim	1. XII. 12
729	Eder Johann	München St. III	1. XII. 12
730	Wenger Leopold	Augsburg II	1. XII. 12
731	Ziegler Jakob	Neu-Ulm	1. XII. 12

(Nichtetatsmässig.)

732	Strauß Michael, II. AG.	Velburg	16. VIII. 03
733	Breu Anton, III. AG.	Kronach	1. VII. 03
734	Emmert Georg	b. Militär	1. VII. 11

735	Schricker Georg	Walderbach	1. VII. 11
736	Zeder Johann	b. Militär	1. VII. 11
737	Rüll Johann	b. Militär	1. VII. 11
738	Stüber Karl	Ludwigshafen a. Rh.	1. IX. 11
739	Zierer Otto	Regensburg I	1. X. 11
740	Eggerdinger Anton	b. Militär	1. X. 11
741	Gröschel Christoph	b. Militär	1. X. 11
742	Ertl Johann	Rosenheim	1. X. 11
743	Hauser Max	b. Militär	1. XI. 11
744	Lutz Joseph	Pfaffenhofen	1. XI. 11
745	Kollmaier Franz	Freyung	1. XI. 11
746	Kurz Martin, KPr.	Rosenheim	16. XII. 11
747	Adam Friedrich	München St. II	1. XII. 11
748	Herzing Wilhelm	Burghausen	1. XII. 11
749	Keck Max	Fürstenfeldbruck	1. I. 12
750	Lampert Joseph	Zusmarshausen	1. I. 12
751	Koch Hans	Eichstätt	16. I. 12
752	Iffland Alois	Nürnberg II	1. VI. 12
753	Meier Otto	Weissenhorn	1. VII. 12
754	Riedl Ludwig	Münnerstadt	1. VIII. 12
755	Dauberschmidt Wilhelm	Markt Erlbach	1. X. 12
756	Baumann Franz, gepr. KPr.	Hof	16. XI. 12
757	Schrepfer David, gepr. KPr.	Bamberg Ld.	16. XI. 12
758	Demuth Johann	Landstuhl	16. XI. 12
759	Meßbacher Lorenz	Germersheim	16. XI. 12
760	Burkhard Karl	Ludwigshafen a.Rh.	16. XI. 12
761	Nußer Ludwig	Augsburg I	16. XI. 12
762	Neff Joseph	Starnberg	16. XI. 12
763	Kormann Max	München St. I	16. XI. 12
764	Morgenroth Georg	Dahn	16. XI. 12
765	Giersen Albert	Blieskastel	16. XI. 12
766	Brust Martin	Pirmasens	16. XI. 12
767	Weber Tobias	"	16. XI. 12
768	Sauer Johann	Kusel	16. XI. 12
769	Scherer Otto	Hemau	16. XI. 12
770	Hofmann Karl	Landshut	16. XI. 12
771	Ader Heinrich	Dahn	16. XI. 12
772	Stemmler Lndwig	Zweibrücken	16. XI. 12
773	Huber Heinrich	Burglengenfeld	16. XI. 12
774	Thiery Joseph	St. Ingbert	16. XI. 12
775	Bambauer Julius	Lauterecken	16. XI. 12
776	Edinger Otto	Kusel	16. XI. 12
777	Daniel Otto	Homburg	16. XI. 12
778	Seelmann Andreas	Wertingen	16. XI. 12
779	Kletter Karl	Öttingen	16. XI. 12
780	Winkler Albert	Weissenburg i. B.	16. XI. 12
781	Ziegler Johann	Brückenau	16. XI. 12
782	Neudorfer Wilhelm	Markt Oberdorf	16. XI. 12
783	Hauer Hermann	München St. III	16. XI. 12
784	Gradl Joseph	Landau i. Pf.	16. XI. 12
785	Kibele Andreas	Kaufbeuren	16. XI. 12
786	Schubert Gottfried	Arnstein	16. XI. 12
787	Höss Otto	Augsburg II	16. XI. 12
788	Schöpf Albert	Neunburg v. W.	16. XI. 12
789	Geis Johann Chrysostomus	Friedberg	16. XI. 12
790	Heiss Johann	Wertingen	16. XI. 12

791	Lang Rigobert	Viechtach	16. XI. 12
792	Kreitmeier Alfons	München St. III	16. XI. 12
793	Witzel Kilian	Dillingen	16. XI. 12
794	Off Andreas	Illertissen	16. XI. 12
795	Odermatt Max	Buchloe	1. XII. 12
796	Ernstberger Georg	Mühldorf	1. XII. 12
797	Hassloch Heinrich	Höchstadt a. A.	1. XII. 12
798	Hartig Johann Georg	Marktschorgast	1. XII. 12
799	Lorenz Joseph	Moosburg	1. XII. 12
800	Fischer Joseph	Schönberg	1. XII. 12
801	Schunk Otto	Zeil	1. XII. 12
802	Weller Heinrich	Landstuhl	1. XII. 12
803	Sieber Heinrich	Landau i. Pf.	1. XII. 12
804	Höss Johann	Mühldorf	1. XII. 12
805	Gsänger Georg	Wassertrüdingen	1. XII. 12
806	Kupper Utto	Griesbach	1. XII. 12

Mit der Verwesung von Assistentenstellen betraut.

807	Richter Friedrich	Nürnberg III	16. XI. 12
808	Schauppmeier Karl	Nürnberg I	16. XI. 12
809	Zinser Karl	Burglengenfeld	16. XI. 12
810	Seefried Friedrich	Nürnberg III	16. XI. 12
811	Pflaum Johann	Nürnberg I	16. XI. 12
812	Koch Rudolf	Lauterecken	16. XI. 12
813	Wundling Ludwig	Volkach	16. XI. 12
814	Steiner Philipp	Ludwigshafen a. Rh.	16. XI. 12
815	Beichhold Rudolf	Nürnberg II	16. XI. 12
816	Andritzky Franz	Weiden	16. XI. 12
817	Wünstel Edmuud	Frankenthal	16. XI. 12
818	Schnitzer Joseph	Donauwörth	16. XI. 12
819	Kallhamer Anton	Obernzell	16. XI. 12
820	Gsell Georg	Immenstadt	16. XI. 12
821	Glock Joseph	Gerolzhofen	16. XI. 12
822	Auffhammer Christian	Nürnberg III	16. XI. 12
823	Bauer Johann	Waldsassen	16. XI. 12

f) Kameralpraktikanten.

1	Steidle Karl, gepr.	b. Militär	30. IX. 08
2	Unger Hermann, gepr.	Lichtenfels	7. V. 09
3	Frölich August, gepr.	Kaiserslautern	24. VIII. 09
4	Bauer Eduard, gepr.	Pfaffenhofen	1. IX. 09
5	Schmidt Anton	Eichstätt	1. IX. 09
6	Hörath Max	Bayreuth	6. IX. 09
7	Schmitt August, gepr.	Landau Pf.	28. IX. 09
8	Krebs Philipp, gepr.	Ludwigshafen a. Rh.	1. X. 09
9	Kast Theodor, gepr.	Augsburg II	4. X. 09
10	Keller Ludwig, gepr.	b. Militär	4. X. 09
11	Würdinger Karl, gepr.	Regensburg II	26. X. 09
12	Zeitler Joseph, gepr.	Weiden	2. XI. 09
13	Eckerle August	Pirmasens	6. XI. 09
14	Gabelmann Karl	Winnweiler	25. VIII. 10
15	Scherrer Joseph	Passau	12. IX. 10
16	Griebel Johann	Neustadt a. S.	24. IX. 10

g) Rentamtsinzipienten.

Mit Einjährigen-Berechtigung.

1	Roas Karl	Herrieden	28. IX. 99
2	Deinlein Heinrich	Gunzenhausen	8. X. 06
3	Adler Anton	Burghausen	1. VII. 07
4	Eisenschmid Sebastian	Fürstenfeldbruck	17. VIII. 08
5	Löwel Hans	Bayreuth	1. X. 08
6	Anders Leo	b. Militär	23. X. 08
7	Rittler Max	Pirmasens	9. XI. 08
8	Starklauf Georg	b. Militär	16. XII. 08
9	Reich Johann	Mallersdorf	31. VIII. 09
10	Dressel Max	Bayreuth	9. XI. 09
11	Zipperer Alexander	b. Militär	10. I. 10
12	Ehbauer August	Deggendorf	12. II. 10
13	Hauber Georg	b. Militär	4. IV. 10
14	Scheidler Wilhelm	"	25. IV. 10
15	Scheid Karl	Nürnberg I	6. V. 10
16	König Max	Landsberg	27. VI. 10
17	Lindenmayer Franz	b. Militär	27. VI. 10
18	Schweiger Joseph	Greding	28. VI. 10
19	Bruckner Johann	Amberg	6. VII. 10
20	Reder Stephan	Brückenau	19. VII. 10
21	Loibl Gottfried	Fürstenfeldbruck	23. VII. 10
22	Hagnbuchner Karl	Neumarkt	1. IX. 10
23	Baumer Bernhard	Schwabach	1. IX. 10
24	Kolb Max	Speyer	17. XI. 10
25	Hefele Johann	Augsburg I	1. XII. 10
26	Schaffner Hubert	Zwiesel	1. II. 11
27	Laubender Konrad	Regensburg I	1. III. 11
28	Schricker Johann	Zeil	9. III. 11
29	Schuster Georg	Kelheim	20. IV. 11
30	Breitsameter Joseph	Freising	27. V. 11
31	Kronschnabel Joseph	Deggendorf	1. VII. 11
32	Höller Max	Eschenbach	1. VII. 11
33	Härtl Johannes	Kastl	1. VII. 11
34	Zick Karl	Buchloe	1. VII. 11
35	Geyer Georg	Kulmbach	1. VII. 11
36	Traut Johann	Kempten	1. VII. 11
37	Sedlmeier Albert	b. Militär	3. VII. 11
38	Wittmann Kaspar	Markt-Bibart	3. VII. 11
39	Geiger Karl	Weissenburg i. B.	3. VII. 11
40	Lüttich Franz	Starnberg	5. VII. 11
41	Dickert Karl	b. Militär	5. VII. 11
42	Adrian Joseph	"	5. VII. 11
43	Baier Max	Arnstein	6. VII. 11
44	Rosenberger August	Lengfurt	10. VII. 11
45	Weis Franz	Lohr	10. VII. 11
46	Wolf Joseph	Karlstadt	11. VII. 11
47	Ritter Georg	Neustadt a. S.	15. VII. 11
48	Schirmer Friedrich	Markt Erlbach	1. VIII. 11
49	Eckerlein Karl	Neunkirchen a. Br.	1. VIII. 11
50	Löser Hermann	Dettelbach	1. VIII. 11
51	Reiter Karl	Hammelburg	1. VIII. 11
52	Winkelmeier Eduard	Regensburg II	2. VIII. 11
53	Dürmeier Joseph	Neumarkt i. O.	3. VIII. 11

54	Fleischmann Willibald	Höchstädt a. D.	3. VIII. 11
55	Wirth Nikolaus	Nürnberg I	4. VIII. 11
56	Gasteiger Karl	Neunburg v. W.	10. VIII. 11
57	Huber Joseph	Rain	10. VIII. 11
58	Mitznegg Friedrich	Mitterfels	12. VIII. 11
59	Dresel Johann	Münnerstadt	26. VIII. 11
60	Mauler Otto	Markt Oberdorf	28. VIII. 11
61	Mais Alfred	Würzburg St.	1. IX. 11
62	Sicherer Max von	Regensburg II	2. IX. 11
63	Löffler Philipp	Neustadt a. S.	2. IX. 11
64	Kastner Bernardin	Burgau	4. IX. 11
65	Thomas Hermann	Neuburg a. D.	5. IX. 11
66	Grünberger Karl	Walderbach	5. IX. 11
67	Stengl Joseph	Wunsiedel	8. IX. 11
68	Schwarz Friedrich	Cadolzburg	8. IX. 11
69	Coressel Johann	Kirchheimbolanden	18. IX. 11
70	Wolf Otto	Blieskastel	18. IX. 11
71	Müller Rudolf	Landstuhl	21. IX. 11
72	Eckart Georg	Uffenheim	21. IX. 11
73	Schmid Joseph	Weilheim	25. IX. 11
74	Hegewaldt Georg	Weiden	25. IX. 11
75	Wagner Johann	Würzburg St.	28. IX. 11
76	Wartbiegler Johann	Lindau	30. IX. 11
77	Vogl Max	Mitterfels	1. X. 11
78	Leissl Johann	München I	2. X. 11
79	Wissnet Joseph	Simbach	2. X. 11
80	Conrad Adolf	Zweibrücken	2. X. 11
81	Heider Albert	Sulzbach	2. X. 11
82	Molitor Franz	Altdorf	1. XI. 11
83	Limmer Valentin	Eggenfelden	2. XI. 11
84	Baumgartner Andreas	Regensburg I	2. XI. 11
85	Paulsteiner Ludwig	Füssen	2. XI. 11
86	Seuss Wilhelm	Kusel	4. XI. 11
87	Strubel Karl	Ludwigshafen a. Rh.	4. XI. 11
88	Stuhlfauth Georg	Bamberg St.	4. XI. 11
89	Grundl Johann	Ingolstadt	6. XI. 11
90	Eichhorn Xaver	Ingolstadt	6. XI. 11
91	Gottinger Alfred	Passau	6. XI. 11
92	Niederlöhner Gg. Johann	Windsheim	6. XI. 11
93	Schmidt Konrad	Ochsenfurt	6. XI. 11
94	Reisinger Johann	Würzburg St.	6. XI. 11
95	Keller Karl	Dillingen	6. XI. 11
96	Kühlwein Heinrich	Günzburg	6. XI. 11
97	Albrecht Karl	Weissenburg	6. XI. 11
98	Klotz Georg	Schwabmünchen	6. XI. 11
99	Zapp Erwin	Homburg	7. XI. 11
100	Scholian Valentin	Vohenstrauss	7. XI. 11
101	Meixner Martin	Werneck	7. XI. 11
102	Zwick Alois	Kemnath	8. XI. 11
103	Münzel Kaspar	Bamberg St.	9. XI. 11
104	Geis Joseph	Gemünden	9. XI. 11
105	Pimpl Bernhard	Rothenkirchen	13. XI. 11
106	Knott Wilhelm	Lohr	13. XI. 11
107	Gerstetter Christian	Starnberg	14. XI. 11
108	Wagner Joseph	Augsburg II	16. XI. 11
109	Schmidtel Karl	Lauingen	16. XI. 11

110	Bieber Friedrich	Freyung	17. XI. 11
111	Reichart Joseph	Zusmarshausen	20. XI. 11
112	Hartleb Georg	Gemünden	27. XI. 11
113	Weissenborn Johann	Moosburg	28. XI. 11
114	Prucker Georg	Wasserburg	29. XI. 11
115	Brand Ludwig	Schrobenhausen	1. XII. 11
116	Koch Johann	Bayreuth	1. XII. 11
117	Tischler Georg	Monheim	1. XII. 11
118	Thoma Felix	Hof	2. XII. 11
119	Bohrer Joseph	Ebern	4. XII. 11
120	Schnitzler Alfred	Berchtesgaden	9. XII. 11
121	Lauterbach Eduard	Laufen	14. XII. 11
122	Beer Michael	Kissingen	27. XII. 11
123	Mühlich Leonhard	Bamberg Ld.	8. I. 12
124	Herzog Heinrich	Erlangen	8. I. 12
125	Reiser Johann B.	Weilheim	10. I. 12
126	Eck Karl	b. Militär	12. I. 12
127	Heufelder Anton	Lindau	12. I. 12
128	Burkard Karl	Velburg	17. I. 12
129	Mirsberger Johann	Heilsbronn	18. I. 12
130	Bossert Karl	Kandel	1. II. 12
131	Rothemund Karl	Selb	7. II. 12
132	Hempfling Michael	Würzburg Ld.	7. II. 12
133	Rausch Otto	Traunstein	12. II. 12
134	Engelskircher Heinrich	Annweiler	16. II. 12
135	Scheu Wilhelm	Rothenburg o. T.	1. III. 12
136	Sporn Rudolf	Vilshofen	7. III. 12
137	Schäfler Joseph	Traunstein	1. IV. 12
138	Mager Wilhelm	Eichstätt	4. IV. 12
139	Zech Philipp	Bamberg Ld.	4. IV. 12
140	Kernstock Johann	Würzburg Ld.	9. IV. 12
141	Melber Ludwig	Dürkheim	13. IV. 12
142	Pill Franz	Regensburg I	27. IV. 12
143	Schmid Joseph	Augsburg II	1. V. 12
144	Mährlein Emil	Fürth	24. VI. 12
145	Wurmsee Paul	Burghausen	26. VI. 12
146	Dreykorn Johann	Nürnberg I	1. VIII. 12
147	Höss Richard	Ottobeuren	1. VIII. 12
148	Seeberger Karl	Kaufbeuren	12. VIII. 12
149	Beigel Hermann	Schwabach	15. VIII. 12
150	Kreile Johann	Lengfurt	21. VIII. 12
151	Hirn Georg	Memmingen	23. VIII. 12
152	Finsterwalder Joseph	Rosenheim	29. VIII. 12
153	Müller Reinhold	Landshut	31. VIII. 12
154	Perger Johann	Pfaffenhofen	16. IX. 12
155	Zehmeister Friedrich	Dinkelsbühl	19. IX. 12
156	Heimer August	Wertingen	30. IX. 12
157	Sedlmair Joseph	Eichstätt	1. X. 12
158	Ostertag Leopold	Griesbach	2. X. 12
159	Weber Johann	Rothenburg o. T.	3. X. 12
160	Christoph Georg	Kissingen	17. X. 12

Mit Volksschulbildung.

161	Schuster Joseph	b. Militär	1. II. 05
162	Körber Johann	„	17. V. 05
163	Ilg Johann	„	26. VII. 05

164	Bauer Anton	b. Militär	25. VIII. 05
165	Meixl Wilhelm	„	18. X. 05
166	Dauth Peter	„	1. V. 06
167	Hasenöder Wilhelm	„	29. VII. 06
168	Berger Eugen	Landshut	1. XI. 06
169	Pflaum Heinrich	b. Militär	1. III. 07
170	Baier Simon	„	13. III. 07
171	Scheckenbach Albert	„	25. III. 07
172	Walling Friedrich	Annweiler	5. IV. 07
173	Leibrock Ernst	Obermoschel	25. V. 07
174	Hof Johann	Waldmünchen	25. V. 07
175	Wolf Johann	Zweibrücken	27. V. 07
176	Michel Adam	Pirmasens	10. VI. 07
177	Rudhart Friedrich	b. Militär	2. VIII. 07
178	Donhauser Georg	Amberg	5. VIII. 07
179	Weiss Karl	Burglengenfeld	12. VIII. 07
180	Weyh Heinrich	München St. IV	26. VIII. 07
181	Danner Ludwig	b. Militär	16. IX. 07
182	Cronebach Karl	Lauterecken	16. IX. 07
183	Münzer Georg	München St. II	1. X. 07
184	Glück Martin	München St. II	12. X. 07
185	Kreuzer Johann	München St. I	25. X. 07
186	Habisreitinger Alois	Weissenhorn	10. XI. 07
187	Hofmann Michael	Aichach	1. XII. 07
188	Weiss Joseph	Schesslitz	9. XII. 07
189	Lochner Johann	Fürth	1. II. 08
190	Rhein Oskar	Aschaffenburg II	17. II. 08
191	Heldmann Amadeus	Tirschenreuth	27. II. 08
192	Hörbrand Anton	b. Militär	1. III. 08
193	Tischler Heinrich	Walderbach	2. III. 08
194	Junginger Roman	Krumbach	2. III. 08
195	Dengler Johann	Waldsassen	16. III. 08
196	Graf Maximilian	Burglengenfeld	1. IV. 08
197	Kastner Eugen	b. Militär	1. IV. 08
198	Jäger Alfred	Mindelheim	2. V. 08
199	Förschner Friedrich	Königshofen	11. V. 08
200	Steiger Ludwig	Dahn	13. V. 08
201	Dornecker Franz X.	b. Militär	25. V. 08
202	Kormann Ludwig	Dachau	2. VI. 08
203	Hofmann Georg	b. Militär	11. VI. 08
204	Hornfischer Friedrich	Herzogenaurach	22. VI. 08
205	Karl Johann	Pfarrkirchen	1. VII. 08
206	Kellner Anton	Hemau	8. VII. 08
207	Link Wilhelm	Ansbach	31. VII. 08
208	Feil Johann	München Ld.	1. IX. 08
209	Pritzl Max	b. Militär	8. X. 08
210	Fey Heinrich	„	21. X. 08
211	Leicht Heinrich	Landau Pf.	23. X. 08
212	Nies Georg	Obermoschel	4. XI. 08
213	Flieger Joseph	Schongau	6. XI. 08
214	Winklhofer Johann	b. Militär	14. XII. 08
215	Tischler Georg	Nabburg	2. I. 09
216	Langguth Paul	b. Militär	10. II. 09
217	Weber Anton	Dingolfing	26. III. 09
218	Bockhorni Johann	Wolfratshausen	2. VIII. 09
219	Eckart Fritz	Nürnberg II	2. IX. 09

220	Fischer Andreas	Pottenstein	1. XII. 09
221	Lorenz Joseph	Schönberg	4. XII. 09
222	Lottes Georg	Nürnberg I	10. I. 10
223	Greim Eduard	Staffelstein	8. III. 10
224	Cehak Anton	Tirschenreuth	25. IV. 10
225	Luy Max	München Ld.	17. V. 10
226	Nelkel Michael	Lichtenberg	6. VI. 10
227	Heibler Rudolf	München St. II	16. VI. 10
228	Reinmann Georg	Feuchtwangen	5. VIII. 10
229	Syroth Johann	München St. I	6. II. 11
230	Bruckmayer Johann	München St. III	21. III. 11
231	Plenk Gottfried	Berchtesgaden	1. VII. 11
232	Hofmeister Franz X.	Erding	1. VII. 11
233	Kothbauer Albert	Kötzting	1. VII. 11
234	Wörle Georg	Obernzell	1. VII. 11
235	Burger Friedrich	Auerbach	1. VII. 11
236	Häffner Fritz	Kronach	1. VII. 11
237	Wolf Alfred	Lichtenberg	1. VII. 11
238	Bopp Gustav	Klingenberg	10. VII. 11
239	Sigmund Friedrich	Heidenheim	23. VII. 11
240	Stegmann Joseph	München St. III	1. VIII. 11
241	Roppelt August	Arnstein	1. VIII. 11
242	Meier Johann	Kelheim	21. VIII. 11
243	Schnurrer Friedrich	München St. I	25. VIII. 11
244	Deisenrieder Rudolf	Eggenfelden	1. IX. 11
245	Hermann Wilhelm	Kandel	1. IX. 11
246	Heinkel Johann	Burgwindheim	7. IX. 11
247	Schlicht Gottfried	Hilpoltstein	16. IX. 11
248	Vogt Joseph	Neustadt a. A.	19. IX. 11
249	Schmidt Frz. X.	Donauwörth	25. IX. 11
250	Fuchs Friedrich	Pegnitz	1. X. 11
251	Degen Sebastian	Weismain	1. X. 11
252	Dörrzapf Andreas	Ebermannstadt	2. X. 11
253	Förtsch Friedrich	Zeil	2. X. 11
254	Hilz Franz	Landau a. I.	2. XI. 11
255	Reichling Leonhard	Landau Pf.	2. XI. 11
256	Sahmann Christian	Thurnau	2. XI. 11
257	Hübsch Albert	Winnweiler	3. XI. 11
258	Beyer Richard	Bergzabern	4. XI. 11
259	Hofmann Ludwig	Trostberg	6. XI. 11
260	Weber Jakob	Grünstadt	6. XI. 11
261	Krieger Heinrich	Neustadt a. H.	6. XI. 11
262	Frohnwieser August	Schrobenhausen	8. XI. 11
263	Baum Karl	Ansbach	9. XI. 11
264	Schmid Friedrich	Riedenburg	13. XI. 11
265	Fischer Emil	Werneck	14. XI. 11
266	Pfeiffer Wolfgang	Vohenstrauss	25. XI. 11
267	Martin Franz Xaver	Illertissen	25. XI. 11
268	Remm Ludwig	Germersheim	27. XI. 11
269	Grimm Wilhelm	Dinkelsbühl	4. XII. 11
270	Kaiser Georg	München St. I	5. XII. 11
271	Würth August	Kaiserslautern	23. XII. 11
272	Sitzberger Franz	Viechtach	16. I. 12
273	Behr Joseph	Kronach	5. II. 12
274	Sälzle Georg	Memmingen	7. II. 12
275	Winterstein Karl	Aschaffenburg I	8. II. 12

276	Prock Richard	Cham	17. II. 12
277	Seefried Karl	Nürnberg III	17. II. 12
278	Vogt Friedrich	Illertissen	1. III. 12
279	Mühlfeld Alfred	Mellrichstadt	6. IV. 12
280	Bauer Georg	Volkach	1. V. 12
281	Rupprecht Johann	Nürnberg II	1. VI. 12
282	Kiesbauer Friedrich	Kemnath	10. VI. 12
283	Seibold Georg	Nürnberg III	10. VI. 12
284	Schmid Johann	Waischenfeld	17. VI. 12
285	Benker Hermann	Nürnberg II	15. VII. 12
286	Friedl Otto	Nürnberg III	1. VIII. 12
287	Bosser Michael	Immenstadt	6. VIII. 12
288	Merkl Franz	München St. II	18. IX. 12
289	Schätzel Joseph	Höchstadt a. A.	30. IX. 12
290	Hohner Johann	Stadtsteinach	8. X. 12

h) Rentamtsassistentinnen.

1	Neber Rosa	Immenstadt	14. VII. 11
2	Merlack Emilie	München St. I	17. VII. 11
3	Hastrich Maria	Annweiler	17. VII. 11
4	Schotthöfer Maria	Neustadt a. H.	17. VII. 11
5	Spatz Anna	Speyer	17. VII. 11
6	Schmer Therese	Regensburg II	17. VII. 11
7	Brunner Pauline	Ingolstadt	18. VII. 11
8	Saule Therese	"	18. VII. 11
9	Gschrei Ludowika	München St. II	18. VII. 11
10	Vogl Kunigunde	"	18. VII. 11
11	Bruckschlögl Amalie	München Ld.	18. VII. 11
12	Probst Maria	Griesbach	18. VII. 11
13	Schneider Maria Lina	Germersheim	18. VII. 11
14	Reiss Emma	Grünstadt	18. VII. 11
15	Zöller Anna	Homburg	18. VII. 11
16	Jung Karolina	Kaiserslautern	18. VII. 11
17	Scharmann Emilie	"	18. VII. 11
18	Hitschler Maria	Kandel	18. VII. 11
19	Gass Elisabeth	Kirchheimbolanden	18. VII. 11
20	Fickeisen Hedwig	Ludwigshafen a. Rh.	18. VII. 11
21	Hammer Elisabetha	"	18. VII. 11
22	Neckerauer Elisabetha	Neustadt a. H.	18. VII. 11
23	Klein Anna	Zweibrücken	18. VII. 11
24	Sefrin Katharina	"	18. VII. 11
25	Eigl Walburga	Burglengenfeld	18. VII. 11
26	Hamperl Therese	Cham	18. VII. 11
27	Lex Karolina	Kemnath	18. VII. 11
28	Rauch Anna	Neumarkt	18. VII. 11
29	Bauernfeind Maria	Regensburg I	18. VII. 11
30	Brunner Viktoria	"	18. VII. 11
31	Müller Maria	Hersbruck	18. VII. 11
32	Raum Elise	"	18. VII. 11
33	Otter Anna	Kissingen	18. VII. 11
34	Pfeuffer Hilda	Königshofen	18. VII. 11
35	Köhler Hedwig	Schweinfurt	18. VII. 11
36	Fleckenstein Margareta	Würzburg Ld.	18. VII. 11
37	Hartinger Franziska	Mühldorf	19. VII. 11
38	Bamann Maria	München St. IV	19. VII. 11
39	Wiesner Katinka	Starnberg	19. VII. 11
40	Kennerknecht Euphemie	Weilheim	19. VII. 11

41 (Während der Drucklegung geändert.)

42	Ableiter Elisabeth	Dürkheim	19. VII. 11
43	Becker Katharina	Homburg	19. VII. 11
44	Regula Frida	St. Ingbert	19. VII. 11
45	Franck Adelheid	Pirmasens	19. VII. 11
46	Göhringer Elisabetha	"	19. VII. 11
47	Reith Frida	Amorbach	19. VII. 11
48	Gerhard Berta	Aschaffenburg I	19. VII. 11
49	Hubert Maria	"	19. VII. 11
50	Schleippmann Anna	"	19. VII. 11
51	Zink Maria	Aschaffenburg II	19. VII. 11
52	Albert Elisabetha	Klingenberg	19. VII. 11
53	Huller Angelika	Lengfurt	19. VII. 11
54	Gebhardt Margareta	Neustadt a. S.	19. VII. 11
55	Böhm Maria	Würzburg St.	19. VII. 11
56	Otto Veronika	"	19. VII. 11
57	Schmitt Babette	"	19. VII. 11
58	Kissler Rosa	Würzburg Ld.	19. VII. 11
59	Enzinger Anna	Kaufbeuren	19. VII. 11
60	Zehetmaier Antonie	Aibling	20. VII. 11
61	Schuster Anna	Dachau	20. VII. 11
62	Hadersbeck Franziska	München St. III	20. VII. 11
63	Schlederer Eugenie	"	20 VII. 11
64	Dellinger Aloisia	München St. IV	20. VII. 11
65	Bierl Anna	Amberg	20. VII. 11
66	Daiminger Emma	"	20. VII. 11
67	Hausbeck Therese	"	20. VII. 11
68	Penzkofer Betty	Regensburg I	20. VII. 11
69	Berchtold Irma	Vohenstrauss	20. VII. 11
70	Troll Rosa	Walderbach	20. VII. 11
71	Brein Luise	Weiden	20. VII. 11
72	Sailer Rosina	"	20. VII. 11
73	Barth Elise	Ansbach	20. VII. 11
74	Ullrich Maria	"	20. VII. 11
75	Thomä Frida	"	20. VII. 11
76	Habenstein Anna	Erlangen	20. VII. 11
77	Strauch Margareta	Fürth	20. VII. 11
78	Zenker Hedwig	"	20. VII. 11
79	Buchta Mathilde	Nürnberg I	20. VII. 11
80	Westerholz Frida	Nürnberg II	20. VII. 11
81	Reiss Elise	Rothenburg o. T.	20. VII. 11
82	Wechsler Elisabeth	Spalt	20. VII. 11
83	Braun Elsa	Weissenburg	20. VII. 11
84	Hager Auguste	"	20. VII. 11
85	Frank Philomena	Augsburg I	20. VII. 11
86	Kemnitzer Therese	"	20. VII. 11
87	Spachert Josephine	Kempten	20. VII. 11
88	Buchka Seraphine	Markt Oberdorf	20. VII. 11
89	Dolpp Viktoria	Memmingen	20. VII. 11
90	Eckert Sophie	Neuburg a. D.	20. VII. 11
91	Froschmaier Antonie	"	20. VII. 11
92	Ritthaler Maria	Dingolfing	21. VII. 11
93	Biermaier Christine	Straubing	21. VII. 11
94	Trisl Kreszenz	"	21. VII. 11
95	Schneider Katharina	Edenkoben	21. VII. 11
96	Schneider Maria	Germersheim	21. VII. 11
97	Feuersteiner Agnes	Neunburg v. W.	21. VII. 11

98	Heldmann Henriette	Sulzbach	21. VII. 11
99	Scheibenbogen Therese	Weiden	21. VII. 11
100	Börner Johanna	Nürnberg I	21. VII. 11
101	Gundelsheimer Luise	Schwabach	21. VII. 11
102	Weinig Emilie	Aschaffenburg II	21. VII. 11
103	Schraut Emma	Ebern	21. VII. 11
104	Stotz Maria	Donauwörth	21. VII. 11
105	Faubel Berta	Kempten	21. VII. 11
106	Niedermeier Margareta	Freising	22. VII. 11
107	Kothbauer Klara	Kötzting	22. VII. 11
108	Fürst Maria	Hilpoltstein	22. VII. 11
109	Römer Frida	Nürnberg I	22. VII. 11
110	Fleischmann Anna	Burghausen	24. VII. 11
111	Mayer Margareta	Miesbach	24. VII. 11
112	Hinderer Rosa	Rosenheim	24. VII. 11
113	Kaufmann Cäcilie	"	24. VII. 11
114	Schustetter Katharina	"	24. VII. 11
115	Bauer Kreszenz	Deggendorf	24. VII. 11
116	Frühholz Josefine	Kelheim	24. VII. 11
117	Engelhardt Maria	Landshut	24. VII. 11
118	Kolbinger Anna	"	24. VII. 11
119	Behr Maria	Neustadt a. D.	24. VII. 11
120	Knittlmayer Martina	Passau	24. VII. 11
121	Schwiwagner Karoline	"	24. VII. 11
122	Bauer Therese	Vilshofen	24. VII. 11
123	Völk Ella	Bayreuth	24. VII. 11
124	Trautmann Wilhelmine	Lichtenfels	24. VII. 11
125	Fleischmann Anna	Münchberg	24. VII. 11
126	Porzelt Dorothea	Staffelstein	24. VII. 11
127	Martin Sabina	Wunsiedel	24. VII. 11
128	Dendorfer Margareta	Eichstätt	24. VII. 11
129	Reiner Kreszenz	"	24. VII. 11
130	Leitner Angelina	Markt Bibart	24. VII. 11
131	Krämer Margareta	Nürnberg I	24. VII. 11
132	Kartini Elisabeth	Nürnberg II	24. VII. 11
133	Ströhlein Margareta	"	24. VII. 11
134	Heinrich Wilhelmine	Zeil	24. VII. 11
135	Auer Katharina	Illertissen	24. VII. 11
136	Häberlin Anna	Lindau	24. VII. 11
137	Höbel Anna	"	24. VII. 11
138	Förstl Babette	Schwabmünchen	24. VII. 11
139	Rauh Anna	Landsberg	25. VII. 11
140	Dütsch Kunigunde	Bamberg St.	25. VII. 11
141	Glock Margareta	"	25. VII. 11
142	Müller Johanna	Hof	25. VII. 11
143	Trebes Barbara	Kronach	25. VII. 11
144	Ferstl Anna	Nördlingen	25. VII. 11
145	Uebeleisen Maria	Aichach	26. VII. 11
146	Weichart Anna	Berchtesgaden	26. VII. 11
147	Winkler Julie	München St. II	26. VII. 11
148	Mayr Viktoria	Pfaffenhofen	26. VII. 11
149	Goss Elisabetha	München St. II	27. VII. 11
150	Kronast Anna	Wasserburg	27. VII. 11
151	Mösch Babette	Wunsiedel	27. VII. 11
152	Brand Maria	Nürnberg III	27. VII. 11
153	Oppel Margareta	Augsburg II	27. VII. 11

154	Lampert Emma	Krumbach	27. VII. 11
155	Schmidt Anna	München St. II	28. VII. 11
156	Detzer Erna	München St. I	29. VII. 11
157	Gruber Maria	Laufen	31. VII. 11
158	Wagner Katharina	Passau	31. VII. 11
159	Dillitzer Pauline	Erding	1. VIII. 11
160	Steidl Maria	München St. I	1. VIII. 11
161	Urban Karoline	"	1. VIII. 11
162	Podrouschek Anna	München St. II	1. VIII. 11
163	Weinfurtner Maria	"	1. VIII. 11
164	Neuner Anna	München Ld.	1. VIII. 11
165	Schmeckenbecher Antonie	Traunstein	1. VIII. 11
166	Preckwiz Maria	Vilsbiburg	1. VIII. 11
167	Scheininger Anna	Mitterfels	1. VIII. 11
168	Fickeisen Anna	Dürkheim	1. VIII. 11
169	Herter Babette	Landau i. Pf.	1. VIII. 11
170	Litz Anna	Bamberg St.	1. VIII. 11
171	Bergmann Elisabetha	Bamberg Ld.	1. VIII. 11
172	Schorn Martha	"	1. VIII. 11
173	Holzer Sophie	Bayreuth	1. VIII. 11
174	Frank Elise	Kulmbach	1. VIII. 11
175	Hauguth Katharina	Rothenkirchen	1. VIII. 11
176	Kalb Therese	Erlangen	1. VIII. 11
177	Fischer Maria	Nürnberg III	1. VIII. 11
178	Hofmann Barbara	Lohr	1. VIII. 11
179	Aul Maria	Schweinfurt	1. VIII. 11
180	Sauter Viktoria	Augsburg I	1. VIII. 11
181	Vorsatz Maria	Neu-Ulm	1. VIII. 11
182	Straub Jona	Schweinfurt	5. VIII. 11
183	Schowalter Helene	Frankenthal	12. VIII. 11
184	Zottmaier Therese	Hof	15. VIII. 11
185	Kropp Luise	Fürstenfeldbruck	16. VIII 11
186	Neidhardt Katharina	München St. III	16. VIII. 11
187	Kollmaier Maria	Freyung	21. VIII. 11
188	Gössl Kreszenz	Nürnberg III	26. VIII. 11
189	Laubmann Anna	Friedberg	1. IX. 11
190	Wittmann Mechtilde	München St. II	1. IX. 11
191	Lutz Aloisia	München St. III	1. IX. 11
192	Reithmayr Anna	"	1. IX. 11
193	Ruhland Anna	"	1. IX. 11
194	Wagner Walburga	"	1. IX. 11
195	Lampert Lina	Lichtenberg	1. IX. 11
196	Salomon Maria	Augsburg II	1. IX. 11
197	Lutz Rosa	Günzburg	30. IX. 11
198	Kroiss Anna	Ebersberg	1. X. 11
199	Gleixner Maria	Deggendorf	2. X. 11
200	Wagner Sophie	Landshut	2. X. 11
201	Albrecht Franziska	Kronach	2. X. 11
202	Herzgsell Barbara	Dillingen	2. X. 11
203	Deller Philomena	Wertingen	2. XI. 11
204	Wurzer Maria	Selb	2. XI. 11
205	Rädler Elisabethe	Immenstadt	2. XI. 11
206	Russ Franziska	Karlstadt	4. XI. 11
207	Günthner Maria	Aichach	4. XI. 11
208	Högner Katharina	Neustadt a. D.	6. XI. 11
209	Zabuesnig Maria von	Augsburg I	6. XI. 11
210	Böhm Therese	Traunstein	6. XI. 11

211	Eid Katharina	Viechtach	15. XI. 11
212	Hager Helene	Hof	14. XII. 11
213	Grimm Paula	Mallersdorf	15. I. 12
214	Sterr Rosa	Deggendorf	6. II. 12
215	Schätz Berta	Vilshofen	15. II. 12
216	Schumacher Maria	Kaufbeuren	21. III. 12
217	Rott Viktoria	Straubing	6. IV. 12
218	Schmid Afra	Friedberg	9. IV. 12
219	Riedmiller Mathilde	Ludwigshafen a. Rh.	22. IV. 12
220	Raffler Frida	Speyer	25. IV. 12
221	Winkelmeier Elsa	Vohenstrauss	1. V. 12
222	Höfl Karolina	Garmisch	13. V. 12
223	Hötzler Emilie	Dachau	17. V. 12
224	Saumweber Franziska	Immenstadt	1. VI. 12
225	Marschall Margareta	Forchheim	17. VI. 12
226	Rosskopf Wilhelmine	Neu-Ulm	1. VII. 12
227	Stang Angela	Homburg	2. VII. 12
228	Fuchs Wally	Kipfenberg	2. VII. 12
229	Guntner Wilhelmine	Schwabmünchen	1. VIII. 12
230	Dressel Berta	Hofheim	5. VIII. 12
231	Kolb Berta	München Ld.	9. VIII. 12
232	Ursprung Aloisia	"	10. VIII. 12
233	Fadinger Johanna	München St. II	19. VIII. 12
234	Schiffer Doris	Bergzabern	23. VIII. 12
235	Heussner Elsa	Miesbach	3. IX. 12
236	Frank Emma	Kaiserslautern	9. IX. 12
237	Bögl Anna	Schongau	13. IX. 12
238	Sturm Anna	Fürth	26. IX. 12
239	Wurster Berta	Berchtesgaden	1. X. 12

Beitreibungspersonal.

i) Rentamtsdiener und Steuerboten.

1	Rheinwald Willibald (Me 1, LK.)	Regensburg I	1. XII. 79
2	Bruckmayer Johann (Me 1)	München St. III	1. I. 80
3	Herr Heinrich	Aschaffenburg I	16. XII. 93
4	Krug Dominikus (Me 1, LK.)	Rosenheim	16. VIII. 94
5	Kögler Georg (LK.)	Würzburg St.	1. XII. 94
6	Brehm Johann	Erlangen	1. XII. 94
7	Erbar Christoph (LK.)	Windsheim	16. I. 95
8	Stirnweis Konrad (Me 1, LK.)	Dachau	1. IV. 95
9	Probst Joseph (LK.)	Nürnberg III	1. IV. 95
10	Kräutlein Sixtus (LK.)	Erding	1. IX. 95
11	Klug Andreas	Brückenau	16. XII. 95
12	Brandl Johann	Regensburg II	16. XII. 95
13	Gareis Michael	Spalt	16. VI. 96
14	Reuther Johann	Burglengenfeld	1. IV. 97
15	Bott Philipp (LK.)	Beilngries	1. IX. 97
16	Stahl Joh. Michael	Rothenburg o. T.	1. X. 97
17	Rodewald Wilhelm	Krumbach	16. XII. 97
18	Mödl Joseph	Volkach	1. I. 98
19	Fischer Friedrich	Dinkelsbühl	1. II. 98
20	Schinn Friedrich	Rosenheim	1. V. 98
21	Schmidt Christian	Eichstätt	16. VIII. 98
22	Günther Adam (Me 1, LK.)	Bamberg Ld.	1. X. 98
23	Maul Johann	Weiden	16. III. 99
24	Jungwirth Matthias (Me 1, LK.)	Dingolfing	1. V. 99

25	Drollmann Kaspar (Me 1, LK.)	Ottobeuren	16. VIII. 99
26	Plöderl Michael (LK.)	Landshut	16. XI. 99
27	Sammer Georg	Herrieden	16. XII. 99
28	Kern Leonhard	Zeil	1. I. 00
29	Engl Joseph	Kastl	16. II. 00
30	Kleder Wilhelm	München St. II	16. II. 00
31	Munack Wilhelm	Schrobenhausen	16. VII. 00
32	Goller Johann	Velburg	16. VII. 00
33	Oelschlegel Christoph	Kulmbach	16. VIII. 00
34	Hübner Anton	Würzburg Ld.	16. X. 00
35	Wohlfart Martin	Pirmasens	16. XI. 00
36	Limmer Martin	Eggenfelden	16. XI. 00
37	Schmid Johann Bapt.	Augsburg I	1. XII. 00
38	Pfefferlein Robert	Nürnberg III	16. XII. 00
39	Ott Karl	Bamberg St.	16. I. 01
40	Zimmerer Georg	Ingolstadt	15. II. 01
41	Göb Valentin	Würzburg St.	15. II. 01
42	Schubert Johann	Kissingen	1. V. 01
43	Stössel Oskar	Pfaffenhofen	16. VII. 01
44	Ziegler Kilian	Werneck	1. IX. 01
45	Schmidt Heinrich	Günzburg	16. IX. 01
46	Fritz Franz	Weilheim	16. IX. 01
47	Betz Franz	Greding	1. XI. 01
48	Zeder Heinrich	Kronach	16. XII. 01
49	Barthelmes Anton	Münnerstadt	1. II. 02
50	Kreuzer Joseph	Neuburg a. D.	16. II. 02
51	Oberpriller Johann	Griesbach	1. III. 02
52	Knirlberger Heinrich	Neustadt a. D.	1. III. 02
53	Stürmer Aquilin	München St. I	16. IV. 02
54	Bauer Michael	Passau	16. VI. 02
55	Richter Johann	Wassertrüdingen	1. IX. 02
56	Wittlinger Georg	Regensburg II	16. IX. 02
57	Künzel Friedrich	Bayreuth	16. X. 02
58	Bleicher Joseph	Gemünden	1. XII. 02
59	Dietrich Joseph	Kötzting	1. I. 03
60	Träger Heinrich	Kemnath	1. II. 03
61	Seuss Martin	Vilshofen	1. III. 03
62	Knüpfer Heinrich	Feuchtwangen	1. IV. 03
63	Burkhart Max	Weissenhorn	16. IV. 03
64	Hastreiter Anton	Obernzell	16. IV. 03
65	Geyer August	Walderbach	1. V. 03
66	Krauss Christoph	Aschaffenburg II	16. V. 03
67	Brodwolf Johann	Tölz	16. VI. 03
68	Beck Joseph (LK.)	Kandel	1. VII. 03
69	Ferber Karl	Kirchheimbolanden	1. VII. 03
70	Selk Eduard (LK.)	Ludwigshafen a. Rh.	1. VII. 03
71	Löffler Adam (LK.)	Pirmasens	1. VII. 03
72	Kirsch Friedrich (LK.)	Lauterecken	1. VII. 03
73	Eisenlöffel Philipp (Me 1, LK.)	Zweibrücken	1. VII. 03
74	Strehle Joseph	München St. I	1. VII. 03
75	Strasser Michael	„	1. VII. 03
76	Hackl Max	„	1. VII. 03
77	Mündel Konrad	München Ld.	1. VII. 03
78	Geib Friedrich	Pirmasens	1. VII. 03
79	Setzepfand Traugott	München St. III	1. VII. 03
80	Reichrath Ludwig	Kaiserslautern	1. VII. 03

81 Dentelsbeck Andreas	Regensburg I	1. VII. 03
82 Vetter Franz	Homburg	1. VII. 03
83 Huber Johann	Nürnberg III	1. VII. 03
84 Steinhilber Ludwig	München St. II	1. VII. 03
85 Sommerauer Joseph	"	1. VII. 03
86 Bracher Joh. Leopold	Landau Pf.	1. VII. 03
87 Kramer Georg	München St. IV	1. VII. 03
88 Appel Joseph	München St. II	1. VII. 03
89 Schramm Joseph	Burghausen	1. VII. 03
90 Maul Johann (PLc)	München St. I	1. VII. 03
91 Rohrhirsch Franz X.	München St. II	1. VII. 03
92 Luy Johann	"	1. VII. 03
93 Sennebogen Michael	"	1. VII. 03
94 Walling Friedrich	Annweiler	1. VII. 03
95 Bruckner Johann	Amberg	1. VII. 03
96 Meissner Gregor	Ingolstadt	1. VII. 03
97 Moser Franz X.	München St. I	1. VII. 03
98 Götz Friedrich	Frankenthal	1. VII. 03
99 Huber Anton	Mühldorf	1. VII. 03
100 Lohrer Adam	München St. II	1. VII. 03
101 Nickl Johann	Moosburg	1. VII. 03
102 Strauch Johann	Fürth	1. VII. 03
103 Stadler Sylvester	Wertingen	1. VII. 03
104 Bühling Johann	München St. IV	1. VII. 03
105 Wolfram Rupert	München St. III	1. VII. 03
106 Küspert Andreas	Augsburg I	1. VII. 03
107 Breunig Friedrich	Lohr	1. VII. 03
108 Oberwallner Georg	München St. IV	1. VII. 03
109 Spangler Joseph	München St. III	1. VII. 03
110 Guck Georg	München St. II	1. VII. 03
111 Hölzle August	"	1. VII. 03
112 Kanter Andreas	Ludwigshafen a. R.	1. VII. 03
113 Reiss Jakob	Germersheim	1. VII. 03
114 Lauss Michael	Regensburg II	1. VII. 03
115 Pötzinger Johann	Schesslitz	1. VII. 03
116 Stöhr Karl	Augsburg I	1. VII. 03
117 Franke August	Beilngries	1. VII. 03
118 Zeh Franz	München St. III	1. VII. 03
119 Flühr Georg	Hersbruck	1. VII. 03
120 Gleixner Johann	Amberg	1. VII. 03
121 Schlemmer Joseph	München St. II	1. VII. 03
122 Neff Joseph	Wolfratshausen	1. VII. 03
123 Sieber Kaspar	Freising	1. VII. 03
124 Faller Friedrich	"	1. VII. 03
125 Schreitmüller Johann	Schwabmünchen	1. VII. 03
126 Schäfer Friedrich	München St. IV	1. VII. 03
127 Gürtler Johann	Berchtesgaden	1. VII. 03
128 Jörg Franz X.	München St. III	1. VII. 03
129 Schollerer Heinrich	Mitterfels	1. VII. 03
130 Hankele Friedrich	Schwabach	1. VII. 03
131 Lindner Georg	Nürnberg I	1. VII. 03
132 Dorsch Joh. Georg	Nürnberg II	1. VII. 03
133 Bollinger Georg	Kempten	1. VII. 03
134 Piele Theodor	Spalt	1. VII. 03
135 Schedel Johann	Nürnberg II	1. VII. 03
136 Strauss Friedrich	Regensburg I	1. VII. 03

137	Potzler Ulrich	Bayreuth	1. VII. 03
138	Pöhner Karl	München Ld.	1. VII. 03
139	Pflaum Johann	Forchheim	1. VII. 03
140	Hübner Chr. Joh.	St. Ingbert	1. VII. 03
141	Uebel Konrad	Ansbach	1. VII. 03
142	Weth Joseph	Würzburg Ld.	1. VII. 03
143	Heinrich Gustav	München Ld.	1. VII. 03
144	Fischer Joseph	München St. II	1. VII. 03
145	Seefried Georg	Nürnberg II	1. VII. 03
146	Wolf Franz	München St. II	1. VII. 03
147	Graf Joseph	Fürstenfeldbruck	1. VII. 03
148	Schmid Franz X.	Donauwörth	1. VII. 03
149	Schmidt Georg	Rosenheim	1. VII. 03
150	Werner Friedrich	München St. II	1. VII. 03
151	Hopper Georg	Augsburg I	1. VII. 03
152	Prechsl Xaver	München I	1. VII. 03
153	Faltermeier Martin	München St. III	1. VII. 03
154	Ullrich Johann	Dettelbach	1. VII. 03
155	Linsenmeier Wilh.	Würzburg St.	1. VII. 03
156	Hofmann Andreas	Erding	1. VII. 03
157	Klopfer Joseph	Regensburg I	1. VII. 03
158	Helbig Gabriel	Fürth	1. VII. 03
159	Stritter Karl	München St. II	1. VII. 03
160	Rudolf Wilhelm	Amberg	1. VII. 03
161	Müller Johann	Neuburg a. D.	1. VII. 03
162	Mager Georg Adam	Neustadt a. S.	1. VII. 03
163	Zech Philipp	Erlangen	1. VII. 03
164	Rosenbauer Leonhard	Landsberg	1. VII. 03
165	Jäger Johann	Aschaffenburg I	1. VII. 03
166	Penzkofer Johann	Kipfenberg	1. VII. 03
167	Geyer Georg	Kulmbach	1. VII. 03
168	Seidenspinner Gregor	Nürnberg II	1. VII. 03
169	Dörrzapf Franz	Ebermannstadt	1. VII. 03
170	Backert Pankraz	Nürnberg I	1. VII. 03
171	Sperl Karl	Regensburg I	1. VII. 03
172	Paulus Johann	Kitzingen	1. VII. 03
173	Dennerlein Adam (PLc)	Bamberg St.	1. VII. 03
174	Rucker Willibald	Pfaffenhofen	1. VII. 03
175	Dötschel Johann	Bayreuth	1. VII. 03
176	Bähr Georg	Nürnberg II	1. VII. 03
177	Arneth Johann	Ebermannstadt	1. VII. 03
178	Scheuer Adrian	München St. II	1. VII. 03
179	Kehlmaier Johann	Würzburg St.	1. VII. 03
180	Albrecht Georg	Schwabmünchen	1. VII. 03
181	Derks Heinrich	Kronach	1. VII. 03
182	Merz Joh. Heinrich	Nürnberg II	1. VII. 03
183	Förtsch Johann	Ebern	1. VII. 03
184	Glöckl Wolfgang	Weilheim	1. VII. 03
185	Kerler Ottmar	München St. III	1. VII. 03
186	Lieb Valentin	Königshofen	1. VII. 03
187	Dengler Christoph	Waldsassen	1. VII. 03
188	Schlamp Xaver	Eichstätt	1. VII. 03
189	Zankl Ludwig	Dingolfing	1. VII. 03
190	Fenn Johann	Nürnberg II	1. VII. 03
191	Wenger Johann	Mindelheim	1. VII. 03
192	Welzel Georg	Bayreuth	1. VII. 03

193	Wolf Albert	Bamberg Ld.	1. VII. 03
194	Hofmann Georg	Nürnberg II	1. VII. 03
195	Lohmeier Otto	Mitterfels	1. VII. 03
196	Kuhn Johann	Nürnberg II	1. VII. 03
197	Drexler Friedrich	München St. II	1. VII. 03
198	Hauck Johann	Kaufbeuren	1. VII. 03
199	Hertrich Adam	Münchberg	1. VII. 03
200	Schuhmann Johann	Wunsiedel	1. VII. 03
201	Bauer Karl	Passau	1. VII. 03
202	Abersfelder Karl	Würzburg St.	1. VII. 03
203	Meckler Wilhelm	Landshut	1. VII. 03
204	Brunner Joseph	Erding	1. VII. 03
205	Lutz Martin	München St. I	1. VII. 03
206	Kohlpaintner Anton	Vilsbiburg	1. VII. 03
207	Schmitt Johann	Ochsenfurt	1. VII. 03
208	Körber Martin	Mindelheim	1. VII. 03
209	Kreil Eberhard	Hof	1. VII. 03
210	Eder Karl	Simbach	1. VII. 03
211	Glas Johann	Deggendorf	1. VII. 03
212	Mahr Karl	Bamberg St.	1. VII. 03
213	Höfler Joseph	Passau	1. VII. 03
214	Rothlauf Ludwig	Weismain	1. VII. 03
215	Marchl Joseph	Simbach	1. VII. 03
216	Grünwald Joseph	Rosenheim	1. VII. 03
217	Schöller Karl	Aschaffenburg I	1. VII. 03
218	Brechtelsbauer Matthias	Nürnberg II	1. VII. 03
219	Knechtl Sebastian	Markterlbach	1. VII. 03
220	Staudter Adam	Ebersberg	1. VII. 03
221	Schuster Georg	Waischenfeld	1. VII. 03
222	Welker Georg	Nürnberg II	1. VII. 03
223	Berger Karl	Ingolstadt	1. VII. 03
224	Sturm Joseph	Lindau	1. VII. 03
225	Martin Ludwig	Hofheim	1. VII. 03
226	Pradl Franz X.	Kelheim	1. VII. 03
227	Steinbruckner Michael	Kemnath	1. VII. 03
228	Danner Anton	Schrobenhausen	1. VII. 03
229	Winkelmann August	Neustadt a. H.	1. VII. 03
230	Wager Gabriel	Donauwörth	1. VII. 03
231	Endrass Joseph	Markt Oberdorf	1. VII. 03
232	Wiesner Adam	Starnberg	1. VII. 03
233	Vetter Michael	Eschenbach	1. VII. 03
234	Wagner August	Aichach	1. VII. 03
235	Kress Adam	Bamberg Ld.	1. VII. 03
236	Rieger Joseph	Regensburg I	1. VII. 03
237	Neumeister Joh. Georg	Würzburg St.	1. VII. 03
238	Heeg Georg	Aschaffenburg I	1. VII. 03
239	Hildner Nikolaus	Lengfurt	1. VII. 03
240	Fischer Johann	Gerolzhofen	1. VII. 03
241	Kleebauer Joseph	Füssen	1. VII. 03
242	Jungkunst Georg	Vohenstrauss	1. VII. 03
243	Jehle Johann	Neu-Ulm	1. VII. 03
244	Kobold Joseph	Neuburg a. D.	1. VII. 03
245	Zitzmann Jakob	Kitzingen	1. VII. 03
246	Deyerling Friedrich	Speyer	1. VII. 03
247	Hefferle Georg	Fürstenfeldbruck	1. VII. 03
248	Bäuerlein Florian	Augsburg I	1. VII. 03

249	Fröhlich Christian	Waldsassen	1. VII. 03
250	Weiss Johann	München Ld.	1. VII. 03
251	Parr Andreas	Neustadt a. D.	1. VII. 03
252	Umfahrer Ludwig	Nördlingen	1. VII. 03
253	Steigner Valentin	Zweibrücken	1. VII. 03
254	Weiss Martin	Kastl	1. VII. 03
255	Gärtner Karl	Altdorf	1. VII. 03
256	Klingler Wilhelm	Rothenburg o. T.	1. VII. 03
257	Angerer Heinrich	Hof	1. VII. 03
258	Hiemer Heinrich	Traunstein	1. VII. 03
259	Maisch Peter	Homburg	1. VII. 03
260	Hesel Johann	Pottenstein	1. VII. 03
261	Plechschmidt Jakob	Selb	1. VII. 03
262	Eigl Johann	Burglengenfeld	1. VII. 03
263	Goderbauer Sebastian	Landshut	1. VII. 03
264	Grob Eusebius	Brückenau	1. VII. 03
265	Huber Joseph	München St. II	1. VII. 03
266	Weller Heinrich	Kaiserslautern	1. VII. 03
267	Frank Michael	Hersbruck	1. VII. 03
268	Müller Johann	Stadtsteinach	1. VII. 03
269	Scheithe Friedrich	Kaiserslautern	1. VII. 03
270	Amon Ägidius	Ebern	1. VII. 03
271	Klampfer Christoph	Fürth	1. VII. 03
272	Mayr Joseph	Traunstein	1. VII. 03
273	Simon Heinrich	Bayreuth	1. VII. 03
274	Domke Hermann	Heilsbronn	1. VII. 03
275	Linow Wilhelm	Landstuhl	1. VII. 03
276	Bildstein August	Schweinfurt	1. VII. 03
277	Eichhorn Pankraz	Rothenkirchen	1. VII. 03
278	Schrödel Lorenz	Neunkirchen a. Br.	1. VII. 03
279	Them Johann	Kissingen	1. VII. 03
280	Trostdorf Bernhard	Nördlingen	1. VII. 03
281	Ebert Wilhelm	Forchheim	1. VII. 03
282	Hübner Johann	Amberg	1. VII. 03
283	Futterknecht Philipp	München St. II	16. VII. 03
284	Höhn Johann	München St. IV	16. VII. 03
285	Döbler Alois	München St. II	16. VII. 03
286	Kronzucker Max	Trostberg	1. VIII. 03
287	Meyer Xaver	Lindau	1. VIII. 03
288	Lendner Joseph	Schweinfurt	1. VIII. 03
289	Fuchs Georg	Pegnitz	1. VIII. 03
290	Kammerl August	Straubing	16. VIII. 03
291	Wirtheim Franz	München St. IV	16. VIII. 03
292	Söllner Ludwig	Höchstadt a. A.	1. IX. 03
293	Ziegler Wilhelm	Ansbach	1. IX. 03
294	Haid Franz X.	Friedberg	1. IX. 03
295	Peppel Joseph	Starnberg	16. IX. 03
296	Fastl Andreas	München St. IV	1. XII. 03
297	Hartung Franz	München St. II	1. XII. 03
298	Schuler Adalbert	„	1. XII. 03
299	Hausdörfer Louis	Immenstadt	1. XII. 03
300	Kubeile Hermann	Hilpoltstein	1. XII. 03
301	Kraus Alois	Würzburg St.	1. XII. 03
302	Jochum Ludwig	Dillingen	1. XII. 03
303	Schuller Klemens	München St. IV	1. XII. 03
304	Hofmann Joseph	Vohenstrauss	1. I. 04

305	Hollederer Friedrich	Nürnberg III	1. I. 04
306	Vogtmann Wolfgang	Arnstein	15. II. 04
307	Meyer Karl	Hammelburg	15. II. 04
308	Scheuerlein Joh. Martin	Augsburg I	1. III. 04
309	Seltsam Karl	Burghausen	16. IV. 04
310	Engelhard Ferdinand	Günzburg	1. V. 04
311	Brey Joseph	Burglengenfeld	16. V. 04
312	Ament Karl	Bamberg St.	1. VI. 04
313	Schweiger Franz X.	München St. IV	1. VII. 04
314	Fichtl Franz	Aibling	16. VII. 04
315	Fischer Peter	Memmingen	1. VII. 04
316	Kirch Jakob	Kaiserslautern	1. VII. 04
317	Steiger Ludwig	Dahn	1. VII. 04
318	Hahn Kaspar	Neumarkt	1. X. 04
319	Michel Klemens	Nürnberg II	1. X. 04
320	Haberzett Johann	Nürnberg III	16. VIII. 04
321	Kügle Joseph	Eschenbach	1. IX. 04
322	Mayer Franz	Ludwigshafen a. Rh.	16. IX. 04
323	Maier Joseph	Vilsbiburg	1. X. 04
324	Zahlhaas Adolf	Straubing	1. X. 04
325	Gattermann Friedrich	Vilshofen	1. X. 04
326	Krug Dominikus	Zwiesel	1. X. 04
327	Boreiter Peter	Neustadt a. S.	1. X. 04
328	Wetzel Kornelius	Selb	16. X. 04
329	Hammer Anton	Landsberg	16. X. 04
330	Bechtold Joseph	Kandel	1. XI. 04
331	Weindler Andreas	Obernzell	1. XI. 04
332	Bergkammer Xaver	Klingenberg	1. II. 05
333	Zimmermann Philipp	Neustadt a. H.	1. III. 05
334	Kössinger Ulrich	Ludwigshafen a. R.	1. IV. 05
335	Maurer Johann	Lichtenberg	16. IV. 05
336	Haas Ludwig	Karlstadt	16. IV. 05
337	Hassold Friedrich	Hersbruck	1. V. 05
338	Fink Karl	Burgau	1. VI. 05
339	Weinheimer Jakob	Ludwigshafen a. Rh.	1. VI. 05
340	Riemer Otto	Nürnberg I	16. VI. 05
341	Gräf Gustav	"	1. VII. 05
342	Schömig Ludwig	Zeil	1. VIII. 05
343	Achmüller Heinrich	Schongau	1. VIII. 05
344	Weber Johann	Riedenburg	1. IX. 05
345	Lucht Hermann	Würzburg Ld.	1. IX. 05
346	Förster Konrad	Kronach	1. IX. 05
347	Müller Nikolaus	Edenkoben	16. IX. 05
348	Blecher Michael	Königshofen	1. XI. 05
349	Bachmeier Karl	Regensburg I	1. XI. 05
350	Müller Anton	Ochsenfurt	1. II. 06
351	Augustin Johann	Rain	1. II. 06
352	Neumüller Johann	Gunzenhausen	15. II. 06
353	Liebscher Michael	Illertissen	1. III. 06
354	Limmer Gustav	Münchberg	1. III. 06
355	Essigkrug Joseph	Blieskastel	1. III. 06
356	Postler Joseph	Ludwigshafen a. Rh.	1. III. 05
357	Schuirer Joseph	Dillingen	1. IV. 06
358	Watz Ludwig Lorenz	Aschaffenburg I	1. VI. 06
359	Weyh Dominikus	Karlstadt	1. VI. 06
360	Langhirt Ignaz	Germersheim	1. VI. 06

361	Hund Franz	Landau i. Pf.	16. VI. 06
362	Mayer Peter	München St. II	16. VI. 06
363	Rath Wilhelm	Höchstädt a. D.	16. VI. 06
364	Ohlinger Georg	Landau i. Pf.	16. VI. 06
365	Haunold Joseph	Pfaffenhofen	1. VII. 06
366	Hillenbrand Georg	Herzogenaurach	1. VIII. 06
367	Müller Michael	Nürnberg III	1. IX. 06
368	Schickert Michael	Neustadt a. A.	1. IX. 06
369	Brückner August	Dachau	1. IX. 06
370	Hertlein Georg	Augsburg I	1. X. 06
371	Faeth Georg	Sulzbach	1. X. 06
372	Motz David	Lindau	1. XI. 06
373	Wenning Johann	Weiden	1. XI. 06
374	Baier Johann	Fürth	1. XI. 06
375	Nelz Peter	Edenkoben	1. XI. 06
376	Gehring Johann	München Ld.	1. XI. 06
377	Meier Lorenz	Fürth	1. XI. 06
378	Knott Sebastian	Pirmasens	1. XI. 06
379	Herrmann Konrad	Bamberg St.	1. XI. 06
380	Puppele Johann	Tirschenreuth	16. XI. 06
381	Donner Paul	Neumarkt	16. XI. 06
382	Nuber Johann	Pfarrkirchen	1. XII. 06
383	Geyer Franz	München Ld.	1. I. 07
384	Sailer Martin	Monheim	16. I. 07
385	Schwarz Georg	Cadolzburg	16. I. 07
386	Zacher Joseph	Vilshofen	1. II. 07
387	Bindsack Martin	Homburg	1. II. 07
388	Seibert Michael	Lichtenfels	1. II. 07
389	Schröttenbrunner Peter	Moosburg	1. II. 07
390	Neidlein Michael	Fürth	16. III. 07
391	Beger Franz	Amorbach	1. IV. 07
392	Günthert Georg	Neustadt a. H.	1. IV. 07
393	Kränzlein Georg	Laufen	1. IV. 07
394	Rachinger Johann	Nürnberg III	1. V. 07
395	Schmid Georg	München St. II	16. V. 07
396	Gerstmaier Johann	Buchloe	16. V. 07
397	Dorn Joseph	Obermoschel	1. VI. 07
398	Wunderlich Christoph	Hof	1. VII. 07
399	Raum Peter	Straubing	1. VII. 07
400	Winzer Georg	Augsburg I	1. VII. 07
401	Baumgärtner Friedrich	Marktschorgast	1. VII. 07
402	Pfannenmüller Thomas	Schwabach	1. VII. 07
403	Ferber Karl	Dürkheim	1. VII. 07
404	Schrüfer Johann	Markt Oberdorf	1. VIII. 07
405	Fischer Wilhelm	Augsburg I	1. VIII. 07
406	Kölbel Heinrich	Weissenburg i. B.	1. VIII. 07
407	Häussner Karl	Staffelstein	1. IX. 07
408	Gunzelmann Pankraz	Neunburg v. W.	1. X. 07
409	Bachmaier Johann	Wasserburg	1. X. 07
410	Bscheidmeier Rupert	München St. III	16. X. 07
411	Kühne Eduard	Nürnberg I	16. X. 07
412	Bürger Georg	Klingenberg	1. XI. 07
413	Braun Christian	Nabburg	1. I. 08
414	Wolf Anton	Berchtesgaden	1. V. 08
415	Amann Johann	Amberg	1. V. 08
416	Ganss Heinrich	Kempten	1. VI. 08

417	Schober Matthias	Grünstadt	1. VII. 08
418	Braun Aquilin	Ottobeuren	1. IX. 08
419	Will Christoph	Herzogenaurach	1. IX. 08
420	Schieder Franz	Nürnberg I	1. IX. 08
421	Schäfer Joseph	Aibling	1. IX. 08
422	Armbruster Wilhelm	Friedberg	1. IX. 08
423	Walther Georg	Tölz	1. IX. 08
424	Köpf Georg	Freyung	1. IX. 08
425	Scherm Michael	St. Ingbert	1. IX. 08
426	Erk Johann	München St. I	1. IX. 08
427	Bayer Balthasar	München St. II	1. IX. 08
428	Wieber Georg	"	1. IX. 08
429	Spichtinger Joseph	Cham	16. X. 08
430	Schuster Joseph	Krumbach	16. X. 08
431	Denisch Markus	Marktbibart	1. XI. 08
432	Lutzenberger Michael	Augsburg II	1. XI. 08
433	Kuhnle Anton	Türkheim	1. II. 09
434	Kittler Paul	Velburg	1. II. 09
435	Schneider Heinrich	Kusel	1. II. 09
436	Voggeser Leo	Zusmarshausen	1. II. 09
437	Schück Nikolaus	Lichtenfels	1. II. 09
438	König Christian	Marktbibart	1. II. 09
439	Schwarz Andreas	Immenstadt	1. III. 09
440	Bauer Michael	Pottenstein	1. III. 09
441	Schnödt Karl	Cham	1. III. 09
442	Fischöder Georg	Weissenburg i. B.	1. III. 09
443	Weiss Ottmar	Berchtesgaden	1. III. 09
444	Fuchs Johann	Röttingen	1. III. 09
445	Kippes Ambros	Mellrichstadt	1. IV. 09
446	Hagenmüller Markus	Schongau	1. V. 09
447	Habelt Christian	Sulzbach	1. V. 09
448	Walther Friedrich	Memmingen	1. V. 09
449	Hergenröder Valentin	Burgwindheim	1. V. 09
450	Gregor Karl	München St. II	1. VI. 09
451	Gruber Rudolf	Amorbach	1. VI. 09
452	Bondick Hermann	Pegnitz	1. VII. 09
453	Heichele Michael	Illertissen	1. VII. 09
454	Lindenmaier Joseph	Augsburg I	1. VII. 09
455	Engelhardt Georg	Neustadt a. H.	1. VIII. 09
456	Schmölzl Johann	München St. II	1. VIII. 09
457	Kalleder Joseph	Garmisch	1. VIII. 09
458	Gollwitzer Adolf	Winnweiler	1. IX. 09
459	Marterstock Joseph	Dürkheim	1. IX. 09
460	Remlein Joseph	Hemau	1. IX. 09
461	Vollrath Georg	Nürnberg I	1. IX. 09
462	Kumpf Karl	Viechtach	1. X. 09
463	Barth Albin	Mühldorf	1. X. 09
464	Poll Joseph	Kelheim	1. X. 09
465	Miesel Philipp	Erlangen	1. X. 09
466	Stern Johann	Laufen	1. X. 09
467	Beetz Georg	Fürth	1. X. 09
468	Seifert Christoph	Hof	1. X. 09
469	Bindl Ludwig	München St. III	1. XI. 09
470	Förtsch Joseph	Neunburg v. W.	1. XI. 09
471	Ludwig Andreas	Augsburg II	1. XI. 09
472	Pfaff Nikolaus	Gerolzhofen	1. XI. 09

473	Moser Joseph	Nürnberg I	1. XI. 09
474	Lurz Hubert	Griesbach	1. XII. 09
475	Schweser Karl	Weissenburg i. B.	1. XII. 09
476	Heydt Johannes	Kaufbeuren	1. I. 10
477	Schatz Christian	Miesbach	1. II. 10
478	Schreyer August	München St. II	1. II. 10
479	Rödel Adam	Kaiserslautern	1. III. 10
480	Klempf Johann	Schweinfurt	1. IV. 10
481	Kerl Johann Bapt.	Neunburg v. W.	1. V. 10
482	Fürsattel Leonhard	Nürnberg III	1. VI. 10
483	Rath Johann	Lohr	1. VI. 10
484	Maier Jakob	Nürnberg I	1. VI. 10
485	Schaller Leo	Nabburg	1. VI. 10
486	Prechtl Johann	Türkheim	1. VI. 10
487	Bleisteiner Georg	Heidenheim	1. VIII. 10
488	Baur Eugen	Mitterfels	1. VIII. 10
489	Fischer Johann	Eggenfelden	1. VIII. 10
490	Trapp Oskar	Kaiserslautern	1. VIII. 10
491	Holzberger Matthias	Uffenheim	1. VIII. 10
492	Stammel Ludwig	Augsburg II	1. VIII. 10
493	Hanger Valentin	Friedberg	1. IX. 10
494	Schmid Martin	Augsburg I	1. IX. 10
495	Hallermeier Johann	Neustadt a. D.	1. IX. 10
496	Trautner Johann Bapt.	Weiden	1. IX. 10
497	Gleich Michael	Schesslitz	1. IX. 10
498	Holzapfel Stephan	Miesbach	1. IX. 10
499	Lingl Johann Ev.	Gunzenhausen	1. IX. 10
500	Fritzl Joseph	Passau	1. IX. 10
501	Rausch Joh. Konrad	Thurnau	1. IX. 10
502	Stark Kilian	Nürnberg III	1. X. 10
503	Weiser Heinrich	Ludwigshafen a. Rh.	1. X. 10
504	Wölfel Karl	Waldmünchen	1. X. 10
505	Donderer Joh. Bapt.	Kempten	1. XII. 10
506	Lang Johann	Neustadt a. D.	1. XII. 10
507	Göckler Joseph	Landau a. I.	1. XII. 10
508	Speigl Michael	Mallersdorf	1. XII. 10
509	Fuchs Michael	Grünstadt	1. I. 11
510	Holzwart Georg	Schwabach	1. II. 11
511	Krill Karl	Speyer	1. II. 11
512	Dürre Albert	Hemau	1. II. 11
513	Fleischmann Philipp Peter	Ansbach	1. II. 11
514	Spörlein Georg	Nürnberg I	15. II. 11
515	Rothhaupt Adalbert	Aichach	1. III. 11
516	Mayer Richard	Frankenthal	1. III. 11
517	Kissel Christoph	Freyung	1. III. 11
518	Finzel Joseph	Zeil	1. IV. 11
519	Klein Jakob	Kaiserslautern	1. IV. 11
520	Mareis Franz	Schönberg	1. IV. 11
521	Ruckriegel Martin	Wunsiedel	1. V. 11
522	Valnion Peter	Ludwigshafen a. Rh.	1. V. 11
523	Deiser Joseph	Wolfratshausen	1. VII. 11
524	Böck Georg	Landshut	1. VII. 11
525	Zechmann Joseph	Passau	1. VII. 11
526	Berthele Benedikt	Viechtach	1. VII. 11
527	Spindler Heinrich	Annweiler	1. VII. 11
528	Dauth Wilhelm	Bergzabern	1. VII. 11

529	Huber Michael	Blieskastel	1. VII. 11
530	Feuchtmann Friedrich	Dahn	1. VII. 11
531	Groitzch Max	Kusel	1. VII. 11
532	Schanuel Ludwig	Landstuhl	1. VII. 11
533	Martin Heinrich	Ludwigshafen a.Rh.	1. VII. 11
534	Häring Kurt	Obermoschel	1. VII. 11
535	Kolb Johann	Pirmasens	1. VII. 11
536	Küspert Friedrich	Zweibrücken	1. VII. 11
537	Huber Max	Auerbach	1. VII. 11
538	Dietersberger Joseph	Walderbach	1. VII. 11
539	Grasser Johann	Bamberg	1. VII. 11
540	Sommer Johann	Hof	1. VII. 11
541	Rauh Philipp	Marktschorgast	1. VII. 11
542	Rath Christian	Neunkirchen a. Br.	1. VII. 11
543	Schmitt Georg	Stadtsteinach	1. VII. 11
544	Friedrich Johann	Altdorf	1. VII. 11
545	Eckhof Leonhard	Neustadt a. A.	1. VII. 11
546	Jessberger Karl	Mellrichstadt	1. VII. 11
547	Hafenmaier Leonhard	Oettingen	1. VII. 11
548	Mittermaier Xaver	Garmisch	1. VII. 11
549	Schweiger Joseph	Pfarrkirchen	1. VII. 11
550	Zolnhofer Johann	Frankenthal	1. VII. 11
551	Nicol Christian	Hochstadt a. A.	1. VII. 11
552	Baumgartner Georg	Deggendorf	1. VII. 11
553	Mirsberger Konrad	Kaiserslautern	1. VII. 11
554	Stelzer Lorenz	Kempten	1. VII. 11
555	Koch Johann	Kipfenberg	1. VII. 11
556	Centmayer Adolf	Zwiesel	1. VIII. 11
557	Hartmann Andreas	Lauterecken	1. VIII. 11
558	Herberich Karl	Tirschenreuth	1. VIII. 11
559	Werner Richard Paul	Pirmasens	1. IX. 11
560	Leikheim Michael	Ludwigshafen a. Rh.	1. IX. 11
561	Kolbeck Johann Bapt.	Kötzting	1. IX. 11
562	Graf Franz Xav.	Mallersdorf	1. XI. 11
563	Haid Joseph	Freyung	1. XI. 11
564	Holzbock Georg	Weismain	1. XI. 11
565	Schöpplein Andreas	Nürnberg III	1. XI. 11
566	Windsauer Andreas	München St. III	16. XI. 11
567	Graf Joh. Bapt.	Nürnberg III	1. XII. 11
568	Kraus Johann	Deggendorf	1. XII. 11
569	Sittenauer Theodor	München St. II	16. XII. 11
570	Fiederling Michael	Greding	1. I. 12
571	Feldbauer Alois	Ludwigshafen a. Rh.	1. IV. 12
572	Strohmayer Leonhard Georg	Lichtenberg	1. IV. 12
573	Grimminger Joseph	Lauingen	1. IV. 12
574	Sauer Sebastian	Winnweiler	16. V. 12
575	Pollinger Michael	Deggendorf	1. VII. 12
576	Zeitschel Otto	Bergzabern	1. VIII. 12
577	Schmidt August	Lengfurt	1. IX. 12
578	Baier Joseph	Mallersdorf	1. X. 12
579	Betz Joseph	Waldmünchen	1. X. 12
580	Hagel Erhard	Aschaffenburg II	1. XI. 12
581	Hermann Gustav	Landau a. I.	1. XI. 12
582	Brückner Johann	Ebersberg	16. XI. 12
583	Bayersdorfer Valentin	Miesbach	16. XI. 12
584	Bader Karl	München St. II	16. XI. 12

585	Gerstner Sebastian	München St. II	16. XI. 12
586	Leikam Georg	"	16. XI. 12
587	Benker Georg	München St. III	16. XI. 12
588	Schlander Martin	"	16. XI. 12
589	Hertel Karl Gg.	"	16. XI. 12
590	Obermeyer Georg	"	16. XI. 12
591	Pfeufer Valentin	"	16. XI. 12
592	Reuter Johann	"	16. XI. 12
593	Weber Karl Joh.	"	16. XI. 12
594	Ebertsch Michael	München Ld.	16. XI. 12
595	Herl Georg	Wasserburg	16. XI. 12
596	Schotterer Joh. Heinr.	Riedenburg	16. XI. 12
597	Kugler Max	Schönberg	16. XI. 12
598	Bug Jakob	Kirchheimbolanden	16. XI. 12
599	Lauterbach Friedrich	Rothenkirchen	16. XI. 12
600	Thun Karl	Waischenfeld	16. XI. 12
601	Fiedler Theodor	Monheim	16. XI. 12
602	Rick Georg	Wertingen	16. XI. 12
603	Werzinger Jakob	München St. III	16. XI. 12
604	Gress Albert	Wasserburg	16. XI. 12
605	Geyer Konrad	Türkheim	16. XI. 12

XIII. Liste.

Uebersicht über die Besetzung der Rentämter.

Abkürzungen:

RegR = Regierungsrat, R = Rentamtmann (KAV) Kasseabteilungsvorstand, RA = Rentamtsassessor, S = Sekretär, O = Offiziant, A = Assistent, V = Verweser einer Sekretär- bzw. Assistentenstelle, AG = Amtsgehilfe, KPr = Kameralpraktikant, J = Inzipient, An = Assistentin, D = Diener, * = Mit Einjährigen-Berechtigung.

1. **Aibling.** R Dietl Ed.; S Goller Gg., Kühlmann Otto gepr. KPr, *Sandmeier Jos.; A Daumann Karl, Adlhoch Frz., *Meyer Chr.; J ...; An Zehetmaier Antonie; D Fichtl Frz., Schäfer Jos.
2. **Aichach.** R Zink Jos.; S Uebeleisen Friedr., *Führlbeck Aug.; A Rummel Joh., Riedle Jos., Braun Aug.; J Hofmann Mich.; An Uebeleisen Maria, Günthner Maria; D Wagner Aug., Rothhaupt Ad.
3. **Altdorf.** R Wüst Gust.; S Riedner Joh. H., Schlenk Gg.; A Riedner Joh. Leonh., Luber Hans, *Meister Joh.; J *Molitor Franz X.; D Gärtner Karl, Friedrich Joh.
4. **Amberg.** R Schaffner Max; RA Steinbacher Gg., Vierling Rich. S Hüttel Bernh., Schuhbauer Gg., Fruth Jos., Stein Joh., *Frauendorfer Karl; A Fleischmann Ant., Schmidt Hans, Eibl Max, Träger Gg., *Bräuhäuser Chr., Baier Max, *Brand Eugen; J Donhauser Gg., *Bruckner Joh.; An Bierl Anna, Daiminger Emma, Hausbeck Therese; D Bruckner Joh., Gleixner Joh., Rudolf Wilh., Hübner Joh., Amann Joh.
5. **Amorbach** R Siebenlist Alois; S Linsmayer Heinr. gepr. KPr., Reinwand Gregor; O Schäfer Wilh.; A Diemer Mich., Wolf Bernh.; J ...; An Reith Frida; D Gruber Rud., Beger Franz.
6. **Annweiler.** R Lauer Ant.; S *Weller Wilh., *Wittmann Aug.; A Spies Mich., Wagenpfeil Karl, Wöhrle Ad.; J Walling Friedr., *Engelskirchner Heinr.; An Hastrich Maria; D Walling Friedr., Spindler Heinr.
7. **Ansbach.** R Rosenhauer Karl RegR; RA Holl Wilh., Löcherer Gg.; S Laumann Ed., Laufer Ernst, Reissmann Aug., *Hener Ferd., Margraf Joh.; A Senftinger Max, *Schorr Matthias, *Vogelhuber Karl, *Bögler Gg.; J Link Wilh., Baum Karl; An Barth Elise, Ilfrich Maria, Thomä Frida; D Uebel Konr., Ziegler Wilh., Fleischmann Philipp Pet.
8. **Arnstein.** R Will Mart.; S Raupp Simon; A Link Karl, Küffner Jos., *Schubert Gottfr.; J Baier Max, Roppelt Aug.; D Vogtmann Wolfg.
9. **Aschaffenburg I.** RegR Conrath Pet.; R Hagemann Karl (KAV); RA Schnepf Christoph; S Schätzler Joh., Emmerich Ludw., Holzinger Ant., Paulus Joh., Tratz Friedr., Fischer Ant.

gepr. KPr, *Neufeld Aug., Gschrei Jos., Pfeuffer Gg., Seyfried Heinr. gepr. KPr; A Brandstetter Wilh., Aichinger Joh., Loos Heinr., Bohn Friedr., Zeder Jos.; J Winterstein Karl, ..., ...; An Gerhard Berta, Hubert Maria, Schleippmann Anna; D Herr Heinr., Jäger Joh., Schöller Karl, Heeg Gg., Watz Ludw. Lor.

10. **Aschaffenburg II.** R Rohr Gg.; RA Trauschel Jos.; S Gerhard Jos., Reusch Joh., Karl Gg., Baumann Emil, Brand Gg.; A Zenter Jos., Illert Karl, Röhl Alois, Zahn Gg.; J Rhein Oskar, ...; An Zink Maria, Weinig Emilie; D Krauss Christoph, Hagel Erhard.

11. **Auerbach.** R Vollnhals Gg.; S Kohlmann Greg.; A Schleicher Hans, Donaubauer Karl, *Hannusch Frz. X.; J Burger Friedr.; D Huber Max.

12. **Augsburg I.** RegR Zernott Karl; R Wimmer Joh. (KAV); RA Hefele Ant., Hingkeldey Karl, Wüst Jos.; S Birkner Friedr., Högel Max, Dinkel Joh. Bapt., Menninger Ludw., Nusser Ludw., *Metschel Karl, Paur Herm., Seidl Ludw. gepr. KPr, Schröder Rob. gepr. KPr, Eckle Friedr., Löw Ant., Banner Aug., *Koch Ludw., A Raithel Gg., Bayerl Ant., Horn Emil, Ehrenreiter Artur, *Reiser Frz. X., *Schultz Rudolf, *Schweier Gg., *Brettle Christian, *Diemaier Hans, Nusser Ludw.; J *Hefele Joh., ..., ...; An Frank Philomena, Kemnitzer Therese, Sauter Viktoria, v. Zabuesnig Mar., ..., ...; D Schmidt Joh. Bapt., Küspert Andr., Stöhr Karl, Hopper Gg., Bäuerlein Flor., Scheuerlein Joh. Mart., Hertlein Gg., Winzer Gg., Fischer Wilh., Lindenmaier Jos., Schmid Mart.

13. **Augsburg II.** R Hartmann Heinr.; RA Gold Emil; S Horn Christoph, Baier Vinzenz, *Eberle Jos., Knappich Gg. gepr. KPr, Rauschmayr Otto, *Stark Rud., *Ostertag Konr.; A Hüttner Heinr., *Wenger Leop., *Höss Otto, KPr Kast Theod. gepr.; J *Wagner Jos., *Schmid Jos., ...; An Oppel Margareta, Salomon Maria; D Lutzenberger Mich., Stammel Ludw., Ludwig Andr.

14. **Bamberg-Stadt.** R Schmaus Lor.; RA Jäger Karl; S Eichhorn Friedr., Gurdan Joh., Kaffer Jos., Saul Pet., Bernard Konr., Herderich Philipp; A Kefferstein Max, Grebner Ant., *Rosenberger Heinr., *Beck Friedr., *Rieger Jos.; J *Stuhlfauth Gg., *Münzel Kaspar; An Dütsch Kunigunde, Glock Margareta, Litz Anna; D Ott Karl, Dennerlein Adam, Mahr Karl, Ament Karl, Herrmann Konr.

15. **Bamberg-Land.** R Braunhofer Fr.; RA Eisfelder Ant.; S Breitenbach Gg., Lutter Gg., Sesselmann Andr. gepr. KPr, Probst Hans; A *Frank Gg., *Nagengast Max, Pöppel Jos., Schrepfer David gepr. KPr; J *Mühlich Leonh., *Zech Philipp; An Bergmann Elis., Schorn Martha; D Günther Adam, Wolf Alb., Kress Adam, Grasser Joh.

16. **Bayreuth.** R Wunder Frz.; RA Ponnath Gg.; S Hess Adam, Wildt Joh. Aug., Fritsch Christ., Gundermann Frz., Pütterich Heinr. gepr. KPr; A Eber Joh., Rauscher Jean, *Utz Joh., *Holler Joh., *Hammerschmidt Max, KPr Hörath Max; J *Löwel Hans, *Dressel Max, *Koch Johann; An Völk Ella, Holzer Sophie, ..., ...; D Künzel Friedr., Potzler Ulrich, Dötschel Joh., Welzel Gg., Simon Heinr.

17. **Beilngries.** R Stümpfler Jos.; S Meixl Eberh.; O Kaiser Aug.; A Strauss Ludw., *Denk Max, Baur Joh.; J ...; D Bott Philipp, Franke Aug.

18. **Berchtesgaden.** R Dr. Heil Karl; RA Mohr Georg; S *Landsherr Frz., Engl Mich. gepr. KPr, *Dirscherl Heinr., *Knoll Friedr.; A Riedl Heinr., Schnug Leo, Steinmassl Jos.; J Plenk Gottfr., *Schnitzler Alfred; An Weichart Anna, Wurster Berta; D Gürtler Joh., Weiss Ottm., Wolf Ant.

19. **Bergzabern.** R Arras Ludw.; S Müller Max gepr. KPr, Ottinger Joh., Ackermann Heinr.; A *Marsch Wilh., Ziegler Max, *Hahn Fritz; J Beyer Rich., ...; An Schiffer Doris; D Dauth Wilh., Zeitschel Otto.

20. **Blieskastel.** R Wadlinger Nik.; S Weingart Ludw.; Lenhard Jak.; A Schunck Herm., Eberhardt Jak., Giersen Albert; J *Wolf Otto; An ...; D Essigkrug Jos., Huber Mich.

21. **Brückenau.** R Wolff Roman; S Schmitt Sebast., Fassnacht Joh.; A Wambach Jos., *Wagner Heinr., *Ziegler Joh.; J *Reder Steph.; D Klug Andr., Grob Euseb.

22. **Buchloe.** R Pfadtisch Jos.; S Nickel Wilh., *Städele Adolf; A *Winkler Ant., Schwarz Jos. gepr. KPr, *Odermatt Max; J *Zick Karl; D Gerstmaier Joh.

23. **Burgau.** R Zahn Paul; S Schneider Frz.; A Fischer Alois, Stöckl Max, *Bobinger Jos.; J *Kastner Bernard.; D Fink Karl.

24. **Burghausen.** R Muckenschnabel Ignaz; RA Scheurer Joh.; S Hönig Mich., Schmück Valent., Hiller Aug.; A *Stegmüller Gg., *Bengl Karl, Herzing Wilh.; J *Adler Anton, *Wurmsee Paul; An Fleischmann Anna; D Schramm Jos., Seltsam Karl.

25. **Burglengenfeld.** R Eckmüller Ludw.; RA Hopfner Heinr.; S Sturm Joh., Hofmann Martin, Weidinger Ludw.; A *Karl Joh., Huber Heinr., V Zinser Karl; J Weiss Karl, Graf Maxim.; An Eigl Walb.; D Reuther Joh., Eigl Joh., Brey Jos.

26. **Burgwindheim.** R Wismüller Karl; S Lamhofer Joh. gepr. KPr, Feuerlein Kasp.; A *Schramm Adolf, *Lauterbach Nik., Hertrich Joh. Konr.; J Heinkel Joh.; An ...; D Hergenröder Valent.

27. **Cadolzburg.** R Arnold Theod.; S Weber Friedr.; A Landauer Joh., Schneider Eduard, *Flierl Wilh.; J *Schwarz Friedr.; D Schwarz Gg.

28. **Cham.** R Mayr Eduard; S Stader Frz., Stimmelmayr Herm., Bucher Jos.; A Riedl Jos., Meier Joh., Reischer Mich.; J Prock Rich., ...; An Hamperl Therese; D Spichtinger Jos., Schnödt Karl.

29. **Dachau.** R Ragner Alfr.; S *Huber Jos., Gnam Sebald, Heigl Wolfg., *Chase Emil; A Kammerer Otto, Weber Gottfr., *Wittlinger Lorenz; J Kormann Ludw., ...; An Schuster Anna, Hötzler Emilie; D Stirnweis Konr., Brückner Aug.

30. **Dahn.** R Foohs Ludw.; S Stoll Jean; A Seeliger Aug. gepr. KPr, Morgenroth Gg., Ader Heinr.; J Steiger Ludw.; D Steiger Ludw., Feuchtmann Friedr.

31. **Deggendorf.** R Hörmann Ignaz; RA Stark Leop.; S Gleixner Franz, Lankes Max, *Plöderl Max, *Lutzenberger Mart., *Bauer Frz. X.; A Fischer Jos., König Jos., *Forstner Joh., Mathes Joh., Reuther Konr.; J *Ehbauer Aug., *Kronschnabel Jos.; An Bauer Kresz., Gleixner Maria, Sterr Rosa; D Glas Joh., Baumgartner Gg., Kraus Joh., Pollinger Mich.

32. **Dettelbach.** R Hartmann Karl Ant.; S Himer Ludw.; A Gröhling Otto, *Rupp Karl, *Appoldt Friedr.; J *Löser Herm.; D Ullrich Joh.

33. **Dillingen.** R Kitzing Rich.; RA Bihler Ulr.; S Azesdorfer Ferd., *Zirngibl Max; A Fröhlich Engelb., Pfarrkircher Ant., *Witzel Kilian; J *Keller Karl; An Herzgsell Barb.; D Jochum Ludw., Schuirer Jos.

34. **Dingolfing.** R Flury Theob.; S Herbig Joh., Eckert Jos.; A Geier Joh., Soller Jos., Gollinger Jos., *Wunderlich Moritz; J Weber Ant.; An Ritthaler Maria, ...; D Jungwirth Matth., Zankl Ludw.

35. **Dinkelsbühl.** R Kolb Christ. Dr.; S Krebs Karl, Engel Leonh.; A *Kaiser Friedr.,*Recheis Ludw., *Dirian Gottlob; J Grimm Wilh., *Zehmeister Friedr.; D Fischer Friedr.

36. **Donauwörth.** R Stockar v. Neuforn Karl; RA Wagner Franz; S Böheim Jos., Kissler Wolfg.; A Raab Mich., Köhnlein Friedr., V Schnitzer Jos.; J Schmid Frz. X., ...; An Stotz Maria; D Schmid Frz. X., Wager Gabr.

37. **Dürkheim.** R Rettig Herm.; RA Dexel Joh.; S Halder Otto, Noë Emil, Metz Jak.; A *Neufeld Aug., *Wambsganss Ed., *Hoffmann Heinr.; J *Melber Ludw.; An Ableiter Elisabeth, Fickeisen Anna; D Ferber Karl, Marterstock Jos.

38. **Ebermannstadt.** R Geyer Frz.; S Pütz Joh.; A Saffer Matth., Klötzer Rich., *Brahmann Max; J Dörrzapf Andr.; D Dörrzapf Frz., Arneth Joh.

39. **Ebern.** R Hartmuth Ludw.; S Hager Joh., Uehlein Gottf., Daut Joh.; A Sieber Wilh., Fertig Wilh., *Kessler Karl; J *Bohrer Jos.; An Schraut Emma; D Förtsch Joh., Amon Aegid.

40. **Ebersberg.** R Schreier Mich.; S Geyer Gg.; Unterburger Paul, Sixt Karl; A Scholter Ant., *Hammermeier Bernh., Schabmair Jos.; J ...; An Kroiss Anna; D Staudter Adam, Brückner Joh.

41. **Edenkoben.** R Hornung Friedr.; S Krennrich Georg, Wüst Mich.; A Beck Karl, Goldinger Herm., *Koch Franz X.; J ...; An Schneider Kath., ...; D Müller Nik., Nelz Pet.

42. **Eggenfelden.** R Schellhaass Ludw.; S Beer Joh. gepr. KPr, Müller Herm., Birk Sim., Schmitt Joh.; A Huber Jos., Groll Joh., Baumann Wilh., Ranner Albert; J Deisenrieder Rud., *Limmer Val.; An ..., ...; D Limmer Mart., Fischer Joh.

43. **Eichstätt.** R Yblagger Ludw.; RA König Benedikt; S Zimmermann Mich., Münz Gg., Müller Ludw.; A Wirth Mart., *Schlamp Frz. X., *Koch Hans; KPr Schmidt Ant.; J *Mager Wilh., *Sedlmair Jos.; An Dendorfer Marg., Reiner Kresz.; D Schmidt Christian, Schlamp Xav.

44. **Erding.** R Denkhardt Raimund; RA Kast Frz.; S Hauth Jos., Utz Hans gepr. KPr, Thein Otto; A Meisinger Max, *Schnurrer Gg., *Frosch Gustav; J Hofmeister Franz X., . . .; An Dillitzer Pauline, . . .; D Kräutlein Sixtus, Hofmann Andr., Brunner Jos.

45. **Erlangen.** R Riedel Karl; RA Eckert Gg.; S *Schultheiss Leonh., Grimps Mart., Welker Matthäus, Hoch Ant., *Langfritz Hans; A Bauer Joh., Klein Pet., Fischer Otto, Sturm Joh. gepr. KPr., *Baumann Mich.; J *Herzog Heinr., . . .; An Rabenstein Anna, Kalb Therese; D Brehm Joh., Zech Philipp, Miesel Philipp.

46. **Eschenbach.** R Dörr Heinr.; S Grillmaier Andr., Schmid Karl; A Wedl Gg., Fränzl Gg., *Hacker Thom.; J *Höller Max; D Vetter Mich., Kügle Jos.

47. **Feuchtwangen.** R Brügel Max; S Falcke Friedr. gepr. KPr, Stoll Gg.; A Scheller Mart., Andreae Wilh., Fuchs Julius; J Reinmann Gg.; D Knüpfer Heinr.

48. **Forchheim.** R Scherer Heinr.; RA Fritsch Philipp; S Grimm Mich., Schlicht Christian, Vongries Adam; A Schorn Jos., Hornung Herm., Plätzer Joh.; J . . .; An Marschall Marg.; D Pflaum Joh., Ebert Wilh.

49. **Frankenthal.** R Rippel Ludw.; RA Bockmayer Jak.; S Beicht Aug., Pfeiffer Gg., Hammer Mich., Weissler Gg., Glaser Wilh.; A Nischwitz Heinr., Königstein Jak., *Fleischmann Gustav, V Wünstel Edmund; J . . .; An Schowalter Helene, . . .; D Götz Friedr., Mayer Rich., Zolnhofer Joh.

50. **Freising.** R Zellner Heinr.; RA Füssl Ant.; S Rummel Joh. Buchh. d. StSchV., Hofmann Franz, V Hofmann Heinr. gepr. KPr.; A Mehltretter Gg., Gegenfurtner Kasimir, *Schindlbeck Rich.; J *Breitsameter Jos., . . .; An Niedermaier Marg., . . .; D Sieber Kasp., Faller Friedr.

51. **Freyung.** R Trautner Karl; S Haider Ludw., Wittmann Jos., *Pötzel Ferd.; A *Seidl Ferd., Eder Jos., Kollmaier Franz; J *Bieber Friedr., . . .; An Kollmaier Maria, . . .; D Köpf Gg., Kissel Christoph, Haid Jos.

52. **Friedberg.** R Haas Mich.; RA Nissl Franz; S Uhl Mich., Krammel Alois, Fichtner Jos. gepr. KPr, Gölkel Eberhard gepr. KPr; A *Löffler Ferd., Härtle Max, *Steinle Jos., *Geis Joh. Chrys.; J . . ., . . .; An Laubmann Anna, Schmid Afra; D Haid Fr. X., Armbruster Wilh., Hanger Valent.

53. **Fürstenfeldbruck.** R Höher Hugo; S Schmidt Martin, Pfeufer Joh., Schmelmer Jos., *Zimmermann Jos.; A Hiendlmayer Frz. X., Raithel Ludw., *Keck Max; J *Eisenschmid Seb., *Loibl Gottfr.; An Kropp Luise, . . .; D Graf Jos., Hefferle Gg.

54. **Fürth.** RegR Fischer Aug.; R Degen Joh. (KAV); RA Eckmüller Rob., Hertel Wilh., Engelbrecht Jak.; S Lägel Max, Eis Joh. Christoph, Renz Jak., Balzer Gg., Uebelein Gg., Lautenschlager Friedr. gepr. KPr, Wein Jos., Schmidt Andr.; A Fischer Rob., Pfeffer Gg., Bühler Joh., Paur Joh., Müller Albert; J Lochner Joh., *Mährlein Emil, . . .;

An Strauch Marg., Zenker Hedwig, Sturm Anna, ...; **D** Strauch Joh., Helbig Gabr., Klampfer Chr., Baier Joh., Meier Lorenz, Neidlein Mich., Beetz Gg.

55. **Füssen.** **R** Dumas Casimir von RegR; **S** Kessler Roman, Diethmayr Fr. X.; **A** Möst Alois, *Vierbach Adolf, *Killmayer Anton; **J** *Paulsteiner Ludw.; **D** Kleebauer Jos.

56. **Garmisch.** **R** Schlecht Anton, Dr.; **S** Schmidt Bernh., *Mark Joh. Alfons, *Sperl Jos.: **A** Neudecker Aug., Keiditsch Herm., *Uebelhör Anton; **J** ...; **An** Höfl Karolina; **D** Kalleder Jos., Mittermaier Xav.

57. **Gemünden.** **R** Abendroth Karl; **S** Seitz Gerhard; **A** Burkhäuser Mich., Müller Karl, Baierlein Franz, Bauer Matth.; **J** *Geis Jos., *Hartleb Gg.; **D** Bleicher Jos.

58. **Germersheim.** **R** Heusser Richard; **S** Landes Phil., Demolet Eduard gepr. KPr; **A** Rheude Gg., *Turgetto Jak., Messbacher Lorenz; **J** Remm Ludw.; **An** Schneider Maria Lina, Schneider Maria; **D** Reiss Jak., Langhirt Ignaz.

59. **Gerolzhofen.** **R** Bergmaier Adalb.; **S** Scheuring Aug., Menninger Theod.; **A** Lohmann Konr., *Burger Joh., **V** *Glock Jos.; **J** ...; **An** ..., ...; **D** Fischer Joh., Pfaff Nik.

60. **Greding.** **R** Birner Jos.; **S** Hirschlach And., **V** *Kreuzer Heinr.; **A** Brandl Frz., *Michael Heinr., *Sutor Rob.; **J** *Schweiger Jos.; **D** Betz Frz., Fiederling Mich.

61. **Griesbach.** **R** Knorr Ludw.; **S** Flach Alois, Wittmann Ludw., *Nattermüller Xaver; **A** Röckenschuss Joh., *Waldherr Karl, *Kupper Utto; **J** *Ostertag Leopold; **An** Probst Maria, ...; **D** Oberpriller Joh., Lurz Hubert.

62. **Grünstadt.** **R** Schleich Gg.; **S** Maier Gg., *Beck Friedr., Heldmann Karl, *Knobloch Friedr.; **A** Adam Karl, *Diethmann Otmar, *Catoir Emil; **J** Weber Jak.; **An** Reiss Emma, ...; **D** Schober Matth., Fuchs Mich.

63. **Günzburg.** **R** Oberhofer Jos.; **RA** Haberl Joh. B.; **S** Weithmann Jos., Fritsch Ant.; **A** Hutzler Mich., *Seidl Theod., *Höck Rud., *Döbler Friedr.; **J** *Kühlwein Heinr.; **An** Lutz Rosa; **D** Schmidt Heinr., Engelhard Ferd.

64. **Gunzenhausen.** **R** Kugler Jos.; **RA** Ochs Karl; **S** Heinz Heinr., Zink Mich.; **A** Guillon Karl, *Kerzdörfer Wilh.; **J** *Deinlein Heinr., ...; **D** Neumüller Joh., Lingl Joh. Ev.

65. **Hammelburg.** **R** Cramer Ernst; **S** Gäbisch Phil., Schäfer Jos., Fischer Karl, **A** Klimm Adam, Wirth Joh., *Schleupner Gg.; **J** *Reiter Karl; **D** Meyer Karl.

66. **Heidenheim.** **R** Zimmermann Nik.; **S** Fürbringer Gg.; **A** Nagel Matth., *Satzinger Adam, *Racher Joh.; **J** Sigmund Friedr.; **D** Bleisteiner Gg.

67. **Heilsbronn.** **R** Drexler Vinz.; **S** Lienhardt Andr.; **A** *Fischer Hans, Leykauff Friedr., *Föttinger Christ.; **J** *Mirsberger Joh.; **D** Domke Herm.

68. **Hemau.** **R** Dürr Wilh.; **S** Raab Joh., *Sagstetter Alois; **A** Thomas Gg., *Uhl Joh., Scherer Otto; **J** Kellner Ant.; **D** Remlein Jos., Dürre Alb.

69. **Herrieden.** R Bassler Mor.; S Orwitz Joh.; A Müller Heinr., *Weigel Heinr., *Sedlmaier Karl; J *Roas K.; D Sammer G.

70. **Hersbruck.** R Rubner Karl; RA Dr. Heyden Karl; S Wick Konr. Meier Hans, Frosch Friedr., *Meyer Hans, *Pätzold Joh.; A Rupprecht Leonh., *Kergl Peter, Knäulein Gg., *Ferner Joh.; J . . ., . . .; An Müller Maria, Raum Elise; D Flühr Gg., Frank Mich., Hassold Friedr.

71. **Herzogenaurach.** R Richter Herm.; S Mayer Paul, Dassler Aug.; A Kiessling Andr., Seufert Gg., *Dassler Konr.; J Hornfischer Friedr.; D Hillenbrand Gg., Will Christ.

72. **Hilpoltstein.** R Knauber Friedr.; S Wagner Frz. X., Vierlinger Ludw.; A *Meyer Andr., *Schilling Joh., *Siegmund Karl; J Schlicht Gottfr.; An Fürst Maria; D Kubeile Herm.

73. **Höchstadt a. A.** R Hausmann Jos.; S Sagstetter Ludw., Beck Joh.; A Scheuenstuhl Gg., Johannes Joh. Bapt., *Dillmann Gg., Hassloch Heinr.; J Schätzel Jos.; D Söllner Ludw., Nicol Christ.

74. **Höchstädt a. D.** R Högel Joh. Bapt.; S Popp Heinr., *Nocker Friedr.; A Luy Joh., Goller Joh., *Konle Jos.; J *Fleischmann Willib.; D Rath Wilh.

75. **Hof.** RegR Abendroth Ed.; R Streit Ludw. (KAV); RA Stubenrauch Christ.; S Grottenmüller Friedr., Langheinrich Gg., Escher Friedr., Höfer Gg., *Gipser Eug., *Jahreis Steph., Küffner Friedr. gepr. KPr., *Sack Karl; A Linhardt Karl, Fischer Christ., *Hübner Joh., *Schübel Adam, Schirmer Joh., Baumann Frz. gepr. KPr; J *Thoma Felix, . . .; An Müller Johanna, Zottmaier Ther., Hager Helene; D Kreil Eberh., Angerer Heinr., Wunderlich Christ., Seifert Christ., Sommer Joh.

76. **Hofheim.** R Lauterbach Karl; S *Mittelberger Gg., Barthel Gg.; A Heil Ed., *Pfister Aug., Herbert Philipp; J . . .; An Dressel Berta; D Martin Ludw.

77. **Homburg.** R Junker Herm.; RA Cuno Max; S Hessdorfer Karl, Fischer Jak., Kurz Joh., *Herbach Otto, *Schneider Friedr.; A *Dauscher Alois, Russhardt Jak., *Emich Karl, Daniel Otto; J *Zapp Erwin, . . .; An Zöller Anna, Becker Kath., Stang Angela; D Vetter Frz., Maisch Peter, Bindsack Mart.

78. **Illertissen.** R Scholl Heinr.; S Müller Karl gepr. KPr, Lindinger Telesph.; A Zink Jos., *Leonhard Jos., *Off Andr.; J Martin Frz. X., Vogt Friedr.; An Auer Kath., . . .; D Liebscher Mich., Heichele Mich.

79. **Immenstadt.** R Grähl Ludw.; RA Bauer Alf.; S Neber Matth., Steger Jos., Steger Frz., Blaumeier Jos.; A Fuchs Herm., *Wiedemann Rob., *Kopp Ant., V *Osell Gg.; J Bosser Mich. . . .; An Neber Rosa, Saumweber Franziska, Rädler Elisabeth; D Hausdörfer Louis, Schwarz Andr.

80. **St. Ingbert.** R Fritz Karl; RA Reiss Christian; S Geiss Justus, *Antretter Jos.; A *Nack Karl, *Aigner Fr. X., Thiery Jos.; J . . .; An Regula Frida; D Hübner Chr. Joh., Scherm Mich.

81. **Ingolstadt.** R Bayer Gg.; RA Probst Ernst; S Rackl Gg., Leibrecht Joh. Gg., Stegmaier Gg., Schlamp Mich. gepr. KPr, Schwesinger Lor.; A Klerner Heinr., Eichleitner Valentin,

*Scholl Jos., *Schoppe Heinr.; J *Grundl Joh., *Eichhorn Xaver; An Brunner Pauline, Saule Therese; D Zimmerer Gg., Meissner Gregor, Berger Karl.

82. **Kaiserslautern.** RegR Dreyer Jak.; R Sixt Mich (KAV); RA Schmid Karl, Klensch Ludw.; S Cambeis Ludw., Mayer Eugen, Buch Albert, Reiter Anton, Müller Otto, *Holzheu Jos., *Schmidtlein Wilh., Kremp Heinrich, Ningelgen Karl, Treinel Andr., Schlemmer Joh.; A Schaumlöffel Karl, *Corressel Eugen, Henkel Karl, Hertel Franz, *Alexander Wilhelm; KPr Frölich Aug. gepr.; J Würth Aug., . . .; An Jung Karolina, Scharmann Emilie, Frank Emma, . . .; D Reichrath Ludw., Weller Heinr., Scheithe Friedr., Kirch Jak., Rödel Adam, Trapp Oskar, Klein Jak., Mirsberger Konrad.

83. **Kandel.** R Hess Valent.; S Groh Joh. Chr., Wilde Aug., Getto Jak., Wissing Gustav,; A Dinies Joh.. Roth Karl, Hanss Ludw.; J Hermann Wilh., *Bossert Karl,; An Hitschler Maria; D Beck Jos.. Bechtold Jos.

84. **Karlstadt.** R Höhne Jos.; S Meixl Jak.; Polster Andr., V *Kleinschnitz Ludw.,; A Hofmann David, Lutz Eduard, Ziegler Kilian; J *Wolf Jos.; An Russ Franz.; D Haas Ludwig, Wey Domin.

85. **Kastl.** R Fraunholz Jos.; S Renner Karl; A *Oberndorfer Ant., *Beer Gustav, *Gösswein Joh.; J *Härtl Joh.; D Engl Jos., Weiss Martin.

86. **Kaufbeuren.** R Sepp Joh.; RA Rohrmoser Gg.; S Sylge Konrad, Munz Max, Schmitt Alois; A Merdan Karl, *Wiederhut Jos., *Kibele Andreas; J *Seeberger Karl; An Enzinger Anna, Schumacher Maria; D Hauck Joh., Heydt Joh.

87. **Kelheim.** R Derleth Matth.; RA Höning Joh.; S Bösenecker Joh., Bäuml Gg.; A Hochrein Franz, Funk Joh., *Fröschl Otto; J *Schuster Gg., Meier Joh.; An Frühholz Josephine; D Pradl Fr. X., Poll Jos.

88. **Kemnath.** R Schuhmann Xaver; S Potzel Joh.. Krügl Joh. Bapt.; A Stiegler Gg., Mauerer Siegmund, Schatz Gg.; J *Zwick Alois, Kiesbauer Friedr.; An Lex Karolina, . . .; D Träger Heinr., Steinbruckner Mich.

89. **Kempten.** R Kathan Edmund RegR; RA Schmidt Joh., Lins Joh.; S Stautner Heinr., Otto Rob., Schatz Heinr., Behr Mich., Eberhart Friedr., Schnelle Jos.; A *Cunz Reinhard, *Pichler Jos., *Eberle Luitpold, *Rieder Herm., *Zech Ludw., *Lindermajer Peter; J *Traut Joh., . . .; An Spachert Josephine, Faubel Berta, . . .; D Bollinger Gg., Ganss Heinr., Donderer Joh. Bapt., Stelzer Lor.

90. **Kipfenberg.** R Rockstroh Ludw.; S Regnet Karl, *Schmidt Jos.; A *Dorrer Ant. Ludw., *Oppel Jos., *Scholz Frz.; An Fuchs Wally; D Penzkofer Joh., Koch Joh.

91. **Kirchheimbolanden.** R Weis Theod.; S Steitz Phil., Lawaldt Otto, Müller Tobias; A Kerz Ludw., Schreiber Friedr., Schlosser Philipp; J *Coressel Joh., . . .; An Gass Elisab.; D Ferber Karl, Bug Jak.

92. **Kissingen.** R Feineis Herm.; RA Heussler Ludw.; S Dietz Jos., Blum Rob. gepr. KPr, *Röckl Ant.; A Ziegler Gust., *Trageser Andr., *Jackel Friedr.; J *Beer Mich., *Christoph Gg.; An Otter Anna; D Schubert Joh., Them Joh.

93. **Kitzingen.** R Arnold Constant.; RA Eisenmüller Joh.; S Ahles Andr., Wenz Friedr.; A Hofmann Aug., Hinterleitner Steph., Buchka Friedr.; J . . .; An . . ., . . .; D Paulus Joh., Zitzmann Jak.

94. **Klingenberg.** R Kolb Max; S Kern Ant. gepr. KPr, Thor Andr., Weidinger Jos.; A Hegmann Eug., Dotzel Ed., Seuferling Frz.; J Bopp Gust.; An Albert Elisab.; D Bergkammer Xav., Bürger Gg.

95. **Königshofen.** R Hierl Joh.; S Liebler Adolf, Seit Val.; A Völker Jos., *Mathes Matthias, *Mennig Ant.; J Förschner Friedr.; An Pfeuffer Hilda; D Lieb Val., Blecher Mich.

96. **Kötzting.** R Schuster Karl; S Hummel Gg., *Franz Aug., *Schuster Norb.; A Scheuchengraber Ferd., Zimmerer Engelb., *Willax Alfons; J Kothbauer Albert; An Kothbauer Klara; D Dietrich Jos., Kolbeck Joh. Bapt.

97. **Kronach.** R Bähr Johannes; RA Gossner Joh.; S Harter Mich., Rochholz Friedr., Amschler Heinr., Kraus Gg.; O Hofmann Joh.; A Wörfel Leonh., Feulner Andr.; III. AG Breu Ant.; J Häffner Fritz, Behr Jos.; An Trebes Barbara, Albrecht Franziska; D Zeder Heinr., Derks Heinr., Förster Konr.

98. **Krumbach.** R Führer Rud.; S Pfänder Jos., Eismann Joh.; A Kroll Joh.; Filgis Rup., *Prinz Ferd.; J Junginger Roman; An Lampert Emma, . . .; D Rodewald Wilh., Schuster Jos.

99. **Kulmbach.** R Sonderschefer Max; RA Hagen Adolf; S Lang Mart., Spörlein Wolfg., *Strössner Max; A Schrüfer Joh., Witzgall Joh., Schneider Joh.; J *Geyer Gg., . . .; An Frank Elise; D Oelschlegel Christoph, Geyer Gg.

100. **Kusel.** R Agne Wilh.; S Doll Jak., Dick Karl; A Steigelmann Heinr., Sauer Joh., Edinger Otto; J *Seuss Wilh.; An . . .; D Schneider Heinr., Groitzsch Max.

101. **Landau a. I.** R Weisenseel Andr.; S Preis Sebast., *Hofer Ludw., Stimmelmayer Alexander; A *Eckert Joh., Strobel Christ., *Neumüller Wilh.; J Hilz Franz; An . . ., . . .; D Göckler Jos., Hermann Gustav.

102. **Landau i. Pf.** R Leschhorn Ludw.; RA Schreiner Albert; S Weigel Xav., Brinnel Karl, Leibrock Mich., Franz Jos. gepr. KPr, Lautersack Ferd.; A *Ille Karl, Kuhn Eug., *Gradl Jos., Sieber Heinr.; KPr Schmitt Aug. gepr.; J Leicht Heinr., Reichling Leonh.; An Herter Bab., . . .; D Bracher Joh. Leop., Hund Frz., Öhlinger Gg.

103. **Landsberg.** R Rambour Karl; RA Brandl Herm.; S Burkhardt Ludw., Nagel Dav., Ruppert Gg., Schott Mor.; A Berger Joh., Pfanzelt Max, *Wiedemann Friedr.; J *König Max, . . .; An Rauh Anna; D Rosenbauer Leonh., Hammer Ant.

104. **Landshut.** R Krieg Jos.; RA Steinle Joh. Bapt., Tritschler Aug.; S Engelhardt Joh., Wagner Bernh., Forster Ed., Bertl Jos., Kroiss Otto, Deiler Jos.; A Mergenthaler Ludw.,

Hofmann Ludw., *Schröpfer Mart., Reusch Eug., Hofmann Karl; J Berger Eugen, *Müller Reinh.; An Engelhardt Maria, Kolbinger Anna, Wagner Sophie, ...; D Plöderl Mich., Meckler Wilh., Goderbauer Sebast., Böck Gg.

105. **Landstuhl.** R Eymann Jak.; S Kainz Friedr. gepr. KPr, *Kerth Gg. Jak.; A Bentz Jak., Demuth Joh., Weller Heinr.; J Müller Rud., ...; An ...; D Linow Wilh., Schanuel Ludw.

106. **Laufen.** R Kern Gg., S Hartmann Adam, Dilling Joh., *Stubhan Gg.; O Völkel Philipp; A Hasselbacher Joh., Höllmüller Fr. X., *Stückner Gord.; J *Lauterbach Ed., ...; An Gruber Maria; D Kränzlein Gg., Stern Joh.

107. **Lauingen.** R Gmach Max; S Hiller Jos., Markert Gg.; A Popp Karl, *Wachter Joh. Aug., *Grassl Max; J *Schmidtel Karl; D Grimminger Jos.

108. **Lauterecken.** R Falkner v. Sonnenburg Franz; S Hauss Aug., Burkhardt Konr.; A Werner Jul., Bambauer Jul., V *Koch Rudolf; J Cronebach Karl, ...; D Kirsch Friedr., Hartmann Andr.

109. **Lengfurt.** R Pischinger Aug.; S Jessberger Willib., *Aures Franz, Hubert Ed., *Ullrich Adam; A Schüll Ernst, Zöller Jos., Kaiser Friedr.; J *Rosenberger Aug., *Kreile Joh.; An Huller Angelika; D Hildner Nikol., Schmidt Aug.

110. **Lichtenberg.** R Standhardinger Friedr.; S Quehl Christian, Grimm Emil, *Dörfler Joh.; A Lay Joh., Nicklas Friedr., *Schramm Joh. Konr.; J Nelkel Mich., Wolf Alfr.; An Lampert Lina; D Maurer Joh., Strohmayer Leonh.

111. **Lichtenfels.** R Dittmar Friedr.; RA Kunstmann Gg.; S Rossmann Mich., Kraus Andr.; A Löw Aug., Jakob Leonh., *Stammberger Luitpold; KPr Unger Hermann gepr.; J ...; An Trautmann Wilhelmine, ...; D Seibert Mich., Schuck Nikolaus.

112. **Lindau.** R Benker Gustav RegR; RA Hartig Jos.; S *Bock Hans *Stohr Gg., Stenzel Friedr., *KellnerJoh.; A *Kieser Jos., Martin Ant., *Pretzl Joh.; *Pix Jos.; J *Wartbiegler Joh., *Heufelder Ant.; An Häberlin Anna, Höbel Anna; D Sturm Jos., Meyer Xav., Motz David.

113. **Lohr.** R Heyl Karl; RA Preuss Joh.; S Wohlfromm Jos., Kapp Leonh.; A Rosenberger Hugo, *Denterlein Friedr., *Roos Gg.; J *Weis Franz, *Knott Wilh.; An Hofmann Barb., ...; D Breunig Friedr., Rath Joh.

114. **Ludwigshafen a. Rh.** RegR Grass Aug.; R Grünewald Heinr. (KAV); RA Batteiger Otto, Eckel Frz., Hauss Osk.; S Frohn Karl, Dichtl Peter, Knöchel Adam, Steinhübel Karl, *Klotz Jos., Kayser Wilh., *Herr Heinr., *Hoffmann Ludw., *Schmitt Heinr., *Bischoff Heinr., *Müller Oskar, Göring Wilh.; V *Doll Karl; A Hofmann Gg., Kripp Benedikt, *Hammer Joh., *Krautbauer Ludw., *Schricker Ed., Stüber Karl, Burkhard Karl, V Steiner Philipp; KPr Krebs Philipp gepr.; J *Strubel Karl, ..., ...; An Fickeisen Hedw., Hammer Elisab., Riedmiller Mathilde, ...; D Selk Ed., Kanter Andr., Mayer Frz., Kössinger Ulr., Weinheimer Jak., Postler Jos., Weiser Heinr., Valnion Peter, Martin Heinr., Leikheim Mich., Feldbauer Alois.

115\. **Mallersdorf.** **R** Runzler Gust.; **RA** Ruck Heinr.; **S** Peter Frz. X., Pröhuber Gg., Müller Max, Schliermann Joh.; **A** Jäger Ludw., Krapfenbauer Joh., Reisinger Heinr.; **J** *Reich Joh., ...; **An** Grimm Paula; **D** Speigl Mich., Graf Franz X., Baier Jos.

116\. **Marktbibart.** **R** Baron Jos.; **S** Henz Andr., Volpert Karl Jos., *Breitinger Ernst; **A** Hess Jak., Weitmeier Jos., *König Ant.; **J** *Wittmann Kasp.; **An** Leitner Angel.; **D** Denisch Mark., König Christ.

117\. **Markt Erlbach.** **R** Meyer Joh.; **S** Raithel Bernh.; **A** Schneider Nik., Kobes Friedr., *Dauberschmidt Wilh.; **J** *Schirmer Friedr.; **D** Knechtl Seb.

118\. **Markt Oberdorf.** **R** Ladenberger Friedr.; **RA** Goerner Otto; **S** Buchka Karl, Lieberum Adolf, *Meyer Karl; **A** Baur Ludw., *Fritz Joh., *Neudorfer Wilh.; **J** *Mauler Otto; **An** Buchka Seraph.; **D** Endrass Jos., Schrüfer Joh.

119\. **Marktschorgast.** **R** Kiefer Andr.; **S** Ackermann Herm., Schmidt Karl; **A** Opel Gg., Rosenberger Heinr., Wörfel Mart., *Hartig Joh. Gg.; **J** ...; **D** Baumgärtner Friedr., Rauh Phil.

120\. **Mellrichstadt.** **R** Beer Jos.; **S** Ledermann Eras., Breun Jul.; **A** Kleinhenz Herm., Klimm Frz., Legat Val.; **J** Mühlfeld Alfred; **An** ...; **D** Kippes Ambros, Jessberger Karl.

121\. **Memmingen.** **R** Bayer Karl; **RA** Kerler Joh.; **S** Kerler Karl, Strehle Ludw., Seitz Frz.; **A** *Klotz Joh., *Benkert Konr., *Hafner Jak.; **J** Sälzle Gg., *Hirn Gg.; **An** Dolpp Vikt., ...; **D** Fischer Peter, Walther Friedr.

122\. **Miesbach.** **R** Bedall Alfr.; **RA** Leitenbauer Hugo; **S** Franz Wilh., Lohr Joh., *Seefelder Alb., *Aubele Jos.; **A** Köll Herm., Schinharl Mich., Wimmer Joh.; **J** ..., ...; **An** Mayer Marg., Heussner Elsa; **D** Schatz Christ., Holzapfel Stephan, Bayersdorfer Valentin.

123\. **Mindelheim.** **R** Sixt Wilh.; **S** Arnold Friedr., *Ahr Mart.; **A** Kolb Karl, *Zick Alfons, *Maugg Alfons; **J** Jäger Alfr.; **D** Wenger Joh., Körber Mart.

124\. **Mitterfels.** **R** Rennert Jul.; **S** Seitz Karl, *Altmann Joh., Allwang Mich.; **A** Haupt Rud., *Bedacht Gg., *Prückl Xaver; **J** *Mitznegg Friedr., *Vogl Max; **An** Scheininger Anna; **D** Schollerer Heinr., Lohmeier Otto, Baur Eug.

125\. **Monheim.** **R** Sauer Gust.; **S** Ottinger Jos., Fackler Ant.; **A** Ernstberger Jos., Schichtl Max; **J** *Tischler Gg.; **D** Sailer Mart., Fiedler Theodor.

126\. **Moosburg.** **R** Scheuten Frz.; **S** *Peter Otto; **A** Edelmann Seb., Ruhland Wolfg., *Lorenz Jos.; **J** *Weissenborn Joh.; **D** Nickl Joh., Schröttenbrunner Pet.

127\. **Mühldorf.** **R** Kleist Wilh.; **RA** Mayer Ant.; **S** Seiling Matth., Peez Karl, Mayer Ant.; **A** Fleischmann Gg., Ernstberger Gg., Höss Joh.; **J** ...; **An** Hartinger Franziska, ...; **D** Huber Ant., Barth Albin.

128\. **Münchberg.** **R** Spatny Ad.; **S** Schramm Val., Joas Karl, Gries Christ., *Häffner Gg.; **A** *Lauterbach Heinr., *Köhler Karl, *Kumeth Heinr.; **J** ...; **An** Heischmann Anna; **D** Hertrich Adam, Limmer Gust.

129. München-Stadt I. RegR Stöcklein Gottfr.; **R** Zeissner Friedr. (KAV); **RA** Schoentag Theod., Oechslein Karl, Selzle Ludw.; **S** Fabri Karl, Helmschrott Mich., Schübel Heinr., Fischer Dan., Küstner Christoph, Stark Adolf, Kühnlein Karl, Hohn Konr., Rupp Ludw., Dratz Gg., Ferstl Gg., Dietz Adalb., Schmitt Andr., Belzner Joh., *Sedlmayer Xav., Stömmer Englb., *Bastl Gg.; **A** Bartelme Jul.; Reitz Gg., Hitzler Mark., *Singer Frz. S., *Zahlauer Leop., Bauer Jos., *Graf Aug., Kormann Max; **J** Kreuzer Joh., Syroth Joh., Schnurrer Friedr., *Leissl Joh., Kaiser Gg., ..., ..., ...; **An** Merlack Emilie, Detzer Erna, Steidl Maria, Urban Karoline; **D** Stürmer Aquilin, Strehle Jos., Hackl Max, Strasser Mich., Maul Joh., Moser Fr. X., Prechsl Xav., Lutz Mart., Futterknecht Philipp, Erk Joh.

130. München-Stadt II. RegR Schmid Anton; **R** Fries Hugo (KAV); **RA** Lechner Joh., Ossenbrunner Karl, Henle Walter, Hoch Jos. Dr.; **S** Schubert Wolfg., Nothhaft Christian, Wolfbauer Eman., Seiler Adam, Herterich Frz., Wunschel Gg., König Val., Greis Rob. gepr. KPr, Niedenthal Friedr. Chr. gepr. KPr, *Weber Karl, Krügel Karl, Witzgall Joh., Striegl Ludw., Schödel Friedr., Gruber Paul, Becker Joh., Blümlein Joh., Berger Joh. gepr. KPr, *Buchwieser Friedr., *Ottilinger Eug., *Fleischmann Sim., Schwarzbeck Joh., Roider Ferd., Büttner Joh., Brunn Gg. Chr., *Niedermaier Xav., Wernthaler Jos., Kasenbacher Ant., *Ebner Max, *Kinader Karl, *Schmaderer Jos., *Heinlein Joh., *Weissert Peter, *Hugo Xaver, *Harländer Jos., *Rieger Ferd., *Bechmann Emil; **O** Emmersleben Ludw. gepr. KPr, Trenkle Eugen; **A** Scheckenbach Aug., Kalkum Max, Keim Greg., Deiler Joh., Söllinger Gg., *Keller Hippolyt, *Preisser Ludw., Zeidler Joh. Bapt., Stumpf Gg., *Frauenknecht Joh., Hauch Jos., *Beck Friedr., *Anthofer Jos., *König Adolf, *Aschenbrenner Ludw., Lickleder Mart., Gascher Ludw., Tomm Friedr., *Schmittlein Konr., *Keller Christian, *Baumann Gg., *Adam Friedr.; **J** Münzer Gg., Glück Mart., Heibler Rud., Merkl Frz.; **An** Gschrei Ludowika, Vogl Kun., Winkler Julie, Goss Elisab., Schmidt Anna, Podrouschek Anna, Weinfurtner Maria, Wittmann Mechtilde, Fadinger Johanna, ..., ..., ..., ..., ..., ..., ...; **D** Kleder Wilh., Steinhibler Ludw., Sommerauer Jos., Appel Jos., Rohrhirsch Fr. X., Luy Joh., Sennebogen Mich., Lohrer Adam, Guck Gg., Hölzle Aug., Schlemmer Jos., Fischer Jos., Wolf Frz., Werner Friedr., Stritter Karl, Scheuer Adrian, Drexler Friedr., Döbler Alois, Huber Jos., Hartung Frz., Schuler Adalb., Mayer Pet., Schmid Gg., Bayer Balth., Wieber Gg., Gregor Karl, Schmölzl Joh., Schreyer Aug., Sittenauer Theod., Bader Karl, Gerstner Sebast., Leikam Gg.

131. München-Stadt III. RegR Gimmi Otto von; **R** Collorio Adam (KAV); **RA** Heindl Ant. Heinr., Weiss Engelb., Weigel Theod., Tewes Alfons; **S** Groh Andr., Lurz Ant., Detzer Ludw., Lipp Jak., Goller Joh., Michenfelder Gg., Zimmerer Joh., Widerspick Gust. gepr. KPr, Merkel Joh., Nützel Thomas, Gürtler Karl, Fick Gg., Ness Jos., Brandl Frz. X., Schleifer Rich., Loy Gg., Thaller Jos. gepr. KPr, Tyroller Jos., Lehmaier Ludw., Wiesmann Ferd., Krieg Heinr., *Wittmann Karl, Forster Ambros, *Gigler Franz, Neuberger Daniel, *Schön Jos., *Scharr Frz. X., *Loibl Karl, *Brunnthaler Joh., *Nusser Joh., *Beyer Gerh., Dietl Joh., Sälzle Joh.; A Detzer Mart., Wagner Nik., Blöth Otto, Peez Gust., Reichl Karl, Moser Ant., Geiger Konr., Rampf Ludw., *Lochner Mich., Bögl Wolfg., *Saugel Joh., *Penzl Ludwig, *Maier Otto, *Stauber Gg., *Neudecker Jos., *Hauer Herm., *Kreitmeier Alfons, *Eder Joh.; J Bruckmayer Joh., Stegmann Jos.; An Hadersbeck Franziska, Schlederer Eugenie, Neidhardt Kath., Lutz Aloisia, Reithmayr Anna, Ruhland Anna, Wagner Walb., ..., ..., ..., ...; D Bruckmayer Joh., Bindl Ludw., Setzepfand Traugott, Wolfram Rup., Spangler Jos., Zeh Frz., Jörg Frz. X., Faltermeier Mart., Kerler Ottmar, Bscheidmeier Rupert, Kuhnle Ant., Windsauer Andr., Benker Gg., Schlander Mart., Hertel Karl Gg., Obermeyer Gg., Pfeufer Val., Reuter Joh., Weber Karl Joh., Werzinger Jak.

132. **München-Stadt IV.** R Morneburg Jak. RegR.; RA Nepf Heinr.; S Möckel Gust., Müller Hugo, Bühling Gg., Schneider Joh., Fürst Jos., Tremmel Gg., Grötsch Gg., Leupold Oskar, *Zellner Frz., *Späth Gg.; A Reitz Karl, Nebmaier Gg., *Dörfler Konr., *Schneider Karl, Schätzl Joh., *Hofmann Joh., *Angermaier Mich.; J Weyh Heinr., ..., ...; An Bamann Maria, Dellinger Aloisia, ...; D Kramer Gg., Bühling Joh., Oberwallner Gg., Schäfer Friedr., Höhn Joh., Wirtheim Frz., Fastl Andr., Schuller Klemens, Schweiger Frz. X.

133. **München-Land.** R Schilbach Gg.; RA Reichenberger Erwin, Dr. Berolzheimer Hans; S Mägerlein Gg., Dassler Joh., Zieglmaier Frz. X., Neber Joh., Buhl Jos., Hämmel Gg., Schwarzmeier Jos., Brunner Konstantin, Schaumberger Andr. gepr. KPr; A Fett Mich., Specht Frz., Rössler Gust., Schröfl Waldemar, Reschauer Joh., Heigl Heinr., *Ebelt Max, *Haberkorn Aug., Gerst Joh., *Unger Eugen; J Feil Joh., Luy Max, ..., ...; An Bruckschlögl Amalie, Neuner Anna, Kolb Berta, Ursprung Aloisia, ..., ..., ...; D Mündel Konr., Pöhner Karl, Heinrich Gust., Weiss Joh., Gehring Joh., Geyer Frz., Ebertsch Mich.

134. **Münnerstadt.** R Baur Andr.; S Hertling Joh. Frz., *Mangold Wilh.; A Stephan Jos., *Landes Adolf, *Riedl Ludw.; J *Dresel Joh.; D Barthelmes Ant.

135. **Nabburg.** R Knaus Ant.; S Hösl Ant., Kellner Mich.; A Neumann Christ., Elbinger Gg., Schelbert Alois, *Netzer Jos.; J Tischler Gg.; D Braun Christ., Schaller Leo.

136. **Neuburg a. D.** R Sellner Wilh.; RA Obeltshauser Jos.; S *Zach Mich., Döring Max, Mechler Aug., Gegler Jos. Ant.; A Kapeller Xav., *Witty Mart., *Körner Adam; J *Thomas Herm., ...; An Eckert Sophie, Froschmaier Ant.; D Kreuzer Jos., Müller Joh., Kobold Jos.

137. **Neumarkt i. O.** R Limbacher Frz.; RA Schweiger Karl; S Winkler Gg., Fersch Ludw.; A Meier Karl, Müller Jos., *Kern Adolf; J *Hagnbuchner Karl, *Dürmeier Jos.; An Rauch Anna; D Hahn Kasp., Donner Paul.

138. Neunburg v. W. R Niggl Mich.; RA Weiss Otto; S Eichmeier Heinr., Nicol Nik., Detter Jos.; A Hofmann Edu., *Hartmann Frz., *Schöpf Albert; J *Gasteiger Karl; An Feuersteiner Agn.; D Gunzelmann Pank., Förtsch Jos., Kerl Joh. B.

139. Neunkirchen a. Br. R Meyer Sigm.; S Reder Isid.; A Weissmann Joh., *Sendner Joh., Hartmann Joh.; J *Eckerlein Karl; D Schrödel Lor., Rath Christ.

140. Neustadt a. A. R Thaler Joh. Gg.; S Geier Joh. Friedr., Fuchs Gg.; A Seyfert Gg., *Eichner Andr., Meier Sixtus; J Vogt Jos.; D Schickert Mich., Eckhof Leonh.

141. Neustadt a. D. R Obich Max; RA Gröhling Heinr.; S Stähr Jos., *Ermann Karl, Kusterer Ed., *Eberle Ludw.; A Orthofer Ant., *Luckner Friedr., *Schmid Jos.; J ..., ...; An Behr Mar., Högner Kath.; D Knirlberger Heinr., Parr Andr., Hallermeier Joh., Lang Joh.

142. Neustadt a. H. R Limbacher Rich.: RA Mohr Gg., Tillmann Friedr.; S *Hess Phil., *Herrmann Ludw.; Stamer Johs., V Mayer Friedr. gepr. KPr; A Steigelmann Karl, Graf Heinr., Stephan Frz., Roos Ant., Kern Jos.; J Krieger Heinr., ..., ...; An Schotthöfer Maria, Neckerauer Elis.; D Winkelmann Aug., Zimmermann Phil., Günthert Gg., Engelhardt Gg.

143. Neustadt a. S. R Koos Christ.; RA Weickert Frz.; S Henkel Edu., Stäblein Joh.; A Haas Albin, Limpert Lamb., *Fischer Max; KPr Griebel Joh.; J *Ritter Gg., *Löffler Philipp; An Gebhardt Marg.; D Mager Gg. Adam, Boreiter Peter.

144. Neu-Ulm. R Müller Eug.; S Diem Joh. Max., Graf Jos. *Dömling Ant.; A Meyer Joh., Bauer Andr., *Ziegler Jak.; J ...; An Vorsatz Mar., Rosskopf Wilhelmine; D Jehle Joh.

145. Nördlingen. R Ehard Jos.; RA Balthasar Jak.; S Denzler Friedr., Geggerle Adf., Schmiedel Heinr.; A Kessler Heinr., Schmid Karl, *Maling Ludw.; J ...; An Ferstl Anna, ...; D Umfahrer Ludw., Trostdorf Bernh.

146. Nürnberg I. RegR Schmidt Ernst; R Weber Joh. (KAV); RA Wank Gg., Lottenburger Wilh.; S Kulzer Jos., Schöpf Karl, Hagen Friedr., Semmer Konr., Schwenck Joh., Hahn Paul, Schmausser Joh., Woitscheck Heinr., Körner Christ., Burckhardt Joh., *Fischer Joh., Ermer Karl, Eisert Gg., Hornung Wilh.; A Bickel Joh. Leonh., Vogelhuber Rob., Bauer Joh. Adam, Rüger Gg., Specht Wilh., Deinlein Joh., Müller Gg. Leonh., *Bauer Leop., Seiberth Felix, Baumann Joh., V Schauppmeier Karl, Pflaum Joh.; J Lottes Gg., *Scheid Karl, *Wirth Nik., *Dreykorn Joh.; An Buchta Math., Börner Joh., Römer Frida, Krämer Marg., ..., ...; D Lindner Gg., Backert Pank., Riemer Otto, Gräf Gust., Schieder Frz., Kühne Edu., Vollrath Gg., Moser Jos., Maier Jak., Spörlein Gg.

147. Nürnberg II. RegR Friedrichs Friedr.; R Effert Herm. (KAV); RA Trütschel Gg., Müller Wilh.; S Metz Frz., Mayer Joh. Gg., Schad Lor., Rotter Gg. gepr. KPr, Friedmann Pank., Mayr Joh., Seiss Leonh., Krauss Paul, Pfahler Paul, *Busch

Christian, Welker Heinr., Lochner Aug., *Schussmann Max, Bablitschky Konr., *Dillinger Frz., Wegert Gg., *Baumgärtner Heinr., V *Egermeier Friedr.; A Meier Gg., Schwarz Matth., *Bauer Joh. W., *Hirschmann Paul, *Pfeffer Karl, Iffland Alois, V *Beichhold Rud.; J Eckart Fritz, Rupprecht Joh., Benker Herm.; An Westerholz Frida, Kartini Elis., Ströhlein Marg., . . ., . . .; D Dorsch Joh. Gg., Schedel Joh., Seefried Gg., Seidenspinner Greg., Bähr Gg., Merz Joh. Heinr., Fenn Joh., Hofmann Gg., Kuhn Joh., Brechtelsbauer Matth., Welker Gg., Michel Klem.

148. **Nürnberg III.** **RegR** Burckhardt Heinr.; **R** Schmidt Ant. (KAV); **RA** Niessen Otto, Feuerlein Ludw., Baer Friedr.; **S** Beck Karl, Kapp Gg., Dietrich Kasp., Bayerl Hans, Cramer Joh. Adam, Lehr Karl, Probst Rich., Prechtl Chr., Bitter Jak., Haider Gg. Gust., Zugschwert Karl, Scherer Nik., Nonnenmacher Heinr., *Rössler Friedr., *Kulzer Mich., *Lauster Alfr.; **A** Kraus Leop. Gg., Schäfer Franz, Kefferlein Leonh., Seitz Wilh., Benker Friedr. Wilh., *Bär Christ., **V** Richter Friedr., Seefried Friedr., *Auffhammer Chr., **J** Seefried Karl, Seibold Gg., Friedl Otto; **An** Brand Maria, Fischer Maria, Gössl Kresz., ..., ..., ...; **D** Probst Jos., Pfefferlein Rob., Huber Joh., Hollederer Friedr., Haberzett Joh., Müller Mich., Rachinger Joh., Fürsattel Leonh., Stark Kil., Schöpplein Andr., Graf Joh.

149. **Obermoschel.** **R** Matheis Jak.; **S** Altvater Karl, Schwind Karl; **A** Stauffert Wilh., *Oesterreicher Jos., Laub Heinr.; **J** Leibrock Ernst, Nies Gg.; **An** ...; **D** Dorn Jos., Häring Kurt.

150. **Obernzell.** **R** Zimmerer Heinr.; **S** Schramm Otto; **A** *Lechner Heinr., *Büchl Gg., **V** *Kallhamer Ant.; **J** Wörle Gg.; **D** Hastreiter Ant., Weindler Andr.

151. **Ochsenfurt.** **R** Schmitt Gg.; **S** Rosenberger Aug., Rasp Joh. Christ., Pfändner Gg.; **A** Pfrenger Friedr., Pröscholt Hugo, Stark Andr.; **J** *Schmidt Konr., ...; **D** Schmitt Joh., Müller Ant.

152. **Oettingen.** **R** Gromeder Joh.; **S** Lehnert Joh. Nep.; **A** Brennich Dan., *Dietrich Adolf, *Kletter Karl; **J** ...; **D** Hafenmaier Leonh.

153. **Ottobeuren.** **R** Mehrwald Melchior; **S** Schmid Ign., Windorfer Alois; **A** *Urgibl Franz, *Martin Otto; **J** *Höss Rich.; **D** Drollmann Kasp., Braun Aquilin.

154. **Passau.** **RegR** Ullrich Alexander; **R** Danhauser Frz. (KAV); **RA** Rothenanger Alb.; **S** Wagner Gg., Schmuck Max, Lautenschlager Gg., Winklhofer Jos., Raithel Friedr., *Hussendörfer Gg., Huber Jos.; **A** Sesselmann Andr., Bauhuber Gg., Zitzlsperger Osw., Rummel Karl, *Rothe Aug., *Gross Frz.; **KPr** Scherrer Jos.; **J** *Gottinger Alfred, ...; **An** Knittlmayer Mart., Schwiwagner Karolina, Wagner Kath.; **D** Bauer Mich., Bauer Karl, Höfler Jos., Fritzl Jos., Zechmann Jos.

155. **Pegnitz.** **R** Jakob Ludw.; **S** Meier Hans, Abel Joh. Friedr.; **A** Wöckel Val., Hofmann Joh., Hager Karl; **J** Fuchs Friedr.; **D** Fuchs Gg., Bondick Herm.

156. **Pfaffenhofen.** **R** Vogel Karl; **RA** Schätzl Steph.; **S** Tristl Ant., Hartmann Wilh., Steindl Wilh.; **A** Lachermeier Vitus,

*Schmidt Karl, Lutz Jos.; KPr Bauer Ed. gepr.; **J** *Perger Joh., ...; **An** Mayr Vikt.; **D** Stössel Osk., Rucker Willib., Haunold Jos.

157. **Pfarrkirchen.** **R** Fleckenstein Ant.; **S** Huber Max; **A** Kammermayer Max, Gmeinwieser Karl, *Heckel Albert; **J** Karl Joh.; **An** ...; **D** Nuber Joh., Schweiger Jos.

158. **Pirmasens.** **RegR** Hey Heinr.; **R** Hübsch Bruno (KAV); **RA** Rahm Friedr., Ritter Ludw.; **S** Keipert Joh., Schneider Karl, Böhm Otto, Weber Herm., *Heibler Mart., *Höfler Hans, *Lenhard Frz. Fel.; **A** Welter Ludw., *Konrath Eug., Bohrer Emil, *Diel Jos., Brust Mart., Weber Tob.; KPr Eckerle Aug.; **J** Michel Adam, *Rittler Max, ..., **An** Franck Adelh., Göhringer Elisab., ..., ...; **D** Wohlfahrt Mart., Löffler Adam, Geib Friedr., Knott Seb., Kolb Joh., Werner Rich. Paul.

159. **Pottenstein.** **R** Pessl Andr. Ritter u. Edler von; **S** Zambelli Frz.; **A** Maier Gg., Stöcker Andr., *Pfeiffenberger Ludw.; **J** Fischer Andr.; **An** ...; **D** Hesel Joh., Bauer Mich.

160. **Rain.** **R** Bauer Sebast.; **S** Mangold Karl gepr. KPr; **A** *Hertle Xav., Luy Heinr., *Walter Otto; **J** *Huber Jos.; **D** Augustin Johann.

161. **Regensburg I.** **RegR** Letz Ferd.; **R** Bertram Gust. (KAV); **RA** Scheibenbogen Max, Dentler Max, Neuner Richard; **S** Kauper Jak., Wolff Friedr., Lang Heinr., Hain Max, Mayer Jos., Weisskopf Frz. X., Huber Jos., *Legat Paul, Baumgartner Joh., Madel Engelb., *Wahl Heinr.; **A** Schottenloher Karl, Bauernfeind Xav., Schultheis Ludw., Markreither Frz., Ferstl Friedr., Heidenreich Konr., *König Hermann, Lindl Ant. gepr. KPr, *Zierer Otto; **J** *Laubender Konr., *Baumgartner Andr., *Pill Frz., ...; **An** Bauernfeind Maria, Brunner Vikt., Penzkofer Betty, ...; **D** Rheinwald Willib., Dentelsbeck Andr., Strauss Friedr., Klopfer Jos., Sperl Karl, Rieger Jos., Bachmeier Karl.

162. **Regensburg II.** **R** Walter Joh.; **RA** Krafft Ludw.; **S** Lierheimer Gg., Reinhartinger Joh. gepr. KPr, Liebermeister Jos.; **A** Zugschwert Jos., Bauer Joh., *Fraundorfer Aug., *Liebl Adolf; KPr Würdinger Karl gepr.; **J** *Winkelmeier Eduard, *Sicherer Max von; **An** Schmer Ther., ...; **D** Brandl Joh., Wittlinger Gg., Lauss Mich.

163. **Riedenburg.** **R** Heigl Karl; **S** Reng Mich., Mösl Jos.; **A** Ferstl Joh., *Rosskopf Jos., *Lauterbach Heinr.; **J** Schmid Friedr., ...; **D** Weber Joh., Schotterer Joh. Heinr.

164. **Röttingen.** **R** Then Jos.; **S** Leiser Herm.; **A** Speidel Gg., Günther Joh., *Faustmann Frz.; **J** ...; **D** Fuchs Joh.

165. **Rosenheim.** **R** Veh Paul; **RA** Braun Joh.; **S** Holzer Seb., Lutz Leonh., Schweiger Max, Baltheiser Lor., Bauer Jos., Rupp Alf., Walbrunn Joh.; **A** Angerer Joh., *Neumüller Phil., *Sirch Steph., Ertl Joh., Kurz Mart. gepr. KPr; **J** *Finsterwalder Jos., ...; **An** Hinderer Rosa, Kaufmann Cäc., Schustetter Kath., ..., ...; **D** Krug Domin., Schinn Friedr., Schmidt Gg., Grünwald Jos.

166. **Rothenburg o. T.** R Aldinger Ludwig; RA Voeller Gustav S Schmitt Heinr., Reiss Leonh., A Lindner Peter, Betz Gg., *Wallner Alois; J *Scheu Wilh., *Weber Joh.; An Reiss Elise, ...; D Stahl Joh. Mich., Klingler Wilh.

167. **Rothenkirchen.** R Mauter Karl; S Aurnhammer Frz., Hudetz Joh., *Gollwitzer Gg.; A Schubert Konr., Lindner Nik., *Günther Joh. Mich.; J *Pimpl Bernh.; An Hauguth Kath.; D Eichhorn Pank., Lauterbach Friedr.

168. **Schesslitz.** R Killinger Heinr.; S *Tempel Adam, *Vischer Ad.; A Meyer Herib., *Maisel Friedr., Wolfenstetter Kaj.; J Weiss Jos., D Pötzinger Joh., Gleich Mich.

169. **Schönberg.** R Cuno Friedr.; S Mühllehner Gg., *Lutz Gg.; A Lorenz Frz. X., Janka Siegf., *Fischer Jos.; J Lorenz Jos.; An ...; D Mareis Frz., Kugler Max.

170. **Schongau.** R Volkert Karl; S Mayr Seb., Eder Karl gepr. KPr; A Aidlspurger Joh., Emmer Ludw., *Mayer Karl; J Flieger Jos.; An Bögl Anna, ...; D Achmüller Heinr., Hagenmüller Mark.

171. **Schrobenhausen.** R Weninger Otto; S Taig Gg.; Simmeth Frz.; A Weiss Heinr., Schraid Joh., Wagner Jos.; J Frohnwieser Aug., *Brand Lud.; An ...; D Munack Wilh., Danner Ant.

172. **Schwabach.** R Gerner Joh.; RA Scheider Friedr.; S Schrenk Ant. Lor., Rissmann Friedr., Gring Karl gepr. KPr, Patutschnik Steph.; A Rühl Aug., *Mohrmann Max, Mathieu Joh. Adam; J *Baumer Bernh., *Beigel Herm.; An Gundlsheimer Luise; D Hankele Friedr., Pfannenmüller Thom., Holzwart Gg.

173. **Schwabmünchen.** R Weinmayer Gg.; S Deubler Seb., *Bögle Gg., *Daffner Karl; A Würstle Artur, Beurer Ant., *Weber Karl; J *Klotz Georg; An Förstl Bab., Guntner Wilhelmine; D Schreitmüller Joh., Albrecht Gg.

174. **Schweinfurt.** R König Jul. RegR; RA Faulhaber Nik., Steinert Wilh.; S Hauck Heinr., Weidner Friedr., Schnackig Joh., Müller Joh. gepr. KPr; A Ludwig Christoph, *Endres Erh., Leichtlein Friedr., *Vogl Joh., *Schmitt Andr.; J ..., ...; An Köhler Hedw., Aul Maria, Straub Jona; D Bildstein Aug., Lendner Jos., Klempf Joh.

175. **Selb.** R Kerth Phil.; S Zöllner Hans, Koch Wolfg. gepr. KPr; *Pretz Max; A Herpich Mart., Erhard Joh., *Künneth Karl; J *Rothemund Karl; An Wurzer Mar.; D Plechschmidt Jak., Wetzel Korn.

176. **Simbach.** R Rockenstein Ant.; S *Durchschein Ant.; A Mayer Jos., Goller Gg., Lotter Fr. X.; J *Wissnet Jos.; An ...; D Eder Karl, Marchl Jos.

177. **Spalt.** R Wagner Gg.; S Mark Mart., *Rosenberger Ludw.; A *Renz Ant., *Bogner Osk., *Lang Gg.; J ...; An Wechsler Elisab., ...; D Gareis Mich., Piele Theod.

178. **Speyer.** R Acker Theod.; RA Hörner Emil; S Zirker Frz., Welker Adolf, Irl Mich., *Zimmermann Peter; A Mächerle Jak., Bürkmann Ludw., *Zöller Ludw.; J *Kolb Max; An Spatz Anna, Raffler Frieda; D Deyerling Friedr., Krill Karl.

179. **Stadtsteinach.** R Rabe Siegm.; S Hebentanz Joh. Max; A Baumgärtner Gg., Stumpf Xav., Pfändner Aug.; J Hohner Joh.; D Müller Joh., Schmitt Gg.

180. **Staffelstein.** R Lucas Karl; S Dietz Ant., Lieb Heinr.; A Sebald Joh., Losgar Gg., Löffler Andr.; J Greim Ed.; An Porzelt Doreth.; D Häussner Karl, ...

181. **Starnberg.** R Knözinger Ant.; S Bernlochner Andr., Eberle Mart., Binner Herm., Kellermann Joh.; A Lindner Franz, *Gleifenstein Otto, Neff Jos.; J *Lüttich Frz., *Gerstetter Christ.; An Wiesner Katinka, ...; D Wiesner Adam, Peppel Jos.

182. **Straubing.** R Gähler Franz von; RA Hausmann Joh.; S Beinhardt Phil., Kurz Alfred, Wölfl Gg., Altmann Max, A Auer Art., Flasser Jos., Grimm Joh., *Kainzbauer Guido, *Härtl Jak.; J ..., ...; An Biermaier Christ., Trisl Kresz., Rott Viktoria; D Kammerl Aug., Zahlhaas Adolf, Raum Peter.

183. **Sulzbach.** R Henke Karl; RA Micheler Jul.; S Lautenbacher Jos.. Scharl Paul; A Pfefferlein Rob., Maul Joh. Gg., Hoffmann Ludw.; J *Heider Alb.; An Heldmann Henr.; D Faeth Gg., Habelt Christ.

184. **Thurnau.** R Schwab Karl; S Hunebald Heinr.; A Dechant Jak., Dummer Joh., *Walther Wilh.; J Sahmann Christian, D Rausch Joh. Konr.

185. **Tirschenreuth.** R Auer Ant.; S Stiegler Frz.; O Trissl Ludw.; A Dobler Paul, *Fichtner Eduard, Hirschauer Matthias; J Heldmann Amadeus, Cehak Ant.; An ...; D Puppele Joh., Herberich Karl.

186. **Tölz.** R Sturm Ludw.; S Hamberger Jos., *Holzhammer Wilh.; A Bernardy Aug., *Zeyss Eug., Lindacher Jos.; J ...; An ...; D Brodwolf Joh., Walther Gg.

187. **Traunstein.** R Burckhardt Joh. RegR; RA Saurer Aug.; S Metz Mart., Wittauer Adam, Brandhuber Dav., Brandl Jos.; A Stark Joh., Auer Joh., *Mössmer Anselm, *Krammer Lor.; J *Rausch Otto, *Schäfler Jos.; An Schmeckenbacher Ant., Böhm Therese; D Hiemer Heinr., Mayr Jos.

188. **Trostberg.** R Schwab Herm.; S Benker Heinr.; A Heigl Alois, Höss Jos., Rueff Gg.; J Hofmann Ludw.; D Kronzucker Max.

189. **Türkheim.** R Albrecht Wendelin; S *Bicherl Emil, *Wieland Ant.; A Bernhart Ant., *Hellwig Aug., *Steinbacher Joh.; J ...; D Prechtl Joh., Geyer Konr.

190. **Uffenheim.** R Grafenberger Alois; S Gewinner Jul., V Büchold Eug. gepr. KPr; A Kirchdorfer Emil, Vierzigmann Hans, *Scheuering Heinr.; J *Eckart Gg.; D Holzberger Matth.

191. **Velburg.** R Vorster Karl; S Rügamer Val., Schmausser Jos.; A Gottschall Justin, Niederfellner Joh.; II. AG Strauss Mich.; J *Burkard Karl, ...; D Goller Joh., Kittler Paul.

192. **Viechtach.** R Nenning Benev.; S Lankes Joh., *Schramm Adf.; A Amberger Karl, Schäffer Jak., *Lang Rigobert; J Sitzberger Frz.; An Eid Kath.; D Kumpf Karl, Berthele Bened.

193. **Vilsbiburg.** R Lechinger Jos.; S Bayerlein Konr., Fischer Jos., *Saller Jos.; A Schödlbauer Frz., *Didusch Joh., *Reingruber Ludw.; J ..., ...; An Preckwitz Maria; D Kohlpaintner Ant., Maier Jos.

194. **Vilshofen.** R Beyerlein Gust.; RA Cloeter Karl; S Scherbel Gg., Kroiss Sim., Zrenner Sim. gepr. KPr, *Dauer Joh.; A Sturm Ludw., *Wimmer Frz., Anthofer Gg.; J *Sporn Rud., ...; An Bauer Ther., Schätz Berta; D Seuss Mart., Gattermann Friedr., Zacher Jos.

195. **Vohenstrauss.** R Moser Heinr.; S Meidenbauer Joh., *Grötsch Jos.; A Löbisch Andr., Bodensteiner Karl, Stümpfler Jos.; J *Scholian Val., Pfeiffer Wolfg.; An Berchtold Irma, Winkelmeier Elsa; D Jungkunst Gg., Hofmann Jos.

196. **Volkach.** R Nidermaier Jos.; S *Knauer Rob.; A Schmitt Gg., *Stich Aug., V *Wundling Ludw.; J Bauer Gg.; An ...; D Mödl Jos.

197. **Waischenfeld.** R Bergdolt Phil.; S Hofmeier Otto; A Scherl Balth., Haas Gg., Kellermann Gg.; J Schmid Joh.; D Schuster Gg., Thun Karl.

198. **Walderbach.** R Fetzer Emil; S Holzinger Ernst gepr. KPr, Schuster Hans; A *Kerscher Gg., *Sommer Wilh, *Schricker Gg; J Tischler Heinr., *Grünberger Karl; An Troll Rosa; D Geyer Aug., Dietersberger Jos.

199. **Waldmünchen.** R Geyer Adalb.; S Helferich Ant., Heinrich Wolfg.; A Höcht Andr., *Winter Bernh., Maier Frz.; J Hof Joh.; An ...; D Wölfel Karl, Betz Jos.

200. **Waldsassen.** R Voment Aug.; S Rüth Gg., *Burghart Jos.; A *Schmidbauer Herm., Degendorfer Max, V *Bauer Joh.; J Dengler Joh., ...; An ...; D Dengler Christ., Fröhlich Christ.

201. **Wasserburg.** R Fügenschuh Jos.; RA Häusler Frz. X.; S Pröbstl Karl, Wiedemann Leo, Hausladen Max; A Fischer Mart., Kopp Joh., *Holzbauer Ludw.; J *Prucker Gg., ...; An Kronast Anna; D Bachmaier Joh., Herl Gg., Gress Alb.

202. **Wassertrüdingen.** R Sondermann Herm.; S Stark Friedr.; A Roth Joh. Heinr., Frosch Joh., *Gsänger Gg.; J ...; D Richter Joh.

203. **Weiden.** R Beck Joh.; RA Ungemach Eug.; S Sauer Jul. Friedr., Früh Joh., Hofmann Joh., Lautenschlager Hans, *Engert Karl; A Ketnath Gg., Hoch Sim., Stangl Alois, *Bogner Heinr., V *Andritzky Frz.: KPr Zeitler Jos. gepr.; J *Hegewaldt Gg., ...; An Brein Luise, Sailer Ros., Scheibenbogen Ther.; D Maul Joh., Wenning Joh., Trautner Joh.

204. **Weilheim.** R Höfl Friedr.; RA Landthaler Ludw.; S Wallner Seb., Kliese Alb., Landgraf Wilh.; A Dummler Fr. X. gepr. KPr, Rothmeier Gg., Nickles Heinr.; J *Schmid Jos., *Reiser Joh. Bapt.; An Kennerknecht Euph., ...; D Fritz Franz, Glöckl Wolfg.

205. **Weismain.** R Wolf Aug.; S Spitzer Mich.; A Ackermann Christ., Tröger Karl, Dück Andr.; J Degen Seb.; D Rothlauf Ludw., Holzbock Gg.

206. Weissenburg i. B. R Frank Lndw.; RA Riedelbauch Herm.; S Amos Joh., Langohr Heinr., Sauer Friedr., V *Seidel Herm.; A Schirmer Wilh., Sorg Joh. gen. Rothmund, *Winkler Alb.; J *Geiger Karl, *Albrecht Karl; An Braun Elsa, Hager Auguste; D Kölbel Heinr., Fischöder Gg., Schweser Karl.

207. Weissenhorn. R Braun Karl; S Habisreitinger Hans; A Ling Ludw., *Hornung Matth., *Meier Otto; J Habisreitinger Alois; D Burkhart Max.

208. Werneck. R Hellenthal Gg.; S Amslinger Karl; A *Himl Joh., *Schrödel Rud., *Persau Joh.; J *Meixner Mart., Fischer Emil; D Ziegler Kilian.

209. Wertingen. R Zorn Eugen; S Doll Hans, Gerblinger Friedr.; A Krauss Ferd., *Oppitz Mich., *Seelmann Andr., *Heiss Joh.; J *Heimer Aug.; An Deller Philom.; D Stadler Silv., Rick Gg.

210. Windsheim. R Linhardt Rich.; S Hofreuther Friedr., Teufel Jos.; A Eitel Gg., Müller Joh. Bapt., *Schreyer Hans; J *Niederlöhner Gg. Joh.; An ...; D Erbar Chr.

211. Winnweiler. R Finger Joh.; S Grün Heinr.; A Jung Theod., *Winkelmann Emil, *Kempf Jul.; KPr Gabelmann Karl; J Hübsch Alb.; D Gollwitzer Adolf, Sauer Seb.

212. Wolfratshausen. R Müller Paul; S Schottenhaml Jos., Weiss Jos.; A Heigl Heinr., Drausnick Ludw., *Leonhard Heinr.; J Bockhorni Joh.; D Neff Jos., Deiser Jos.

213. Würzburg-Stadt. RegR Linsmayer Christ.; R Hans Eugen (KAV); RA Fuchs Joh. Andr., Preu Emil, Full Otto; S Baier Frz., Zinser Karl, *Zenter Ign., Väth Andr., Engert Heinr., Bauer Adolf, Zederer Gg., Fischer Friedr., Wendel Eust., Aschauer Gg., *Englert Jos., *Klemm Ant.; A Wörle Gg., *Federl Mich., Reuther Joh., Weindl Fr. X., Göb Andr.; J *Mais Alfr., *Wagner Joh., *Reisinger Joh.; An Böhm Maria, Otto Veron., Schmitt Bab., ...; D Kögler Gg., Göb Val., Linsenmaier Wilh., Kehlmaier Joh., Abersfelder Karl, Neumeister Joh. Gg., Kraus Alois.

214. Würzburg-Land. R Forster Joh. Nep.; RA Nunn Ferd.; S Kolb Jos., Kornbrust Friedr., Reiss Emil, Rauh Joh., *Höfler Paul; A *Lampert Gust., Morgenroth Gg., Stark Rud., Troll Gg., *Oehrlein Karl; J *Hempfling Mich., *Kernstock Joh., ...; An Fleckenstein Marg., Kissler Rosa; D Hübner Ant., Weth Jos., Lucht Herm.

215. Wunsiedel. R Zeiss Karl; RA Fischer Herm.; S Popp Friedr., Ries Joh., Pittrof Ant., Brunner Paul, Vogel Joh.; A Huss Karl, Meinel Joh., Welker Ludw., *Beck Wilh.; J *Stengl Jos., ...; An Martin Sab., Mösch Bab., ...; D Schuhmann Joh., Ruckriegel Mart., ...

216. Zeil. R Häglsperger Dionys; S Dressel Gg., Ködel Jos., Strasser Wilh., Diflo Karl gepr. KPr; A Schöpf Jos., *Haarländer Gg., Schunk Otto; J *Schricker Joh., Förtsch Friedr.; An Heinrich Wilhelm.; D Kern Leon., Schömig Ludw., Finzel Jos.

217. **Zusmarshausen.** R Hautmann Gg.; S *Weiss Alois; A Glück Klem., *Schneid Joh., *Lampert Jos.; J *Reichart Jos.; D Voggeser Leo.

218. **Zweibrücken.** R Bally Eugen; RA Schmitt Joh.; S *Bachmann Friedr., Schneider Gg., Wolf Ludw., *Zöller Rud.; A Hunsicker Heinr., Autsch Bernh., *Fauster Wilh., Stemmler Ludw.; J Wolf Joh., *Conrad Adolf; An Klein Anna, Sefrin Kath., ...; D Eisenlöffel Phil., Steigner Val., Küspert Friedr.

219. **Zwiesel.** R Liepert Karl; S Thiem Joh., Hacker Ludw., *Weingärtner Mart.; A *Heilmayr Ant., *Enzinger Karl, *Steinhäuser Jos.; J *Schaffner Hub., ...; An ...; D Krug Dom., Centmayer Adolf.

C. Kasseverwaltungen, die dem Finanzministerium nicht unterstehen.

XIV. Liste.

Kasseverwaltung der K. Akademie der Wissenschaften und des K. Generalkonservatoriums der wissenschaftlichen Sammlungen des Staates.

a) Kassier.

1 Frischholz Gustav 16.IV.06

b) Sekretär.

1 Miller Joseph 1.VIII.06

c) Kassediener (Nebenamt).

Ennichl Joseph, Hausverwalter 1.II.08

XV. Liste.

Kasseverwaltung des Bayer. Nationalmuseums und des K. Generalkonservatoriums der Kunstdenkmale und Altertümer Bayerns.

a) Kassier.

1 Müller Anton 16.IX.02

XVI. Liste.

Kasseverwaltung der K. Akademie der Tonkunst München.

a) Kassier und Sekretär.

1 Siegel Karl 16.VI.06

b) Kanzlei- und Kasseassistent.

1 Meyrl Georg 1.VI.12

NB.! Ein eigener Kassediener ist nicht angestellt; die Geschäfte eines solchen besorgt der Schuldiener Rachinger Sebast. seit 16. III. 99.

XVII. Liste.

K. Universitäts-Rentämter.

a) Amtsvorstände.

1	Heene Hans, K. Regierungsrat und Universitäts-Rentamtmann	München	1.VIII.91
2	Giegold Julius, Universitäts-Rentamtmann	Erlangen	16.IV.06
3	Thiermann Karl, Universitäts-Rentamtmann	Würzburg	1.XI.10

b) Hauptkassekontrolleure.

1	Kessler Paul	München	16.IV.06
2	Nenninger Bernhard	Erlangen	1.VI.07
3	Masel Heinreich	Würzburg	1.XI.10

c) Sekretäre.

1	Schmidt Paul	Erlangen	1.XI.99
2	Greiter Joseph	München	1.IX.10
3	Stelzl Joseph	"	16.XII.10
4	Roider Hans	"	1.XI.12
5	König Max	Würzburg	1.I.03

d) Diener.

1	Greyer Vinzenz, Oberdiener	München	1.I.96
2	Seitz Franz, Oberdiener	Würzburg	1.IX.02
3	Unger Michael	Erlangen	1.V.99

XVIII. Liste.
Kasseverwaltung der K. Universitäts-Frauenklinik und der K. Hebammenschule München.

a) Verwalter:

1 Hollreiser Joseph 1.I.91

b) Kanzleiassistent.

1 Popp Bernhard 1.II.02

XIX. Liste.
Kasseverwaltung der K. Universitäts-Poliklinik München.

a) Verwalter.

1 Burger Joseph 16.IX.10

b) Kanzleisekretär.

1 Vilsmaier Michael 16.IX.10

XX. Liste.
Kasseverwaltung der K. Psychiatrischen Klinik.

a) Verwalter.

1 Mayer Max 15.IX.04

b) Kanzleiassistent.

1 Inselsberger Johann 1.10.10

XXI. Liste.
Kasseverwaltung der K. Technischen Hochschule München.

a) Kassier.

1 Lutz Theodor, Rat 1.XII.05

b) Sekretär.

1 Raum Ludwig 1.II.11

c) Diener.

1 Birker Martin, Oberdiener 1.I.09

XXII. Liste.

Kasseverwaltung der K. Tierärztlichen Hochschule in München.

a) Kassier und Sekretär.

Günther Christian 1.IV.12

b) Sekretär.

Gehring Otto 12.V.12

c) Funkt. Kanzleiassistent.

Hohenester Georg

d) Hausmeister.

Dressler Gustav, Bureau- und Kassediener 1.X.06

XXIII. Liste.

Kasseverwaltung der K. Akademie für Landwirtschaft und Brauerei Weihenstephan.

a) Kassier.

1 Loy Fritz 16.IX.00

b) Sekretäre.

1 Weber Anton 16.VIII.03
2 Weber Franz Xaver 16.IV.11

c) Kanzleiassistenten.

1 Leitner Karl 16.V.00
2 Sixt Thomas 21.IV.08

d) Boten und Diener.

1 Maier Karl 1.III.03

XXIV. Liste.

Kasseverwaltung des K. Technikums Nürnberg.

a) Kassier und Sekretär.

1 Dehner Hans 1.VII.01

b) Kanzleiassistentenstelle
(zur Zeit erledigt).

c) Pedell.

1 Hildner Konrad 1.VII.08

XXV. Liste.

Kasseverwaltung der K. Bauschule mit Gewerbelehrerinstitut in München.

Kassier und Sekretär.

1 Birzer Maximilian 16.VI.06

XXVI. Liste.

Kasseverwaltung der K. Kunstgewerbeschule München.

Kassier und Sekretär.

1 Meule Joseph 16. XI. 10

XXVII. Liste.

Kasseverwaltung der K. Kunstgewerbeschule Nürnberg.

Kassier und Sekretär.

1 Bayer Georg 1. VII. 00

XXVIII. Liste.

Alphabetisches Verzeichnis zu den Listen I—XII und XXVII.

Bem. Die römische Zahl bedeutet die Hauptliste, der kleine lateinische Buchstabe die Unterabteilung darin und die arabische Zahl die Reihenfolge innerhalb einer Liste.

D.

Erklärung der in den Personallisten gebrauchten

Ordensbezeichnungen.

(BL) Belgischer Leopoldorden 1: Grosskreuz; 2: Grossoffizier; 3: Kommandeur; 4: Offizier; 5: Ritter; mSch. = mit Schwertern.

(BKr) Belgischer Kronenorden 1: Grosskreuz.

(Bd Bl) Badischer Orden — Bertold des Ersten 1: Grosskreuz; (m.g.K. = mit goldener Kette).

(BZL) Badischer Orden vom Zähringer Löwen 1: Grosskreuz; 2a, b: Kommandeur I., II. Kl.; 3: Ritter I. Kl.; 4: Ritter II. Kl.

(BrsL) Herzoglich Braunschweig'scher Orden Heinrich des Löwen. 1: Grosskreuz; 1a; I. Kl.; 2a: Kommandeur mit Stern, 2b: Kommandeur; 3a, b. Ritter I., II. Kl.

(J 1) Jubiläums-Medaille mit der Krone.

(J) Jubiläums-Medaille.

(K) Verdienstorden der Bayerischen Krone 1: Grosskreuz; 2a: Grosskomtur; 2b: Komtur; 3: Ritter; 4, 5: goldene, silberne Medaille. (Bestimmungen über Unterstützungsbeiträge an Hinterbliebene GVBl. 1898 S. 259.)

(LK) Luitpoldkreuz.

(LEK) Grossh. Luxemburg. Orden d. Eichenkrone 1: Grosskreuz; 2: Grossoffizier; 3: Kommandeur; 4: Offizier; 5: Ritter.

(Malt) Souveräner Malteser-Ritter-Orden: Gr: Grosskreuz; E: Ehren- und Devotionsritter; G: Gnadenritter; DI: Donaten I. Kl.

(M) Bayer. Verdienstorden vom hl. Michael a) nach den älteren Satzungen: 1: Grosskreuz; 2a: Gross-Komtur; 2b: Komtur; 3, 4: Ritter I., II. Kl.; b) nach den neuen Satzungen (v. 16. XII. 87, 20. IV. 94 und 22. II. 10); MGK. = Grosskreuz, I = I. Kl., II m. St. = II. Kl. mit Stern, II = II. Kl., ME. = Ehrenkreuz, III = III. Kl., IV = IV. Kl. mit der Krone, IVa = IV. Kl. ohne Krone, M = Verdienstkreuz mit der Krone, Ma = Verdienstkreuz ohne Krone, Me 1, 2: silberne, bronzene Medaille. (Bestimmungen über Unterstützungsbeiträge an Hinterbliebene GVBl. 1898 S. 259.)

(MV) Bayer. Militär-Verdienstorden. Gk: Grosskreuz; 1: I. Kl.; 2a: II. Kl. m. St.; 2b; II. Kl.; O: Offizierskreuz; 3: III. Kl.; 4a: IV. Kl. mit Krone; 4b: IV. Kl. (Kr: Kriegsdekoration.)

(MVK) Bayer. Militär-Verdienstkreuz I., II. Kl.; Kr: Kriegsdekoration.

(MWK) Grossherz. Mecklenb. Haus-Orden der Wendischen Krone 1: Grosskreuz; 2a: Grosskomtur; 2b: Komtur; 3: Ritter.

(OEK) Oesterreich. Orden der eisernen Krone 1, 2, 3: I. II. III. Kl.

(OEFJ) Oesterr. Franz Joseph-Orden 1: Grosskreuz; 2: Komtur mit Stern; 3: Komtur; 4: Offizier; 5: Ritter.

(OP) Grossherz. Oldenburg. Haus- u. Verdienstorden des Herzog Peter F. L. 1: Grosskreuz; 2a: Grosskomtur; 2b: Komtur; 3: Ritter I., II. Kl.

(PG) Päpstlicher Gregorius-Orden 1: Grosskreuz; 2a: Komtur mit Stern; 2b: Komtur; 3: Ritter.
(PEetP) Päpstl. Kreuz pro ecclesia et pontifice.
(PEK) Preussisches Eisernes Kreuz 1, 2: I., II. Kl.
(PK) Preussischer Kronorden 1: I. Kl.; 2a: II. Kl. mit Stern; 2b, 3, 4: II., III. IV. Kl.
(PLmK) Prinz-Regent-Luitpold-Medaille mit der Krone 1: goldene; 2: silberne; 3: bronzene.
(PL) Prinz-Regent-Luitpold-Medaille a: goldene; b: silberne; c: bronzene.
(PL1) Prinz-Regent-Luitpold-Medaille aus Bronze, mit der Krone am Bande der Jubiläums-Medaille.
(PL2) Prinz-Regent-Luitpold-Medaille aus Bronze am Bande der Jubiläums-Medaille.
(PRA) Preuss. roter Adler-Orden 1: Grosskreuz; 2: I. Kl.; 3a: II. Kl. mit Stern; 3b, 4, 5: II., III., IV. Kl.
(PRAM) Preussische Rote Adler-Medaille.
(RM) Rettungsmedaille.
(SA) K. Sächs. Albrechtsorden 1 a, b: Grosskreuz m. goldenem, mit silbernem Stern; 2a, b: Komtur I., II. Kl.; 2c: Offizier; 3a, b: Ritter I., II. Kl.
(SEH) Herzoglich Sachsen-Ernestinischer Hausorden 1: Grosskreuz; 2a, b: Komturkreuz I., II. Kl.; 3a, b: Ritter I., II. Kl.
(SerbT) Serbischer Takovo-Orden 3: Kommandeur; 5: Ritter.
(SpJ) Spanischer Isabellen-Orden 1: Grosskreuz; 2a, b: Kommandeur I., II. Kl.
(WK) Königl. Württ. Orden der Krone 1: Grosskreuz; 2: Kommentur mit Stern; 3: Kommentur; 4: Ehrenritter; 5: Ritter I., II. Kl.

52. Nachschlag-Register.

Alljährlich ergänzt und erweitert.

Abbruchmaterial, Verwendung des Erlöses zur Deckung von Baukosten MB. v. 23. Juni 1907 (FMBl. 227), MB. v. 18. Juni 1911 (FMBl. 463).

Abfuhr von Eis, Kies, Sand usw. aus öffentlichen Gewässern, Gebühren hiefür Art. 73 WasserG. v. 23. März 1907 (GVBl. 177) §§ 165, 173, VollzV. v. 3. Dez. 1907 (GVBl. 941) Verrechnung Etat 17 Kap. 6 ausgeschieden von den übrigen unter der gleichen Position zu verrechnenden Einnahmen. Gebühren für d. Beschluss des Bezirksamts usw. Art. 201 GebG. FME. v. 13. Juli 1908 Nr. 6980. Fehlanzeige bildet Rechnungsbeleg. • Behandlung der Gesuche §§ 58 ff., 166 ff. VollzV. v. 3. Dez. 1907 (GVBl. 897, 941), InnME. v. 4. Febr. 1908 Nr. 3452.

Abgaben, Diensteinkommensmehrungsabgabe, FMB. v. 7. Febr. 1909 (FMBl. 108), VO. v. 30. März 1881 (FMBl. 117), MB. v. 5. April 1881 (FMBl. 127), FME. v. 23. April 1890 (FMBl. 62), FMB. v. 26. Dez. 1909 (FMBl. 714) bezüglich des Forstpersonals. • Besondere Abgaben nach Art. 220 GebG. MB. v. 12. August 1910 (FMBl. 205 ff.). • von Bergwerken G. v. 6. April 1869 (GVBl. 794), FMB. v. 10. Juli 1869 (FMBl. 195). • für Wandergewerbescheine InnME. v. 7. Februar 1898 (FMBl. 95). • Zuwiderhandlungen gegen die Vorschriften über die Erhebung öffentlicher Abgaben JustMB. v. 3. August 1885 (FMBl. 779) §§ 459 ff. Reichsstrafprozessordnung. • der Notare für ihre Versorgungseinrichtungen siehe Notare. • der Notare zur Unterstützung der Notar.-Gehilfen Ges. v. 28. Januar 1908 (GVBl. 49), MB. v. 31. Januar 1908 (FMBl. 101).

Ableben eines Beamten, Sicherungsmassregeln VO. v. 7. Dez. 1899 (GVBl. 1013, JMBl. 549), bei kassaführenden Beamten §§ 31 ff. GeschAnw. f. d. Rent. (FMBl. 1903, 286). • von Militärpensionisten, FMB. v. 11. Febr. 1895 (FMBl. 31).

Ablieferung der Notare bei 1000 M, der grösseren Gerichtsschreibereien und Gerichtsvollziehereien bei 500 M, der kleineren bei 200 M. • auch auf Girokonto der Rentämter. • MB. v. 12. Mai 1911 (FMBl. 420), der Bezirksämter bei 500 M § 12 MB. v. 25. Dezember 1899 (FMBl. 309). Zulässig aber auch Lieferungen in kleineren runden Beträgen. FMB. v. 29. Nov. 1900 (FMBl. 423). • der gebührenverrechnenden Behörden, Steuervorgeher usw. an die mit der Detaileinhebung betrauten Beamten § 12 FMB. v. 10. April 1911 (FMBl. 294), § 63 GeschAnw. f. d. Rent. • der Rentamtssekretäre bei 1000 M § 70 GeschAnw. • der Rentamtsdiener § 72 GeschAnw. • der Rentämter bei den Kreiskassen auf ein gemeinsames Konto zu buchen § 18 FMB. v. 10. April 1911 (FMBl. 297). • der Gefällsablösungsschillinge der Staatskassa und Tilgungsfonds der Ablösungskassa bei 500 M FME. v. 21. Febr. 1892 (FMBl. 9), der

Staatsgüterkaufschillinge bei 200 M, ausserdem am Monatsschluss FME. v. 15. Juni 1860 (Geret Bd. 32, I. 149). • zum Abmarkungsfonds FMB. v. 3. April 1901 §§ 10 ff. (FMBl. 283). • der Kulturrenten FME. v. 13. Sept. 1901 § 6 (FMBl. 475). • der Unfallversicherungsbeiträge je nach dem Stand der Perzeption an die Kreiskasse. FME. v. 27. April 1904 Nr. 10 386 (v. 5. Juni 1896 Nr. 10 470). • der Vereinsbeiträge und Einkommensmehrungsabgaben zu den Unterstützungsvereinen vierteljährlich wenn über 100 M FME. v. 23. April 1890 (FMBl. 60). • der Brand- und Hagelversicherungsbeiträge bei beendigter Perzeption oder bei einem Kassenbestand von über 6000 M. § 7 Vollzlnstr. v. 13. Dez. 1875 (FMBl. 347), FME. v. 23. Juli 1884 Ziff. 1 und 4 (FMBl. 162). • der Beiträge zum Pensionsverein d. Rentamtsgehilfen FME. v. 21. Dez. 1896 (FMBl. 320). • der Eintrittsgelder und Mitgliederbeiträge für die Kreisvereine zur Unterstützung der Hinterbliebenen der Volksschullehrer MB. v. 18. Dez. 1906 (FMBl. 307 ff.), KME. v. 13. Dez. 1908 Nr. 26 219 und 25. April 1909 Nr. 10 317 (Rücksendung d. Heblisten portofrei). • der Reichserbschaftssteuern VollzV. v. 10. August 1906 (GVBl. 520), der Reichsstempelabgaben MB. v. 3. August 1906 (GVBl. 477), § 38 MB. v. 25. Okt. 1909 (FMBl. 629), der örtlichen Besitzveränderungsabgaben MB. v. 15. August 1910 Ziff. 34 (GVBl. 447).

Abmarkung: Ges. v. 30. Juni 1900 (GVBl. 553); Vollzugsbek. v. 21. Dez. 1900 (FMBl. 1901, 122); technischer Vollzug d. Ges. FMB. v. 20. Febr. 1901 (FMBl. 217); Bezeichnung mit Buchstaben-Pl.-Nr. u. Grundstücksteilung FMB. v. 24. Okt. 1901 (FMBl. 525); Abmarkung d. Staatsforstgrundstücke FME. v. 24. März 1901 (FMBl. 261); Verwaltung d. Abmarkungsfonds FMBek. v. 3. April 1901 (FMBl. 279); Messungs- u. Abmarkungsgebühren FMB. v. 18. Febr. 1907 (FMBl. 117).

Amtsbürgschaften: sind aufgehoben, AVO. v. 11. Dez. 1898 (GVBl. 603) u. FMBek. v. 12. Dez. 1898 (GVBl. 604).

Arbeitsordnung: für die Betriebe der Staatsforstverwaltung FMBek. v. 3. Sept. 1911 (FMBl. 531).

Aufforstung: Hinterlegung d. Kosten E. d. M. d. Inn. v. 23. Okt. 1910 (FMBl. 33).

Ausweisung: Transportkosten E. d. M. d. Inn. v. 19. April 1873 (FMBl. 80), E. d. M. d. Inn. v. 15. Juli 1902 (FMBl. 259); die 3 M nicht übersteigenden Kosten werden vom ausführenden Bundesstaat ohne weiteres getragen MinE. v. 7. Januar 1909 (FMBl. 105); • nach d. Niederlanden und Uebernahme nach Deutschland E. d. M. d. Inn. v. 27. März 1909 (FMBl. 392); Bekleidungskosten E. d. M. d. Inn. v. 8. Juni 1881 (FMBl. 263).

Auszahlung (vgl. auch Zahlung): Funktionsbezüge der nichtetatsmässigen Beamten, KultMB. v. 24. Mai 1911 (FMBl. 472). • d. Gehalte der etatsmässigen Beamten, FMBek. v. 9. Juli 1909 (FMBl. 550), aut. FME. v. 28. Januar 1909 Nr. 2827; mittels Postanweisungen FME. v. 15. Febr. 1900 (FMBl. 178), FME. v. 5. Januar 1901 Ziff. I (FMBl. 1), FME. v. 22. Sept. 1902 Nr. 16 662 betr. Strafanteile d. Gemeinden, MBek. v. 14. Mai 1909 Ziff. 12 Abs. 3 bezügl. Tagegelder und Reisekosten, FME. v. 5. Febr. 1912 (FMBl. 12).

Tantiemen FME. v. 8. Febr. 1905 (FMBl. 26). • Anlage und Abschluss des Brandv.-Katasters, E. d. Oberst. RechnH. v. 26. Sept. 1903 (FMBl. 451).

Budget: Aufstellung und Vollzug des Staatsbudgets, FMB. v. 23. Juli 1907 (FMBl. 221 ff.), FMB. v. 23. Febr. 1909 (FMBl. 123 ff.), FMB. v. 24. Januar 1911 (FMBl. 37), die vierteljährigen Nachweisungen über die budgetmässigen Einnahmen und Ausgaben, FME. v. 31. März 1910 (FMBl. 81).

Depositen. Depositenordnung f. d. rechtsrh. Bayern v. 22. Dez. 1840 RegBl. 1841 S. 34. • Hinterlegungsordnung, AVO. v. 18. Dez. 1899 (GVBl. 1033, FMBl. 1900 S. 5) für d. Gerichte; HinterlegGeb. AVO. v. 25. Dez. 1899 (FMBl. 1900 S. 24) u. MB. v. 12. Januar 1900 (FMBl. 81); Errichtung gemeinschaftl. Hinterlegungsstellen, JMB. v. 27. Dez. 1899 (FMBl. 1900 S. 29); Geschäftsführung der amtsger. Hinterlegungsstellen, JMB. v. 28. Dez. 1899 (FMBl. 1900 S. 30); Besorgung d. ger. Hinterlegungswesens durch d. Bank, MB. v. 28. Dez. 1899 (FMBl. 1900 S. 65 u. 66); Bezirke für d. Anlage bei d. Bank, JMB. v. 28. Dez. 1899 (FMBl. S. 71); Reglement für die Bank v. 28. Dez. 1899 (FMBl. 1900 S. 74). • Hinterlegung d. Schlüsselduplikate, § 60 GeschAnw. f. d. Rent.; Ausscheidung d. Dep. in d. rent. Kasse, § 64 a. a. O.; rent. Depositentagebuch, § 74 a. a. O. • Annahme offener Depots von Kultusstift. und Kirchengemeinden durch d. Bank, FMBl. 1905 S. 204, bei der Handelsbank FMBl. 1905 S. 281. • Depositen von Holzproduktenkäufern, ME. v. 2. Mai 1885 § 34 (FMBl. 307). • Hinterlegung d. Kosten f. Aufforstung, InnME. v. 23. Okt. 1910 (FMBl. 33).

Diäten: s. Tagegelder.

Diensteinkommensmehrungsabgabe: Einhebung und Verrechnung, FMBek. v. 7. Febr. 1909 (FMBl. 108), Bek. v. 5. April 1881 (FMBl. 117, 127); einmalige Aufrundung, FME. v. 29. August 1911 Nr. 16 559.

Dienstwohnungen: Mietentschädigung, Art. 37 Beamtenges., MBek. v. 28. Juni 1909 (FMBl. 515), bezügl. der Kreisbeamten usw. Bek. v. 23. August 1909 (FMBl. 591); Badezimmer, MBek. v. 2. Nov. 1902 (FMBl. 370); Gas- und elektr. Beleuchtung, FMBl. 1905 S. 19.

Distriktsumlagen. Distriktsratsges. v. 28. Mai 1852 mit Art. 49 des UmlagenGes. (GVBl. 1910 S. 581). • Distriktsumlagen cf. UmlagenGes. Art. 38 ff.

Disziplinarverfahren: DisziplGes. f. richterl. Beamte in d. Fass. der Bek. v. 5. Dez. 1908 (GVBl. 1007), VollzBek. hiezu v. 29. Dez. 1908 (FMBl. 307); Dienstaufsicht und Dienststrafrecht f. nichtrichterliche Beamte, Art. 103 mit 175 Beamtenges., VollzBek. hiezu v. 22. Okt. 1909 (GVBl. 737).

Doppelbesteuerung: RG. v. 22. März 1909 in d. Fass. der Bek. v. 24. März 1909 (RGBl. 332); Vertrag mit Oesterreich, FMBek. v. 6. Nov. 1903 (FMBl. 518).

Einbruchdiebstahl: JME. v. 2. Juni 1910 Nr. 20 699 (Justiz betr.). Zum Abschluss und zur Erneuerung v. Versicherungsverträgen gegen Einbruchdiebstahl ist Genehmigung des Just.-Min. notwendig und wird nur in besonderen Ausnahmsfällen — erhöhte Einbruchgefahr mit Rücksicht auf mangel-

an unsteuerbaren Flächen, Wegen, Gewässern und Gräben, JMB. v. 30. Dez. 1910 (FMBl. 1911 S. 225); Evidenthaltung d. Grundb., FMB. v. 18. April 1912 (FMBl. 103).

Grundsteuer: Ges. v. 14. August 1910 betr. Aenderung d. Ges. über d. allg. Grund- und Haussteuer (GVBl. 569), Einführungsges. zu d. Ges. über die direkten Steuern v. 14. Aug. 1910 (GVBl. 578), Neutextierung in d. Fassung d. Bek. v. 4. Nov. 1910 (GVBl. 1029).

Grundsteuerkataster (vgl. auch Grundbuch): Fortführung d. Grdst.-Kat., JMB. v. 23. Febr. 1905 (FMBl. 39); §§ 159 ff., Dienstanweisung f. d. Grdb.-Aemter v. 27. Febr. 1905 (JMBl. 63); Kat.-Umschreib. aus Anlass v. Todesfällen, FMB. v. 24. März 1903 (FMBl. 149), ferner JMB. v. 20. März 1903 (JMBl. 158) u. JMB. v. 25. März 1903 (FMBl. 167); katastertechnische Behandl. v. Privatflüssen, Wegen u. Gräben, FMB. v. 15. Okt. 1910 (FMBl. 294); katastermässige Beschreibung v. Grundst. u. Miteigentumsverhältn., FMB. v. 2. Juli 1911 (FMBl. 490); Sternplan-Nummern, FMB. v. 4. Dez. 1902 (FMBl. 415 u. FMBl. 1911, 491 Ziff. 3); Unschädlichkeitszeugnis, Ges. v. 15. Juni 1898 (GVBl. 301).

Grundstücksübertragungen: Vollzug des Reichsstempelgesetzes, RGBl. 1909 S. 852, 1911 S. 33, FMBl. 1909 S. 615, 1911 S. 310.

Güterzertrümmerung: G. v. 13. August 1910 (GVBl. 627), gewerbsmässiger Handel mit ländlichen Grundstücken, MB. v. 24. August 1910 (GVBl. 633), Vollzug des GüterzG. betr. InnMB. v. 27. August 1910 (GVBl. 657) u. v. 30. Dez. 1910 (GVBl. 1911 S. 1).

Haftung des Staates f. Amtshandlungen d. Justizbeamten, MB. v. 1. Sept. 1910 (FMBl. 272).

Hagelversicherung: s. Brandversicherung.

Hausiersteuer: Ges. v. 10. März 1879 / 20. Dez. 1897 (GVBl. 1897 S. 415, 424), VollzB. v. 16. März 1879 (GVBl. 171); v. 11. Sept. 1879 (FMBl. 175); v. 19. Nov. 1879 (FMBl. 527); v. 10. März 1879 (FMBl. 3); v. 8. Februar 1885 (FMBl. 19); vom 23. Dezember 1897 (GVBl. 423); Bek. v. 7. März 1898 (FMBl. 77); Anweisung v. 7. Febr. 1898 (InnMABl. Nr. 7); Behandlung d. Straffälle, Bek. v. 25. Okt. 1879 (GVBl. 1467); Ausfertigung v. Legitimationsscheinen f. Musik u. Schaustellgesellschaften, Bek. v. 1. Febr. 1881 u. ME. v. 13. Januar 1881 (MABl. 9, FMBl. 84). • §§ 55, 56, 56 a, b, c; 42 a, b; 55 a, 55 d, 57, 57 a, b, 58, 60, 60 a, b, c, d, 61, 62, 63, 59, 59 a. • §§ 44, 44 a, 64, 65, 66, 67, 68, 69, 70, 71 ReichsgewOrdn.

Haussteuer: Ges. v. 14. Aug. 1910 betr. Aenderungen d. Ges. über d. allgemeine Grund- u. Haussteuer (GVBl. 569), Einführungsges. zu d. Ges. über die direkten Steuern v. 14. Aug. 1910 (GVBl. 578), Neutextierung in der Fassung der Bek. v. 4. Nov. 1910 (GVBl. 1055), VollzBek. v. 2. März 1911 (GVBl. 107), Entschädigung der Haussteuertaxatoren, FMB. v. 27. Febr. 1911 (FMBl. 235), Haussteuerkataster u. rechnerische Behandlung der Haussteuer, FMB. v. 9. Juni 1911 (FMBl. 445), Revision d. Mietsteuer, MB. v. 18. Nov. 1910 (FMBl. 355).

Landratswahlen: Tagegeld. u. Reisek. d. Rentamtsvorstände u. Forstbeamten, FME. v. 23. Juli 1896 Nr. 10 522 I (sächl. Ausg. d. Fin. bzw. Forst.).

Landwirtschaftslehrer: FMBl. 1897 S. 61 (Diäten und Reisekosten), Fahrradbenützung, KultMBl. 1900 S. 199.

Legitimation d. Rent.-Dienen § 47 GeschAnw.

Lieferung: s. Ablieferung.

Literalien: § 32 Gesch.-Anw. • Bayerland FME. v. 1. Febr. 1903 Nr. 2803; • Mitt. d. Oberber.-Komm., FMB. v. 17. Januar 1901 (FMBl. 195) und v. 16. Nov. 1901 (FMBl. 543); • Abonnementspreise der amtl. Bl. in d. J. z. verr. auf das d. Abonnement lautet FME. v. 11. Juli 1868 (FMBl. 207). • Zeitschriften ausschliessl. z. Zwecken d. Steuerkontr. auf Pers.-St. z. verr., FME. v. 19. März 1912 Nr. 7865 (St.-Komment. auf Regie).

Locheisen: Anschaffung Geret 30 S. 131.

Lokalmiete f. Amtstage § 89 GeschAnw.

Lotterie: G. v. 11. Okt. 1912 (GVBl. 983).

Mahngebühren: usw. ausschliesslich f. d. Staatsk. z. vereinnahmen, FMB. v. 8. Febr. 1905 (FMBl. 27), FME. v. 23. Juli 1906 Nr. 18736 Nebenr. 12. • Anteil d. Rent.-D. § 13 Gesch.-Anw. kein Gehaltsbestandt., FME. v. 28. Juni 1909 Nr. 20 416, Verrechn. N.R. 15.—, Anforderung nur zulässig, wenn d. Pflichtige Kenntn. v. s. Schuld hat, FMB. v. 27. April 1905 (FMBl. 148).

Mahnverfahren: Beitreibungsinstr. v. 27. Dez. 1899 (FMBl. 355), Pfänd. v. Früchten usw., FMB. v. 17. Mai 1900 (FMBl. 283). • bei Holzgeldern cf. auch Ziff. 8 des Versteiger.-Prot. (FMBl. 1885 S. 410). • Anfertig. d. Mahnvorweise, § 68 Gesch.-Anw.

Messungsdienst: Organisation, AVO. v. 15. Dez. 1908 (GVBl. 1094), Entschädigung f. äussere Dienstgesch., FMBl. 1909 S. 477. • Mess. u. Abmark.-Geb., FMBl. 1907 S. 117. • Aufwand d. Mess.-Aemter, FMBl. 1911 S. 42.

Messungsgebühren: FMBek. v. 18. Febr. 1907 (FMBl. S. 117).

Mietentschädigung (Mietzinse) für Dienstwohnungen u. Dienstgärten, BeamtenGes. Art. 37; FME. v. 28. Juni 1909 (FMBl. 515); Abzug am Gehalt, a. a. O. Ziff. 5 Nr. 4.

Mietsteuer: Revision, FMBl. 1910 S. 355 cf. Haussteuer.

Militärdienstzeit: Anrechnung auf das Besoldungsdienstalter, FME. v. 12. Januar 1911, FMBl. 1911 S. 23, GVBl. 1910 S. 1199, 1202, Art. 28, 55 BeamtenG.; Anrechnung auf die Widerruflichkeit Art. 7 d. BeamtenG., GVBl. 1908 S. 1042, FMBl. 1909 S. 641.

Militärpensionen: militär. Versorgungsgebührnisse der im Zivildienst angestellten ehemaligen Militärpersonen, MB. vom 26. April 1909 (FMBl. 400); vorschussweise Zahlung, FME. v. 20. August 1910 (FMBl. 248).

Motorräder: GVBl. 1902 S. 737 (40 Pf. pro Kilometer); gleicher Satz auch für Autos, FME. v. 14. März 1911 Nr. 7255.

Nebenamt: Art. 18 BeamtenG.; Ausübung von Nebenämtern und Nebengeschäften durch Beamte, Bek. v. 4. April 1912 (GVBl. 343).

Notariat: Geschäftsordnung v. 24. Dez. 1899 (JMBl. 591), mit Nachträgen v. 5. 7. 1903 (JMBl. 338), 15. Sept. 1908 (JMBl.

199), 29. Dez. 1909 (JMBl. 557). • Gebührenordnung v. 28. Dez. 1899 (JMBl. 761) mit Nachträgen v. 4. Juli 1903 (JMBl. 333), v. 26. Juli 1908 (JMBl. 151); • Kanzleipersonal, JMB. v. 16. Okt. 1909 (JMBl. 411). • Aufbringung d. Mittel für die Versorgungseinrichtungen d. Notariats, Ges. vom 4. Januar 1910 (GVBl. 1, FMBl. 4), VollzB. v. 4. Januar 1910 (FMBl. 8); Verrechnung (FMBl. 1911 S. 40). • Tantiemen f. örtl. Bes.-V.-Abg. und Zuführung z. Pensionsverein, AVO. v. 1. Febr. 1903 (FMBl. 21); VollzB. vom 2. Febr. 1902 (FMBl. 26), desgl. (FMBl. 28) JMB. v. 3. Febr. 1902 (FMBl. 34); desgl. f. Erhebung d. Reichsstempelabgaben, AVO. v. 19. Okt. 1910 (FMBl. 322); JFMB. v. 3. Nov. 1910 (FMBl. 323). • Aufbring. d. Mittel f. Unterst. d. Not.-Gehilfen, JFMB. v. 31. Januar 1908 (FMBl. 101).

Niederschlagung: von Steuern, Art. 90 EinkStG.; § 119 GrundsteuerG.; § 37 HausstG.; Art. 29 GewStG.; Art. 22 KapStG.; Umlagen: §§ 9, 123, 124, 154 d. VollzV. z. UmlG., Art. 35 UmlG.; RErbschSt. § 25 Ausf. d. Bundesr. z. ErbschStG. u. § 17 d. bay. AusfB.; • falls d. Beitr.-Kosten in kein. Verh. z. Schuld, FMB. v. 27. April 1905 (FMBl. 148); • v. Gebühren, welche durch unrichtige Sachbehandlung erwachsen, Art. 39 GebG., § 6 RGerKG., Beschl. d. Oberst. LG. v. 22. März 1903 (Entsch. Bd. 14 S. 530); v. Geb. f. d. Ausschlag. d. Erbsch. od. d. fortges. Gütergem. Art. 104 GebG.; in Verwaltungssachen Art. 235 GebG. Vgl. auch Art. 3 u. 4 d. GebG. (Nichterheb. v. Geb.).

Oelen: der Fussböden in Lehranstalten auf sächl. Ausgaben, MB. v. 29. Dez. 1909 (FMBl. 726), sonst an d. Etat gebundene Bauausgaben (a. a. O.).

Oesterreichische Taler: ab 1901 eingez., ME. v. 22. Dez. 1900 (GVBl. 1222), FME. v. 31. März 1903 (FMBl. 172).

Oertliche Besitzveränderungsabgaben: Ges. v. 14. August 1910 (GVBl. 433); VollzBek. v. 15. August 1910 (GVBl. 436); Verzeichnis d. ber. Gemeinden, MBek. v. 15. Dez. 1911 (GVBl. 1261), Nachträge werden im FMBl. veröffentlicht.

Organisation: der Rentämter, AVO. v. 10. Mai 1903 (FMBl. S. 265 ff.), AVO. v. 6. April 1911 (FMBl. S. 275 ff.).

Ortsentfernungstabellen: FME. v. 3. März 1910 Nr. 2903 (Messungsgeb. f. d. Mitwirkg. d. Mess.-Aemter kommen nicht mehr in Ansatz); etwaige Kosten sind in St.F.N.R. 27 zu verrechnen.

Pachtentschädigung: für Gärten u. Grundstücke der Beamten, FMB. v. 28. Juni 1909 Ziff. VII (FMBl. 529); bezügl. Dienstwohnungen s. Mietentschäd.

Pensionen: BeamtenG. Art. 47 ff.; P.-Beihilfen, FMB. v. 21. Nov. 1910 (FMBl. 347); P.-Zulagen, FMB. v. 23. Aug. 1910 (FMBl. 221); Feststell. d. pensionsfäh. Dienstzeit, FMB. v. 19. Juni 1910 (FMBl. 149); der Gendarmerie, FMB. v. 27. Juni 1911 (FMBl. 490); Festsetzung d. Bezüge d. Hinterbliebenen, FME. v. 5. April 1910 (FMBl 107), v. 21. Februar 1911 Nr. 2351.

Personenstandsregister: FMBl. 1910 S. 35 (abgekürzte Auszüge).

Plannummernbezeichnung d. Grundstücke: FMBl. 1901 S. 525.

Politische Blätter: 30 M. Jahreshöchstbetrag § 32 Gesch.-Anw.

Polytechn. Verein: Falls nicht aus bez. Regie, ev. aus Distriktsmittel, AME. v. 3. August 1909 Nr. 19 226 II.

22. Juli 1909 (RGBl. 833), Ausführungsbestimmungen d. Bundesrats, Bek. v. 24. Juli 1906 (GVBl. 343) u. v. 2. April 1909 (GVBl. 314), Bek. v. 20. Nov. 1908 (GVBl. 999) u. v. 10. Aug. 1909 (GVBl. 643), Bek. v. 12. August 1909 (GVBl. 645), AusfBest. z. RStempelGes. v. 15. Juli 1909, Bek. v. 1. August 1909 (GVBl. 591), Bek. v. 17. Okt. 1909 (GVBl. 729), Bek. v. 14. August 1908 (GVBl. 520), Bek. v. 3. März 1910 (GVBl. 110), v. 14. März 1910 (GVBl. 142), v. 5. April 1910 (GVBl. 167), v. 30. Nov. 1910 (GVBl. 1111), Vergütung an d. Notare bei Grundstücksübertragungen, AVO. v. 19. Okt. 1910 (GVBl. 1019), Vollzugsbek. hiezu v. 3. Nov. 1910 (FMBl. 323). • Vollzug der Tar.-Nr. 11 (Grundstücksübertragungen) u. der §§ 78 bis 90 des ReichsstG. v. 15. Juli 1909 in der Fassung der §§ 67 bis 71 des Zuwachssteuerges. v. 14. Febr. 1911, MB. v. 25. April 1911 (FMBl. 310). • VollzB. v. 24. Mai 1911 (GVBl. 741), AusfB. v. 8. Febr. 1911 (GVBl. 82), zur Abstempelung zuständige Stellen FMB. v. 16. Januar 1911 (GVBl. 23), Ausführungsbestimmungen z. ReichsstempelGes. v. 15. Juli 1909: Bek. v. 20. März 1912 (GVBl. 145).

Reisekosten: s. Tagegelder.

Rentamtsgehilfen-Pensionsverein: FMBl. 08 S. 120.

Sachverständige: Gebührenordn. f. Zeugen u. Sachv. s. Fin.-Kal. Nr. 22; • ärztliche s. Fin.-Kal. Nr. 23.

Schätzungen: von Grundstücken, JInnMB. v. 14. Juli 1909 (JMBl. 307). • Schätz.-Kosten bei Versicher. d. Staatsgeb. gegen Brandschaden nach Anfall zahlbar, MB. v. 29. Dez. 1909 (FMBl. 722). • Schätzungstabelle f. Dienst-Mietwohnungen, MB. v. 28. Juni 1909 (FMBl. 531, 535).

Scheckverkehr: s. Fin.-Kal. Nr. 34 u. 35.

Schenkungssteuer: §§ 55 ff. Reichserbschaftssteuerges. v. 3. Juni 1906 RGBl. S. 672, Mitteilung von Schenkungsurkunden zwischen Eheleuten untereinander und Eltern u. Abkömmlingen durch Gerichte u. Notare erlassen: FMBl. 1910 S. 117.

Schlüsselduplikate: Hinterlegung §§ 60, 71 IV Gesch.-Anw.

Schubwesen: Geb. d. Schubführer (Ziviltransporteure) JMB. v. 10. Dez. 1908 (FMBl. 4), Krankenversich.-Pflicht ders. MABl. 1904 S. 97; • Schubkosten bei Zwangserziehung MABl. 1909 S. 365 u. JME. v. 7. Januar 1910 Nr. 36 659; • bei Ausländern FMBl. 1873 S. 80; 1881 S. 263; 1876 S. 99; • Bekleidungskosten FMBl. 1866 S. 95; 1867 S. 118; 1869 S. 83, 191; 1886 S. 339; • Beschwerderecht FMBl. 1865 S. 151; • Schnellzüge FMBl. 1895 S. 29; • in d. Pfalz JMBl. 1881 S. 185.

Sicherungsmassregeln: bei Ableben e. Beamten cf. Ableben.

Sonntagsruhe: Fin.-Kal. Nr. 47.

Staatsgüterfondsrechnung: Schema E. d. K. Obersten Rechnungshofes v. 25. März 1909 Nr. 127 I, FME. v. 5. August 1908 Nr. 21 011.

Staatsschuldbuch: Ges. v. 20. Juli 1912 (GVBl. 684).

Standesamtliche Nebenregister usw.: JMBl. 1899 S. 1305; JME. v. 22. Dez. 1900 Nr. 46 518 (Aversalentschädigung für Aufsichtsführung über d. Standesbeamten in d. Pfalz). • Verrechnung d. Einbandkosten: N.R 26.

Statistik: ReichserbschSt. FMB. v. 28. Juni 1907 (FMBl. 289) u. v. 6. Januar 1910 (FMBl. 23); • der Straffälle bezügl. Wechsel- u. Reichsstempel aufgehoben FMBl. 1911 S. 421; • stat. Landesamt AVO. v. 21. Dez. 1908 (GVBl. 1138).

Steuerämter: Organisation AVO. v. 15. Dez. 1908 (GVBl. 1098).

Strafaufschub: Verfahren in Begnadig. u. Strafaufschubsachen JFMB. v. 6. Mai 1911 (FMBl. 395).

Stundungswesen: Stundung d. Geldstrafen JMBl. 1910 S. 1031; JFMBek. v. 6. Mai 1911 (FMBl. S. 406).

Tagegelder u. Reisekosten: Tagegelder u. Reisekosten AVO. v. 11. Febr. 1875 (GVBl. 105) u. v. 10. Dez. 1908 (GVBl. 1041); • Tagegelder usw. d. Messungsämter FMB. v. 16. Juni 1909 (FMB. 480); • der Landwirtschaftslehrer FME. v. 21. April 1897 (FMBl. 60); • der Rentamts- u. Bauamtsvorstände bei Besichtigung v. Wohnungen FME. v. 9. Dez. 1909 Nr. 38 532 (auf FinEt. Ziff. I c 1 G § 1 Tit. 3); • d. Bezirksamtmänner AVO. v. 21. Juli 1908 (GVBl. 1121); • der Geschworenen, Schöffen und Vertrauensmänner GVerfGes. §§ 40, 55, 66; AVO. v. 29. Juli 1879 mit MB. v. 31. Juli 1879 (GVBl. 731) u. AVO. v. 20. Januar 1900 (GVBl. 101, FMBl. 176); • der Waisenräte MB. v. 22. Dez. 1899 (JMBl. 553) u. v. 23. August 1900 (FMBl. 352); • der Mitglieder der Steuerausschüsse, Beruf.-Komm., Zeugen u. Sachverst. in Steuers. FMB. v. 29. Juli 1911 (FMBl. 504); • Haussteuertaxatoren FMB. v. 27. Febr. 1911 (FMBl. 235).

Telegramm- u. Telephonverkehr: d. staatl. Behörden VerkME. v. 4. Febr. 1908 (FMBl. 432). • Zahlung u. Verrechnung d. Post- usw. Geb. MB. v. 14. Mai 1909 (FMBl. 422).

Tierärzte: AVO. v. 21. Dez. 1908 (GVBl. 1141).

Umlagen: Gesetz v. 14. August 1910 (GVBl. 581); • Vollzugsvorschriften v. 12. Juni 1911 (GVBl. 819); • des Aerars u. deren Liquidation InnME. v. 23. März 1910 (FMBl. 133).

Umzugskosten: Ersatz der Umzugskosten AVO. v. 20. Nov. 1902 (GVBl. 709), geändert durch § 4 AVO. v. 10. Dez. 1908 (GVBl. 1041); • Vollzugsvorschr. hiezu FMB. v. 20. Nov. 1902 (FMBl. 1034); • siehe Beil. z. Fin.-Kal.

Unfallversicherung: s. Reichsversicherungsordnung.

Unsteuerbare Flächen: Feststellung d. Eigentums FMBl. 1911 S. 225.

Unterhaltung d. Staatsgebäude: Ausgaben u. Verrechnung MBek. v. 29. Dez. 1909 (FMBl. 721).

Unterstützungsfonds f. Industrie u. Gewerbe: FME. v. 5. April 1909 Nr. 8158 (Bez.-Ae. sind bei der Bewilligung u. Auszahlung d. Darlehen beteiligt, aber nicht bei d. Rückzahlung, die von den Genossensch. usw. unmittelbar an d. Kreiskassa geleistet werden, erst bei Rückz.-Anständen hat d. Bez.-A. einzugreifen).

Unterstützungsverein: I. Allgemeiner U.-V. revidierte Satzungen FMBl. 1909 S. 58; • rechnerische Behandlung d. Einnahmen u. Ausgaben FMBl. 1890 S. 51; • Hauptbuch § 82 II Gesch.-Anweis.

Vergütungen: an Amtsdiener MBek. v. 9. Mai 1906 (FMBl. 161); cf. auch Nebenamt; • f. Aktenausscheidung nur mit

53. Die Neuordnung der Amtsanwaltschaft.

Mit dem 1. Oktober 1912 geht die Führung der staatsanwaltschaftlichen Geschäfte bei den Amts- und Schöffengerichten, soweit diese Geschäfte bisher von Verwaltungsbeamten besorgt wurden, auf Beamte der Justizverwaltung über. Ausgenommen bleibt die Amtsanwaltschaft bei dem Amtsgerichte München, wo bis auf weiteres Beamte der Polizeidirektion München als Amtsanwälte im Hauptamt aufzustellen sind.

Ausser den Amtsanwälten im Hauptamte führen die Gerichtssekretäre, welche die juristische Staatsprüfung bestanden haben und denen die ständige Führung der amtsanwaltschaftlichen Geschäfte im Nebenamt übertragen wird, den Titel Amtsanwalt.

Auf Grund der vorstehenden Allerhöchsten Verordnung wird über die Einrichtung der Amtsanwaltschaft in den Landesteilen rechts des Rheins folgendes bestimmt:

A. Selbständige Amtsanwaltschaften:

Aibling (Rosenheim); Aichach; Amberg; Annweiler (Landau i. Pf.); Ansbach; Arnstein (Gemünden); Aschaffenburg; Augsburg.

Babenhausen (Memmingen); Bamberg; Bayreuth; Berchtesgaden (Reichenhall); Bergzabern; Bogen (Straubing); Burglengenfeld (Stadtamhof).

Cadolzburg (Fürth).

Dachau (Pfaffenhofen); Dahn; Deggendorf; Dingolfing; Donauwörth; Dürkheim.

Ebermannstadt (Forchheim); Ebersberg; Eggenfelden (Neumarkt a. R.); Eichstätt; Eltmann (Hassfurt); Erding; Erlangen; Euerdorf (Kissingen).

Forchheim; Friedberg (Augsburg); Fürth; Füssen.

Garmisch (Weilheim); Geisenfeld (Pfaffenhofen); Gemünden; Germersheim; Gerolzhofen (Schweinfurt); Grafenau; Grünstadt.

Hassfurt; Heilsbronn (Ansbach); Hengersberg (Deggendorf); Herrieden (Ansbach); Hersbruck (Lauf); Herzogenaurach (Erlangen); Höchstädt a. A. (Forchheim); Hof; Hofheim (Hassfurt); Homburg.

Immenstadt (Kempten); Ingolstadt.

Kaiserslautern; Kandel; Karlstadt (Gemünden); Kempten; Kirchheimbolanden; Kissingen; Königshofen (Neustadt a. S.); Kusel.

Landau a. I. (Dingolfing); Landau i. Pf.; Landsberg; Landshut; Landstuhl (Kusel); Lauf; Lauterecken (Wolfstein); Lindau; Ludwigshafen.

Mallersdorf (Straubing); Marktbreit (Würzburg); Markt-Oberdorf (Füssen); Mellrichstadt (Neustadt a. S.); Memmingen; Mindelheim (Memmingen); Monheim (Donauwörth); Moosburg (Landshut); Münnerstadt (Neustadt a. S.).

Nabburg (Schwandorf); Neumarkt a. R.; Neunburg v. W. (Schwandorf); Neustadt a. H.; Neustadt a. S.; Neustadt a. WN. (Weiden); Nürnberg.

Oberdorf s. Markt-Oberdorf; Obermoschel; Ochsenfurt (Würzburg); Otterberg (Wolfstein).

Papenheim (Eichstätt); Passau; Pfaffenhofen; Pirmasens; Prien (Rosenheim).

Regen (Grafenau); Regensburg; Regenstauf (Stadtamhof); Rehau (Hof); Reichenhall; Rockenhausen (Obermoschel); Rosenheim; Rothenburg o. T.; Rottenburg (Landshut).

Schesslitz (Bamberg); Schongau (Landsberg); Schrobenhausen (Aichach); Schwandorf; Schweinfurt; Selb (Hof); Sonthofen (Kempten); Speyer; Stadtamhof; Staffelstein (Bamberg); Starnberg (Weilheim); Straubing; Sulzbach (Amberg).

Tegernsee; Tölz (Tegernsee); Traunstein; Trostberg (Traunstein).

Uffenheim (Rothenburg o. T.).

Vilsbiburg (Neumarkt a. R.); Vilseck (Weiden); Vilshofen.

Waldfischbach (Dahn); Waldmohr (Homburg); Wasserburg (Ebersberg); Weiden; Weidenberg (Bayreuth); Weiler (Lindau); Weilheim; Weissenburg (Eichstätt); Wertingen (Donauwörth); Windsheim (Rothenburg o. T.); Winnweiler (Kirchheimbolanden); Wolfstein; Würzburg.

Zweibrücken.

B. Bei den übrigen Gerichten

werden bis auf weiteres Gerichtssekretäre im Nebenamte als Amtsanwälte aufgestellt werden.

Alphabetisches Register.

www.ingramcontent.com/pod-product-compliance
Lightning Source LLC
LaVergne TN
LVHW092110300926
849161LV00002B/98
* 9 7 8 3 1 1 2 4 3 0 0 1 9 *